Systemanalytisches Denken
Eine operatinale Rekonstruktion systemtheoretischer Überlegungen
für schultheoretische Reflexionen

Europäische Hochschulschriften
Publications Universitaires Européennes
European University Studies

Reihe XI

Pädagogik

Série XI Series XI
Pédagogie
Education

Bd./Vol. 489

PETER LANG
Frankfurt am Main · Bern · New York · Paris

Annette Hermanns

Systemanalytisches Denken

Eine operationale Rekonstruktion
systemtheoretischer Überlegungen
für schultheoretische Reflexionen

PETER LANG
Frankfurt am Main · Bern · New York · Paris

Die Deutsche Bibliothek - CIP-Einheitsaufnahme

Hermanns, Annette:

Systemanalytisches Denken : eine operationale Rekonstruktion systemtheoretischer Überlegungen für schultheoretische Reflexionen / Annette Hermanns. - Frankfurt am Main ; Bern ; New York ; Paris : Lang, 1992
  (Europäische Hochschulschriften : Reihe 11, Pädagogik ; Bd. 489)
  Zugl.: Köln, Univ., Diss., 1991
  ISBN 3-631-44313-7

NE: Europäische Hochschulschriften / 11

D 38
ISSN 0531-7398
ISBN 3-631-44313-7
© Verlag Peter Lang GmbH, Frankfurt am Main 1992
Alle Rechte vorbehalten.

Das Werk einschließlich aller seiner Teile ist urheberrechtlich geschützt. Jede Verwertung außerhalb der engen Grenzen des Urheberrechtsgesetzes ist ohne Zustimmung des Verlages unzulässig und strafbar. Das gilt insbesondere für Vervielfältigungen, Übersetzungen, Mikroverfilmungen und die Einspeicherung und Verarbeitung in elektronischen Systemen.

Printed in Germany 1 2 3 4 6 7

INHALTSVERZEICHNIS

LEGENDE der benutzten Verknüpfungszeichen	IV
EINLEITUNG: Überblick über die Kapitelabfolge	1

1. KAPITEL:
Systemkomponenten des operationalen psychischen Systems	5
Einleitung	5
1. Teil:	
Die Operation als Element des psychischen Systems	14
2. Teil:	
Die Problematik der System-Umwelt-Differenzierung:	
Umwelt als Konstruktion des psychischen Systems	25
3. Teil:	
Intrapsychische operationale System- und Strukturbildung	31
1. *Die funktionale Differenzierung operationaler Systeme*	36
1.1 *Die bereichsspezifische Konstruktion von Realität*	37
1.2 *Rationalität als Funktion operationaler Systeme*	42
2. *Die qualitative Differenzierung zwischen konkret- und formal-operationalen Systemen*	47
2.1 *Die qualitative Differenz zwischen konkret- und dem formal-operationalen Systemen insichtlich der Bereichspezifik und der Rationalität*	42
2.2 *Die qualitative Differenz zwischen konkret- und dem formal-operationalen Systemen hinsichtlich ihrer Operationen*	57
2.2.1 Das konkret-operationale System	58
2.2.2 Das formal-operationale System	62
2.2.3 Ergänzung zu den formalen Operationen: Die funktionale Analyse	72

2. KAPITEL
Die operationale Bestimmung des systemanalytischen Denkens für die Konstruktion sozialer Systeme durch das konkret- und das formal-operationale System	81
1. Teil:	
Einige Vorüberlegungen	81
2. Teil:	
Die konkret-operationale Konstruktion des Interaktionsgefüges	92
1. *Die Konstruktion der Kommunikationsstruktur als systemanalytische Konstruktion des konkret-operationalen Systems*	95
2. *Die Konstruktion der Sozialstruktur durch das konkret-operationale System*	97
2.1 *Die Konstruktion des Positionsgefüges*	98
2.2 *Die Konstruktion des Rollengefüges*	108
2.2.1 Die Konstruktion von Handlungsstrukturen	108

II

2.2.2	Die Konstruktion des Rollengefüges als Strukturierung von Handlungszusammenhängen	114

3. Teil:
Die formal-operationale Konstruktion des sozialen Systems 126

1.	*Die vollständige sozial-kognitive Dezentrierung als Voraussetzung der operationalen Konstruktion des sozialen Systems*	131
1.1	*Die vollständige sozial-kognitive Dezentrierung als Dezentrierung von personalen Perspektiven*	131
1.2	*Die Problematik der Differenzierung zwischen psychischen und sozialen Systemen - einige soziologische Überlegungen*	138
1.3	*Die analytische Differenzierung des sozialen Handelns als Ausgangspunkt der vollständigen sozial-kognitiven Dezentrierung*	146
1.4	*Die vollständige sozial-kognitive Dezentrierung als Differenzierung zwischen psychischen und sozialen Systemen*	154
2.	**Die Konstruktion des sozialen Systems**	166
2.1	**Die Konstruktion der Systemparameter**	173
2.1.1	Die Konstruktion des Strukturparameters	174
2.1.1.1	Die Differenzierung von System und Umwelt im Hinblick auf den Strukturparameter	175
2.1.1.2	Die operationale Konstruktion der Kommunikation als Element des sozialen Systems	178
2.1.1.3	Die Konstruktion der Kommunikationstruktur	185
2.1.2	Die Konstruktion des Parameters der gesellschaftlichen Funktion	193
2.1.2.1	Einleitende Überlegungen zu den Intersystemgrenzen des sozialen Systems	194
2.1.2.2	Die operationale Konstruktion der gesellschaftlichen Funktion	196
2.1.3	Die Konstruktion des Leistungsparameters	208
2.1.4	Die Konstruktion des Interpenetrationsparameters	220
2.2	Die Kompensation des sozialen Systems	227
2.2.1	Die logische Äquivalenz der Systemparameter	228
2.2.2	Die multiple funktionale Analyse als Kompensation des sozialen Systems	231

3. KAPITEL:
Systemanalytische Reflexionen über das Schulsystem: Schule als soziales System 239

1. Teil:
Schule als soziales System: Ein schultheoretischer Ansatz 239

1.	*Einige methodische Vorüberlegungen zur Systemanalyse der Schule*	239
2.	*Einige schultheoretische Ansätze*	247

2. Teil:
Die gesellschaftliche Funktion der Schule 253

1.	*Sozialisation und Erziehung: Eine Differenzierung zweier Begriffe aus systemanalytischer Sicht*	253
2.	*Die gesellschaftliche Funktion der Schule*	271

2.1	*Probleme in der Funktionsbestimmung der Schule*	272
2.2	*Ursprünge gesellschaftlicher Dauerprobleme und ihre Auswirkung auf die Systembildung*	279
2.3	*Die Herleitung des gesellschaftlichen Dauerproblems der Schule: Qualifikation als Hauptfunktion*	286
2.4	*Die Hierarchiestruktur der gesellschaftlichen Funktionen der Schule*	296
2.4.1	Die Subfunktionen erster Ordnung	297
2.4.1.1	Die Subfunktion der Allokation	299
2.4.1.2	Die Subfunktion der Personalisation	306
2.4.2	Die Subfunktionen zweiter Ordnung	313
2.4.2.1	Die Subfunktionen der Tradition und Innovation	313
2.4.2.2	Die Subfunktion der Legitimation	317

3. Teil:
Die multiple funktionale Analyse des Schulsystems 318

1.	*Die funktionale Analyse der Intersystemgrenzen im Hinblick auf die Vermittlung des systemanalytischen Denkens*	321
1.1	*Der funktionale Bezug zwischen Output, gesellschaftlicher Funktion und Interpenetration*	323
1.2	*Outputparameter und Systemumwelt*	328
1.3	*Der funktionale Bezug zwischen gesellschaftlicher Funktion, Interpenetration und Inputparameter*	336
2.	*Der multiple funktionale Analyse des Strukturparameters im Hinblick auf die Vermittlung systemanalytischen Denkens*	340
2.1	*Merkmale des Strukturparameters*	340
2.1.1	Der Sozialparameter	341
2.1.1.1	Die systemkonstituierenden Positionen und ihre Asymmetrie	345
2.1.1.2	Die soziale Grundstruktur - Das Rollengefüge	349
2.1.1.3	Der funktionale Bezug der sozialen Grundstruktur des Unterrichts zu den Intersystemparametern	354
2.1.1.4	Die Schülerleistung als soziale Kategorie	363
2.1.2	Der Sachparameter	372
2.1.3	Der Zeitparameter	375
2.2	*Das Lernen des systemanalytischen Denkens aus und in der Schulstruktur - Die funktionale Analyse von Struktur und Interpenetration*	381
2.2.1.	Sozialisatorische Lernmöglichkeiten: Lernen aus der Struktur	385
2.2.2	Erzieherische Lernmöglichkeiten: Lernen in der Struktur	399
2.2.3.	Das Verhältnis von Sozialisation und Erziehung im Hinblick auf die funktionale Analyse von Struktur und Interpenetration	411

AUSBLICK 419

LITERATURLISTE 421

IV

LEGENDE DER BENUTZTEN VERKNÜPFUNGSZEICHEN:

a. **Die Verknüpfungszeichen für die konkreten Operationen**

Klassifikationsoperationen:

A - B	subtraktive Verknüpfung
A · B	multiplikative Verknüpfung
¬ A	Negation

Relationsoperationen:

A < B	asymmetrische Seriation
A < B	asymmetrische Seriation
A = B	symmetrische Seriation
A --> B	zeitliche Seriation
A <--> B	wiederholbare Seriation (Reziprozität)

b. **Die Verknüpfungszeichen für die formalen Operationen**

A * B	vollständige Affirmation
0	vollständige Negation
A · B	Konjunktion
A / B	Unverträglichkeit
A v B	Disjunktion
A ⇒ B	Implikation
A <⇒> B	Äquivalenz
A <≠> B	reziproke Exklusion
A [B]	Affirmation von A
¬A	Negation

Σ	Summenzeichen
<u>c</u>	Zeichen für Teilmenge

Einleitung: Überblick über die Kapitelabfolge

Die hier vorgelegte Untersuchung des systemanalytischen Denkens verfolgt in erster Linie das Ziel, systemtheoretische Überlegungen für pädagogische Reflexionen fruchtbar zu machen. Systemanalytisches Denken soll sich als eine Methode für die Analyse von Erziehungssystemen und zugleich als ein Ziel der Erziehung erweisen. Pädagogische Reflexionen sind wissenschaftliche Reflexionen über Erziehung. Der Gegenstand dieser Reflexionen sind soziale Zusammenhänge: Erziehung ist ein Interaktionszusammenhang. Aus systemtheoretischer Sicht hat die Reflexion auf diesen Zusammenhang ein soziales System zum Gegenstand. Dies bedeutet nicht, daß andere pädagogische Reflexionen von vornherein ausgeschlossen werden. Auch anthropologische, psychologische, philosophische, bildungstheoretische etc. Reflexionen können auf zentrale Aspekte der Erziehung bezogen sein. Aus systemanalytischer Sicht muß jedoch die Tatsache berücksichtigt werden, daß der Gegenstand dieses Nachdenkens in einer sozialen Interaktion realisiert, d.h. angestrebt bzw. aktualisiert wird. Ein systemanalytischer Ansatz versucht, diese grundlegende soziale Dimension der Erziehung zu erfassen. Dies bedeutet, daß der systemanalytische Ansatz Erziehung als ein soziales System betrachtet. Das systemanalytische Denken ist dann die Methode, die es ermöglicht, Erziehung als ein soziales System zu konstruieren. Diese Methode soll in der vorliegenden Arbeit in drei Kapiteln beschrieben werden.

Im ersten Kapitel soll das Denken als ein operationaler Vollzug dargestellt werden. Für die Beschreibung dieses Vollzugs werden PIAGETs Kognitionstheorie und CRAMERs Darstellungen der Struktur des bewußten Vollzugs grundlegend sein. Gleichzeitig wird schon hier versucht, die Überlegungen dieser beiden Autoren mit grundlegenden Überlegungen LUHMANNs in Beziehung zu setzen. LUHMANN stellt im Rahmen seiner System-Umwelt-Theorie auch das Denken bzw. jede Form des bewußten Vollzugs als Vollzug eines Systems dar: Bewußtsein und Denken vollziehen sich in psychischen Systemen. Ausgehend von dieser systemtheoretischen Annahme soll im ersten Kapitel der Versuch unternommen werden, das Denken als einen Vollzug des psychischen Systems darzustellen. Zwei Implikationen sind dieser Vorgehensweise zu eigen:

Erstens: Aus systemtheoretischer Sicht muß der Versuch unternommen werden, nicht nur das Soziale als ein soziales System, sondern auch das Psychische als ein psychisches System zu beschreiben. Der systemtheoretische Ansatz geht davon aus, daß das Prozessieren im Sozialen und im Psychischen in systemischen Zusammenhängen verläuft. Das erste Kapitel versucht dementsprechend, von PIAGETs operationalem Ansatz auszugehen und sowohl mit Hilfe von CRAMERs Bewußtseinstheorie als auch mit Hilfe von LUHMANNs Darstellungen des psychischen Systems das Denken als einen Vollzug des operationalen psychischen Systems darzustellen.

Zweitens: Ausgehend von diesem systemtheoretischen Ansatz vertritt die vorliegende Arbeit die grundlegende These, daß ein Denken, das soziale Systeme konstruiert - d.i. das systemanalytische Denken -, seinerseits wiederum systemisch strukturiert ist. *Systemanalytisches Denken kann nur dann soziale Systeme konstruieren, wenn es seinerseits wiederum in systemischen operationalen Strukturen vollzogen wird.*

Das erste Kapitel bildet die Grundlage für die weitere Beschreibung des systemanalytischen Denkens. Es versucht, das Denken als einen operationalen Vollzug des psychischen Systems zu beschreiben und in seinen typischen Merkmalen zu kennzeichnen. Diese Merkmale ergehen sich aufgrund der systemkonstituierenden Merkmale eines jeden Systems: Dies sind das Element des Systems, seine Systemgrenzen und seine systemeigenen Strukturen. Dementsprechend wird im ersten Kapitel das Denken im Rahmen eines systemtheoretischen Ansatzes als ein operationales System dargestellt, das durch sein Element (1. Teil, Kapitel 1), seine Grenze zur Umwelt (2. Teil, Kapitel 1) und seine Struktur (3. Teil, Kapitel 1) definiert wird.

Im zweiten Kapitel soll dann nachgewiesen werden, daß diese allgemeine Form des Denkens für die Konstruktion sozialer Systeme notwendig ist. Es wird gezeigt, durch welche operationalen Vollzüge Soziales als soziale Systeme gedacht werden kann. Auch das soziale System konstituiert sich - wie jedes System - durch sein Element, seine Grenzen zur Umwelt und seine Struktur. Im folgenden wird die Kommunikation als das Element des Sozialen bestimmt und werden die Struktur und die Umweltbeziehungen des sozialen Systems als dessen Parameter bezeichnet. Soll nun die operationale Konstruktion sozialer System nachgewiesen werden, so muß aufgezeigt werden, wie das psychische System durch sein Element, seine Strukturen und seine Umweltbeziehung soziale Systeme als Systeme mit einem bestimmten Element, bestimmten Strukturen und Umweltbeziehungen konstruiert. LUHMANNs System-Umwelt-Theorie gibt den theoretischen Hintergrund für die Bestimmung dieser kritischen Merkmale für das soziale System. Das zweite Kapitel bildet somit das Zentrum der Darstellung des systemanalytischen Denkens: Es beschreibt den Konstruktionsprozeß sozialer Systeme durch psychische Systeme. Mit anderen Worten: Es beschreibt den Vorgang, wie psychische Systeme das soziologische Konstrukt des sozialen Systems operational konstruieren.

Um Verwechslungen zwischen dem psychischen System als dem konstruierenden System und dem sozialen System als dem konstruierten System zu vermeiden, wird das psychische System immer als das operationale System bzw. als das konkret- oder formal-operationale System gekennzeichnet, während das soziale System immer mit dem Adjektiv «sozial» versehen ist.

Im dritten Kapitel dieser Arbeit soll das systemanalytische Denken auf das soziale System Schule angewendet werden. Es wird der Versuch gemacht, im Rahmen einer systemtheoretischen Schultheorie eine Systemanalyse der Schule vorzunehmen. Die Systemanalyse versucht entsprechend den im zweiten Kapitel dargestellten Grundzügen des systemanalytischen Denkens das soziale System Schule als ein funktionales System zu konstruieren.

Die hier gewählte Form der Darstellung des systemanalytischen Denkens versucht in der Abfolge der drei Kapitel grundlegende Problemaspekte des systemanalytischen Denkens allgemein und im besonderen in der Pädagogik zu klären und aufeinander zu beziehen; erstens: die system-operationale Bestimmung des Denkens, zweitens: die operationale Konstruktion sozialer Systeme und drittens: die Systemanalyse eines erzieherischen Subsystems, d.h. die operationale Konstruktion des sozialen Systems

Schule. Eine solche Vorgehensweise versucht, kognitionspsychologische, soziologische und schultheoretische Überlegungen aufeinander zu beziehen und in der Konstruktion des systemanalytischen Denkens zu integrieren. Demgemäß kann das Thema dieser Arbeit «*Systemanalytisches Denken*» durch den Untertitel «*Eine operationale Rekonstruktion* (durch die Kognitionstheorie im Sinne von PIAGET) *systemtheoretischer Überlegungen* (mit Hilfe der System-Umwelt-Theorie im Sinne von LUHMANN) *für schultheoretische Reflexionen*» (Schultheorie) spezifiziert werden.

Für den Leser sollen hier noch drei formale Hinweise gegeben werden.
1. Die Kopfzeile soll dem Leser Orientierung beim Lesen geben. Die Darstellung komplexer systemischer Zusammenhänge in das zeitliche Nacheinander eines Textes ist u.a. damit verbunden, daß es im Schreiben zu Redundanzen kommt. Einige Sachverhalte können hier nicht durch ein bloßes Nacheinander in einem Gedankengang dargestellt werden, sondern müssen an unterschiedlichen Stellen wiederholt und mit anderen Sachverhalten verknüpft werden. Die Vernetztheit des Systemischen wird hier zu einem Problem der Darstellungsform. Aus diesem Grunde soll die Kopfzeile jeweils eine schnelle Orientierung darüber geben können, in welchem systematischen Zusammenhang sich die jeweilige Textpassage befindet.
2. Die Literaturquellen sind in den Fußnoten lediglich als Kurztitel angegeben. Das heißt, daß hier weder der Hinweis auf Herausgeberschaft noch die Untertitel noch Ort und Jahr angegeben sind. Die vollständigen bibliographischen Angaben können in der Literaturliste nachgelesen werden. Dies bezieht sich auch auf Literaturangaben, auf die in zitierten Textpassagen verwiesen wird.
3. Hervorhebungen im Zitat sind immer auch Hervorhebungen im Original, soweit nicht explizit auf Abweichungen hingewiesen wird.

1. KAPITEL:

SYSTEMKOMPONENTEN DES OPERATIONALEN PSYCHISCHEN SYSTEMS

Einleitung

Das systemanalytische Denken denkt Systeme. Es konstruiert im bewußten Vollzug Systeme als Bewußtseinsgegenstände. Es strukturiert Wissen in Form von Systemen. Damit zeigt sich das systemanalytische Denken als ein besonderer Typus des Denkens: Es bezieht die Bewußtseinsgegenstände des Denkens so aufeinander, daß sie als ein systemischer Zusammenhang gedacht werden können. *Systemanalytisches Denken ist die bewußte Konstruktion systemischer Zusammenhänge.*

In der vorliegenden Arbeit wird das systemanalytische Denken auf einen bestimmten Typus von Bewußtseinsgegenständen bezogen: Es geht um die kognitive Konstruktion des Sozialen in Form von sozialen Systemen. Die Bewußtseinsgegenstände des in der vorliegenden Arbeit dargestellten systemanalytischen Denkens sind demnach auf die «soziale Realität», auf das Soziale, bezogen. [1]

Im nächsten, dem zweiten Kapitel dieser Arbeit wird die Konstruktion sozialer Systeme dargestellt, indem die für diesen Konstruktionsprozeß konstitutiven Operationen aufgezeigt werden. Um diesen Konstruktionsprozeß darstellen zu können, muß vorab geklärt werden, von welchen Annahmen über bewußte Denkvollzüge die vorliegende Arbeit ausgeht. Dies soll im ersten Kapitel geschehen. Das erste Kapitel bildet somit eine Grundlegung und Voraussetzung für die Darstellung des systemanalytischen Denkens: Es versucht das Denken zu thematisieren, um es dann im zweiten Kapitel auf den besonderen Fall des systemanalytischen Denkens anzuwenden.

Es ist im Rahmen der vorliegenden Arbeit nicht möglich, eine ausführliche Erörterung unterschiedlicher Denk- und Bewußtseinstheorien voranzuschicken, um das systemanalytische Denken darzustellen. Das Denken wird dementsprechend unter spezifischen theoretischen Gesichtspunkten thematisiert. Diese Gesichtspunkte ergeben sich aus dem theoretischen Zuschnitt der Arbeit, der sich aus dem Erkenntnisinteresse am systemanalytischen Denken ergibt.

Im folgenden werden diese Gesichtspunkte aufgezeigt, um erstens die Theoriekonstruktion der vorliegenden Arbeit und um zweitens den Stellenwert des ersten Kapitels für die weiteren Darlegungen zu klären.

Erstens: Die vorliegende Arbeit verfolgt einen *systemtheoretischen Ansatz*. Dies bedeutet für die Thematisierung des systemanalytischen Denkens, daß eine Systemtheorie den theoretischen Hintergrund für die Darstellung systemischer Zusammenhänge liefert. Als eine sehr differenzierte und komplexe Theorie, die für sich den Anspruch erhebt nicht nur spezifische soziale Systeme, sondern soziale Systeme im allgemeinen und auch grundlegende Merkmale des psychischen Systems darstellen zu können, soll LUHMANNs System-Umwelttheorie diese Aufgabe übernehmen. [2] Die System-Um-

---

1. Zu der Problematik der Konstruktion von Realität vgl. Kapitel 1, Teil 2 *Die Problematik der System-Umwelt-Differenzierung: Umwelt als Konstruktion des psychischen Systems*
2. vgl. auch Kapitel 2, Teil 1 *Einige Vorüberlegungen*

welt-Theorie LUHMANNs wird für die Darstellung des systemanalytischen Denkens durch weitere Theoreme ergänzt.[3] Dies betrifft insbesondere die Beschreibung des psychischen Systems. LUHMANNs Überlegungen zum psychischen System müssen durch philosophische und kognitionstheoretische Theoreme erweitert werden, um das Psychische in seinem Element, seinen Grenzen und seiner Struktur beschreiben zu können. Die System-Umwelt-Theorie LUHMANNs kann danach den systemtheoretischen Ansatz der vorliegenden Arbeit vorgeben. Sie ist jedoch nicht in der Lage, das psychische System gemäß diesem Ansatz hinreichend differenziert beschreiben zu können. Dies gelingt ihr für das soziale System, nicht jedoch für das psychische System. Aus diesem Grunde werden CRAMERs philosophische Überlegungen zum bewußten Vollzug und PIAGETs Kognitionstheorie in die Darstellung des psychischen Systems mit einbezogen.

Zweitens: Für die Darstellung des systemanalytischen Denkens wird eine Theoriekonstruktion erarbeitet, die Theoreme unterschiedlicher Provenienz (Kognitionstheorie, Soziologie und Philosophie) aufeinander bezieht. *Diese Theoriekonstruktion greift unterschiedliche Theoreme auf, sofern sie logisch, sachlich und der Theorieform nach miteinander vereinbar sind. Sie sucht in diesen Theoremen nach Äquivalenzen, um systemtheoretische Überlegungen auf soziologische wie auch auf psychologische Untersuchungsgegenstände anwenden zu können. Das systemanalytische Denken wird innerhalb eines systemtheoretischen Ansatzes dargestellt, der sowohl den Gegenstand des systemanalytischen Denkens (hier: das Soziale) als auch den Vollzug des systemanalytischen Denkens mit Hilfe von systemtheoretischen Kategorien zu beschreiben versucht.*

Die für die vorliegende Untersuchung grundlegende Äquivalenz zwischen LUHMANNs und PIAGETs Theoremen liegt darin, daß beide Systemzusammenhänge aufzeigen. Diese Systemzusammenhänge beziehen sich allerdings bei LUHMANN vorwiegend auf sozialsystemische und bei PIAGET vorwiegend auf psychosystemische Zusammenhänge. Die Theoriekonstruktion der vorliegenden Arbeit wird deshalb in erster Linie aus LUHMANNs System-Umwelt-Theorie und PIAGETs Kognitionstheorie gewonnen. In zweiter Linie werden ergänzend und unterstützend oder aber auch abgrenzend CRAMERs Überlegungen mit einbezogen. Sie helfen insbesondere, einen systematischen Bezug zwischen Element und Grenze des Systems herzustellen, indem sie PIAGETs Überlegungen unterstützen und in sehr differenzierter Weise auf den Bezug zwischen Element und Grenze verweisen.

Aus einer solchen systemtheoretischen Darstellung des systemanalytischen Denkens folgt eine erste grundlegende Prämisse für die Darstellung des Denkens in Kapitel eins: Das Denken wird als ein systemisch strukturierter mentaler Vollzug dargestellt. Mit anderen Worten: Denken wird in Form eines psychischen Systems dargestellt, das durch seine Systemkomponenten bestimmt wird.

Drittens: Weil das psychische System als ein «Denk-System» mit Hilfe der drei Theoreme von LUHMANN, PIAGET und CRAMER beschrieben wird, wird es ausschließlich als ein Bewußtseinssystem dargestellt. Andere Formen der Systembildung im psychischen System bleiben deshalb außer Betracht; so z.B. das System der Emotionen, das Wahrnehmungssystem, das System von Beziehungen zwischen Denken

---

3. vgl auch unter *Viertens* in dieser Einleitung

und Handeln etc. *Unter dieser eingeschränkten Perspektive kann das psychische System als ein Bewußtseinssystem definiert werden, das in seinen bewußten Vollzügen, die durch PIAGETS Operationen näher bestimmt werden, Realität konstruiert.* Die Definition des psychischen Systems als eines Bewußtseinssystems wird aus LUHMANNs System-Umwelt-Theorie übernommen. Die Darstellung des bewußten Vollzugs wird durch CRAMERs Überlegungen gestützt und mit PIAGETs Verständnis der Operation so verbunden, daß die Operation als eine Form des bewußten Vollzugs beschreibbar wird. Dies eröffnet die Möglichkeit, *das systemanalytische Denken als ein operationales System zu beschreiben, das in seinen Vollzügen Realität in Form von sozialen Systemen konstruiert.* [4]

Viertens: Ausgangspunkt für jede nähere Bestimmung sowohl des psychischen als auch des sozialen Systems bildet LUHMANNs *Differenz zwischen Psychischem und Sozialem als einer System-Umwelt-Differenz.* [5] Nach LUHMANN konstituiert sich diese *Differenz durch die Autopoiesis* und die damit verbundene Selbstreferenzialität beider Systeme. Der *Bezug zwischen beiden Systemen wird durch die Interpenetration* hergestellt. Beide Begriffe - Autopoiesis wie auch Interpenetration - werden weiter unten geklärt. [6] Für die Darstellung der Theoriekonstruktion der vorliegenden Arbeit ist hier jedoch eine erste Definition erforderlich. [7]

Autopoiesis ist die Selbst-Generierung eines Systems. Autopoietische Systeme produzieren und reproduzieren sich selbst. Innerhalb der LUHMANNschen Konzeption bezieht sich die Autopoiesis auf die jeweiligen systemspezifischen Elemente des sozialen Systems einerseits und des psychischen Systems andererseits. Das *psychische System* produziert und reproduziert sich im autopoietischen Prozeß durch die Produktion und Reproduktion von Bewußtsein. Bewußtsein ist das Element des autopoietischen Prozesses des psychischen Systems. Das *soziale System* produziert und reproduziert sich, indem es Kommunikation als sein Element produziert und reproduziert. Beide Systeme können ihre Elemente nicht aus der sie umgebenden Umwelt übernehmen. Beide Systeme sind somit im Hinblick auf ihre Elemente voneinander abgeschlossen: Bewußtsein findet ausschließlich im psychischen System statt, es wird ausschließlich vom psychischen System produziert und reproduziert, und es kann deshalb weder von der Umwelt übernommen noch an sie abgegeben werden. Gleiches gilt für das soziale System: Kommunikation findet ausschließlich in sozialen Systemen statt. Sie wird von diesem System hervorgebracht, und sie kann weder aus der Umwelt des Sozialen übernommen noch an sie abgegeben werden. Die Abgeschlossenheit beider Systeme voneinander bezieht sich auf die Nicht-Austauschbarkeit ihrer systemspezifi-

---

4. vgl. Kapitel 2
5. vgl. Kapitel 2, Teil 3, Punkt 1.2 *Die Problematik der Differenzierung zwischen psychischen und sozialen Systemen - einige soziologische Überlegungen*
6. vgl. Kapitel 2, Teil 3, Punkt 1.2 *Die Problematik der Differenzierung zwischen psychischen und sozialen Systemen - einige soziologische Überlegungen*
7. Diese Vorgehensweise wird für die Darstellung der Theoriekonstruktion in der Einleitung zum ersten Kapitel an mehreren Stellen wiederholt: Die Einleitung hat die Funktion, einen methodischen und inhaltlichen Überblick über das erste und auch zum Teil über das zweite Kapitel zu geben. Für das zweite Kapitel wird eine zweite kurze methodische Einleitung folgen. In beiden Einleitungen werden Begriffe verwendet, die zunächst nur grundsätzlich und für die Funktion der Einleitungen reduktiv definiert werden. Auf die vollständige Definition und die Belegung dieser Definition durch Zitate aus den jeweiligen Theorien wird an den entsprechenden Stellen verwiesen.

schen Elemente. Soziale und psychische Systeme können sich nicht wechselseitig mit Kommunikation bzw. mit Bewußtsein versorgen.

Die Interpenetration ist der Bezug zwischen dem psychischen und dem sozialen System. *Interpenetration ist die wechselseitige Konstitution beider Systeme.* Auch die Interpenetration bezieht sich auf die Elemente der Systeme. Interpenetration ist die wechselseitige Konstitution von Kommunikation durch Bewußtsein et vice versa. Autopoiesis und Interpenetration sind zwei sich bedingende «Eigenschaften» psychischer und sozialer Systeme: Der Bezug zwischen den beiden Systemen als eine wechselseitige Konstitution setzt die Abgeschlossenheit beider Systeme voraus. Damit erweisen sich Autopoiesis und Interpenetration als zwei Bestimmungsmomente des sozialen und des psychischen Systems, die die Differenz und den Bezug zwischen beiden Systemen aufzeigen. Differenz und Bezug können durch die gleichzeitige Abgeschlossenheit beider Systeme voneinander und ihrer Offenheit zueinander beschrieben werden. Die Differenz liegt in der Abgeschlossenheit der jeweils systemspezifischen Elemente voneinander, da Bewußtsein und Kommunikation grundsätzlich different und als Elemente nicht wechselseitig austauschbar sind. Die Offenheit liegt in der wechselseitigen Konstitution, in der beide Systeme in ihrem Entstehen und ihrem Erhalt notwendig aufeinander verwiesen sind, indem sie sich wechselseitig konstituieren. Autopoiesis und Interpenetration konstituieren somit die System-Umwelt-Differenz und den System-Umwelt-Bezug zwischen sozialen und psychischen Systemen.

Für die Darstellung des Denkens als Vollzugsart des psychischen Systems wird insbesondere das Moment der Autopoiesis bestimmend sein.[8] Die von LUHMANN übernommene System-Umwelt-Differenz und System-Umwelt-Beziehung zwischen dem psychischen und dem sozialen System fordert, daß psychosystemische und sozialsystemische Zusammenhänge unterschieden und in ihrer jeweiligen Spezifität dargestellt werden müssen. Für die Bestimmung des psychischen Systems bedeutet dies, daß der Systemcharakter des Psychischen sich im Bewußtsein als dem Element des Psychischen zeigen muß. LUHMANN selbst bietet innerhalb seiner System-Umwelt-Theorie, die sich als eine soziologische Theorie versteht, nur wenige Hinweise für eine nähere Bestimmung des Bewußtseins als eines psychischen Systems.[9] Aus diesem Grunde versucht die vorliegende Arbeit, mit Hilfe von PIAGETs Kognitionstheorie und CRAMERs Darstellungen des bewußten Vollzugs das psychische System näher und differenzierter zu beschreiben, als dies von LUHMANN geleistet wird.

PIAGETs Kognitionstheorie stellt in dieser Hinsicht eine Ergänzung zu LUHMANNs systemtheoretischen Überlegungen dar. Das psychische System wird damit neben der von LUHMANN aufgezeigten Autopoiesis des Bewußtseins in seinen einzelnen Systemkomponenten genauer und differenzierter darstellbar. Die Kompatibilität von PIAGET und LUHMANN ergibt sich daraus, daß PIAGETs kognitionstheoreti

---

8. Zur Problematik der Interpenetration für die Darstellung des psychischen Systems vgl. Kapitel 1, Teil 2 *Die Problematik der System-Umwelt-Differenz: Umwelt als Konstruktion des psychischen Systems.*
9. vgl. insbesondere N. LUHMANN, Autopoiesis des Bewußtseins. In der Bestimmung des Elementes des psychischen Systems (vgl. Kapitel 1, Teil 1 *Die Operation als Element des psychischen Systems*) wird dargestellt, daß LUHMANN Bewußtsein als das Element des psychischen Systems dadurch definiert, daß er den Gedanken als Element des psychischen Systems bestimmt, der über Transformationen neue Gedanken hervorbringt.

sche Überlegungen im Rahmen der System-Umwelt-Theorie LUHMANNs, d.h. im Rahmen von systemtheoretischen Kategorien, darstellbar sind. Die erforderliche Äquivalenz beider Theoreme besteht in ihrem systemtheoretischen Ansatz, der bei LUHMANN explizit zum Gegenstand der Reflexionen gemacht wird, während er der Theorie PIAGETs implizit ist.

Fünftens: Die Äquivalenz zwischen LUHMANNs System-Umwelt-Theorie und PIAGETs Kognitionstheorie, die in ihrem expliziten bzw. impliziten systemtheoretischen Ansatz liegt, kann noch weiter spezifiziert werden. Die Äquivalenz beider Theorien bezieht sich auf diejenigen Merkmale, die ein System im allgemeinen konstituieren bzw. durch die ein System definiert werden kann. [10] *Diese systemkonstituierenden Merkmale bilden für die Theoriekonstruktion der vorliegenden Arbeit das tertium comparationes für die Zusammenführung der Theorien von LUHMANN und PIAGET.* Bei der Darstellung des psychischen Systems werden sie als *Systemkomponenten* beschrieben, und bei der Darstellung des sozialen Systems [11] werden sie als *Systemparameter* definiert. Systemkomponenten und Systemparameter beziehen sich auf dieselben konstitutiven Momente von Systemen, die in LUHMANNs Überlegungen explizit zum Thema gemacht werden und PIAGETs Theorie implizit sind.

Diese konstitutiven Momente eines jeden Systems sind das Element, die Grenze und die Struktur des Systems. Durch diese drei Momente kann jedes System definiert werden.

Für die Darstellung des systemanalytischen Denkens bedeutet dies, daß Element, Grenze und Struktur Kategorien für die Darstellung sowohl des sozialen Systems als auch des psychischen Systems sind. Im ersten Fall kennzeichnen sie den Bewußtseinsgegenstand des systemanalytischen Denkens; im zweiten Fall das Denken, das diese Bewußtseinsgegenstände konstruiert. Das psychische und das soziale System werden somit durch dieselben Kategorien definiert. Die Äquivalenz der Theorien von PIAGET und LUHMANN liegt darin, daß beide unter diesen Kategorien betrachtet werden können. Nach LUHMANN können *die Systemparameter des sozialen Systems* inhaltlich bestimmt werden, und nach PIAGET - unterstützt von CRAMER - können die *Systemkomponenten des psychischen Systems* inhaltlich bestimmt werden. Die Theoriekonstruktion der vorliegenden Arbeit geht somit von einer Äquivalenz zwischen PIAGETs und LUHMANNs Theorie aus, die für die Theoriekonstruktion eine doppelte Funktion erfüllt: *Das tertium comparationes zwischen den Theorien LUHMANNs und PIAGETs sind die systemkonstitutiven Kategorien sowohl des psychischen als auch des sozialen Systems.*

Eine solche Theoriekonstruktion impliziert eine doppelte Reduktion: Erstens wird weder LUHMANNs noch PIAGETs Theorie vollständig dargestellt. Beide Theorien werden nur insofern einbezogen, als sie die Möglichkeit bieten, Element, Struktur und Grenze des psychischen und des sozialen Systems zu bestimmen. Zweitens wird damit auch eine thematische Reduktion vorgenommen. Denken und Soziales, oder mit LUHMANN gesprochen: Bewußtsein und Kommunikation, werden ausschließlich unter dem thematischen Gesichtspunkt dargestellt, daß das Element, die Struktur und die Grenze des psychischen und des sozialen Systems bestimmt werden können. Auch unter dieser Prämisse zeigt sich, daß die vorliegende Arbeit weder die allgemeine

---

10. vgl. Kapitel 2, Teil 3, Punkt 2 *Die Konstruktion des sozialen Systems*
11. vgl. Kapitel 2, Teil 3 *Die formal-operationale Konstruktion des sozialen Systems*

Problematik von Denken, Bewußtsein und Selbstbewußtsein einerseits noch die allgemeine Problematik von Kommunikation und Sozialem andererseits explizit zum Thema machen will, sondern Element, Struktur und Grenze zweier Systeme zu bestimmen versucht. Element, Struktur und Grenze sind damit Beschreibungskategorien sowohl des psychischen als auch des sozialen Systems.

Sechstens: Bisher wurde zwei grundlegende systemtheoretische Prämissen für die Darstellung des psychischen Systems genannt. Dies sind das Autopoiesiskonzept, das das psychische System als ein Bewußtseinssystem definiert, und die drei Systemkategorien, die die Systemkomponenten des psychischen Systems ausmachen. Diesen zwei Prämissen soll eine dritte hinzugefügt werden. Diese Prämisse besteht darin, daß die Theoriekonstruktion der vorliegenden Arbeit *einen systemfunktionalen Ansatz verfolgt*. Er wird für die Beschreibung des psychischen Systems aus dem sozialen systemfunktionalen Ansatz von LUHMANN gewonnen.

Für die Beschreibung des Psychischen mit Hilfe der drei Systemkategorien bedeutet dies, daß das psychische System in seinem Element als Bewußtsein bzw. Akt des Bewußtseins genauer bestimmt werden muß (Autopoiesis) und daß das psychische System durch seine Grenze zum sozialen System (Interpenetration) gekennzeichnet werden kann. Eine zweite Grenze des psychischen Systems wird im zweiten Teil der Arbeit als die Konstruktion der Umwelt durch das psychische System beschrieben werden.

Der systemfunktionale Ansatz LUHMANNs wird von ihm selbst nicht auf das psychische System bezogen. Er beschreibt ausschließlich soziale Systeme als funktional differenzierte Systeme. Die Problematik der gesellschaftlichen Funktion wird weiter unten genauer dargestellt.[12] Die vorliegende Arbeit versucht, den funktionalen Ansatz auch für die Beschreibung des psychischen Systems fruchtbar zu machen.

Nach LUHMANN ist die gesellschaftliche Funktion eines sozialen Systems identisch mit einem gesellschaftlichen Dauerproblem. Dieses Dauerproblem stellt die Gesellschaft, und es muß in der Gesellschaft behandelt werden. So stellen sich in der Gesellschaft z.B. Probleme wie die Verteilung von Gütern, die Sicherung von Recht und auch das Problem der Erziehung. Der gesellschaftliche Zusammenhang stellt somit Probleme, die durch soziale Systeme behandelt werden müssen. Soziale Systeme haben damit die gesellschaftliche Funktion, diese Dauerprobleme zu behandeln. Funktionale Differenzierung ist die Differenzierung aller sozialen Systeme in einer Gesellschaft nach gesellschaftlichen Dauerproblemen, die einzelnen sozialen Systemen als deren spezifische Funktion zugesprochen werden. Ohne Kommunikation sind gesellschaftliche Probleme nicht behandelbar. So kann z.B. das Problem der Erziehung als ein gesellschaftliches Dauerproblem nie «gelöst» werden, sondern muß durch die Ausbildung sozialer Systeme so lange behandelt werden, wie Erziehung als gesellschaftliches Dauerproblem auftritt. Für die einzelnen sozialen Systeme sind diese Dauerprobleme, die ihnen als Funktion zugesprochen werden, Motive der Systembildung: Soziale Systeme konstituieren sich, um bestimmte Dauerprobleme als ihre Funktion zu behandeln. Diese Behandlung erfolgt über Strukturbildung, die für das jeweilige System spezifisch ist. So bearbeiten z.B. Erziehungssysteme das Erziehungsproblem dadurch, daß sie Systemstrukturen einrichten, die Erziehung ermöglichen. Damit wird Erziehung als ein gesellschaftliches Problem nicht «gelöst», sondern

---

12. Kapitel 2, Teil 3, Punkt 2.1.2.2 *Die operationale Konstruktion der gesellschaftlichen Funktion*

durch entsprechende Systemstrukturen behandelbar, so daß im Hinblick auf Erziehung kommuniziert werden kann. Mit anderen Worten: Das gesellschaftliche Problem der Erziehung wird behandelbar, wenn Kommunikation als Erziehung stattfindet. Die funktionale Differenzierung wird damit durch strukturelle Differenzierung realisiert.

Die gesellschaftliche Funktion im Sinne von LUHMANN kann damit folgendermaßen definiert werden: *Die gesellschaftliche Funktion ist ein gesellschaftliches Dauerproblem, das einem sozialen System zugesprochen wird, um dieses Problem durch systemspezifische Strukturbildung behandeln zu können. Die gesellschaftliche Funktion gibt dem sozialen System damit den Gesichtspunkt vor, unter dem es soziale Strukturen ausbildet und unter dem in diesem System kommuniziert wird.*

Die Anwendung des funktionalen Ansatzes bei LUHMANN auf die Beschreibung des psychischen Systems übernimmt die Definition der Funktion eines Systems als ein Dauerproblem der Gesellschaft, das dieses System durch Strukturbildung zu behandeln sucht. Damit wird das Dauerproblem in der Beschreibung des psychischen Systems als ein psychisches Dauerproblem gefaßt, das von psychischen Systemen durch entsprechende Strukturbildung behandelt wird. Mit anderen Worten: *Das psychische System differenziert sich funktional aus, indem Subsysteme gebildet werden, die unter dem Gesichtspunkt der Behandlung eines Problems spezifische Strukturbildungen vollziehen.* Die psychische Funktion ist dann analog zur gesellschaftlichen Funktion bestimmbar: Sie ist ein Problem, das einem psychischen System zugesprochen wird. Auch hier gilt, daß Probleme nur dann behandelt werden können, wenn psychische Systeme ausgebildet werden. Das Dauerproblem des Psychischen wird weiter unten [13] als die Konstruktion von Rationalität bestimmt. Die funktionale Differenzierung ergibt sich durch die Bereichsspezifik der Rationalität: [14] *Operationale Systeme differenzieren sich funktional aus, indem sie unter dem Gesichtspunkt der Rationalität unterschiedliche Realitätsbereiche konstruieren.* Das psychische System kann dadurch als ein funktional differenziertes System gefaßt werden. Die Besonderheit dieser psychischen funktionalen Differenzierung liegt darin, daß sie in jedem einzelnen psychischen System stattfindet. Die psychische funktionale Differenzierung ist eine intraindividuelle und keine interindividuelle Differenzierung. In ihr werden keine psychischen Systeme als Individuen ausdifferenziert. Die soziale funktionale Differenzierung ist dagegen eine gesellschaftliche Differenzierung, die alle Kommunikationen, d.h. alle sozialen Systeme funktional ausdifferenziert. Die psychische funktionale Differenzierung differenziert nicht alle Bewußtseinsbildungen funktional aus, sondern setzt in der Differenzierung erst bei dem einzelnen psychischen System an.

Die psychische funktionale Differenzierung stellt eine erste grundlegende Strukturbildung psychischer Systeme dar, indem psychische Systeme in sich psychische Subsysteme ausdifferenzieren. Dieser Ausdifferenzierungsprozeß wird durch die psychische Funktion der bereichsspezifischen Konstruktion von Rationalität durch operationale psychische Systeme vollzogen. Systemisch strukturierte Denkvollzüge haben damit die psychische Funktion, Rationalität zu konstruieren. Die Bereichsspezifik dieser Systeme ist dadurch gegeben, daß Rationalität in unterschiedlichen Realitätsbereichen auch durch unterschiedliche operationale Systeme konstruiert wird. Die Bereichsspezi-

---

13. vgl. Kapitel 1, Teil 3, Punkt 1.2 *Rationalität als Funktion operationaler Systeme*
14. vgl. Kapitel 1, Teil 3, Punkt 1.1 *Die bereichsspezifische Konstruktion von Realität*

12 Systemkomponenten des operationalen psychischen Systems

fik ist damit untrennbar mit der funktionalen Differenzierung verbunden. [15] So folgt der Realitätsbereich der Naturwissenschaften z.b. anderen Rationalitätsgesichtspunkten als der des Sozialen. Entsprechend muß die Konstruktion der Rationalität durch unterschiedliche Denkstrukturen vollzogen werden.

Das systemanalytische Denken wird im zweiten Kapitel als ein operationales System dargestellt, das den Gegenstandsbereich des Sozialen in Form von sozialen Systemen rational konstruiert. *Das systemanalytische Denken ist somit ein funktional ausdifferenziertes Teilsystem des psychischen Systems. Bei der Konstruktion sozialer Systeme entwickelt es eine spezifische Rationalität.*

Siebtens: Die durch LUHMANN vorgegebenen Momente erstens der Autopoiesis, die das psychische System als Bewußtseinssystem definiert, zweitens der Systemkategorien, die die Systemkomponenten als Element, Grenze und Struktur definieren, und drittens des systemfunktionalen Ansatzes bilden den Ausgangspunkt für die Beschreibung des psychischen Systems. Aus den bereits genannten Gründen werden die Kognitionstheorie PIAGETs und die Theorie CRAMERs unterstützend und ergänzend für die Darstellung des psychischen Systems herangezogen. Dies betrifft insbesondere die Beschreibung der Systemkomponenten und die Bestimmung der Rationalitätskriterien für die Funktion des psychischen Systems. Diese Ergänzungen geben weitere grundlegende Gesichtspunkte für die Beschreibung des psychischen Systems vor:

1. *Das Denken* wird von PIAGET *operational bestimmt.*
2. Abweichend von LUHMANNs Elementbestimmung wird durch den operationalen Ansatz nach PIAGET das *Element des psychischen Systems als Operation bestimmt.* Die Ausführungen im ersten Teil des Kapitels werden zeigen, daß diese Bestimmung mit LUHMANNs Überlegungen kompatibel ist. Für die Darstellung des systemanalytischen Denkens bedeutet dies, daß dieser Denkprozeß durch die ihn konstruierenden Operationen bestimmt werden muß.
3. Die Operation gibt als eine Form des bewußten Vollzugs die *Grenze* des psychischen Systems vor: *In der Operation wird Realität als unabhängig vom Ich konstruiert.* [16]

Die von LUHMANN vorgegebene Grenze der Interpenetration als der wechselseitigen Konstitution autopoietischer Systeme wird damit durch eine weitere Grenze im Rahmen eines operationalen-konstruktiven Ansatzes ergänzt: Das psychische System konstruiert im bewußten Vollzug, in der Operation immer schon eine Grenze zwischen dem Ich, das diesen Vollzug vollzieht, dem Vollzug und dem Gegenstand dieses Vollzugs. Dem bewußten Vollzug, d.h. der Operation, ist eine Systemgrenze des psychischen Systems inhärent. Dieser grundlegende Zusammenhang wird durch CRAMERs Darstellungen des bewußten Vollzugs eröffnet. CRAMERs Überlegungen fundieren und differenzieren damit PIAGETs Darstellungen der mit der Operationen verbundenen Dezentrierung, die die Möglichkeit eröffnet, Realität als unabhängig vom Ich zu konstruieren.

LUHMANNs Grenze der Interpenetration wird damit durch die Grenze der Dezentrierung erweitert. Dies ist für die Darstellung des systemanalytischen Denkens

---

15. vgl. Kapitel 1, Teil 3, Punkt 1 *Die funktionale Differenzierung operationaler Systeme*
16. Auf die Problematik der Grenze der Interpenetration wird in der Bestimmung der Grenze des psychischen Systems verwiesen. Vgl. Kapitel 1, Teil 2 *Die Problematik der System-Umwelt-Differenzierung: Umwelt als Konstruktion des psychischen Systems*

von grundlegender Wichtigkeit: Durch systemanalytisches Denken wird das Soziale in Form von sozialen Systemen konstruiert. Dieser Konstruktionsprozeß ist dadurch geprägt, daß soziale Systeme zum Gegenstand des Operierens gemacht werden. Dieser reflexive Prozeß ist mit der Interpenetration nicht mehr zu fassen. Interpenetration ist die wechselseitige Konstitution zweier autopoietischer Systeme, wobei diese wechselseitige Konstitution dem psychischen System nicht bewußt sein muß. Das systemanalytische Denken ist demgegenüber die bewußte Ausrichtung auf soziale Systeme. Systemanalytisches Denken ist demnach nicht die Konstitution, sondern die Konstruktion sozialer Systeme. [17] Die weiteren Überlegungen zum systemanalytischen Denken im zweiten Kapitel werden zeigen, daß das systemanalytische Denken nur dann vollzogen werden kann, wenn die unbewußte wechselseitige Konstitution von Bewußtsein und Kommunikation zum Gegenstand des Denkens gemacht wird. [18] Das systemanalytische Denken muß die Interpenetration von psychischen und sozialen Systemen bewußt konstruieren, um das soziale System zum Gegenstand des Denkens zu machen. Das systemanalytische Denken ist demnach unter der Kategorie der Grenze durch eine reflexive Struktur gekennzeichnet: Es kann nur dann vollzogen werden, wenn die unbewußte Grenze der Interpenetration in der bewußten Grenze der Konstruktion von Realität zum Gegenstand des Denkens gemacht wird.

Die System-Umwelt-Differenzierung wird aus diesem Grunde im ersten Kapitel vorwiegend als die Konstruktionsgrenze des operationalen Systems beschrieben: Denken wird als ein operationaler, konstruktiver Prozeß dargestellt, der in systemischen Zusammenhängen verläuft. Im zweiten Kapitel, in dem das systemanalytische Denken thematisiert wird, wird die System-Umwelt-Grenze der Interpenetration als Gegenstand des systemanalytischen Denkens von zentraler Bedeutung sein.

4. *Die Rationalität kann nach PIAGET als eine Systemrationalität dargestellt werden.* [19] Sie wird aus der Gruppierung, die von PIAGET dargestellt wird, entwickelt. Die Gruppierung verbindet das Rationalitätsmoment als Funktion des psychischen Systems mit seinen drei Systemkomponenten: *Die Gruppierung zeigt typische Verknüpfungen von Operationen (Element) zu Systemstrukturen (Struktur), die wiederum jene Strukturen ausmachen, die Realität als unabhängig vom Ich (Grenze) unter dem Gesichtspunkt der Rationalität (Funktion) konstruieren.*

5. *Durch PIAGETs Kognitionstheorie wird die funktionale Differenzierung operationaler Systeme durch eine Differenzierung zwischen dem konkret-operationalen und dem formal-operationalen System erweitert.* [20] Der funktionalen, bereichsspezifisch orientierten Differenzierung operationaler Systeme wird eine zweite, gattungsspezifische Differenzierung hinzugefügt. Diese gattungsspezifische Differenzierung kann in die funktionale Differenzierung integriert werden, *weil das konkret-operationale und das formal-operationale System zwei Systeme sind, die in*

---

17. vgl. auch: Kapitel 2, Teil 3, Punkt 2.1.1.3 *Die operationale Konstruktion der Kommunikation als Element des sozialen Systems*
18. vgl. Kapitel 2, Teil 3, Punkt 1 *Die vollständige sozial-kognitive Dezentrierung als Voraussetzung der operationalen Konstruktion des sozialen Systems*
19. vgl. Kapitel 1, Teil 3, Punkt 1.2 *Rationalität als Funktion der operationalen Systeme*
20. vgl. Kapitel 1, Teil 3, Punkt 2 *Die qualitative Differenz zwischen konkret- und formal-operationalen Systemen*

qualitativ unterschiedlicher Weise die Funktion der Rationalität bearbeiten. Diese qualitative Differenz zeigt sich erstens darin, daß das konkret-operationale System die Rationalität noch nicht hinreichend konstruieren kann, obschon es auch in seiner Strukturbildung der Funktion der Rationalität unterstellt ist. Zweitens kennt das konkret-operationale System noch keine bereichsspezifische Differenzierung. Die funktionale Differenzierung ist somit eine Differenzierung formal-operationaler Systeme, die ihre Vorläufer im konkret-operationalen System hat.

Achtens: Die bisherigen Darlegungen geben den Aufbau des ersten Kapitels vor: Im ersten Teil wird das Element des psychischen Systems bestimmt. Im zweiten Teil wird die Kategorie der Grenze in der System-Umwelt-Beziehung des psychischen Systems thematisiert. Der dritte Teil thematisiert die Kategorie der Struktur. Dabei werden die für die Konstruktion eines Realitätsbereichs unter dem Gesichtspunkt der Rationalität grundlegenden Strukturen aufgezeigt. Anschließend wird die qualitative Differenzierung zwischen konkret-operationalen und formal-operationalen Systemen im Hinblick auf die Form der Realisierung dieser Strukturen thematisiert.

1. Teil:

Die Operation als Element des psychischen Systems

In dem nun folgenden Teil des Kapitels wird die Operation als Element des psychischen Systems dargestellt. Den Ausgangspunkt dieser Darstellung bildet LUHMANNs Autopoiesiskonzept, in dem das psychische System als ein Bewußtseinssystem definiert wird. Das Element des autopoietischen Prozesses, das Bewußtsein, muß aber genauer gefaßt werden. Diese Elementbestimmung erfolgt in drei Schritten: Erstens werden die Merkmale eines *Systemelementes* aufgeführt. Zweitens wird mit Hilfe von CRAMER der *bewußte Vollzug als eine Einheit bestimmt, der diese Merkmale eines Elementes zu eigen sind.* Drittens wird die *Operation als ein Typus dieses bewußten Vollzugs* vorgestellt. Damit kann die Operation als das Element des psychischen Systems bestimmt werden.

Im Anschluß an diese Elementbestimmung soll LUHMANNs Elementbestimmung des psychischen Systems dargestellt und kritisiert werden. Diese Kritik verfolgt den Zweck, einerseits die von LUHMANN abweichende Elementbestimmung zu begründen und andererseits einige grundlegende «Eigenschaften» der Operation aus der Kritik an LUHMANN zu entwickeln. Diese «Eigenschaften» der Operation verweisen auf den Zusammenhang des Systemelementes mit den Systemkomponenten der Grenze und der Struktur. Das Element erweist sich damit als der «Baustein» des Systems, in dem das Systemische des psychische Systems bereits angelegt ist.
Die Argumentation beginnt nun mit der Bestimmung des Elementes als Analyseeinheit.

Das Element eines Systems ist seine kleinste und nicht-teilbare, jedoch durch Analyse dekomponierbare Einheit. Diese Definition eines Systemelements kann LUHMANNs Bestimmungen der Kommunikation als Element des sozialen Systems ent-

Die Operation als Element des psychischen Systems 15

nommen werden. [21] Für die Bestimmung des Elements des psychischen Systems, das als autopoietisches System Bewußtsein produziert und reproduziert, bedeutet dies, daß das Bewußtsein als ein solches Element bestimmt werden muß. Bewußtsein kann dann als Element des psychischen beschrieben werden, wenn seine nicht-teilbare Einheit, die als eine komplexe Einheit auf ihre konstitutiven Momenten hin analysiert wird, bestimmt werden kann. Die Nicht-Teilbarkeit des Elementes bezieht sich auf seine unteilbare Einheit: Die analysierbaren konstitutiven Momente dieser Einheit müssen immer *zugleich* realisiert werden, damit der Prozeß des Systems, der Bewußtseinsprozeß, vollzogen werden kann. Die Isolierung eines dieser Momente zerstört die Einheit und macht das Prozessieren des Systems unmöglich. In diesem Sinne ist das Systemelement komplex und nicht-teilbar. In der Elementbestimmung des psychischen Systems müssen diese Momente benannt werden, die die Einheit des Bewußtseins als eine komplexe Einheit konstituieren.

Das Element des Psychischen wird als die kleinste Einheit einer jeden Form des systemisch prozessierenden Bewußtseins bestimmt. *Die Elementbestimmung des psychischen Systems, und dies gilt in gleicher Weise auch für die Elementbestimmung des sozialen Systems, erfolgt damit über eine Generalisierung*: Die kleinste, nicht-teilbare Einheit eines Systems ist diejenige Systemkomponente, die jenseits der Spezifika des Systems jederzeit auftritt und auch auftreten muß, um in ihrem wiederholten und auf Dauer gestellten Auftreten den Prozeß des Systems aufrecht zu erhalten. Das Element wird über diejenigen Momente bestimmt, die notwendig und zugleich auftreten müssen, um den Prozeß des Systems zu ermöglichen. Treten diese Merkmale des Systems nicht auf oder treten sie nur einzeln auf, so kann das System insgesamt nicht prozessieren. Die Generalisierung, die in einer solchen Elementbestimmung liegt, bezieht sich darauf, daß das Element die für das System nicht-teilbare kleinste Einheit ist, durch die *jeder* Prozeß des Systems gekennzeichnet ist.

Die beiden kritischen Merkmale «kleinste, jedoch komplexe Einheit» und «Generalisierbarkeit» bestimmen, daß *das System nur ein Element hat*. Systeme setzen sich nicht aus verschiedenen Elementen zusammen. Das wiederholte Auftreten des Elementes ist gleichbedeutend mit der Tatsache, daß ein System prozessiert. Aus diesem Grunde muß das Element des Bewußtseinssystems eine Einheit bilden, die *jeden bewußten Prozeß kennzeichnet*.

Mit Hilfe von CRAMERs Darstellung des bewußten Vollzugs kann das Bewußtsein in Form einer solchen kleinsten und nicht-teilbaren, jedoch dekomponierbaren und komplexen Einheit beschrieben werden. Nach CRAMER ist der bewußte Vollzug die kleinste Einheit des Denkens. Diese Einheit wird durch drei Momente konstituiert: Erstens durch den Vollzug des Denkens selbst, zweitens durch das Ich des Denkens und drittens durch das Gedachte des Denkens. Denken ist nicht nur der Vollzug, sondern konstituiert sich aufgrund seiner notwendigen Bezugnahme auf ein Ich und auf ein Gedachtes. [22]

Die Bezugnahme zum Ich ergibt sich aus der Gebundenheit des Denkens an das psychische System: Es ist immer ein Ich, das denkt, das als Vollzieher des Vollzugs des Denkens auftritt. Ohne dieses Ich ist Denken nicht möglich. In gleicher Weise ist

---

21. vgl. Kapitel 2, Teil 3, Punkt 2.1.1.2 *Die operationale Konstruktion der Kommunikation als Element des sozialen Systems*
22. vgl. W. CRAMER, Grundlegung einer Theorie des Geistes

16 Systemkomponenten des operationalen psychischen Systems

der Denkvollzug immer auch an einen «Inhalt» des Denkens gebunden. Denken ist immer Denken von etwas, das heißt, daß Denken ohne Bewußtseinsgegenstand nicht möglich ist.

Denken als bewußter Vollzug kann somit als untrennbare Einheit aus dem Vollzieher des Denkens, dem Vollzug des Denkens und dem Vollzogenen definiert werden. Untrennbar meint hier, daß nur das gleichzeitige Auftreten dieser drei Momente Denken ermöglicht. *Der bewußte Vollzug ist die für das Bewußtseinssystem und dessen Prozessieren nicht-teilbare Einheit, die sich aus drei notwendig sie konstituierenden Momenten zusammensetzt.* CRAMER nennt aus diesem Grunde die Struktur des Denkens eine Triade: Sie bildet die Einheit in der Differenz dreier Momente:

"Denken ist Ursprung, Erzeugen und Haben von Gedanken. - Die volle Struktur des Denkens ist die Triade: Erzeugendes (Ursprung) - Erzeugen (Denken) - Erzeugtes (Gedanke). Diese Differenzierung drückt sich sprachlich aus in: Ich denke etwas."[23]

Für die Elementbestimmung des psychischen Systems ist diese Kennzeichnung des Denkens von wesentlicher Bedeutung. Sie besagt, daß in einer Elementarisierung des Denkprozesses die Einheit dieser Triade nicht verletzt werden darf. *Das Element des psychischen Systems muß sich demnach durch die Emergenz der drei Momente des Ich denke etwas auszeichnen.* Denken kann nicht ausschließlich auf das Ich, den Vollzug oder das Vollzogene reduziert werden.

Der bewußte Vollzug ist damit als die kleinste Einheit des Bewußtseins bestimmt.

PIAGETs Kognitionstheorie kann mit einer solchen Elementarisierung des Bewußtseins verbunden werden, indem die Operation als ein bewußter Vollzug beschrieben wird. Die Operation kann als das Element des psychischen Systems bestimmt werden, weil ihr die Trias des *Ich denke etwas* inhärent ist.

Die Operation ist unlösbar mit den drei konstitutiven Momenten des bewußten Vollzugs verbunden. Nach PIAGET kann der bewußte Vollzug operational bestimmt werden.

"Kurz: der wesentliche Charakter des logischen Denkens besteht darin, daß es operativ ist, d.h. aus dem Tun hervorgeht, indem es dieses verinnerlicht."[24]

Die Operation ist ein Denkvollzug eines Ichs, in der zwei Bewußtseinsgegenstände aufeinander bezogen werden. Damit ist die Operation unlösbar mit dem Ich, das diese Operation vollzieht, dem Vollzug, der die Beziehung zwischen zwei Bewußtseinsgegenständen herstellt und den Bewußtseinsgegenständen als dem Etwas dieses Vollzugs verbunden. Die drei konstitutiven Momente des bewußten Vollzugs können als konstitutive Momente der Operation nach PIAGET in den drei folgenden Unterpunkten genauer erörtert werden. PIAGETs konstitutive Momente der Operation sind mit den von CRAMER dargestellten Momenten des bewußten Vollzugs vereinbar:

Erstens: PIAGET bezeichnet das Ich als das «Zentrum des Funktionierens».

---

23. W. CRAMER, Grundlegung einer Theorie des Geistes, S.22
24. J. PIAGET, Psychologie der Intelligenz, S.40

"... oder aber das Subjekt hat dieses Vermögen nicht (das Vermögen "Struktur der Strukturen" zu sein, A.H.) und besitzt keine Strukturen, bevor es sie konstruiert, und dann muß man es bescheidener, aber wirklichkeitsnaher bloß als ein Zentrum des Funktionierens charakterisieren." [25]

Als Zentrum des Funktionierens wird das Ich von PIAGET in ähnlicher Weise definiert wie das Ich in CRAMERs bewußtem Vollzug: Das Ich ist keine Hyperstruktur aller dem psychischen System möglichen Strukturen; das heißt, es besteht keine Hierarchiebeziehung zwischen dem Ich und der Operation. Das Ich ist auch kein Vollzug; das heißt, es ist nicht das Operieren selbst, sondern es bringt das Operieren als Zentrum des Funktionierens hervor. CRAMER bezeichnet dieses Hervorbringen als «Erzeugendes» und «Urheber» des Denkens. *Für PIAGET wie für CRAMER ist das Ich ein konstitutives Moment des Denkens, indem es dieses Denken im bewußten Vollzug hervorbringt.*

Zweitens: Das Denken ist in der CRAMERschen Trias das «Erzeugen» von Gedanken. *Das Denken als das «Erzeugen» von Gedanken kann in PIAGETs operationalem Konzept mit der Transformation als einer Form des Erzeugens von Gedanken beschrieben werden.*

"Der operative Aspekt des Denkens bezieht sich nicht auf Zustände, sondern auf Transformationen von einem Zustand in einen anderen." [26]

Das Erzeugen eines Gedankens ist nach PIAGET ein operationaler Prozeß, in dem ein Gedanke in einen anderen Gedanken transformiert wird. Dieser Prozeß «erzeugt» Gedanken, indem er einen Bewußtseinsgegenstand in einen anderen transformiert. *Der bewußte Vollzug ist als die Einheit des Bewußtseins dann das Element des psychischen Systems, wenn er als eine Operation auftritt; das heißt, wenn das Erzeugen von Gedanken über Transformationen erfolgt.* Damit wird die Möglichkeit, daß der bewußte Vollzug nicht als Operation auftritt, eingeschlossen. Diese Möglichkeit wird dann offenkundig, wenn Operationen zu operationalen Strukturen und Systemen verknüpft werden, die über die Funktion der Rationalität definiert sind. Nicht jeder bewußte Vollzug ist eine Operation und wird über Rationalitätskriterien bestimmt. Der transformatorische Charakter der Operation gibt dem bewußten Vollzug eine bipolare Struktur. [27] In der Operation werden zwei Bewußtseinsgegenstände durch die Transformation miteinander verknüpft.

---

25. J. PIAGET, Der Strukturalismus, S.69
26. J. PIAGET, Einführung in die genetische Erkenntnistheorie, S.22
27. Gemeint ist hier die Struktur der Operation und nicht die Struktur des psychischen Systems.

18 Systemkomponenten des operationalen psychischen Systems

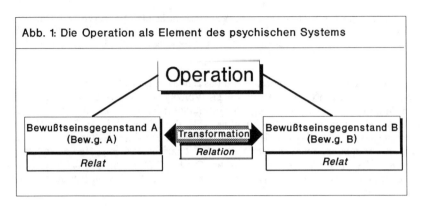

Abb. 1: Die Operation als Element des psychischen Systems

Operationen sind bewußte Vollzüge, in denen Gedanken erzeugt werden, indem Bewußtseinsgegenstände mit Hilfe von Transformationen relationiert werden. Operationen sind Bewußtseinsakte, in denen ausgehend von einem Gedanken ein neuer Gedanke durch Transformation erzeugt wird. Die Transformation ist das Erzeugen von Gedanken.

Drittens: Der Gedanke, das Erzeugte, ist der Bewußtseinsgegenstand, der durch die Transformation hervorgebracht wird. Innerhalb PIAGETs Konzeption ist dies die Realität, die das Ich dezentriert vom Ich konstruiert. Die konstruierte Realität ist ein notwendig konstitutives Moment der Operation. Dieses Moment der Konstruktion von Realität durch die der Operation eigenen Dezentrierung wird weiter unten noch genauer erörtert. [28]

Die Operation zeigt sich in diesen drei genannten Punkten als ein bewußter Vollzug. Die Trias des *Ich denke etwas* wird in der Darstellung der Operation zu der Einheit aus dem Ich, das diese Operation hervorbringt, der Transformation als dem Erzeugen von Gedanken und der Dezentrierung als der Konstruktion von Realität, in der Bewußtseinsgegenstände konstruiert werden.

Das Element des psychischen Systems ist die Operation. Diese Elementbestimmung weicht von LUHMANNs Bestimmung des Gedankens als des Elements des psychischen Systems ab. Im folgenden soll LUHMANNs Elementbestimmung genauer dargestellt und kritisiert werden. Trotz dieser Kritik bleibt der in der vorliegenden Arbeit verwendete Elementbegriff mit LUHMANNs Überlegungen grundsätzlich kompatibel.

LUHMANN entwickelt die Bestimmung des bewußten Vollzugs aus der Autopoiesis. Das psychische System muß, um seinen Erhalt zu sichern, sich selbst produzieren und reproduzieren. Diesen Prozeß bezieht LUHMANN auf die Produktion von

---

28. vgl. Kapitel 1, Teil 2 *Die Problematik der System-Umwelt-Differenzierung: Umwelt als Konstruktion des psychischen Systems* und Kapitel 1, Teil 3, Punkt 2 *Die qualitative Differenz zwischen konkret- und formal-operationalen Systemen*

Die Operation als Element des psychischen Systems

Gedanken: Das psychische System produziert in seinem autopoietischen Prozeß Gedanken und schließt diese Gedanken aneinander an. Bewußtsein wird durch Gedanken und nicht durch den bewußten Vollzug, dem Gedanken immanent sind, definiert.

"Man kann nicht genug betonen, daß damit *Dauerzerfall* zur unerläßlichen *Mitursache des Systembestandes* wird. Würde jeder Gedanke im Bewußtsein stehen bleiben, wäre die Ordnungskapazität des Systems in Minutenschnelle überfordert. Keine denkbare strukturelle Komplexität könnte ein System unter diesen Umständen noch ordnen - es sei denn, daß nur ganz wenige einfache Gedanken zugelassen sind. Insofern ist die laufende Vernichtung der Elemente Bedingung dafür, daß hinreichend verschiedenartige Elemente entstehen, die gleichwohl noch selektiv aufeinander bezogen werden können. Das Hauptproblem liegt dann in der Engführung der Reproduktion im "narrowing of choice" als Voraussetzung dafür, daß Gedanken und Kommunikationen sich überhaupt in einem Sinnzusammenhang und nicht völlig entropisch (mit Gleichwahrscheinlichkeit jeder Möglichkeit) reproduzieren." [29]

Der autopoietische Prozeß wird hier durch das ständige Hervorbringen der Gedanken und ihrer laufenden Vernichtung gekennzeichnet. Das psychische System prozessiert nach LUHMANN über das Hervorbringen und Vernichten von Gedanken und wahrt somit seine Autopoiesis. Gleiches gilt für die Kommunikation des sozialen Systems. [30] Über diese Bestimmung der Autopoiesis hinaus wird in dem vorliegenden Zitat auch darauf hingewiesen, daß die Anschlüsse sowohl zwischen Gedanken als auch zwischen Kommunikationen strukturiert verlaufen müssen, um Entropie zu verhindern.

Durch eine solche Herleitung kommt LUHMANN zu dem Ergebnis, daß der Gedanke das Element des Bewußtseins ist.

"Dazu (um die Besonderheit des Systemtypus zu kennzeichnen, A.H.) muß man zunächst die *Letztelemente*, also die für das System selbst nicht weiter auflösbaren Elemente finden, mit denen das System sich reproduziert. Dies sind in allen sinnhaft operierenden Systemen Selektionen, die im System selbst (wie immer verkürzt) als Selektionen behandelt werden. Für den Fall des Bewußtseins wollen wir, um dessen Eigentümlichkeiten genauer bezeichnen und analysieren zu können, diese rekursiv erzeugten selektiven Ereignisse *Gedanken* nennen ..." [31]

An anderer Stelle wird eine ähnliche Elementarisierung des Bewußtseins vorgenommen, indem LUHMANN von den Vorstellungen als den Elementen des Bewußtseins spricht:

"Wie immer man die Elementareinheiten des Bewußtseins bezeichnen will (wir lassen die Unterscheidung von Ideen und Empfindungen beiseite und sprechen von Vorstellungen), kann nur das Arrangement dieser Elemente neue Elemente produzieren. Vorstellungen sind nötig, um zu Vorstellungen zu kommen." [32]

---

29. N. LUHMANN Autopoiesis des Bewußtseins, S.404
30. vgl. Kapitel 2, Teil 3, Punkt 2.1.1.2 *Die operationale Konstruktion der Kommunikation als Element des sozialen Systems*
31. N. LUHMANN, Autopoiesis des Bewußtseins, S.406
32. N. LUHMANN, Soziale Systeme, S.355-356

Der Gedanke bzw. die Vorstellung ist nach LUHMANN das Element des Bewußtseins: Gedanken bringen einander hervor, um den autopoietischen Prozeß zu ermöglichen. LUHMANN leitet das Element des psychischen Systems ausschließlich aus seinem Konzept der Autopoiesis ab: Bewußtsein kann als ein autopoietischer Prozeß nur dann aufrecht erhalten werden, wenn die für das System typischen Ereignisse auf Dauer neu hervorgebracht werden und aneinander anschließen. Das Element ist das Ereignis und erhält nach LUHMANN durch den Ereignischarakter die Eigenschaft der kleinsten nicht-teilbaren Einheit.

Vor dem Hintergrund der Trias des bewußten Vollzugs nach CRAMER erscheint eine solche Elementbestimmung defizitär: Erstens wird von LUHMANN nicht geklärt, worin die Einheit des Gedankens besteht. Er unterstellt diese Einheit lediglich, indem er den Gedanken als ein Ereignis kennzeichnet. Demgegenüber ermöglicht die Herleitung des Elementes aus dem bewußten Vollzug, diese unteilbare Einheit als die Einheit dreier das Denken konstituierender Momente darzustellen. Zweitens bezieht sich das Element des Gedankens nur auf *ein* konstitutives Moment des bewußten Vollzugs: den Gedanken als das Etwas des bewußten Vollzugs. Damit wird die Trias als eine unteilbare Einheit des *Ich denke etwas* verletzt und das Element nur durch einen analysierten bzw. dekomponierten Teil des bewußten Vollzugs definiert. Dies führt auch LUHMANN in eine Schwierigkeit. LUHMANN muß neben dem Element des Gedankens ein weiteres Moment einführen, von dem er feststellt, daß Bewußtseinssysteme aus ihnen bestehen. Dies ist die Operation, die LUHMANN synonym mit der Transformation verwendet.

"Die Autopoiesis des Bewußtseins ist das Fortspinnen mehr oder minder klarer Gedanken, wobei das Ausmaß an Klarheit und Distinktheit selbstregulativ kontrolliert wird je nachdem, was für einen bestimmten Gedankenzug - vom Dösen und Tagträumen bis zur mathematischen Rechnung - zur Einteilung der Gedanken und zum Übergang erforderlich ist. Es kommt nun darauf an, genauer zu fassen, wie sich Gedankenereignisse erzeugen und reproduzieren. Eine solche Transformation von Elementen in Elemente nennen wir *Operation*, und der Begriff der Autopoiesis besagt dann, daß ein System, in unserem Falle ein Bewußtseinssystem, aus den Operationen bestehe, die es selbst produziere." [33]

Gedanke und Operation werden nach LUHMANN nicht in ihrem Zusammenhang innerhalb einer Einheit gesehen. Wird die Operation demgegenüber als ein bewußter Vollzug definiert, so ist der Operation der Gedanke inhärent. Im bewußten Vollzug als Operation erzeugt das Ich einen Gedanken durch Veränderung. Die Operation ist ein Bewußtseinsakt, in dem durch Transformationen Veränderungen stattfinden, die die Gestalt neuer Gedanken besitzen. Abweichend von LUHMANNs Elementbestimmung ist in der Theoriekonstruktion der vorliegenden Arbeit die Operation ein bewußter Vollzug, der das Element des psychischen Systems ausmacht.
LUHMANNs Elementbestimmung kann in den folgenden Hinsichten kritisiert werden:

---

33. N. LUHMANN, Autopoiesis des Bewußtseins, S.406

Erstens: Die Operation besteht nicht nur aus der Relation der Transformation, sondern ist die Einheit des bewußten Vollzugs, in dem über Transformationen Gedanken erzeugt werden. Die Transformation ist damit ein aber auch nur ein konstitutives Moment der Operation.

Zweitens: LUHMANNs Unterscheidung zwischen Gedanke und Operation als zwei einander nebengeordneten Begriffen muß aus demselben Grund kritisiert werden wie die Identität von Transformation und Operation: Gedanke und Operation sind nicht einander nebengeordnet, da der Gedanke ein konstitutives Moment der Operation ist. Der Gedanke ist ein Moment, das in der Analyse der Einheit der Operation als einer komplexen Einheit unterschieden werden kann. Damit wird der Gedanke als ein Teil der Operation ebenfalls operational bestimmt. *Gedanken sind dann nicht die kleinste nicht-teilbare Einheit des Psychischen, die durch die Operation miteinander verknüpft werden, sondern können selbst wiederum operational bestimmt werden. Gedanken sind konstitutive Momente der Operation und können inhaltlich durch die Operationen bestimmt werden, in denen sie konstruiert werden.* Die Unterscheidung zwischen Gedanken und Operationen entspricht in der Kognitionspsychologie der Trennung zwischen epistemischen und heuristischen Strukturen. Beide Strukturtypen werden in der vorliegenden Arbeit operational gefaßt, so daß sowohl der Gedanke als auch die Transformation als die Verknüpfung von Gedanken operational bestimmt werden kann. Der Gedanke wird durch die Transformationen der Operationen erzeugt.

Drittens: Die Unterscheidung zwischen dem Gedanken als Element des Psychischen und der Operation als demjenige Moment, aus dem das Bewußtseinssystem besteht, führt zu einer unklaren Bestimmung der Operation innerhalb der LUHMANNschen Konzeption. Soll das psychische System in seinen Systemkomponenten von Element, Struktur und Grenze geklärt werden, so muß deutlich werden, welcher Systemkomponente die Operation zugeordnet werden kann. Eine solche Klärung wird von LUHMANN nicht gemacht. LUHMANNs Darstellungen lassen die «Verortung» der Operation in einer Systemkomponente offen. Diese Offenheit kann dazu verleiten, die Operation als die Struktur des psychischen Systems zu kennzeichnen, weil sie nach LUHMANN die Verknüpfung zwischen den Elementen mit bestimmter Strukturgebung ermöglicht. Nach LUHMANN müßte das psychische System dann als ein Gedankensystem definiert werden. Mit anderen Worten: Das psychische System würde seinen Systemcharakter durch ein System von Gedanken erhalten. Es müßte dann durch die semantische Vernetzung seiner Gedanken als System beschrieben werden. Aus der oben entwickelten Definition des Elements des psychischen Systems folgt dagegen, daß *das psychische System als ein operationales System, das seinen Systemcharakter durch die systemische Verknüpfung von Operationen erhält, beschrieben werden muß.* Die systemischen Verknüpfungen von Operationen bilden Systemstrukturen aus. PIAGET kennzeichnet die Operation als einen mentalen Vollzug, der nicht als einzelner, isolierter Vollzug auftritt, sondern immer in systemischen Zusammenhängen vollzogen wird.

"Es ist nur eine gänzlich unerlaubte Abstraktion, wenn man von «einer» Operation spricht; eine vereinzelte Operation kann nicht Operation sein, denn die eigentümlichste Eigenschaft der Operationen liegt gerade darin, daß sie zu Systemen vereinigt sind."[34]

---

34. J. PIAGET, Psychologie der Intelligenz, S.41

Operationen können erst durch ihre systemischen Verknüpfungen als Operationen gekennzeichnet werden. Dies bedeutet, daß der bewußte Vollzug, in dem Bewußtseinsgegenstände durch Transformationen erzeugt werden, niemals als ein isolierter bewußter Vollzug auftritt, sondern als solcher nur in einem systemischen Zusammenhang auftritt. Ohne diese systemische Verknüpfung der Operationen sind mentale Vollzüge anschauliche Vorstellungen.

"Eine einzelne Operation ist keine Operation, sondern bleibt eine einfache, anschauliche Vorstellung. Die spezifische Natur der Operation besteht, verglichen mit den empirischen Tätigkeiten, gerade in der Tatsache, daß sie niemals in diskontinuierlichem Zustand existieren." [35]

Im dritten Teil des ersten Kapitels wird der systemische Zusammenhang der Operationen als die Struktur des operationalen psychischen Systems dargestellt. Die Bestimmung der Operation als Element verweist auf die systemische Struktur des Psychischen.

Viertens: Wird die Operation als Element des psychischen Systems bestimmt, so verweist dieses Element auch auf die Systemkomponente der Grenze: Im bewußten Vollzug wird Realität als eine vom Ich unabhängige Realität konstruiert. Die Dezentrierung ist ein konstitutives Moment der Operation. Dies wird im zweiten Teil des ersten Kapitels genauer erörtert. Wird der Gedanke als das Element des Psychischen bestimmt, so wird das konstruktive Moment der Operation nicht darstellbar. Die Beziehung zwischen der Geschlossenheit des autopoietischen Systems, die sich auf die Abgeschlossenheit seines Elementes gegenüber seiner Umwelt bezieht, und dem konstruktiven Charakter des Denkens kann nicht genau geklärt werden. LUHMANN unterscheidet das selbstreferentielle vom fremdreferentielle Prozessieren des psychischen Systems. [36] Der Gedanke bezieht sich im selbstreferentiellen Prozessieren auf das Ich des Vollzugs und im fremdreferentiellen auf eine Außenwelt. Wie diese Außenwelt für das Bewußtsein erfahrbar und denkbar wird, wird von LUHMANN nicht geklärt. Die Interpenetration ist im Rahmen des Autopoiesiskonzepts von LUHMANN die einzige Systemgrenze des psychischen Systems, so daß hier nun zu fragen ist, wie die Außenwelt als ein Bewußtseinsgegenstand auftreten kann. Die Konstruktion von Realität als eine Grenzziehung des psychischen Systems wird von LUHMANN nicht geklärt. Die Differenz zwischen Ich und Außenwelt wird nach LUHMANN durch die Differenz zwischen dem selbstreferentiellen und dem fremdreferentiellen Prozessieren in die Elementbestimmung mit aufgenommen. Diese Differenz klärt jedoch nicht, wie ein solches unterschiedliches Prozessieren möglich ist und wie die Grenze zwischen psychischem System und Außenwelt genauer zu fassen ist. LUHMANNs Unterscheidung zwischen Ich-Bezug und Fremd-Bezug des Bewußtseinssystems wird lediglich durch die Differenz im Bewußtseinsgegenstand hergestellt, so daß das Ich einerseits sich selbst und andererseits seine Umwelt zum Gegenstand des Denkens machen kann. Die Elementarisierung des Psychischen auf den Gedanken legt eine solche Differenzierung nahe, doch führt sie nicht zur Klärung dieser Umwelt-Grenze.

---

35. J. PIAGET, Psychologie der Intelligenz, S.41
36. vgl. N. LUHMANN, Autopoiesis des Bewußtseins

Fünftens: Wird der Gedanke als Element des psychischen Systems bestimmt, so muß daraus geschlossen werden, daß jeder autopoietische Prozeß des Psychischen nicht nur eine Verknüpfung von Gedanken, sondern auch systemisch strukturiert ist. *Demgegenüber wird durch die Elementbestimmung der Operation festgelegt, daß sich psychische Systeme nur dann konstituieren, wenn Operationen als bewußte Vollzüge vollzogen werden können.* Auch das prä-operationale «Denken» im Sinne PIAGETs ist ein autopoietischer Prozeß, in dem zwar Gedanken als Vorstellungen miteinander verknüpft, aber noch keine Bewußtseinssysteme ausgebildet werden.

Das prä-operationale «Denken» kann nicht als ein bewußter Vollzug im Sinne von CRAMER beschrieben werden. Zwei grundlegende Momente des bewußten Vollzugs fehlen dem prä-operationalen «Denken»: Erstens unterscheidet das prä-operationale Denken nicht zwischen dem Ich des Vollziehers und dem Etwas des Vollzogenen. Dem prä-operationalen Denken fehlt die für die Operation als einen bewußten Vollzug kennzeichnende Dezentrierung. Zweitens kann das prä-operationale «Denken» Bewußtseinsgegenstände noch nicht durch Transformationen erzeugen. Das prä-operationale «Denken» ist ein Denken, das sinnlich Wahrgenommenes nicht durch Transformationen verknüpft.

Können Operationen als Transformationen noch nicht konstruiert werden, so wie dies entwicklungspsychologisch in der prä-operationalen Phase des Denkens der Fall ist, so können die Transformationen zwischen Zuständen nicht gedacht werden, und Realität wird als eine nichttransformatorische Abfolge von Zuständen konstruiert. Dies bedeutet, daß das Hervorbringen der Gegenstände des Denkens als aufeinanderfolgende Zustände dem prä-operationalen Verknüpfen von Gedanken entspricht. Prä-operational meint hier nicht, daß überhaupt keine Verknüpfungen stattfinden, sondern daß hier Verknüpfungen stattfinden, die noch nicht den Status von Transformationen haben. Die Operationen sind noch nicht ausgebildet. Dies widerspricht nicht der oben aufgestellten These, daß Operationen das Element des psychischen Systems sind: Das psychische System wurde als das kognitive System definiert. Dieses kognitive System unterliegt jedoch einer Entwicklung bis zu dem Stadium, in dem es als selbstbewußtes autopoietisches System prozessieren kann. Das Bewußtsein entwickelt sich langsam aus Vorstufen des Bewußten bis zu der Ausbildung des kognitiven psychischen Systems. Das heißt nicht, daß auf den Vorstufen dieser Ausbildung Autopoiesis nicht vollzogen werden kann. Diese Vorstufen sind jedoch dadurch geprägt, daß diese Autopoiesis noch auf vorbewußten Stufen prozessiert. Für die Beschreibung der prä-operationalen Stufe bedeutet dies: Autopoiesis wird auch hier vollzogen, indem Zustände mit Zuständen verbunden werden. Mit anderen Worten: Die prä-operationale Verknüpfung ist eine Verknüpfung von wahrgenommenen Zuständen, die noch nicht transformatorisch vollzogen wird. Die Stufe dieses prä-operationalen Prozessierens benennt PIAGET mit dem Begriff der «senso-motorischen Intelligenz».

"Vor allem bestehen die Tätigkeiten der senso-motorischen Intelligenz ausschließlich darin, aufeinanderfolgende Wahrnehmungen und ebenfalls aufeinanderfolgende wirkliche Bewegungen miteinander zu koordinieren. Sie können also lediglich eine Aufeinanderfolge von Zuständen erzeugen, die durch kurze Vorwegnahmen und Wiederherstellungen miteinander verbunden sind, ohne aber je zu einer Gesamtvorstellung zu gelangen. Diese kann nur unter der Voraussetzung entstehen, daß die verschiedenen Zustände durch das Denken gleichzeitig erlebt werden, d.h. dem zeitlichen Ablauf der Handlung entzogen werden. Mit anderen Worten: die senso-motorische Intelligenz geht wie ein langsam abrollender Film vor, bei dem man nacheinander alle Bilder zwar sieht, aber unabhängig voneinander, ohne die zum Verständnis des Ganzen unerläßliche kontinuierliche Schau." [37]

Die Verknüpfung von Gedanken geschieht auf der prä-operationalen Stufe noch unbewußt und ist somit kein Moment des bewußten Vollzugs. Oder, wie PIAGET sagt:

"Die senso-motorische Intelligenz ist also eine nur gelebte und nicht bewußte Intelligenz." [38]

Für die Bestimmung der Operation als Element der Autopoiesis des Bewußtseins ist diese Feststellung von wesentlicher Bedeutung. *Die Autopoiesis des Bewußten kann hier in das prä-operationale Verknüpfen von Zuständen einerseits und das operational-transformale Verknüpfen andererseits differenziert werden.* Beiden ist gemein, daß das Element der Autopoiesis in der Verknüpfung selbst liegt. Der Unterschied besteht darin, daß im Verlauf der kognitiven Entwicklung das Element der Autopoiesis als ein bewußter Vollzug auftritt. Obschon die Bildung psychischer Systeme erst im operationalen Denken stattfindet, bleibt das prä-operationale Denken dennoch ein autopoietisches Prozessieren. Das operationale Denken ist somit ein Denken, das seinen autopoietischen Prozeß in systemischen Zusammenhängen vollzieht. Damit wird in den Elementbegriff des Psychischen die genetische Dimension einbezogen, die von der soziologischen Betrachtung LUHMANNs ganz ausgeklammert wird.

Zuletzt sei noch erwähnt, daß die Bestimmung der Operation als ein Systemelement nicht damit verbunden ist, daß zugleich auch Elementaroperationen aufgezeigt werden. *Operationen können durch unterschiedlich viele Teiloperationen zusammengesetzt werden; das heißt, der Komplexitätsgrad der Operationen kann variieren.* So ist z.B. die Operation der Konservierung des Gewichtes eines Gegenstandes eine «einfachere» Operation als die der multiplen Kompensation im Falle des Pendelversuches. [39]
Die Frage nach den Elementaroperationen ist in der vorliegenden Forschung noch nicht beantwortet. *Es muß demnach davon ausgegangen werden, daß alle bislang definierten Operationen letztlich zusammengesetzte Operationen sind.* GRZESIK stellt bei der operationalen Analyse der Begriffsbildung das Problem folgendermaßen dar:

> "Im gegenwärtigen Zusammenhang aber ist *Lenneberg* ein gutes Beispiel dafür, daß es bei den Autoren, die sich mit kognitiven Operationen befassen, zwar einen hohen Grad der Übereinstimmung beim Gebrauch solcher Termini wie Differenzierung, Kategorisierung und Transformation gibt, aber eben doch keine vollständige Gleichheit des Gebrauchs, so daß man davon sprechen könnte, es gäbe einen Konsens über kognitive Elementaroperationen ... Wenn die Identifizierung elementarer begriffsbildender Operationen noch so unsicher ist, dann kann man daraus schließen, daß wir die wahrhaft

---

37. J. PIAGET, Psychologie der Intelligenz, S.137
38. J. PIAGET, Psychologie der Intelligenz, S.137
39. zum Pendelversuch siehe: J. PIAGET/ B. INHELDER, Von der Logik des Kindes zur Logik des Herwachsenden und E. SCHRÖDER, Vom konkreten zum formalen Denken

elementaren Operationen noch nicht kennen, so daß es auch von dieser Seite her als richtig erscheint, nur von relativ elementaren Operationen zu sprechen."[40]

DÖRNER stellt in einer Analyse der von LOMPSCHER [41] dargestellten Operationen fest, daß diese Operationen keine distinkten elementaren Operationen sind, da sie sich teilweise gegenseitig implizieren. Gleichwohl stellt er fest, daß diese Operationen ein weitreichendes Analyseinstrumentarium für kognitive Prozesse darstellen.

"Man kommt in der Tat erstaunlich weit, wenn man darangeht, geistige Prozesse in die Lompscher-Operationen zu zerlegen." [42]

Er stellt ebenfalls fest, daß es nach wie vor ungeklärt ist, welche Operationen als die elementaren angesehen werden können.

"Wir haben hierzu einen Versuch unternommen und geprüft, ob man alle Teilprozesse eines Heurismus für interpolatives Problemlösen auf die elementaren Prozesse »aktivieren«, »hemmen«, »verknüpfen« und »entknüpfen« zurückführen kann. Das ist möglich ... Ob man aus diesen vier neurophysiologisch gut interpretierbaren Prozessen tatsächlich *alle* komplexeren geistigen Prozesse zusammensetzen (sic!) kann, bleibt zu überprüfen." [43]

Für den vorliegenden Zusammenhang soll dieses Problem lediglich erwähnt werden. Es fällt für die vorliegende Untersuchung nicht ins Gewicht, da hier im Anschluß an PIAGET in erster Linie nach dem System der sozial-kognitiven Operationen gesucht wird und nicht nach den elementaren sozial-kognitiven Operationen.

2. Teil:

Die Problematik der System-Umwelt-Differenzierung:

Umwelt als Konstruktion des psychischen Systems

Im folgenden Teil des ersten Kapitels wird die Systemkomponente der Grenze thematisiert. Die Grenze eines Systems wird über seine System-Umwelt-Beziehungen definiert. Diese System-Umwelt-Beziehungen sind für das System in zweierlei Hinsichten konstitutiv: *Erstens wird durch die Grenze festgelegt, was dem System zugehörig ist und was seiner Umwelt angehört.* Die Systemgrenze unterscheidet das Innen vom Außen eines Systems. *Zweitens sind Grenzen nicht nur Begrenzungen eines Systems, sondern auch Systemkomponenten, an denen Systeme ihre Strukturbildung ausrich-*

---

40. J. GRZESIK, Begriffe lernen und lehren, S.54; Verweis im Zitat: E.H. LENNEBERG, Biologische Grundlagen der Sprache
41. H.J. LOMPSCHER, Theoretische und experimentelle Untersuchungen zur Entwicklung geistiger Fähigkeiten, S.33ff.
42. D. DÖRNER, Problemlösen als Informationsverarbeitung, S.113
43. D. DÖRNER, Problemlösen als Informationsverarbeitung, S.115

ten.[44] Die Grenze eines Systems hat grundlegende Auswirkungen auf die Strukturbildung. Damit verweist die Darstellung der Grenze auf die Bestimmung der Systemkategorie der Struktur im dritten Teil des ersten Kapitels. Dort wird zu zeigen sein, wie die Umwelt als eine Konstruktion des psychischen Systems sich auf dessen Strukturbildung auswirkt.[45]

Die Systemkomponente der Grenze des psychischen Systems wird im folgenden in zwei Grenztypen aufgeteilt: *Erstens bildet die Interpenetration als die wechselseitige Konstitution autopoietischer Systeme eine System-Umwelt-Beziehung des psychischen Systems.* Diese Systemgrenze kann aus LUHMANNs Konzeption der Autopoiesis gewonnen werden. *Zweitens wird ergänzend zu der Interpenetration die Konstruktion der Umwelt durch das psychische System als eine System-Umwelt-Grenze dargestellt.* Sie wird aus der Darstellung des bewußten Vollzugs nach CRAMER entwickelt. Beide Grenztypen sind kennzeichnend für jede Form des operationalen Denkens, da sie Systemkomponenten des psychischen Systems sind. Sie sollen im folgenden jedoch unter dem Gesichtspunkt dargestellt werden, inwieweit sie als Systemgrenzen für die Beschreibung des systemanalytischen Denkens hilfreich sind. Aus diesem Grunde werden beide Grenzen im Zusammenhang mit dem systemanalytischen Denken thematisiert, obschon sie für jedes systemisch strukturierte Denken Systemkomponenten darstellen. Die Untersuchungsabsicht der vorliegenden Arbeit lenkt somit auch die Thematisierung der Grenzparameter.

Im folgenden wird zunächst die Interpenetration thematisiert. Diese Thematisierung will zeigen, daß die Interpenetration nur dann in ihrer Auswirkung auf die Strukturbildung dargestellt werden kann, wenn von bestimmten psychischen oder sozialen Systemen ausgegangen wird. Für die allgemeine Darstellung des Denkens und auch des systemanalytischen Denkens kann diese Grenze keine Auskünfte für die Strukturbildung geben.

Im Anschluß daran wird die Grenze als Konstruktion der Umwelt dargestellt. Sie ist eine Grenze, die die Beziehung zwischen dem psychischen System und dem sozialen System im systemanalytischen Denken kennzeichnet: Im systemanalytischen Denken wird vom psychischen System das soziale System als eine Umwelt des psychischen Systems konstruiert.

LUHMANN entwickelt die Interpenetration aus dem Konzept der Autopoiesis: Interpenetration ist die wechselseitige Konstitution autopoietischer Systeme. LUHMANN unterscheidet drei autopoietische Systeme, die über die Interpenetration miteinander verbunden sind: das psychische, das soziale und das organische System.[46] Diese drei Systeme konstituieren sich wechselseitig. Wird die Grenze des psychischen Systems im Rahmen von LUHMANNs Autopoiesiskonzeption bestimmt, so zeichnet sich das psychische System durch zwei Interpenetrationsgrenzen aus: der Interpenetration zum sozialen und zum organischen System.

---

44. vgl. für das psychische System Kapitel 1, Teil 3, Punkt 1 *Die funktionale Differenzierung operationaler Systeme* und für das soziale System Kapitel 2, Teil 3, Punkt 2.1 *Die Konstruktion der Systemparameter*
45. vgl. Kapitel 1, Teil 3, Punkt 1 *Die funktionale Differenzierung operationaler Systeme*
46. vgl. Kapitel 2, Teil 3, Punkt 1.2, *Die Problematik der Differenzierung zwischen sozialen und psychischen Systemen - einige soziologische Überlegungen*

Die Problematik der System-Umwelt-Differenzierung

Nach LUHMANN ist *die Interpenetration in dieser doppelten Bestimmung die einzige Grenze des psychischen Systems.* Dies impliziert, daß psychische Systeme untereinander keine System-Umwelt-Beziehungen haben: Das Bewußtsein eines psychischen Systems kann weder das Bewußtsein eines anderen psychischen Systems konstituieren noch kann es ein anderes psychisches System mit Bewußtsein in Form eines Austausches der Elemente versorgen. Psychische Systeme sind füreinander intransparent. [47] *Der Kontakt zwischen psychischen Systemen kann demnach nicht über interpsychische Systemgrenzen hergestellt werden.* Psychische Systeme können nur dann miteinander Kontakt aufnehmen, wenn sie miteinander kommunizieren, das heißt, wenn mindestens zwei psychische Systeme mit der gleichen Kommunikation interpenetrieren. Der Kontakt zwischen zwei psychischen Systeme ist kein direkter. Er kann ausschließlich über die Interpenetration mit dem sozialen System hergestellt werden. Für die Kommunikation ist die Interpenetration des organischen Systems von zentraler Bedeutung, so daß der Kontakt zwischen psychischen Systemen zugleich auf die Interpenetration zum sozialen wie auch zum organischen System angewiesen ist. Erst durch die leibliche Verfaßtheit und die wechselseitige Interpenetration des psychischen und des organischen Systems erhält das Individuum eine «Raumstelle», die es ihm ermöglicht, mit anderen psychischen Systemen mittels Kommunikation in Kontakt zu treten.

Die Grenze der Interpenetration wird für die allgemeine Bestimmung des psychischen Systems in der vorliegenden Arbeit nicht weiter verfolgt. Die folgenden Ausführungen sollen diese Entscheidung begründen.

Die Interpenetration als Grenze des psychischen Systems kann in ihren Einflüssen auf die Strukturbildung des psychischen Systems nur dann erfaßt werden, wenn von bestimmten autopoietischen Systemen ausgegangen wird. Um die wechselseitige Konstitution zwischen autopoietischen Systemen in ihrer Auswirkung auf die Struktur eines dieser Systeme aufzuzeigen, muß von spezifischen Strukturbildungen in einem der beiden Systeme ausgegangen werden. Bezogen auf die Interpenetration zwischen psychischen und sozialen Systemen [48] bedeutet dies, daß entweder von bestimmten psychischen Strukturen ausgegangen wird und nach deren Möglichkeiten der Konstitution sozialer Strukturen gefragt wird, oder es wird von bestimmten sozialen Strukturen ausgegangen und nach deren Möglichkeiten der Konstitution psychischer Strukturen gefragt. Im ersten Fall - dies ist die Penetration des sozialen Systems durch psychische Systeme - wird die soziale *Handlungskompetenz* untersucht, die ein psychisches System aufgrund seiner spezifischen kognitiven Strukturen hat. Die soziale Handlungskompetenz bestimmt unterschiedliche Formen von kommunikativen Strukturen, die das psychische System mit seinen psychischen Strukturen konstituieren kann. Im zweiten Fall - dies ist die Penetration des psychischen Systems durch ein soziales System - wird *die Struktur eines sozialen Systems in seinen Beeinflussungen psychischer Strukturen untersucht.* In einer solchen Untersuchung wird aufgezeigt, welche psychischen Strukturen durch ein bestimmtes soziales System konstituiert werden können.

---

47. vgl. N. LUHMANN/ K.-E. SCHORR, Zwischen Intransparenz und Verstehen
48. Die Interpenetration zwischen organischen und psychischen Systemen kann im Rahmen der vorliegenden Arbeit nicht weiter thematisiert werden.

28 Systemkomponenten des operationalen psychischen Systems

Beide Formen der Untersuchung der Interpenetrationsgrenze können für die Darstellung des psychischen Systems im ersten Kapitel dieser Arbeit nicht durchgeführt werden.

In der Darstellung der Systemkomponenten des psychischen Systems werden keine sozialen Handlungskompetenzen untersucht. Das psychische System wird im ersten Kapitel ausschließlich unter dem Aspekt betrachtet, inwieweit das Denken als ein System beschrieben werden kann. *Die Beziehung zwischen Denken und Handeln bleibt hier außer acht.*

Auch in der Darstellung des systemanalytischen Denkens im zweiten Kapitel der Arbeit wird die Beziehung zwischen Denken und Handeln nicht thematisiert. Das systemanalytische Denken wird nicht als eine soziale Handlungskompetenz thematisiert, sondern als ein bewußter Vollzug, eine sozialkognitive Fähigkeit, die operational bestimmt wird. Die vorliegende Arbeit thematisiert den Denkprozeß des systemanalytischen Denkens und nicht die mit dieser sozial-kognitiven Fähigkeit verbundenen Handlungskompetenzen. Mit anderen Worten: *Die Darstellung des systemanalytischen Denkens thematisiert die Konstruktion sozialer Systeme durch psychische Systeme und untersucht damit nicht die Konstitution sozialer Systeme durch psychische Systeme.* Damit erhält die Grenze als Konstruktion der Umwelt durch das psychische Systeme eine zentrale Bedeutung sowohl für die allgemeine Darstellung des Denkens als auch für das systemanalytische Denken im besonderen.

Auch die zweite Form der Interpenetration, die Penetration des psychischen Systems durch das soziale System, wird im ersten und zweiten Kapitel dieser Arbeit nicht untersucht. Es geht in der Darstellung des systemanalytischen Denkens somit nicht darum, wie soziale Systeme diese sozial-kognitive Fähigkeit konstituieren. Dies würde bedeuten, daß unterschiedliche soziale Systeme, die aufgrund ihrer Systemstrukturen das systemanalytische Denken konstituieren können, zum Gegenstand der Untersuchung gemacht werden. Auch hier müßte vom sozialen Handeln ausgegangen werden: Die im sozialen Handeln realisierten Kommunikationsstrukturen müßten daraufhin untersucht werden, ob sie die kognitive Fähigkeit des systemanalytischen Denkens konstituieren können. Im letzten Teil des dritten Kapitels wird eine solche Untersuchung im Rahmen einer Systemanalyse des Schulsystems durchgeführt. Dort wird von bestimmten Strukturen eines sozialen Systems, des Schulsystems, ausgegangen, und es wird danach gefragt, inwiefern diese Strukturen die sozial-kognitive Fähigkeit des systemanalytischen Denkens penetrieren können.

Zusammenfassend kann für die Theoriekonstruktion der vorliegenden Arbeit festgestellt werden, daß weder die Darstellung des Denkens im diesem ersten Kapitel noch die operationale Bestimmung des systemanalytischen Denkens im folgenden zweiten Kapitel in ihrer wechselseitigen Konstitution mit einem sozialen System dargestellt werden. *Die Grenze der Interpenetration spielt für die Beschreibung des systemanalytischen Denkens nur insofern und dann eine zentrale Rolle, als sie bei der Konstruktion des sozialen Systems als ein Bewußtseinsgegenstand erzeugt werden muß.* Der Bezug zwischen dem psychischen und dem sozialen System wird somit nicht als die unbewußte wechselseitige Konstitution zwischen dem Denken als Erzeugen eines Gedankens und dem sozialen System thematisiert, sondern als ein reflexiver Prozeß auf das soziale System, in dem der Gedanke auf das soziale System bezogen ist. Das systemanalytische Denken erzeugt im Denken das soziale System als einen Bewußtseinsgegenstand. Die Interpenetration wird als Bewußtseinsgegenstand konstruiert.

Die Problematik der System-Umwelt-Differenzierung 29

Wie dieser Konstruktionsprozeß operational bestimmt werden kann, wird im zweiten Kapitel dargestellt.

Dem Konstruktionsprozeß, dem Erzeugen eines Gedankens, ist die Grenze der Konstruktion einer Systemumwelt immanent. Nach CRAMER setzt das Ich des bewußten Vollzugs im Erzeugen eines Gedankens den Bewußtseinsgegenstand, auf den der Gedanke gerichtet ist, als unabhängig vom Ich. Der bewußte Vollzug erzeugt damit nicht Realität, sondern erzeugt den Gedanken, daß etwas ist.

"Der Genetiv in "Gedanken des Denkens" ist ein doppelter. Er besagt das Erzeugen und das Haben des Erzeugten. Für sich erzeugt das Erzeugen Erzeugtes. Das Erzeugte ist nur durch die erzeugende Funktion, ist nur mit ihrer Dauer, von ihr prinzipiell untrennbar und prinzipiell Besitz, Habe der erzeugenden Funktion. Wird aber "ist" gewußt, "Unabhängigkeit" von der erzeugenden Funktion, dann wird eben dieser Gedanke erzeugt. Nicht das, was ist, wird erzeugt, wohl aber der Gedanke, daß es ist."[49]

Wird der Gedanke, daß etwas ist, erzeugt, so setzt das Ich dieses Etwas als unabhängig vom Ich und seiner erzeugenden Funktion. Das Etwas wird als eine vom Ich und vom Denken unabhängige Realität konstruiert. *Das Denken erzeugt durch den Gedanken «etwas ist» eine Realität, die es als eine vom Ich denke unabhängige Realität denkt.* Die Realität ist eine als unabhängig vom *Ich denke* konstruierte Realität.[50]

"Nach 29 (CRAMER nimmt Bezug auf den vorherigen Absatz, A.H.) erzeugt die Realität, welche Denken ist, nicht sich. Aber sehr wohl erzeugt sie Realitätsgedanken. Ich bin, dieses Papier wahrnehmend, ein Bewußtsein der Wirklichkeit des Papiers, d.h. ich erzeuge mit Bezug auf Wahrnehmungen den Realitätsgedanken: das Papier ist (existiert), ob ich es wahrnehme oder nicht, ob ich "ist" denke oder nicht, ja, ob ich bin oder nicht."[51]

Der bewußte Vollzug setzt in einem Realitätsgedanken die Realität unabhängig vom *Ich denke*.[52] Wird der bewußte Vollzug als eine Operation vollzogen, so wie dies in der Elementbestimmung des psychischen Systems dargelegt wurde, dann wird in der Operation eine System-Umwelt-Grenze konstruiert. *Die System-Umwelt-Grenze des psychischen Systems wird durch die Operation, die eine als vom psychischen System unabhängig gedachte Realität konstruiert, gesetzt.*

Dies ist die Grenze der Konstruktion einer Umwelt bzw. der Konstruktion von Umwelten. *Diese Grenze ist eine dem Ich bewußte Grenze*: Sie wird im bewußten Vollzug durch das Erzeugen von Realitätsgedanken gesetzt. Damit kann das psychische System alle Realitätsgedanken, die es erzeugt, als Umwelt konstruieren. *Die kon-*

---

49. W. CRAMER, Grundlegung einer Theorie des Geistes, S.21
50. Im folgenden Zitat wird das Denken als Realität gekennzeichnet, das Realitätsgedanken erzeugt. Die Herleitung dieser Bestimmung kann hier nicht aufgezeigt werden. Der Realitätsgedanke ist das, was das Ich als unabhängig setzt.
51. W. CRAMER, Grundlegung einer Theorie des Geistes, S.22
52. Realität wird hier definiert als der Bewußtseinsgegenstand, auf den sich der Gedanke «existiert» bezieht.

struierte Umweltgrenze ist demnach reichhaltiger als die von LUHMANN beschriebene *Grenze der Interpenetration*. In der Interpenetration hat das psychische System ausschließlich zu zwei Umweltsystemen Grenzen: zum organischen und zum sozialen System. In der konstruierten Umweltgrenze hat das psychische System zu prinzipiell allen Umwelten, auch nicht-systemischen Umwelten, eine Grenze. Es zieht eine Grenze zwischen dem *Ich denke* des bewußten Vollzugs und der als unabhängig konstruierten Realität, so daß jeder Bewußtseinsinhalt auch zugleich als unabhängige Realität gedacht werden kann. [53] Durch den bewußten Vollzug kann prinzipiell alles als unabhängig vom Ich gesetzt werden.

Diese aus CRAMERs Überlegungen zum bewußten Vollzug entwickelte Systemgrenze entspricht der *Dezentrierung* in der Theorie PIAGETs. Die Dezentrierung ist jeder Operation zu eigen, indem in der Operation eine vom eigenen Tun unabhängige Realität konstruiert wird. Das operationale Denken überwindet den prä-operationalen Egozentrismus, indem es Realität als unabhängig vom eigenen Tun konstruiert. [54] Dem psychischen System ist demnach in seinem Vollzug die Grenze zur Umwelt immanent. Es konstruiert Realität als unabhängig, so daß in diesem Prozeß das Ich, das Subjekt, scheinbar «verschwindet».

"Gerade diese Operationen sind die Elemente, die es (das Ich, A.H.) beim Aufbau der Strukturen verwendet. Wenn man nun behauptet, das Subjekt sei verschwunden und habe dem Unpersonalen und dem Allgemeinen seinen Platz abgetreten, so vergißt man, daß auf der Ebene des Erkennens (wie vielleicht auch der sittlichen oder ästhetischen Werte usw.) die Tätigkeit des Subjekts eine beständige Dezentration voraussetzt, die es von seiner spontanen intellektuellen Egozentrik zugunsten nicht eines fix und fertigen und ihm äußerlichen Universellen, sondern eines ununterbrochenen Prozesses von Koordinierungen und Bezugssetzungen befreit. Dieser Prozeß erzeugt die Strukturen in ihrer permanenten Konstruktion und Rekonstruktion." [55]

Die System-Umwelt-Grenze des psychischen Systems als einer Konstruktion von Umwelt ist auch in anderen Theoremen von zentraler Bedeutung. Sie ist nicht nur von erkenntnistheoretischem Interesse [56], sondern wird auch in anthropologischen Bestimmungen des Menschen als die typisch menschliche Grenze beschrieben, die die Besonderheit des Menschen im Vergleich zu den nicht-belebten Dingen und im Vergleich zu allem nicht-menschlichen Lebendigen ausmacht. So kann z.B. aus PLESSNERs philosophischer Anthropologie eine solche konstruktive Grenzziehung des Bewußtseins entnommen werden.

Die von PLESSNER dargestellte *exzentrische Positionalität* des Menschen verweist ebenfalls auf diese Form der Grenzziehung. PLESSNER formuliert dieses Moment im zweiten anthropologischen Grundgesetz der vermittelten Unmittelbarkeit. [57] Die

---

53. Die Frage nach der Selbstreflexion, in der das Selbst als ein Gedanke erzeugt wird, kann in diesem Zusammenhang nicht weiter erörtert werden. Dies führt zu grundlegenden Fragen nach der Selbstbestimmung und der Freiheit und Unfreiheit des Menschen. Vgl. W. CRAMER, Grundlegung einer Theorie des Geistes, S.56-105
54. vgl. Kapitel 2
55. J. PIAGET, Der Strukturalismus, S.134; der Begriff der Dezentration ist synonym mit dem in der vorliegenden Arbeit benutzen Begriff der Dezentrierung
56. vgl. S.J. SCHMIDT, Der Diskurs des radikalen Konstruktivismus
57. H. PLESSNER, Die Stufen des Organischen und der Mensch, S.321-341

Grenze des psychischen Systems wird auch hier als eine dem Bewußtsein immanente Grenze beschrieben, durch die die Bewußtseinsinhalte als außerhalb des Bewußtseins Seiendes gesetzt und erfahren werden.

"*Seine Situation* (die Situation des Menschen, A.H.) *ist die Bewußtseinsimmanenz.* Alles was er erfährt, erfährt er als Bewußtseinsinhalt und *deshalb* nicht als etwas im Bewußtsein, sondern außerhalb des Bewußtsein Seiendes." [58]

Die Bewußtseinsimmanenz entspricht der Konstruktion der Umwelt durch das psychische System. Dadurch ist das psychische System abgeschlossen und offen zugleich: Es setzt die Umwelt, indem es in der Immanenz bleibt. Dieses «Zugleich» richtet sich gegen eine rein monadische Betrachtung des psychischen Systems einerseits und eine Abbildtheorie des erkennenden Subjekts andererseits.

"Somit wird klar, daß die monadologische Konsequenz, die alles Bewußtsein zum Selbstbewußtsein erklärt, ebenso wie die naiv-realistische Konsequenz, die alles Bewußtsein zur direkten Berührung mit der Wirklichkeit macht, falsch ist." [59]

Das System der Operationen ist das Instrumentarium, das die Welt als unabhängig vom Ich setzen kann. Das Operieren des psychischen Systems verweist somit auf die bisher dargestellten Beschreibungsmomente: Erstens operiert es autopoietisch: Das psychische System konstruiert und rekonstruiert seine Prozesse und Elemente selbst. Zweitens konstruiert es seine Umweltgrenzen durch die Differenzierung von Ich und Vollzogenem selbst: Bewußtsein ist Vollziehen der Grenze zur Umwelt.

3. Teil

Intrapsychische operationale System- und Strukturbildung

Das psychische System konstituiert sich durch seine drei Komponenten des Elements, der Grenze und der Struktur. Diese Komponenten sind keine unabhängig voneinander bestimmbaren kritischen Merkmale des psychischen Systems. Sie konstituieren das psychische System in Abhängigkeit voneinander.

Die Abhängigkeit zwischen dem Element und der Grenze des psychischen Systems wurde in den beiden ersten Teilen des Kapitels aufgezeigt: Die Operation bestimmt als eine Form des bewußten Vollzugs die Grenze als eine Konstruktion der Umwelt durch das psychische System.

In dem nun folgenden dritten Teil wird die Systemkomponente der Struktur thematisiert. In dieser Thematisierung muß aufgezeigt werden, in welchem Bezug die Struktur des Psychischen zu seinem Element und zu seiner Grenze steht. Mit anderen Worten: Die Strukturbildung des psychischen Systems muß in ihrer Abhängigkeit vom Element und von der Grenze dargestellt werden. Element und Grenze sind zwei Systemkomponenten, die die Strukturbildung grundlegend beeinflussen. Die Abhängigkeit der Strukturbildung vom Element und von der Grenze soll im folgenden dargestellt werden. Die Klärung dieser Beziehung führt zu der Unterscheidung von zwei für

---

58. H. PLESSNER, Die Stufen des Organischen und der Mensch, S.328
59. H. PLESSNER, Die Stufen des Organischen und der Mensch, S.331

32 Systemkomponenten des operationalen psychischen Systems

das psychische System typischen Systemdifferenzierungen: *der qualitativen Differenzierung in konkret-operationale und formal-operationale Systeme und der funktionalen Differenzierung operationaler Systeme*. Beide Differenzierungstypen werden im folgenden Teil des Kapitels dargestellt und in Beziehung zueinander gesetzt. [60] Bevor diese Darstellung erfolgt, sollen hier einleitend die beiden Differenzierungstypen in ihrer Abhängigkeit von den Systemkomponenten des Elementes und der Grenze aufgezeigt und deren Bezug zueinander verdeutlicht werden.

Für die Beziehung zwischen Element und Struktur läßt sich dieser Bezug dadurch herstellen, daß *die Struktur des psychischen Systems als eine systemische Verknüpfung von Operationen definiert werden kann*. Diese Verknüpfung von Operationen kann nach der Darstellung der Operation im ersten Teil des Kapitels folgendermaßen näher bestimmt werden:

Operationen können dann miteinander verknüpft werden, wenn der erzeugte Gedanke einer Operation als Ausgangspunkt für die Folgeoperation angenommen werden kann; das heißt, wenn die Folgeoperation aus dem Gedanken der vorherigen Operation mit Hilfe einer Transformation einen neuen Gedanken erzeugt. Die Verknüpfung ist die Identität vom erzeugtem Gedanken einer Operation mit dem Ausgangspunkt des Erzeugens eines neuen Gedankens in der Folgeoperation. Können Operationen in dieser Form miteinander verknüpft werden, so werden sie im folgenden als *anschlußrational* bezeichnet.

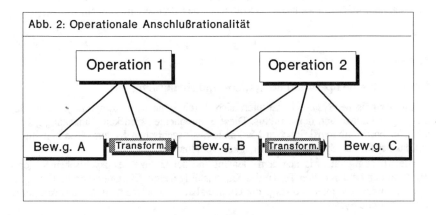

Abb. 2: Operationale Anschlußrationalität

Systemische Strukturen sind systemisch verknüpfte Operationen. Der Systemcharakter der Struktur ergibt sich durch eine Vernetzung von Operationen. *In Systemstrukturen sind Operationen nicht nur linear miteinander verknüpft, sondern bilden typische Vernetzungen aus*. Eine Vernetzung ist dann gegeben, wenn

---

60. Die funktionale Differenzierung wird in Punkt eins, und die qualitative Differenzierung zwischen konkret- und formal-operationalen Systemen wird in Punkt 2 dieses Teils dargestellt.

Operationen wechselseitig aufeinander zurückgeführt werden können. Dies ist der Fall, wenn Operationen nicht nur anschlußrational verknüpft sind, sondern in ihrer Verknüpfung mit zwei oder mehreren Operationen weitere Identitäten aufweisen. Eine weitere Identität ist z.B. dann gegeben, wenn die anschlußrational verknüpfte Operation einen Bewußtseinsgegenstand erzeugt, der mit dem Ausgangspunkt der ersten Operation identisch ist. In Bezug auf das oben aufgeführte Schema ist dies für A und C der Fall. In Punkt 1.2 werden auf der Grundlage von PIAGETs Theorie der Gruppierung verschiedene systemische Verknüpfungsformen aufgezeigt. Allen ist gemein, daß *über die Anschlußrationalität hinaus in einer systemischen Verknüpfung weitere Identitäten in den Operationen erzeugt werden.*

Die Systemkomponente der Struktur des psychischen Systems kann durch spezifische systemische Verknüpfungen von Operationen beschrieben werden. *Die Strukturbildung ist nichts anderes als die Ausbildung spezifischer operationaler systemischer Verknüpfungen.* Diese systemischen Verknüpfungen von Operationen können unterschiedliche Qualitäten haben. Die Differenz in der Qualität ergibt sich dadurch, daß die Struktur- und Systembildung durch qualitativ unterschiedliche Operationen vollzogen wird. Dies bedeutet, daß die systemischen Verknüpfungen anschlußrationaler Operationen durch unterschiedliche Operationen gebildet werden können. Dies führt zu der Unterscheidung von zwei qualitativ unterschiedlichen Systemen: dem konkret-operationalen und dem formal-operationalen System. [61] Diese beiden Systeme unterscheiden sich dadurch, daß sie die systemischen Operationsverknüpfungen in qualitativ unterschiedlicher Weise realisieren. Nach PIAGET können diese beiden Systemtypen auch als zwei unterschiedliche «Verbände» von Operationen bezeichnet werden. Das konkrete Denken bildet strukturell einen Halbverband, während das formale Denken ein vollständiger Verband ist.

"Der Unterschied zwischen den elementaren Klassen- und Relationsgruppierungen (Klassifizierungen, Seriationen und multiplikative Zuordnung) (dies ist das konkret-operationale System, A.H.) und dieser Struktur (des formal-operationalen Systems, A.H.) besteht also zunächst darin, daß die ersteren nur Halbverbände darstellen, während die Gesamtheit der Teile einen vollständigen Verband bildet." [62]

Die qualitative Differenz der Operationen führt zu zwei qualitativ differenzierten operationalen Systemen. Unter dem strukturellen Gesichtspunkt führt dies zu zwei qualitativ unterschiedlichen Formen der systemischen Verknüpfungen. [63] Die Systemstrukturen des konkret-operationalen Systems sind noch nicht vollständig untereinander verknüpft. Das konkret-operationale System konstituiert sich aufgrund von systemischen Teilstrukturen. Das formal-operationale System bildet dagegen eine kohärente, vollständig systemisch verknüpfte Gesamtstruktur. Im zweiten Punkt dieses Teils werden die konkreten und die formalen Operationen und deren Verknüpfungen aufgezeigt. In dieser Darstellung wird der Bezug zwischen dem konkret-operationalen und dem formal-operationalen System deutlich werden: Das formal-operationale Sy-

---

61. Die qualitativen Differenzen werden in Punkt 2 dieses Kapitels aufgeführt.
62. J. PIAGET/ B. INHELDER, Von der Logik des Kindes zur Logik des Heranwachsenden, S.265
63. Die qualitative Differenz kann auch unter dem Gesichtspunkt der Grenze betrachtet werden. In Punkt 2.1 kann aufgezeigt werden, daß das konkret-operationale System in qualitativ anderer Weise Realität konstruiert als das formal-operationale System.

stem entsteht strukturell aus dem konkret-operationalen System. Beide Systeme sind gattungsspezifische operationale Systeme; sie sind Grundtypen der menschlichen Intelligenz.

Die Beziehung zwischen der *Grenze* des Systems und der Struktur kann dadurch bestimmt werden, daß die Grenze ein Kriterium für die Strukturbildung darstellt: Die Grenze des Systems als die Konstruktion der Umwelt durch das psychische System wirkt sich darauf aus, welche systemischen Verknüpfungen von Operationen für das System kennzeichnend sind. Die vom psychischen System als unabhängig konstruierte Realität wirkt sich auf die Strukturbildung aus. *Diese Auswirkung besteht darin, daß das psychische System in seiner Konstruktion unterschiedlicher Realitätsbereiche auch unterschiedliche Verknüpfungen von Operationen aktualisiert.*

Unter dem Gesichtspunkt der Strukturbildung erzeugt das psychische System nicht nur einzelne Realitätsgedanken, sondern konstruiert in der Verknüpfung von Operationen einen Realitätszusammenhang. Dieser Realitätszusammenhang kann in seiner Einheit und seiner Struktur von sehr unterschiedlicher Natur sein. So kann z.B. der Realitätszusammenhang eines bestimmten physikalischen Experimentes, der Realitätszusammenhang einer spezifischen Problemstellung oder aber auch der Realitätszusammenhang eines gesamten Realitätsbereiches konstruiert werden. Für die Darstellung der Strukturbildung des psychischen Systems ist die Konstruktion eines Realitätszusammenhanges in Form eines Realitätsbereiches von grundlegendem Interesse. Dies kann damit begründet werden, daß sich unterschiedliche Realitätsbereiche durch unterschiedliche «Logiken» auszeichnen. Diese unterschiedlichen «Logiken» sind unterschiedliche rationale Strukturen. Realitätsbereiche unterscheiden sich demnach durch die ihnen eigene rationale Struktur; so unterscheidet PIAGET z.B. mathematische und logische Strukturen, physikalische und biologische Strukturen, psychologische Strukturen etc. [64] Diese Strukturen sind konstruierte Strukturen, die die Typik eines bestimmten Realitätsbereiches kennzeichnen und gleichzeitig diesen Realitätsbereich von anderen Realitätsbereichen unterscheiden und abgrenzen. Diese Form der Konstruktion von Realitätszusammenhängen wird durch unterschiedliche operationale Systeme vollzogen. Dies bedeutet, daß die Konstruktion eines Realitätsbereiches nicht nur durch spezifische Teilstrukturen des operationalen Systems vollzogen wird, sondern durch spezifische operationale Systeme. Die einen Realitätsbereich konstruierenden systemisch-operationalen Verknüpfungen sind eigene operationale Systeme. Diese Systembildung führt zur funktionalen Differenzierung operationaler Systeme. *Die funktional differenzierten Systeme sind bereichsspezifisch differenzierte Systeme* [65], *die den jeweiligen Realitätsbereich unter dem Gesichtspunkt der Rationalität konstruieren.* [66] Bereichsspezifische Differenzierung bildet operationale Systeme aus, die *die Funktion der Rationalität* in Form einer rationalen Konstruktion eines Realitätsbereiches bearbeiten.

Das psychische System ist strukturell durch die Ausdifferenzierung von operationalen Subsystemen gekennzeichnet. Zwei Ausdifferenzierungstypen können unter-

---

64. vgl. J. PIAGET, Der Strukturalismus
65. vgl. Kapitel 1, Teil 3, Punkt 1.1 *Die bereichsspezifische Konstruktion von Realität*
66. vgl. Kapitel 1, Teil 3, Punkt 1.2 *Die Rationalität als Funktion operationaler Systeme*

schieden werden: Erstens die *Differenzierung zwischen dem konkret- und dem formal-operationalen System*, die eine gattungspezifische Differenzierung ist. Diese beiden Systeme können durch *qualitative Unterschiede in den Operationen* und damit auch in der operationalen Strukturbildung differenziert werden; zweitens *die funktionale Differenzierung operationaler Systeme*, die eine *bereichsspezifische Differenzierung* darstellt. Diese Systeme konstruieren *in Bezug auf ihre Grenzen* unterschiedliche Realitätsbereiche durch unterschiedliche operationale Systeme.

Beide operationalen Systemdifferenzierungen werden in diesem folgenden Kapitel näher beschrieben, um die Strukturkomponenten des psychischen Systems zu klären. Die folgenden zwei Gesichtspunkte bilden die Leitgedanken für diese Klärung.

Erstens: Die Differenzierung zwischen den operationalen Systemen ist keine System-Umwelt-Differenzierung zwischen einzelnen psychischen Systemen. Die Differenzierung findet internal statt. Unterschiedliche internale Systeme ein und desselben psychischen Systems und nicht einzelne individuelle psychische Systeme werden ausdifferenziert. Nicht die Umweltbeziehung zu anderen psychischen Systemen wird differenziert, sondern die internale Struktur des je einzelnen psychischen Systems; das heißt, *die Differenzierung operationaler Systeme ist eine intraindividuelle und keine interindividuelle Differenzierung.* Die Autopoiesis des psychischen Systems bleibt somit auf das je einzelne psychische System bezogen, das seine Umweltbeziehungen durch eigene Konstruktionen setzt und das durch andere autopoietische Systeme seiner Umwelt konstituiert wird bzw. selbst diese Systeme konstituiert.

Zweitens: Beide Differenzierungsformen operationaler psychischer Systeme sind miteinander verbunden. Diese Verbindung kann bildlich durch eine horizontale und eine vertikale Differenzierung beider Systemtypen beschrieben werden. Die funktionale Differenzierung operationaler Systeme ist die horizontale Ausdifferenzierungsform. Sie ist dadurch gekennzeichnet, daß die funktional differenzierten Systeme einander nebengeordnet sind. Das konkret- und das formal-operationale System bilden dagegen eine vertikale Differenzierung. Diese vertikale Differenzierung ergibt sich dadurch, daß das formal-operationale System in seiner Strukturbildung auf das konkret-operationale System aufbaut. Die Operationen des formal-operationalen Systems sind Metaoperationen des konkret-operationalen Systems. Diese Metaoperationen entstehen durch die systematische Kombination der dem konkret-operationalen System möglichen Operationen. In dieser Kombination werden aus den konkreten Operationen neue Operationen gebildet, die wiederum eine neue Strukturbildung des formal-operationalen Systems hervorbringen. [67] Das konkret-operationale System ist damit ein Vorläufer des formal-operationalen Systems. Dieser systematische Bezug zwischen den beiden Systemen wird von PIAGET und im Rahmen einer Entwicklungstheorie beschrieben. Beide Systeme sind damit Stufen der Entwicklung der Intelligenz und stehen in einer genetischen Beziehung zu-

---

67. vgl. Kapitel 1, Teil 3, Punkt 2.1 *Die qualitative Differenz zwischen dem konkret- und dem formal-operationalen System hinsichtlich der Bereichsspezifik und der Rationalität*

einander.[68] Das konkret-operationale System bildet die Voraussetzung für die Ausbildung des formal-operationalen Systems und stellt somit eine der formalen Entwicklungsstufe vorausgehende Entwicklungsstufe dar. Diese zeitliche Abfolge der Entwicklung der Systeme wird in der Entwicklungspsychologie durch typische Entwicklungsphasen beschrieben.

Für die vorliegende Arbeit ist allein der systematische Bezug zwischen dem konkret- und dem formal-operationalen System von Interesse. Unter diesem Gesichtspunkt wird das Denken des Erwachsenen nicht ausschließlich als das formal-operationale Denken dargestellt. Die Ausbildung des formal-operationalen Systems ist vielmehr an Bedingungen geknüpft, die nicht nur durch Reifeprozesse erfüllt werden können.[69] Diese Bedingungen können hier nicht im einzelnen genannt werden. Im Rahmen der doppelten Differenzierung operationaler Systeme wird hier die These vertreten, daß formal-operationale Systeme ausschließlich als funktional differenzierte Systeme ausgebildet werden. *Dies bedeutet, daß formal-operationale Systeme sich dann ausbilden, wenn ein Realitätsbereich unter dem Gesichtspunkt der Rationalität konstruiert wird. Der Vorläufer des formalen Denkens, das konkret-operationale System, ist dementsprechend noch nicht funktional differenziert.*

Die horizontale und die vertikale Differenzierung des psychischen Systems können demnach miteinander verbunden werden. Die funktionale Differenzierung ist eine horizontale Differenzierung strukturell unterschiedlicher formal-operationaler Systeme. Ihre Strukturbildung ist durch ihre Grenze vorgegeben: Der als rational zu konstruierende Realitätsbereich gibt Kriterien für die Strukturbildung vor. Das konkret-operationale System ist strukturell nicht differenziert. Es konstruiert verschiedene Gegenstandsbereiche unterschiedslos mit den ihm zur Verfügung stehenden Operationen, ohne zwischen Realitätsbereichen zu unterscheiden. Aus diesem Grunde differenziert es keine operationalen Subsysteme aus. Das konkret-operationale System konstruiert Realität weder bereichsspezifisch noch ist es in der Lage, die Funktion der Rationalität vollständig zu bearbeiten. Das konkret-operationale System ist zwar auf Rationalität aus, doch kann es noch nicht jeden Realitätszusammenhang unter dem Gesichtspunkt der Rationalität konstruieren.[70]

1. Die funktionale Differenzierung operationaler Systeme

Die Darstellung der Systemkomponente der Struktur wird in die folgenden Unterabschnitte untergliedert. Im ersten Punkt wird die funktionale Differenzierung dargestellt. In ihm wird zunächst die Bereichsspezifik und anschließend die Funktion der Rationalität erörtert. Im zweiten Punkt werden das konkret-operationale und das for-

---

68. Genetisch meint in diesem Zusammenhang - ganz im Sinne PIAGETs - die Genese eines Entwicklungsprozesses betreffend und meint nicht die Abhängigkeit der jeweiligen Prozesse von Vererbungsprozessen:
"In der heutigen Sprache der Biologen bezieht sich »Genetik« ausschließlich auf Mechanismen der Vererbung und gerade nicht auf embryogenetische oder ontogenetische Prozesse. Der Begriff »genetische Psychologie« hingegen bezieht sich auf die individuelle Entwicklung (Ontogenese)." (J. PIAGET/ B. INHELDER, Die Psychologie des Kindes, S.10)
69. Auch PIAGET führt die Ausbildung des formalen Denkens nicht nur auf Reifeprozesse zurück.
70. vgl. Kapitel 1, Teil 3, Punkt 2 *Die qualitative Differenz zwischen konkret- und formal-operationalen Systemen*

mal-operationale System dargestellt. Die qualitative Differenzierung wird unter drei Gesichtspunkten betrachtet. Erstens unter dem Gesichtspunkt des bereichsspezifischen vs. nicht-bereichsspezifischen Operierens [71], zweitens unter dem Gesichtspunkt der Rationalität [72], und drittens werden die qualitativ unterschiedlichen Operationen des konkret- und des formal-operationalen Systems aufgezeigt [73].

1.1 Die bereichsspezifische Konstruktion von Realität

In der systemischen Verknüpfung von Operationen werden nicht nur einzelne Realitätsgedanken erzeugt, sondern Realitätszusammenhänge. In diesen Realitätszusammenhängen werden Realitätsgedanken durch die systemische Anschlußrationalität der Operationen in Bezug zueinander gesetzt. Im folgenden soll aufgezeigt werden, daß die Konstruktion eines Realitätsbereiches eine besondere Form der Konstruktion eines Realitätszusammenhanges ist. *Die Konstruktion eines Realitätszusammenhangs wird aus der Negation entwickelt, die jeden bewußten Vollzug, jede Konstruktion eines Gedankens, begleitet.* Diese Einheit von Konstruktion und Negation wird als die *Bedeutung* gekennzeichnet: *Realitätsgedanken haben Bedeutung, indem sie in Abgrenzung zu anderen Realitätsgedanken konstruiert werden.* Dem Setzen eines Realitätsgedankens ist seine Negation durch Abgrenzung immanent. *Die Konstruktion von Realitätsbereichen ist die Konstruktion von Bedeutungszusammenhängen.* Die Einheit von Konstruktion und Negation wird in doppelter Weise vollzogen: Realitätsgedanken haben nicht nur in Abgrenzung zu anderen Realitätsgedanken ihre Bedeutung, sondern auch in Abgrenzung zwischen unterschiedlichen Realitätsbereichen. Die Einheit von Konstruktion und Negation bezieht sich damit nicht nur auf die Abgrenzung zwischen Realitätsgedanken, sondern auch auf die Abgrenzung zwischen den kompletten Beziehungszusammenhängen der Realitätsgedanken, als dessen Teil sie konstruiert werden. Die Bedeutung wird durch die operationale Konstruktion und Negation erzeugt. Bezieht sich diese Bedeutungskonstruktion auch auf einen kompletten Realitätsbereich, so müssen operationale Strukturverknüpfungen unterschieden werden, die unterschiedliche Bedeutungszusammenhänge herstellen. Die Konstruktion von Realitätsbereichen führt somit zur Ausdifferenzierung operationaler Systeme, die Realitätsbereiche konstruieren, indem sie sie zugleich von anderen Realitätsbereichen durch andere Strukturverknüpfungen abgrenzen. Dieser Zusammenhang soll nun genauer erörtert werden.

Das Denken eines Gedankens ist immer auch das Denken einer Differenz: Der durch den bewußten Vollzug gesetzte Gedanke konstituiert sich als ein Gedanke nur durch seine Differenz zu denjenigen Gedanken, die er nicht ist. LUHMANN beschreibt diese Differenz durch das Sinnschema: Sinnsetzung ist die Wahl eines Bewußtseinsgegenstandes, wobei der nicht-gewählte Bewußtseinsgegenstand als nicht-

---

71. vgl. Kapitel 1, Teil 3, Punkt 2.1 *Die qualitative Differenz zwischen dem konkret- und dem formal-operationalen System hinsichtlich ihrer Bereichsspezifik und Rationalität*
72. vgl. Kapitel 1, Teil 3, Punkt 2.1 *Die qualitative Differenz zwischen dem konkret- und dem formal-operationalen System hinsichtlich ihrer Bereichsspezifik und Rationalität*
73. vgl. Kapitel 1, Teil 3, Punkt 2.2 *Die qualitative Differenz zwischen dem konkret- und dem formal-operationalen System hinsichtlich ihrer Operationen*

aktuelle Möglichkeit abgeblendet wird. Erst durch diesen Bezug zwischen Wahl und gleichzeitiger Abblendung des Nicht-Gewählten erhält die gesetzte Wahl eine Bedeutung, einen Sinn. Sinnschemata sind somit immer Differenzschemata zwischen dem gewählten Bewußtseinsgegenstand, d.h. dem aktuellen Gedanken, und dem Möglichen des aktuellen Gedankens. LUHMANN beschreibt das Sinnschema als die Differenz zwischen einer aktuellen Möglichkeit, die gewählt wird, und dem Horizont des Möglichen. Dieser Horizont wird in der Wahl nicht negiert, sondern lediglich abgeblendet. Die Differenz zwischen der aktuellen Möglichkeit und den abgeblendeten Möglichkeiten konstituiert die Identität («dies-und-nichts-anderes»), die Bedeutung des Gewählten.

"Das Mögliche wird als Differenz verschiedener Möglichkeiten (einschließlich derjenigen, die gerade aktualisiert ist und auf die man zurückkommen kann) aufgefaßt, und die zu aktualisierende Möglichkeit wird dann in ihrer Identität als dies-und-nichts-anderes bezeichnet. Diese Bezeichnung eliminiert das Nichtzuaktualisierende nicht, aber sie versetzt es in den Zustand momentaner Inaktualität. Es kann im Zuge der Re-Virtualisierung als Möglichkeit erhalten und in neue Horizonte mitübernommen werden." [74]

Das Sinnschema konstituiert sich durch die Differenz zwischen dem aktuellen Gedanken und den als Möglichkeit abgeblendeten Gedanken. Durch dieses Sinnschema unterscheidet sich ein sinnhaft prozessierende Systeme fundamental von mechanischen Systemen : Mechanische Systeme sind auf bestimmte Abfolgen festgelegt, die die nicht-aktuellen Ereignisse nicht abblenden und somit als potentielle erhalten, sondern die letztlich innerhalb ihres Prozessierens die Negation nicht «kennen». Es gibt nur die Position von Ereignissen, und deren Negation setzt das System außer Kraft. Sinnsysteme dagegen prozessieren durch die Differenz des Sinnschemas. Für das psychische System bedeutet dies, daß es Nicht-Gewähltes abblendet, indem es die Konstruktion eines Realitätsgedankens durch dessen Negation mit dem Nicht-Gewählten verbindet: Der Möglichkeitshorizont wird nicht negiert, sondern er wird durch die Negation des Realitätsgedankens gewußt. Gleiches wird von PIAGET dadurch festgestellt, daß Affirmation und Negation in Einheit zu sehen sind. Affirmation ist nur durch die Abgrenzung zur Negation möglich und erhält auch durch diese Differenz erst ihre Bedeutung. [75]

"... daß die Äquilibration jeder der betrachteten Strukturen darüber hinaus eine gewisse Zuordnung (deren Natur bestimmt werden muß) zwischen den Affirmationen und den Negationen oder den positiven und den negativen Merkmalen umfaßt, wobei die negativen Eigenschaften für die Abgrenzung der positiven Merkmale notwendig sind." [76]

Psychische Systeme - und, wie LUHMANN betont, auch soziale Systeme - sind somit Systeme, die ihr Prozessieren durch die Differenz des Sinnschemas konstituieren. [77] PIAGET faßt dieses Moment in der Form psychologisch, daß das psychische

---

74. N. LUHMANN, Soziale Systeme, S.101
75. vgl. hierzu auch die Bedeutung der Reversibilität für die Bestimmung der Operation, in Kapitel 1, Teil 3, Punkt 1.2 *Rationalität als Funktion operationaler Systeme*
76. J. PIAGET, Die Äquilibration der kognitiven Strukturen, S.17
77. Dies macht das sinnhafte Prozessieren des psychischen Systems nach LUHMANN aus. LUHMANN definiert psychische und soziale Systeme als Sinnsysteme. Beide Systeme bilden über das

System durch Assimilationsschemata den assimilierten Objekten eine bestimmte Bedeutung verleiht. [78]
Sinn bzw. Bedeutung ist an Differenz gebunden. Der bewußte Vollzug prozessiert demnach durch permanente Differenzierung zwischen dem aktuellen Bewußtseinsgegenstand und der mit diesem aktuellen Bewußtseinsgegenstand verbundenen Abblendung. *In diesem Sinn- bzw. Bedeutungsschema liegt der Ursprung der Differenzierung der operationalen Systeme.*
Die Negation bzw. die Abblendung ist ein Moment, das jeder Position - jedem Setzen von Realität als unabhängiger - zu eigen ist. Diese Differenz muß jedoch nicht bewußt vollzogen werden. Erst in einem weiteren konstruktiven Prozeß können diese Negationen bzw. Abblendungen für das psychische System bewußt gewußt werden. Die Negationen bzw. Abblendungen sind somit zwar jedem bewußten Vollzug immanent - jedes bewußte Vollziehen ist ein Prozessieren entlang von Differenzen -, doch werden diese Negationen erst durch operationale Konstruktionen des psychischen Systems bewußt.

"Weil sich das spontane Vorgehen des Geistes auf die Affirmationen und die positiven Eigenschaften der Gegenstände, der Aktionen und sogar der Operationen konzentriert, werden die Negationen vernachlässigt, sie werden erst sekundär und mit Mühe konstruiert." [79]

PIAGET zeigt auf, wie die Konstruktion dieser Negationen zu einer Äquilibration der Systeme führt.

Die Konstruktion eines Gedankens ist damit bewußt oder unbewußt an zumindest zwei Operationen gebunden: Der Operation, die den Gedanken erzeugt, und der Operation, die die Negation dieses Gedankens erzeugt. Die Bedeutung eines Gedankens, bzw. wie LUHMANN sagt: die «Identität» eines Gedankens, wird durch das Erzeugen des Gedankens und durch die Abgrenzung dieses Gedankens von anderen Gedanken konstruiert. *Die Erzeugung des Gedankens und die Erzeugung derjenigen Gedanken, die er nicht ist, macht seine Identität, seine Bedeutung aus.*

Für die Konstruktion eines Bedeutungszusammenhanges impliziert dies, daß die Konstruktion eines Bedeutungszusammenhanges damit verbunden ist, daß die Negation als ein Verweis auf andere Bedeutungszusammenhänge gedacht werden kann. Dabei erhält ein Bedeutungszusammenhang seine Identität erstens durch eine Verknüpfung von Operationen und zweitens durch die Konstruktion eines anderen Bedeutungszusammenhangs, der durch andere Verknüpfungen gekennzeichnet ist. Die operationale Bestimmung eines Realitätsbereichs, die operationale Konstruktion eines Realitätsbereichs erhält ihre Bedeutung nur durch ihre Abgrenzung zu einem operational anders konstruierten Realitätsbereich. So wird z.B. der Realitätsbereich eines physikalischen Experimentes durch operationale Verknüpfungen konstruiert, die Kausalgesetze konstruieren. Die Bedeutung dieses Realitätsbereichs wird dadurch konstruiert, daß die Operationen Realitätsgedanken erzeugen, die der Logik dieses Realitätsbereiches entsprechen, d.h. die einen kausalgesetzlichen Zusammenhang besitzen. Die

---

Sinnschema systemspezifische Strukturen aus. Für das soziale System wird das Sinnschema in Kapitel 2, Teil 3, Punkt 2.1.1 *Die Konstruktion des Strukturparameters* dargestellt.
78. vgl. J. PIAGET, Die Äquilibration der kognitiven Strukturen, S.25/26
79. J. PIAGET, Die Äquilibration der kognitiven Strukturen, S.22

Negation ist dadurch gegeben, daß solche Bewußtseinsinhalte, die operational nicht zu einem kausalgesetzlichen Zusammenhang konstruiert werden können, diesem Realitätsbereich nicht angehören. Sie müssen durch andere operationale Verknüpfungen einem anderen Bedeutungsbereich zugesprochen werden. Gleiches gilt für Realitätsbereiche, die nicht kausalgesetzlich konstruiert werden, sondern einer anderen bereichsspezifischen «Logik» folgen. Dies ist z.B. in der Konstruktion sozialer Systeme der Fall. Soziale Systeme sind durch ein Kausaldefizit gekennzeichnet. [80] Ihre Konstruktion im systemanalytischen Denken kann damit nicht durch die gesetzeskausale Verknüpfung der Realitätsmomente - das sind die Realitätsgedanken, die diesen Bereich konstruieren - gekennzeichnet sein. Dementsprechend müssen operationale Systeme ausgebildet werden, die Gedanken erzeugen, die durch die sozialsystemische «Logik» und nicht durch Gesetzeskausalität aufeinander bezogen werden können. Diese «Logik» ist die Funktionalität des sozialen Systems. [81] *Die bereichspezifische Konstruktion sozialer Systeme durch systemanalytisches Denken ist durch eine operationale Kombination gekennzeichnet, die die Funktionalität konstruieren kann.* Im letzten Abschnitt des ersten Kapitels [82] wird eine solche Kombination von Operationen aufgezeigt.

Operationale Systeme differenzieren sich im psychischen System aus, indem sie unterschiedliche Realitätsbereiche in ihrer spezifischen «Logik» durch unterschiedliche operationale Verknüpfungen ermöglichen. *Damit erhält der je einzelne Gedanke seine Bedeutung dadurch, daß er erstens durch die Transformation erzeugt und von anderen Gedanken durch andere Transformationen abgegrenzt wird. Darüber hinaus wird zweitens die Bedeutung eines Gedankens dadurch konstituiert, daß er als ein Gedanke innerhalb eines konstruierten Realitätsbereiches auftritt, der durch spezifische operationale Verknüpfungen konstruiert und von anderen operationalen Kombinationen anderer Realitätsbereiche abgegrenzt werden kann.* Mit anderen Worten: *Es gibt nicht das operationale System, mit dessen Hilfe jeder Beziehungszusammenhang der als unabhängig gesetzten Wirklichkeit rekonstruiert werden kann.* Operationale Systeme sind an die «Logik» des jeweiligen Realitätsausschnittes gebunden und verknüpfen in anderen Kombinationen und mit differierenden Operationen den jeweiligen als unabhängig gesetzten Realitätsbereich zu einer typischen Struktur. Auf diesem Wege entstehen bereichsspezifisch zu differenzierende operationale Systeme. Es gibt nicht die *eine* Form des Denkens, die die gesamte Realität konstruieren kann; die Konstruktion der Realität wird nicht durch ein kohärentes Ganzes vollzogen, sondern vollzieht sich durch bereichsspezifisch differenzierte operationale Systeme. PIAGET spricht von der

> "... Tatsache, daß keine Form des Denkens, auf welcher Stufe man es auch betrachtet, imstande ist, die Totalität des Wirklichen oder des Universums des logischen Denkens in einem kohärenten Ganzen auf einmal zu erfassen." [83]

---

80. "Da es keine für soziale Systeme ausreichende Kausalgesetzlichkeit, da es mit anderen Worten keine Kausalpläne der Natur gibt, gibt es auch keine objektiv richtige Technologie, die man nur erkennen und dann anwenden müßte." (N. LUHMANN/ K.E. SCHORR, Das Technologiedefizit der Erziehung und die Pädagogik, S.19)
81. vgl. Kapitel 2, Teil 1 *Einige Vorüberlegungen*
82. Kapitel 1, Teil 3, Punkt 2.2.3 *Ergänzungen zu den formalen Operationen: Die funktionale Analyse*
83. J. PIAGET, Die Äquilibration der kognitiven Strukturen, S.19/20

PIAGET betont diese bereichsspezifische Gebundenheit auch in der Diskussion um die Problematik der Formalisierbarkeit von Strukturen.[84] Das Problem der Formalisierbarkeit stellt sich dadurch, daß Strukturen letztlich nur dann als Strukturen zu beschreiben sind, wenn sie sich formalisieren lassen.

"In zweiter Annäherung - es kann sich dabei um eine spätere oder eine auf die Entdeckung der Struktur unmittelbar folgende Phase handeln - muß sich die Struktur zu einer Formalisierung eignen."[85]

Gleichzeitig stellt PIAGET fest, daß der Formalisierbarkeit von Strukturen Grenzen gesetzt sind. Diese Grenzen ergeben sich aus der Tatsache, daß im Sinne einer zunehmenden Abstraktion durch die Formalisierung die Basis dieser Formalisierung kein abgeschlossenes System bildet. Die Basis ist in ihrer Formalisierung immer durch Ergänzung auf abstraktere Ebenen angewiesen. Dieses Grundproblem verbindet Form und Inhalt in einer neuen Weise: Die Form wird zu einem relativen Begriff zwischen den verschiedenen Abstraktionsstufen. Die Form ist dann für die sie subsumierenden Inhalte Form und gleichzeitig wird für die nächsthöhere Stufe der Abstraktion bzw. der Formalisierung diese Form wiederum zum Inhalt. Inhalt und Form sind nicht voneinander getrennt, sondern die Formalisierbarkeit ist an die Inhalte gebunden.

"J. Ladrière hat die gescheite Interpretation vorgeschlagen, wonach «wir nicht in einem Anlauf über alle möglichen Operationen des Denkens hinwegfliegen können», was eine erste genauere Annäherung ist, doch einerseits ist die Zahl der möglichen Operationen unseres Denkens nicht ein für allemal festgelegt, sie könnte zunehmen, und andererseits verändert sich unsere Fähigkeit des Überfliegens derart mit der geistigen Entwicklung, daß man ebenfalls hoffen darf, sie auszuweiten. Bezieht man sich hingegen auf die Relativität von Form und Inhalt, auf die wir im 7. Abschnitt hingewiesen haben, so würden die Grenzen der Formalisierung einfacher auf die Tatsache zurückzuführen sein, daß es keine Form an sich und keinen Inhalt an sich gibt, sondern jedes Element (von den senso-motorischen Handlungen bis zu den Operationen oder von diesen zu den Theorien usw.) gleichzeitig die Rolle als Form in bezug auf die Inhalte, die es subsumiert, und als Inhalt in bezug auf die höheren Formen spielt: die elementare Arithmetik ist eine Form, daran kann nicht gezweifelt werden, aber sie wird in der transfiniten Arithmetik (als «potentielle Zählbarkeit») ein Inhalt. Daraus ergibt sich, daß die mögliche Formalisierung eines gegebenen Inhalts auf jeder Stufe durch die Natur dieses Inhalts begrenzt bleibt."[86]

So sind auch die Operationen als formale Operationen an die Inhalte des Denkens gebunden. Dies meint die bereichsspezifische Differenzierung, in der sich unterschiedliche operationale Systeme entsprechend den durch sie konstruierten Realitätsbereichen ausdifferenzieren.

Wie schon in der Einleitung zum dritten Teil dieses Kapitels erwähnt, zeigt PIAGET in seinem Buch «Der Strukturalismus»,[87] daß unterschiedliche Realitätsbereiche

---

84. J. PIAGET, Der Strukturalismus, S.32ff.
85. J. PIAGET, Der Strukturalismus, S.8
86. J. PIAGET, Der Strukturalismus, S.35; Verweis im Zitat: J. LADRIÉRE, Dialectica, S.321
87. J. PIAGET, Der Strukturalismus

unterschiedlich strukturiert werden. PIAGET unterscheidet diese Strukturalismen anhand von Wissenschaftsdisziplinen und versucht dadurch aufzuzeigen, wie das Theorem des Strukturalismus in den unterschiedlichen Wissenschaften Einzug gehalten hat. Für den vorliegenden Zusammenhang ist nicht in erster Linie von Bedeutung, daß sich verschiedene Strukturalismen in den Wissenschaftsdisziplinen gebildet haben, sondern daß unterschiedliche Realitätsbereiche in differenter Weise strukturiert und konstruiert werden. Die Differenzierung zwischen unterschiedlichen wissenschaftlichen Strukturen, wie sie bei PIAGET aufgeführt werden, ist die elaborierteste Form der Strukturkonstruktion und -differenzierung. Auch für nicht-wissenschaftliche Einstellungen, so z.B. die alltägliche Welterfahrung, gilt diese Differenzierung: hier differenzieren sich die Strukturen nicht nach Wissenschaftsdisziplinen, sondern nach unterschiedlichen Realitätsbereichen. Diese Differenzierung zwischen unterschiedlichen Realitätsbereichen wird von anderen Autoren auch für nicht-wissenschaftliche Einstellungen festgestellt. [88]

1.2 Rationalität als Funktion der operationalen Systeme

In der Erörterung der Bereichsspezifik operationaler Systeme wurde festgestellt, daß unterschiedliche operationale Systeme unterschiedliche, bereichsspezifische «Logiken» konstruieren. Die Konstruktion eines Realitätsbereiches ist untrennbar damit verbunden, daß dieser Realitätsbereich unter dem Gesichtspunkt der Rationalität konstruiert wird. Die Systembildung unterliegt der Funktion der Rationalität, die wiederum bereichsspezifisch gebunden ist. Dies ist die funktionale Differenzierung operationaler Systeme.

Im folgenden muß genauer geklärt werden, wie diese Funktion der Rationalität operational gefaßt werden kann. Dafür müssen zunächst einige erläuternde Anmerkungen gemacht werden, die sich auf die in Punkt 2 dargestellte Differenzierung zwischen dem konkret-operationalen und dem formal-operationalen System beziehen.

Die Funktion der Rationalität ist allen operationalen Systemen zu eigen. Operationale Systeme bilden Strukturen aus, mit deren Hilfe Realität rational konstruiert werden soll. Diese Funktion der Rationalität wird jedoch nicht von allen operationalen Systemen qualitativ gleich bearbeitet. Konkret-operationale Systeme unterstehen zwar der Funktion der Rationalität, doch sie sind noch nicht in der Lage, diese Funktion vollständig zu erfüllen. [89] Dieses Defizit des konkret-operationalen System führt dazu, daß es Rationalität noch nicht als eine bereichsspezifische Rationalität konstruieren kann. Das konkret-operationale System kennt keine bereichsspezifische Differenzierung und kann somit die Rationalität noch nicht in Form von bereichsspezifischen «Logiken» unterscheiden. Formal-operationale Systeme sind dagegen in der Lage, die Funktion der Rationalität vollständig, d.h. in Form von bereichsspezifischen «Logiken», zu bearbeiten.

Obschon das konkret-operationale System typische Defizite in der Konstruktion von Rationalität aufweist, kann die Rationalität doch allen operationalen Systemen als Funktion zugesprochen werden. Alle operationalen Systeme sind in ihrer Strukturbildung durch die Funktion der Rationalität motiviert.

---

88. vgl. A. SCHÜTZ/ T. LUCKMANN, Strukturen der Lebenswelt, Bd.1
89. vgl. Kapitel 1, Teil 3, Punkt 2.1 *Die qualitative Differenz zwischen dem konkret- und dem formal-operationalen Systemen hinsichtlich der Bereichsspezifik und der Rationalität*

Soll nun die Rationalität operational genauer geklärt werden, so bezieht sich diese Klärung auf operationale Strukturen, die allen operationalen Systemen zueigen sind. Erst in Punkt 2 wird erläutert, wie diese Strukturen in qualitativ unterschiedlicher Weise realisiert werden können, so daß die vollständige Bearbeitung der Rationalität ausschließlich dem formal-operationalen System zugesprochen werden kann. Mit anderen Worten: *Das formal-operationale System bearbeitet die Funktion der Rationalität vollständig durch die funktionale Differenzierung operationaler Systeme, während das konkret-operationale System seine Funktion nur unvollständig, ohne bereichsspezifische Differenzierungen, bearbeitet.*

Die Rationalität kann dadurch definiert werden, daß die erzeugten Gedanken untereinander in einem rationalen, d.h. folgerichtigen, Beziehungszusammenhang stehen. Die Konstruktion von Realität bzw. eines Realitätsbereichs ist keine beliebige Konstruktion; in ihr werden Gedanken nicht bloß aneinandergereiht, sondern nur solche Gedanken erzeugt, die bei der Verknüpfung von Operationen ineinander transformiert werden können. Die konstruierte Realität bzw. der konstruierte Realitätsbereich muß eine rationale, plausible und folgerichtige Struktur aufweisen. PIAGET beschreibt diese Form der rationalen Konstruktion, indem er feststellt, daß die Konstruktion zu «notwendigen» Resultaten führen muß. Das heißt, daß der Bezug von einem Gedanken zu einem anderen Gedanken in der Form geregelt wird, daß der Bewußtseinsinhalt des einen Gedankens aus dem Bewußtseinsinhalt des anderen Gedankens notwendig resultiert.

"Oder man nimmt im Gegenteil an, daß das Subjekt diese Strukturen konstruiert - aber es ist in keiner Weise frei, sie wie ein Spiel oder eine Zeichnung nach freiem Ermessen anzuordnen, und das besondere Problem dieser Konstruktion besteht darin einzusehen, wie und weshalb sie zu *notwendigen* Resultaten führt, «als ob» diese von allem Anfang an prädeterminiert gewesen wären." [90]

Um Gedanken durch operationale Verknüpfungen in einen rationalen Beziehungzusammenhang zu konstruieren, müssen die Verknüpfungen der Operationen systemische Strukturen aufweisen. Dies bedeutet, daß Operationen so miteinander verknüpft werden müssen, daß sie wechselseitig Bezug aufeinander nehmen. Diese systemischen operationalen Strukturen können durch PIAGETs Gruppierung dargestellt werden. *In der Gruppierung werden die beiden Momente der systemischen Strukturbildung einerseits und der Rationalität als Funktion des operationalen Systems andererseits miteinander verbunden.* Diese Verbindung wird dadurch hergestellt, daß die für die Gruppierung typischen operationalen Verknüpfungen zugleich eine Realitätskonstruktion ermöglichen, die die grundlegenden Prinzipien der Rationalität realisieren. Dies sind erstens die Reversibilität, die eine widerspruchslose Realitätskonstruktion ermöglicht, zweitens die Identität, durch die die Wiederholbarkeit derselben Realitätskonstruktion gegeben ist, und drittens das Assoziativgesetz, das eine Realitätskonstruktion in ihrer Folgerichtigkeit überprüfen kann, indem sie auch durch andere operationale Verknüpfungen hergestellt werden kann. [91]

---

90. J. PIAGET, Der Strukturalismus, S.61
91. Weiter unten wird die operationale Verknüpfung der Komposition noch hinzugefügt.

"Die Struktur Gruppe ist folglich ein Instrument der Kohärenz, das durch seine innere Regelung oder Selbstregelung seine eigene Logik enthält. Es benützt durch eben seinen Gebrauch drei der fundamentalsten (sic!) Prinzipien des Rationalismus: das der Widerspruchslosigkeit, das in der Reversibilität der Transformationen verwirklicht ist, das der Identität, das durch die Permanenz des neutralen Elements gewährleistet ist, und schließlich das dritte, das nicht so sehr betont wird, aber ebenso wesentlich ist, wonach der Zielpunkt vom durchlaufenen Weg unabhängig bleiben soll." [92]

Die durch die Gruppierung vorgegebenen systemischen Strukturen sind damit zugleich diejenigen Strukturen, die Realität unter dem Gesichtspunkt der Rationalität konstruieren. Die operationale Konstruktion von Realität ist immer schon an die Rationalität gebunden. *Die Rationalität der Realitätskonstruktion ist damit eine Systemrationalität, die durch die operationalen Verknüpfungen gebildet wird.* Die Realitätskonstruktion kann demnach unter dem Gesichtspunkt der Rationalität vollzogen werden, wenn die operationalen Strukturen, die diese Realität konstruieren, durch die Systemrationalität gekennzeichnet sind. Die Systemrationalität der Operationen ermöglicht die widerspruchsfreie, wiederholbare und überprüfbar folgerichtige Konstruktion von Realität.

Im folgenden sollen die Strukturen der Gruppierung genauer dargestellt werden. Zu den drei bisher aufgeführten Prämissen der Rationalität wird eine vierte, die Komposition, hinzugefügt. Diese vier typischen Momente der Gruppierung bilden zugleich die Struktur operationaler Systeme und definieren die Rationalität als eine Systemrationalität. [93]

1. Die Komposition

Die Komposition ist die Vereinigung zweier Gedanken zu einem neuen Gedanken. In der Komposition werden zwei Realitätsgedanken erzeugt, die in einer Transformation zu einem neuen Gedanken führen. In dem folgenden Zitat wird von PIAGET der Begriff des Elementes nicht im Sinne der Operation als einem Element benutzt, sondern er bezeichnet den Bewußtseinsgegenstand als Element.

"Zwei beliebige Elemente einer Gruppierung können miteinander vereint werden und erzeugen dann ein neues Element derselben Gruppierung: zwei verschiedene Klassen können in einer Gesamtklasse vereinigt werden, die beide umfaßt. Zwei Beziehungen A < B und B < C können zu einer Beziehung A < C vereint werden, die beide erhält, etc. Psychologisch drückt diese erste Bedingung die mögliche Koordinierung der Operationen aus." [94]

Die Komposition ist eine Koordinierung von Operationen, die eine Voraussetzung der systemischen Verknüpfung von Operationen darstellt.

---

92. J. PIAGET, Der Strukturalismus, S.21
93. vgl. auch J. PIAGET, Psychologie der Intelligenz, S.43-49 (Die funktionelle Bedingung und die Struktur der Gruppierung)
94. J. PIAGET, Psychologie der Intelligenz, S.47

2. Die Reversibilität

Sobald die internalisierten Handlungen des prä-operationalen Denkens zu Operationen des mentalen Vollzugs konstruiert werden können, verlieren die Relationierungen die Irreversibilität ihrer Verknüpfungen. Die transformatorische Relationierung durch Operationen impliziert somit, daß die Transformation auch als reversibel gedacht werden kann.

"Solche Operationen sind Handlungen, die sich durchaus mit anderen Handlungen vergleichen lassen, aber reversibel sind; das heißt: sie können in beiden Richtungen ausgeführt werden ..., und sie können interiorisiert werden, müssen also nicht wirklich, sondern können durch Repräsentation ausgeführt werden." [95]

Reversibilität bedeutet, daß Operationen umkehrbar sind: Die Transformation von $Relat_1$ zu $Relat_2$ kann rückgängig gemacht werden und somit in die Transformation von $Relat_2$ zu $Relat_1$ umgekehrt werden. Die Reversibilität kann in zwei verschiedenen Modi gedacht werden: Erstens kann die Operation selbst zurückgenommen werden, dies führt zur Negation. Wird eine Operation mit ihrer inversen Operation verknüpft, so führt dies zur Nulloperation. Der zweite Modus der Reversibilität ist die Reziprozität. Zwei reziproke Operationen heben sich nicht gegenseitig auf und führen somit nicht zur Nulloperation, sondern sind zwei Operationen, die ein Äquivalenz erzeugen. Die Verknüpfung einer Operation mit ihrer reziproken Operation führt zum Ausgangspunkt der ersten Operation zurück.

"Vom Strukturellen her gesehen, weist die Reversibilität, also die permanente Möglichkeit einer Rückkehr zum Ausgangspunkt, zwei verschiedene sich ergänzende Formen auf. Man kann zum Ausgangspunkt zurückkehren, indem man die ausgeführte Operation aufhebt, was eine *Inversion* oder Negation darstellt: Das Produkt der direkten Operation und ihrer Umkehrung ist die Nulloperation oder identische Operation. Man kann aber auch zum Ausgangspunkt zurückkehren, indem man eine Differenz (im logische Sinne des Wortes) aufhebt, was eine *Reziprozität* darstellt: Das Produkt aus zwei reziproken Operationen ist nicht eine Nulloperation, sondern eine Äquivalenz." [96]

Die Reversibilität ist ein wesentliches Strukturmerkmal, das die Konstruktion der Realität auf ihre Widerspruchslosigkeit hin überprüfen kann. Dies gilt insbesondere für die Inversion. Die Inversion muß zu einer Nulloperation führen. Ist dies nicht der Fall, so entstehen Widersprüche in der Realitätskonstruktion.

"Nun, unter dem kybernetischen Gesichtspunkt (also dem Gesichtspunkt der Regelungswissenschaft) ist sie (die Operation in der Strukturperspektive, A.H.) eine «vollkommene» Regulierung: das bedeutet, daß sie sich nicht darauf beschränkt, im Hinblick auf das Ergebnis der Akte Irrtümer zu korrigieren, sondern daß sie dank inneren Kontrollmitteln wie der Reversibilität (zum Beispiel $+ n - n = 0$), dem Ursprung des Widerspruchsprinzips (wenn $+ n - n \neq 0$, dann ist $n \neq n$), eine Vorkorrektur darstellt." [97]

---

95. J. PIAGET, Einführung in die genetische Erkenntnistheorie, S.22
96. J. PIAGET/ B. INHELDER, Von der Logik des Kindes zur Logik des Heranwachsenden, S.260
97. J. PIAGET, Der Strukturalismus, S.17

Die Reversibilität ist eine typische Zirkulärstruktur des operationalen Systems. Sie ist diejenige Operation, die in vornehmlicher Weise das Gleichgewicht innerhalb des Systems konstituiert.

3. Die Assoziativität

Die Assoziativität wird durch mindestens zwei Ketten von Operationen gebildet. Assoziativität ist dann gegeben, wenn unterschiedliche Ketten von Operationen in ihren letzten Transformationen dieselben Gedanken erzeugen. Damit kann derselbe Gedanke durch unterschiedliche operationale Verknüpfungen erzeugt werden. Diese Verknüpfungen können sich wechselseitig in ihrer Folgerichtigkeit überprüfen. PIAGET veranschaulicht die Identität zweier durch verschiedene operationale Kettenverknüpfungen gebildete Gedanken durch die bildliche Vorstellung von zwei Gedankenwegen, die zu denselben Ergebnissen führen.

"Die Komposition der Operationen ist «assoziativ» (im logischen Sinne), d.h. es steht dem Denken frei, Umwege zu machen; und das heißt auch, daß ein auf zwei verschiedenen Wegen erlangtes Ergebnis in beiden Fällen das gleiche bleibt. Diese Eigenschaft scheint ebenfalls für die Intelligenz charakteristisch zu sein." [98]

4. Die Identität

Die Identität kann durch zwei verschiedene operationale Verknüpfungen vollzogen werden. In der ersten Form erzeugt die Reziprozität Identität, indem durch die Rückkehr zum Ausgangspunkt der Ausgangspunkt identisch bleibt.

"... bei der Rückkehr zum Ausgangspunkt wird dieser unverändert wiedergefunden..." [99]

Die zweite Form der Identität ist die Tautologie. Sie besagt, daß der wiederholte Vollzug einer Operation diese nicht verändert und die durch sie konstruierten Bewußtseinsinhalte dieselben bleiben.

"Im Bereich der Zahlen bildet eine zu sich selbst addierte Einheit eine neue Zahl durch Anwendung der Komposition (...). Es findet eine Iteration statt. Im Gegensatz dazu verändert sich ein qualitatives Element nicht durch Wiederholung, sondern ergibt eine «Tautologie»: $A + A = A$." [100]

Die Identität ermöglicht die Wiederholbarkeit operationaler Vollzüge, ohne daß durch diese Wiederholung eine Veränderung stattfindet.

Diese vier Stukturmerkmale zeigen typische systemische Anschlußrationalitäten der Operationen, die eine Realitätskonstruktion unter dem Gesichtspunkt der Rationalität ermöglicht.

---

98. J. PIAGET, Psychologie der Intelligenz, S.48
99. J. PIAGET, Psychologie der Intelligenz, S.160
100. J. PIAGET, Psychologie der Intelligenz, S.48/49

2. Die qualitative Differenzierung zwischen konkret- und formal-operationalen Systemen

Konkret- und formal-operationale Systeme sind zwei qualitative Varianten in der Bearbeitung der Funktion der Rationalität. Dieser qualitative Unterschied soll im folgenden aufgezeigt werden.

Im ersten Abschnitt wird diese Differenz auf die Darstellung der funktionalen Differenzierung bezogen. Das heißt, es wird erläutert, durch welche Momente sich die beiden Systeme hinsichtlich der Bereichsspezifik und hinsichtlich der Rationalität unterscheiden. Die Darstellung dieser qualitativen Differenz muß von den im vorherigen Punkt 1 dargestellten Gleichheiten beider Systeme ausgehen: von der Tatsache, daß operationale Systeme immer Sinnsysteme sind, und der Annahme, daß operationale Systeme durch die Gruppierung beschreibbar sind.

Im zweiten Abschnitt wird die qualitative Differenz beider Systeme hinsichtlich ihrer Operationen dargestellt. Dabei werden die Operationen des konkret-operationalen und des formal-operationalen Systems benannt.

2.1 Die qualitative Differenz zwischen konkret- und formal-operationalen Systemen hinsichtlich der Bereichsspezifik und der Rationalität

Zwei grundlegende Unterschiede zwischen dem konkret-operationalen und dem formal-operationalen System kennzeichnen ihre qualitative Differenz. Der erste Unterschied besteht darin, daß *das konkret-operationale System in der Konstruktion von Realität an Bewußtseinsinhalte gebunden ist, die sich auf konkrete Objekte beziehen, während das formal-operationale System hypothetisch-deduktive Realitätskonstruktionen vornimmt.*

> "Die Operationen, um die es bei dieser Art von Problemen geht, können in dem Sinne »konkret« genannt werden, als sie sich direkt auf die Objekte beziehen und noch nicht auf verbal formulierte Hypothesen, wie das bei den Aussage-Operationen der Fall ist ..." 101

Der zweite grundlegende Unterschied beider Systeme liegt darin, daß *sie unterschiedliche systemische Strukturqualitäten haben.* Das konkret-operationale System operiert nicht vollständig systemisch. Das heißt, es kann noch nicht alle Operationen anschlußrational aufeinander beziehen. Das formal-operationale System ist demgegenüber ein System, in dem alle Operationen untereinander systemisch verknüpft sind.

Diese beiden grundlegenden Unterschiede sollen nun erörtert werden, um die strukturellen Unterschiede beider Systeme aufzeigen zu können.

Der erste Unterschied bezieht sich auf die prinzipielle Differenz in der Realitätskonstruktion zwischen beiden Systemen. Zunächst wird im folgenden die Typik der Realitätskonstruktion des konkret-operationalen und anschließend die des formal-operationalen Systems dargestellt.

Das konkret-operationale System strukturiert Realität, indem es konkrete Objekte in Beziehung zueinander setzt. Die als unabhängig konstruierte Realität ist eine nach

---

101. J. PIAGET/ B. INHELDER, Psychologie des Kindes, S.103

48 Systemkomponenten des operationalen psychischen Systems

den oben aufgeführten Strukturmomenten der Gruppierung konstruierte Realität von konkreten Objekten. Die konkret-operational konstruierte Realität kennt keine Realitätsmomente jenseits konkreter Objekte. Der Konstruktionsprozeß des konkret-operationalen Systems ist dadurch spezifischen Einschränkungen unterworfen. Diese Einschränkungen können hier nicht vollständig dargestellt werden. Die folgenden Punkte verweisen auf diejenigen Einschränkungen, denen das konkret-operationale System im Hinblick auf die Bereichsspezifik und die Rationalität in seinem Konstruktionsprozeß unterworfen ist.

Erstens: Die vom konkret-operationalen System konstruierte Realität kann nicht-konkrete Objekte nicht mit einbeziehen. Die Konstruktion der Realität ist damit grundsätzlich eine Strukturierung von Bewußtseinsinhalten, die über die Wahrnehmung konstruiert werden. PIAGET schreibt, daß das Kind sich noch ganz an das «Wirkliche» in seiner rohen Form hält.

"Die Beobachtung zeigt, daß sich das Kind auf der Stufe der konkreten Operationen bemüht, die Wirklichkeit so vollständig, wie es ihm möglich ist, zu strukturieren, daß es sich aber an das Wirkliche in seiner rohen Form hält, das heißt so, wie dieses sich zeigt, falls die Faktoren nicht auseinander gehalten werden: es klassiert, ordnet, seriiert usw. die Tatsachen so, wie es sie unmittelbar wahrnimmt, ohne kritische Distanz zum Experiment und ohne systematische methodologische Vorsichtsmaßnahmen." [102]

Aufgrund dieser Einschränkung kann das konkret-operationale System Realität nur unvollständig konstruieren: ihm fehlen die für einen Realitätsbereich kritischen, gleichwohl nicht als konkrete Objekte auftretenden Merkmale.

Zweitens: Die durch das konkret-operationale System konstruierte Realität weist typische Strukturen auf. Es strukturiert jede Realität in derselben Typik, indem es die ihm zur Verfügung stehenden Operationen anwendet. Die Konstruktion von Realität strukturiert diese Realität hinsichtlich des Kriteriums, ob ein Gegenstand «auftritt» oder nicht. Tritt ein solches konkretes Objekt auf, so wird es klassifiziert, seriiert etc.[103] Das heißt, Bewußtseinsgegenstände werden so miteinander verknüpft, wie es die Wahrnehmung vorgibt. Das konkret-operationale System unterscheidet dabei nicht zwischen verschiedenen Realitätsbereichen.

Das konkret-operationale System kennt keine bereichsspezifischen Operations-Kombinationen. Es kann zwar Operationen miteinander zu typischen Strukturen verknüpfen, wendet diese operationalen Strukturen jedoch auf jede Realitätskonstruktion unterschiedslos an. So schreibt PIAGET, daß das konkrete Denken Mögliches nur in der Form mit einbeziehen kann, daß die bereits ausgebildeten Operationen fortgesetzt werden: Jede Konstruktion eines Realitätszusammenhanges ist durch dieselben operationalen Verknüpfungen und damit auch durch dieselben konstruierten Realitätsstrukturen gekennzeichnet.

---

102. J. PIAGET/ B. INHELDER, Von der Logik des Kindes zur Logik des Heranwachsenden, S.270
103. vgl. die Operationen des konkret-operationalen Systems, in: Kapitel 1, Teil 3, Punkt 2.2 *Die qualitative Differenz zwischen konkret- und formal-operationalen Systemen hinsichtlich ihrer Operationen*

"Das Mögliche (des konkret-operationalen Systems, A.H.) wird somit auf eine bloße virtuelle Fortsetzung der Aktionen und der Operationen reduziert, die auf diesen gegebenen Inhalt angewendet werden (wenn zum Beispiel das Kind weiß, nachdem es einige Gegenstände aneinandergereiht hat, daß es mit anderen Gegenständen fortfahren könnte, und zwar mit demselben antizipierenden Seriationsschema, das es ihm ermöglicht hat, seine wirkliche Seriation durchzuführen)." [104]

Anknüpfend an das in Punkt 1 dargelegte Bedeutungsschema als Sinnschema kann für das konkret-operationale System festgestellt werden, daß Bedeutung durch die Strukturierung konkreter Objekte konstruiert wird. Bedeutung kann jedoch nicht dadurch konstruiert werden, daß Bewußtseinsinhalte durch unterschiedliche operationale Systeme konstruiert werden. Dem konkret-operationalen System fehlt die Reflexion auf Operationen. Die im bewußten Vollzug konstruierten Bewußtseinsinhalte sind nicht auf die Operationen selbst, sondern ausschließlich auf die konkreten Objekte bezogen. Das konkret-operationale System kann demnach Bedeutung nicht dadurch konstruieren, daß es bewußt operationale Systeme anwendet, die sich von anderen operationalen Systemen abgrenzen. Dem konkret-operationalen System sind ausschließlich die Konstruktionen konkreter Objekte bewußt, nicht jedoch der Konstruktionsprozeß selbst. Aus diesem Grunde kann das konkret-operationale System keine Realitätsbereiche konstruieren, die ihre Bedeutung und ihre genuine «Logik» dadurch erhalten, daß sie durch unterschiedliche operationale Systeme konstruiert werden und daß dieser Konstruktionsprozeß auch bewußt von anderen operationalen Systemen abgegrenzt werden kann.

Drittens: Die Bindung des konkret-operationalen Systems an konkrete Objekte wirkt sich auch auf seine Bearbeitung der Funktion der Rationalität aus. Es kann Realität nicht rational konstruieren, wenn ein nicht-beobachtbarer Faktor für eine rationale Konstruktion notwendig ist. Die Beschränkung auf konkrete Objekte führt demnach nicht nur - wie bereits gezeigt - zu einer unvollständigen Konstruktion der Realität und zu einer nicht-bereichsspezifischen Konstruktion von Realität, sondern *schränkt auch die Fähigkeit einer rationalen Realitätskonstruktion ein.* Können konstitutive Faktoren, z.B. Faktoren mit kausalen Wirkungen, nicht konstruiert werden, so führt dies zu Widersprüchen. Am Beispiel einer solchen Kausalbeziehung soll dieser Zusammenhang zwischen unvollständiger Realitätskonstruktion und der eingeschränkten Bearbeitung der Funktion der Rationalität deutlich gemacht werden.

Zwei wahrgenommene Ereignisse können einander so zugeordnet werden, daß eine erste Strukturierung vollzogen wird. Die Frage, warum diese beiden Ereignisse einander zuzuordnen sind und in welcher Beziehung sie zueinander stehen, kann die rein strukturierende Tätigkeit einer Zuordnung nicht vollständig ergründen. Die Frage nach dem Warum dieser Zuordnung kann nur mit Operationen abgearbeitet werden, die Transformationen zwischen den beiden Ereignissen vollziehen, die in systematischer Weise Schlußfolgerungen auf die Beziehung zwischen den Ereignissen zulassen. So kann das konkret-operationale System z.B. zwischen zwei Ereignissen eine Zuordnung vollziehen, da es das gleichzeitige Auftreten dieser beiden Ereignisse beobachtet hat. Gleichzeitig kann das konkret-operationale System zwischen diesen beiden Ereignissen eine kausale Beziehung herstellen, wenn die Kausalität aus den beobachteten

---

104. J. PIAGET/ B. INHELDER, Von der Logik des Kindes zur Logik des Heranwachsenden, S.237

Zuordnungen geschlossen werden kann. Wenn A als Ursache von B gesetzt wird, so kann beobachtet werden, daß im Falle, daß A nicht auftritt, auch B nicht auftritt (A · B = ¬A · ¬B). Ebenfalls kann beobachtet werden, daß A nicht mit dem Nicht-Auftreten von B und das Nicht-Auftreten von A nicht mit B kombiniert werden kann. (A · B ≠ ¬A · B und A · B ≠ A · ¬B). Das konkret-operationale System kann einen eindeutigen Bezug zwischen A als Ursache und B als Wirkung herstellen. Ist die Zuordnung zwischen A und B nicht durch eine solche eindeutige Beziehung gekennzeichnet, sondern so, daß das Verhältnis von A zu B durch einen weiteren Faktor C, der nicht beobachtet werden kann, sondern erschlossen werden muß, gekennzeichnet ist, so ist das konkret-operationale System nicht in der Lage, diesen Bezug zu erschließen. Auch kann das konkret-operationale System keine Implikationen vollziehen, in denen die Ursache A zwar B bewirkt, B jedoch auch durch andere Ursachen bewirkt werden kann.[105] Letztlich können für das konkret-operationale System nur die beobachteten Zuordnungen vollzogen werden. In einer solchen Beobachtung können die folgenden Zuordnungen durch das konkret-operationale System prinzipiell vollzogen werden:

A · B und ¬A · B und A · ¬B und ¬A · ¬B

Erst durch die vermittelnden Transformationen der Implikation und der reziproken Implikation und der Exklusion kann erstens festgestellt werden, daß ein dritter, nicht beobachteter Faktor in den Wirkungszusammenhang zwischen A und B einbezogen ist bzw. zweitens kann durch systematisches Prüfen verschiedener Variablen der Wirkungszusammenhang zwischen A und B bestimmt werden.[106] Diese Konstruktion im Hinblick auf mögliche Zusammenhänge - d.i. das hypothesengeleitete Experimentieren, Denken und Prüfen - ist jedoch erst auf der formalen Stufe möglich. Die Rationalität der beobachteten Ereignisse kann auf der konkreten Stufe nicht vollständig

---

105. zur Implikation vgl. Kapitel 1, Teil 3, Punkt 2.2.2 *Die Operationen des formal-operationalen Systems*
106. Anhand eines Experimentes, das die Biegsamkeit von Köpern untersucht (vgl. J. PIAGET/ B. INHELDER, Von der Logik des Kindes zur Logik des Heranwachsenden, S.55-74) stellt PIAGET fest:
"b. Am Anfang des formalen Stadiums werden also die beiden wichtigen Entdeckungen gemacht, daß man die Faktoren durch Neutralisation wie durch Exklusion auseinanderhalten kann und daß man einen Faktor nicht nur ausschalten muß, um seine Wirkung zu analysieren, sondern auch, um die Wirkung der anderen vorhandenen Faktoren herauszustellen: Diese beiden neuen Entdeckungen ermöglichen es im Laufe des Stadium III (formales Denken, A.H.) ..., die Trennung der Faktoren auf alle Fälle zu verallgemeinern. Gegeben sei zum Beispiel ein ziemlich langer Messingstab mit größerer Biegsamkeit als ein kurzer Stahlstab: falls die Faktoren Metall und Länge nicht auseinandergehalten werden, kann man nicht entscheiden, ob der längere Stab biegsamer ist, weil er aus Messing oder weil er lang ist. Die Kinder des konkreten Stadiums ziehen sich (falls sie überhaupt eine Lösung finden) so aus der Sache, daß sie die Zuordnungen multiplizieren und feststellen, daß manchmal das Messing und manchmal die Länge dafür verantwortlich sind. Da aber jeder Stab aus einem Material besteht und eine Länge hat, gelingt es ihnen nicht nur nicht, einen dieser Faktoren auszuschließen, um den anderen zu analysieren, sondern sie denken nicht einmal daran. Die Prüflinge der formalen Stufe hingegen wissen ..., daß man den Faktor Länge ausschalten muß, wenn man die Rolle des Metalls zeigen will, und umgekehrt, wobei der verbleibende Faktor durch Hinzufügungen variiert wird. Sie wissen zudem, daß man den nicht analysierten Faktor nicht nur dadurch ausschalten kann, daß man ihn unterdrückt, falls seine Natur es erlaubt, sondern auch, indem man ihn durch eine einfache Gleichsetzung neutralisiert, wenn seine Natur eine vollständige Auslassung ausschließt: sie lassen deshalb die Länge gleich, um die Rolle des Metalls zu untersuchen, und umgekehrt." (J. PIAGET/ B. INHELDER, Von der Logik des Kindes zur Logik des Heranwachsenden, S.272/273)

konstruiert werden: Es bilden sich Widersprüche, indem angenommen wird, daß eine Ursache in einigen Fällen gilt und in anderen nicht gilt und daß eine Wirkung in einigen Fällen erfolgt und in anderen nicht erfolgt. Das formal-operationale System hingegen kann diese Widersprüche dadurch auflösen, daß es durch Konstruktionen des Möglichkeitshorizontes feststellt, daß ein weiterer Faktor die Ereignisse beeinflussen muß. Das konkret-operationale System kann einen solchen hypothesengeleiteten Möglichkeitshorizont noch nicht eröffnen.

Das formal-operationale System konstruiert Realität durch hypothetisch-deduktive Konstruktionsprozesse. Der hypothetisch-deduktive Konstruktionsprozeß geht nicht mehr von konkreten Objekten aus, sondern konstruiert Hypothesen, aus denen das formal-operationale System mit Hilfe der nun ausgebildeten formalen Operationen notwendige Folgerungen zieht:

"Neu an der Stufe, die wir uns jetzt ansehen wollen, ist hingegen, daß der junge Mensch durch eine Differenzierung zwischen der Form und dem Inhalt fähig wird, folgerichtig über Aussagen nachzudenken, an die er nicht oder noch nicht glaubt, die er also als reine Hypothesen betrachtet; er wird somit fähig, aus bloß möglichen Wahrheiten die notwendigen Folgerungen zu ziehen, was den Anfang des hypothetisch-deduktiven oder formalen Denkens darstellt." [107]

Die konstruierte Realität erhält dadurch eine neue Qualität. Die Bewußtseinsinhalte beziehen sich nicht mehr auf konkrete Objekte, sondern sie werden dadurch konstruiert, daß das formal-operationale System die konkreten Operationen systematisch miteinander kombiniert. PIAGET bezeichnet das formal-operationale System aus diesem Grunde als ein System «zweiter Potenz».

"Ein drittes Merkmal des formalen Denkens, das wir schon früher zu seiner Definierung herangezogen haben, als wir die Unzulänglichkeit des rein verbalen Kriteriums festgestellt hatten, ist seine Eigenschaft, daß es ein System von Operationen in der zweiten Potenz darstellt." [108]

Der bewußte Vollzug dieses Systems «der zweiten Potenz» ist in seinen Transformationen und seinen Bewußtseinsinhalten vom konkret-operationalen System unterschieden: Er konstruiert Bewußtseinsinhalte, die nicht mehr an die Wahrnehmung, an konkrete Objekte gebunden sind, und erzeugt diese Inhalte durch neue, differenziertere Operationen, die aus der systemantischen Kombination aller konkreter Operationen entstehen.

"In diesem Sinne setzen die Proportionen Operationen in der zweiten Potenz voraus. Dasselbe kann man von der Aussagenlogik selbst sagen, denn die interpropositionellen Operationen stützen sich auf Aussagen, deren intraproportionaler Inhalt aus Klassen- und Beziehungsoperationen besteht." [109]

---

107. J. PIAGET/ B. INHELDER, Psychologie des Kindes, S.132
108. J. PIAGET/ B. INHELDER, Von der Logik des Kindes zur Logik des Heranwachsenden, S.241
109. J. PIAGET/ B. INHELDER, Von der Logik des Kindes zur Logik des Heranwachsenden, S.241

Damit vollzieht das formal-operationale System den bewußten Vollzug durch andere, neue Operationen, die neue Transformation und Bewußtseinsinhalte aufweisen. Die konkreten Operationen werden durch die Ausbildung neuer formaler Operationen zum Gegenstand des Vollzugs; oder mit anderen Worten: Formale Operationen bilden sich aus, wenn der bewußte Vollzug die Operationen des konkret-operationalen Systems als Bewußtseinsinhalt erzeugt.

Das formal-operationale System ist dementsprechend ein reflexives System. Es prozessiert, indem es Metaoperationen ausbildet: es klassifiziert Klassifikationen, es seriiert Seriationen, es klassifiziert Seriationen, und es seriiert Klassifikationen. Die weiter unten aufgeführten 16 binären Operationen des formal-operationalen Systems stellen die vollständige Kombination der vier Grundoperationen $A \cdot B$, $\neg A \cdot B$, $A \cdot \neg B$ und $\neg A \cdot \neg B$ dar. Die 16 Operationen kombinieren diese vier Grundoperationen, indem sie Verknüpfungen zwischen den Grundoperationen herstellen. In diesem Sinne operiert das formal-operationale System mit und über den Operationen des konkret-operationalen Systems.

"Andererseits überzieht die Kombinatorik die elementaren Operationen mit einem neuen System von Operationen über die Operationen oder Aussage-Operationen ..." [110]

Das formal-operationale System konstruiert den Realitätsbereich nicht mehr anhand von konkreten Inhalten, sondern erstellt den Realitätsbereich, indem es über Metaoperationen Realität erschließt. Die Kombinatorik des formal-operationalen Systems wird hier ganz deutlich: Die Wirklichkeit wird nicht mehr nur durch die Operationen assimiliert, sondern die Kombination von Operationen erschließt einen Realitätsausschnitt. Die Kombinatorik des formal-operationalen Systems besteht in der Kombinatorik von Operationen, in der sich Metaoperationen ausbilden.

"Gerade beim Experimentieren setzen sich vom Anfang des formalen Denkens an neue operative Möglichkeiten durch, nämlich Disjunktionen, Implikationen, Exklusionen usw., die schon bei der Organisation des Experiments und beim Erfassen der faktischen Grundlagen mitwirken und sich in diesem Bereich über die einfachen Klassen- und Relationsgruppierungen legen. Der Grund dafür ist auch hier wieder derselbe, daß nämlich das formale Denken, sobald es mit dem faktischen Problem in Berührung kommt, von der Hypothese, also vom Möglichen, ausgeht, anstatt sich mit einer direkten Strukturierung der wahrgenommenen Tatsachen zu begnügen. Es ist somit für die Aussagenlogik, obwohl es so aussieht und die Meinung weit verbreitet ist, nicht charakteristisch, daß sie eine verbale Logik ist: sie ist allem voran eine Logik aller möglichen Kombinationen des Denkens, ... " [111]

Analog zu den drei oben aufgeführten Einschränkungen des konkret-operationalen Systems soll nun aufgezeigt werden, wie das formal-operationale System - entbunden von diesen Einschränkungen - Realität konstruiert.

---

110. J. PIAGET/ B. INHELDER, Psychologie des Kindes, S.137
111. J. PIAGET/ B. INHELDER, Von der Logik des Kindes zur Logik des Heranwachsenden, S.240/241

Erstens: Das formal-operationale System konstruiert Realität, indem es Theorien entwickelt.

"Das formale Denken entwickelt sich im Jugendalter. Das Denken des Jugendlichen ist nicht wie das des Kindes nur auf die Gegenwart gerichtet; er entwickelt Theorien über alles Mögliche und findet sein Vergnügen vor allem an Betrachtungen, die sich nicht auf die Gegenwart beziehen. Das Kind denkt im Gegensatz dazu nur im Zusammenhang mit der gegenwärtigen Tätigkeit und arbeitet keine Theorien aus, auch dann nicht, wenn der Beobachter - die periodische Wiederkehr ähnlicher Reaktionen feststellend - eine bestimmte, spontane Systematisierung seiner Ideen unterscheiden kann."[112]

Die Konstruktion von Theorien bezieht alle jene Realitätsfaktoren mit ein, die aufgrund notwendiger Folgerungen erzeugt werden können. Die konstruierte Realität geht nicht von der wahrgenommenen Wirklichkeit aus, sondern konstruiert Realität dadurch, daß die Bewußtseinsgedanken über Transformationen aufeinander bezogen werden können. Die formal-operationale Realität ist eine im doppelten Sinne konstruierte: Sie wird als unabhängig vom Ich im bewußten Vollzug konstruiert - dies entspricht der Grenze aller operationalen Systeme - und sie bezieht nur solche Realitätsmomente mit ein, deren Konstruiert-Sein wiederum bewußt ist. Das formal-operationale System geht von Hypothesen, von bewußt konstruierten Bewußtseinsinhalten aus und erkennt nur solche Bewußtseinsinhalte als Realität an, die sich durch eine rationale Konstruktion als widerspruchsfrei, wiederholbar und folgerichtig erweisen. Die Konstruktion der Realität in Form von Theorien bezieht alle Realitätsmomente mit ein, die aufgrund rationaler Konstruktionen erschließbar sind. Damit erweitert sich der Bereich dessen, was Realität ausmacht; das formal-operationale System ist nicht mehr nur auf das Auftreten und Wahrnehmen der Realitätsmomente selbst angewiesen. PIAGET beschreibt diesen Zusammenhang, indem er dem formal-operationalen Denken eine Sinnesumkehrung zwischen dem Wirklichen und dem Möglichen zuspricht. Diese Umkehrung bezieht sich auf die Konstruktion von Wirklichem und Möglichem im konkret-operationalen System. Das konkret-operationale System konstruiert das Mögliche als Fortsetzung der Konstruktion des Wirklichen, und das Wirkliche sind für das konkret-operationale System die konkreten Objekte. Das formal-operationale System konstruiert Realität, indem es das Wirkliche dem Möglichen unterordnet. Etwas wird als Realität anerkannt, wenn es durch «Beweisführungen» gesetzt werden kann. Nach PIAGET ist die Beweisführung dann gegeben, wenn die in den Hypothesen konstruierten möglichen Wahrheiten mit anderen Hypothesen eines bestimmten Realitätsausschnitt vereinbar sind.

"Mit dem formalen Denken schließlich tritt eine Sinnesumkehrung zwischen dem Wirklichen und dem Möglichen ein. Anstatt daß sich das Mögliche bloß in Form einer Verlängerung des Wirklichen oder der auf die Wirklichkeit ausgeübten Aktionen äußert, wird im Gegenteil das Wirkliche dem Möglichen untergeordnet: Die Fakten werden von jetzt ab als der Bereich der tatsächlichen Verwirklichungen innerhalb einer umfassenden Vielfalt möglicher Transformationen aufgefaßt; und sie werden erst nach einer Beweisführung, die die Gesamtheit der mit der gegebenen Situation vereinbaren möglichen Hypothesen erklärt, überhaupt als Fakten anerkannt."[113]

---

112. J. PIAGET, Psychologie der Intelligenz, S.167
113. J. PIAGET/ B. INHELDER, Von der Logik des Kindes zur Logik des Heranwachsenden, S.238

54 Systemkomponenten des operationalen psychischen Systems

Die folgenden beiden Punkte können aus dem in Punkt eins Dargestellten entwikkelt werden. Die hypothetisch-deduktive Konstruktion von Realität impliziert die Bereichsspezifik und die Rationalität des formal-operationalen Systems.

Zweitens: Im eben aufgeführten Zitat von PIAGET, in dem die Sinnesumkehrung zwischen dem Wirklichen und dem Möglichen im formal-operationalen System dargestellt wird, wird die Bereichsspezifik des formal-operationalen Systems indirekt angesprochen.

"... und sie (die Fakten, A.H.) werden erst nach einer Beweisführung, die die Gesamtheit der mit der gegebenen Situation vereinbaren möglichen Hypothesen erklärt, überhaupt als Fakten anerkannt." [114]

*Die Konstruktion von Realität ist an die Beweisführung gebunden. Die Beweisführung ist dann vollzogen, wenn alle Hypothesen, die **mit einer gegebenen Situation verbunden sind,** miteinander vereinbar sind.* Realität wird bereichsspezifisch konstruiert, indem Hypothesen konstruiert werden, die sich auf einen bestimmten Realitätsbereich beziehen. Innerhalb dieses Realitätsbereichs werden diejenigen Momente als Fakten anerkannt, die durch die Vereinbarkeit der Hypothesen konstruiert werden können. Diese Vereinbarkeit - so muß hier ergänzend festgestellt werden - kann nur dadurch konstruiert werden, daß die Hypothesen durch eine bereichspezifische Logik aufeinander bezogen werden. Dies impliziert, daß entsprechend dieser Logik spezifische operationale Systeme diesen Zusammenhang konstruieren. [115] Diese Spezifität besteht darin, daß die dem formal-operationalen System möglichen Operationen zu spezifischen Kombinationen strukturiert werden. Das heißt nicht, daß nur spezielle Operationen des formal-operationalen Systems zur Anwendung kommen. Die Konstruktion von Realität ist immer durch den systemischen Zusammenhang aller Operationen gekennzeichnet. Die bereichsspezifische Kombination meint eine Kombination der dem formal-operationalen System möglichen Operationen. Sie ist damit eine *Kombination «zweiter Potenz»*: Sie kombiniert formale Operationen, die selbst wiederum Kombinationen der konkreten Operationen darstellen. Der Unterschied zwischen der Kombination erster Potenz und der Kombination zweiter Potenz liegt darin, daß die formalen Operationen durch die systematische Kombination aller aus den konkreten Operationen möglichen Kombinationen gekennzeichnet sind. Dabei bilden sich neue Operationen aus. In der bereichsspezifischen Kombination wird nur eine bestimmte Kombination ausgebildet. Sie kann auch zu neuen Operationen führen, die jedoch keine neue Qualität haben, sondern sich lediglich in spezifischer Weise aus den formalen Operationen zusammensetzen.

Das formal-operationale System konstruiert Bedeutung, indem es zwischen unterschiedlichen operationalen Systemen, die die Vereinigung der Hypothesen ermöglichen, unterscheidet und damit unterschiedliche «Logiken» konstruiert.

Drittens: Die Konstruktion von Realität durch das formal-operationale System ist in jeder Hinsicht der Funktion der Rationalität unterstellt. Fakten werden erst dann als

---

114. J. PIAGET/ B. INHELDER, Von der Logik des Kindes zur Logik des Heranwachsenden, S.238
115. Im Kapitel 2 dieser Arbeit wird ein solcher Konstruktionsprozeß für die Konstruktion sozialer Systeme aufgezeigt.

Fakten anerkannt, wenn sie rational auf den Realitätsbereich bezogen werden können. Die Anerkennung von Realität als Realität ist von der Rationalität dieser Realitätskonstruktion abhängig. Prinzipiell können hier keine Widersprüche etc. auftreten, wie dies z.B. noch im konkret-operationalen System möglich ist. Die Konstruktion von Realität unterliegt dem Rationalitätskriterium. Die formal-operationale Realitätskonstruktion hat ihre besondere Qualität nicht in der Entsprechung zur Wirklichkeit, sondern in ihrer rationalen Konstruktion.

"Mit den formalen Operationen werden sogar die Grenzen der Wirklichkeit überschritten, denn die Welt des Möglichen eröffnet sich dem Denken, das der wirklichen Welt gegenüber frei wird." [116]

Die vollständige Rationalität des formal-operationalen Systems ist eine vollständige Systemrationalität. Das formal-operationale System erhält dadurch eine kohärente Systemstruktur, während das konkret-operationale System noch keine systemischen Verknüpfungen aller Operationen aufweist. *Das formal-operationale System ist damit durch eine vollständige Systemrationalität, in der alle Operationen systemisch miteinander verknüpft sind, gekennzeichnet.*

Das konkret-operationale System hat damit eine andere Gleichgewichtsform als das formal-operationale System. Beiden Gleichgewichtsformen ist gemein, daß sie durch die Gruppierung gebildet werden. Damit sind alle Operationen auch des konkret-operationalen Systems kompensierbar. Der Unterschied zwischen beiden Gleichgewichtsformen besteht darin, daß *die beiden Formen der Reversibilität - die Inversion und die Reziprozität - im konkret-operationalen System noch getrennt voneinander sind, während sie im formal-operationalen System miteinander verknüpft sind und neue Kompensationen ermöglichen.*

Reversibilität ist das zentrale Moment für das Gleichgewicht eines Systems. PIAGET definiert das Gleichgewicht eines Systems über die Reversibilität aller operationalen Kombinationen.

"Die operative Reversibilität und das Gleichgewicht sind somit letzten Endes ein und dasselbe, und weil die möglichen Operationen beweglich und reversibel (das heißt auf alle Arten zusammensetzbar, aber vollständig umkehrbar) sind, wirkt das Mögliche kontinuierlich auf die Auswahl der durchzuführenden neuen Operationen ein." [117]

Für das konkret-operationale System gilt, daß die Negation nur im Bereich der Klassifikationen vollzogen werden kann, während die Reziprozität auf den Bereich der Relationen beschränkt bleibt. Die Umkehrbarkeit der Operationen durch die Reversibilität ist im konkret-operationalen System noch nicht vollständig «vernetzt». Entweder werden die Klassenbeziehungen durch die Negation umgekehrt oder die Relationsbeziehungen durch die Reziprozität. Eine Verbindung beider zu einem vollständig vernetzten System ist damit noch nicht geschaffen. Das heißt, eine Veränderung im Bereich der Klassifikationen hat dann keine Auswirkung auf die Relationierung anderer Bewußtseinsinhalte durch die Reziprozität. Die Strukturen der Reversibilität sind

---

116. J. PIAGET, Psychologie der Intelligenz, S.171
117. J. PIAGET/ B. INHELDER, Von der Logik des Kindes zur Logik des Heranwachsenden, S.255

im konkret-operationalen System vollständig ausgebildet, doch können die beiden Formen der Reversibilität sich gegenseitig noch nicht kompensieren: Die vollständige Verknüpfung innerhalb des Systems der Operationen ist dadurch unterbunden. In dieser Hinsicht spricht PIAGET von dem konkret-operationalen System als einem Halbverband im Vergleich zu den vollständigen Verbindungen des formal-operationalen Systems.

Die formalen Operationen leisten dagegen die vollständige Kompensation. Das heißt, es gibt keine Beschränkungen in der Verbindung der Operationen. Diese vollständige Kompensation der formalen Operationen macht die Kombinatorik des formal-operationalen Systems aus: Jede Operation ist mit jeder Operation verbunden. Es gibt somit keine Trennung zwischen Klassen- und Relationsoperationen, sondern das gesamte System bildet eine kohärente Einheit der vollständigen Kompensation seiner Transformationen. Damit können alle Momente eines konstruierten Realitätsbereichs in transformatorischer Weise aufeinander bezogen werden. Dies bedeutet, daß die Hypothesen, von denen das formale Denken ausgeht, dadurch aufeinander bezogen werden können, daß die Reziprozität in die Inversion et vice versa überführt werden kann.

Dies führt auf der formalen Stufe des Denkens zu einer prinzipiell neuen Zuordnung der direkten Operation zu ihren Umkehrungen. Das konkret-operationale System kennt nur eine Umkehrung für die jeweils direkte Operation. Das heißt, die direkte Operation einer klassifizierenden Operation ist dann mit der Negation verbunden (A ist mit ¬A verbunden), und die direkte Operation einer relationierenden Operation ist mit ihrer Äquivalenz verbunden (A --> B ist mit B --> A zu A <--> B verbunden). Für das formale System ist dagegen eine komplexere Verbindung zwischen direkten und ihren reversiblen Operationen kennzeichnend. Jede direkte Operation ist durch die Kompensation von Negation (d.i. Inversion) und Reziprozität, d.h. mit ihrer inversen, ihrer reziproken und außerdem der invers-reziproken Operation verbunden.

"Doch die Schönheit des neuen Systems (gemeint ist das formale System, A.H.) ... besteht eben darin, daß die Inversionen und die Reziprozitäten nicht einfach nebeneinander gestellt werden, sondern operativ zu einem einzigen Ganzen verschmelzen, so daß jede Operation von jetzt ab *gleichzeitig* die inverse einer anderen und die reziproke einer dritten ist, was vier Transformationen ergibt: direkte, inverse, reziproke und invers reziproke, wobei diese letztere zugleich korrelativ (oder dual) zur ersten ist."[118]

Das heißt, die vollständige Kompensation der formalen Transformation, die im Vergleich zu dem konkret-operationalen System dann auch mit der Ausbildung neuer Operationen verbunden ist, geht einher mit der vollständigen Kompensation der Reversibilität: *Jede Operation kann durch Inversion und Reziprozität zur Nulloperation bzw. zur äquivalenten Operation umgekehrt werden, und gleichzeitig können diese beiden Umkehrungen zusammen in der Korrelation durch Inversion und Reziprozität vollzogen werden.* Die Reversibilität wird hier zu einer Einheit von vier Transformationen: der identischen Transformation (I), der inversen bzw. negierenden Transformation (N), der reziproken Transformation (R) und der korrelativen Transformation (C). Daraus ergibt sich die Einheit INRC. Jede Operation kann nun über diese rever-

---

[118] J. PIAGET/ B. INHELDER, Psychologie des Kindes, S.138

siblen Transformationen verändert werden. Am Beispiel der Implikation ist dann festzustellen: [119]

I = (A ==> B)
N = (A · ¬B)
R = (B ==> A)
C = (¬B · A)

Dabei ergibt sich, daß die Negation mit dem Reziproken der Korrelation (N = RC), das Reziproke mit der Negation der Korrelation (R = NC) und die Korrelation mit der Negation der Reziprozität (C = NR) gleichzusetzen ist, und die Identität letztlich die gleichzeitige Transformation aller drei reversiblen Transformationen darstellt (I = NRC). Die direkten und die reversiblen Transformationen sind somit untereinander vernetzt, und die direkte Transformation ist der gleichzeitige Vollzug aller reversiblen Transformationen. Das heißt, die Rückkehr zum Ausgangspunkt als dem Ausgangspunkt einer beliebigen Operation kann dadurch vollzogen werden, daß die drei reversiblen Transformationen nacheinander vollzogen werden.

Die Zusammensetzung der Reversibilität durch die Struktur INRC des formal-operationalen Systems kann dann weitere operationale Schemata klären, auf die hier nicht weiter eingegangen werden soll. Diese Schemata sind die der Proportion, des doppelten Bezugssystems, des hydrostatischen Gleichgewichts und der Wahrscheinlichkeitsform. [120]

2.2 Die qualitative Differenz zwischen konkret- und formal-operationalen Systemen hinsichtlich ihrer Operationen

Im folgenden Abschnitt werden die Operationen der jeweiligen Systeme dargestellt. Hierbei wird der zentrale Unterschied zwischen dem konkret-operationalen und dem formal-operationalen System wiederum dadurch deutlich, daß das konkret-operationale System strukturierende Operationen mit nur teilweiser Kompensation aufweist, während das formal-operationale System durch die vollständige Kompensation seiner Operationen gekennzeichnet ist. Die vollständige Kompensation impliziert die vollständige Kombinatorik der Operationen, so daß alle Operationen aufeinander bezogen werden und damit die für den Realitätsausschnitt kritischen Bewußtseinsinhalte in ein vollständiges Bezugssystem gebracht werden können.

"Diese Kombinatorik ist nun von erstrangiger Bedeutung für die Ausweitung und Verstärkung der Denkfähigkeiten, denn sobald sie einmal ausgebildet ist, ermöglicht sie es, Gegenstände oder Faktoren (physische usw.) oder auch Ideen oder Aussagen (was eine neue Logik zur Folge hat) miteinander zu kombinieren und folglich in jedem Fall über die gegebene Wirklichkeit (einen Ausschnitt der physischen Wirklichkeit oder eine auf Faktoren beruhende Erklärung oder auch eine Theorie in der einfachen Form eines Systems von untereinander verbundenen Aussagen) nachzudenken, indem man diese Wirklichkeit nicht mehr in ihren begrenzten und konkreten Aspekten, sondern aufgrund

---

119. vgl. J. PIAGET/ B. INHELDER, Psychologie des Kindes, S.138/139
120. vgl. J. PIAGET/ B. INHELDER, Psychologie des Kindes, S.139ff. und J. PIAGET/ B. INHELDER, Von der Logik des Kindes zur Logik des Heranwachsenden, S.301ff.

einer beliebigen Zahl oder aller möglichen Kombinationen betrachtet, was die deduktiven Fähigkeiten der Intelligenz beträchtlich verstärkt."[121]

Dies bedeutet auch, daß erst durch das formal-operationale System eine letzte und grundlegende Dezentrierung vollzogen wird: Erst jetzt wird ein Realitätsausschnitt vollständig in seinen Beziehungen und Gegenständen konstruierbar; die Funktion der Rationalität ist jetzt vollständig bearbeitbar.

"Diese Verhaltenseinheit findet sich in der Periode zwischen 11 und 12 und 14 bis 15 Jahren, in der der junge Mensch sich vom Konkreten löst und das Wirkliche in ein System von möglichen Transformationen einordnet. Diese letzte grundlegende Dezentrierung vollzieht sich am Ende der Kindheit ..."[122]

2.2.1 Das konkret-operationale System

Die grundlegenden Operationen des konkret-operationalen Systems sind die der Klassifikation und die der Relationierung. Die Klassifikation muß dabei jedoch noch keine verbale Klassifikation sein. SCHRÖDER zeigt in einer empirischen Untersuchung, daß die Klassifikation auf der konkreten Stufe dann vollzogen wird, wenn die zu klassifizierenden Gegenstände eine geschlossene Klasse bilden; z.B. wenn alle Gegenstände einer Klasse in einem Experiment vorgegeben werden. Die verbale Klassifikation bezieht sich jedoch auf eine offene Klasse von Gegenständen. Dementsprechend ist die Klassifikation einer offenen Klasse von Gegenständen schwerer, und sie wird von Kindern auch erst später entwickelt.

"Verfolgt man den Entwicklungstrend der verbalen Klassifikation bis zum Alter von 12 Jahren ..., dann zeigt sich, daß erst im Zeitraum zwischen 9 und 12 Jahren ein Entwicklungsfortschritt in den Begründungen verbaler Klassifikationen festzustellen ist (Anstieg von etwa 30% auf etwa 60% der Stichprobe.)
Die erheblichen Unterschiede zwischen den Entwicklungstrends der Klasseninklusion und der verbalen Klassifikation werden darauf zurückgeführt, daß die ersteren sich auf eine "geschlossene" materielle Versuchsanordnung beziehen (Materialien werden vorgegeben und sind extensional begrenzt), während die verbalen Klassifikationen "offene" Referenzräume der Erfahrungswelt zum Gegenstand der Klasseninklusion haben."[123]

Mit der Klassifikation verbunden ist die Klasseninklusion.[124] Zwei Klassen können additiv miteinander verbunden werden, so daß sie eine Oberklasse bilden.

$$A_1 + A_2 = B$$

---

121. J. PIAGET/ B. INHELDER, Psychologie des Kindes, S.133
122. J. PIAGET/ B. INHELDER, Psychologie des Kindes, S.131
123. E. SCHRÖDER, Vom konkreten zum formalen Denken, S.165
124. Zu den folgenden Operationen vgl. J. PIAGET/ B. INHELDER, Psychologie des Kindes, S.103

Gleichzeitig kann diese Klassenbildung auf der nächsthöheren Stufe fortgesetzt werden, so daß dann

$$B_1 + B_2 = C$$

bilden. Damit entsteht eine hierarchische Struktur von Klassen, wobei die jeweilige Oberklasse durch mindestens zwei Unterklassen gebildet wird. Die inverse Operation dieser Klassifikation besteht darin, daß eine vollzogene Klassifikation zurückgenommen wird (A und $\neg A$). Dies führt letztlich zu einer identischen Transformation: Nur das Setzten und Zurücknehmen zweier identischer Klassifikationen heben sich auf und ergeben 0.

$$A + \neg A = 0 \text{ bzw. } A - A = 0$$

Für die Klasseninklusion bedeutet diese Inversion, daß aus einer Obermenge B die Klassifikation A_2 zurückgenommen wird, so daß dann A_1 das Ergebnis dieser Inversion ist:

$$B - A_2 = A_1$$

Die Umkehrung der Klassifikation bleibt somit eine Inversion. Sie wird nicht mit der reziproken Operation verknüpft. Eine weitere Klassifikationsoperation besteht darin, daß in dem wiederholten Setzen von A die Klasse A erhalten bleibt. Das heißt, das wiederholte Setzen von A entspricht einer Tautologie. PIAGET selbst beschreibt die Tautologie durch die mißverständliche Formel:

$$A + A = A$$

Diese Formel ist deshalb mißverständlich, weil die Addition als mathematische Operation ein anderes Ergebnis hat: $A + A = 2A$. Dieses mögliche Mißverständnis kann zunächst dadurch behoben werden, daß das Zeichen «+» nicht als ein mathematisches Additionszeichen verstanden wird. Es werden somit keine Zahlen zu einer bestimmten Summe addiert, sondern es werden zwei identische «Setzungen» vollzogen, die in ihrem Setzen identisch bleiben. Dies ist z.B. auch in der Mengenlehre der Fall: Zwei identische Mengen ergeben zusammen die identische Menge.

Für den vorliegenden Zusammenhang kann dieser Bezug auf die Struktur des bewußten Vollzugs angewendet werden. In dieser Anwendung gilt, daß A als ein Bewußtseinsgegenstand klassifiziert wird. A meint dann: das Setzen eines bestimmten Bewußtseinsgegenstandes. Wird dieser Bewußtseinsgegenstand als ein Etwas des bewußten Vollzugs wiederholt gesetzt, so verdoppelt er sich nicht, sondern bleibt der identische. Somit kann formuliert werden, daß mit +A die Operation des Setzens eines Bewußtseinsgegenstandes A gemeint ist und mit -A die Zurücknahme dieser Setzung. Das heißt, es werden nicht zwei Faktoren in Form der mathematischen Operationen des Addierens miteinander in Bezug gesetzt, sondern hier wird der bewußte Vollzug in seiner Form des Setzens eines Bewußtseinsgegenstandes, eines Bewußtseinsinhalts, beschrieben, der in seiner reversiblen Form die Operation der Zurücknahme dieser Setzung meint. Die gleiche Prämisse gilt auch für die teilweise assoziativen Operationen des konkret-operationalen Systems im Hinblick auf die Klasseninklusion. Die folgende Formel kann als die Setzung der Intentionen A_1, A_2, B_1 oder B_2 verstanden werden:

$$(A_1 + A_2) + B_2 = A + (A_2 + B_2)$$

Die folgende Verbindung der Klasseninklusion ist eine Ungleichung:

$$(A + A) - A \neq A + (A - A)$$

Auch diese Darstellung ist als die mathematische Operation des Addierens und Subtrahierens falsch. Die Ungleichung besagt vielmehr, daß die wiederholte Setzung von A eine Tautologie darstellt. Das heißt, die erste Klammer ergibt A, wobei die Verbindung einer Setzung von A (das Ergebnis der ersten Klammer) mit einer Nichtsetzung von A (-A) das Ergebnis 0 hat: Eine Klasse wird zunächst gesetzt und dann zurückgenommen. Dies ergibt das Ergebnis der Nicht-Setzung 0. Die linke Seite der Ungleichung ergibt somit 0. Die rechte Seite der Ungleichung verbindet in der Klammer die Setzung von A mit der Nichtsetzung von A. Das heißt, das Ergebnis der Klammer ist 0. Wird A gesetzt und 0 wird gesetzt, so ergibt dies A. Die Ungleichung besteht darin, daß $0 \neq A$.

Für die Klassifikation und die damit verbundene Klasseninklusion vollzieht das konkret-operationale System die Operationen der Setzung von Klassen und der dazugehörigen Unterklassen, der Inversion dieser Operation als Inklusion und als identische Operation, die Tautologie als die wiederholte Setzung von A bei Nichtveränderung von A und die teilweise Assoziativität durch Setzungen von unterschiedlichen Klassen, wobei dies zu gleichen Ergebnissen führt bzw. festgestellt wird, daß unterschiedliche Kombinationen von Setzungen bzw. Nicht-Setzungen zu unterschiedlichen Ergebnissen führen.

Eine zweite Form der Klassengruppierung stellt neben der oben dargestellten additiven Gruppierung die multiplikative Gruppierung dar.[125] Die multiplikative Gruppierung ist eine Zuordnung von Klassifikationen. In ihr werden zwei Bewußtseinsinhalte deshalb in Beziehung zueinander gesetzt, weil sie in der wahrgenommenen Wirklichkeit gleichzeitig auftreten. Das heißt, es werden zwei Bewußtseinsinhalte unterschieden, die in Hinblick auf einen wahrgenommen Gegenstand einander zugeordnet werden. Dabei ist dann die Zuordnung

$$A \cdot B$$

eine analytisch-synthetische Zuordnung, da ein wahrgenommener Gegenstand oder ein wahrgenommenes Ereignis in mindestens zwei Merkmale differenziert wird und gleichzeitig durch Zuordnung synthetisiert wird. Analyse und Synthese sind hier miteinander verbunden. Die Umkehrung der multiplikativen Zuordnung ist die Abstraktion. Das heißt, die Reversibilität der multiplikativen Zuordnung besteht in der Inversion einer der differenzierten Klassen.

$$A \cdot \neg B = A$$
$$\neg A \cdot B = B$$

---

[125] J. PIAGET/ B. INHELDER, Psychologie des Kindes, S.136

"Die Verallgemeinerung und insbesondere die genaue Strukturierung solcher Inversions-Verhaltensweisen kennzeichnen nun die ersten Operationen mit ihrer strengen Reversibilität. Dazu gehört auch die Inversion der Klassen»Gruppierungen«, sowohl der additiven (Auslassung eines Gegenstandes oder eines Systems von Gegenständen) wie der multiplikativen (die Umkehrung der Multiplikation zweier Klassen ist die »Abstraktion« oder Auslassung einer Unterteilung)." [126]

Die multiplikative Zuordnung impliziert als Moment der Klassengruppierung somit die Differenzierung und Zuordnung zweier Klassen durch Analyse und Synthese und bildet in ihrer Reversibilität die inversive Operation der Abstraktion.

Die Seriation stellt eine Aneinanderreihung von Bewußtseinsinhalten dar. Diese Reihung kann dadurch strukturiert werden, daß die Bewußtseinsinhalte durch ihre Asymmetrie, z.B. der zunehmenden Größe, geordnet werden: [127]

$$A < B < C \text{ usw.}$$

Die Reversibilität liegt hier in der Umkehrung der Relationierung durch die Reziprozität. Das heißt, $A < B$ ist der Umkehrung $B > A$ äquivalent. Diese Äquivalenzstruktur kann auf jedes Relat in einer seriellen Kette bezogen werden: B ist gleichzeitig kleiner als C und größer als A. Die Reziprozität der Asymmetriebeziehung bildet die operationale Voraussetzung, um eine Reihung zu vollziehen. In einer symmetrischen Reihung

$$A = B = C \text{ usw.}$$

bildet die Reziprozität dann nicht nur Äquivalenz, sondern Gleichheit aus: Die direkte und die reziproke Operation sind dieselben Operationen.

Ist die asymmetrische Reihung einmal ausgebildet, bildet sich auch das Moment der Transitivität. Die Transitivität ist das Assoziativgesetz im Hinblick auf die Relationierung: Wenn gilt, daß $A < B$ und $B < C$, dann gilt auch $A < C$.

Das Zusammenspiel der bisher dargestellten Operationen kann sehr eindrucksvoll an dem operationalen Schema der Erhaltung dargestellt werden. Die Erhaltung eines Gegenstandes unterscheidet sich von der prä-operationalen Konstanz dadurch, daß die Erhaltung nun über operationale Transformationen vollzogen werden kann. Dies bedeutet, daß die Erhaltung eines Gegenstands operational an die Kompensation gebunden ist. Die Erhaltung des Gegenstandes bildet somit ein operationales Schema, das durch die Operationen der Inversion, der Tautologie und der Reziprozität zusammengesetzt ist. [128]

Das Experiment des Umschüttens von Wasser aus einem Glas in ein anderes, das einen geringeren Durchmesser hat - also schmaler ist - ist ein Experiment, das das operationale Schema der Erhaltung prüft. Trotz der Transformation des Umschüttens bleibt die Wassermenge erhalten, wobei der Wasserspiegel nun höher liegt. Erst das operational denkende Kind kann die Erhaltung der Wassermenge nachvollziehen. Dabei sind folgende Operationen beteiligt, die die Erhaltung der Wassermenge erklären können.

---

126. J. PIAGET/ B. INHELDER, Psychologie des Kindes, S.136
127. vgl. J. PIAGET/ B. INHELDER, Psychologie des Kindes, S.104
128. vgl. J. PIAGET/ B. INHELDER, Psychologie des Kindes, S.101ff.

Erstens stellt das Kind die Identität der Wassermenge dadurch fest, daß es die Reversibilität des Umschüttens erkennt. Die Inversion der Handlung führt letztlich wieder zum Ausgangspunkt zurück (erstes Wasserglas mit einer Wasserspiegelhöhe wie zuvor). Weiterhin stellt das Kind fest, daß dem Wasser nichts hinzugefügt oder weggenommen wurde; die Identität wird hier durch die oben bereits beschriebene Tautologie von A + A = A nachvollzogen. Drittens ergibt sich zwischen der Höhe des Wasserspiegels im ersten Glas H_1 und der Höhe des Wasserspiegels im zweiten Glas H_2 einerseits und der Breite des ersten Glases B_1 und der Breite des zweiten Glases B_2 ein reziprokes Verhältnis. Dabei ergibt sich, daß $H_1 < H_2$ und $B_1 > B_2$. Die Kompensation zwischen den beiden Momenten der Höhe und der Breite, die zunächst einmal durch eine multiplikative Zuordnung analysiert und aufeinander bezogen werden müssen, ergibt sich durch die Reziprozität der Beziehungen zwischen dem Höhenunterschied und dem Unterschied in der Breite.

Zusammenfassend kann festgestellt werden, daß die konkreten Operationen durch die Klasseninklusion, die teilweise Assoziativität, die Identität und die Tautologie, die Analyse und Synthese wie die Abstraktion und die Seriation und ihre Umkehrung der Reziprozität und der Transitivität gekennzeichnet sind.

2.2.2 Das formal-operationale System

Im weiteren sollen nun die Operationen des formal-operationalen Systems aufgezeigt werden. Diese Operationen lassen sich vollständig aus der Gruppe

$$A \cdot B + A \cdot \neg B + \neg A \cdot B + \neg A \cdot \neg B$$

deduzieren. Diese Gruppe stellt eine Assoziation von Klassen dar, die auch schon im konkret-operationalen System vollzogen werden. Das Neue des formal-operationalen Systems besteht darin, daß diese Zuordnung in ihrer vollständigen Kombination möglich wird. [129] Dabei ergeben sich Klassifikationen von Klassen dieser Zuordnung: Eine Klassifikation, die keine Zuordnung aufnimmt, vier Klassifikationen, die jeweils die vier Zuordnungen unterscheiden, sechs Klassifikationen, die jeweils zwei Klassifikationen vollständig miteinander kombinieren, vier Klassifikationen, die jeweils drei Klassifikationen miteinander kombinieren und eine Klassifikation, in der alle vier Klassifikationen miteinander kombiniert sind. [130]

---

129. vgl. J. PIAGET/ B. INHELDER, Von der Logik des Kindes zur Logik des Heranwachsenden, S.264
130. Zur Notation: Das konkret-operationale System kennt die additive und multiplikative Zuordnung, die durch die Zeichen «+» und «∾» dargestellt werden. Für das formal-operationale System wird das Zeichen «∾» für die Konjunktion verwendet (s.u.). Die additive Zuordnung «+» des konkret-operationalen Systems wird im formal-operationalen System in die Disjunktion «v» überführt. Dies wird in der folgenden Aufführung der Klassierungen der vier Grundoperationen deutlich. Die Kombination der Grundoperationen ist nur dem formal-operationalen System möglich, indem es 16 Kombinationen aus diesen Grundoperationen bildet, die dann disjunktiv und nicht additiv verknüpft werden.

1. Klassifikation: (1) 0

2. Klassifikation:
   (2) A · B
   (3) A · ¬B
   (4) ¬A · B
   (5) ¬A · ¬B

3. Klassifikation:
   (6) (A · B) v (A · ¬B)
   (7) (A · B) v (¬A · B)
   (8) (A · B) v (¬A · ¬B)
   (9) (A · ¬B) v (¬A · B)
   (10) (A · ¬B) v (¬A · ¬B)
   (11) (¬A · B) v (¬A · ¬B)

4. Klassifikation:
   (12) (A · B) v (A · ¬B) v (¬A · B)
   (13) (A · B) v (A · ¬B) v (¬A · ¬B)
   (14) (A · B) v (¬A · B) v (¬A · ¬B)
   (15) (A · B) v (A · ¬B) v (¬A · ¬B)

5. Klassifikation: (16) (A · B) v (A · ¬B) v (¬A · B) v (¬A · ¬B)

Diese 16 Kombinationen der oben dargestellten Grundoperationen bilden die vollständige Kombination aller Teile, indem systematisch alle Kombinationen der Klassifikation von Klassifikationen durchgespielt werden. Jede dieser 16 Operationen bildet eine Operation des formal-operationalen Systems. Diese Operationen sind binär, da sie jeweils zu 8 Paaren von Operationen zusammengefaßt werden können: Der Operation und ihrer Negation. Dieses Durchspielen der Möglichkeiten der vollständigen Kombination ist immer ein virtuelles Durchspielen. Für die Lösung von Aufgaben werden dann nicht immer alle Kombinationen durchgespielt, sondern jene, die für die Lösung der Aufgaben von Interesse sind. Dennoch können die einzelnen Problemlöseprozesse nur dadurch realisiert werden, daß sie mit allen anderen Operationen dieses Problemlöseprozesses verbunden werden. Gleichzeitig bleibt auch festzuhalten, daß diese Kombinatorik der 16 binären Operationen letztlich nicht bewußt vollzogen wird. Bewußt wird jedesmal nur der Bewußtseinsinhalt, jedoch nicht die Operation, die die Bewußtseinsinhalte miteinander verbindet; so wie CRAMER in dem weiter oben erwähnten Zitat schreibt, daß der bewußte Vollzug dadurch geprägt ist, daß er das Denken «wegdenkt».

"Die »Gesamtheit der Teile«, die man aus einer Menge von 4 Elementen p · q, p · ¬q, ¬p · q, ¬p · ¬q ableiten kann, wenn man diese einzeln, in Zweier- und Dreiergruppen, alle vier oder überhaupt nicht betrachtet, stellt ein System von 2^{2^2} = 16 Kombinationen dar. Die Kombinatorik steht am Ausgangspunkt der 16 binären Operationen (wie auch der 16 x 16 = 256 ternären Operationen usw.). Wir haben nie einen Prüfling der Stufe III (d.i. die formale Stufe, A.H.) oder einen Erwachsenen, Logiker ausgenommen, angetroffen, der diese 16 möglichen Kombinationen tatsächlich durchgerechnet hätte oder sich einer solchen Kombinatorik überhaupt bewußt gewesen wäre."[131]

Die formalen Operationen der vollständigen Kombinatorik werden hier nun dargestellt.[132] Sie bilden die Operationen des formal-operationalen Systems.

1. **Die Affirmation (A * B) und die vollständige Negation (0)**
Diese Operation besagt, daß die Zuordnung der vier Grundklassifikationen vollzogen wird. Dies ist schon im konkret-operationalen System möglich. Die vollständige Negation meint dann die Null-Klassifikation, in der keine Klassifikation vorgenommen wird.

2. **Die Konjunktion (A · B) und ihre Unverträglichkeit (A / B)**
Die Zuordnungen des formal-operationalen Systems unterscheiden sich von der multiplikativen Zuordnung des konkret-operationalen Systems dadurch, daß hier nicht nur zwei Bewußtseinsinhalte, die gleichzeitig auftreten, miteinander in Bezug gesetzt werden, sondern es wird untersucht, in welchem Bezug diese beiden Bewußtseinsinhalte zueinander stehen (Implikation, Disjunktion etc.). Die Konjunktion des formal-operationalen Systems zeichnet sich damit durch höhere Rationalität aus: Es werden nicht nur Zuordnungen der wahrgenommenen Realität vollzogen, sondern es wird auch gefragt, wie diese Zuordnung zu spezifizieren ist.

In der Konjunktion von A · B wird die Verknüpfung von A und B als die einzig «wahre» bzw. «richtige» Relation gesehen; A und B gelten gemeinsam. Dies bedeutet, daß die drei anderen Konjunktionen der Grundgruppe systematisch ausgeschlossen werden müssen. Wenn die Konjunktion A · B gilt, so können die Konjunktionen A · ¬B, ¬A · B, ¬A · ¬B nicht gelten. Das heißt, jeder Faktor (A oder B) muß in einer systematischen Kombination mit den anderen Zweier, Dreier- und Viererkombinationen verbunden werden, um festzustellen, welche dieser Kombinationen als falsch anzusehen sind. Dies ist auch die Methode, um festzustellen, daß ein dritter Faktor C hier für die Zuordnung von A und B angenommen werden muß.

Die reversible Operation zur Konjunktion stellt die Unverträglichkeit dar. Das heißt, A und B treten nie zusammen auf, sie können nur einzeln oder überhaupt nicht auftreten. Die Unverträglichkeit wird durch eine Abgleichung mit den anderen 15 Operationen vollzogen. Die wichtigsten Operationen bilden hier die Konjunktion, die Disjunktion und die Implikation, indem diese Verbindungen zwischen A und B im Falle der Unverträglichkeit systematisch ausgeschlossen werden müssen.

3. **Die Disjunktion (A v B) und ihre Negation (¬A · ¬B)**
Die Disjunktion besagt, daß entweder A oder B oder beide zusammen gelten. Die Abgrenzung zur Unverträglichkeit wird hier offensichtlich: Die Unverträglichkeit besagt, daß entweder A oder B oder beide nicht auftreten. Die Differenz zwischen Un-

---

131. J. PIAGET/ B. INHELDER, Von der Logik des Kindes zur Logik des Heranwachsenden, S.297; im Original wird die Negation nicht mit dem hier verwendeten Zeichen dargestellt, sondern durch den jeweiligen Buchstaben mit einem Querbalken darüber.
132. vgl. J. PIAGET/ B. INHELDER, Von der Logik des Kindes zur Logik des Heranwachsenden, S.280-290

verträglichkeit und Disjunktion besteht somit darin, daß die Klassifikation A · B im Rahmen der disjunktiven Verknüpfung möglich ist, wobei sie im Falle der Unverträglichkeit ausgeschlossen werden muß. Die Negation der Disjunktion schließt die Verknüpfung von A und B aus.

Das Verhältnis von Konjunktion, Unverträglichkeit, Disjunktion und ihrer Negation kann anhand eines Beispiels der kausalen Zuordnung von Ursache und Wirkung folgendermaßen beschrieben werden: Die Konjunktion stellt fest, daß zwei Ursachen für eine Wirkung verantwortlich sind. Diese Ursachen müssen immer gemeinsam auftreten, um die gewünschte Wirkung zu erzielen. Die Disjunktion dagegen besagt, daß zwei Ursachen auftreten können, jedoch auch eine der beiden Ursachen ein hinreichendes Kriterium für die erwünschte Wirkung sein kann. Die Unverträglichkeit besagt, daß zwei Ursachen für eine Wirkung auftreten können, jedoch niemals gleichzeitig auftreten bzw. überhaupt nicht auftreten. Die Negation der Disjunktion schließt dann das Zusammentreffen von A und B völlig aus, wobei die Unverträglichkeit das Auftreten eines Faktors unter Ausschluß des anderen noch zuläßt.

4. Die Implikation (A ==> B) und die Nicht-Implikation (A · ¬B)

In der kausalen Zuordnung von zwei Faktoren können diese beiden Faktoren in unterschiedlicher Stärke aneinander gebunden sein. Erstens können A und B notwendig miteinander verknüpft werden; d.h., A impliziert B dadurch, daß B immer gilt, wenn auch A gilt. Oder anders ausgedrückt: Wenn A gilt, so gelten immer auch A und B, A · B. Die zweite Form kausaler Zuordnung bedeutet, daß A keine notwendige Bedingung für B ist, da auch andere Ursachen B bewirken können. Dies ist die Implikation. Sie ist eine disjunktive Verknüpfung: ¬A v B. Das heißt, obwohl A B impliziert, gibt es andere Ursachen A_1, A_2 etc., die B implizieren, so daß der Fall auftreten kann, daß A nicht gilt und B dennoch bewirkt wird. Mit der Disjunktion ¬A v B wird die Implikation nicht aufgehoben, sondern sie verweist auf die Tatsache, daß auch andere Ursachen dieselbe Wirkung implizieren. Die Disjunktion zwischen zwei Faktoren beinhaltet auch das gemeinsame Auftreten beider Faktoren; [A v B] = [(A · ¬B) v (¬A · B) v (A · B)]. Für den vorliegenden Fall bedeutet dies, daß ¬A v B nicht nur heißt, daß entweder A nicht gilt und B gilt, sondern daß auch zugleich A nicht gilt und B gilt. Hierdurch wird die Nicht-Eindeutigkeit der Ursache für B ausgesprochen: A kann B bewirken, doch können auch andere Ursachen B bewirken, so daß A nicht unbedingt gelten muß bzw. die einzige Ursache für B ist.

Die Negation der Implikation besagt, daß B durch A nicht bewirkt wird. Sie stellt jedoch nicht die Umkehrung der Konjunktion A · B als Unverträglichkeit dar, da A nicht verneint wird. Die Unverträglichkeit besagt, daß neben A · ¬B auch ¬A · B und ¬A · ¬B auftreten. Die Negation der Implikation besagt dagegen, daß A gilt, jedoch B nicht bewirkt wird. Diese Negation entspricht dann der Negation der Disjunktion ¬A v B. Das heißt: Die direkte oder positive Operation besagt, daß A die Ursache von B sein kann, jedoch B auch noch andere Ursachen haben kann. Die Negation muß deshalb ausschließen, daß überhaupt der Fall auftritt, daß A B bewirkt, d.h. es muß ausgeschlossen werden, daß für den Fall, daß A gilt zugleich auch B gilt: A · ¬B. Diese Negation entspricht ganz der Negation von ¬A v B. Da - wie oben dargestellt - A v B durch A · ¬B negiert wird, wird ¬A v B durch A · ¬B negiert.

5. Die reziproke Implikation (B ==> A) und ihre Negation (¬A · B)

Die reziproke Implikation stellt die Umkehrung der Implikation dar. Die unter Punkt vier dargestellten Verknüpfungen gelten dann auch für die reziproke Implikation. Die reziproke Implikation wird nur dann wichtig, wenn die positive bzw. direkte Implikation vollzogen ist. Das heißt, es stellt sich dann die Frage, ob eine Implikation auch in ihrer Umkehrung gilt. Ist das der Fall, so ergibt sich zwischen A und B eine Äquivalenz:

$$[(A ==> B) \cdot (A <== B)] = [(A <==> B)]$$

Die Negation der reziproken Implikation ergibt im Zusammenhang mit der Negation der Implikation die reziproke Exklusion (s.u.) von A und B.

$$[(A \cdot \neg B) \cdot (\neg A \cdot B)] = [A <\neq> B]\ [133]$$

6. Die Äquivalenz (A <==> B) und ihre Negation der reziproken Exklusion (A <≠> B)

Die Äquivalenz von A und B besagt nicht, daß A und B identisch sein müssen. Die Äquivalenz bezieht sich lediglich auf die Tatsache, daß beide Aussagen A und B immer zusammen gelten oder zusammen nicht gelten. Die Äquivalenz unterscheidet sich von der Konjunktion dadurch, daß hier nicht nur festgestellt wird, daß zwei Aussagen zusammen gelten (Konjunktion), sondern die Äquivalenz besteht nur dann, wenn beide Aussagen auch zusammen nicht gelten. Entsprechend kann die Negation als reziproke Exklusion dadurch bestimmt werden, daß sie nicht mit der Negation der Konjunktion als Unverträglichkeit gleichzusetzen ist. Die reziproke Exklusion vereinigt die Negation der Implikation mit der Negation der reziproken Implikation, so daß der Fall ¬A · ¬B nicht assoziiert wird; diese Assoziation ist jedoch Bestandteil der Unverträglichkeit.

So wie die Äquivalenz eine Vereinigung der Implikation mit der reziproken Implikation ist, ist die reziproke Exklusion die Vereinigung der Negation dieser beiden Implikationen. Die Reversibilität als Reziprozität wird durch diese Verknüpfungen genauer bestimmt: Die Reziprozität führt deshalb zur Äquivalenz, weil sie die Implikation durch ihre reversible Operation zur Äquivalenz führt bzw. ihre Negationen zur reziproken Exklusion. Gleichzeitig werden diese Verbindungen nun auf Klassen- wie auch auf Relationsoperationen bezogen. Für die Äquivalenz bedeutet dies, daß sie die Identität einer additiven wie einer multiplikativen Klasse feststellt und in der Relationierung die Reziprozität ausdrückt. Für die reziproke Exklusion bedeutet dies, daß im Hinblick auf die Klassen eine "ausschließliche Zugehörigkeit zu jeder der beiden vollständig disjunkten Klassen unter dem Gesichtspunkt der Relationen einer umgekehrten Zuordnung" [134] festgestellt wird, und im Hinblick auf Relationen "die reziproke Exklusion zwei Seriationen in umgekehrter Zuordnung" [135] feststellt. Diese letzte seria-

---

[133]. PIAGET benutzt für die reziproke Exklusion das Zeichen «VV». Ebenso benutzt PIAGET für die Implikation nicht das Zeichen « ==> ». Aufgrund der Anschaulichkeit sind hier die Zeichen « ==> » für Implikation, «<==>» für die Äquivalenz und «<≠>» für die reziproke Exklusion verwendet worden.

[134]. J. PIAGET/ B. INHELDER, Von der Logik des Kindes zur Logik des Heranwachsenden, S.288

[135]. J. PIAGET/ B. INHELDER, Von der Logik des Kindes zur Logik des Heranwachsenden, S.288

tive Verknüpfung ist insbesondere für die Kompensation von wesentlicher Bedeutung. Für die Vereinigung der beiden Negationen der Implikation (A · ¬B) v (¬A · B) bedeutet dies, daß sich A vergrößert, indem sich B verkleinert et vice versa.

7. Die Affirmation und die Negation von A (A [B] und ¬A [B])

Die Affirmation der Aussage A besagt, daß sie unabhängig von B gilt. Es gilt die Zuordnung:

$$(A \cdot B) \lor (A \cdot \neg B)$$

Die Negation dieser Affirmation besagt dann, daß A unabhängig von B falsch ist.

$$\neg A \cdot B \lor \neg A \cdot \neg B$$

Der Unterschied zwischen der Unabhängigkeit und der Exklusion von A und B besteht darin, daß im Falle der Unabhängigkeit A und B zusammen gelten können: (A · B) v (A · ¬B). Die Exklusion schließt diese Möglichkeit aus. Das heißt, die Affirmation stellt fest, daß A in Bezug zu B und in Bezug zur Negation von B unbedingte Geltung hat, wobei die Negation besagt, daß A unabhängig von B nicht gilt.

8. Die Affirmation von B und ihre Negation (B [A] und ¬B [A])

Die Verknüpfung dieser Aussagen entspricht ganz der Verknüpfung von Punkt sieben, nur daß hier B und seine Negation affirmiert werden.

Interessant ist an der Permutierung von A zu B im Hinblick auf die Affirmation, daß die Affirmation A und die gleichzeitige Affirmation von B zu der Disjunktion von A und B führt:

$$[(A \cdot B) \lor (A \cdot \neg B) \lor (\neg A \cdot B)] = [A \lor B]$$

Die gleichzeitige Affirmation von A mit der Negation von B ergibt die reziproke Implikation von A und B:

$$[(A \cdot B) \lor (A \cdot \neg B) \lor (\neg A \cdot \neg B)] = [B \Longrightarrow A]$$

So ergibt die Affirmation von B mit der Negation von A die Implikation von A und B:

$$[(A \cdot B) \lor (\neg A \cdot B) \lor (\neg A \cdot \neg B)] = [A \Longrightarrow B]$$

Die gleichzeitige Affirmation der Negation von A mit der Negation von B ergibt dann die Unverträglichkeit von A und B:

$$[(\neg A \cdot B) \lor (A \cdot \neg B) \lor (\neg A \cdot \neg B)] = [A / B]$$

Die Darstellung der 16 binären formalen Operationen zeigt die Kombinatorik des formal-operationalen Systems. Zusammenfassend kann festgestellt werden, daß - unter der Voraussetzung, daß die vollständige Affirmation gesetzt wird - die Konjunktion und die Disjunktion ähnliche Zuordnungen sind: die Disjunktion hebt das Strikte der Konjunktion dadurch auf, daß nicht beide Faktoren zusammen gelten müssen, sondern auch nur ein Faktor Geltung haben kann. Die Verbindung zur Unverträglichkeit als Negation der Konjunktion und zur Negation der Disjunktion ist gegeben. Die Implikation baut nun auf der Konjunktion und der Disjunktion auf, wobei durch die «entschärften» Verbindungen zwischen A und B die Negation der Implikation gleich der Negation der Disjunktion ist. Dasselbe gilt für die reziproke Implikation.

Die beiden Implikationen verbinden sich zur Äquivalenz, und die beiden Negationen der Implikation verbinden sich zur Exklusion. Die Affirmation stellt im Verhältnis zur Exklusion wiederum eine nicht so strikte Verbindung zwischen zwei Aussagen dar, da diese Aussagen auch gleichzeitig gelten können. In der Affirmation von A bzw. ¬A und ihrer Permutierung zu B und ¬B kann nun wiederum als Vereinigung zweier Affirmationen ein Bezug zur Implikation, zur reziproken Implikation und zur Unverträglichkeit hergestellt werden. Diese Verbindungen führen zu der vollständigen Kompensation des formal-operationalen Systems.

Die Kompensation der Reversibilität und die Kompensation der 16 binären Operationen ermöglicht eine vollständig rationale Rekonstruktion eines gegebenen Realitätsausschnittes, indem die einzelnen Operationen sich in ihrer wechselseitigen Kompensation kontrollieren können und mit Bezug aufeinander konstituiert werden.

Diese vollständige Kompensation kann dadurch verdeutlicht werden, daß diese 16 binären Operationen untereinander nochmals über die Gruppe der INRC verbunden sind. Das heißt, das Gesamtsystem der formalen Operationen kann durch die 16 binären Operationen und ihre Reversibilitätsoperationen verdeutlicht werden. Um diesen Zusammenhang zu verdeutlichen, sollen nun die oben aufgeführten formalen Operationen auch in ihrem Zusammenhang mit der INRC-Gruppe dargestellt werden. SCHRÖDER verweist auf diesen Zusammenhang zwischen den Operationen und der INRC-Gruppe [136], indem er den Bezug zwischen diesen Operationen im Hinblick auf ihre identischen, negierenden, reziproken und korrelativen Operationen aufweist. Dieser Zusammenhang wird in der Literatur häufig nicht vollständig dargestellt. So zeigt MONTADA nur zwei INRC-Guppen auf: die der Disjunktion A v B und die der Disjunktion ¬A v B, die hier als die Implikation dargestellt wird. [137] SCHRÖDER selbst verweist auf die Diskussion dieses Problems, kann jedoch den vollständigen Zusammenhang der INRC-Gruppe für alle formalen Operationen darlegen. [138] Der Zusammenhang dieser Operationen soll im folgenden nun tabellarisch aufgeführt werden:

---

136. E. SCHRÖDER, Vom konkreten zum formalen Denken, S.40/41
137. vgl. L. MONTADA, Die geistige Entwicklung aus der Sicht Jean Piagets, S.444ff.
138. vgl. zu dieser Diskussion: W.M. BART, A generalisation of Piaget's logical-mathematical model for a stage of formal operations; J.H. FLAVELL, The developmental psychology of Jean Piaget, S.215ff.; D. KUHN/ J. LANGER/ L. KOHLBERG/ N. HAHN, The development of formal operations in logical and moral judgement; L. MONTADA, Die geistige Entwicklung aus der Sicht Piagets; E.D. NEIMARK, Die Entwicklung des Denkens bei Heranwachsenden: Theoretische und empirische Aspekte formaler Operationen; J.L. SEGGIE, Formal operational thought

Intrapsychische operationale System- und Strukturbildung 69

Identität	Negation	Reziprozität	Korrelation
	Veränderung: Wertigkeit und log. Verk.	Veränderung: Wertigkeit	Veränderung: log. Verk.
Affirmation a * b	Negation φ	Affirmation a * b	Affirmation a * b
Negation φ	Affirmation a * b	Negation φ	Negation φ
Konjunktion a · b	Unvereinbark. a / b	neg. Konj. ¬a · ¬b	Disjunktion a v b
Unvereinbark. a / b	Konjunktion a · b	Disjunktion a v b	neg. Konj. ¬a · ¬b
neg. Konj. ¬a · ¬b	Disjunktion a v b	Konjunktion a · b	Unvereinbarkeit a / b
Disjunktion a v b	neg. Konj. ¬a · ¬b	Unvereinbark. a / b	Konjunktion a · b
Implikation a ⟹ b	Nichtimpl. a · ¬b	rezipr. Impl. b ⟹ a	Exklusion ¬a · b
rezipr. Impl. b ⟹ a	Exklusion ¬a · b	Implikation a ⟹ b	Nichtimpl. a · ¬b
Nichtimpl. a · ¬b	Implikation a ⟹ b	Exklusion ¬a · b	rezipr. Impl. b ⟹ a
Exklusion ¬a · b	rezipr. Impl. b ⟹ a	Nichtimpl. a · ¬b	Implikation a ⟹ b
Äquivalenz a <⟹> b	rezipr. Ex. a <≠> b	Äquivalenz a <⟹> b	rezipr. Exk. a <≠> b
rezipr. Ex. a <≠> b	Äquivalenz a <⟹> b	rezipr. Ex. a <≠> b	Äquivalenz a <⟹> b

70 Systemkomponenten des operationalen psychischen Systems

Identität	Negation	Reziprozität	Korrelation
	Veränderung: Wertigkeit und log. Verk.	Veränderung: Wertigkeit	Veränderung: log. Verk.
Affirm. a a [b]	Neg. a ¬a [b]	Affirm. b b [a]	Neg. b ¬b [a]
Affirm. b b [a]	Neg. b ¬b [a]	Affirm. a a [b]	Neg. a ¬a [b]
Neg. a ¬a [b]	Affirm. a a [b]	Neg. b ¬b [a]	Affirm. b b [a]
Neg. b ¬b [a]	Affirm. b b [a]	Neg. a ¬a [b]	Affirm. a a [b]

Betrachtet man diese Darstellung der Zusammenhänge zwischen den 16 binären Operationen und der INRC-Gruppe, so können folgende Feststellungen gemacht werden:

Erstens: Jeweils zwei bzw. vier Operationen der 16 binären Operationen können zu einer Teilgruppe mit Hilfe der INRC-Gruppe verbunden werden. Dabei können die Teilgruppen dadurch unterschieden werden, daß sie durch zwei Operationen bzw. durch vier Operationen gekennzeichnet sind. Diejenigen Teilgruppen, die nur durch zwei Operationen gekennzeichnet sind, können durch die unterschiedlichen Formen der Reversibilität entweder nur zu derselben Operation oder aber zu ihrer gegensätzlichen Operation transformiert werden. Dies ist bei den Operationen «Affirmation und Negation» und «Äquivalenz und reziproke Exklusion» der Fall. Alle anderen Teilgruppen der formalen Operationen unterscheiden in der Differenzierung zwischen Negation, Reziprozität und Korrelation auch zwischen unterschiedlichen Operationen. Für die Teilgruppe der «und-Verknüpfungen» sind dies die Konjunktion, die Unvereinbarkeit, die negative Konjunktion und die Disjunktion. Für die Menge der Implikationen gelten entsprechend die Operationen der Nicht-Implikation, der Exklusion, die Implikation selbst und die reziproke Implikation. Für die Operationen der Affirmation kann zwischen der Affirmation von A, der Negation von A, der Affirmation von B und der Negation von B unterschieden werden.

Zweitens: Wie bereits oben dargestellt, kann der Zusammenhang innerhalb einer Teilgruppe - also: innerhalb *einer* INRC-Gruppe - folgendermaßen bestimmt werden. Die Negation ist gleich der Reziprozität der Korrelation; die Reziprozität ist gleich der Negation der Korrelation; die Korrelation ist gleich der Negation und der Reziprozität; und die Identität ist gleich Negation der Korrelation der Reziprozität. Daraus ergibt sich:

N = RC
R = NC
C = NR
I = NRC

Am Beispiel der Implikation gilt somit:
Die Nichtimplikation ist gleich der Reziprozität der Exklusion; die reziproke Implikation ist gleich der Negation der Exklusion; die Exklusion ist gleich der Negation der reziproken Implikation; und die Implikation ist gleich der Negation der Korrelation der reziproken Implikation, d.i. die Negation der Nichtimplikation. Auch hier scheint die Notation mißverständlich. Die Verbindungen im rechten Teil der Gleichung sind keine konjunktiven Verknüpfungen, sondern sind Operationen, die über andere Operationen durchgeführt werden.

Drittens: Zwischen diesen einzelnen Untergruppen der formalen Operationen kann eine weitere Spezifizierung vorgenommen werden:

Die Gruppe der Affirmation und Negation bezieht sich zunächst einfach nur auf die Tatsache, ob überhaupt A und B einander zugewiesen werden können, miteinander relationiert werden können oder nicht. Die zweite Untergruppe, die oben «und-Verknüpfung» genannt wurde, spezifiziert die Art und Weise der Relationierung zwischen A und B im Hinblick auf die möglichen Kombinationen von Vereinbarkeiten bzw. Nicht-Vereinbarkeiten von A und B. Die nächste Gruppe der Implikation spezifiziert die Vereinbarkeiten bzw. die Nicht-Vereinbarkeiten dahingehend, daß zwischen den beiden Relata von A und B eine kausale Beziehung angenommen wird bzw. nicht dargestellt wird. Es geht bei der Implikation letztlich um kausale bzw. nicht-kausale Relationen. Die Kausalität zeigt sich als eine spezifische Verknüpfung der «und-Verknüpfungen». ($\neg$A v B) bedeutet, daß die konjunktiven Verknüpfungen ($\neg$A · B), ($\neg$A · $\neg$B) und (A · B) disjunktiv verknüpft werden. Das heißt, A und B gelten zusammen oder B gilt und A gilt nicht oder beide gelten zusammen nicht. Die Konjunktion (A · B) ist somit der Implikation inhärent, doch können auch andere Verknüpfungen in der Kausalität auftreten. Die konjunktive Verknüpfung allein kann eine kausale Verknüpfung sein, da A und B immer gemeinsam auftreten, doch spezifiziert die Implikation erstens dieses Kausalverhältnis nach Ursache und Wirkung, und zweitens ist die Implikation als Kausalität auch dann gegeben, wenn die Möglichkeit besteht, daß A nicht gilt und B gilt. In dieser Hinsicht wird die Verknüpfung von A und B erst in der Implikation unter kausalen Kategorien betrachtet. Die Konjunktion selbst kann als die Verknüpfung von A und B sehr unterschiedlichen operationalen Schemata zugesprochen werden. Im zweiten Kapitel dieser Arbeit wird z.B. gezeigt, daß eine analytische Differenzierung die konjunktive Verknüpfung als Teiloperation beinhaltet. Die Relationsgruppe der Implikation wird für das systemanalytische Denken eine zentrale Rolle spielen. Diese beiden Gruppen - die «und-Verknüpfungen» und die Implikation - bilden neben der vollständigen Affirmation und der vollständigen Negation die grundlegenden Operationen des formal-operationalen Systems, die in die beiden Kategorien «Auftreten von Relata» und «Implizieren von Relata» differenziert werden können. Diese beiden Gruppen bauen insofern aufeinander auf, als zwei Relata, die einander zugeordnet werden, gleichzeitig auch im Hinblick auf ihre wechselseitige oder einseitige Implikation befragt werden können. Das heißt, so wie zwei Relata im Hinblick auf ihr gemeinsames Auftreten bzw. Nicht-Auftreten betrachtet werden können, kann auch nach einer Beziehung zwischen diesen Relata im Hinblick auf Kausalität gefragt werden. Der Unterschied zwischen diesen beiden Untergruppen liegt nun darin, daß in der «und-Verknüpfung» lediglich festgestellt wird, ob zwei Relata gemeinsam auftreten oder nicht bzw. welche anderen Modalitäten es gibt. Bei der Untergruppe der Implikation wird darüber hinaus noch danach gefragt, in welchem Verhältnis diese beiden Relata zueinander stehen und ob sie sich gegenseitig implizieren. Die Verbindung zwischen diesen beiden Untergruppen - so lautet hier die These für das systemanalytische Denken - besteht darin, daß die «und-Verknüpfungen» helfen können, die Implikationsverknüpfungen weiter zu spezifizieren, so daß Kombinationen dieser beiden Untergruppen möglich werden, die insgesamt den Horizont für die rationale Konstruktion sozialer Systeme eröffnen. Die vierte Untergruppe der formalen Operationen ist die der Äquivalenz bzw. ihres Gegenteils, der reziproken Exklusion. Sie baut insbesondere auf der Implikationsgruppe auf, indem die Äquivalenz eine komplexe Operation der Vereinigung der Implikation und ihrer reziproken Operation darstellt und die reziproke Exklusion eine Vereinigung der Nicht-Implikation und der Exklusion. Das heißt, diese Untergruppe ist aus Operationen der Untergruppe «Implikation» zusammengesetzt und stellt demnach eine komplexere Operationsgruppe dar als die bisher aufgeführten. Die fünfte Untergruppe der formalen Operationen ist letztlich eine Zusammensetzung aus der «und-Verknüpfung» und der Implikation. Die Affirmation beschreibt die Unabhängigkeit zwischen zwei Relata. Diese Unabhängigkeit ist eine Vereinigung zwischen der Konjunktion und der Nichtimplikation zwischen zwei Relata. In dieser Hinsicht wird auch diese fünfte Untergruppe aus anderen Untergruppen gebildet und stellt somit eine komplexere Operation dar.

Festzuhalten bleibt hier, daß die formalen Operationen aufeinander aufbauen und unter verschiedenen Gesichtspunkten relationiert werden können. Für die Darstellung des systemanalytischen Denkens bleibt somit festzustellen, welche Kombination dieser aufgeführten Operationen für dieses Denken von grundlegender Bedeutung ist und ob nicht auch noch komplexere Operationen angesetzt werden müssen, die sich an die dargestellten Operationen anbinden lassen.

2.2.3 Ergänzung zu den formalen Operationen: Die funktionale Analyse

In diesem Abschnitt soll die Darstellung der formalen Operationen noch um einen Zusammenhang ergänzt werden, der für die Untersuchungsabsicht dieser Arbeit besonders wichtig ist. Diese Ergänzung besteht nicht aus neuen bzw. anderen formalen Operationen. Statt dessen wird aufgezeigt, *daß eine typische Kombination der formalen Operationen ein grundlegendes operationales Schema des systemanalytischen Denkens bildet, nämlich das operationale Schema der funktionalen Analyse.* Dieses Schema ist in erster Linie von der Operation der Implikation bestimmt. Dies bedeutet, daß dem systemanalytischen Denken letztlich das Kausalschema zugrundeliegt. Die Abwandlung, die das Kausalschema für das systemanalytische Denken erfährt, besteht darin, daß Ursachen und Wirkungen nicht in einer unikausalen oder monokausalen Weise aufeinander bezogen werden, sondern daß im Hinblick auf zwei Relata nach der Funktionalität zwischen diesen Relata gefragt wird. Das Kausalschema erhält insofern eine Erweiterung, als durch die Verknüpfung zwischen der Implikation und einer weiteren Operation das Funktionalschema gebildet wird.

Die Problematik des gesellschaftlichen Funktionsbegriffs wird weiter unten im zweiten Kapitel ausführlich dargestellt. Im folgenden ist zu beachten, daß es nicht um eine soziale oder gesellschaftliche Funktion geht, sondern um die *operationale Darstellung der funktionalen Analyse in der Form eines operationalen Schemas bzw. als eine Kombination von typischen formalen Operationen*. Es geht hier somit um eine operationale Beschreibung der funktionalen Analyse, die nicht nur für eine Analyse gesellschaftlicher Funktionen, sondern als eine komplexe Operationenkombination für die Analyse sehr unterschiedlicher funktionaler Bezüge benutzt werden kann. Deshalb unterscheidet sich auch im weiteren Verlauf der Arbeit der Begriff der gesellschaftlichen Funktion [139], von dem jetzt einzuführenden Begriff der funktionalen Analyse bzw. des funktionalen Bezugs.

Es gibt keinen Konsens über die Definition der Funktion. [140] Hinzu kommt, daß er von sehr unterschiedlichen Disziplinen, wie z.B. der Mathematik, der Biologie etc. verwendet wird. Da hier die funktionale Analyse im Rahmen des systemanalytischen Denkens dargestellt werden soll, ist der Funktionsbegriff noch nicht an eine bestimmte Wissenschaftsdisziplin gebunden. Die folgenden Darstellungen beziehen sich nicht auf die Problematik des Funktionsbegriffs im Rahmen der Soziologie bzw. auf die Problematik einer Zuweisung und Definition von Funktionen zu bestimmten sozialen Systemen, um die Reichweite der Erklärbarkeit eines solchen soziologischen Funktionalismus zu klären. [141] Es geht somit nicht um die Frage nach einer soziologischen Theorie, sondern um die operationale Darstellung des Funktionsschemas, so wie es für die weitere Arbeit verwendet wird. Dabei sollen insbesondere Ausführungen von LUHMANN zur Grundlage gemacht werden, obgleich auch er nicht strikt zwischen einer soziologischen Theorie der Funktionen und der funktionalen Analyse trennt. Im Rahmen von LUHMANNs Theorie hat die funktionale Analyse selbst die Funktion, Folge- bzw. Nebenwirkungen von Handlungen einzubeziehen [142] und soziale Systeme insbesondere unter dem Aspekt ihrer gesellschaftlichen Funktion zu betrachten, die von den jeweiligen Systemen mit sehr unterschiedlichen - funktional äquivalenten - Lösungsstrategien bearbeitet wird.

"Jeder Systemvergleich setzt mithin eine vorgängige theoretische Analyse der beteiligten Systeme voraus, die ihre Bezugsprobleme und Lösungswahlen klarstellt. Der Vergleich ergibt unter Umständen verschiedene Lösungsvarianten für ein und dasselbe Bezugsproblem und verifiziert damit die Hypothese ihrer funktionalen Äquivalenz. Die Frage, warum die einzelnen Systeme unterschiedliche Varianten wählen, leitet dann in eine konkrete historische Forschung über, die stets die Feststellung von Äquivalenzen zur Voraussetzung hat, will sie sich nicht auf eine reine Tatsachenermittlung beschränken." [143]

---

139. vgl. Einleitung zu Kapitel eins
140. vgl. R.K. MERTON, Funktionale Analyse
141. vgl. R.K. MERTON, Funktionale Analyse; T. PARSONS, The social system; N. LUHMANN, Soziale Systeme; N. LUHMANN, Funktion und Kausalität; B. STEINBECK, Einige Aspekte des Funktionsbegriffs in der positiven Soziologie und in der kritischen Theorie der Gesellschaft
142. vgl. N. LUHMANN, Funktion und Kausalität, S.634f. und N. LUHMANN, Zweckbegriff und Systemrationalität
143. N. LUHMANN, Funktion und Kausalität, S.638

74 Systemkomponenten des operationalen psychischen Systems

Die von LUHMANN dargestellten Überlegungen zur funktionalen Analyse, die er im Rahmen einer soziologischen Theorie macht, sollen hier dafür genutzt werden, die funktionale Analyse als komplexe Operation des formalen Denkens darzustellen. Der Ausgangspunkt für diese Darstellung bildet die Implikation:

$$A \Longrightarrow B$$

Die Implikation selbst ist schon eine spezifische Kombination aus den vier Grundoperationen des konkret-operationalen Systems. Das ergibt die folgende Gleichung:

$$[A \Longrightarrow B] = [\neg A \vee B] = [(\neg A \cdot B) \vee (A \cdot B) \vee (\neg A \cdot \neg B)]$$

Diese Gleichung besagt, daß A und B in der Beziehung der Implikation zueinander stehen, wenn sie zusammen gelten, nicht gelten, und wenn B gilt und A nicht gilt. Die Möglichkeit, daß B auch durch andere Ursachen bewirkt wird, wird durch die Negation von A ausgedrückt und wurde bereits oben besprochen. PIAGET weist darauf hin, daß über diese Operation festgestellt werden kann, ob ein weiterer Faktor C für die Bewirkung von B in Frage kommt. Die für das systemanalytische Denken nun folgenden Ergänzungen beziehen sich auf die Implikation, wobei insbesondere das Verhältnis zwischen dem Faktor C und der Implikation genauer geklärt wird.

Erstens: Die erste Spezifizierung der Implikation bezieht sich auf den Fall, daß C notwendig mit A verknüpft werden muß, um B zu implizieren. Der Fall, daß A negiert ist, ergibt sich dann dadurch, daß C nicht mit A verknüpft ist. Der Fall, daß A positiv ist, läßt dann auf die Verknüpfung mit C schließen. Dies bedeutet, daß durch die Implikation - ganz im Sinne von PIAGET - auf einen dritten «Wirkungsfaktor» rückgeschlossen werden kann. Die Implikation kann deshalb durch die Konjunktion von A und C ergänzt werden. Wird die Konjunktion von A und C in die Implikation eingefügt, so ergibt sich die reziproke Implikation der beiden Faktoren A und C mit B. Das heißt, daß B immer dann auftritt, wenn A und C auftreten und daß mit dem Auftreten von B immer schon die Konjunktion von A und C verbunden ist.

Unter der Spezifikation, daß C als dritter «Wirkfaktor» eingeführt werden muß, gilt:

$$A \Longrightarrow B$$

wird in SP_1 [144] transformiert zu:

$$[(A \cdot C)] \Longleftrightarrow B$$

Dies bedeutet, daß B immer gilt, wenn die Konjunktion von A und C gilt et vice versa, und daß B und (A · C) nur zusammen nicht gelten. [145]

Diese erste Spezifizierung und Transformation der Implikation verweist schon auf Grundstrukturen des systemanalytischen Denkens. Das systemanalytische Denken ist bei der Konstruktion sozialer Systeme immer dadurch gekennzeichnet, daß mehrere Faktoren *zugleich* das System konstituieren. Dabei ergibt sich nicht nur eine konjunktive Zuordnung zwischen zwei Faktoren, die äquivalent zu B sind, sondern mehrere Faktoren ergeben in ihrer Verknüpfung gemeinsam das soziale System. So kann formuliert werden: Das Auftreten des sozialen Systems ist an die Verknüpfung mehrerer

---
144. SP_1 = 1. Spezifikation
145. vgl. die Operation der Äquivalenz

Faktoren gebunden et vice versa, oder beide - die Faktorenverknüpfung und das Konstrukt des sozialen Systems - sind ungültig. In der weiteren Arbeit wird sich zeigen, daß die konjunktive Verknüpfung von Faktoren hier nochmals spezifiziert werden kann. Ein soziales System wird dadurch gedacht, daß es logisch äquivalent mit mehreren Systemparametern verknüpft wird, und diese Systemparameter stehen nicht nur in konjunktivem Bezug zueinander, sondern auch wiederum im Bezug der Äquivalenz.[146] Dies bedeutet, daß die Systemparameter untereinander durch die Implikation und die reziproke Implikation verbunden sind.

Die erste Spezifizierung verweist somit auf ein Denken, das mehrere Faktoren zugleich berücksichtigt, was im weiteren für das systemanalytische Denken von grundlegender Wichtigkeit ist. Die konjunktive Verknüpfung von A und C (und möglicherweise noch weiterer Faktoren) verweist dann auf die Komplexität des systemanalytischen Denkens, weil mehrere Faktoren notwendig zusammen gedacht werden müssen, um den Gegenstand des sozialen Systems zu konstruieren.

Zweitens: Die zweite Spezifizierung der Implikation bezieht sich auf den Fall, daß A und C (oder weitere Faktoren) nicht notwendig zusammen auftreten müssen. Das heißt, sie stehen nicht in der Beziehung der Konjunktion zueinander, sondern in der Beziehung der Disjunktion. Für den Fall, daß in der Implikation A negiert wird, kann dann geschlossen werden, daß ein dritter Faktor B impliziert, ohne daß A unbedingt gleichzeitig wirken muß. Das heißt, B kann durch A oder C oder zusammen durch beide impliziert werden:

Unter der Spezifikation, daß B von A oder C oder von beiden zusammen impliziert
wird, gilt:
$$A \Longrightarrow B$$
wird in SP_2 transformiert zu:
$$[(A \lor C)] \Longleftrightarrow B$$
$$=$$
$$[(A \cdot C) \lor (\neg A \cdot C) \lor (A \cdot \neg C)] \Longleftrightarrow B$$

Mit dieser Transformation ist die erste Form der funktionalen Äquivalenz angesprochen. Die funktionale Äquivalenz ergibt sich zwischen den Faktoren A und C, da sie in gleicher Weise B implizieren und von B impliziert werden. Die logische Äquivalenz zu B kann somit von A oder C oder von beiden zusammen ermöglicht werden.

Drittens: Die dritte Spezifikation der Implikation besteht darin, daß die beiden Faktoren (oder mehrere Faktoren), die B implizieren, untereinander unvereinbar sind. Dies bedeutet, daß B entweder von A oder von C impliziert wird, aber nicht beide zugleich B implizieren. B wird damit durch zwei (oder mehrere) Faktoren impliziert, die jedoch nicht gemeinsam auftreten. Für den Fall, daß A negiert wird und B dennoch impliziert wird, gilt dann, daß B von C impliziert wird:

---

146. vgl. Kapitel 2, Teil 3, Punkt 2.2.1 *Die logische Äquivalenz der Systemparameter*

Unter der Spezifikation, daß B von A oder C impliziert wird und A unvereinbar mit C ist, gilt:

$$A \Longrightarrow B$$

wird in SP_3 transformiert zu:

$$[(A / C)] \Longleftrightarrow B$$
$$=$$
$$[(\neg A \cdot B) \vee (A \cdot \neg B) \vee (\neg A \cdot \neg B)] \Longleftrightarrow B$$

Dies bedeutet, daß B gilt, wenn A gilt oder wenn C gilt, A und C jedoch nicht zusammen gelten et vice versa. Diese Spezifikation der Implikation stellt eine zweite Form der funktionalen Äquivalente dar. Die funktionalen Äquivalente können beide (oder mehrere) B implizieren und von B impliziert werden, doch können sie dies nicht zusammen.

Alle drei Spezifikationen der Implikation bilden Typen der funktionalen Analyse. In ihr geht es in erster Linie darum, funktionale Äquivalente aufzuzeigen. Das heißt, die funktionale Analyse versucht in erster Linie, die Multikausalität aufzuzeigen, indem sie die verschiedenen funktionalen Äquivalente aufweist. Ihr geht es deshalb nicht um die Kausalität im engeren Sinne als einer Gesetzeskausalität, sondern darum, den Horizont möglicher Bearbeitungen von Funktionen aufzuweisen. Die funktionale Analyse will Suchräume für Funktionsabarbeitungen eröffnen und füllen und verweist somit auf die Komplexität des Kausalschemas unter der Prämisse der Funktion.

"Der Grund für diese Evidenz scheint zu sein, daß die funktionalistische Analyse die behandelten Tatbestände vergleichsfähig macht. Sie bezieht Einzelleistungen auf einen abstrakten Gesichtspunkt, der auch andere Leistungsmöglichkeiten sichtbar werden läßt. Der Sinn funktionalistischer Analyse liegt mithin in der Eröffnung eines (begrenzten) Vergleichsbereichs. ... Nicht auf eine gesetzmäßige oder mehr oder weniger wahrscheinliche Beziehung zwischen bestimmten Ursachen und bestimmten Wirkungen kommt es an, sondern auf die *Feststellung der funktionalen Äquivalenz mehrerer möglicher Ursachen unter dem Gesichtspunkt einer problematischen Wirkung.*" [147]

Für das systemanalytische Denken ermöglicht die funktionale Analyse die Eröffnung von möglichen Kausalitätshorizonten. Soziales wird dann nicht als eine naturgesetzliche Kausalität konstruiert, sondern wird in erster Linie unter dem Aspekt betrachtet, welche *anderen* Möglichkeiten es gibt bzw. wie vielfältig die Möglichkeiten sind, um bestimmte Funktionen zu bearbeiten.

"Im Gegenteil: Die funktionalistische Methode soll gerade die Feststellung begründen, daß etwas sein und auch nicht sein kann, daß etwas ersetzbar ist. Um funktionale Äquivalenzen sichtbar zu machen, genügt eine relative Invarianz des Bezugsgesichtspunktes, die von anderen Bezugsgesichtspunkten aus auflösbar ist." [148]

In der funktionalen Analyse wird das systemanalytische Denken zu einem Konstruktionsprozeß, der die Komplexität der sozial-systemischen «Logik» bzw.

---

147. N. LUHMANN, Funktion und Kausalität, S.623
148. N. LUHMANN, Funktion und Kausalität, S.625

«Kausalität» berücksichtigt. Dabei geht es auch hier nicht darum, soziale Systeme in einer bestimmten Form zu konstruieren oder zu optimieren, sondern im Rahmen der funktionalen Analyse die Alternativen zu der Konstruktion zu sehen und einsetzen zu können. Gleichwohl bleibt die funktionale Analyse an Kausalität im Rahmen von Funktionalität gebunden. Die Implikation ist zwar keine kausalgesetzliche Implikation, doch verweist sie darauf, daß auch das Funktionsschema so inhaltlich gefüllt werden muß, daß es funktional bleibt. Das heißt, die möglichen funktionalen Äquivalente müssen im funktionalen Bezug zum Implikat stehen, wenn das System nicht dysfunktional konstruiert werden soll. Die Nähe zur Kausalität wird dadurch sichtbar, daß die Gesetzeskausalität letztlich einen Sonderfall der Funktionalität darstellt:

"Die Funktion ist nicht eine Sonderart der Kausalbeziehung, *sondern die Kausalbeziehung ist ein Anwendungsfall funktionaler Ordnung.*" [149]

Gemeint ist damit, daß die Kausalität als Gesetzeskausalität letztlich eine Implikation darstellt, die keine funktionalen Äquivalente aufweist. Die Gesetzeskausalität kann keine Ursachen durch andere Ursachen ersetzen, um dieselbe Wirkung zu ermöglichen. *Die Gesetzeskausalität stellt somit ebenfalls eine spezifische Transformation der Implikation dar; nämlich jene, in der A immer B impliziert et vice versa. Dies bedeutet, daß eine gesetzeskausale Beziehung letztlich die Transformation der Implikation in eine Konjunktion darstellt* [150]:

Unter der Bedingung einer monokausalen Gesetzeskausalität gilt:

$$A \Longrightarrow B$$

wird in SP_4 transformiert zu:

$$A \cdot B$$

Ein weiterer wichtiger Aspekt des Funktionsschemas besteht darin, daß Ursache und Wirkung im Funktionsschema umkehrbar sind. Das Implikat des Funktionsschemas (B) muß nicht die Wirkung einer bestimmten Ursache sein, sondern kann auch als Ursache den Horizont für funktional äquivalente Wirkungen eröffnen. Damit ist das Implikat des Funktionsschemas nicht eine Wirkung, sondern ein Bezugsgesichtspunkt, unter dem funktionale Äquivalente eröffnet werden. [151]

"Die funktionalistische Analyse kausaler Faktoren befaßt sich demnach nicht nur mit der Beziehung zwischen Ursachen und Wirkungen. Eine solche Beziehung wird zwar im Ansatz der Analyse vorausgesetzt. Sie dient als methodisches Hilfsmittel, nicht aber als Gegenstand der Feststellung. Die Analyse selbst konzentriert sich entweder auf die Erforschung möglicher Ursachen unter dem Leitgesichtspunkt einer Wirkung oder auf die Erforschung von Wirkungen unter dem Leitgesichtspunkt einer Ursache. Beides zugleich durchzuführen, ist unmöglich, weil jede funktionalistische Analyse einen Bezugsgesichtspunkt voraussetzt, der nicht geändert werden kann, ohne daß die Ergebnisse sich verschieben. Zwischen Ursachen und Wirkungen besteht in diesem Sinne eine "Unbestimmtheitsrelation"." [152]

---

149. N. LUHMANN, Funktion und Kausalität, S.626
150. vgl. auch N. LUHMANN, Funktion und Kausalität, S.628; die konjunktive Verknüpfung als kausale Verknüpfung wurde schon weiter oben erwähnt.
151. vgl. auch N. LUHMANN, Funktion und Kausalität, S.629ff.
152. N. LUHMANN, Funktion und Kausalität, S.628

Das Implikat der Kausalbeziehung ist demnach die Wirkung. Das Implikat der Funktionsbeziehung ist dann der invariante Bezugsgesichtspunkt, der die Analyse leitet und zu dem funktionale Äquivalente gesucht werden. *Dieser Bezugsgesichtspunkt ist die Funktion innerhalb der funktionalen Analyse.*

Diese vier Spezifikationen der Implikation stellen insgesamt vier Typen der funktionalen Analyse dar. LUHMANN selbst unterscheidet lediglich drei Typen der funktionalen Analyse: die konjunktive und die disjunktive Äquivalenz und den Sonderfall der Gesetzeskausalität. Damit beschreibt er die Beziehung zwischen den funktionalen Äquivalenten einmal als konjunktiv - wie dies hier in der ersten Spezifikation geschehen ist - und zweitens als disjunktiv - wie dies hier in der zweiten Spezifikation geschehen ist. Die dritte Spezifikation läßt er außer acht.

"Disjunktive Äquivalenz kann durch Austausch von äquivalenten Ursachen verifiziert werden. ... anders als die disjunktive Äquivalenz setzt die konjunktive Äquivalenz eine abschließende Aufzählung von Mitursachen voraus und bleibt stets relativ auf eine bestimmte Gruppe von Mitursachen." [153]

Demnach wird hier - anders als bei LUHMANN - die funktionale Analyse dadurch operational bestimmt, daß sie erstens aus der Implikation als einer formalen Operation abgeleitet und transformiert und zweitens in vier Typen differenziert wird.

Viertens: Als eine fünfte Spezifikation soll hier die multiple funktionale Analyse genannt werden. Sie setzt sich aus zwei oder mehreren funktionalen Analysen - gleich welchen Typs - zusammen. Sinn und Zweck einer multiplen funktionalen Analyse ist es, den Suchraum für funktionale Äquivalente zu reduzieren und ihn im Hinblick auf mehrere Bezugsgesichtspunkte funktional zu gestalten. Dies bedeutet, daß nur solche funktionalen Äquivalente zugelassen werden, die gleichzeitig in einem funktionalen Bezug zu zwei oder mehreren Bezugsgesichtspunkten stehen. Damit werden nur solche funktionalen Äquivalente selegiert, die für alle betrachteten Bezugsgesichtspunkte Geltung haben bzw. funktional sind. Die multiple funktionale Analyse wird dann angewendet, wenn ein Horizont von Ereignissen unter mehreren Bezugsgesichtspunkten betrachtet werden soll. Dies ist z.B. der Fall, wenn ein soziales System unter mehreren Systemparametern *gleichzeitig* konstruiert wird. Jeder Systemparameter bildet dann einen Bezugsgesichtspunkt, unter dem funktionale Äquivalente konstruiert werden können. Soll das soziale System als Ganzes konstruiert werden, so müssen die funktionalen Äquivalente aller Parameter berücksichtigt werden, wobei hier nicht einfach die Summe der funktionalen Äquivalente der Parameter gebildet wird, sondern jeder Parameter auch auf die funktionalen Äquivalente jedes anderen Parameters funktional bezogen sein muß. Das heißt, die funktionale Analyse wird für jeden Bezugsgesichtspunkt durchgeführt, und nur jene Äquivalente werden als systemrelevant selegiert, die funktional auf jeden anderen Bezugsgesichtspunkt bezogen werden können. Damit wird der Horizont der funktionalen Äquivalente reduziert: Nur solche Äquivalente werden selegiert, die zugleich unter mehreren Bezugsgesichtspunkten funktional sind. Die Schnittmenge der funktionalen Äquivalente der unterschiedlichen

---

153. N. LUHMANN, Funktion und Kausalität, S.636

Bezugsgesichtspunkte bildet dann die Menge der funktionalen Äquivalente einer multiplen funktionalen Analyse. Dabei ist dann zu berücksichtigen, daß die konjunktive Verknüpfung der Äquivalenzen nicht auf einen Faktor reduziert werden darf.

Die multiple funktionale Analyse ist somit eine wiederholte funktionale Analyse unter unterschiedlichen Bezugsgesichtspunkten, wobei sukzessiv der Horizont der funktionalen Äquivalente durch den funktionalen Bezug zu weiteren Bezugsgesichtspunkten eingeschränkt wird. In der folgenden Operation sind A_{1-n} die funktionalen Äquivalente, und B, C, D, ... bilden die unterschiedlichen Bezugsgesichtspunkte der multiplen funktionalen Analyse:

$$A_{1-n} \Longrightarrow [(B \cdot C \cdot D)]$$
$$=$$
$$[(A_{1-n} \Longrightarrow B) \cdot (A_{1-n} \Longrightarrow C) \cdot (A_{1-n} \Longrightarrow D)]$$

Die konjunktive Verknüpfung der Bezugsgesichtspunkte verweist darauf, daß die funktionalen Äquivalente *zugleich* unter verschiedenen Bezugsgesichtspunkten ermittelt werden.

2. KAPITEL:

DIE OPERATIONALE BESTIMMUNG DES SYSTEMANALYTISCHEN DENKENS FÜR DIE KONSTRUKTION SOZIALER SYSTEME DURCH DAS KONKRET- UND FORMAL-OPERATIONALE SYSTEM

1. Teil:

Einige Vorüberlegungen

In dem nun folgenden zweiten Kapitel wird das systemanalytische Denken als die operationale Konstruktion sozialer Systeme bestimmt und dargestellt. Es wird aufgezeigt, mit Hilfe welcher Operationen das psychische System das Soziale in Form von sozialen Systemen konstruiert. Diese Untersuchung grenzt sich grundlegend von der Bestimmung anderer sozial-kognitiver Prozesse dadurch ab, daß die operationale Konstruktion ausschließlich auf die Konstruktion sozialer Systeme bezogen wird. *Das systemanalytische Denken wird demnach als ein operational zu bestimmender Konstruktionsprozeß dargestellt, in dem soziale Systeme vom psychischen System konstruiert werden.* Diesem Konstruktionsprozeß ist die Grenze des psychischen Systems inhärent. Das systemanalytische Denken wird als eine Form der sozial-kognitiven Dezentrierung dargestellt, in der soziale Systeme als unabhängig vom Ich konstruiert werden.

Das systemanalytische Denken wird mit Hilfe von PIAGETs konkreten und formalen Operationen bestimmt. Aus diesem Grunde bezieht sich das folgende Kapitel in seinen Aussagen über den psychischen Konstruktionsprozeß vorwiegend auf PIAGETs Kognitionstheorie und versucht, den operationalen Konstruktionsprozeß durch die im ersten Kapitel ermittelten Systemkomponenten des konkret- und des formal-operationalen Systems darzustellen. Gleichzeitig grenzt sich die Darstellung des systemanalytischen Denkens von PIAGETs Darstellung sozialer Kognitionen, insbesondere der sozial-kognitiven Dezentrierung, ab. Diese Abgrenzung bezieht sich auch auf die sozial-kognitive Forschung, die sich auf PIAGETs Arbeiten zur sozial-kognitiven Dezentrierung stützen. Zwei Argumente begründen dieses Vorgehen:

Erstens: PIAGET stellt am Beispiel der räumlichen Perspektivenübernahme [1] die Dezentrierung als einen Prozeß dar, in dem erstens unterschiedliche Perspektiven erkannt werden, d.h. eine Perspektivenentschränkung stattfindet, und in dem zweitens diese unterschiedlichen Perspektiven zu einem Ganzen koordiniert werden. Diese Bestimmung der Dezentrierung ist in der sozial-kognitiven Forschung als eine grundlegende sozial-kognitive Operation übernommen worden. Die soziale Perspektivenübernahme ist die Differenzierung und Koordinierung unterschiedlicher sozialer Perspektiven. [2] Die Perspektivenübernahme wird in der sozial-kognitiven Forschung zu einem grundlegenden Erklärungsmoment sowohl für das soziale Handeln allgemein als auch

---

1. vgl. J. PIAGET, Das In-Beziehung-Setzen der Perspektiven
2. vgl. D. GEULEN, Perspektivenübernahme und soziales Handeln

82 Die operationale Bestimmung des systemanalytischen Denkens

für die sozial-kognitiven Operationen im besonderen, indem die Perspektivenübernahme als eine komplexe zentrale sozial-kognitive Operation dargestellt wird.

"Es liegt die Annahme auf der Hand, daß Perspektivenübernahme als ein zentrales Stück einer Theorie *sozialen Handelns* angesehen werden kann, auch wenn dieser Bogen bisher noch kaum geschlagen wurde ..." [3]

"Das potentielle Vermögen des Kindes, um die menschliche Fähigkeit, *in sich selbst hinein* ebenso wie *wechselweise zum anderen hinüber und von diesem wieder zurück* zu schauen, zu wissen und über sie zu reflektieren, halten wir für eines der mächtigsten und potentiell wirksamsten intellektuellen Instrumente." [4]

Die Dezentrierung als Perspektivenentschränkung und Perspektivenkoordination ist grundsätzlich kompatibel mit der MEADschen Auffassung der Rollenübernahme (role-taking), die er als ein konstitutives Moment der Identitätsbildung ansetzt.

Aus den genannten Gründen rekurriert die Forschung zur Perspektivenübernahme in aller Regel auf MEAD und PIAGET.

"In dieser theoretischen Behauptung spiegelt sich der Einfluß der Grundannahme G.H. Meads, daß die menschliche Fähigkeit zur Koordination von Perspektiven sowohl die Quelle des Bewußtseins von sich selbst als auch den Kern sozialer Intelligenz bildet. Für Mead erlaubt es einzig die spezifisch humane *Operation*, den Standpunkt eines Anderen einzunehmen und von ihm aus die eigenen Handlungen abzuwägen, sich selbst zu erkennen. Ohne soziale Interaktion im Sinne Meads gäbe es folglich kein psychologisches Selbst." [5]

Diese Rezeption des Dezentrierungsmomentes von PIAGET wird im weiteren noch eine wichtige Rolle spielen. In der sozial-kognitiven Forschung wird das Moment der Dezentrierung jedoch nicht auf den Konstruktionsprozeß sozialer Systeme bezogen. Das heißt, es geht nicht um eine Konstruktion des Sozialen als einer Realität mit eigenen Zusammenhängen und eigener Rationalität, sondern es geht vielmehr um die Frage, wie zwei Individuen ihr Denken und Handeln aufeinander abstimmen und wie diese Abstimmung im Verstehen des *individuell* Anderen ermöglicht wird. [6]

"Das Konzept der RÜ (Rollenübernahme, A.H.) entstammt der Theorie des symbolischen Interaktionismus von G.H. MEAD und meint nicht - wie die Assoziation zum Rollenbegriff nahelegen könnte - den Prozeß der Übernahme gesellschaftlicher Rollen, die an Positionen im sozialen System geknüpft sind: unter RÜ wird vielmehr die innere, symbolische Rekonstruktion von Verhalten, Erleben und Erwartungen *anderer* verstanden, mit denen das Subjekt sich, real oder vorgestellt, in Interaktion befindet. Der Prozeß der RÜ ist damit fundamental für die Erklärung von Interaktions- und Kommunikationsprozessen. Wann immer Menschen miteinander in Beziehung treten, interpretieren

---

3. D. GEULEN, Einleitung zum Sammelband: D. GEULEN, Perspektivenübernahme und soziales Handeln, S.12
4. R.L. SELMAN, Die Entwicklung des sozialen Verstehens, S.22
5. R.L. SELMAN, Die Entwicklung des sozialen Verstehens, S.33
6. vgl. auch D. GEULEN (Hrg.), Perspektivenübernahme und soziales Handeln und L.H. ECKENSBERGER/ R.K. SILBEREISEN, Entwicklung sozialer Kognitionen: Eine Analyse von Beziehungsmustern

sie Motive, Gefühle, Absichten, Ziele, Erwartungen und Standpunkte der Handlungspartner. Um diese Interpretation vornehmen zu können, muß das Subjekt über die Fähigkeit verfügen, die Perspektive des anderen einzunehmen, eine Situation (einschließlich der eigenen Stellung darin) mit den Augen des anderen zu sehen bzw. aus der Perspektive des anderen zu rekonstruieren, um so das Verhalten des anderen verstehen und vorhersagen zu können." [7]

Die vorliegende Arbeit versucht dagegen, die sozial-kognitive Dezentrierung nicht als Perspektivenübernahme beim Fremdverstehen darzustellen, sondern als eine sozial-kognitive Dezentrierung des psychischen Systems dem Sozialen gegenüber, so daß das Soziale in seinen eigenen Strukturen und Zusammenhängen konstruiert werden kann. Die Forschung zur Perspektivenübernahme kann dafür an einigen Stellen hilfreiche Beiträge liefern.

Zweitens: Bei PIAGET erhält die sozial-kognitive Dezentrierung im Vergleich zur sachbezogenen Dezentrierung eine grundlegend andere Bedeutung. Die sozial-kognitive Dezentrierung meint nach PIAGET nicht, analog zur sachbezogenen Dezentrierung, die rationale Konstruktion eines sozialen Realitätsbereichs, sondern wird als die Loslösung des Einzelnen von sozialen Vorgaben und Zwängen definiert und beschreibt damit die Autonomie des Subjekts.

"Der Egozentrismus als Mangel an Differenzierung zwischen Ich und Außenwelt und der Egozentrismus als Mangel an Zusammenarbeit bilden somit ein und dieselbe Erscheinung. Solange das Kind sein Ich nicht von den Einflüssen der physischen und der gesellschaftlichen Welt loslöst, ist es nicht zur Zusammenarbeit fähig, denn um zusammenzuarbeiten, muß man seines Ichs bewußt sein und es in seine Beziehungen zum Denken der Gemeinschaft einordnen. Um sich aber seines Ichs bewußt zu werden, muß man es gerade vom Denken und Wollen des andern befreien. Der vom Erwachsenen oder Älteren ausgeübte Zwang und der unbewußte Egozentrismus des Kleinen sind daher untrennbar." [8]

Diese Darstellung der sozial-kognitiven Dezentrierung führt zu ganz anderen Untersuchungen des Sozialen und dessen kognitiver Verarbeitung und Konstruktion als in der vorliegenden Arbeit. Insbesondere die Verknüpfung dieser Form der Dezentrierung mit der zentralen Stellung der gleichwertigen und gleichberechtigten Zusammenarbeit [9] *führt zu einer Thematisierung des Sozialen bzw. der sozialen Entwicklung unter dem Gesichtspunkt der Moral.* Sozial-kognitive Operationen werden damit in erster Linie unter dem Gesichtspunkt betrachtet, inwieweit sie moralische Fähigkeiten und moralisches Verhalten ermöglichen. Die sozial-kognitive Dezentrierung führt damit zu einer kognitiven Konstruktion der Moral. Auch dieser Gesichtspunkt hat in der sozial-kognitiven Forschung eine große Wirkung gehabt. Insbesondere KOHLBERG entwickelte - ausgehend von den Stufen der kognitiven Entwicklung bei PIAGET - ein Stufenmodell der Moralentwicklung. [10] Dieser Zweig der sozial-kognitiven Forschung hat im weiteren auch HABERMAS Theorie des Metadiskurses mit einbezogen, indem die Fähigkeit zur Kommunikation im herrschaftsfreien Diskurs als das Ziel der mora-

---

7. M. KELLER, Kognitive Entwicklung und soziale Kompetenz, S.17
8. J. PIAGET, Das moralische Urteil beim Kinde, S.116
9. vgl. J. PIAGET, Das moralische Urteil beim Kinde, S.55-65 und S.82-96
10. vgl. L. KOHLBERG, Zur kognitiven Entwicklung des Kindes

lisch-sozialen Entwicklung und Erziehung dargestellt wird. [11] *Dieser Thematisierung der sozial-kognitiven Entwicklung als moralischer Entwicklung soll hier nicht weiter nachgegangen werden.* Sie wird nur insofern mit einbezogen, als sie Hinweise und Aufschlüsse zum systemanalytischen Denken liefert.

So kann festgehalten werden, daß *die vorliegende Arbeit einerseits PIAGETs Theorie mit einbezieht und sie insbesondere für die operationale Bestimmung des systemananlytischen Denkens nutzt, andererseits PIAGET gerade in seiner Darstellung der sozial-kognitiven Dezentrierung als Autonomie des Subjekts und der sozial-moralischen Entwicklung nicht folgt.* Dabei werden jedoch einige Aspekte dieser Theorie für die Darstellung insbesondere der konkret-operationalen Konstruktion des sozialen Systems eine wichtige Rolle spielen.[12] Interessant erscheint für die vorliegende Untersuchung, daß PIAGET und später auch KOHLBERG in der moralischen Entwicklung bzw. im Moralischen Moral und Vernunft - Soziales und Rationalität - miteinander verbunden sehen. Die operationale Konstruktion der Moral geht somit davon aus, daß die moralisch-kognitiven Strukturen zugleich auch Operationen sind, die auf Rationalität aus sind. Dies impliziert, daß die Darstellung der sozial-kognitiven Entwicklung des konkret- und des formal-operationalen Systems auch in der Kognitionsforschung der Moral von der Bearbeitung der Funktion der Rationalität ausgeht. Es bleibt hier jedoch zu fragen, ob und inwiefern Moral und Vernunft so eng aufeinander bezogen werden können, daß rationale Kriterien zugleich auch Kriterien der Konstruktion einer Moral sein können.

Die Darstellung des systemanalytischen Denkens bezieht aus den beiden genannten Gründen keine Theorien des autonomen Subjekts oder Theorien der operationalen Konstruktion von Moral mit in die Untersuchung ein. Sie versucht ausschließlich, *PIAGETs operationale Bestimmung des bewußten Vollzugs und LUHMANNs Darstellungen des sozialen Systems so aufeinander zu beziehen, daß sozial-operationale Prozesse dargestellt werden können, in denen das soziale System als ein Bewußtseinsgegenstand konstruiert wird.*

Diese Darstellung unterscheidet entsprechend der im ersten Kapitel dargestellten Differenz zwischen dem konkret-operationalen und dem formal-operationalen System zwei unterschiedliche Konstruktionsprozesse: *die konkret-operationale Konstruktion des Interaktionsgefüges und die formal-operationale Konstruktion des sozialen Systems.*

Beide Konstruktionsprozesse sind Konstruktionsprozesse des psychischen Systems. Aus diesem Grunde zeichnen sie sich beide durch die Operation als das Systemelement, durch die operationale Konstruktion, der die Systemgrenze zur Umwelt inhärent ist, und durch die systemische Verknüpfung von Operationen als die Struktur des operationalen Systems aus. Der Unterschied zwischen beiden Systemen ist ein qualita-

---

11. vgl. hierzu S. AUFENANGER/ D. GRAZ/ M. ZUTRAVERN, Erziehung zur Gerechtigkeit; W. EDELSTEIN/ G. NUNNER-WINKLER, Zur Bestimmung zur Moral; W. EDELSTEIN, Förderung der moralischen Entwicklung in der Schule; J. HABERMAS, Moralentwicklung und Ich-Identität; A. SCHÄFLI, Förderung der sozial-moralischen Kompetenz

12. Dabei wird insbesondere auf empirische Untersuchungen zur sozial-kognitiven Entwicklung zurückgegriffen, um neben einer theoretischen Fundierung des systemanalytischen Denkens in den beiden Theorien PIAGETs und LUHMANNs - wenn auch nur partiell - empirische Belege für die Darstellung der konkreten Operationen zu geben.

tiver. Sowohl der Konstruktionsprozeß als auch das Resultat dieses Konstruktionsprozesses weisen dadurch qualitative Differenzen auf. Diese Differenzen sollen nun im zweiten Kapitel für die Konstruktion sozialer Systeme aufgezeigt werden. Dabei wird zu zeigen sein, daß das konkret-operationale System als ein Vorläufer des formal-operationalen Systems das Soziale in Form von sozialen Systemen noch nicht konstruieren kann. Erst das formal-operationale System ist in der Lage, soziale Systeme in ihrer bereichsspezifischen Rationalität zu konstruieren. *Das systemanalytische Denken ist demnach ein Denken des formal-operationalen Systems, das seine Vorläufer im konkret-operationalen System hat.* Die Darstellung des konkret-operationalen Systems verfolgt aus diesem Grunde den Zweck, die *operationale Genese* des systemanalytischen Denkens aufzuzeigen. Die Darstellung des systemanalytischen Denkens als einer operationalen Konstruktion des konkret-operationalen und des formal-operationalen Systems wird demnach die *genetischen und die ständigen Bedingungen aufzeigen, unter denen das Soziale in Form von sozialen Systemen zum Erkenntnisgegenstand werden kann.*[13]

Die folgenden Punkte geben einen ersten Überblick über die zentralen Differenzen zwischen dem konkret- und dem formal-operationalen Konstruktionsprozeß des Sozialen. In den ersten beiden Punkten wird die qualitative und die systemische Differenz zwischen beiden operationalen Systemen aufgezeigt. Im dritten Punkt wird die Typik der Realitätskonstruktion des Sozialen durch das konkret-operationale System und im vierten Punkt die Typik der Realitätskonstruktion des Sozialen durch das formal-operationale System dargestellt.

Erstens: Das konkret-operationale System und das formal-operationale System konstruieren das Soziale mit Hilfe qualitativ unterschiedlicher Operationen. Aus diesem Grunde muß aufgezeigt werden, wie der Konstruktionsprozeß des Sozialen in Form von sozialen Systemen mit Hilfe der konkreten Operationen und mit Hilfe der formalen Operationen vollzogen wird. Für die konkreten Operationen werden die im ersten Kapitel aufgezeigten Operationen des Klassifizierens, des Seriierens etc. auf den Gegenstandsbereich des Sozialen angewendet. Es wird demnach aufgezeigt, wie Soziales mit Hilfe der konkreten Operationen konstruiert wird. Im formal-operationalen Konstruktionsprozeß wird das soziale Systeme durch die 16 binären Operationen, ergänzt durch die funktionale Analyse, konstruiert. *Die qualitative Differenz dieser beiden operationalen Systeme führt zu einem qualitativ unterschiedlichen «Resultat»: Das konkret-operationale System konstruiert das Soziale in Form von Interaktionszusammenhängen, während das formal-operationale System soziale Systeme konstruiert.*

Zweitens: Das konkret-operationale System konstruiert nicht vollständig systemisch und bereichsspezifisch. Dies impliziert, daß alle konkreten Operationen ohne be-

---

13. Demgemäß stimmt das Erkenntnisinteresse der vorliegenden Arbeit mit dem Erkenntnisinteresse der Untersuchungen von EDELSTEIN, KELLER und WAHLEN überein: Soziale Kognitionen werden auch von ihnen in erster Linie auf das Erkennen des Sozialen als einen Konstruktionsprozeß bezogen:
"Die Entwicklungspsychologie sozialer Kognitionen rekonstruiert den Entwicklungsverlauf des Erkennens der sozialen Welt. Gegenstand der Forschung ist, wie Personen (als Erkenntnissubjekte) zu unterschiedlichen Zeitpunkten ihrer Entwicklung soziale Situationen begreifen, wie sie diese begrifflich strukturieren und analysieren und welche Aspekte sie dabei thematisieren bzw. vernachlässigen." (W. EDELSTEIN/ M. KELLER/ K. WAHLEN, Entwicklung sozial-kognitiver Prozesse, S.181)

reichsspezifische operationale Strukturbildung auf den Gegenstandsbereich des Sozialen angewendet werden, indem das Soziale klassiert und seriiert etc. wird, aber die Reversibilität zwischen Klassifikations- und Relationsoperationen noch nicht ausgeführt wird. Das formal-operationale System konstruiert demgegenüber vollständig systemisch und bereichsspezifisch. *Aus diesem Grunde stellen die nachfolgend genannten Operationen des systemanalytischen Denkens die bereichspezifische Kombination formaler Operationen für die Konstruktion sozialer Systeme dar, in der alle Operationen untereinander systemisch verknüpft sind.*

Drittens: Das konkret-operationale System ist noch an konkrete Objekte gebunden. Es kann in der Konstruktion des Sozialen aus diesem Grunde noch nicht von personalen Bedingungen vollständig abstrahieren. Es klassiert, seriiert etc., auch in der Konstruktion des Sozialen, die von ihm wahrgenommenen konkreten Objekte, zu denen auch die an der Kommunikation beteiligten Personen zählen. *Die sozial-kognitive Dezentrierung des konkret-operationalen Systems kann das Soziale nicht unabhängig von Personen konstruieren. Die als unabhängig konstruierte soziale Realität ist demnach noch grundlegend von den Personen, die an der Kommunikation beteiligt sind, geprägt.* Das durch das konkret-operationale System konstruierte Soziale ist demnach ein von Personen abhängiges Interaktionsgefüge. Dieses Interaktionsgefüge wird durch die Koordination personaler Perspektiven und durch die Regeln des Sozialen, d.h. die Struktur des Sozialen, konstruiert.

"Die Fähigkeit, verschiedene Perspektiven zu koordinieren, fällt für PIAGET zusammen mit der Entwicklung logischer Denkstrukturen, die dem Kind die »Dezentrierung« von einem unmittelbar ins Auge springenden Merkmal des Wahrnehmungsfeldes auf andere Merkmale erlaubt. Die Fähigkeit zur Dezentrierung ist eine kognitive Operation, durch die nicht nur Wissen über nicht-personale Objekte und Ereignisse, sondern auch über interpersonale Beziehungen strukturiert wird." [14]

Eine vollständige sozial-kognitive Dezentrierung als eine von Personen und deren individuellen Vorstellungen, Bedürfnissen und Zielen unabhängige Konstruktion sozialer Systeme ist dem konkret-operationalen System noch nicht möglich. Dies liegt insbesondere daran, daß das konstruierende Ich durch sein Handeln an das Soziale gebunden bleibt. Das eigene Handeln ist immer in den zu konstruierenden Realitätsbereich mit einbezogen, und eine Differenzierung zwischen dem Vollziehenden und dem Vollzogenen ist damit sehr viel schwerer zu erreichen als in einer sachbezogenen Dezentrierung. PIAGET/ INHELDER stellen diese Differenz im Schwierigkeitsgrad auch schon für unterschiedliche Bereiche innerhalb der Konstruktion physikalischer Zusammenhänge fest:

"Damit ist bereits gesagt, daß es schwieriger ist, Gegenstände zu seriieren, gleichzusetzen usw., die sich durch ein nicht so gut vom eigenen Tun abtrennbares Merkmal auszeichnen, wie etwa das Gewicht, als dieselben Operationen auf einen schneller objektivierbaren Bereich, wie etwa die Länge, anzuwenden." [15]

---

14. D.J. BEARISON/ T.Z. CASSEL, Kognitive Dezentrierung und soziale Codes, S.454
15. J. PIAGET/ B. INHELDER, Von der Logik des Kindes zur Logik des Heranwachsenden, S.237

Das konkret-operationale System kann durch seine Bindung an konkrete Objekte das soziale System noch nicht in einer vollständig dezentrierten Einstellung konstruieren. Dies bedeutet, daß es die abstrakten, nicht-konkreten Objekte des Sozialen in den Konstruktionsprozeß nicht mit einbezieht. Dies hat zur Folge, daß das soziale System, das durch abstrakte Momente grundlegend bestimmt ist, noch nicht konstruiert werden kann. *Das konkret-operationale System konstruiert das Soziale als einen regelhaften Interaktionszusammenhang; dies bedeutet, daß das konkret-operationale System ausschließlich die soziale Struktur konstruiert,* indem die im Sozialen wahrgenommenen konkreten Objekte durch Klassifikationen, Seriationen etc. miteinander verknüpft werden. Die Rationalität eines solchen Konstruktionsprozesses bezieht sich dadurch auch nicht auf die Rationalität des sozialen Systems, sondern auf die Konstruktion *von noch personengebundenen sozialen Regeln.*

Diese Darstellung entspricht der Vorstellung, daß das konkret-operationale System einerseits das Soziale als Kommunikation mit eigenen Regeln und Zusammenhängen bereits erfassen kann, andererseits noch nicht in der Lage ist, Theorien und Modelle über das Soziale zu entwickeln. So schreibt PIAGET, daß das konkret-operationale System bereits in der Lage ist, Regeln als eine notwendige Voraussetzung für die Verständigung in der Kommunikation zu betrachten.

"Die Regel wird ihm (dem Kind von 10 - 11 Jahren, A.H.) zur notwendigen Bedingung der Verständigung." [16]

Dies bedeutet, daß das konkret-operationale System Regeln in ihrem eigenen Zusammenhang erkennt und diese Regeln in einer ersten Form der Dezentrierung konstruiert. Die sozialen Regeln sind damit Regeln, die äußerlich sind, die in dem sozialen System, in dem jeweils gehandelt wird, wahrgenommen werden können. *Die Rationalität dieser Regeln wird dadurch konstruiert, daß sie vom konkret-operationalen System als notwendige Voraussetzung der Kommunikation erkannt werden: Soziale Regeln sind eine notwendige Bedingung für Kommunikation. Soziale Regeln sind somit für das konkret-operationale System nicht nur Gewohnheiten oder willkürliche Vorgaben, sondern soziale Regeln stehen in einem Beziehungszusammenhang zur Kommunikation überhaupt: Ohne soziale Regeln ist Kommunikation nicht möglich.* Das konkret-operationale System konstruiert damit ein Regelbewußtsein, indem es bestimmte Erwartungen an die Kommunikation stellt. Eine solche bewußte Konstruktion der sozialen Realität ist erst durch die Dezentrierung möglich, die auf der Stufe des konkreten Denkens einsetzt. [17] Damit ist zugleich die These verbunden, daß erst in der Dezentrierung die Möglichkeit enthalten ist, Soziales als Realität zu konstruieren. Dies impliziert wiederum, daß erst dann das Soziale konstruiert wird, wenn eine Differenz zwischen dem Ich und dem Sozialen konstruiert wird. Für das konkret-operationale System läßt sich belegen, daß das Ich und auch das Alter Ego in der Kommunikation problematisch werden, indem eine Differenz zwischen dem Handeln und den internalen Vorgängen gesehen wird. Das soziale Handeln wird nicht mehr mit den internalen psychischen Vorgängen als identisch konstruiert. Im folgenden soll diese Differenz, die für die Konstruktion des Sozialen von elementarer Bedeutung ist, als eine

---

16. J. PIAGET, Das moralische Urteil beim Kinde, S.90
17. vgl. M. AUWÄRTER/ E. KRISCH, Zur Ontogenese der Sozialen Interaktion und J. PIAGET, Das moralische Urteil beim Kinde, S.73ff.

Differenzierung des konkret-operationalen Systems zwischen Person und Rolle bzw. Person und Position und später in der Konstruktion des formal-operationalen Systems als eine Differenzierung zwischen psychischem und sozialem System dargestellt werden.

Ein weiteres *wichtiges Merkmal der rationalen Konstruktion des Sozialen durch das konkret-operationale System liegt darin, daß es nach den Ursprüngen der Regeln fragt und diese Regeln dann auch nicht mehr als unabänderlich erfährt, sondern sie als veränderbar konstruiert.* [18] Die Rationalität einer solchen operationalen Konstruktion liegt darin, daß das Warum von sozialen Erwartungen zum Problem wird und soziale Erwartungen nicht einfach mehr als ein «heiliges Gesetz» eingehalten werden. [19] Die Rationalität bezieht sich auf die Zusprechung von Kausalität: Soziale Regeln haben einen Ursprung und können verändert werden. Damit erhalten die sozialen Regeln und Erwartungen einerseits das Moment der Verbindlichkeit, und andererseits unterstehen sie dem Kriterium der Funktionalität: Soziale Erwartungen werden entsprechend den Funktionen der Kommunikation «gemacht» und verändert. *Das konkret-operationale System ist demnach in der Lage, soziale Erwartungen in einem ersten funktionalen Systemkontext zu betrachten*: Es differenziert zwischen sozialen Erwartungen unterschiedlicher sozialer Kommunikationszusammenhänge, weil diese unterschiedlichen Kommunikationszusammenhänge unterschiedliche Anforderungen an die Funktionalität der Kommunikation stellen. Das konkret-operationale System geht somit nicht mehr davon aus, daß es *die* Regel gibt, die das Handeln prägt, sondern es differenziert zwischen unterschiedlichen Regelsystemen, indem es in der Lage ist, unterschiedliche Regelzusammenhänge im Hinblick auf unterschiedliche Kommunikationsanforderungen zu konstruieren. Damit ist es auch zugleich in der Lage, unterschiedliche soziale Systeme im Hinblick auf ihre unterschiedlichen strukturellen Erwartungs-Erwartungen zu differenzieren. Das Nebeneinander von verschiedenen Regelzusammenhängen kann dem Nebeneinander unterschiedlicher sozialer Systeme zugeordnet werden: *Das konkret-operationale System differenziert zwischen unterschiedlichen sozialen Systemen, indem es zwischen unterschiedlichen sozialen Erwartungs- und Regelsystemen differenziert.*

Viertens: Das formal-operationale System konstruiert Theorien. Sein Denken ist hypothesengeleitet und versucht, diese Hypothesen mit Hilfe der formalen Operationen rational aufeinander zu beziehen.

Für das systemanalytische Denken bedeutet dies, daß das formal-operationale System unabhängig von personaler Gebundenheit das Soziale in Form von sozialen Systemen konstruieren kann.

Bei PIAGET wird dies dadurch deutlich, daß das formal-operationale System sich mit unterschiedlichen Regelgebungen beschäftigt. Es versucht nicht nur, die sozialen Erwartungen mit Hilfe allgemeiner Bestimmungsmerkmale des Sozialen zu erfassen, sondern es konstruiert in einer theoretisch und methodisch disziplinierten Einstellung unterschiedliche Regelsysteme.

---

18. vgl. J. PIAGET, Das moralische Urteil beim Kinde, S.82-86
19. vgl. J. PIAGET, Das moralische Urteil beim Kinde, S.65-82

"Dagegen beherrschen die Kinder des vierten Stadiums die Vorschriften vollkommen und finden sogar Gefallen an juristischen Auseinandersetzungen grundsätzlicher oder lediglich methodischer Art, die sich anläßlich von Streitigkeiten ergeben können."[20]

Das formale Denken entwirft demnach Theorien und Modelle darüber, welche sozialen Erwartungen angemessen sind. Das formal-operationale System reflektiert auf die sozialen Regeln und konstruiert sie entsprechend der Funktionalität des jeweiligen Handlungszusammenhangs. Eine solche Einstellung ist vergleichbar mit der von PIAGET beschriebenen Fähigkeit des formal-operationalen Systems, eine theoretische Einstellung zur erfaßten Realität einzunehmen. Damit wird die Möglichkeit des systemanalytischen Denkens eröffnet: Das formal-operationale System konstruiert unter dem Gesichtspunkt der Rationalität soziale Systeme. Es setzt nicht nur Strukturmomente des Sozialen miteinander in Beziehung, sondern erfaßt auch andere, grundlegende Bestimmungsmomente des Sozialen. Diese anderen Bestimmungsmomente sind Momente des sozialen Systems, die der prinzipiellen Möglichkeit nach eine vollständige Systemanalyse zulassen, indem sie neben der Struktur des sozialen Systems auch seine intersystemischen Grenzen zur Umwelt mit in die Systemanalyse einbeziehen. Im Sinne von LUHMANN können neben der Struktur auch die Systemgrenzen, das sind die gesellschaftliche Funktion, die Leistung und die Interpenetration unterschieden werden. Diese Bestimmungsmerkmale sollen im dritten Teil dieses Kapitels für die Darstellung des formal-operationalen Systems aufgeführt und in ihrer operationalen Konstruktion bestimmt werden. Das konkret-operationale System ist in seiner Konstruktion noch ganz auf die Momente der Struktur verwiesen. *Das formal-operationale System kann demgegenüber Parameter konstruieren, die nicht durch Beobachtung gewonnen werden können, die gleichwohl jedoch die notwendige Voraussetzung für die Konstruktion der vollständigen Funktionalität des sozialen Systems, d.h. für die Konstruktion einer Theorie des Sozialen, bilden; dies sind die intersystemischen Grenzen des sozialen Systems zu seiner Umwelt.* Damit wird hier der Versuch gemacht, jenseits der globalen Feststellung, daß das formal-operationale System im Rahmen von Theorien und Modellen soziale Systeme konstruiert, darzustellen, wie dieser Konstruktionsprozeß sozialer Systeme operational bestimmt werden kann. Dies impliziert notwendig, *daß eine Theorie der sozialen Systeme die Grundlage der Untersuchung bilden muß.*

Die Einstellung des formal-operationalen Systems ist auch bei der Konstruktion des Sozialen eine theoretische: Es konstruiert Theorien und Modelle, die das Soziale strukturieren und rational konstruieren. SELMAN betont diese Einstellung des formal-operationalen Systems, indem er feststellt, daß der Heranwachsende nun eine gesellschaftlich-symbolische Einstellung generiert, die den generalisierten Anderen konstruiert und somit zur Konstruktion von sozialen Systemen führt.

"Auf diesem Niveau kann der Heranwachsende von vielfältigen, miteinander geteilten Perspektiven (generalisierter Anderer) gesellschaftliche, konventionelle, legale oder moralische Perspektiven abstrahieren, die alle Personen miteinander teilen können. Von jedem Individuum wird angenommen, es könne diesen gemeinsamen Blickwinkel des

---

20. vgl. J. PIAGET, Das moralische Urteil beim Kinde, S.56

generalisierten Anderen bzw. des sozialen Systems in Betracht ziehen, um so eine Verständigung zu ermöglichen." [21]

Das systemanalytische Denken ist ein Denken, das soziale Theorien konstruiert, in denen das Soziale in Form von sozialen Systemen konstruiert wird. Dieser Konstruktionsprozeß ist hypothesengeleitet. Dies impliziert für die Darstellung des systemanalytischen Denkens, daß Hypothesen aufgestellt werden müssen, die das formal-operationale System mit Hilfe seiner Operationen so aufeinander bezieht, daß diese Hypothesen in rationaler Weise miteinander vereinbar sind.

Diese Hypothesen werden aus LUHMANNs Theorie des sozialen Systems gewonnen. Damit wird die Verbindung zwischen dem formal-operationalen System und der soziologischen Theorie sozialer Systeme hergestellt. Mit Hilfe von LUHMANNs Systemtheorie können Hypothesen über das soziale Systeme gewonnen werden, die den Realitätsbereich sozialer Systeme vollständig zu erfassen suchen. Dies entspricht der Forderung PIAGETs, daß eine Beweisführung daran gebunden ist, daß *alle* Hypothesen, die mit einer Situation verbunden werden können, rational aufeinander bezogen werden müssen.

Die Vollständigkeit der durch LUHMANN gewonnenen Hypothesen bezieht sich darauf, daß er alle Systemparameter des sozialen Systems differenziert reflektiert. Dies ist nicht in jeder Systemtheorie der Fall, obschon festzustellen ist, daß jede Systemtheorie letztlich die Grundkategorien des Elements, der Grenze und der Struktur auch als systemkonstituierende Momente ansetzt. Das heißt, daß Systeme auch unter unterschiedlichen theoretischen Prämissen stets durch diese drei Grundkonstituentien erfaßt werden müssen. Dabei zeigt sich allerdings, daß in unterschiedlichen Definitionen des Systembegriffs unterschiedliche Gewichtungen in der Darstellung dieser drei Systemmomente vorgenommen werden. Überwiegend wird die Komplexität des Systems als das zentrale Merkmal hervorgehoben, so daß in erster Linie das Element bzw. die Elemente des Systems und deren wechselseitige Verbindungen eine Rolle spielen. In anderen Definitionen wird besonders die Systemumweltbeziehung hervorgehoben, so daß in erster Linie die Grenzen des jeweiligen Systems thematisiert werden. [22] LUHMANNs Systemtheorie nimmt eine solche Gewichtung nicht vor, so daß sowohl das Element als auch die Grenze und die Struktur des sozialen Systems Gegenstand seiner Überlegungen sind. Diese Systemparameter werden von LUHMANN sehr differenziert dargestellt, so daß seine Systemtheorie eine elaborierte Form der Reflexion über soziale Systeme darstellt. LUHMANN stellt erstens das Element des sozialen Systems als eine komplexe für das System nicht-teilbare Einheit dar. Zweitens unterscheidet er drei Umweltgrenzen des sozialen Systems: die gesellschaftliche Funktion, die Leistung und die Interpenetration. Die Leistung wird wiederum in zwei Subparameter, den Input und den Output, differenziert. Drittens unterscheidet LUHMANN hinsichtlich der Struktur wiederum drei Subparameter: den zeitlichen, den so-

---

21. R.L. SELMAN, Die Entwicklung des sozialen Verstehens, S.54/55; vgl. auch R.L. SELMAN, Sozial-kognitives Verständnis, S.237f.
22. vgl. hierzu F. CAPRA, Wendezeit; A.D. HALL/ R.E. FAGEN, Definition of system; D. DÖRNER, Die Logik des Misslingens; G. KLAUS, Wörterbuch der Kybernetik, S.634; S. JENSEN, Systemtheorie; K.H. STAPF, Bemerkungen zur Gegenstands- und Methodendiskussion in der Umweltpsychologie; G. ROPOHL, Einführung in die allgemeine Systemtheorie; G. SCHIEPEK, Systemische Diagnostik in der klinischen Psychologie; F. VESTER, Neuland des Denkens; F. VESTER, Unsere Welt - ein vernetztes System, S.17

zialen und den sachlichen. Für alle diese Systemparameter und ihre Unterparameter können mit Hilfe von LUHMANN grundlegende und differenzierte Bestimmungen gewonnen werden. LUHMANNs Systemtheorie bietet somit die Möglichkeit, das soziale System sehr differenziert zu beschreiben, so daß dem Anspruch nach Vollständigkeit mit einer solchen Systemtheorie eher Genüge getan werden kann als mit einer weniger differenzierten Systemtheorie bzw. mit einer Systemtheorie, die einzelne Systemparameter kaum oder gar nicht behandelt.

Die systemspezifischen Zusammenhänge, die konstitutiven Momente des sozialen Systems, werden damit der Systemtheorie LUHMANNs entnommen. LUHMANN selbst hat diese Momente jedoch nicht in der hier vollzogenen Weise aufeinander bezogen. LUHMANN beschreibt diese systemkonstitutiven Momente, die im folgenden als Systemparameter bezeichnet werden, doch arbeitet er an keiner Stelle diese Parameter als vollständige Beschreibungsparameter des sozialen Systems aus. Damit erweist sich die vorliegende Untersuchung als ein Versuch, einige ausgesuchte Momente der Systemtheorie LUHMANNs als Parameter des sozialen Systems zu beschreiben und diese Parameter wiederum in einen Bezug zueinander zu setzen.

Für die Darstellung des systemanalytischen Denkens bedeutet dies, daß erstens die mit LUHMANN gewonnenen Hypothesen dargestellt werden. Aus diesem Grunde wird die Darstellung der operationalen Bestimmung des systemanalytischen Denkens von zahlreichen soziologischen Aussagen zum sozialen System begleitet. Zweitens muß festgestellt werden, durch welche Operationen diese Parameter konstruiert werden können, und drittens muß dargestellt werden, durch welche Operationen der Bezug zwischen den Parametern hergestellt werden kann. *In diesem Sinne stellt das systemanalytische Denken einen Konstruktionsprozeß dar, der die «Beweisführung» im sozialen Bereich übernimmt. Er geht von sehr elaborierten Hypothesen aus, die mit Hilfe des systemanalytischen Denkens so aufeinander bezogen werden, daß diese Hypothesen rational aufeinander bezogen werden können.* Das systemanalytische Denken ist somit der Konstruktionsprozeß, der die rationale Konstruktion sozialer Systeme ermöglicht, indem von Hypothesen, die aus einer bestimmten Systemtheorie gewonnen wurden, ausgegangen wird. Das systemanalytische Denken erweist sich dann als rational, wenn möglichst alle Hypothesen aufeinander bezogen werden und in einer operationalen Konstruktion zu der Einheit des sozialen Systems konstruiert werden können. *Das systemanalytische Denken ist demnach ein Konstruktionsprozeß des formaloperationalen Systems, in dem durch eine spezifische Kombination formaler Operationen der Realitätsbereich des Sozialen in Gestalt von sozialen Systemen unter dem Gesichtspunkt der Rationalität konstruiert werden kann.*

Diese Rationalität ist dann eine bereichsspezifische Rationalität. Sie ist die «Logik» des sozialen Systems. Diese «Logik» ist die *Funktionalität des sozialen Systems*. Sie wird durch die *funktionale Analyse* konstruiert, in der *alle Systemparameter wechselseitig miteinander verbunden werden*. Die formal-operationale Konstruktion des sozialen Systems wird durch die funktionale Analyse als einer bereichsspezifischen Kombination von Operationen ermöglicht, die die Systemlogik des sozialen Systems konstruiert. Hier wird die Verbindung zwischen PIAGET und der funktionalen Analyse hergestellt. Die von PIAGET übernommenen formalen Operationen und deren systemische Verknüpfung bilden ein operationales System, das die Systemlogik des sozialen Systems konstruiert. In dieser Konstruktion werden die Systemparameter des sozialen Systems durch die funktionale Analyse miteinander verknüpft und rational aufeinander bezogen. Die formalen Operationen verbinden in ihrer rationalen Konstruktion typische Merkmale des Sozialen, die als die Systemparameter in die multiple funktionale Analyse eingehen. PIAGET betont, daß die formalen Operationen nicht nur Aussagen kombinieren, sondern auch Gegenstände bzw. Faktoren oder Ideen kombinieren können.

"Diese Kombinatorik ist nun von erstrangiger Bedeutung für die Ausweitung und Verstärkung der Denkfähigkeiten, denn sobald sie einmal ausgebildet ist, ermöglicht sie es, Gegenstände oder Faktoren (physische usw.) oder auch Ideen oder Aussagen (was eine neue Logik zur Folge hat) miteinander zu kombinieren und folglich in jedem Fall über die gegebene Wirklichkeit (einen Ausschnitt der physischen Wirklichkeit oder eine auf Faktoren beruhende Erklärung oder auch eine Theorie in der einfachen Form eines Systems von untereinander verbundenen Aussagen) nachzudenken, indem man diese Wirklichkeit nicht mehr in ihren begrenzten und konkreten Aspekten, sondern aufgrund einer beliebigen Zahl oder aller möglichen Kombinationen betrachtet, was die deduktiven Fähigkeiten der Intelligenz beträchtlich verstärkt." [23]

Das formal-operationale System konstruiert das soziale System nicht, indem es Aussagen kombiniert, es folgt somit keiner Aussagenlogik, sondern es folgt der Systemlogik, indem es Systemparameter konstruiert und rational aufeinander bezieht.

2. Teil:

Die konkret-operationale Konstruktion des Interaktionsgefüges

Im folgenden soll nun untersucht werden, wie das konkret-operationale System mit Hilfe der konkreten Operationen Kommunikationszusammenhänge konstruiert. Die grundlegende These dieser Darstellung lautet, daß das konkret-operationale System des systemanalytischen Denkens eine vollständige Systemanalyse noch nicht leisten kann. Gleichwohl *ist das konkret-operationale System schon in der Lage, Kommunikation zu verstehen und in kommunikativen Zusammenhängen zu denken.* Dieses Denken zeichnet sich jedoch noch dadurch aus, daß es an die Inhalte, d.h. hier: *an die beobachtbaren kommunikativen Zusammenhänge gebunden ist.* Dies impliziert, daß das konkret-operationale System in der Lage ist, die Interaktion auch aufgrund schlußfolgernder und generalisierender Operationen am Beobachtbaren zu konstruieren. Das konkret-operationale System kann nämlich Handlungszusammenhänge strukturieren, indem es über schlußfolgernde Prozesse kritische Momente der Kommunikation erschließt. Diese Form der Schlußfolgerung ist jedoch noch beschränkt: Das konkret-operationale System kann lediglich intrapsychische Momente der beobachteten Handlungen schlußfolgern. *Es bleibt somit in seinen schlußfolgernden Prozessen an die Personen, die jeweils miteinander interagieren, gebunden.* Es ist jedoch noch nicht in der Lage, soziale nicht-beobachtbare Momente des sozialen Systems zu konstruieren.[24] WALLER betont diese Personengebundenheit:

---

23. J. PIAGET/ B. INHELDER, Psychologie des Kindes, S.133
24. vgl. R.L. SELMAN, Die Entwicklung des sozialen Verstehens und R.L. SELMAN, Interpersonale Verhaltung

"D.h. aber auch, daß die Regelstruktur solcher Verhaltensmuster nur auf der Basis einer naiv-verhaltenstheoretischen Rekonstruktion (entspricht der Entwicklungsphase des konkret-operationalen Systems, A.H.) der ihnen entsprechenden interaktionalen Kontingenzen verstanden werden kann, also auf der Basis impliziter Hypothesen über psychokausale Wirkungszusammenhänge zwischen situations- und personenabhängigen Verhaltensdeterminanten einerseits und dem Verhalten von Individuen andererseits. Einer derartigen naiv-verhaltentheoretischen Rekonstruktion interaktioneller Kontingenzen entspricht ein personalisiertes, personenorientierten Verhaltenserwartungen zugrundeliegendes Regelverständnis interpersonalen Verhaltens." [25]

Ein weiteres von WALLER aufgeführtes Moment, das mit den vorherigen Überlegungen verbunden ist, besteht darin, daß das konkret-operationale System im Vergleich zum prä-operationalen Denken in der Lage ist, *Kommunikation selektiv zu erfassen und zu strukturieren*. Das heißt, für das konkret-operationale System sind nicht mehr alle Merkmale der Interaktion - so z.B. die Größe der Interaktionsteilnehmer, ihre Kleidung oder ihr Alter - von Interesse, sondern das konkret-operationale System ist bereits in der Lage, die Informationen im Hinblick auf die kommunikationsspezifischen Informationen zu selegieren.

"In diesem Zusammenhang ist auf empirische Befunde von OSLER & KOFSKY (1965) hinzuweisen, aus denen hervorgeht, daß die Diskriminationsleistungen 4- bis 6jähriger Kinder durch irrelevante Stimuli im Reizfeld sehr viel stärker beeinträchtigt werden als bei 7- bis 8jährigen. Des weiteren konnte STEVENSON (1954) in einer Untersuchung an 3- bis 7jährigen Kindern nachweisen, daß jüngere Kinder unter inzidentellen Lernbedingungen, Bedingungen also, wie sie in der Regel auch bei der Beobachtung interaktionaler Kontingenzen gegeben sind, irrelevante Stimuli stärker beachten als ältere Kinder.[27]
Angesichts dieser Befunde kann die Unterscheidbarkeit interaktionsrelevanter situativer, personaler und behavioraler cues nicht unabhängig von der Aufmerksamkeitsentwicklung sowie der Entwicklung von Strategien der selektiven Stimulusbeachtung analysiert werden." [26]

Das konkret-operationale System ist durch seine gesteuerte selektive Wahrnehmung dann auch in der Lage, diejenigen Informationen aus der Interaktion zu gewinnen, die für die Interaktion und deren Erfassung wichtig sind. Das heißt, es kann zwischen relevanten und nicht-relevanten bzw. zwischen kritischen und nicht-kritischen Merkmalen der Situation differenzieren. Diese Selektionsleistung geht einher mit der Fähigkeit des konkret-operationalen Systems, Realität bzw. wahrgenommene Realität zu strukturieren. Diese Strukturierungsoperationen sollen weiter unten dargestellt werden. Hier soll lediglich darauf hingewiesen werden, daß das konkret-operationale System aufgrund seiner Strukturierungsfähigkeit nun auch fähig ist, Schemata für kritische

---

25. M. WALLER, Soziales Lernen und Interaktionskompetenz, S.144; auch SELMAN betont, daß vor der formalen Stufe letztlich Soziales als Perspektivenübernahme individueller Perspektiven vollzogen wird. Erst mit dem formal-operationalen System kann eine «eigentlich» soziale Perspektive, in der hier vorliegenden Terminologie: das soziale System, konstruiert werden. Vgl. R.L. SELMAN, Interpersonale Verhaltungen, S.118
26. M. WALLER, Soziales Lernen und Interaktionskompetenz. S.116; Literaturverweis im Zitat: S.F. OSLER/ E. KOFSY, Stimulus uncertainty as a variable in the development of conceptual ability

und nicht-kritische Merkmale der Interaktion aufzubauen. [27] *Diese Schemata betreffen in erster Linie die Positionserfassung und die Rollenerfassung der sozialen Interaktion.* Das konkret-operationale System erfaßt Wirklichkeit in der ihr eigenen Dynamik und Struktur. Das heißt, das konkret-operationale System dezentralisiert die sozialen Erfahrungen in der Weise, daß nicht nur das eigene Tun und Handeln als die zentrale Kategorie der Kommunikation angesehen wird, sondern das eigene Tun mittels konkreter Operationen auf das Tun anderer bezogen werden kann. Die für das konkret-operationale System nun entwickelte Möglichkeit der Perspektivenübernahme spielt hier eine wesentliche Rolle. *Das kommunikative Geschehen wird insofern dezentralisiert, als es als gemeinsames und koordiniertes Handeln von unterschiedlichen Interaktionspartnern verstanden wird.* Die eigene Person bildet hierbei nicht das Zentrum des Geschehens bzw. der Transformationen, sondern wird als ein Standpunkt unter anderen erfaßt.

"Der soziale Austausch schließlich, der die Gesamtheit der genannten Reaktionen umfaßt, da sie gleichzeitig individuell und interindividuell sind, setzt einen Prozeß schrittweiser Strukturierung oder Sozialisierung in Gang, der von einem Zustand der fehlenden Koordinierung oder der relativen Nichtunterscheidung zwischen dem eigenen Standpunkt und dem der anderen zu einem Zustand der Koordinierung der Standpunkte und der Kooperationen in den Handlungen und in den Informationen führt. Dieser Prozeß umgreift alle anderen in dem Sinne, als die perspektivische Täuschung - wenn zum Beispiel ein Kind von 4 bis 5 Jahren nicht weiß (was häufig vorkommt), daß es selbst der Bruder oder die Schwester seines Bruders oder seiner Schwester ist - sowohl die Logik der Beziehungen als auch das Ichbewußtsein betrifft; das Kind wird, wenn es die Stufe der Operationen erreicht, eben dadurch zur Kooperation befähigt, ohne daß man Ursache und Wirkung in diesem Gesamtprozeß unterscheiden kann."[28]

Die Dezentrierung des konkret-operationalen Systems besteht somit darin, daß nun auch die sozialen Beziehungen zum Gegenstand des Denkens gemacht werden können, *indem diese sozialen Erfahrungen als ein Interaktionsgefüge strukturiert werden.* Dies ist dadurch möglich, daß das konkret-operationale System nun zwischen der als unabhängig gesetzten Realität und dem eigenen Ich differenziert. Eine solche Differenzierung bildet die Voraussetzung dafür, soziale Zusammenhänge überhaupt erfassen zu können. PIAGET bezeichnet das konkrete Denken als ein Denken, das jetzt erst im eigentlichen Sinne sozial wird.

"Neben seltenen wirklichen Unterhaltungen, in deren Verlauf Meinungen oder Aufforderungen tatsächlich ausgetauscht werden, beobachtet man in der Tat bei den 2- bis 6jährigen Kindern einen charakteristischen Typ von Pseudo-Unterhaltungen oder

---

27. "Durch eine kognitiv vermittelte, hypothesengeleitete Lernstrategie können die zugrundeliegenden Kontingenzmuster beobachteter interaktionaler Kontingenzen nicht nur schneller erkannt werden als über eine bloß assoziative Lernstrategie, sondern auch ohne Unterstützung durch externe Aufmerksamkeitslenkung.
Umso mehr ist daher auch der erleichternde bzw. kompensatorische Effekt externer Aufmerksamkeitslenkung für die Ausbildung von Verhaltenserwartungen bei jüngeren Kindern von Bedeutung, bei Kindern also, deren Lernstrategie (noch) nicht hypothesengeleitet, sondern assoziativ ist." (M. WALLER, Soziales Lernen und Interaktionskompetenz, S.133)
28. J. PIAGET/ B. INHELDER, Psychologie des Kindes, S.128

«Kolletiv-Monologen», in deren Verlauf die Kinder nur für sich sprechen, wobei sie jedoch das Bedürfnis empfinden, Gesprächspartnern gegenüberzustehen, die sie anstacheln. Auch hier fühlt sich jeder in Verbindung mit der Gruppe, weil er sich in seinem Innern an den Erwachsenen wendet, der alles weiß und versteht, aber auch hier kümmert sich jeder eigentlich nur um sich selbst, da er das «Ego» nicht vom «Socius» zu trennen vermag."[29]

Entsprechend den allgemeinen Bestimmungen des konkret-operationalen Systems kann somit zusammenfassend auch für das sozial-operationale System festgestellt werden, daß es mit Hilfe der ihm möglichen Operationen und ihrer Reversibilität soziale Realität strukturiert, wobei es noch ganz an die wahrgenommenen Inhalte gebunden ist.

Im weiteren soll nun aufgezeigt werden, welche Momente das konkret-operationale System mit Hilfe der konkreten Operationen als soziale Merkmale konstruiert und in welcher Form es diese Momente miteinander in Beziehung setzt. In einer Vorwegnahme der Bestimmung des Strukturparameters nach LUHMANN kann hier festgestellt werden, daß die Struktur des sozialen Systems prinzipiell durch drei Momente gekennzeichnet ist: Durch den sozialen Aspekt, den zeitlichen Aspekt und den sachlichen Aspekt. Da das konkret-operationale System in der Lage ist, Kommunikation in ihren Strukturzusammenhängen zu erfassen, ist es auch in der Lage, im Hinblick auf diese drei Momente das soziale Gefüge zu konstruieren. Dabei bleibt die Konstruktion an die wahrgenommenen Handlungen gebunden. Das konkret-operationale System ist zwar in der Lage, verdeckte Faktoren wie z.B. Motive und Ziele anderer Personen und deren Handlungen zu rekonstruieren, doch ist es noch nicht in der Lage, das Gesamtsystem in den Blick zu bekommen und jenseits dieser personalen Gebundenheit der Kommunikation das soziale System unabhängig von personalen Kontingenzen zu konstruieren. Mit anderen Worten: Das konkret-operationale System konstruiert den Kommunikationszusammenhang allein aufgrund der wahrgenommenen strukturellen Gegebenheiten. Es konstruiert soziale Handlungen, die sich zu typischen Handlungsstrukturen ordnen lassen. Es ist jedoch noch nicht in der Lage, andere Momente des sozialen Systems, wie z.B. seine Grenzen zur Systemumwelt, als Bestimmungsmerkmale des Sozialen mit einzubeziehen. Die verdeckten Momente der Kommunikation sind für das konkret-operationale System personale Momente, die durch schlußfolgernde Prozesse bereits rekonstruiert werden können. Die Konstruktion des Sozialen bleibt deshalb letztlich personenorientiert, indem genuine soziale Merkmale dadurch erfaßt werden, daß sie mit personalen Merkmalen inhaltlich verbunden werden. Dies soll im weiteren gezeigt werden.

1. Die Konstruktion der Kommunikationsstruktur als systemanalytische Konstruktion des konkret-operationalen Systems

Die Konstruktion der zeitlichen und sachlichen Strukturmomente soll hier nicht näher erörtert werden. Für das systemanalytische Denken soll hier lediglich festgehalten werden, daß das konkrete Denken in seiner dezentralen Einstellung in der Lage ist, bestimmte Zeitstrukturen und auch Sachstrukturen als unabhängig von personalen, individuellen Zeitstrukturen und Sachstrukturen zu setzen. Es ist damit in der Lage,

---

29. J. PIAGET, Das moralische Urteil beim Kinde, S.55

dem Interaktionsgefüge bestimmte Zeitstrukturen und auch bestimmte Sachstrukturen zuzuordnen. [30] Eine solche Zuordnung wird über die multiple Zuordnung von Zeitstrukturen (ZeitStr) und Sachstrukturen (SachStr) als Momente des sozialen Systems (sozSys) vollzogen:

$$sozSys = (ZeitStr \cdot SachStr)$$

Dies bedeutet, daß das Interaktionsgefüge hier gleichzeitig als ein strukturiertes Zeitgefüge und Sachgefüge verstanden wird. So kann z.B. der Interaktion ein bestimmter Zeitrhythmus zugeordnet werden, der sich auf bestimmte Wiederholung, bestimmte Zeitdauer oder eine bestimmte Entwicklungszeit bezieht (so z.B. die Zeitstrukturen der Schule als Schuljahr, Unterrichtsstunde, Wochenstundenplan etc. oder bestimmte Zeiten, die in der Familie verbracht werden). Gleichzeitig spielt die Kontinuität der Interaktion eine wichtige Rolle, so daß auch vorhergehende Interaktionen als Vorgeschichte mit einfließen. Erst wenn die Interaktionsvergangenheit für die aktuelle Interaktion von Bedeutung ist, kann ein soziales System als Interaktionssystem einer Gruppe konstruiert werden. Gruppen zeichnen sich dadurch aus, daß sie nicht zum Zwecke einer einmaligen Interaktion gebildet werden, sondern sich durch wiederholte Interaktionen auszeichnen, in denen eine gewisse Kontinuität gewahrt wird.[31] AUWÄRTER und KIRSCH stellen fest, daß dieser Vergangenheitsbezug für die aktuelle Interaktion schon früh, vor dem Stadium der konkreten Operationen, einbezogen werden kann. Für Kinder im Alter von 54 - 72 Monaten stellen sie fest:

"Vergangene Begegnungen sind als Kontext einer gerade ablaufenden Begegnung präsent: Die Vorgeschichte einer Interaktion wird erstmals für ihre Struktur relevant."[32]

Für den vorliegenden Zusammenhang ist es nicht wesentlich, ob diese Fähigkeit schon prä-operational realisiert werden kann.[33] Der Konstruktion des Sozialen auf der konkreten Stufe ist auf jeden Fall eine solche Zeitstrukturierung möglich.

Im Hinblick auf die Konstruktion von Sachstrukturen werden bestimmte Thematisierungen, die für bestimmte Interaktionsgefüge relevant sind, erfaßt. So wird in der Schule über andere Dinge kommuniziert als z.B. in der Familie oder in der Peer-Gruppe, und auch innerhalb der Schule sind Thematisierungen fächerspezifisch gebunden. Der Art dieser Strukturierungen im Bezug zur operationalen Konstruktion von Zeitstrukturen und Sachstrukturen kann hier nicht weiter nachgegangen werden. Es soll lediglich festgehalten werden, daß Interaktionsgefüge auch unter zeitlichem und sachlichem Aspekt zu einer Einheit strukturiert werden.

Der soziale Aspekt der Interaktion, der im weiteren genauer dargestellt werden soll, muß als ein weiteres Moment des sozialen Systems hinzugefügt werden. Damit ergibt sich für die Konstruktion des Sozialen durch das konkret-operationale System die multiple Zuordnung der Zeitstruktur, der Sachstruktur und der Sozialstruktur zur Erfassung des Sozialen.

---

30. vgl. auch Kapitel 2, Teil 2, Punkt 2.2.2 *Die Konstruktion des Rollengefüges als Strukturierung von Handlungszusammenhängen* und insbesondere den Schlußteil dieses Kapitels
31. vgl. F. NEIDHARDT, Themen und Thesen zur Gruppensoziologie
32. M. AUWÄRTER/ E. KIRSCH, Zur Ontogenese der sozialen Interaktion, S.199
33. Insgesamt kann festgestellt werden, daß AUWÄRTER und KIRSCH bestimmte sozial-kognitive Fähigkeiten schon sehr früh ansetzen.

Die konkret-operationale Konstruktion: Die Sozialstruktur 97

sozSys = (ZeitStr · SachStr · SozialStr)

Das konkret-operationale System kann bei der Konstruktion des sozialen Systems die drei Strukturmomente der Zeit, der Sache und des Sozialen voneinander differenzieren und zu dem Gesamt des sozialen Systems zuordnen. Das konkret-operationale System konstruiert in seiner operationalen Konstruktion des sozialen Systems lediglich dessen strukturelle Gegebenheiten. Andere Systemparameter werden hier noch nicht konstruiert, und auch die Beziehung zwischen diesen Parametern, die im formal-operationalen System mit Hilfe der funktionalen Analyse hergestellt werden kann, kann vom konkret-operationalen System noch nicht konstruiert werden.

2. Die Konstruktion der Sozialstruktur durch das konkret-operationale System

Für die Konstruktion der Sozialstruktur sind in erster Linie die Konstruktionen der Positionen und Rollen und deren Gefüge von grundlegender Bedeutung. Die Definition von Rollen und Positionen soll weiter unten in der Darstellung des Strukturparameters des Schulsystems erfolgen. [34] Allgemeinen sollen Rollen und Positionen als diejenigen Momente des Sozialen verstanden werden, die die grundlegende personenungebundene Erwartungen in der Kommunikation ausmachen. Dies bedeutet, daß Rollen und Positionen überindividuelle Erwartungen sind und unabhängig vom jeweiligen Rollen- und Positionsträger gelten. Im Falle der Rollen beziehen sich diese Erwartungen auf Handlungsschemata und ihre prozessuale Verknüpfung zu Handlungsgefügen, im Falle von Positionen beziehen sich diese Erwartungen auf bestimmte «Orte» im Sozialen, die durch bestimmte Machtansprüche, Einflußmöglichkeiten etc. gekennzeichnet sind. Solche Positionen verbinden sich über hierarchische Strukturen bzw. über Strukturen der Gleichheit zu Positionsgefügen. GEULEN definiert die soziale Struktur des sozialen Systems ähnlich. Er stellt fest, daß die Situationsdefinition im Hinblick auf das Soziale insbesondere durch die Kategorie der Rolle beschrieben werden kann.

"Als »Definition der Situation« wird hier das Sinnverständnis der Beteiligten von den relevanten aktuellen Gegebenheiten, insbesondere von sich selbst und den anderen bzw. von ihren Rollen sowie von der Art ihrer zu entwickelnden Interaktion bezeichnet. Die Situationsdefinition ist nicht bereits durch die jeweiligen objektiven, z.B. physikalischen Gegebenheiten (äußere Situation) festgelegt, obwohl diese für sie in jeweils bestimmter Weise relevant sind. Vielmehr sind innerhalb des gegebenen äußeren Rahmens typischerweise verschiedene Rollen- bzw. Interaktionssysteme möglich. ... Ein wesentlicher Bestandteil der Situationsdefinition sind die jeweils als relevant bzw. geltend angesehenen Verhaltensnormen; die Kategorie der sozialen Norm, die im soziologischen Ansatz der Rollentheorie im Mittelpunkt steht (...), hat hier also ihren systematischen Platz." [35]

Für die Darstellung der konkret-operationalen Konstruktion von Positionen und Rollen sind zentrale Momente der Perspektivenübernahme im Rahmen des Operierens der konkreten Stufe von grundlegender Bedeutung. Dabei kann festgestellt werden, daß die Dezentrierung, die eine Voraussetzung für die Konstruktion des Sozialen ist,

---

34. vgl. Kapitel 3, Teil 3, Punkt 2.1.1 *Der Sozialparameter*
35. D. GEULEN, Soziales Handeln und Perspektivenübernahme, S.58

zugleich notwendig mit der Entschränkung der eigenen Perspektive verbunden ist. Die Dezentrierung geht einher mit der Konstruktion unterschiedlicher Perspektiven und ihrer Koordination. [36] PIAGET zeigt dies an der räumlichen Perspektivenübernahme:

"Sobald das Kind jedoch nicht mehr nur durch Handlung auf die Dinge einzuwirken versucht, sondern sich die Dinge an sich unabhängig von der unmittelbaren Handlung vorstellen will, dann genügt diese einzelne Perspektive nicht mehr, auch wenn es nur mit ihrer Hilfe die Objektivität und Relativität einführen konnte. Sie muß von nun an mit den anderen koordiniert werden." [37]

"In diesem Sinne kann man behaupten, daß die reine und von der eigenen Aktivität losgelöste Vorstellung die Adaptation an eine andere Person und die soziale Koordination voraussetzt." [38]

2.1 Die Konstruktion des Positionsgefüges

Erste Formen des systemanalytischen Denkens entwickeln sich aus den Vorstellungen, daß andere Personen nicht «nur» andere handelnde Subjekte sind, sondern innerhalb des gemeinsamen Handelns bestimmte Positionen einnehmen - so z.b. die Position «Eltern» und «Lehrer» oder «Kind» und «Schüler». Dies bedeutet, daß das konkret-operationale System nicht nur unterschiedliche Perspektiven unterschiedlicher Interaktionsteilnehmer konstruiert und koordiniert, sondern auch feststellen kann, daß es für bestimmte Interaktionsgefüge typische Perspektiven gibt, die unterschiedliche Personen zugleich und in Abfolge einnehmen können, und die zu einem Gesamt des Interaktionsgefüges koordiniert werden können. Da - wie bereits oben festgestellt - das konkret-operationale System noch personenorientiert die soziale Interaktion strukturiert, kommt es erst dann zur operationalen Konstruktion von Positionen, wenn unterschiedliche Personen für die Interaktion mit gleichen Merkmalen und im Rahmen der Interaktion mit gleicher Handlungsmacht ausgestattet sind. Dies impliziert für die Konstruktion der Position, daß mit der Position eine überindividuelle Handlungsbedeutung verbunden wird. Anders formuliert: Das konkret-operationale System konstruiert wiederholt bestimmte Handlungsbedeutungen, die mit einer Position und nicht nur mit einer Person verbunden werden können. Dies impliziert, daß alle Personen,

---

36. Dieses Vorgehen entspricht der These PIAGETs, daß die konkreten Operationen den sozialen Egozentrismus ablösen und eine Perspektivenübernahme dadurch ermöglichen, daß das Soziale nun als eigenständiger Realitätsbereich konstruiert wird. Einschränkende Aspekte zu dieser Gegenüberstellung des Egozentrismus auf der prä-operationalen Stufe einerseits und der Dezentrierung und Perspektivenübernahme bei der auf der konkreten Stufe andererseits legen BORKE (H. BORKE, Interpersonelle Wahrnehmung bei kleinen Kindern: Egozentrismus oder Empathie?) und URBERG und DOCHERTY (K.A. URBERG/ E.M. DOCHERTY, Die Entwicklung von Fähigkeiten zur Perspektivenübernahme bei 3- bis 5jährigen Kindern) dar. Gleichwohl kann festgestellt werden, daß das prä-operationale Kind noch nicht in der Lage ist, Perspektiven zu differenzieren und zu koordinieren. Dies ist erst auf der Stufe des konkreten Denkens möglich (vgl. M. FEFFER/ L. SUCHOTLIFF, In sozialer Interaktion implizierte Dezentrierung, S.342; J. FLAVELL, Cognitive development; R.L. SELMAN, Sozial-kognitives Verständnis: Ein Weg zu pädagogischer und klinischer Praxis, S.230f.; R.L. SELMAN, Die Entwicklung des sozialen Verstehens).
37. J. PIAGET, Das In-Beziehung-Setzen der Perspektiven, S.83
38. J. PIAGET, Das In-Beziehung-Setzen der Perspektiven, S.84

die diese Position innehaben, auch entsprechende Handlungsbedeutung durch ihr Handeln konstituieren.

Die Positionsgebundenheit des Handelns wird in einem ersten Schritt dadurch konstruiert, daß bestimmte Personen bestimmten Positionen zugeordnet werden. Das heißt, es wird eine multiplikative Zuordnung von Personen (Per) und Positionen (Pos) vollzogen:

$$Pos \cdot Per$$

Diese Zuordnungsoperation ist noch ganz an die wahrgenommen Beziehungen der sozialen Erfahrungen gebunden: Es handelt sich hierbei um eine Zuordnung von Personen zu Positionen, die dem Kind aufgrund seiner sozialen Erfahrungen bekannt sind. Die Klassifizierung der Positionen wird dabei nicht nur durch soziale Erfahrungen geleistet, sondern kann auch durch nicht-soziale Merkmale unterstützt werden: so kann z.b. die Generationsdifferenz in Familie und Schule oder die Geschlechtsdifferenz zwischen Vater und Mutter, die Zuordnung der Personen zu Positionen erleichtern. Mit anderen Worten: Familie und Schule erleichtern die Positionszuschreibungen durch die für beide sozialen Systeme typische Form der Penetration des Sozialen durch das organische System. Die Positionszuordnung entspringt hier somit noch nicht einer vollständigen Systemanalyse des Sozialen, sondern wird durch die Altersdifferenz zwischen Erzieher und Edukand im erzieherischen System ermöglicht. Gleiches gilt auch für die Differenzierung der Geschwisterpositionen und der Schülerposition. Für die Familie gilt die eindeutige Zuordnung aller Positionen durch Geschlecht und Alter. Für die Schülerposition ist das Geschlecht dann nicht mehr ausschlaggebend, doch definiert sich die Schülerposition auch durch die Gleichaltrigkeit ihrer Positionsträger.[39]

Die Positionszuordnung des konkret-operationalen Systems kann gerade im Falle des erzieherischen Systems - Familie wie Schule - dadurch erleichtert werden, daß nicht nur rein soziale Strukturen rekonstruiert werden müssen, sondern aufgrund von physischen, wahrnehmbaren Bedingungen Positionszuschreibungen vollzogen werden können. Damit ist die Positionszuschreibung des konkret-operationalen Systems im Hinblick auf das erzieherische System nicht unbedingt daran gebunden, daß eine Dezentrierung auf rein soziale Strukturen stattgefunden hat. Das Erfassen der sozialen Struktur - wie z.B. der Positionen - ist noch verbunden mit der eigenen Person und mit biologischen Zuschreibungen zu der eigenen Person wie auch zu anderen Personen. Dies erleichtert die Positionszuschreibung einerseits - die Positionszuscheibung von Eltern und Kind kann auch schon vor der operationalen Stufe vollzogen werden -, verweist andererseits jedoch auch darauf, daß die Positionszuschreibung im erzieherischen System nicht nur durch soziale Konstruktionen und Rekonstruktionen vollzogen wird, sondern zumindest durch die Penetration des organischen Systems erleichtert wird.

Die Reversibilität der Positionszuordnung liegt in der Negation der Position bzw. der Person. Durch die Grundassoziation der vier möglichen Klassifikationsoperationen können aufgrund der wahrgenommenen Realität folgende Operationen mit ihren Negationen vollzogen werden:

---

39. vgl. Kapitel 3, Teil 3, Punkt 2.1.1 *Der Sozialparameter*

(Pos · Per) + (Pos · ¬Per) + (¬Pos · Per) + (¬Pos · ¬Per)

Diese Zuordnungen sind daran gebunden, daß das konkret-operationale System sowohl im Hinblick auf die Personen als auch im Hinblick auf die Positionen Konstanten ausgebildet hat: Das heißt, Personen sind, auch wenn sie zeitweilig keine Interaktionspartner sind, in zukünftigen Interaktionen wieder anzutreffen. Gleiches gilt für die Positionen: Auch wenn bestimmte Positionen in der aktuellen Interaktion nicht vollzogen werden, so können sie in einer anderen zukünftigen Kommunikation wieder auftreten. Diese Fähigkeit zur Differenzierung und gleichzeitigen Konstanthaltung von Person und Position ist eine operationale Leistung, die typisch erst auf der konkreten Stufe des Denkens vollzogen werden kann. [40]

Die multiple Zuordnung von Person und Position stellt für das konkret-operationale System demgemäß noch keine größeren Schwierigkeiten dar.

Die Zuordnung in die vier Grundassoziationen durch die Reversibilität der Negation besagt dann, daß erstens eine bestimmte Person einer bestimmten Position zugeordnet ist (Pos · Per); zweitens, daß eine bestimmte Position Geltung hat, auch wenn die Person wechselt (Pos · ¬Per); drittens, daß eine Person als dieselbe identifiziert wird, auch wenn sie in der aktuellen Kommunikation diese Position nicht innehat (¬Pos · Per) und viertens, daß mit der Negation von Position und Person die Kommunikation nicht möglich ist (¬Pos · ¬Per).

Das konkret-operationale System ist noch nicht in der Lage, diese vier Klassifikationen zu kombinieren. Dem konkret-operationalen System ist es jedoch durch die beobachteten Beziehungen zwischen Person und Position möglich, systemanalytische Zuordnungen zu leisten: Erstens kann es feststellen, daß das Positionsgefüge dadurch erstellt wird, daß eine bestimmte Person eine bestimmte Position innehat. Zweitens kann es feststellen, daß auch bei wechselnden Personen Positionen Bestand haben können (wie dies z.B. mit der Lehrerposition in der Schule der Fall ist); drittens kann es festgestellen, daß eine Person auch in andereren kommunikativen oder nicht-kommunikativen Zusammenhängen auftreten kann; d.h., die Person tritt auch in anderen Zusammenhängen als dem aktuellen auf. Viertens kann es feststellen, daß die Negation von Position und Person letztlich ein völliges Heraustreten aus dem aktuellen Kommunikationskontext bedeutet: Andere Positionen werden durch andere Personen eingenommen. Die aufgezeigten vier Grundassoziationen ermöglichen hier eine erste Form der Konstruktion des sozialen Systems und seiner Grenze zur Umwelt. Für den Fall, daß die Position erhalten bleibt, bleibt auch das jeweilige Kommunikationssystem erhalten (gleiche Position bei gleichen und wechselnden Personen). Die Grenze des Systems ist jedoch dann überschritten, wenn die Position negiert wird, und das gilt auch dann, wenn dieselbe Person wahrgenommen wird. Die Differenz zwischen Person und Position wird hier deutlich: Positionen können erstens von verschiedenen Personen eingenommen werden und bleiben nicht an die Person ein für alle mal gebunden. Oder anders ausgedrückt: für den Fall (Pos · Per) oder (Pos · ¬Per) wird innerhalb des Systems gehandelt. Die Position wird somit zum systemstabilisierenden Faktor und nicht mehr nur die Person. Die Differenz von Person und Position läßt für den Fall (¬Pos · Per) erkennen, daß ein Systemwechsel vollzogen ist.

---

40. vgl. M. WALLER, Soziales Lernen und Interaktionskompetenz, S.182ff.

Gleichzeitig muß jedoch festgestellt werden, daß die Differenzierung zwischen Person und Position noch nicht unter vollständig systemanalytischem Denken vollzogen wird. Die Personen, die den jeweiligen Positionen zugeordnet werden, sind wahrgenommene bzw. bekannte Personen. Das konkret-operationale System ordnet in der Zuordnung von Personen zu Positionen überwiegend geschlossene Klassen einander zu. Die multiplikative Zuordnung von Person und Position zeigt schon Anfänge einer System-Umwelt-Differenzierung.

Die Differenzierung von Position und Person ist eine Analyse: zwei Momente einer Wahrnehmung werden voneinander differenziert. Person und Position können letztlich immer nur zugleich wahrgenommen werden: Positionen ohne Personen als Positionsträger sind nicht wahrnehmbar. Erst in der Reversibilität der analysierten Momente von Person und Position liegt die Möglichkeit der Differenzierung. Gleichzeitig bietet diese Differenzierung die Möglichkeit zur Abstraktion. Auch hier ist wiederum die Reversibilität der Ursprung für die weitere Operation: die analytische Zuordnung von Person und Position in ihrer multiplikativen Zuordnung kann durch Negation eines der zugeordneten Momente zur Abstraktion führen. Die wahrgenommenen Ereignisse werden dann nur noch unter dem Aspekt der Position oder nur unter dem Aspekt der Person betrachtet:

$$(Pos \cdot \neg Per) = Pos$$
$$(\neg Pos \cdot Per) = Per$$

Die Abstraktion durch Negation der Person führt zum systemanalytischen Denken, während die Abstraktion durch Negation der Position zum inter-individuellen Fremdverstehen führt. Die Position selbst kann jedoch im konkret-operationalen System noch nicht systemanalytisch rekonstruiert werden, das das konkrete Denken personenorientiert ist. Das Fremdverstehen kann im konkret-operationalen System demgegenüber schon so weit vollzogen werden, daß der andere als ein Subjekt mit eigenen Zielen etc. verstanden wird. Das heißt, die Differenz zwischen autopoietischen Systemen, d.h. die System-Umwelt-Differenzierung zwischen sozialem System und psychischem System, wird durch die Zuordnung von Person und Position angelegt und kann durch Abstraktion weiter verfolgt werden. Diese Abstraktion kann vom konkret-operationalen System jedoch noch nicht vollzogen werden. Dies ist erst durch die endgültige sozial-kognitive Dezentrierung des formal-operationalen Systems möglich.

Um Kommunikation operational zu konstruieren, müssen mindestens zwei Positionen vorgestellt werden, die zusammen ein Bezugssystem bilden. Hierbei handelt es sich um die additive Zuordnung von mindestens zwei Positionen zu einem Bezugssystem (Bzsys):

$$(Pos_1 + Pos_2) = Bzsys$$

Die Einheit des Bezugssystems wird durch die additive Zuordnung in Form der Klasseninklusion gebildet. Das heißt, das Bezugssystem wird als die Summe seiner Positionen verstanden. Hierbei ergeben sich auch die Folgeoperationen der Klasseninklusion in der Form, daß durch die Negation einer Position auf die andere Position geschlossen werden kann:

$$Pos_1 = (Bzsys - Pos_2)$$

102 Die operationale Bestimmung des systemanalytischen Denkens

$$\text{Pos}_2 = (\text{Bzsys} - \text{Pos}_1)$$

Indem das Bezugssystem die Summe der Positionen bildet, erweisen sich die Positionen als systemnotwendige Positionen. Dies impliziert, daß die Negation einer Position gleichzeitig die Negation des Bezugssystems darstellt und die Negation des Bezugssystems gleichbedeutend ist mit der Negation mindestens einer Position:

$$(\text{Pos}_1 + \text{Pos}_2) \neq \neg \text{Bzsys}$$
$$(\neg \text{Pos}_1 + \text{Pos}_2) \neq \text{Bzsys}$$
$$(\text{Pos}_1 + \neg \text{Pos}_2) \neq \text{Bzsys}$$

Die Reversibilität durch Negation führt in jedem Fall zu einer Differenzierung zwischen System und Umwelt: Nur wenn beide Positionen gelten, so gilt auch das Bezugssystem. Das Bezugssystem wird über die Klasseninklusion der Positionen gebildet. Das bedeutet auch, daß das Bezugssystem noch als eine reifizierte Größe erfaßt wird, die mit den Personen und dem gesamten Kontext identifiziert wird. In dieser Hinsicht ist das konkret-operationale System durch seine Bindung an die wahrnehmbare Realität stärker von vorgegebenen Strukturen abhängig. Die Zuordnung von Positionen und - wie später gezeigt wird - auch die der Rolle wird eher als eine notwendige Verknüpfung von wahrgenommenen Ereignissen verstanden. Das heißt auch, daß das konkret-operationale Denken sozialen Strukturen im höheren Maße ausgeliefert ist als das formale und auch das prä-operationale Denken. Das prä-operationale Denken erkennt durch seine reine Assimilation an das eigene Tun die sozialen Strukturen noch nicht. Es ist noch nicht in der Lage, Kommunikation zu verstehen, da ihm die sozialkognitive Dezentrierung fehlt.

"Wenn es sich so verhält, dann ist wahrscheinlich der soziale Austausch auf der präoperativen Stufe präkooperativer Art, wenn man so sagen darf, das heißt sozial unter dem Gesichtspunkt des Kindes, (sic!) und auf das Kind selbst und seine eigene Tätigkeit zentriert unter dem Gesichtspunkt des Beobachters." [41]

Das gemeinsame Handeln der prä-operationalen Stufe zeigt sich dann nicht als ein eigentliches gemeinsames Tun, sondern ist ein auf sich selbst zentriertes Tun, das innerhalb einer Gruppe von anderen vollzogen wird.

"Schließlich und vor allem gibt es keine Verlierer, sondern alle gewinnen zugleich, denn der Zweck besteht darin, zum Zeitvertreib mit sich selbst zu spielen, dabei aber Impulse von der Gruppe zu bekommen und in einem kollektiven Milieu dabeizusein. Es gibt somit gar keinen Unterschied zwischen dem sozialen Verhalten und der Zentrierung auf das eigene Tun. Es gibt noch keine wirkliche Kooperation, nicht einmal auf der Ebene des Spiels." [42]

Die Konstruktion des Positionsgefüges ist nicht nur damit verbunden, daß Positionen und Personen multiplikativ einander zugeordnet und Positionen durch ihre addi-

---

41. J. PIAGET/ B. INHELDER, Psychologie des Kindes, S.118
42. J. PIAGET/ B. INHELDER, Psychologie des Kindes, S.119

Die konkret-operationale Konstruktion: Die Sozialstruktur 103

tive Zuordnung zu Bezugssystemen emergiert werden, sondern es werden auch Relationen zwischen den Positionen erstellt. Das heißt, das Positionsgefüge definiert sich nicht nur über Klassenoperationen, sondern auch über Relationsoperationen. Diese Relationierung der Positionen unterscheidet sich von der Relationierung der Rollen, die weiter unten näher beschrieben werden. In der Relationierung der Rollen werden Handlungen aufeinander bezogen, so daß bestimmte Handlungsanschlüsse gedacht werden. In der Relationierung von Positionen werden unterschiedliche Standorte der Kommunikation, die mit bestimmten Personen identifiziert werden, aufeinander bezogen. Hierbei wird die Kommunikation als symmetrische oder asymmetrische vorgestellt. Dabei ergibt sich eine Seriation der Position - nicht der Handlungen selbst - im Hinblick auf die Beeinflussungsmöglichkeit und die Macht der jeweiligen Position auf die und in der Kommunikation. Die Positionen des Bezugssystems können mit gleicher oder auch mit unterschiedlicher Macht ausgestattet sein; d.h., sie können symmetrisch oder auch asymmetrisch relationiert werden. Die Reversibilität der Relationierung von Positionen liegt in der Reziprozität der Relationierung von Positionen. Das heißt, wird eine Position als einflußreicher betrachtet, so erhält sie in der Seriation einen größeren, mächtigeren Stellenwert als die nicht so einflußreiche Position. Die Reziprozität besteht dann in der Äquivalenz der Umkehrung dieser asymmetrischen Beziehungen:

$$(Pos_1 < Pos_2) = (Pos_2 > Pos_1)$$

Die Äquivalenz der Reziprozität zwischen zwei asymmetrischen Positionen besagt dann, daß vom Standpunkt der Pos_1 aus die Relation zur Pos_2 äquivalent ist mit der Relation vom Standpunkt Pos_2 zur Pos_1. Die beiden Positionen werden somit als eigenständige Positionen innerhalb der Kommunikation erfaßt, die einander so zugeordnet sind, daß die Relationen zwischen den Positionen von jedem Betrachtungsstandpunkt aus - d.h. von jeder Position aus - äquivalent sind. Die Relationierung der Positionen setzt somit voraus, daß unterschiedliche Standpunkte der Kommunikation - das sind die Positionen - identifiziert werden. Das heißt, die Positionen werden unabhängig vom eigenen Handeln als konstant aufgefaßt und in eine Beziehung der vollständigen Äquivalenz gestellt. Die Emergenz des Bezugssystems bildet sich unter dem Aspekt der Relationierung der Positionen durch die Reziprozität der Positionen: Positionen sind nicht nur notwendige Momente eines additiv gebildeten Bezugssystems, sondern bilden gleichzeitig Standpunkte innerhalb der Kommunikation, von denen aus alle anderen Positionen äquivalent konstruiert werden können. Das Bezugssystem erhält somit auch durch die Äquivalenz der Positionsrelationierung von jeder Position des Bezugssystems aus seine Einheit. Das Bezugssystem wird mit Hilfe der Reziprozität als ein *System* gedacht, indem *alle* Positionen in äquivalenter Weise aufeinander bezogen werden können. Diese Äquivalenz ist nur dann denkbar, wenn die eigene Perspektive so entschränkt wird, daß jede Position mit jeder anderen Position in einer Weise relationiert wird, daß auch aus der von Ego eingenommenen Perspektive Alters das Beziehungsgefüge sich als äquivalent erweist.

Die asymmetrische Relationierung von Positionen kann über die Transitivität weiterhin zu einem System von mehrfachen hierarchischen Strukturen ausgeweitet werden, wobei die eigene Position auch direkt mit jeder anderen Position verbunden werden kann:

104 Die operationale Bestimmung des systemanalytischen Denkens

$(Pos_1 < Pos_2 < Pos_3) =$

1. $(Pos_1 < Pos_3)$ (durch Transitivität)
2. $(Pos_3 > Pos_2 > Pos_1)$ (durch Reziprozität)
3. $(Pos_3 > Pos_1)$ (durch Transitivität)
4. $(Pos_2 > Pos_1)$ und $(Pos_2 < Pos_3)$ (durch Transitivität)

Die Einheit des Bezugssystems kann in der Relationierung der Positionen durch Seriation aufgrund der Reziprozität und der Transitivität konstruiert werden: Jede Position ist mit jeder anderen Position relationiert und bildet somit ein System von Positionen.

Die symmetrische Relationierung beinhaltet dieselben Seriationen, wobei jedoch die direkte mit der reziproken Relation nicht in äquivalenter Beziehung steht, sondern in der Beziehung der Gleichheit:

$$Pos_1 = Pos_2 = Pos_3$$

Die bisherige Kennzeichnung der Erfassung des Positionsgefüges zeigt, daß das konkret-operationale System schon erste systemanalytische Denkprozesse durchführt. Sie sind noch an die konkrete Wahrnehmung gebunden und werden durch die Klassenoperationen der Klasseninklusion und der multiplikativen Zuordnung und die Relationsoperationen der Seriation und der Transitivität konstruiert. Beide Operationen können noch nicht aufeinander bezogen werden, so daß sich eine doppelte Konstruktion des Bezugssystems als additives Bezugssystem einerseits und als systemische Verknüpfung der Positionen über die Transitivität andererseits ergibt. Die additive Verknüpfung hat die Funktion der Feststellung der für das soziale System notwendigen Positionen, und die Seriation kann diese Positionen miteinander in systemisch verknüpfte Beziehungen setzen. Beide Formen der Zuordnung sind jedoch noch nicht miteinander verbunden: Inversion und Reziprozität können sich untereinander noch nicht kompensieren. Das heißt, es bildet sich noch kein einheitliches Bild des sozialen Systems: Die Vorstellungen des sozialen Systems werden durch die beiden nicht untereinander verbundenen Modi der additiven Verknüpfung (Klassenoperationen) und der systemischen Verknüpfung durch Transitivität (Relationsoperationen) gebildet.

Gleichwohl kann das konkret-operationale System mit den ihm möglichen Operationen eine Konstruktion des Positionsgefüges vollziehen. Die Erfassung des Positionsgefüges ist nicht nur das Resultat *einer* sozial-kognitiven Operation, sondern kann nur dadurch geleistet werden, daß *alle* dem konkret-operationalen System möglichen Operationen angewendet werden. Erst die gleichzeitige Ausschöpfung der dem konkret-operationalen System möglichen Operationen zeigt erste systemanalytische Fähigkeiten. Das heißt, die systemische Erfassung ist an die Aktualisierung von Operationssystemen gebunden.

Die Konstruktion des Positionsgefüges ist als ein Moment des systemanalytischen Denkens mit dem Begriff der Perspektivenübernahme nicht hinreichend gekennzeichnet. Der Begriff der Perspektivenübernahme ist sehr schillernd und stellt sich in einer differenzierten Darstellung kognitiver systemanalytischer Fähigkeiten als eine Teilfähigkeit dar, die ebenfalls differenziert betrachtet werden muß. Die Perspektivenübernahme kann im Hinblick auf die Erfassung des Positionsgefüges Positionsübernahme genannt werden. Sie besteht darin, daß unterschiedliche Positionen unterschieden werden können, das heißt, daß eine Perspektivenentschränkung der eigenen Position stattfindet, die mit der sozial-kognitiven Dezentrierung der Positionen einer Interaktionssituation gleichzusetzen ist. Hinzu kommt, daß für das systemanalytische Denken diese Positionsentschränkung nicht nur auf die aktuelle Interaktion bezogen ist, sondern auf Dauer über die aktuelle Interaktion hinaus vollzogen wird: Die identifizierten Positionen sind nicht nur Positionen in der aktuell vollzogenen Kommunikation, sondern treten als dieselben Positionen in späteren Kommunikationen derselben sozialen Systeme wieder auf. Dieses Moment verweist auf die Konstanthaltung der Positionen: Ist diese Fähigkeit einmal entwickelt, so muß für neue Interaktionen dieser Prozeß nicht immer wieder neu konstruiert werden. Für das systemanalytische Denken bedeutet dies, daß diese kognitiven Prozesse aufgrund ihrer Automatisierung ein hohes Maß an Unbewußtheit erlangen. Sind die Positionen des sozialen Systems als Wissensbestandteile im Gedächtnis abgespeichert, können sie wieder abgerufen werden, ohne daß konstruktive kognitive Prozesse, wie z.B. soziale Problemlöseprozesse, vollzogen werden müssen. Anders verhält es sich hier bei der Perspektivenübernahme des interindividuellen Verstehens: aktuelle Zielsetzungen von Alter müssen immer wieder rekonstruiert werden und bedürfen deshalb eines höheren Maßes an Aufmerksamkeit und Bewußtheit. Die Positionen können, wenn sie einmal erkannt und erfaßt sind, dann automatisiert werden; d.h., ihre Identifikation ist nicht mehr an konstruktive Prozesse des Problemlösens gebunden.

Obschon das konkret-operationale System in seiner Gebundenheit an die konkreten Wahrnehmungen das Positionsgefüge noch personengebunden konstruiert, verweist die Positionsübernahme auf eine Form des sozialen Denkens, das soziale Phänomene unabhängig von intraindividuellen Prozessen konstruiert. Das heißt, die Positionen sind Konstanten, die über die konkrete Realisierung von Handlungsvollzügen in der aktuellen Situation hinaus erhalten bleiben. Das soziale System wird als soziales System erst dann erfaßt und in seiner eigenen Dynamik gedacht, wenn es über die aktuelle Situation hinaus Geltung erhält. Positionen bleiben unabhängig von der jeweiligen Person, die diese Positionen realisiert, erhalten. Um dies zu erkennen, müssen Lernprozesse im psychischen System vollzogen werden, die zunächst von der Identifizierung der Person mit der Position ausgehen, um dann zu einer personenunabhängigen Konstruktion der Positionen zu gelangen. Die Verknüpfung von Position und Personen durch das konkret-operationale System stellt somit eine Teilkonstruktion für das spätere vollständige systemanalytische Denken dar. [43] Die Positionsübernahme richtet sich somit auf soziale Strukturen, die vom jeweils konkreten Subjekt unabhängig sind. Das konkret-operationale System kann zwar die überindividuellen Positionen als Regeln des Sozialen konstruieren, doch kann es sie noch nicht unabhängig von den Personen, die diese Regeln konstituieren, konstruieren. In dieser Hinsicht zeigt das konkret-operationale System erste Fähigkeiten des systemanalytischen Denkens, die mit dem gängigen Begriff der Perspektivenübernahme nicht gleichzusetzen sind. Die Positionsübernahme ist nicht das Fremdverstehen Alters, sondern die Konstanthaltung von sozialen Phänomenen unabhängig von der aktuellen Kommunikation und unabhängig von den konkreten Individuen in dieser Kommunikation. Die dem konkret-operationalen System mögliche Positionsübernahme konstruiert zwar nicht intraindivi-

---

43. vgl. Kapitel 2, Teil 3 *Die formal-operationale Konstruktion des sozialen Systems*

duelle Vorgänge der Interaktionsteilnehmer, doch bleiben die Konstanthaltungen von sozialen Phänomenen noch an die Positionsträger gebunden. GEULEN spricht diese Form der Perspektivenübernahme an:

> "Die zweite, zentrale Annahme ist, daß menschliche Subjekte eine mentale Operation vollziehen können, durch die *die zunächst gegebene Wahrnehmung der Situation bzw. die gegebenen Informationen so umstrukturiert werden, daß sie der Perspektive von genau der Position entsprechen, die ein bestimmtes anderes Subjekt einnimmt.* Hier liegt übrigens die dieser Theorie entsprechende Idealisierung vom anderen; sie ist die Perspektive, die ein *beliebiges* Subjekt von *der* Position aus hat, die der *konkret andere* einnimmt." [44]

GEULEN stellt hier die Unabhängigkeit der Position von der Person als Idealisierung dar. Eine weitere Verbindung zwischen der Perspektivenübernahme und der Positionsübernahme stellt GEULEN dadurch her, daß er auch die soziale Perspektive in Abhängigkeit von einem Bezugssystems sieht.

> "Dies läßt sich auch so formulieren, daß die Perspektive, die ein Subjekt von einer partikularen Situation hat, auch von seiner Position in einem *allgemeineren und umfassenderen Bezugssystem,* letztlich in der historisch gegebenen Wirklichkeit selbst, abhängt." [45]

Demgegenüber soll hier festgestellt werden, daß die Positionsübernahme keine Idealisierung ist, sondern eine besondere Typik der Perspektivenübernahme ausmacht. Die Rollenübernahme, die im nächsten Abschnitt dargestellt wird, wird wiederum als eine Typik der Perspektivenübernahme dargestellt werden, in der nicht Positionen des sozialen Geschehens, sondern die sozialen Handlungen und ihre Anschlüsse mit überindividueller Geltung für das jeweilige soziale System konstruiert werden.

Zusammenfassend kann hier festgestellt werden:

Erstens: Die Perspektivenübernahme kann sich auf unterschiedliche Typen von Perspektiven beziehen. *Sie kann unter unterschiedlichen Gesichtspunkten vollzogen werden, die dann auch unterschiedliche soziale Phänomene aufeinander beziehen: die Perspektivenübernahme als Fremdverstehen, d.i. die Konstruktion internaler individueller Prozesse von Alter, die Perspektivenübernahme als Positionenübernahme, d.i. die Konstruktion unterschiedlicher Standorte im kommunikativen Geschehen und deren Zuordnung, und die Perspektivenübernahme als Rollenübernahme, d.i. die Konstruktion systemspezifischer Handlungszusammenhänge.* Die beiden zuletzt genannten Formen der Perspektivenübernahme führen zum systemanalytischen Denken, indem sie soziale Strukturen und Prozesse mit überindividueller Geltung konstruieren. Die erste Form der Perspektivenübernahme als Fremdverstehen ist somit nicht Thema dieser Arbeit. Gleichwohl bleibt festzuhalten, daß das systemanalytische Denken sich auch aus Fremdverstehensprozessen entwickelt. Dies soll im nächsten Abschnitt dargestellt werden.

Die Perspektivenübernahme muß als Erklärungsmuster sozialen Denkens somit differenziert werden. Diese Differenzierung bezieht sich auf die Verschiedenheit der so-

---

44. D. GEULEN, Soziales Handeln und Perspektivenübernahme, S.54
45. D. GEULEN, Soziales Handeln und Perspektivenübernahme, S.55

zialen Phänomene, die durch die Perspektivenübernahme zueinander in Beziehung gesetzt werden: Alter als Individuum, die Position und die Rolle des Bezugssystems.

Zweitens: Die Perspektivenübernahme als Positionsübernahme ist nicht nur *eine* Operation. Sie wird dadurch vollzogen, daß das konkret-operationale System Klassen- und Relationsoperationen im oben genannten Sinne vollzieht. *Die Positionsübernahme erweist sich somit als eine komplexe Operation.* Daraus folgt gleichzeitig, daß sozialkognitive Fähigkeiten nur unzulänglich durch die Benennung der Operation der Perspektivenübernahme beschrieben sind. Es muß festgestellt werden, welche Operationen sich hinter dieser komplexen Operation verbergen. Die Perspektivenübernahme ist eine zentrale, komplexe Operation, die jedoch erst in ihrer Analyse einen Erklärungswert für sozial-operationale Konstruktionsprozesse hat. Die hier in dieser Arbeit vertretene These lautet: *Die Perspektivenübernahme ist keine neue Operation, die zu anderen Operationen als eine sozial-kognitive Operation hinzutritt, sondern sie ist eine Fähigkeit, die sich aus den von PIAGET beschriebenen Operationen des konkret-operationalen und später auch des formal-operationalen Systems zusammensetzt.* Das Neue der Perspektivenübernahme besteht darin, daß die bereits bekannten und ausgebildeten Operationen auf soziale Phänomene angewendet werden.

Drittens: Aufgrund der personengebundenen Konstruktionsweise des konkret-operationalen Systems kann die Konstruktion von Positionen zu einem Positionsgefüge folgendermaßen zusammengefaßt werden: *Erstens werden Positionen durch multiplikative Zuordnungen von Personen zu Positionen gebildet, und zweitens werden diese Positionen durch eine additive Zuordnung zu einer Einheit, dem Bezugssystem verknüpft. Gleichzeitig werden diese Positionen seriiert und durch diese Relationsoperationen und ihre reziproken Operationen ebenfalls zu einer Einheit, einer vernetzten Einheit konstruiert.*

Viertens: Die Konstruktion der Position wird im konkret-operationalen System noch durch personenabhängige und nicht nur durch überindividuelle Merkmale vollzogen. Diese Form der Perspektivenübernahme bezieht sich jedoch schon auf die Wiederholbarkeit ähnlicher Kommunikationen - sei es in einem Spiel oder in einem institutionalisierten System wie Familie oder Schule. Nicht die intraindividuellen Prozesse von Alter stehen hier im Mittelpunkt, sondern das wiederholte Auftreten Alters in der Kommunikation für ähnliche Kommunikationszusammenhänge. Die Konstruktion des Positionsgefüges ist somit eine Form der *Konstantenbildung im sozialen Geschehen, die noch ganz an die Wahrnehmung gebunden ist, durch personale Merkmale unterstützt wird und noch nicht aufgrund von Transformationen im «rein» sozialen Bereich gebildet wird.* Das Bezugssystem ist für das konkret-operationale System somit noch ganz durch die Personen, die in ihm interagieren, geprägt. Die Trennung zwischen Person und Position bildet sich erst durch die Erfahrung aus, daß unterschiedliche Personen gleiche Positionen einnehmen können. Diese Differenz wird dadurch konstruiert, daß den Positionen in ihrer Realisierung im konkreten Handeln ähnliche Merkmale zugesprochen werden, die von unterschiedlichen Personen in der Einnahme der Positionen immer oder in der Regel realisiert werden. Die Differenzierung zwischen Person und Position ist somit letztlich nur über das Rollenhandeln der jeweiligen Interaktionsteilnehmer zu erfahren: durch die Differenz der Personen bei gleichbleibendem Rollenhandeln, das mit einer bestimmten Position verknüpft ist. Die Identifikation von Positionen und deren Zuordnung zu Bezugssystemen ist demnach zunächst an die Wahrnehmung von Personen gebunden, deren Standpunkte in der Interaktion als eigenständige betrachtet und auf Dauer gestellt werden. *Das Positionsgefüge und das Bezugssystem werden somit zunächst nicht durch eine dem sozialen System eigene Logik konstruiert, sondern insbesondere aufgrund der Interpenetration des organischen und des psychischen Systems mit dem sozialen System.* In dieser Hinsicht ist die konkret-operationale Konstruktion des Bezugssystems und des Positionsgefüges noch keine «rein» sozial-kognitive Konstruktion: das organische System und das psychische System sind wichtige und auch ausschlaggebende Indizien für die Konstruktion der Positionen. Mit anderen Worten: Die Konstruktion des Bezugssystems ist letztlich auf formale Operationen angewiesen. In einer Vorstufe dieser formalen Operationen kann das Bezugssystem jedoch schon in Form von multiplikativen, additiven und seriellen Zuordnungen so konstruiert werden, daß sich die Einheit und auch die Vernetztheit eines sozialen Systems konstruieren läßt.

2.2 Die Konstruktion des Rollengefüges

Mit der Konstruktion des Positionsgefüges hat das konkret-operationale System Standorte innerhalb eines sozialen Systems erfaßt und aufeinander bezogen. Die Konstanthaltung von Positionen, die auch eine erste Konstruktion einer sozialsystemischen Einheit ist, stellt die Konstruktion der Grundstruktur des Interaktionsgefüges dar. Das Rollengefüge bezieht sich auf den Prozeß innerhalb dieser Struktur. Das heißt, in seiner Konstruktion werden Handlungen aufeinander bezogen, die in ihrer Handlungstypik und ihrer Anschlußtypik als systemspezifische Handlungen erfaßt werden.

2.2.1 Die Konstruktion von Handlungsstrukturen

Bevor auf die Operationen der Konstruktion des Rollengefüges eingegangen wird, sollen hier zwei verschiedene Formen der Strukturierung von Handlungszusammenhängen aufgezeigt werden. Im Anschluß daran werden diese beiden Formen der Strukturierung auf die Konstruktion des Rollengefüges angewendet.

Soziale Handlungen werden durch Assimilationsschemata konstruiert. Es sind dies in erster Linie Schemata in der Gestalt von Verhaltenserwartungen. Die Konstruktion des sozialen Systems als eines Handlungszusammenhangs bezieht sich demnach auf die Konstruktion systemspezifischer Verhaltens- bzw. Handlungserwartungen und deren Bezug zueinander. Das heißt, Handlungszusammenhänge werden in erster Linie über Handlungserwartungen und Handlungsanschlüsse konstruiert. Diese Schemata werden in ihrer wiederholten Bestätigung durch die wahrgenommene Realität stabilisiert. So geht WALLER davon aus, daß die wiederholte Bestätigung von Erwartungsstrukturen zu ihrer Stabilisierung führt:

"Geht man von den angenommenen Funktionen und den damit verbundenen Effekten des Beobachtungslernens aus, läßt sich die Ausbildung von Verhaltenserwartungen abschließend als progressiver Lernprozeß beschreiben. An dessen Beginn steht zunächst der durch Beobachtung interpersonalen Verhaltens vermittelte Erwerb resudaler Verhaltensschemata, in denen die Kontingenzmuster kognitiv erfaßter interaktionaler Kontingenzen rudimentär repräsentiert sind. Durch wiederholte Beobachtung derselben interaktionalen Kontingenzen werden diese Muster in einer ersten Stabilisierungsphase zu antizipatorischen Verhaltensschemata transformiert und sind als solche in Form von Verhaltenserwartungen aktualisierbar." [46]

Handlungen werden verstanden, indem sie einem kognitiven Schema zugeordnet werden können. Der Aufbau dieser Handlungsschemata orientiert sich an Ähnlichkeiten zwischen wahrgenommenen Handlungen, denen durch ihre Ähnlichkeit auch eine ähnliche oder gleiche Bedeutung zugesprochen wird. Diese Ähnlichkeiten können unter zumindest zwei verschiedenen Aspekten gebildet werden: die Ähnlichkeit im Vollzug der Handlung, d.h. eine gewisse Form der Ritualisierung von Handlungen, und die Ähnlichkeit über abstrahierte Kriterien, wie z.b. das Ziel der Handlung oder die Mittel der Handlung.

Die erste Form der Schemabildung entspricht der Schematisierung über Skripts: Handlungen und deren Verlauf werden so gespeichert, daß sie möglichst vollständig abgebildet werden. Für das kommunikative Geschehen finden sich solche Skripts insbesondere in ritualisierter Kommunikation; so z.B. bei Begrüßungen oder bestimmten Handlungsabläufen zu bestimmten Begebenheiten: das Zubettgehen, der Beginn einer Unterrichtsstunde, Prüfungssituationen etc.

Diese Skripts speichern die wahrgenommenen Handlungen als Ganzes, jedoch nicht mit jedem Merkmal, sondern als ein Schema. Die Vollständigkeit ist ein nie einzulösendes Moment, da Wahrnehmung und Verarbeitung von Information immer selektiv ist. Doch ist festzuhalten, daß die Speicherung von ritualisierten Handlungen kein spezifisches Kriterium der Abstraktion für die Schemabildung kennt. Das psychische System versucht, die Handlungen möglichst genau zu speichern, und wählt aus diesem Grunde kein Selektionskriterium für die Wahrnehmung. Der Sinn solcher Speicherung liegt darin, daß ritualisierte Handlungen nur dann «richtig» vollzogen werden können, wenn alle Momente des Rituals auch auftreten. Werden Momente des Rituals vernachlässigt, bekommt die Handlung eine andere Bedeutung. Dies kann besonders gut an institutionalisierten Ritualen verdeutlicht werden. So ist z.B. die Taufe eines Kindes erst dann gültig vollzogen, wenn die Worte: "Hiermit taufe ich dich auf den Namen X" gefallen sind. Andere Formulierungen, die zwar dieselbe Intention verfolgen, können die Handlung der Taufe jedoch nicht vollziehen; so z.B. die Worte: "Du sollst X heißen. Darum taufe ich dich jetzt." Gleiches gilt für institutionalisierte Rituale wie z.B. den Schwur: Die Handlung des Schwörens wird rechtskräftig, indem eine bestimmte Formel gesprochen wird.

Das Schema, das eine solche Handlung erfaßt, versucht, die jeweilige Handlung möglichst genau in ihrem konkreten Vollzug zu erfassen. Sie ist demnach nicht durch Abstraktionsprozesse des kognitiven Systems gekennzeichnet, sondern durch die Speicherung von möglichst vollständigen Informationen zu einer Handlung. Die Schemabildung ist somit durch die Addition der Handlungsmomente gekennzeichnet: das Schema (Hsch) setzt sich aus der Summe der Handlungsmomente (Hm) zusammen:

$$Hsch = (Hm_1 + Hm_2 + Hm_3)$$

Die Schematisierung durch Skripts kann schon sehr früh, auch auf der prä-operationalen Stufe vollzogen werden. So berichten AUWÄRTER und KIRSCH von 4jährigen Kindern:

---

46. M. WALLER, Soziales Lernen und Interaktionskompetenz, S.107

"Das Handeln der Kinder in dieser Phase beruht auf ihrem gewachsenen Wissen darüber, wie bestimmte soziale Ereignisse ablaufen, wie sich spezifische Personen und Rolleninhaber verhalten, wie soziale Situationen aufgebaut sind. Diese Vorstellungen sind primär in Form von Skriptwissen organisiert, wobei als »Skript« die konzeptuelle Repräsentation einer erwartbaren Abfolge von angemessenen Ereignissen in einer spezifischen sozialen Situation verstanden wird (...)." [47]

Wird das Skript als konkret-operationales Denken konstruiert, so werden die Handlungsereignisse als Bewußtseinsgegenstände additiv verknüpft. Dies meint das Summieren von wahrgenommenen Handlungsereignissen. Ein solches Handlungsschema wird über die Operation der additiven Klasseninklusion gebildet. Deshalb gilt hier: Die Negation eines Handlungsmomentes entspricht der Negation des Schemas. Das heißt, alle Handlungsmomente sind notwendige Momente des Schemas. Ihre Negation verweist auf andere Handlungsschemata.

Die Bildung solcher Schemata ist an die Wiederholung der Handlungen gebunden. Die wiederholte Wahrnehmung einer solchen Handlung konstruiert sie zu einem Schema.

Eine zweite Form der Ausbildung von Handlungsschemata wird durch Abstraktionsprozesse geleistet. Hierbei wird von der Komplexität der konkreten Handlung abgesehen, und bestimmte Momente der Handlung werden als ihre kritischen Momente konstruiert. Das heißt, eine solche Schemabildung ist mit der Analyse kritischer Handlungsmomente, die von nicht-kritischen Merkmalen unterschieden werden, verbunden. Erst hier liegt analytisches Denken vor: Momente einer Handlung werden hierbei unterschieden, indem sie als kritische Momente und nicht-kritische Momente differenziert werden, obschon beide Momente in der konkreten Handlung immer vorhanden sind. Eine solche Analyse entspricht der multiplikativen Zuordnung von kritischen und nicht-kritischen Momenten zu einer Handlung (H):

$$H = [(+Hm_1) \cdot (+Hm_2) \cdot (+Hm_3) \cdot \ldots \cdot (Hm_n) \cdot (-Hm_1) \cdot (-Hm_2) \cdot (-Hm_3) \cdot \ldots \cdot (Hm_n)]$$

Die Differenzierung zwischen positiven und negativen kritischen Merkmalen einer Handlung entspricht somit derselben Operation. GRZESIK stellt im Rahmen des Begriffslernens hierzu fest:

"Die Feststellung eines geeigneten Merkmals (Position) und die Feststellung eines ungeeigneten (Negation) sind nur zwei Aspekte derselben unterscheidenden Operation." [48]

Gleichwohl ist festzuhalten, daß die Negationen nur in Zweifelsfällen bewußt vollzogen werden müssen. Für eine erste Analyse der Handlungen in ihre Handlungsmomente genügt die möglichst vollständige Konstruktion der Positionen.

Diese Positionen bedürfen eines Kriteriums, um als positive kritische Merkmale einer Handlung gelten zu können. Ein und dieselbe Handlung kann durch unterschiedli-

---

47. M. AUWÄRTER/ E. KIRSCH, Zur Ontogenese der sozialen Interaktion, S.194
48. J. GRZESIK, Begriffe lernen und lehren, S.57

che Schemata erfaßt werden. So kann z.b. das Hochheben eines Armes unter das Schema einer gymnastischen Übung gefaßt werden (beim Sport), oder es kann als der Wunsch interpretiert werden, sich zu Wort zu melden (so z.b. im Unterricht), oder es kann auch mit der Bedeutung versehen werden, daß ein Votum abgegeben wird (so z.B. im Parlament). Diese drei unterschiedlichen Schemata in und derselben Handlung verweisen auf unterschiedliche Kriterien, unter denen die Handlung betrachtet werden kann. Handlungen erlangen ihre Bedeutung durch eine Betrachtungsperspektive und tragen die Bedeutung nicht in sich. Auch hierzu stellt GRZESIK im Rahmen des Begriffslernens fest:

"Zwingend gehört zur multiplen Diskrimination ein Unterscheidungsgrund, durch den die Differenzierung zwischen relevanten und irrelevanten Merkmalen geleistet werden kann, weil die Sachverhalte keineswegs von Natur aus diese beiden Gruppen von Merkmalen besitzen. Es tritt deshalb in allen Untersuchungen für die Auslösung dieser Operation *eine Aufgabe, eine Instruktion, ein Gesichtspunkt, kurz: ein Kriterium* auf."[49]

Für die multiple Zuordnung von Handlungsmomenten zu einer Handlung kann das Ziel der Handlung als Kriterium der Abstraktion gelten. Damit ist gemeint, daß diejenigen Momente einer Handlung als kritische Momente betrachtet werden, die dem Ziel der Handlung (Hz) entsprechen.

$$Hz = [(+Hm_1) \cdot (+Hm_2) \cdot (+Hm_3) \cdot \ldots \cdot (+Hm_n)]$$

Die multiplikative Zuordnung von kritischen und nicht-kritischen Handlungsmomenten zu einer Handlung erfährt unter dem Kriterium der multiplikativen Zuordnung von kritischen Handlungsmomenten zu einem Handlungsziel eine Abstraktion. Diese Abstraktion besteht darin, daß von den nicht-kritischen Momenten abgesehen wird und nur die kritischen Momente ausschlaggebend werden. Die Abstraktion stellt somit eine Operation dar, die aus der Vielzahl der Handlungsmomente auswählt, indem sie einige Handlungsmomente im Hinblick auf das Handlungsziel negiert. Die Abstraktion ist somit eine kriteriumsorientierte Negation von Handlungsmomenten.

Das Abstraktionskriterium der Handlungsintention kann schon recht früh verstanden werden. Es entwickelt sich aus der Differenzierung zwischen den wahrgenommenen Handlungen einerseits und dem dieser Handlung zugrundeliegenden Ziel andererseits. Eine solche Differenzierung erfährt im Laufe der kognitiven Entwicklung einige Modulationen, auf die hier nicht genau eingegangen werden soll. Es bleibt festzuhalten, daß es sehr unterschiedliche Qualitäten dieser Differenzierung gibt: ein frühes Stadium des konkreten Denkens geht davon aus, daß sich in den wahrnehmbaren Handlungen die Intentionen von Alter zeigen. Das heißt, internale Prozesse werden zwar schon als internale Prozesse verstanden, doch wird noch davon ausgegangen, daß sie sich immer in der konkret wahrnehmbaren Handlung offenbaren.

"Ein zweiter, damit zusammenhängender Aspekt der Konzepte des Selbstbewußtseins auf Niveau 1 besteht darin, daß zwar nun innere Haltungen (Absichten) und ihre äußeren Erscheinungen (Handlungen) als getrennt wahrgenommen werden können, daß aber Kinder auf diesem Verständnisniveau offenbar immer noch glauben, im manifesten Handeln verrate sich schließlich doch die innere Einstellung - das heißt, wenn man den

---

49. J. GRZESIK, Begriffe lernen und lehren, S.58

Anderen nur sorgfältig genug von außen beobachte, dann könne man schon erraten, was er innerlich fühlt."[50]

Mit dieser Form der Differenzierung zwischen Zielen und Handlungen ist das erste Stadium des konkreten Denkens gemeint: Es kann schon internale Vorgänge von externalen Prozessen differenzieren, doch kann es in seinem Konstruktionsprozeß sich noch nicht von der wahrgenommenen Realität lösen. Die formal-operationale Differenzierung zwischen Zielen und Handlungen besteht demgegenüber darin, daß Theorien über internale Prozesse von Ego und Alter konstruiert werden.

"Zweitens entwickelt sich ein natürliches Wissen (auf Niveau 4, A.H.) von der Existenz unbewußter *Prozesse*; das Kind bildet sich seine eigene Theorie psychischer Phänomene, wie der Bewältigung (coping) und der Abwehr, als autonome Prozesse."[51]

Die Entwicklung dieser Konstruktionsprozesse internaler Prozesse soll hier nicht weiter verfolgt werden. Sie würde zu einer Rekonstruktion der Entwicklung des Fremdverstehens führen, das für den vorliegenden Zusammenhang nicht von ausschlaggebender Bedeutung ist. Es sollte lediglich aufgezeigt werden, daß das konkret-operationale System schon in der Lage ist, zwischen Zielen und Handlungen zu unterscheiden, so daß hier die These vertreten werden kann, daß auch das konkret-operationale System Handlungsschemata über Abstraktionen bilden kann, die mit Hilfe des Zielkriteriums vollzogen werden.

Eine solche Bildung von Handlungsschemata besagt, daß die Handlungen aufgrund ihrer Bedeutung identifiziert werden. Das heißt, die kognitiven Schemata beziehen sich auf Handlungsbedeutungen, denen konkret wahrgenommene Handlungen subsumiert werden.

Diese beiden Formen der Bildung von Handlungsschemata werden für die nachfolgende Darstellung der Konstruktion des Sozialen im konkret-operationalen System von grundlegender Bedeutung. Es wird hier nicht unterstellt, daß dies die einzigen Formen sind, in denen sich Handlungsschemata bilden. Es wird lediglich behauptet, daß das konkret-operationale System prinzipiell zwei Formen der Schemabildung kennt: Einmal die Bildung von Handlungsschemata in Form von typischen Handlungsabfolgen, wie sie insbesondere bei ritualisierten Handlungen vorkommen, und zweitens in Form von typischen Abfolgen von Handlungsbedeutungen. Erst für die zweite Form müssen grundlegende im konkret-operationalen System neu erworbene Operationen eingesetzt werden. In der ersten Form der Schemabildung werden Handlungen möglichst genau wiederholt. Dies ist schon vor der Stufe des konkreten Denkens möglich. PIAGET betont diesen Sachverhalt durch die Tatsache, daß das Lernen von Regeln in der egozentrischen prä-operationalen Stufe allein aufgrund der Nachahmung geschieht.[52] Die Einhaltung von Regeln kann demnach schon durch das prä-operationale Kind vollzogen werden: Es ahmt vorgegebene Regeln nach und versteht diese Regeln als heilig und unantastbar.

---

50. R.L. SELMAN, Entwicklung des sozialen Verstehens, S.105
51. R.L. SELMAN, Entwicklung des sozialen Verstehens, S.115
52. vgl. J. PIAGET, Das moralische Urteil beim Kinde, S.79f.

"Indem das Kind die von den größeren angewendeten Regeln nachahmt, hat es den Eindruck, sich einem von seinen Eltern selbst stammenden, infolgedessen unabänderlichen Gesetz zu unterwerfen." [53]

Gleichzeitig betont PIAGET, daß schon die senso-motorische Intelligenz die Ritualisierung kennt.

"Nicht nur setzt sich jedes Verhalten, das eine Anpassung darstellt, nachdem es einmal aus dem Zusammenhang von Anstrengung und Intelligenz getreten ist, in einem Ritual fort, das um seiner selbst willen bewahrt wird, sondern häufig erfindet das Baby auch solche Riten zu seinem eigenen Vergnügen, woraus sich die ursprünglichen Reaktionen jüngerer Kinder angesichts der Murmeln ergeben." [54]

Auch in anderen Untersuchungen finden sich Hinweise darauf, daß das prä-operationale Kind bereits Handlungsschemata bildet, die dadurch geprägt sind, daß sie konkrete Handlungen aneinanderreihen und zusammen einen bestimmten Handlungsablauf bilden. [55]

Gleichwohl muß hier jedoch festgestellt werden, daß es einen grundlegenden Unterschied zwischen der bewußt als additive Klasseninklusion verstandenen Skriptbildung und dem Regelbewußtsein des prä-operationalen Kindes gibt. Erst auf der Stufe des konkreten Denkens können die Merkmale eines Skripts zu Klassen zusammengefaßt werden, die wiederum eine bewußte Differenzierung zwischen einem Schema und einem anderen Schema zulassen. Dies bedeutet, daß die Ritualisierung und die Skriptbildung zwar schon auf der prä-operationalen Stufe vollzogen wird, jedoch erst auf der operationalen Stufe in Form von Klassierungen und Klasseninklusionen konstruiert werden kann.

Die zweite Form der Schemabildung wird in der Literatur zur Perspektivenübernahme beschrieben. Sie geht einher mit der Differenzierung zwischen der Handlung einerseits und den internalen Prozessen andererseits. Dies bedeutet, daß das konkret-operationale System in der Lage ist, zwischen äußerlichen Handlungen und internalen psychischen Vorgängen zu differenzieren, und beides in Bezug zueinander setzt. Dies wird z.B. in dem oben dargestellten Zitat von WALLER deutlich und kann in fast allen Veröffentlichungen zur Perspektivenübernahme gefunden werden. [56] Dabei werden die mit den Handlungen verbundenen Intentionen und Motive der Interaktionsteilnehmer rekonstruiert und in Form der Perspektivenkoordination aufeinander bezogen.

---

53. J. PIAGET, Das moralische Urteil beim Kinde, S.79
54. J. PIAGET, Das moralische Urteil beim Kinde, S.66
55. vgl. das weiter oben aufgeführte Zitat von M. AUWÄRTER/ E. KRISCH, Zur Ontogenese der sozialen Interaktion S.194
56. vgl. exemplarisch: R. DeVRIES, Die Entwicklung der Perspektivenübernahme am Verhalten von überdurchschnittlich intelligenten, durchschnittlichen und retardierten Kindern bei einem sozialen Rate-Spiel; W. EDELSTEIN/ J. HABERMAS, Soziale Interaktion und soziales Verstehen; J. FLAVELL/ P.T. BOTKIN/ C.L. FREY/ J.W. WRIGHT/ P.E. JARVIS, Rollenübernahme und Kommunikation bei Kindern; J. FLAVELL, The development of inferences about others; J. FLAVELL, Cognitive development; M. FEFFER/ L. SUCHOTLIFF, Decentering implications of social interaktion; D. GEULEN, Perspektivenübernahme und soziales Handeln; M. KELLER, Kognitive Entwicklung und soziale Kompetenz; R.L. SELMAN, Die Entwicklung des sozialen Verstehens

114 *Die operationale Bestimmung des systemanalytischen Denkens*

Dies ist eine Form der Schemabildung, die erst auf der Stufe des konkreten Operierens vollzogen werden kann.

Beide Formen der Schemabildung sind für die Konstruktion des Sozialen durch das konkret-operationale System von zentraler Bedeutung. Die Differenz zwischen beiden Formen der Schemabildung liegt darin, daß im ersten Fall das gesamte Handeln mit seinen Merkmalen wichtig wird, während im zweiten Fall das Handeln im Hinblick auf seine Bedeutung konstruiert wird. GEULEN unterscheidet - hier im Hinblick auf die Perspektivenübernahme - ebenfalls zwischen der Orientierung am «overten Verhalten» einerseits und der Handlungsorientierung andererseits:

"Die Analyse zeigt zunächst, daß wir uns nicht nur oder nur hauptsächlich am overten Verhalten des anderen orientieren, sondern schon an seinem geplanten Verhalten, allgemeiner *an seiner Handlungsorientierung."* [57]

Das overte Verhalten bildet dabei das konkrete Handeln, das durch Handlungsskripts konstruiert wird, während die Handlungsorientierung die intrapsychische Motivation bzw. Zielsetzung der Handlungen ist, die in der Konstruktion der Handlungsbedeutung erfaßt werden kann. Dabei soll hier nicht festgestellt werden, wie Skripts operational gebildet werden oder wie der Prozeß der Perspektivenübernahme und der Perspektivenkoordination genauer beschrieben werden kann. Hier soll lediglich festgestellt werden, wie strukturelle Momente des sozialen Systems durch diese Operationen einander zugeordnet werden. Das heißt, es soll festgestellt werden, wie der Kommunikationszusammenhangs aufgrund der Zuordnung von typischen sozialen Strukturmomenten durch das konkret-operationale System konstruiert wird. Das konkret-operationale System strukturiert in seiner Konstruktion des Sozialen soziale Handlungszusammenhänge. Dabei werden im folgenden die beiden Formen der Handlungsschemata noch eine wichtige Rolle spielen.

2.2.2 Die Konstruktion des Rollengefüges als Strukturierung von Handlungszusammenhängen

Auch in der Konstruktion des Rollengefüges - wie bei der Erfassung des Positionsgefüges - geht es nicht nur um das Verstehen von aktuellen und individuellen Handlungen und deren Koordination, sondern auch um das Konstanthalten dieser Handlungen auf Dauer. Deshalb kann auch hier analog zur Konstruktion der Positionen formuliert werden, daß Rollen dann konstruiert werden können, wenn unterschiedliche Personen unter gleichen Handlungstypiken handeln. Auch hier ist demnach eine Differenz zwischen Rolle (Ro) und Person (Per) als eine multiplikative Zuordnung gegeben:

$$Ro \cdot Per$$

Für die Erfassung des Rollengefüges müssen typische Handlungen und deren Anschlüsse identifiziert werden, die über die aktuelle Situation hinaus als spezifisch für das soziale System verstanden werden.

---

57. D. GEULEN, Soziales Handeln und Perspektivenübernahme, S.48

Die konkret-operationale Konstruktion: Die Sozialstruktur 115

Die Verbindung zwischen den Rollenhandlungen und den Positionen liegt darin, daß bestimmte Handlungstypiken mit den Positionen verknüpft werden. Das heißt, *zunächst muß gewährleistet werden, daß das operationale System Handlungen schematisiert und identifiziert, um sie dann als typische Handlungen an eine Position zu knüpfen.* Die Schematisierung von Handlungen wurde bereits oben in eine Schematisierung durch Skripts und durch Bedeutungsanschlüsse differenziert.

Die Abfolge von Skripts oder Handlungsbedeutungen beschreibt die Anschlußrationalität der Handlungen. Für die Konstruktion der Anschlußrationalität mit Hilfe von Skripts müssen konkrete Handlungen mit unterschiedlichen Positionen der Interaktion verbunden werden. Erst wenn Handlungen bestimmten Positionen zugesprochen werden können, treten sie als soziale Handlungen in einem Interaktionsgefüge auf.

$$(Pos_1 \cdot Handlg_1) + (Pos_2 \cdot Handlg_2) + \ldots + (Pos_n \cdot Handlg_n)$$

Der operationalen Konstruktion sozialer Skripts liegt die Perspektivenübernahme zugrunde, indem bestimmte Handlungen mit bestimmten Positionen verknüpft werden. Gleiches gilt für die operationale Konstruktion der Anschlußrationalität über Bedeutungsanschlüsse. Auch ihr liegt die Perspektivenübernahme im Sinne der Rollenübernahme zugrunde: Handlungen von Ego und Handlungen von Alter werden in einem ersten Schritt nach ihren Bedeutungen identifiziert und koordiniert. In einem zweiten Schritt müssen diese Bedeutungen, um als überindividuelle und übersituative Rollen konstruiert zu werden, überindividuell generalisiert und auf Dauer gestellt werden. Das heißt, Rollenhandeln als eine Erfüllung von Handlungsbedeutungen durch Ego und Alter entspricht nicht nur einer Identifizierung von kommunikativen Handlungsbedeutungen im aktuellen Interaktionszusammenhang, sondern auch diese Handlungsbedeutungen müssen wiederholt auftreten und die Kommunikation des sozialen Systems auf Dauer ausmachen. Dies impliziert, daß bestimmte Handlungsbedeutungen multiplikativ mit bestimmten Positionen der Interaktion verknüpft werden: Erst eine solche Verknüpfung ermöglicht es, daß bestimmte Handlungsbedeutungen (Hb) auf Dauer durch bestimmte Interaktionsteilnehmer bzw. Träger von Positionen in einem sozialen System realisiert werden.

$$(Pos_1 \cdot Hb_1) + (Pos_2 \cdot Hb_2) + \ldots + (Pos_n \cdot Hb_n)$$

Das soziale System wird hier als eine Einheit konstruiert, in der die additive Verknüpfung von Positionen durch eine zusätzliche multiplikative Verknüpfung von Handlungsbedeutungen zu den Positionen erweitert wird. Das Bezugssystem setzt sich nun aus bestimmten Handlungsbedeutungen, die wechselseitig von den Rolleninhabern realisiert werden, zusammen. Das Bezugssystem wird zu einem Handlungssystem. Analog zum Positionsgefüge kann das Rollengefüge als das Handlungssystem (Hs) folgendermaßen dargestellt werden:

$$Hs = (Hb_1 + Hb_2 + Hb_3 + \ldots + Hb_n)$$

Diese additive Verknüpfung von Handlungen zu einem Handlungssystem zeigt - analog zum Positionsgefüge - die einzelnen Handlungsbedeutungen als notwendige Momente des Handlungssystems: Wird eine Handlungsbedeutung durch Inversion negiert, so wird auch das Handlungssystem negiert. Gleichwohl muß hier im Hinblick auf das Handlungssystem eine Differenzierung eingeführt werden. Das Positionsgefüge als Bezugssystem wird dann negiert, wenn eine Position negiert wird. Bei der additiven Zuordnung von Handlungsschemata zu einem Handlungssystem können mehrere Handlungsbedeutungen mit einer Position verknüpft werden, die für unterschiedliche Situationen des Handelns als Optionen fungieren. Daraus ergibt sich eine weitere multiplikative Zuordnung zwischen einer Position und mehreren Handlungsschemata. In bezug auf die Position des Schülers kann das z.B. bedeuten, daß die Handlungsschemata «Aufgaben bearbeiten», «Fragen beantworten», «Fragen stellen» etc. gleichermaßen mit dieser Position verknüpft werden können.

$$Pos \cdot (Hb_1 \cdot Hb_2 \cdot Hb_3 \cdot \ldots \cdot Hb_n)$$

Die Bedingung für die Aufrechterhaltung des Handlungssystems besteht darin, daß mindestens eine Handlung der in Klammern dargestellten Handlungsbedeutungen realisiert wird. Im logischen Sinne heißt das, daß alle Kombinationen aus Negation und Position der in Klammern dargestellten Handlungsbedeutungen gelten, außer der vollständigen Negation aller Handlungsbedeutungen. Die mehrfache Zuordnung von unterschiedlichen Handlungen zu einer Position verweist schon im konkret-operationalen System auf die später im formalen System vollständig vollzogene funktionale Analyse. Sie besteht in der multiplen Zuordnung des konkret-operationalen Systems darin, daß mehrere Handlungsschemata für die Realisation einer Position als gültig angesehen werden. Das heißt, die in Klammern dargestellten Handlungsschemata eröffnen einen Suchraum für die Wahl von Handlungsmöglichkeiten, die eine Rollenhandlung in Bezug auf die jeweilige Position zuläßt. Schon hier wird deutlich, daß Rollen nicht als eine Normierung des Handelns im Hinblick auf die Angemessenheit *einer* Handlung konstruiert werden, sondern daß Rollen im Rahmen von Handlungsbedeutungen konstruiert werden, die immer auch Handlungsspielräume und Handlungsalternativen eröffnen: erstens im Hinblick darauf, daß unterschiedliche Handlungsschemata als adäquat angesehen werden, und zweitens im Hinblick darauf, in welcher individuellen Form die Handlungsschemata aktuell realisiert werden. Diese multiple Zuordnung von Handlungsbedeutungen zu Positionen ist einerseits ein Vorläufer der funktionalen Analyse und zeigt andererseits, daß Rollen nicht nur detaillierte Handlungsvorgaben sind,[58] sondern immer auch mehrere Möglichkeiten der Realisation zulassen.[59]

Gleichzeitig muß darauf hingewiesen werden, daß die oben dargestellte Operation zur Konstruktion des Handlungssystems ohne die Zuordnungen zu Positionen immer unvollständig bleibt. Erst die Verknüpfung von Handlungsbedeutungen mit Positionen stellt das Handeln in ein System von Interaktionen. Ohne diese Verknüpfungen könnte es sich auch als eine Handlungsabfolge erweisen, in der nicht kommuniziert wird, sondern in der «einsam» zur Verrichtung einer bestimmten Tätigkeit bestimmte Handlungsabfolgen gewählt werden. Dies sind typische Handlungsabfolgen, die für eine bestimmte Arbeit, wie z.B. das Bauen eines Vogelkäfigs, das Basteln an einem Modellbausatz oder das Kochen nach bestimmten Rezepten, gefordert sind. Zur Konstruktion des Sozialen ist demnach von elementarer Bedeutung, daß Handlungsabfolgen nicht nur zeitlich als eine Abfolge betrachtet werden, sondern einzelne Hand-

---

58. vgl. R. DAHRENDORF, Homo Sociologicus
59. vgl. P. BAHRDT, Zur Frage des Menschenbildes in der Soziologie

lungsbedeutungen systemspezifischen Perspektiven, d.h. Positionen, zugeordnet werden. Die Konstruktion der Struktur eines kommunikativen Handlungszusammenhangs wird erst dann möglich, wenn bestimmte Erwartungen an bestimmte Positionen des Systems geknüpft werden.

Die Verknüpfung mit Positionen stellt die Handlungsbedeutungen in einen kommunikativen Prozeß, der durch eine bestimmte Handlungsabfolge auf Dauer geprägt ist. Erst durch die Konstanthaltung bestimmter Handlungsbedeutungen, verknüpft mit bestimmten Positionen, wird das soziale System als ein überindividuelles soziales System konstruiert. Auch hier gilt wiederum - analog zum Positionsgefüge -, daß es nicht nur darauf ankommt, die aktuellen Intentionen von Alter und Ego zu erfassen, sondern diese Handlungsbedeutungen als auf Dauer gestellt und überindividuell zu verstehen. Erst so können sich auf Dauer Erwartungen und Erwartungs-Erwartungen bilden, die die Rollenübernahme ausmachen: Die Rollenübernahme zeichnet sich dadurch aus, daß erstens die Handlungsschemata von Alter und Ego identifiziert werden - daß also eine Perspektivenübernahme stattfindet -, und daß zweitens diese Perspektive nicht mehr als individuelle, sondern als überindividuelle und auf Dauer gestellte Perspektive des Systems konstruiert wird. Rollen und Positionen konstituieren sich erstens durch die Wiederholbarkeit der jeweiligen Perspektiven und zweitens dadurch, daß diese Perspektiven unabhängig von der jeweiligen Person im System konstruiert werden. Rollen und Positionen sind Perspektiven des Systems und nicht individuelle, personale Perspektiven. Da das konkret-operationale System die Rollen und Positionen noch nicht aufgrund einer vollständigen Systemanalyse konstruiert, bleibt es auf die Strukturierung der wahrgenommenen Handlungszusammenhänge angewiesen.

Aus diesem Grunde ist letztlich auch die Konstruktion von Rollen und Positionen für das konkret-operationale System dann leichter zu vollziehen, wenn innerhalb der Interaktion unterschiedliche Personen dieselben Systemperspektiven - Rollen und Positionen - innehaben, so wie dies z.B. in der Schule der Fall ist. Dagegen fällt eine Rollenkonstruktion in Systemen schwer, wo ein solcher Wechsel nicht stattfindet, wie z.B. in der Familie: Die Perspektiven bleiben letztlich an einzelne Personen gebunden. [60]

In der Rollenübernahme weiß Alter, welche Handlungsbedeutungen für Ego «in der Regel» auftreten, und Ego weiß, welche Handlungsbedeutungen «in der Regel» für Alter auftreten. Diese Fixierung von Handlungsbedeutungen ist insbesondere in institutionalisierten Systemen vorzufinden. Die Erwartungen, die durch diese Fixierungen aufgestellt werden, gehen zum Teil sogar so weit, daß diese Handlungserwartung unabhängig vom konkreten Handeln Alters unterstellt wird und das Handeln im Hinblick auf diese Erwartung bzw. auf dieses Handlungsschema hin interpretiert wird. So kann z.B. das Handeln des Lehrers zu Beginn der Unterrichtsstunde sehr unterschiedlich aussehen: Er kann einen Text vorlegen, ein Tonband abspielen, zur Wiederholung auffordern, Fragen stellen oder gar selbst einen Text, wie z.B. ein Gedicht oder eine politische Rede, vortragen. Die Handlungserwartung der Schüler interpretiert diesen Vortrag von vornehrein schon als eine Lehrerhandlung, die typisch auf die Inszenierung von Lernprozessen bezogen ist.

Gleichfalls gilt auch für die Konstruktion der Handlungserwartungen, daß sie aufgrund ihrer allgemeinen Gültigkeit für das gesamte gemeinsame Handeln automatisiert

---

60. vgl. Kapitel 3, Teil 3, Punkt 2.1.1 *Der Sozialparameter*

werden. Sind diese Erwartungen einmal erstellt, so werden sie nur in Störfällen problematisch; d.h., wenn gegen diese Erwartungen systematisch verstoßen wird. Erst dann werden wieder bewußte Prozesse als Problemlöseprozesse vollzogen, um das soziale Geschehen in rationaler Weise zu erfassen bzw. zu korrigieren.

Das typische Merkmal der Rollenübernahme liegt in der Ausbildung von Handlungsschemata, die mit bestimmten Positionen verknüpft werden. *Die Rollenübernahme bildet somit ein Zwischenglied zwischen der Perspektivenübernahme als Positionsübernahme und der Perspektivenübernahme als Fremdverstehen.* Sie verknüpft bestimmte Handlungsintentionen von Alter mit den eigenen (Fremdverstehen), indem sie auf Dauer mit bestimmten überindividuellen Positionen verbunden werden (Positionsübernahme).

Bislang wurden die multiplen und additiven Verknüpfungen der Handlungsschemata als die Konstruktion von Rollen dargestellt. Neben diesen Klassenoperationen kann das konkret-operationale System Relationsoperationen vollziehen. Für den vorliegenden Zusammenhang bedeutet dies, daß Handlungsschemata seriiert werden.

Da diese Seriation nicht eine Seriation der steigenden oder fallenden Sortierung darstellt, können auch die Verknüpfungen hier nicht durch «<» oder «>» dargestellt werden. Das Sortieren stellt hier eine zeitliche Ordnung dar, in der die Handlungen der einzelnen Handlungsteilnehmer in einer bestimmten wiederholbaren Form aufeinander bezogen werden. Deshalb soll hier die Verknüpfung «-->» gewählt werden. Dieses Verknüpfungszeichen soll angeben, daß hier kausale Verknüpfungen vollzogen werden, die in erster Linie durch die zeitliche Abfolge von Ereignissen gegeben sind. Die Kausalität dieser Verknüpfungen ergibt sich allein durch die Wenn-Dann-Beziehungen zwischen den Ereignissen. Eine solche Verknüpfung darf nicht mit der Implikation des formal-operationalen Systems verwechselt werden. Die Implikation ist eine Operation, die nur dem formal-operationalen System möglich ist, da sie eine Kombination aus den vier Grundoperationen des Konkreten darstellt. PIAGET selbst warnt davor, die Implikation schon als eine Operation des Konkreten mißzuverstehen.

"Mehr als bei jeder anderen Aussagen-Operation kann man bei der Implikation zum Trugschluß kommen, sie sei schon auf der konkreten Stufe am Werk."[61]

"Doch auch hier wieder ist der Unterschied zwischen einer richtigen Implikation und einer Inklusion oder mehr-eindeutigen Zuordnung psychologisch am Ablauf des ganzen Gedankenganges des Kindes zu erkennen: solange der Prüfling durch Inklusionen oder Zuordnungen ... vorgeht, beschränkt er sich darauf, die rohen Tatsachen des Experiments zu klassieren und zu seriieren, während sich die Entdeckung der Implikation als solche darin äußert, daß sie von den anderen möglichen Kombinationen ... unterschieden wird. Das ist daran zu erkennen, daß der Prüfling die einzelnen Faktoren auseinanderzuhalten sucht, weil er eben gerade nachweisen will, daß sie die wirklichen Kombinationen unter den mit der gegebenen Situation vereinbaren möglichen Kombinationen sind."[62]

---

61. J. PIAGET/ B. INHELDER, Von der Logik des Kindes zur Logik des Heranwachsenden, S.284
62. J. PIAGET/ B. INHELDER, Von der Logik des Kindes zur Logik des Heranwachsenden, S.285

Die Verknüpfung «-->» soll anzeigen, daß auf ein Handlungsereignis ein anderes bestimmtes Handlungsereignis folgt und daß diese Folge über die aktuelle Interaktion hinaus generalisiert wird.

$$\text{Handlg}_1 \rightarrow \text{Handlg}_2 \rightarrow \text{Handlg}_3 \ldots$$

Diese rein zeitliche Abfolge ergibt sich aus der Wiederholung dieser Handlungsabläufe in der Kommunikation und kann noch unabhängig vom systemanalytischen Denken vollzogen werden. Die Abfolge allein sagt noch nichts über die Rationalität des Systems aus, sondern wird allein durch die zeitliche Zuordnung bestimmt. In einem solchen Fall konstruiert das konkret-operationale System seine Handlungserwartungen entsprechend der wiederholt beobachteten Abfolge dieser Handlungen aufeinander, ohne nach der Rationalität dieser Handlungsanschlüsse zu fragen. Die wiederholte Seriation legitimiert den Ablauf. Da die Rationalität der Handlungszusammenhänge noch nicht reflektiert wird, erscheinen die Handlungsabläufe als notwendige und gesetzmäßig aufeinander bezogene. Hier wird schon deutlich, daß das Kausalschema als eine notwendige Verknüpfung zweier Ereignisse in ihrer Folge der Rationalität des systemischen Denkens nicht entspricht. Das Kausalschema wird zu einem Hilfsmittel der Erfassung von Handlungszusammenhängen, solange die Rationalität des sozialen Systems noch nicht erfaßt werden kann. Das heißt, die Zuordnung von Handlungsereignissen erhält eine gewisse Starre und Inflexibilität, solange die Rationalität des Systemischen noch nicht erfaßt werden kann. SELMAN zeigt, daß die Vorstellungen von 5-9jährigen Kindern (erstes Niveau des konkreten Denkens) über soziale Beziehungen noch ganz durch die Rationalität einer zwischenmenschlichen «Kausalität» geprägt sind.

"So steht in dieser Welt einseitiger Vorstellungen von den Beziehungen zwischen Perspektiven und zwischenmenschlicher »Kausalität« (für einen Schenkenden) fest, daß ein Geschenk jemanden erfreut. Wo dennoch ein Verständnis zweiseitiger Reziprozität auftritt, da beschränkt es sich auf das Physische: das geschlagene Kind schlägt zurück. Von dem einzelnen wird angenommen, daß er eine bestimmte Handlung mit einer gleichen beantwortet." [63]

Erst im Verlauf der weiteren Entwicklung des konkreten Denkens läßt diese Starrheit nach.[64] Dies unterstützt die These, daß auch schon das konkret-operationale System in den Vorläufern der funktionalen Analyse denken kann. Erst in der Rationalität des Systemischen kann dann die Frage gestellt werden, warum diese Handlungsereignisse und die Rollenhandlungen so und nicht anders, bzw. in welcher Modulation, aufeinander bezogen werden können. Der «Sinn» des Systems fordert ein anderes Denken als das Denken in gesetzmäßigen Kausalschemata.

Gleichwohl ist hier festzuhalten, daß die rein zeitliche Abfolge der sozialen Handlungsanschlüsse in der Kommunikation erst durch das konkret-operationale System vollzogen werden kann. Die zeitliche Abfolge ist nämlich daran gebunden, daß die Handlungen von Ego und Alter aufeinander bezogen werden. Das heißt, es werden Handlungsabfolgen konstruiert, die nicht auf das eigene Handeln zentriert bleiben. So kann hier - und dies wurde bereits weiter oben angedeutet - zwischen der egozentri-

---
63. R.L. SELMAN, Die Entwicklung des sozialen Verstehens, S.51
64. vgl. R.L. SELMAN, Die Entwicklung des sozialen Verstehens, S.51-55

schen Konstruktion von Skripts auf der prä-operationalen Stufe und der dezentralisierten Konstruktion der Skripts des konkreten Denkens unterschieden werden. Entsprechend der Differenzierung PIAGETs zwischen dem prä-operationalen Egozentrismus und der Dezentrierung des konkreten Denkens [65] in der Zusammenarbeit kann für die Differenz zwischen beiden Formen der Konstruktion von Skripts festgestellt werden, daß erst durch das konkret-operationale System ein Skript so konstruiert wird, daß es als eine vom Ich unabhängig gesetzte soziale Realität konstruiert wird.

"Der kindliche Egozentrismus, weit davon entfernt, ein soziales Verhalten zu sein, geht immer mit dem Zwang der Erwachsenen Hand in Hand. Nur wenn man ihn mit der Zusammenarbeit vergleicht, kann man sagen, daß der Egozentrismus präsozial ist. Auf allen Gebieten sind zwei Typen von sozialen Beziehungen zu unterscheiden: der Zwang und die Zusammenarbeit, von welchen der erstere ein Element einseitiger Achtung der Autorität und des Prestiges enthält, die zweite einen einfachen Austausch zwischen gleichgestellten Individuen. Der Egozentrismus widerspricht lediglich der Zusammenarbeit, denn nur diese ist imstande, das Individuum tatsächlich zu vergesellschaften." [66]

Die Skripts müssen alternierend Handlungen von unterschiedlichen Interaktionsteilnehmern aufeinander beziehen und nicht nur eine Abfolge von Handlungen konstruieren. Dies setzt eine Dezentrierung von eigenen Handlungen voraus, die erst für das konkret-operationale System vollziehbar ist. So wie das prä-operationale Denken in der Interaktion nur das eigene Handeln berücksichtigt und das Handeln in der Gruppe nur ein «Anstoß» für das eigene Handeln ist, ist das prä-operationale Denken noch nicht in der Lage, verschiedene Rollenhandlungen zu koordinieren. Das Koordinieren von Handlungen als Rollenhandlungen ist erst durch das konkret-operationale System möglich: Es muß die Handlungen anderer in ein Skript von Handlungsabfolgen integrieren, in dem das eigene Handeln dezentriert konstruiert wird und als ein Handlungsereignis unter anderen Handlungsereignissen erscheint. Dies impliziert, daß das konkrete Denken die Handlungsskripts nicht nur in einer zeitlichen Abfolge strukturiert, sondern sie auch reziprok aufeinander beziehen kann. [67] Zeitliche Abfolgen werden nicht mehr nur vorwärtsschreitend geordnet, sondern zugleich auch rückwärtsschreitend zu Handlungszusammenhängen integriert.

"Zeitlich rückwärtsschreitendes Ordnen scheint sich mit dem Beginn der konkret-operationalen Stufe, also mit ungefähr 7 Jahren, und als eine Folge der Entwicklung der Operation der Reversibilität zu entwickeln ... Die Ergebnisse zeigen, daß die Entwicklung der Fähigkeit zum zeitlichen Ordnen sozialer Ereignisse den gleichen Verlauf hat wie die der Fähigkeit zum zeitlichen Ordnen nichtsozialer Ereignisse (...). Es zeigte sich, daß die Fähigkeit zum vorwärtsschreitenden Ordnen, also zur Antizipation, sich *vor* der

---

65. "Der soziale Egozentrismus folgt auf den sensomotorischen Egozentrismus und bringt wieder die gleichen Phasen hervor, aber da das Soziale und das Vorstellungsmäßige interdependent sind, meint man eine Regression vor sich zu haben. In Wirklichkeit schlägt der Geist nur die gleichen Schlachten auf einer neuen Ebene und kommt schließlich zu neuen Eroberungen..." (J. PIAGET, Das In-Beziehung-Setzen der Perspektiven, S.84)
66. J. PIAGET, Das moralische Urteil beim Kinde, S.78
67. GEULEN zeigt, daß mit der Koordination der Rollenhandlungen zugleich verbunden ist, daß die Rollen als reziprok konstruiert werden können. Die Reziprozität bildet somit ein zentrales Moment der Rollenkonstruktion, die erst auf der konkreten Stufe vollzogen werden kann. (Vgl. D. GEULEN, Soziales Handeln und Perspektivenübernahme, S.40)

Fähigkeit zum rückwärtsschreitenden Ordnen bzw. zur Rekonstruktion von Ereignisfolgen entwickelt." [68]

Die zeitlichen und auf Dauer gestellten Verknüpfungen von interaktiven Handlungen bilden in ihren Anschlüssen selbst schon abgeschlossene Einheiten. Das heißt, die Handlungen folgen in zyklischer und wiederholbarer Form aufeinander. Das Denken dieser zyklischen Form ist nur dadurch möglich, daß die Handlungsfolge als wiederholbare und reversible Folge angesehen wird. Für eine einfache dyadische Interaktion kann dann folgende Abfolge aufgezeigt werden:

$Handlg_1 \longrightarrow Handlg_2 \longrightarrow Handlg_1 \longrightarrow Handlg_2$ etc.

Diese Grundstruktur zeigt, daß erstens der Zyklus der Handlungen wiederholt konstruiert wird und daß zweitens die Reziprozität der Handlungsverknüpfung konstruiert wird: Die direkte Verknüpfung von $Handlg_1$ zu $Handlg_2$ wird in der Wiederholung dieses Zyklus zu der Verknüpfung $Handlg_2 \longrightarrow Handlg_1$. Interessant erscheint hier auch SELMANs Darstellung zur Entwicklung des sozialen Verstehens: Die Reziprozität erfährt im Verlauf des konkreten Denkens eine Entwicklung. Sie beginnt mit der physischen Reziprozität [69] und entwickelt sich dann zunächst zu einer dualen Reziprozität, in der die Beziehung selbst noch nicht bewußt wird, da nur zwei Perspektiven als noch personal gebundene Perspektiven in Beziehung gesetzt werden. So stellt SELMAN für 7-12jährige Kinder fest:

"*Vorstellungen von Beziehungen: Reziprok.* Da das Kind auf Niveau 2 die Einzigartigkeit der geordneten Menge von Werten und Zielen jedes Einzelnen anerkennt, betrachtet es die Unterschiede zwischen Perspektiven relativistisch. Das Charakteristikum dieses Niveaus ist eine neue zweiseitige Reziprozität. Sie ist eine der Gedanken und Gefühle, nicht mehr nur eine der Handlungen. Das Kind versetzt sich an die Stelle des Anderen und realisiert, daß der Andere dies ebenso tun wird. Rein mechanisch, logisch betrachtet, erkennt das Kind nun die Möglichkeit des infiniten Regresses der Perspektivenübernahme (Ich weiß, daß er weiß, daß er weiß ...). Auch erkennt das Kind, daß die Unterscheidung zwischen äußerer Erscheinung und innerer Realität die Möglichkeit, andere über die eigene Seelenlage zu täuschen, impliziert. Damit sind der Genauigkeit, mit der des Anderen innere Perspektive erfaßt werden kann, Grenzen gesetzt. Im wesentlichen folgt aus der zweiseitigen Reziprozität dieses Niveaus für die Praxis zwischenmenschlicher Beziehungen ein Zustand der »Entspannung« zwischen den Parteien, der beide zufriedenstellt, sie jedoch in relativer Isolation beläßt; zwei einzelne Individuen sehen sich selbst und den Anderen, jedoch nicht ihre Beziehung zueinander." [70]

In der dritten Stufe, die von SELMAN noch dem konkreten Denken zugeordnet wird - erst die vierte Stufe zeigt das formale Denken - ist die Gegenseitigkeit der Beziehungen erfaßbar. Zur Beschreibung dieser neuen Form der Perspektivenübernahme führt SELMAN eine neue Perspektive - die des Beobachters - mit ein, die von den Interaktionsteilnehmern übernommen werden kann. Erst durch die Beobachterper-

---

68. L. OPPENHEIMER, Die Mehrdimensionalität der Fähigkeit zur sozialen Perspektivenübernahme, S.315/316
69. vgl. Zitat vorherige Seite
70. R.L. SELMAN, Die Entwicklung des sozialen Verstehens, S.52

spektive wird das Soziale als sozialer Handlungszusammenhang bewußt, so daß die Reziprozität in der hier dargestellten Form jetzt erst vollständig vollzogen werden kann. Interessant ist auch, daß mit diesem Schritt SELMAN feststellt, daß hier zum ersten Mal ein System konstruiert wird.

"Auf Niveau 3 treten die Beschränkungen des unendlichen Regresses, die letztliche Vergeblichkeit des Versuchs, Interaktionen aufgrund des Modells des unendlichen Regresses zu verstehen, zutage. Die Dritte-Person-Perspektive erlaubt dem Jugendlichen, abstrakt aus einer zwischenmenschlichen Interaktion herauszutreten, gleichzeitig die Perspektiven des Selbst und des Anderen miteinander zu koordinieren und deren gegenseitiges Aufeinanderwirken zu erwägen. Auf diesem Niveau denkende Personen sehen die Notwendigkeit, reziproke Perspektiven miteinander zu koordinieren, und glauben, daß soziale Befriedigung, Verständnis und Miteinander-Auskommen notwendigerweise gegenseitig sein müssen, um wirklich realisiert werden zu können. Zwischenmenschliche Beziehungen werden als zeitlich überdauernde Systeme betrachtet, innerhalb derer Gedanken und Erfahrungen miteinander geteilt werden." [71]

Die Konstruktion der Reziprozität unterliegt einer Entwicklung, die mit der Perspektivenentschränkung beginnt, die Perspektivenübernahme nach sich zieht und letztlich zur Perspektivenkoordination führt. Eine solche Darstellung der Entwicklung der Reziprozität als Koordination der Perspektiven kann mit einer Aussage von EDELSTEIN, KELLER und WAHLEN belegt werden. Die drei Autoren stellen die aufgeführten Entwicklungsschritte als Typen der Dezentrierung dar:

"Wie im folgenden ausgeführt wird, lassen sich mindestens drei *Typen von Dezentrierung* unterscheiden, die nach den Forschungsbefunden eine Entwicklungssequenz bilden (...): (a) *Perspektivendifferenzierung*, d.i. das Wissen um die Differenz zweier Perspektiven, (b) *Perspektivenübernahme*, d.i. die inhaltliche Ausgestaltung der fremden Perspektive und (c) *Perspektivenkoordinierung*, d.i. die auf einer Meta-Ebene vollzogene Integration inhaltlich unterschiedlicher Perspektiven." [72]

Die Reziprozität besteht darin, daß in der zyklischen Wiederholung der Handlungsabfolge die Möglichkeit besteht, sowohl von $Handlg_1$ wieder zu $Handlg_1$ als auch von $Handlg_2$ wieder zu $Handlg_2$ zurückzukehren. Die Reziprozität der Verknüpfung der Handlungen besteht demnach in folgender Äquivalenzstruktur [73]:

---

71. R.L. SELMAN, Die Entwicklung des sozialen Verstehens, S.53/54
72. W. EDELSTEIN/ M. KELLER/ K. WAHLEN, Entwicklung sozial-kognitiver Prozesse, S.184
73. Mit der Reziprozität ist hier nicht gemeint, daß Beziehungen unter Gleichen konstruiert werden. Reziprozität kann auch zwischen zwei differenten Relata hergestellt werden. Für die Konstruktion des Sozialen bedeutet dies, daß Reziprozität auch zwischen sozialen Handlungen innerhalb eines asymmetrischen Positionsgefüges konstruiert werden kann. Reziprozität ist eine operationale Verknüpfung, in der zwei Relata ineinander transformiert werden können. Reziprozität ist somit keine soziologische Kategorie, die soziale Beziehungen beschreibt, sondern eine psychologische Kategorie, die die Konstruktion der sozialen Beziehung beschreibt. Diese Differenz wird häufig nicht gesehen. So setzt z.B. YOUNISS die operationale Reziprozität in der Konstruktion des Sozialen mit der Struktur des Sozialen gleich:
"Die zwei Formen der Reziprozität können als *Idealtypen* möglicher Formen interpersonaler Kommunikation betrachtet werden." (J. YOUNISS, Moral, kommunikative Beziehungen und die Entwicklung der Reziprozität, S.40)
Auch PIAGET differenziert nicht zwischen der soziologischen und der psychologischen Kategorie. Er unterscheidet die komplementäre und die symmetrische Reziprozität, wobei er in der

$Handlg_1 <--> Handlg_2$

Die zyklische Verknüpfung von Handlungsabfolgen verbindet somit jede Handlung mit jeder anderen und erstellt ein Handlungssystem von miteinander verbundenen Handlungsereignissen. Das heißt, die Reziprozität der Handlungsverknüpfungen verweist auf eine erste Vernetzung dieser Handlungen zu wiederholbaren Handlungsstrukturen.

Dieselben Seriationsverknüpfungen ergeben sich für die durch Abstraktion gewonnenen Handlungsbedeutungen. Die Abfolge von Handlungsbedeutungen erhält dann die Struktur:

$$Hb_1 --> Hb_2 --> Hb_3 \text{ etc.}$$

Die Reziprozität dieser Verknüpfungen in der zyklischen Wiederholung von typischen Handlungsanschlüssen erhält - wiederum am Beispiel der Dyade - die Struktur:

$$Hb_1 --> Hb_2 --> Hb_1 --> Hb_2$$

Auch dieser zyklischen Struktur ist dann wieder die Äquivalenz der Verknüpfung zwischen Hb_1 und Hb_2 inhärent [74]:

$$Hb_1 <--> Hb_2$$

DeVRIES verweist auf die Differenz zwischen der Verknüpfung von Handlungen und Handlungsbedeutungen, indem sie feststellt, daß zu Beginn der Entwicklung der Perspektivenübernahme Handlungsverknüpfungen vollzogen werden können, jedoch die Verknüpfung von Handlungsbedeutungen noch nicht ausgebildet ist.

Darstellung der moralischen Entwicklung die komplementäre Reziprozität mit der Moral des Zwanges gleichstellt und die symmetrische Reziprozität mit der Moral der Kooperation. Demgegenüber wird in der vorliegenden Arbeit davon ausgegangen, daß Kooperation nicht an soziale Symmetrie gebunden ist: Gerade in einer arbeitsteiligen Gesellschaft kann durch komplementäre Rollen und Positionen die Kooperation erst ermöglicht werden.

74. Die Reziprozität ist eine grundlegende operationale Verknüpfung, die nicht nur als ein Vorläufer des systemanalytischen Denkens dargestellt werden kann, sondern insgesamt eine grundlegende Operation im sozialen Verstehen ausmacht. Dies wird schon durch die oben dargestellten Untersuchungen zur Perspektivenübernahme klar. Über diese Entwicklung des sozialen Verstehens hinaus verweisen FEFFER und GOUREVITCH auf Untersuchungen aus der Psychopathologie. Dabei zeigt sich, daß die operationale Verknüpfung der Reziprozität auch eine notwendige Voraussetzung für psychische «Gesundheit» darstellt. Mit einem Verweis auf CAMERON (N. CAMERON, Perceptual organization and behavior pathology) stellen die Autoren fest:
"Ähnlich behauptet Cameron (1951), daß eine angemessene Sozialisation sowie reifes Denken eine Organisation der Wahrnehmung erfordern, in der nicht nur das eigene Verhalten, sondern auch das implizierte reziproke Verhalten repräsentiert ist. Zum Beispiel erwähnt er, daß beim Verfolgungswahn Schizophrener der Wunsch, (sic!) zu verfolgen und das reziproke Verhalten - die Furcht, verfolgt zu werden - in der Organisation der Wahrnehmung des Patienten nicht in gleicher Weise vertreten sind, sondern daß eines davon verleugnet und nach außen verlegt wird." (M.H. FEFFER/ V. GOUREVITCH, Kognitive Aspekte der Perspektivenübernahme bei Kindern, S.221)

124 Die operationale Bestimmung des systemanalytischen Denkens

"Das Kind hat zwar das Bewußtsein von der Unterschiedlichkeit der Perspektiven in diesem Spiel, aber dies gilt nur für die unterschiedlichen Verhaltensrollen der Spielpartner, nicht für deren unterschiedliche motivationale Perspektiven." [75]

Ein wesentlicher Unterschied zwischen den zyklischen Verknüpfungen von Handlungen und Handlungsbedeutungen wird hier darin gesehen, daß die Verknüpfung von Handlungsbedeutungen dem systemischen Denken näher kommt. Der Anschluß von konkreten Handlungen zu Handlungsritualen ist an ganz bestimmte Situationen gebunden, die sich innerhalb der Interaktion wiederholen; so z.b. das Begrüßungsritual oder die ritualisierte Aufforderung des Lehrers, Inhalte der letzten Unterrichtsstunde zu wiederholen. Diese Rituale bilden kleine Handlungszyklen, die für die jeweilige Interaktion typisch sind, die jedoch nicht die gesamte Interaktion betreffen: Sie segmentieren die Interaktion in zum Teil ritualisierte systemspezifische Handlungszyklen.

Der Handlungszyklus der Abfolge von Handlungsbedeutungen kann demgegenüber ein höheres Maß an Generalisierbarkeit erlangen. Durch die in der Erfassung von Handlungsbedeutungen geleistete Abstraktion ist die Möglichkeit gegeben, die erfaßten Handlungsbedeutungen unabhängig von der Realisierung dieser Bedeutungen zu konkreten Handlungen zu verstehen. Es kommt somit nicht so sehr auf den konkreten Vollzug der Handlungen an, sondern auf ihre grundlegende Bedeutung für die gesamte Interaktion. Es geht dann z.B. nicht mehr um die konkreten Handlungen der Aufforderung zur Wiederholung oder der Aufforderung der Wiedergabe von Lernergebnissen, sondern die Handlungsbedeutung wird in der kommunikativen Bedeutung der Aufforderung selbst gesehen. Die Handlungsbedeutung ist dann unabhängig von der jeweiligen inhaltlichen Füllung dieser Aufforderung und kann demgemäß die Handlungen auf ihre jeweilige Bedeutung reduzieren. Dies ermöglicht eine hohe Generalisierbarkeit der Rollenhandlungen innerhalb der Interaktion: Nicht die konkreten Handlungen müssen sich wiederholen und auf Dauer gestellt werden, sondern die Handlungsbedeutungen wiederholen sich und erweisen sich auf Dauer als typisch für den Kommunikationszusammenhang. Erst durch diese Generalisierung ist es möglich, zyklische Handlungsverknüpfungen zu bilden, die als typische Handlungsanschlüsse die gesamte Interaktion ausmachen. Die Verknüpfung von Handlungsbedeutungen kann demgemäß auf alle Handlungen der Interaktionsteilnehmer bezogen werden, ohne daß eine Segmentierung in kleine konkrete Handlungszyklen vorgenommen werden muß. So können dann die Handlungsanschlüsse unabhängig von der konkreten Form der Handlungen (so z.B. ihrer sprachlichen Realisierung) und auch unabhängig vom sachlichen Bezug der Handlungen (welche konkreten Inhalte durch das kommunikative Handeln transportiert werden) und auch unabhängig von konkreten Zielsetzungen (ob ein Text gelesen werden soll oder ob der Inhalt der letzten Unterrichtsstunde wiederholt werden soll) konstruiert und auf die gesamte Interaktion generalisiert werden.

Rollen können dann verstanden und nachvollzogen werden, wenn die Handlungen der Interaktionsteilnehmer im Hinblick auf ihre interaktive Bedeutung erfaßt und generalisiert werden können. Das heißt, die Handlungsbedeutungen sind dann nicht nur auf bestimmte Aspekte der Interaktion bezogen, sondern die gesamte Interaktion ist durch die Verknüpfung der als konstant erfaßten interaktiven Handlungsbedeutungen

---

75. R. DeVRIES, Die Entwicklung der Perspektivenübernahme am Verhalten von überdurchschnittlich intelligenten, durchschnittlichen und retardierten Kindern bei einem sozialen Rate-Spiel, S.412

Die konkret-operationale Konstruktion: Die Sozialstruktur 125

geprägt. Daraus ergeben sich typische Interaktionsstrukturen wie z.B. die Abfolge von Frage und Antwort, von Hilfestellung geben und annehmen, von Aufforderung und Durchführung etc. Diese Interaktionsstrukturen, die sich aus der Abstraktion und Generalisierung der konkreten Handlungen und deren zyklischer Verbindung ergeben, bilden dann die Grundstrukturen des Interaktionsgefüges. Das heißt, das soziale System wird vom konkret-operationalen System zunächst als ein über die aktuelle Interaktion hinaus generalisierbares System von Positionen und Rollen konstruiert. Diese Konstruktion entspricht noch nicht der vollständigen Rationalität des Systemischen, da sie aufgrund der beobachteten Wiederholungen in den Interaktionen zu generalisierten Kommunikationsstrukturen und -prozessen gelangt. Die Rationalität des konkret-operationalen Systems liegt erstens in seiner Dezentrierung - Soziales wird zur Intention des bewußten Vollzugs und mit Hilfe der konkreten Operationen strukturiert - und zweitens darin, daß die beobachteten sozialen Phänomene auch hier schon systemisch mit Hilfe der Reziprozität konstruiert werden - soziale Phänomene werden nicht nur wahrgenommen, sondern so konstruiert, daß sie zumindest z.T. ineinander transformierbar sind.

In dieser Hinsicht bildet sich auch in der Konstruktion des Rollengefüges - analog zur Konstruktion des Positionsgefüges - ein Interaktionssystem aus, das durch seine Klassen- und Relationsoperationen und deren Reziprozität gebildet wird. Die verschiedenen Operationen als Klassen- und Relationsoperationen sind jedoch untereinander noch nicht verbunden, so daß sich wechselseitige Beziehungen (z.B. Kompensationen zwischen den Klassen- und den Relationsoperationen) ergeben könnten. Positions- und Rollengefüge werden konstruiert, indem für beide die Klassen- und die Relationsoperationen konstitutiv werden, die einen ersten sozialsystemischen Zusammenhang konstruieren, in dem Positionen und Rollen durch ihre multiplikative Verknüpfung gemeinsam das Interaktionsgefüge ausmachen.

Die Konstruktion von sozialen Systemen durch Positions- und Rollengefüge baut durch die Konstanthaltung der Positionen und der Handlungen bzw. Handlungsbedeutungen Assimilationsschemata auf, die in Form von Erwartungen die aktuellen Interaktionen wie auch zukünftige Interaktionen assimilieren. Die Erwartbarkeit und die Erwartungen der Erwartungen in der Kommunikation werden im konkret-operationalen System durch die Generalisierungen der beobachteten sozialen Phänomene geleistet, die nun durch die Dezentrierung auch in ihren eigenen Strukturen und ihren eigenen Prozessen erkannt werden.

Gleichzeitig ergibt sich aus einer solchen Darstellung, daß auch schon das konkret-operationale System zwischen unterschiedlichen sozialen Systemen differenziert. Das konkret-operationale System ist in der Lage, sowohl das Positionsgefüge als auch das Rollengefüge zu negieren. Das heißt, es kann Positionssetzungen invertieren und auch typische Handlungen und Handlungsbedeutungen in ihrer zyklischen Zuordnung inversieren. In beiden Fällen ergeben sich durch solche Negationen Differenzen zu anderen Systemen: In der Veränderung und Negation von Positionen und Rollen liegt die Möglichkeit der Konstruktion anderer sozialer Systeme. Dabei ist die Systemkonstruktion des konkret-operationalen Systems an seine Wahrnehmung, d.h. an soziale Erfahrungen, gebunden: Soziale Systeme werden dadurch differenziert, daß die wahrgenommenen Positions- und Rollengefüge unterschieden werden. Andere Interaktionszusammenhänge anderer sozialer Systeme fordern eine Neukonstruktion von Positions- und Rollengefügen und können nicht unter die einmal vollzogenen Generalisie-

126 Die operationale Bestimmung des systemanalytischen Denkens

rungen subsumiert werden. Das konkret-operationale System nimmt somit aufgrund seiner kognitiven Fähigkeiten unterschiedliche soziale Systeme wahr und differenziert sie nach ihren Rollen- und Positionsgefügen. In diesem Sinne ist das konkret-operationale System aufgrund seiner Operationen in der Lage, soziale Systeme zu konstruieren. Diese Konstruktion ist jedoch an die Wahrnehmung gebunden und kann noch nicht aufgrund der vollständigen Rationalität des formal-operationalen Systems vollzogen werden.

Die Differenzierung zwischen unterschiedlichen sozialen Systemen als Positions- und Rollengefüge wird durch die Konstruktion von systemtypischen Zeit- und Sachstrukturen noch unterstützt. Dabei werden zwar keine funktionalen Beziehungen zwischen diesen Strukturmomenten hergestellt, doch kann die Konstruktion eines eigenständigen Kommunikationszusammenhangs dadurch erleichtert werden, daß dieser Kommunikationszusammenhang auch als zeitlich und sachlich strukturiert und abgeschlossen konstruiert wird.

So beschreibt SELMAN im Niveau 3 der sozialkognitiven Entwicklung, daß erstens nun Rollengefüge konstruiert werden, die durch bestimmte Erwartungen an das Handeln gekennzeichnet sind, daß zweitens Position und Rolle in Differenz zur Person konstruiert werden, indem eine Differenz zwischen der sozialen Beziehung einerseits und personalen Zielsetzungen andererseits vollzogen wird, und daß drittens die zeitliche Kontinuität als ein wichtiges Moment des Sozialen gesehen wird.

"Niveau 3
- antizipiert und integriert die möglichen Reaktionen des anderen auf die eigenen Vorschläge
- beachtet gleichgewichtig die Beziehung und die eigenen konkreten Ziele
- verhandelt mit Rücksicht auf die zeitliche Kontinuität der Beziehung."[76]

Bliebe hier nur zu ergänzen, daß auch thematisch-sachliche Aspekte zur Konstruktion des sozialen Systems mit herangezogen werden können.

3. Teil:

Die formal-operationale Konstruktion des sozialen Systems

Die Darstellungen im vorherigen Teil der Arbeit haben gezeigt, daß das konkret-operationale System die Fähigkeit besitzt, Interaktionen und ihre Strukturen zu erfassen. Dies ist ihm dadurch möglich, daß es sich von der egozentrischen Wahrnehmung bzw. dem egozentrischen Denken der prä-operationalen Stufe gelöst hat und die soziale Wirklichkeit mit Hilfe von Transformationen konstruiert. Das konkret-operationale System konstruiert die soziale Realität in ihren Grundstrukturen. Dies impliziert jedoch noch nicht, daß das konkret-operationale System schon systemanalytisch denkt. Die Grundthese dieser Arbeit lautet ja, daß das systemanalytische Denken erst auf der formal-operationalen Stufe des Denkens vollzogen werden kann. Erst hier ist es möglich, das Soziale nicht nur in seinen Strukturen und Ereignissen wahrzunehmen und

---

76. R.L. SELMAN, Interpersonale Verhaltungen, S.134

diese einander zuzuordnen, sondern auch die volle Funktionalität des sozialen Systems zu konstruieren. In Anlehnung an SELMAN könnte dies auch so formuliert werden, daß die formal-operationale Konstruktion des Sozialen nun in der Lage ist, die «Perspektive» des sozialen Systems zu konstruieren und einzunehmen. Diese Perspektive des sozialen Systems ist eine soziologische Perspektive. Sie zeichnet sich dadurch aus, daß das Soziale nun in Form von sozialen Systemen konstruiertm wird. Diese Perspektive ist nicht mehr die internale Perspektive eines psychischen Systems, das in der Interaktion mit der Perspektive eines oder mehrerer anderer psychischer Systeme koordiniert werden muß, sondern diese Perspektive zeichnet sich dadurch aus, daß sie apersonale soziale Funktionszusammenhänge konstruiert, die das soziale System und seine «Logik» ausmachen.

Dieser Konstruktionsprozeß des sozialen Systems soll hier in drei verschiedenen Abschnitten dargestellt werden. Jeder dieser Abschnitte zeigt zentrale Operationen dieses Konstruktionsprozesses auf, die insgesamt die sozial-kognitiven Operationen einer Systemanalyse ausmachen. Die drei Abschnitte sind folgendermaßen eingeteilt:

Erstens: In einem ersten Abschnitt soll die vollständige sozial-kognitive Dezentrierung dargestellt werden. Sie ermöglicht dem psychischen System, das Soziale nicht nur als eine eigene vom Ich als unabhängig gesetzte Realität zu konstruieren, sondern ermöglicht ihm darüber hinaus auch, diese Realität unabhängig von personalen Perspektiven zu konstruieren. Das konkret-operationale System ist in seinen Konstruktionsprozessen noch an personale Perspektiven gebunden, die in ihrer Koordination insgesamt das Soziale ausmachen. Auch die Beobachterperspektive im Sinne von SELMAN - als ein letzter Entwicklungsschritt des konkreten Denkens - ist letztlich eine Beobachtung von mindestens zwei zu koordinierenden personalen Perspektiven. Das systemanalytische Denken ist darüber hinaus in der Lage, unabhängig von diesen personalen Perspektiven eine «rein» soziale Perspektive zu konstruieren. Dies wird ihm durch die formale Operationsweise ermöglicht. Diese «rein» soziale Perspektive ist eine soziologische Perspektive, in der soziale Funktionszusammenhänge konstruiert werden. Um diese Konstruktion vollziehen zu können, muß in einem ersten Schritt das Personale vom Sozialen differenziert werden können. Im Rahmen des systemanalytischen Denkens stellt dies eine formal-operationale Differenzierung zwischen dem psychischen und dem sozialen System dar. Erst wenn diese Differenz konstruiert werden kann, ist das formal-operationale System auch in der Lage, die sozialen Funktionszusammenhänge des sozialen Systems zu konstruieren. Aus diesem Grunde wird in einem ersten Schritt die Differenzierung zwischen psychischen und sozialen Systemen dargestellt werden. Diese operationale Differenzierung ist gleichbedeutend mit der vollständigen sozial-kognitiven Dezentralisierung.

Die Differenzierung zwischen psychischen und sozialen Systemen wird sich dabei als eine hochkomplexe formal-operationale Konstruktion erweisen. Sie ist mit den Differenzierungsoperationen, die dem konkret-operationalen System möglich sind, nicht vergleichbar. *Die Komplexität der Differenzierung zwischen psychischen und sozialen Systemen besteht darin, daß an der Konstruktion der Differenz zwischen Psychischem und Sozialem letztlich alle formal-logischen Operationen im Sinne von PIAGET beteiligt sind. Erst das System der formal-logischen Operationen mit allen seinen Operationen ermöglicht dem psychischen System, das Soziale als einen eigenen personenunabhängigen Realitätsbereich zu konstruieren.* Ein weiteres Moment der Komplexität dieser Differenzierungsoperationen besteht darin, daß nicht nur das psychische System vom sozialen System unterschieden wird, sondern beide Systeme auch in Bezug zueinander gesetzt werden. Die Differenzierung der beiden Systeme als zwei Systeme, die füreinander Umweltsysteme sind, muß deren Bezug zueinander mit einbeziehen. Damit wird die Intersystemgrenze der Interpenetration konstruiert. Die Differenzierung beider Systeme ist eine analytische Differenzierung, die zwei Systeme unterscheidet, die nicht unabhängig voneinander sind, sondern nur zusammen auftreten und in Form der wechselseitigen Konstitution, der Interpenetration, miteinander verbunden sind. Der soziale Funktionszusammenhang wird von psychischen Systemen mitkonstituiert. Er muß deshalb als eigener systemspezifischer Zusammenhang und *gleichzeitig* in Bezug zum psychischen System konstruiert werden.

Die Darstellung dieser formal-operationalen Differenzierung erweist sich damit als die Darstellung der Differenzierungsoperationen zwischen zwei Systemen. *Die oben dargestellte Bestimmung einer Operation als der Relationierung zwischen zwei Relata kann hier dadurch beschrieben werden, daß in der Differenzierungsoperation zwischen psychischen und sozialen Systemen zwei Systeme als Relata miteinander verbunden werden.* Die Besonderheit eines solchen Konstruktionsprozesses besteht somit darin, daß hier nicht nur zwei Aussagen in formal-logischer Weise aufeinander bezogen werden, sondern die Konstruktion zweier Systeme in Bezug zueinander gesetzt werden muß. Die Differenzierungsoperation verknüpft demnach zwei Bewußtseinsgegenstände miteinander, die Systeme und nicht einfache Aussagen zum Gegenstand haben. In dieser Hinsicht geht es hier auch nicht um die Feststellung, welche Aussagen im Hinblick auf diese Differenzierung als «richtig»/ «falsch» bzw. «wahr»/ «unwahr» zu gelten haben, sondern es geht vielmehr darum, mit welchen formal-logischen Operationen zwei Bewußtseinsgegenstände, die das psychische System und das soziale System zum Gegenstand haben, relationiert werden können.

Die Darstellung dieser Differenzierungsoperationen wird mit soziologischen Darstellungen zur Differenz zwischen Psychischem und Sozialem verbunden. Dabei wird insbesondere die Interpenetration als die wechselseitige Konstitution sozialer und psychischer Systeme im Sinne von LUHMANN eine zentrale Rolle spielen. Diese Vorgehensweise entspricht den in der Einleitung beschriebenen methodischen Vorüberlegungen: Die Darstellung des systemanalytischen Denkens, die hier in einem ersten Schritt mit der Differenzierung zwischen psychischen und sozialen Systemen beginnt, versucht letztlich die operationale Konstruktion soziologischer Konstrukte zu ermitteln.

Zweitens: In einem zweiten Abschnitt soll geklärt werden, welche Aspekte zu berücksichtigen sind, wenn die «rein soziale Perspektive» konstruiert wird. Die «soziale Perspektive» als systemanalytisches Denken ist nicht nur durch *ein* Kriterium oder einen Aspekt gekennzeichnet. In ihr wird das soziale *System* konstruiert, indem mehrere systemkonstituierende Faktoren bzw. Momente gleichzeitig miteinander verknüpft werden. Die Konstruktion der «sozialen Perspektive» ist damit ein Konstruktionsprozeß, der unterschiedliche, für die Beschreibung des Sozialen unerläßliche und notwendige Momente aufeinander bezieht. Diese Perspektive erweist sich in sich als komplex, indem sie die Konstruktion eines komplexen systemischen Zusammenhangs darstellt. Dieser sozialsystemische Zusammenhang ist gleichzeitig durch seine Struktur und seine Grenzen zur Umwelt gekennzeichnet. *Struktur und Grenze* werden hier *als die*

Parameter des sozialen Systems bezeichnet. *Die Konstruktion der «sozialen Perspektive» ist demnach zunächst einmal daran gebunden, diese verschiedenen Parameter des sozialen Systems als gleichzeitige und notwendige Momente des sozialen Funktionszusammenhanges zu konstruieren.*

Auch hier wird zunächst wieder von soziologischen Überlegungen ausgegangen: Die Systemtheorie im Sinne von LUHMANN bietet Reflexionen über soziale Zusammenhänge, die für die Darstellung systemkonstitutiver Parameter geeignet sind. Diese verschiedenen Parameter müssen im systemanalytischen Denken durch das operationale psychische System konstruiert werden. Die Parameter konstituieren das soziale System. Die «rein soziale Perspektive» kann dadurch eingenommen werden, daß diese Parameter operational konstruiert werden. *Jeder dieser Parameter betrachtet seinerseits wiederum das soziale System unter jeweils spezifischen Gesichtspunkten.* Das systemanalytische Denken ist somit nicht die Konstruktion *einer* neuen, «sozialen Perspektive», sondern ist in sich komplex und multiperspektivisch. Das systemanalytische Denken konstruiert das soziale System aus unterschiedlichen Perspektiven: aus den Perspektiven der Systemparameter. Jede dieser Perspektiven gibt spezifische Analysekriterien für das Gesamtsystem vor, so daß sich insgesamt vier Perspektiven des systemanalytischen Denkens unterscheiden lassen, die die operationale Konstruktion der Systemparameter leisten: Dies sind die strukturelle Perspektive, die gesellschaftlich-funktionale Perspektive, die Leistungsperspektive und die Interpenetrationsperspektive. In dieser Hinsicht kann hier analog zur Perspektivenübernahme formuliert werden: Das formal-operationale System konstruiert die sozial-gesellschaftliche Perspektive, indem es unter unterschiedlichen Hinsichten das Soziale betrachtet. Die Konstruktion der «sozialen Perspektive» ist demnach die Konstruktion verschiedener, notwendiger und vollständiger Hinsichten, unter denen das Soziale betrachtet wird: Die Konstruktion der «sozialen Perspektive» ist die Konstruktion von mehreren systemkonstituierenden Perspektiven. Die «soziale Perspektive» zeichnet sich damit nicht nur durch *einen bestimmten Gesichtspunkt* aus, sondern wird durch die Konstruktion *unterschiedlicher Hinsichten* erstellt. Insofern wird die Perspektivenentschränkung, die das konkret-operationale System als z. T. noch personale Perspektivenentschränkung vollzogen hat, hier auf der «rein» sozialen Ebene wiederholt. Dabei ist die "rein" soziale Perspektivenentschränkung an die Operationen des formal-operationalen Systems gebunden: Sie differenziert zwischen unterschiedlichen Hinsichten, die der Beobachtung und der konkreten Wahrnehmung nicht mehr zugänglich sind. Das heißt, es werden Hinsichten konstruiert, die nicht-beobachtbare und nicht-personal gebundene, jedoch typische Merkmale des Sozialen ausmachen. Auch hier wird deutlich, daß die formal-logische Konstruktion des Sozialen immer schon an Modellbildungen und Theorie gebunden ist.

Der operationale Konstruktionsprozeß dieser Systemparameter ist durch ein bestimmtes operationales Schema bzw. durch eine bestimmte operationale Kombination geprägt: Jeder Systemparameter kann dadurch konstruiert werden, daß die Struktur des Sozialen - die schon auf der konkret-operationalen Stufe konstruiert werden kann - mit einer spezifischen - der jeweiligen parameterspezifischen - Umwelt in Bezug gesetzt wird. Das operationale Schema besteht in der logischen Äquivalenz zwischen dem Systemparameter einerseits und der konjunktiven Verknüpfung von Struktur und parameterspezifischer Umwelt anderseits. Damit wird jeder Parameter als Grenzparameter zur Systemumwelt zugleich in bezug auf die Systemstruktur und die ihm eigene

Umwelt konstruiert. Die Struktur bildet ihrerseits wiederum einen Systemparameter eigener Art. Auch sie ist ein Grenzparameter, indem Strukturbildung immer schon in Differenz zu einer nicht-strukturierten Umwelt verläuft. Die operationale Konstruktion hat entsprechend dem besonderen Status dieses Parameters ihre Besonderheit: Sie konstruiert dementsprechend nicht nach dem oben aufgeführten operationalen Schema.

Die Spezifik eines sozialen Systems ergibt sich durch seine Differenz zur Umwelt. Demnach muß das systemanalytische Denken diese Grenzen, die hier die Parameter des sozialen Systems ausmachen, operational konstruieren. Wird nur die Struktur des Sozialen konstruiert, dann führt das zu einer defizitären Bestimmung des sozialen Systems, da so das soziale System noch nicht als ein vollständig funktionales System konstruiert werden kann. Die Konstruktion der Struktur der Interaktion zeigt letztlich nur, daß es strukturelle Differenzen zwischen unterschiedlichen Handlungszusammenhängen gibt. Die Unterschiede zwischen diesen regelgeleiteten Handlungszusammenhängen erscheinen noch recht willkürlich. Soll das Soziale jedoch innerhalb der «sozialen Perspektive» begründet werden, so muß gezeigt werden können, warum sich ein soziales System von anderen sozialen Systemen in der ihm typischen Weise unterscheidet. Diese Begründung der sozialen Regeln ist nur dann möglich, wenn sich bestimmte Regeln für bestimmte Handlungszusammenhänge als funktional erweisen. Der Nachweis für eine solche Funktionalität ist daran gebunden, daß das formal-operationale System diejenigen Hinsichten konstruiert, die das soziale System von seiner Umwelt unterscheidet. Diese Hinsichten bilden in der soziologischen Beschreibung die Grenzparameter des sozialen Systems; in der operationalen Konstruktion sind sie diejenigen Hinsichten, die die soziale Perspektive ausmachen.

Die Grenzen geben jeweils Hinsichten vor, unter denen die Struktur betrachtet wird; d.h., das soziale System erhält seine Funktionalität, wenn die Struktur «folgerichtig» - d.h. funktional - auf mehrere Systemgrenzen bzw. auf mehrere Systemumwelten bezogen wird. Um diese Komplexität als gleichzeitig «wirkende» Parameter konstruieren zu können, muß die Struktur gleichzeitig auf unterschiedliche Systemumwelten bezogen werden.

Drittens: Im einem dritten Abschnitt soll dargestellt werden, wie die unterschiedlichen Perspektiven der «sozialen Perspektive» koordiniert werden können. In einem ersten Schritt wird aufgezeigt, daß alle Perspektiven der «sozialen Perspektive» - d.h. alle Systemparameter - gleichzeitig gelten und sich wechselseitig implizieren. Operational wird dies durch die logische Äquivalenz aller Systemparameter konstruiert. *Die operationale Verknüpfung dieser Systemparameter mit Hilfe der logischen Äquivalenz verweist auf die Vernetzung des sozialen Systems.* In einem zweiten Schritt soll festgestellt werden, wie die Koordination dieser unterschiedlichen Parameter operational vollzogen werden kann, damit das soziale System funktional und als Einheit konstruiert wird. *Die Koordination dieser Perspektiven wird durch die Kompensation des sozialen Systems, d.h. über die Herstellung eines Gleichgewichts in diesem System vollzogen.* Operational wird diese Kompensation durch die vollständige multiple funktionale Analyse vollzogen, indem jeder Systemparameter für die inhaltliche Füllung des eigenen Parameters wie auch für die inhaltliche Füllung jedes anderen Systemparameters als Funktion innerhalb der funktionalen Analyse eingesetzt wird.

Formal-operationale Konstruktion: Vollständige sozial-kognitive Dezentrierung 131

1. Die vollständige sozial-kognitive Dezentrierung als Voraussetzung der operationalen Konstruktion des sozialen Systems

Die Konstruktion des sozialen Systems ist notwendig mit der Voraussetzung verbunden, daß das psychische System, das diese Konstruktionsleistungen vollzieht, in der Lage ist, die letzte grundlegende Dezentrierung im Sinne PIAGETs zu vollziehen. Diese letzte grundlegende Dezentrierung besteht einerseits in der Loslösung vom Konkreten und andererseits in der Konstruktion eines Realitätsausschnittes durch ein System möglicher Transformationen. Für die Erfassung des sozialen Systems und seine Konstruktion bedeutet dies, daß die letzte grundlegende Dezentrierung dann vollzogen ist, wenn der hier betrachtete Realitätsausschnitt - das soziale System - mit Hilfe der formalen Operationen vollständig und rational konstruiert werden kann. Dies impliziert, daß das formal-operationale System des Psychischen in der Lage ist, sich das soziale System zum Gegenstand seines Operierens zu machen und diese Operationen so wählt, daß dieser Gegenstand nicht nur deskriptiv erfaßt wird, sondern auch in seiner systemspezifischen Funktionalität konstruiert wird.

1.1 Die vollständige sozial-kognitive Dezentrierung als Dezentrierung von personalen Perspektiven

In Anknüpfung an die im ersten Kapitel dargestellten Bestimmungen zum psychischen System kann hier festgestellt werden, daß das systemanalytische Denken dann vollzogen werden kann, wenn die Intention des bewußten Vollzugs auf das soziale System gerichtet ist; das heißt genauer, wenn die Intention des bewußten Vollzugs das soziale System als ein soziologisches Modell konstruiert. Außerdem ist in der Trias des bewußten Vollzugs, dem *Ich vollziehe etwas,* angezeigt, daß das soziale System dann konstruiert werden kann, wenn zwischen dem Ich des bewußten Vollzugs und dem Etwas differenziert wird. Der bewußte Vollzug ist in sich immer schon dezentriert, indem er die Einheit der Differenz von Ich und Etwas und Vollzug darstellt. Wird nun das soziale System Intention des bewußten Vollzugs, d.h. als das *Etwas* des bewußten Vollzug eingesetzt, so ist schon mit der Struktur des bewußten Vollzug eine Dezentrierung von dem Ich des Vollzugs und dem Etwas des sozialen Systems vorgegeben. Mit anderen Worten: Dezentrierung ist ein grundlegendes Kennzeichen des bewußten Vollzugs überhaupt und wird dann auch zu einem grundlegenden Kennzeichen des systemanalytischen Denkens, wenn das soziale System der durch den bewußten Vollzug intendierte Gegenstand ist.

Das systemanalytische Denken impliziert demnach aufgrund der Bestimmungsmerkmale des bewußten Vollzugs eine grundlegende sozial-kognitive Dezentrierung des vollziehenden psychischen Systems. Die Konstruktion der sozialen Perspektive im Sinne von SELMAN ist ein bewußter Vollzug, in dem das soziale System als intendierter Gegenstand auftritt.

Die reflexive Distanz ist jedem bewußten Vollzug zu eigen. Im Hinblick auf das bewußte Intendieren des sozialen Systems stellt sie jedoch an das psychische System besondere Anforderungen. Das psychische System erfaßt gerade die soziale Realität in seinem alltäglichen Handeln und Denken nicht in einer solchen bewußten und reflexiven Form. Es erfährt das Soziale eher als ein selbstverständlich Gegebenes, in das es selbst als Handelndes und nicht als Reflektierendes eingebunden ist. Das heißt nicht, daß Handeln nicht auch von Kognitionen begleitet ist. Diese Kognitionen beziehen

132 *Die operationale Bestimmung des systemanalytischen Denkens*

sich jedoch primär auf die Planung und Durchführung aktueller, intendierter Handlungen in einem nicht bewußt reflektierten kommunikativen Kontext. SCHÜTZ/ LUCKMANN verweisen auf diese besondere alltägliche Einstellung, in der das Soziale nicht primär als ein Problem der Reflexion, sondern eher mitgängig als unproblematisch und selbstverständlich erfaßt wird. [77]

> "Da wir auf das phänomenologische Problem der Konstitution der Intersubjektivität hier nicht eingehen können, müssen wir uns mit der Feststellung begnügen, daß ich in der natürlichen Einstellung des Alltags folgendes als fraglos gegeben hinnehme: a) die körperliche Existenz von anderen Menschen; b) daß diese Körper mit einem Bewußtsein ausgestattet sind, das dem meinen prinzipiell ähnlich ist; c) daß die Außenweltdinge in meiner Umwelt und der meiner Mitmenschen für uns die gleichen sind und grundsätzlich die gleiche Bedeutung haben; d) daß ich mit meinen Mitmenschen in Wechselbeziehung und Wechselwirkung treten kann; e) daß ich mich - dies folgt aus den vorangegangenen Annahmen - mit ihnen verständigen kann; f) daß eine gegliederte Sozial- und Kulturwelt als Bezugsrahmen für mich und meinen Mitmenschen historisch vorgegeben ist, und zwar in einer ebenso fraglosen Weise wie die "Naturwelt"; g) daß also die Situation, in der ich mich jeweils befinde, nur zu einem geringen Teil eine rein von mir geschaffene ist.
> Die alltägliche Wirklichkeit der Lebenswelt schließt also nicht nur die von mir erfahrene "Natur", sondern auch die Sozial- bzw. Kulturwelt, in der ich mich befinde, ein." [78]

Die von SCHÜTZ/ LUCKMANN dargestellte Wahrnehmung des Sozialen entspricht nicht einer bewußten Einstellung auf die soziale Realität, in der das Soziale in seinem Zusammenhang zum Gegenstand des bewußten Vollzugs gemacht wird. Die hier dargestellte Wahrnehmung entspricht eher der Konstruktion des konkret-operationalen Systems: Soziales wird hier noch aus der konkret wahrnehmbaren Situation der Interaktion erfahren, indem die soziale Erfahrung an die Wahrnehmung des Anderen (Perspektivenübernahme) und die unterstellte grundsätzliche Annahme der wechselseitigen Verständigung zwischen Menschen gebunden ist. Dies ist kennzeichnend für die Differenzierung und Koordination personaler Perspektiven im konkret-operationalen System. Gleichzeitig klingt in dem oben aufgeführten Zitat auch schon eine erlebte Differenzierung zwischen Ich und Sozialem an. Diese Grunddifferenz ist damit angesprochen, daß das Ich sich in der alltäglichen Einstellung als vom Sozialen different erlebt. Auch diese Differenz ist dem konkret-operationalen System schon möglich, bleibt jedoch auch hier noch an die Konstruktion personaler Perspektiven gebunden, indem zwischen Denken und Handeln unterschieden wird. Das Zitat von SCHÜTZ/ LUCKMANN zeigt, daß in der alltäglichen Einstellung auch des Erwachsenen die soziale Welt nicht insofern problematisch wird, als das Soziale im Hinblick auf seine Begründung und seine Funktionalität befragt wird, sondern daß es als in die konkreten Erfahrungen der Interaktion zwischen Ego und Alter eingebunden erlebt wird.

Die im Sinne PIAGETs letzte und grundlegende Dezentrierung findet hier noch nicht statt. Sie ist gebunden an die reflexive Struktur des bewußten Vollzugs, der das

---

77. vgl. auch T. THORLINDSSON, Gesellschaftliche Organisation und Erkenntnis, S.22ff.
78. A. SCHÜTZ/ T. LUCKMANN, Strukturen der Lebenswelt, S.27

Formal-operationale Konstruktion: Vollständige sozial-kognitive Dezentrierung

Soziale als eigenen Realitätsbereich und mit Hilfe der formalen Operationen als soziales System konstruiert.

Die Tatsache, daß das psychische System, das das Soziale konstruiert, immer von einer Realität ausgeht, in der es selbst als handelndes Individuum involviert ist, erschwert die sozial-kognitive Dezentrierung.

Die sozial-kognitive Dezentrierung fordert vom psychischen System, von den sinnlich wahrnehmbaren Faktoren der Interaktion zu abstrahieren und Soziales nicht in seiner Gebundenheit an konkrete, individuelle Personen zu betrachten. Geht das psychische System in seiner Erfassung des Sozialen von seiner konkreten Erfahrung aus, so zeigt sich diese Erfahrung immer als ein kommunikativer Austausch zwischen Individuen. Dieser Austausch wird als das Soziale des Konkreten erlebt. Das formal-operationale System dagegen abstrahiert gerade von dieser konkreten Ebene, indem es Soziales nicht mehr als einen Austausch zwischen Individuen erfährt, sondern als ein System mit eigenen Regeln, Strukturen und Systemparametern. Die sozial-kognitive Dezentrierung ist somit eine Dezentrierung nicht nur von der eigenen Perspektive, sondern von personaler Perspektivik überhaupt und ermöglicht die reflexive Aufmerksamkeit auf das Soziale als ein eigenes System.

Diese Darstellung unterstellt nicht, daß das Fremdverstehen als Differenzierung und Übernahme der Perspektiven Anderer im konkret-operationalen System abgeschlossen ist. Auch das Fremdverstehen kann durch formale Operationen qualitativ verändert werden. Dies soll hier nicht Thema sein. Hier bleibt festzuhalten, daß das systemanalytische Denken nur dem formal-operationalen System möglich ist. Es hat seine «Vorläufer» im konkret-operationalen System, die prinzipiell das Soziale erfassen können, da ihnen die Dezentrierung als Perspektivenübernahme bereits möglich ist. Ihnen ist jedoch nicht möglich, die im Konkreten gemachten sozialen Erfahrungen als ein eigenes, funktionales System zu konstruieren.

"Das Kind seinerseits konstruiert keine Systeme. Sein spontanes Denken kann mehr oder weniger (am Anfang sehr wenig, später mehr) systematisch sein, doch das bemerkt der Beobachter von außen, während sich das Kind dessen nicht bewußt ist, weil sein Denken nicht über sich selbst reflektiert. Als wir zum Beispiel früher die kindlichen «Vorstellungen von der Welt» studierten, konnten wir eine Reihe systematischer Reaktionen beobachten und entsprechende Systeme für diese oder jene Stufe konstruieren: aber *wir* haben diese Systeme konstruiert, während das Kind, obwohl es oft spontan zur gleichen Meinung kommt und ohne sein Wissen analoge Antworten gibt[3], in keiner Weise versucht, seine Ideen zu systematisieren, und zwar weil eine Reflexion, das heißt ein Denken in zweiter Potenz oder Denken über sein eigenes Denken, fehlt, die für die Konstruktion jeder Theorie unerläßlich ist.

[3] Siehe zum Beispiel in *La formation du symbole chez l'enfant*, Kapitel IX."[79]

Das systemanalytische Denken impliziert somit eine sozial-kognitive Dezentrierung, die über die Dezentrierung des konkret-operationalen Systems hinausgeht, indem das Soziale vollständig dezentriert, d.h. unabhängig von personaler Kontingenz betrachtet wird und als ein eigenes soziales System konstruiert wird. Damit ist auch verbunden, daß eine Methode zur Konstruktion sozialer Systeme bewußt angewendet

---

[79]. J. PIAGET/ B. INHELDER, Von der Logik des Kindes zur Logik des Heranwachsenden, S.327

wird, die das eigene Denken bzw. Operieren zum Gegenstand des Denkens macht. Wie anspruchsvoll eine solche Dezentrierung ist, ist durch PIAGET zu belegen. Einerseits stellt er fest, daß in der kognitiven Entwicklung die letzte grundlegende Dezentrierung im Alter zwischen 11 bis 12 Jahren und 14 bis 15 Jahren vollzogen ist. Dies müßte die sozial-kognitive Dezentrierung einschließen. Gleichzeitig stellt er fest, daß der Heranwachsende, der die Stufe des Formalen bereits erreicht hat, in sozialer Hinsicht zunächst eine neue Form der Egozentrik zeigt. Dies bedeutet, daß die sozial-kognitive Dezentrierung als die Konstruktion sozialer Systeme mit dem Erreichen der formal-operationalen Stufe noch nicht vollzogen ist. Sie entwickelt sich erst als eine spätere Form des formalen Denkens.

"Mit der neuen Ausweitung des Universums, die durch die Ausformung des formalen Denkens ausgelöst wird, zeigt sich zunächst eine dritte Form der Egozentrik, die eine der ziemlich beständigen Eigenschaften der Adoleszenz ist, bis zu einer späteren neuen Dezentration, die den wirklichen Anfang der erwachsenen Arbeit setzt.
Diese höhere Form der Egozentrik, die sich im Heranwachsenden äußert, ist übrigens die unvermeidliche Folge seiner Einfügung in das soziale Leben der Erwachsenen. Wie nämlich Charlotte Bühler richtig gesagt hat, versucht der Heranwachsende nicht nur, sein Ich in das soziale Milieu einzufügen, sondern ebensosehr auch das Milieu an sein Ich anzupassen. Mit anderen Worten, indem er sich bemüht, das Milieu zu denken, in das er sich einzuführen versucht, denkt er dadurch auch seine künftige Tätigkeit im Sozialkörper und die Mittel, um diesen zu verändern: deshalb eine relative Nichtunterscheidung zwischen dem eigenen Standpunkt als ein Individuum, das sich ein Lebensprogramm konstruieren soll, und dem Standpunkt der Gruppe, die reformiert werden soll." [80]

Dieses Zitat weist darauf hin, wie schwer es ist, soziale Systeme in vollständig dezentrierter Form zu analysieren. PIAGET beschreibt hier die Fähigkeit des formal Denkenden, der den Standpunkt der Gruppe konstruieren kann, jedoch diesen Standpunkt noch nicht von der eigenen Person dezentriert. In dieser Hinsicht erscheint die sozial-kognitive Dezentrierung als eine Fähigkeit, die einerseits auf das formale Denken angewiesen ist, andererseits jedoch noch nicht voll ausgebildet ist, wenn das psychische System bereits in der Lage ist, formal zu denken.

Diese Schwierigkeit wird hier dadurch erklärt, daß die sozialen Erfahrungen des psychischen Systems so strukturiert sind, daß Ego und Alter in die Kommunikation involviert sind. Diese Grunderfahrung der Kommunikation als eines Austauschprozesses zwischen Ego und Alter steht letztlich der vollständigen sozialen Dezentrierung des systemanalytischen Denkens im Wege. Das systemanalytische Denken sieht gerade von dem Ego-Alter-Schematismus *konkreter Individuen* ab, um den Standpunkt der Gruppe bzw. das soziale System zu konstruieren. Mit MEAD kann auch festgestellt werden, daß das systemanalytische Denken insofern über die Rollenübernahme hinausgeht, als es nun vom Analysierenden fordert, daß er nicht nur die Rollen der Interaktionsteilnehmer einnehmen kann, sondern den Standpunkt des verallgemeinerten Anderen.

---

80. J. PIAGET/ B. INHELDER, Von der Logik des Kindes zur Logik des Heranwachsenden, S.331

Formal-operationale Konstruktion: Vollständige sozial-kognitive Dezentrierung

"Die organisierte Gemeinschaft oder gesellschaftliche Gruppe, die dem einzelnen seine einheitliche Identität gibt, kann »der (das) verallgemeinerte Andere« genannt werden. Die Haltung dieses verallgemeinerten Anderen ist die der ganzen Gemeinschaft[7]."[81]

"Dieses Hereinholen der weitgespannten Tätigkeit des jeweiligen gesellschaftlichen Ganzen oder der organisierten Gesellschaft in den Erfahrungsbereich eines jeden in dieses Ganze eingeschalteten oder eingeschlossenen Individuums ist die entscheidende Basis oder Voraussetzung für die volle Entwicklung der Identität des Einzelnen: nur insoweit er die Haltungen der organisierten gesellschaftlichen Gruppe, zu der er gehört, gegenüber der organisierten, auf Zusammenarbeit beruhenden gesellschaftlichen Tätigkeiten, mit denen sich diese Gruppe befaßt, annimmt, kann er eine vollständige Identität entwickeln und die, die er entwickelt hat, besitzen."[82]

"Beim abstrakten Denken nimmt der einzelne die Haltung des verallgemeinerten Anderen gegenüber sich selbst ein[8], ohne Bezug auf dessen Ausdruck in einem anderen Individuum. Beim konkreten Denken nimmt er diese Haltung insoweit ein, als sie in den Haltungen gegenüber seinem Verhalten bei jenen anderen Individuen ausgedrückt ist, mit denen er in der jeweiligen gesellschaftlichen Situation oder Handlung verbunden ist."[83]

Diese drei Zitate MEADs zeigen, daß auch in seiner Konzeption der Interaktionsschematismus von Ego und Alter als Rollenübernahme für die Erfassung des Sozialen durch das konkret-operationale System vollzogen wird. Das formal-operationale System hingegen nimmt die Haltung des verallgemeinerten Anderen ein und konstruiert in systemanalytischer Sicht damit ein soziales System. Bei SELMAN wird der verallgemeinerte Andere mit der Beobachterperspektive gleichgesetzt, die schon auf der letzten konkret-operationalen Stufe konstruiert werden kann. Erst auf der formalen Stufe des Denkens konstruiert auch nach SELMAN der Jugendliche soziale Systeme. Demgegenüber wird im vorliegenden Zusammenhang nicht angenommen, daß die Koordination personaler Perspektiven (die Konstruktion einer Beobachterperspektive) schon die Konstruktion des verallgemeinerten Anderen ausmacht. Statt dessen wird behauptet, daß die Konstruktion des verallgemeinerten Anderen dann vollzogen werden kann, wenn das Soziale personenunabhängig konstruiert wird.

Hier soll nicht diskutiert werden, welche Funktionen dieses systemanalytische Denken für die Identitätsentwicklung hat. Diesem Anliegen MEADs kann hier keine Aufmerksamkeit gewidmet werden. Ferner soll auch nicht weiter erörtert werden, daß MEAD zum einen die Erfassung des sozialen Systems einmal mit der Konstruktion der Gesamtgesellschaft und zum anderen mit der Konstruktion der in der Gesellschaft ausdifferenzierten Tätigkeit gleichsetzt. Eine solche Darstellungsweise erweist sich als problematisch. MEAD geht letztlich von *der* Haltung des verallgemeinerten Anderen aus. Damit impliziert er, daß umfangreiche kommunikative Prozesse wie die von sozialen Systemen auf *eine* Haltung, *einen* Standpunkt reduziert werden können. Alle diese Momente können hier nicht weiter berücksichtigt werden. Es sei lediglich darauf hingewiesen, daß auch mit dem Konzept des verallgemeinerten Anderen ein systemanalytisches Denken angesprochen ist, das Soziales in der Konstruktion eines gesellschaftlichen Prozesses bzw. eines sozialen Systems erfaßt.

---

81. G.H. MEAD, Geist, Identität und Gesellschaft, S.196
82. G.H. MEAD, Geist, Identität und Gesellschaft, S.197
83. G.H. MEAD, Geist, Identität und Gesellschaft, S.198

Auch LUHMANN spricht dieses Moment der Konstruktion eines sozialen Systems an, das über die Konstruktion von Austauschprozessen bzw. Wechselwirkungsprozessen zwischen Individuen hinausgeht.

"Mit dem Sicheinlassen auf soziale Beziehungen wird nach Simmel immer auch ein Prozeß der Grenzbestimmung in Gang gebracht. Die Grenzen, die Simmel meint, trennen aber nicht das soziale System von seiner Umwelt; sie durchschneiden die Objekte nach der Differenz: meine Einflußsphäre/ deine Einflußsphäre, meine Rechte/ deine Rechte; die Seite, die ich sehen kann/ die Seite, die du sehen kannst. ... Diese Version (der Grenzziehung nach Simmel, A.H.) zieht, systemtheoretisch gesprochen, nur die Systemsreferenz der psychischen Systeme in Betracht. Die Eigenwelt der sozialen Systeme wird nicht gesehen ..." [84]

Wie bereits oben dargestellt, geht die Konstruktion des sozialen Systems über die Erfassung und Abgleichung personaler Perspektiven hinaus. Das Soziale wird nämlich - LUHMANN folgend - nicht durch die Bezugnahme zwischen zwei psychischen Systemen konstruiert, sondern durch die System-Umwelt-Differenz des sozialen Systems. Im Rahmen von Entwicklungstheorien zur sozial-kognitiven Entwicklung ist dieser Ansatz mit SELMANs Stufenkonzeption kompatibel. Auch er setzt als formale Stufe des sozial-kognitiven Denkens ein Denken in soziologischen Kategorien an, die das soziale System konstituieren, während das konkret-operationale System das Soziale immer als eine Beziehung zwischen personalen Perspektiven konstruiert. Ein solcher Ansatz ist jedoch nicht mehr mit Theorien kompatibel, in denen das soziale System selbst nur als ein System konstruiert wird, das sich aus personalen Subsystemen zusammensetzt. Dies ist z.B. bei HEJL der Fall. Er definiert das soziale System folgendermaßen:

"Ein *soziales System* kann definiert werden als eine Gruppe lebender Systeme, die zwei Bedingungen erfüllen:
1. Jedes der lebenden Systeme muß in seinem kognitiven Subsystem mindestens einen Zustand ausgebildet haben, der mit mindestens einem Zustand der kognitiven Systeme der anderen Gruppenmitglieder verglichen werden kann.[9]
2. Die lebenden Systeme müssen (aus ihrer Sicht) mit Bezug auf diese parallelisierten Zustände interagieren.

Anders formuliert: die Gruppenmitglieder müssen eine gemeinsame Realität und damit einen Bereich sinnvollen Handelns und Kommunizierens erzeugt haben *und* auf ihn bezogen interagieren.

[9] Aus dieser Definition geht hervor, daß Individuen *nicht* vollständig Komponenten sozialer Systeme sind, sondern nur im Ausmaß der Ausbildung entsprechender Zustände ihrer kognitiven Subsysteme. ..." [85]

HEJLs Definition ist sicherlich dahingehend zuzustimmen, daß psychische Systeme, die gemeinsam die Kommunikation konstituieren, funktional äquivalente kognitive Strukturen entwickeln müssen, um eine gemeinsame Kommunikationswelt zu

---

84. N. LUHMANN, Soziale Systeme, S.177/178; Luhmann bezieht sich hier auf G. SIMMEL, Soziologie: Untersuchungen über die Formen der Vergesellschaftung, S.467-470
85. P.M. HEJL, Konstruktion der sozialen Konstruktion, S.319

konstituieren. Darüber hinaus ist insbesondere den Bemerkungen in der Fußnote zuzustimmen, daß psychische Systeme nicht vollständig in soziale Systeme integriert sind. Gleichwohl grenzt sich die in der vorliegenden Arbeit dargestellte Auffassung des sozialen Systems von HEJLs Definition ab: HEJL definiert das Soziale, indem er es in personale Subsysteme dekomponiert. Im Gegensatz dazu kann, ausgehend von LUHMANNs System-Umwelt-Theorie, eingewendet werden, daß psychische und organische Systeme nicht Subsysteme des Sozialen sind, sondern dessen Umwelt ausmachen. In dieser Hinsicht kann das Soziale nicht durch das Psychische dekomponiert werden. Die geforderte sozial-kognitive Dezentrierung, die das Soziale und das Psychische als Umwelten füreinander konstruiert, wird von HEJL nicht in seine Überlegungen einbezogen. Dies führt zu Folgeproblemen: Das Soziale kann in seiner eigenen Funktionalität nicht beschrieben werden. Es ist und bleibt letztlich die Koordination zwischen personalen Systemen.

Gleiche Einwände können gegenüber Rollentheorien gemacht werden, in denen Rollen dadurch konstituiert werden, daß sie unter den Interaktionsteilnehmern ausgehandelt werden:

"RÜ (Rollenübernahme, A.H.) meint also die symbolische Rekonstruktion der Beziehung von Selbst und anderen, die Teilnehmer an sozialen Interaktionen sind. In diesen Interaktionen entstehen Erwartungen, die wechselseitig antizipiert und zum Ausgangspunkt für dialogisches Handeln werden." [86]

Auch hier wird das Soziale im Rahmen der Koordination personaler Perspektiven dargestellt. Damit sind Rollen letztlich Erwartungen, die durch die Abgleichung dieser personalen Perspektiven in der Interaktion entstehen. In der Rollentheorie wird demgegenüber betont, daß soziale Rollen immer auch zugleich durch das gesamte Bezugssystem konstituiert werden und nicht nur durch die einzelnen Interaktionsteilnehmer. Damit erhält die Konstruktion des gesamten sozialen Systems für die Erfassung sozialer Regularien und ihrer Funktionen eine elementare Bedeutung. DAHRENDORF [87] betont, daß Rollen immer als Teile eines Bezugssystems definiert und erfaßt werden müssen; gleiches gilt für GEULEN [88], der gleichzeitig auf die Entlastungsfunktion vorgegebener sozialer Regularien verweist.

Die Schwierigkeit der sozial-kognitiven Dezentrierung liegt somit in den Anforderungen, daß das Soziale nicht nur als Interaktion zwischen Ego und Alter in Form der Perspektiven- und Rollenübernahme erfaßt wird, sondern daß das Soziale in Form von sozialen Systemen konstruiert wird; d.h. dezentriert von individuellen und personalen Faktoren. Die Konstruktion sozialer Systeme wird in der vorliegenden Arbeit als ein Prozeß beschrieben, der durch die formalen Operationen PIAGETs vollzogen wird. Dies impliziert eine Loslösung von konkret erfahrenen sozialen Interaktionen und eine reflexive Distanz zum sozialen System, das zum Gegenstand des bewußten Vollzugs wird, indem es durch die formalen Transformationen konstruiert wird.

---

86. M. KELLER, Kognitive Entwicklung und soziale Kompetenz, S.19
87. R. DAHRENDORF, Homo Sociologicus, S.45ff.
88. D. GEULEN, Das vergesellschaftete Subjekt, S.255-261

138 *Die operationale Bestimmung des systemanalytischen Denkens*

1.2   Die Problematik der Differenzierung zwischen psychischen und sozialen Systemen - einige soziologische Überlegungen

Die sozial-kognitive Dezentrierung kann nach den bisherigen Ausführungen als eine Fähigkeit zur Differenzierung dargestellt werden. Diese Differenzierung unterscheidet zwischen der personalen Perspektive und der soziologischen Perspektive in der Konstruktion des Sozialen. Dies impliziert die Konstruktion der Differenz zwischen psychischen und sozialen Systemen. Wird diese Differenz vom systemanalysierenden psychischen System konstruiert, so ist die sozial-kognitive Dezentrierung vollzogen. Im folgenden Unterkapitel sollen nun einige soziologische Überlegungen zur Differenz zwischen dem psychischen und dem sozialen System dargestellt werden, um im Anschluß daran die Operationen dieser Differenzierung zu bestimmen.

Die Differenz zwischen psychischen und sozialen Systemen ist eine grundlegende Differenz, die nicht nur für das systemanalytische Denken von elementarer Wichtigkeit ist. Sie wirft unter dem Problemtitel von Individuum und Gesellschaft und deren Bezug zueinander die grundlegende Frage nach dem Verhältnis zwischen dem Einzelnen und der Gesellschaft, von Identität und Gesellschaft bzw. vom «eigentlich Menschlichen» im Vergleich zur Gesellschaft auf. Dieser Problemtitel wird sehr unterschiedlich behandelt und ist sowohl in Gesellschaftstheorien, Sozialpsychologien, Entwicklungstheorien etc. von grundlegender Wichtigkeit. Diese Diskussion kann hier nicht aufgenommen werden. Es soll lediglich darauf hingewiesen werden, daß diese Differenzierung unterschiedliche Beantwortungen erfahren hat. Insbesondere in der deutschen Tradition spielt das Paradigma der Entfremdung als einer Bestimmung des Verhältnisses zwischen Individuum und Gesellschaft eine bedeutende Rolle. Dieses Paradigma, das auf ROUSSEAU zurückzuführen ist, hat auch bis zu den neueren soziologischen Untersuchungen, wie z.B. Untersuchungen zur Rollentheorie, immer wieder seine Anwendung gefunden. Als Beispiel hierfür sei DAHRENDORF zitiert:

"Die Tatsache der Gesellschaft ist ärgerlich, weil wir ihr nicht entweichen können. ...
Für jede Position, die ein Mensch haben kann, sei sie eine Geschlechts- oder Alters-, Familien- oder Berufs-, National- oder Klassenposition oder von noch anderer Art, kennt »die Gesellschaft« Attribute und Verhaltensweisen, denen der Träger solcher Positionen sich gegenübersieht und zu denen er sich stellen muß. Übernimmt und bejaht er die an ihn gestellten Forderungen, dann gibt der Einzelne seine unberührte Individualität zwar auf, gewinnt aber das Wohlwollen der Gesellschaft, in der er lebt; sträubt der Einzelne sich gegen die Forderungen der Gesellschaft, dann mag er sich eine abstrakte und hilflose Unabhängigkeit bewahren, doch verfällt er dem Zorn und den schmerzhaften Sanktionen der Gesellschaft." [89]
"Alle Ausnahmen (sic!) und Theorien der Soziologie sind stets ausschließlich Annahmen und Theorien über *homo sociologicus*, also über den Menschen in der entfremdeten Gestalt eines Trägers von Positionen und Spielers von Rollen." [90]
"Der Mensch ist vom Einmaligen zum Exemplar, vom Einzelnen zum Mitglied, von der freien und autonomen Kreatur zum Produkt seiner entfremdeten Charaktere geworden." [91]

---

89. R. DAHRENDORF, Homo Sociologicus, S.27
90. R. DAHRENDORF, Homo Sociologicus, S.79
91. R. DAHRENDORF, Homo Sociologicus, S.81

Das Entfremdungsparadigma, so wie es sich hier darstellt, geht von einer ursprünglichen Dichotomisierung zwischen Einzelnem und Gesellschaft aus. Diese Art der Differenz wird im formal-operationalen System durch die Operation der Unvereinbarkeit konstruiert. Andere Konzeptionen, wie z.B. MEADs Konzeption der Identität [92], gehen gerade von einer Identitätsentwicklung aus, die durch den gesellschaftlichen Prozeß ermöglicht wird. Die Identität bzw. der Einzelne stehen dann nicht mehr unvereinbar und dichotomisiert zur Gesellschaft, sondern konstituieren sich erst aufgrund der Gesellschaft.

Diese Diskussion kann hier nicht weiter fortgeführt werden. Mit Hilfe der zwei genannten Beispiele sollte lediglich gezeigt werden, wie unterschiedlich verschiedene Konzeptionen die Differenz und Bezugnahme zwischen Einzelnem und Gesellschaft behandeln.

Für die nun folgenden Überlegungen zum systemanalytischen Denken soll die Differenz und Bezugnahme zwischen psychischem System und sozialem System im Sinne der System-Umwelt-Theorie LUHMANNs dargestellt werden. Auch diese Konzeption kann hier nicht vollständig dargelegt werden. Für sie ist das psychische System in der Kommunikation weder sich selbst entfremdet noch steht es im Widerspruch zur Gesellschaft. Das Individuum ist im gesellschaftlichen Prozeß somit kein passives, rein rezeptives Individuum, das letztlich vorgegebene Normen und Werte der Gesellschaft «internalisiert». Das psychische System wird auch im Verhältnis zum sozialen System als ein aktives, selbstregulierendes System gekennzeichnet. Es ist damit nicht ein seiner selbst entfremdeter Teil der Gesellschaft, sondern kann gerade durch die kognitive Auseinandersetzung mit dem Sozialen Aufklärung und Emanzipation erfahren. Die Autonomie des Einzelnen besteht dann nicht mehr in seiner Nicht-Vergesellschaftung, sondern in seiner Fähigkeit, auf soziale Systeme zu reflektieren und sie auch zu konzipieren. HEJL spricht dieses Moment der Aufklärung an, indem er die Fähigkeit zur kognitiven Konstruktion des Sozialen als eine Möglichkeit ansieht, die bereits bestehenden und zwanghaft wirkenden sozialen Regeln als Konstruktionen zu erfassen und ihnen andere, verbesserte Konstruktionen entgegenzustellen:

"Seit E. Durkheims *Les régles de la méthode sociologique* (vgl. z.B. 1983, 5ff.) wird immer wieder der Zwangscharakter des Sozialen hervorgehoben (und damit die nur noch aus dem Bedürfnis nach Abgrenzung von anderen Disziplinen zu verstehende Trennung von Individuum und Sozialem begründet). Dieser Zwangscharakter kann auch kaum geleugnet werden. ... In diesen Fällen vollzieht sich die Ausbildung der kognitiven Zustände, die uns ein auf diese bereits definierten Realitäten bezogenes erfolgreiches Handeln gestatten, nach dem Muster der Ausbildung des Konzepts von Objektivität. Gefordert ist hier eine einseitige Zustandsveränderung: Anpassung. ... Daneben muß jedoch betont werden, daß auch diese so schwer veränderbaren Realitätsdefinitionen als Konstrukte aufgefaßt werden können. Damit stellt sich sofort die Frage nach den Konstrukteuren und damit die, ob wir ihre Definitionen übernehmen wollen oder ob wir ihre Antworten ablehnen und damit auch noch so ehrwürdige Fragen als legitim auffassen wollen." [93]

Diesem Zitat sei hinzugefügt, daß die Auffassung soziale Regeln seien Konstrukte, notwendigerweise impliziert, daß diese Konstrukte zum einen kognitiv erfaßt sowie

---

92. vgl. G.H. MEAD, Geist, Identität und Gesellschaft
93. P. M. HEJL, Konstruktion der sozialen Konstruktion, S.317/318

als Konstruktionen und nicht als unabänderliche von Natur gegebene Vorgaben bestimmt werden und daß zum anderen die Fähigkeit entwickelt wird, diese Konstrukte anhand *rationaler* Kriterien beurteilen und dann auch verändern zu können. Nach der grundlegenden These der vorliegenden Arbeit resultiert diese Fähigkeit aus dem systemanalytischen Denken.

LUHMANNs Konzeption der Differenzierung zwischen Einzelnem und Gesellschaft wird mit der Differenz von System und Umwelt vollzogen, die sich aufgrund des Komplexitätsgefälles zwischen der komplexen Umwelt einerseits und der diese Komplexität reduzierenden Gesellschaft andererseits konstituiert. Der Einzelne wird dann nicht als ein Teil der Gesellschaft betrachtet, sondern ist ein Teil der gesellschaftlichen Umwelt.

"Sieht man den Menschen als Teil der Umwelt der Gesellschaft an (statt als Teil der Gesellschaft selbst), ändert das die Prämissen aller Fragestellungen der Tradition, also auch die Prämissen des klassischen Humanismus. Das heißt nicht, daß der Mensch als weniger wichtig eingeschätzt würde im Vergleich zur Tradition. ...
Die Systemtheorie geht von der Einheit der Differenz von System und Umwelt aus. Die Umwelt ist konstitutives Moment dieser Differenz, ist also für das System nicht weniger wichtig als das System selbst. ...
Gewonnen wird mit der Unterscheidung von System und Umwelt aber die Möglichkeit, den Menschen als Teil der gesellschaftlichen Umwelt zugleich komplexer und ungebundener zu begreifen, als dies möglich wäre, wenn er als Teil der Gesellschaft aufgefaßt werden müßte; denn Umwelt ist im Vergleich zum System eben derjenige Bereich der Unterscheidung, der höhere Komplexität und geringeres Geordnetsein aufweist. Dem Menschen werden so höhere Freiheiten im Verhältnis zu *seiner* Umwelt konzediert, insbesondere Freiheiten zu unvernünftigem und unmoralischem Verhalten. Er ist nicht mehr Maß der Gesellschaft." [94]

Die Differenz zwischen Einzelnem und Gesellschaft konstituiert sich hier aufgrund einer System-Umwelt-Differenz. Damit ist zugleich Differenz und Bezug der beiden Momente von Einzelnem bzw. Mensch und Gesellschaft angesprochen. Die Differenz besteht darin, daß sie nicht demselben System zugesprochen werden können, somit Umwelt füreinander bilden, und der Bezug liegt darin, daß System und Umwelt nicht dichotomisierbar sind, sondern daß die Umwelt für das System konstitutiv ist.

Die Differenz Mensch-Gesellschaft wird dann im weiteren von LUHMANN durch die Differenz zwischen psychischen und organischen Systemen einerseits und sozialen Systemen andererseits spezifiziert. Das heißt, die Differenzierung Mensch-Gesellschaft führt zu der weiteren Differenzierung zwischen psychischen, organischen und sozialen Systemen. Grundlage für diese weitere Differenzierung bildet das Konzept der Autopoiesis. Autopoietische Systeme sind Systeme, die ihre Elemente selbst hervorbringen. Diese Elemente sind kurzzeitige Ereignisse, die in ihrem Auftreten auch schon wieder verschwinden, so daß sich für das autopoietische System ein ständiges Produzieren und Reproduzieren der systemeigenen Elemente ergibt. Das heißt, das autopoietische System prozessiert, indem es in einer ständigen Produktion und Reproduktion systemeigener Elemente diese Elemente wiederum durch systemeigene Strukturen verknüpft. Das System bringt sich somit im Hinblick auf die Aufrechterhaltung

---

94. N. LUHMANN, Soziale Systeme, S.289

seiner Prozesse selbst hervor. Gleichzeitig ist die Selbstproduktion und Selbstreproduktion der autopoietischen Systeme daran gebunden, daß sie selbstbezüglich, d.h. selbstreferentiell prozessieren und im Hinblick auf diesen Prozeß von ihrer Umwelt abgeschlossen sind:

> "Vor allem ist jedoch die Wende zu beachten, die mit dem Konzept des selbstreferentiellen, autopoietischen Systems durchgeführt ist: Es geht nicht mehr um eine Einheit mit bestimmten Eigenschaften, über deren Bestand oder Nichtbestand eine Gesamtentscheidung fällt; sondern es geht um Fortsetzung oder Abbrechen der Reproduktion von Elementen durch ein relationales Arrangieren eben dieser Elemente. Erhaltung ist hier Erhaltung der Geschlossenheit und der Unaufhörlichkeit der Reproduktion von Elementen, die im Entstehen schon wieder verschwinden."[95]

An anderer Stelle wird von LUHMANN diese Bestimmung des autopoietischen Systems wiederholt, aber noch eine genauere Bestimmung der System-Umwelt-Beziehung hinzugefügt. Das autopoietische System ist von seiner Umwelt abgeschlossen, indem es das Element, über das es seine Autopoiesis vollzieht nicht an die Umwelt abgeben bzw. von der Umwelt aufnehmen kann.[96] Das Element bildet demnach die Abgeschlossenheit zu anderen Systemen bzw. zu der Umwelt: Das systemspezifische Element kann nur in dem jeweiligen System auftreten, jedoch nicht in seiner Umwelt. Die Geschlossenheit der autopoietischen Systeme ergibt sich demnach durch ihr selbstreferentielles, autopoietisches Prozessieren, das durch das Element des Systems allein bestimmt wird. Dementsprechend kann ein autopoietisches System keine Umweltbeziehungen haben, die als Input-Output-Beziehung zu kennzeichnen wären.

> "*Als autopoietisch wollen* wir Systeme bezeichnen, *die die Elemente, aus denen sie bestehen, durch die Elemente, aus denen sie bestehen, selbst produzieren und reproduzieren*. Alles, was solche Systeme als Einheit verwenden, ihre Elemente, ihre Prozesse, ihre Strukturen und sich selbst, wird durch eben solche Einheiten im System erst bestimmt. Oder anders gesagt: es gibt weder Input von Einheiten in das System, noch Output von Einheiten aus dem System. Das heißt nicht, daß keine Beziehungen zur Umwelt bestehen, aber diese Beziehungen liegen auf anderen Realitätsebenen als die Autopoiesis selbst."[97]

---

95. N. LUHMANN, Soziale Systeme, S.86
96. "Weder erhält das Bewußtsein aus seiner Umwelt eine Zufuhr von Bewußtsein noch gibt es Bewußtsein an seine Umwelt ab. Es ist auf der Ebene seiner autopoietischen Operationen weder durch Input noch Output mit der Umwelt verknüpft, ..." (N. LUHMANN, Autopoiesis des Bewußtseins, S.416)
"Selbstverständlich bleibt die Gesellschaft trotz, ja dank ihrer Selbstgeschlossenheit System in einer Umwelt. Sie ist ein System mit Grenzen. Diese Grenzen sind durch die Gesellschaft selbst konstituiert. Sie trennen Kommunikation von allen nichtkommunikativen Sachverhalten und Ereignissen, sind also weder territorial noch an Personengruppen fixierbar. In dem Maße, als dieses Prinzip der selbstkonstituierten Grenzen sich klärt, differenziert die Gesellschaft sich aus. Ihre Grenzen werden von Naturmerkmalen wie Abstammung, Bergen, Meeren unabhängig, und als Resultat von Evolution gibt es dann schließlich nur noch eine Gesellschaft; die Weltgesellschaft[9], die alle Kommunikationen und nichts anderes in sich einschließt und dadurch völlig eindeutige Grenzen hat." (N. LUHMANN, Soziale Systeme, S.557)
97. N. LUHMANN, Autopoiesis des Bewußtseins, S.403

142 Die operationale Bestimmung des systemanalytischen Denkens

Die oben dargestellte Differenzierung zwischen psychischen, sozialen und organischen Systemen ergibt sich dadurch, daß alle drei Systeme autopoietische Systeme sind. Diese drei grundlegenden Systeme bilden somit füreinander Umwelten und können in Form der System-Umwelt-Differenzierung voneinander differenziert werden. Gleichzeitig ist jedoch festzustellen, daß der System-Umweltbezug zwischen den autopoietischen Systemen nicht abgebrochen ist. Die Beschreibung der Geschlossenheit und Selbstreferenz legt eine solche Vermutung nahe. Die Differenz von System und Umwelt bildet jedoch gleichzeitig eine Einheit, in der jedes System für jedes andere konstitutiv ist. Die Geschlossenheit der Systeme ist gleichzeitig die Voraussetzung für ihre wechselseitige Konstitution. Das heißt, im Hinblick auf das Input-Output-Schema haben autopoietische Systeme keine Umweltbeziehungen. Ihre System-Umwelt-Beziehung ist durch ihre wechselseitige Konstitution zu beschreiben. LUHMANN benennt diese wechselseitige Konstitution mit dem Begriff der Interpenetration:

"Was wir Interpenetration nennen, greift jedoch tiefer, ist kein Leistungszusammenhang, sondern ein Konstitutionszusammenhang." [98]

Dieser Konstitutionszusammenhang wird an anderer Stelle im Hinblick auf psychische und soziale Systeme genauer beschrieben:

"Man kann sich das Grundproblem aber leicht verdeutlichen, wenn man es auf den Fall sozialer Interpenetration bezieht. Hier wird Bewußtsein zur Reproduktion von Kommunikation in Anspruch genommen und zugleich Kommunikation zur Reproduktion von Bewußtsein, ohne daß beides verschmolzen wird. Das Getrenntbleiben der Systeme und damit der Kontexte, in denen Elemente jeweils selektiv verknüpft und dadurch reproduziert werden, ist Voraussetzung der Reproduktion selbst: Ein Bewußtseinsakt bestimmt sich aus Anlaß von Kommunikation (oder auch: aus Anlaß von andersartigen Sinnerfahrungen) durch Bezug auf andere Bewußtseinsakte. Analog bestimmt ein kommunikatives Ereignis sich durch Bezug auf andere kommunikative Ereignisse, wobei Bewußtsein mehrerer psychischer Systeme, aber auch die selbstselektive Variation sonstiger Weltsachverhalte in Anspruch genommen wird. Die Struktur des Geschehens ist auf beiden Seiten analog. Das ermöglicht Interpenetration und ermöglicht damit das auf beiden Seiten je unterschiedliche Prozessieren von Informationen." [99]

Die Problematik der Differenz zwischen Einzelnem und Gesellschaft wird somit innerhalb von LUHMANNs Konzeption durch die Differenz der drei autopoietischen Systeme des Sozialen, des Psychischen und des Organischen vollzogen. Der Einzelne, der Mensch, wird dann wiederum differenziert in die beiden Systeme des Psychischen und des Organischen. Die Differenz dieser Systeme ergibt sich durch ihre Autopoiesis und ihr damit verbundenes selbstreferentielles Prozessieren. Diese Differenz kann dann mit den differenten Elementen von Kommunikation, Bewußtsein und Leben benannt werden. Die Elemente der drei autopoietischen Systeme sind die Ereignisse von Kommunikationen, Bewußtsein und Leben, und diese Elemente bilden systemeigene

---

98. N. LUHMANN, Soziale Systeme, S.295. Der Begriff der Leistung - dies wird noch weiter unten dargestellt - beschreibt das Input-Output-Verhältnis zwischen zwei Systemen, die sich aus einem autopoietischen System ausdifferenziert haben. Dies sind z.B. zwei soziale Subsysteme.
99. N. LUHMANN, Soziale Systeme, S.315/316

Strukturen aus. Der Bezug zwischen diesen differenten Systemen ist der System-Umweltbezug der Interpenetration. Sie sind nicht in ihrer Autopoiesis als monadische Systeme völlig zu ihrer Umwelt abgeschlossen, sondern bilden wechselseitig die Bedingung für ihr autopoietisches Prozessieren durch die wechselseitige Konstitution der Interpenetration.

"Von Interpenetration soll nur dann die Rede sein, wenn auch die Komplexität beitragenden Systeme autopoietische Systeme sind. Interpenetration ist demnach ein Verhältnis von autopoietischen Systemen. Diese Eingrenzung des Begriffsbereichs macht es möglich, das klassische Thema Mensch und Gesellschaft aus einem weiteren Blickwinkel zu betrachten, der mit dem Wortsinn von »Interpenetrieren« nicht ohne weiteres gegeben ist.
So wie die Selbstreproduktion sozialer Systeme dadurch, daß Kommunikation Kommunikation auslöst, gleichsam von selber läuft, wenn sie nicht schlicht aufhört, gibt es auch am Menschen geschlossen-selbstreferenzielle Reproduktionen, die sich bei einer sehr groben, hier aber ausreichenden Betrachtung als organische und als psychische Reproduktionen unterscheiden lassen. Im einem Falle ist das Medium und die Erscheinungsform[12] das *Leben*, im andern Falle das *Bewußtsein*. Autopoiesis qua Leben und qua Bewußtsein ist Voraussetzung der Bildung sozialer Systeme, und das heißt auch, daß soziale Systeme eine eigene Reproduktion nur verwirklichen können, wenn die Fortsetzung des Lebens und des Bewußtseins gewährleistet ist.
Diese Aussage klingt trivial. Sie wird niemanden überraschen. Gleichwohl bringt das Konzept der Autopoiesis zusätzliche Perspektiven ins Bild. Sowohl für Leben als auch für Bewußtsein ist die Selbstreproduktion nur im geschlossenen System möglich. ... Trotzdem ist die Autopoiesis auf beiden Ebenen nur unter ökologischen Bedingungen möglich, und zu den Umweltbedingungen der Selbstreproduktion menschlichen Lebens und menschlichen Bewußtseins gehört Gesellschaft. Um diese Einsicht zu formulieren, muß man, wie bereits mehrfach betont, Geschlossenheit und Offenheit von Systemen nicht als Gegensatz formulieren, sondern als Bedingungsverhältnis. Das soziale System, das auf Leben und Bewußtsein beruht, ermöglicht seinerseits die Autopoiesis dieser Bedingungen, indem es ermöglicht, daß sie sich in einem geschlossenen Reproduktionszusammenhang ständig erneuern. Das Leben und selbst das Bewußtsein brauchen nicht zu »wissen«, daß dies sich so verhält. Aber sie müssen ihre Autopoiesis so einrichten, daß Geschlossenheit als Basis für Offenheit fungiert." [100]

Für die weitere Darstellung der sozial-kognitiven Dezentrierung sollen im anschließenden Punkt 1.3 die formalen Operationen aufgezeigt werden, die vor dem Hintergrund der kurzen Erläuterung zu LUHMANNs Differenz und Bezugnahme zwischen psychischen und sozialen Systemen als Differenzierungsoperationen dargestellt werden können. Dabei wird das psychische System, das LUHMANN über die Autopoiesis des Bewußtseins definiert, hier als operational-kognitives System betrachtet. Die Zusammenhänge zwischen Bewußtsein, Operation und operativer Struktur wurden bereits dargestellt. [101] Zugleich ergibt sich in der operationalen Darstellung der Differenz zwischen psychischen und sozialen Systemen eine Beziehung zwischen drei Systemen: die Beziehung zwischen dem *konstruierenden psychischen System*, das in seinem bewußten Vollzug qua kognitiver Operationen einen differenzierenden Bezug

---

100. N. LUHMANN, Soziale Systeme, S.296/297
101. vgl. Kapitel 1, Teil 1 *Die Operation als Element des psychischen Systems*

zwischen dem psychischen und dem sozialen System setzt. Damit zeigt sich, daß in der Differenzierung als einem bewußten Vollzug neben dem sozialen System zwei psychische Systeme, das vollziehende und das zum Gegenstand gemachte - das analysierende und das differenzierte - unterschieden werden müssen:

Das systemanalytische Denken ist ein von einem psychischen System vollzogenes Denken. Das heißt, die hier untersuchten kognitiven Operationen der Systemanalyse beziehen sich auf ein psychisches System, das hier ausschließlich unter dem Aspekt der Kognition - und nicht der Emotion oder der Identität oder der Persönlichkeitsentwicklung etc. - betrachtet wird. Systemanalytisches Denken wird hier als eine kognitive Fähigkeit des formal-operationalen psychischen Systems vorgestellt. Dieses psychische System muß - soll es nun systemanalytisch denken - die Differenzierung zwischen psychischen und sozialen Systemen vollziehen können. Das in dieser Differenzierung zum Gegenstand gemachte psychische System ist dann nicht mehr das nur kognitive System, sondern ist gleichzeitig auch durch andere Faktoren bestimmt. In dieser Hinsicht muß hier deutlich zwischen dem systemanalytisch denkenden psychischen System und dem in diesen Vollzügen vom sozialen System unterschiedenen psychischen System unterschieden werden. Diese Doppelung des psychischen Systems im systemanalytischen Denken kann auch durch die Trias des bewußten Vollzugs näher bestimmt werden: Das Ich des bewußten Vollzugs ist als systemanalysierendes Ich das formal-operationale psychische System. Dieses System vollzieht im Denken bestimmte, noch zu kennzeichnende Operationen, um als Intention des Vollzugs die Differenz zwischen sozialen und psychischen Systemen zu konstruieren. Das formal-operationale System erscheint hier somit als der Vollzieher des Vollzugs, wobei das psychische System als Differenz zum sozialen System als der Gegenstand des bewußten Vollzugs - als das *Etwas* auftritt.

Diese Art der Sichtweise impliziert, daß von dem Interpenetrationsverhältnis zum organischen System völlig abgesehen wird und daß Emotionen des psychischen Systems hier nicht thematisiert werden. Dies könnte nur dann geschehen, wenn die Erforschung der Emotionen des psychischen Systems im Hinblick auf Soziales weiter entwickelt wäre und wenn die Beziehung zwischen Emotion und Kognition genauer geklärt werden könnte.

Ein weiteres Moment wird für die begriffliche Unterscheidung zwischen psychischen und sozialen Systemen von Bedeutung sein: Der von LUHMANN eingeführte Begriff des Elements ist mehrdeutig. Einmal wird das autopoietische System dadurch gekennzeichnet, daß es nur selbstproduzierte und systemspezifische Elemente ausbildet. An anderer Stelle spricht LUHMANN davon, daß verschiedene autopoietische Systeme auch gleiche Elemente benutzen können. Der Unterschied zwischen den autopoietischen Systemen besteht dann darin, daß sie ausgehend von diesen Elementen unterschiedliche systemspezifische Strukturbildungen, d.h. Verknüpfungen, vollziehen.

"Es bleibt zwar richtig, daß interpenetrierende Systeme in einzelnen Elementen konvergieren, nämlich dieselben Elemente benutzen, *aber sie geben ihnen jeweils unterschiedliche Selektivität und unterschiedliche Anschlußfähigkeit, unterschiedliche Vergangenheiten und unterschiedliche Zukünfte.* Die Konvergenz ist, da es sich um temporalisierte Elemente (Ereignisse) handelt, nur je gegenwärtig möglich. Die Elemente bedeuten daher, obwohl sie als Ereignisse identisch sind, in den beteiligten Systemen verschiedenes: Sie wählen aus jeweils anderen Möglichkeiten aus und führen zu jeweils anderen Konsequenzen." [102]

Unter diesem Gesichtspunkt bedeutet der Begriff des Elements nicht mehr das systemspezifische Element, sondern ein in dem jeweiligen System vorkommendes Ereignis. Diese Ereignisse können dann auch konvergieren: So kann z.B. die bewußte Intention auf einen Sachverhalt genau mit dem kommunikativen Ereignis einer bestimmten Thematisierung zusammenfallen. Die Differenz zwischen den Systemen ergibt sich dann durch das Anschließen dieser Sachaspekte an andere Sachaspekte: Das psychische System kann wesentlich mehr und an Unterschiedlicheres anknüpfen als dies in der Thematisierung der Kommunikation möglich ist. Das psychische System erweist sich hier als schneller und gleichzeitig auch komplexer als das soziale System. Diese Problematik kann auf die Elementbestimmung selbst zurückgeführt werden. Nur in dem Fall, daß der Gedanke als das Element des psychischen Systems definiert wird, können Konvergenzen zwischen dem Gedanken und der Thematisierung in der Kommunikation auftreten. Wird jedoch von der Operation als Element des Psychischen ausgegangen, so konvergieren die intrapsychischen Relationierungen als Operationen *nicht* mit den sozialsystemischen Relationierungen als Kommunikation. Diese Problematik wurde bereits im ersten Kapitel dieser Arbeit erörtert. Da die vorliegende Arbeit von der Operation als dem Element des Psychischen ausgeht, kann dieses Problem hier aufgelöst werden. Operationen sind Verknüpfungen, die - wie schon das oben aufgeführte Zitat von LUHMANN zeigt - mit dem Element des Sozialen nicht in eins fallen bzw. identisch sein können.

Dementsprechend wird im folgenden die Differenz zwischen dem psychischen und dem sozialen System dadurch bestimmt, daß jedes System systemspezifische Elemente und auch systemspezifische Strukturen ausbildet. Die Autopoiesis des Bewußtseins verläuft dann über das Element der Operation, das in seinen systemeigenen Verknüpfungen die systemspezifischen Operationsstrukturen ausbildet. Die Autopoiesis der Kommunikation verläuft dann über das Element der Kommunikation, die in ihren systemeigenen Verknüpfungen die systemspezifischen Kommunikationstrukturen ausbildet.

Die Operation wurde im ersten Kapitel definiert. Die Kommunikation soll hier - ganz im Sinne LUHMANNs - als die Synthese von drei Selektionen verstanden werden: die Selektionen von Information, Mitteilung und Verstehen.

"Begreift man Kommunikation als Synthese dreier Selektionen, als Einheit aus Information, Mitteilung und Verstehen, so ist die Kommunikation realisiert, wenn und soweit das Verstehen zustande gekommen ist." [103]

Das Element des sozialen Systems bildet eine Einheit aus drei Selektionen. [104]
Wird die Kommunikation als Element so definiert, dann kann auch das Thema einer Interaktion nicht das Element dieser Interaktion sein. Das Thema selbst besteht

---

102. N. LUHMANN, Soziale Systeme, S.293
103. N. LUHMANN, Soziale Systeme, S.203
104. Eine genaue Erörterung der Kommunikation als Element des Sozialen findet in Kapitel 2, Teil 3, Punkt 2.1.1.2 *Die operationale Konstruktion der Kommunikation als Element des sozialen Systems* statt.

noch nicht aus diesen drei Selektionen, sondern macht lediglich einen Aspekt der Kommunikation aus, der der Sachdimension zuzusprechen ist. Auch dies wird von LUHMANN im Hinblick auf das hier gewählte Beispiel des «Konvergierens von Elementen» in gleicher Weise festgestellt, [105] so daß die Elementarisierung des Sozialen in Kommunikationen und des Psychischen in Operationen letztlich nicht den Rahmen der LUHMANNschen Konzeption verläßt. Das folgende Zitat zeigt, daß auch LUHMANN die systemspezifischen Elemente des Sozialen und des Psychischen differenziert. Für das psychische System nimmt er, wie bereits oben ausgeführt, das Element des Gedankens an. Im vorangegangenen Kapitel wurde bereits dargelegt, daß diese Elementbestimmung in der vorliegenden Arbeit dadurch verändert wird, daß nicht der Gedanke, sondern die Operation als das Element des Psychischen angenommen werden soll.

"Aussichtsreicher scheint es zu sein, davon auszugehen, daß psychische und soziale Systeme in einer wichtigen Hinsicht übereinstimmen: Sie bestehen beide aus Elementen, die den Charakter von Ereignissen haben, also mit ihrem Auftreten sogleich wieder verschwinden. Im einen Fall können wir von Gedanken, im anderen Falle von Kommunikationen sprechen." [106]

1.3 Die analytische Differenzierung des sozialen Handelns als Ausgangspunkt der vollständigen sozial-kognitiven Dezentrierung

Die oben dargestellten Grundprobleme der Differenz zwischen Individuum bzw. Mensch und Gesellschaft zeigen, daß der hier gewählte Ansatz davon ausgeht, daß eine sozial-kognitive Dezentrierung dann stattfinden kann, wenn zwischen dem psychischen und dem sozialen System differenziert wird. Diese Differenzierung bildet die Voraussetzung dafür, daß das soziale System in Differenz zum psychischen System konstruiert werden kann. Dies impliziert zwei wesentliche Momente: Erstens wird hier von der weiteren Differenzierung des «Menschen» als organisches System abgesehen; d.h., die Differenzierung zwischen psychischen und sozialen Systemen als Interpenetration stellt für das systemanalytische Denken eine Abstraktion von organischen Interpenetrationen dar. Zweitens impliziert diese Feststellung, daß hier nicht nur zwischen zwei Faktoren differenziert wird, sondern zwischen zwei Systemen, die zum einen durch ihre Typik und Eigenständigkeit in ihren Elementen, Strukturen und Grenzen unterschieden werden können und die zum anderen in einer ganz besonderen Beziehung zueinander stehen: der Beziehung der wechselseitigen Konstitution, d.i. die Interpenetration.

Die Differenzierung zwischen psychischen und sozialen Systemen ist ein erster grundlegender Denkschritt für die Konstruktion des sozialen Systems. Erst durch diese Differenzierung ist das formal-operationale System in der Lage, seinen Gegenstand - das soziale System - zu konstruieren. Das heißt, der Gegenstand des systemanalytischen Denkens stellt eine Konstruktion dar, die aus einer Differenzierung hervorgeht.

---

105. "Von *Sachdimension* soll die Rede sein im Hinblick auf alle *Gegenstände sinnhafter Intention* (in psychischen Systemen) oder *Themen sinnhafter Kommunikation* (in sozialen Systemen)." (N. LUHMANN, Soziale Systeme, S.114)
106. N. LUHMANN, Soziologische Aufklärung 4, S.174

Formal-operationale Konstruktion: Vollständige sozial-kognitive Dezentrierung

Darüber hinaus bildet die Interpenetration zugleich als eine System-Umwelt-Grenze einen eigenen Systemparameter. Die operationale Konstruktion der Differenz zwischen psychischen und sozialen Systemen stellt somit nicht nur eine wesentliche Voraussetzung des systemanalytischen Denkens dar, sondern ist zugleich als ein eigener Systemparameter auch ein wesentliches Moment des systemanalytischen Denkens selbst. In Punkt 2.1 in diesem Kapitel, der die operationale Konstruktion der Systemparameter thematisiert, wird diese Grenze als ein Parameter unter anderen Parametern wiederum auftreten.

Das systemanalytische Denken muß von der grundlegenden Differenz von System und Umwelt ausgehen. Die nun folgenden Überlegungen zur operationalen Erfassung der Differenz zwischen psychischem und sozialem System leiten aus diesem Grunde die Erfassung der Systemparameter ein: Die Grenze des sozialen Systems zu seiner psychischen Umwelt ist einerseits die Voraussetzung des systemanalytischen Denkens, andererseits muß sie als ein Systemparameter in die systemanalytische Verrechnung mit aufgenommen werden.

Der Ausgangspunkt für die Differenzierung zwischen psychischen und sozialen Systemen liegt in der operationalen Konstruktion des sozialen Handelns. Das formal-operationale systemanalytische Denken knüpft damit an das konkret-operationale Denken an, das das soziale Handeln in seinem wechselseitigen Bezug zwischen den Interaktionsteilnehmern, in seiner Gebundenheit an bestimmte soziale Positionen innerhalb eines Positionsgefüges und in seiner Gebundenheit an soziale Rollen innerhalb eines Rollengefüges konstruiert. Das soziale Handeln definiert sich dann als ein Handeln, das direkt auf Andere bezogen ist und in diesem Bezogensein Regularien unterworfen ist, die durch die jeweilige Interaktionssituation vorgegeben sind. In dieser Hinsicht kann hier für das konkret-operationale System ebenfalls in Anspruch genommen werden, was SCHÜTZ/LUCKMANN für die Einstellung der alltäglichen Lebenswelt darstellen: Soziales wird als selbstverständlich Vorgegebenes erfahren und gleichzeitig schon als vom Individuum Unabhängiges gedacht. In dieser Hinsicht wird auch schon vom konkret-operationalen System das soziale Handeln in einem Rahmen erfahren, der eine Differenzierung zwischen Gruppe und Ich bzw. zwischen den sozialen Regularien und den Handlungen des Einzelnen ermöglicht. Diese Möglichkeit der Differenzierung soll nun von der Differenzierung zwischen psychischem und sozialem System abgegrenzt werden, um den qualitativen Sprung des systemanalytischen Denkens aufzuzeigen, den es im Vergleich zum konkret-operationalen Denken hinsichtlich der Konstruktion sozialer Zusammenhänge vollziehen kann.

Das konkret-operationale System konstruiert das Soziale durch Klassifizierung, Seriation etc. von Handlungen. In einem solchen Rahmen, der die Gebundenheit der Konstruktion an wahrgenommene Realität zeigt, erweist sich auch die Differenzierung zwischen Individuum und Gruppe als eine Klassifikation von Handlungen: Die Differenzierung zwischen Psychischem und Sozialem wird über die Differenzierung zwischen Handlungsklassifikationen und ihrer multiplikativen Zuordnung vollzogen. Die Differenz erweist sich dann als die Differenzierung zwischen zwei Handlungsklassen, in der zwischen individuellen Handlungen und sozialen Handlungen unterschieden wird:

$$indHdlg \cdot sozHdlg$$

148 Die operationale Bestimmung des systemanalytischen Denkens

Diese Klassifikationen müssen nun genauer bestimmt werden: Die individuellen Handlungen beziehen sich auf diejenigen Handlungen, die das Individuum aufgrund seiner aktuellen Dispositionen vollzieht. Die sozialen Handlungen erweisen sich dann als Handlungen, die durch die Regeln innerhalb einer Gruppe geregelt bzw. normiert sind. Die Differenz zwischen diesen beiden Handlungsklassen wird dadurch vollzogen, daß das Individuum nun sein Handeln nicht nur als das Handeln in einer Gruppe erfährt, sondern seine eigenen Handlungsvollzüge und die ihnen zugrundeliegenden Bedürfnisse und Motive von den durch die soziale Interaktion normierten und geregelten Handlungen differenzieren kann.

Wie PIAGET feststellt, differenziert das prä-operationale Kind noch nicht zwischen Individuum und Gruppe. [107] Der Einzelne erfährt sich und die Anderen immer als Teil der Gruppe, in der interagiert wird, und unterscheidet nicht zwischen dem Individuum des Handelnden und dem Rollen- bzw. Positionsträger in der aktuellen Handlungssituation. Das prä-operationale Kind unterscheidet dementsprechend nicht zwischen Individuum und Gruppe.

"Es besteht eine Verwandtschaft zwischen der segmentären oder mechanischen Solidarität und den Gesellschaften der Kinder von 5 bis 8 Jahren. In diesen zeitweiligen und voneinander isolierten Gruppen ist wie in den organisierten Clans das Individuum nicht differenziert. Soziales und individuelles Leben sind ein und dasselbe. Beeinflussung und Nachahmung sind allmächtig. Die Individuen bleiben einander gleich, abgesehen von auf dem Alter gegründeten Unterschieden des Prestiges. Die überlieferte Regel ist zwingend, der Konformismus obligatorisch." [108]

Auch SELMAN [109] zeigt in seinen Stufen innerhalb der Stufe 0 und auch noch auf der Stufe 1, die das prä-operationale Denken und eine erste Stufe des konkreten Denkens betreffen, daß eine Differenzierung zwischen Individuum und Gruppe noch nicht vollzogen werden kann. Dies macht er an unterschiedlichen Interaktionszusammenhängen wie z.B. Freundschaft oder Eltern-Kind-Beziehung wie auch an der Selbstauffassung des Kindes deutlich. So schreibt er z.B., daß das Kind der Stufe 1 zwar schon in der Lage ist, Gefühle also interne Vorgänge seiner selbst und des Anderen zu erfassen, doch noch nicht in der Lage ist, diese internen Vorgänge von der sozialen Interaktion zu differenzieren: Auch interne Vorgänge müssen sich dann letztlich als beobachtbar und auch nicht versteckbar erweisen.

"Doch ergibt sich aus unseren Interviews der Eindruck, daß diese Kinder (der Stufe 1 bzw. wie SELMAN sagt: des Niveau 1, A.H.) noch nicht begriffen haben, daß man auch die eigene innere Realität, d.h. seine Gedanken, Gefühle und Motive, anderen oder sich selbst gegenüber *absichtlich* falsch darstellen kann. ... Ein zweiter, damit zusammenhängender Aspekt der Konzepte des Selbstbewußtseins auf Niveau 1 besteht darin, daß zwar nun innere Haltungen (Absichten) und ihre äußeren Erscheinungen (Handlungen) als getrennt wahrgenommen werden können, daß aber Kinder auf diesem

---

107. Diese Nicht-Unterscheidung geht mit der dargestellten Unfähigkeit zu einer ausdrücklich gewußten Dezentrierung und der damit verbundenen Unfähigkeit, das Soziale als einen eigenen Realitätsausschnitt operational zu konstruieren, einher.
108. J. PIAGET, Das moralische Urteil beim Kinde, S.127
109. vgl. R.L. SELMANN, Die Entwicklung des sozialen Verstehens

Verständnisniveau offenbar immer noch glauben, im manifesten Handeln verrate sich schließlich doch die innere Einstellung - das heißt, wenn man den Anderen nur sorgfältig genug von außen beobachte, dann könne man schon erraten, was er innerlich fühlt."110

PIAGET erklärt die sich entwickelnde Möglichkeit des Kindes, zwischen Individuum und Gesellschaft zu unterscheiden, damit, daß das Kind mit steigendem Alter breitere und auch andere soziale Erfahrungen macht. Der Konformismus des Nichtdifferenzierens zwischen Individuum und Gruppe wird dadurch aufgegeben, daß das Kind feststellt, daß auch andere Handlungen, andere Handlungsregelungen möglich sind. In einem zweiten Schritt stellt PIAGET dann fest, daß die Entwicklung der Differenzierung zwischen Individuum und Gruppe und ein Verlassen des Konformismus durch die Loslösung von den Älteren, d.h. in aller Regel von den Eltern, und durch die Hinwendung zum Spiel und der Zusammenarbeit mit Gleichaltrigen vollzogen wird.

"Zur Erklärung des allmählichen Verschwindens des Konformismus mit dem zunehmenden Alter, lassen sich ebenfalls einige der von Durkheim beschriebenen Faktoren anführen. Man kann die Zunahme an Umfang und Dichte der sozialen Gruppe und die sich daraus ergebende Befreiung der Individuen mit der Tatsache vergleichen, daß unsere Kinder, wenn sie heranwachsen, an einer immer größeren Anzahl lokaler Überlieferungen teilnehmen. Der 10 bis 12 jährige Murmelspieler entdeckt, daß es noch andere Spielarten gibt als diejenigen, an die er gewöhnt ist. Er lernt die Kinder anderer Schulen kennen, die ihn von seinem engen Konformismus befreien, und so wird eine Verschmelzung zwischen bisher mehr oder weniger isolierten Clans hergestellt. Andererseits tritt das heranwachsende Kind allmählich aus seinem Familienkreis heraus, und da es anfänglich die Spielregeln den von den Erwachsenen vorgeschriebenen Pflichten gleichsetzt, wird sein Regelbewußtsein in dem Maße verwandelt werden, als es sich dem Familien-Konformismus entzieht. ... Nun wird man sich bei alleiniger Betrachtung unserer Kindergesellschaften darüber klar, daß die Zusammenarbeit letzten Endes die tiefste und psychologisch am meisten begründete soziale Erscheinung bildet: sobald das Individuum sich vom Druck der Älteren befreit, strebt es zur Zusammenarbeit als zur normalsten Form des gesellschaftlichen Gleichgewichtes." 111

Die von PIAGET angesprochenen breiteren sozialen Erfahrungen und auch die Erfahrung, daß Handlungen auch anders geregelt werden können, sollen auch hier als ein wichtiges Entwicklungsmoment angenommen werden. Gleichzeitig soll jedoch festgestellt werden, daß die Voraussetzung für diese neuen Erfahrungen in der Ausbildung konkreter Operationen liegt, die Handlungen und auch Handlungsschemata klassieren, seriieren und einander multiplikativ zuordnen können. Dem entspricht, daß hier die Zusammenarbeit als die «normalste Form des gesellschaftlichen Gleichgewichts» nicht als *die* Entwicklungsbedingung sozialer Kognition angesehen wird, sondern die Ausbildung von konkreten und später formalen Operationen, um das Soziale erfassen und konstruieren zu können. 112

---

110. R.L. SELMANN, Die Entwicklung des sozialen Verstehens, S.104/105
111. J. PIAGET, Das moralisches Urteil beim Kinde, S.127-129
112. Auf diesen Kritikpunkt gegenüber PIAGET soll später noch eingegangen werden.

150 *Die operationale Bestimmung des systemanalytischen Denkens*

Erstens: Die Ausbildung der konkreten Operationen ermöglicht dem Kind, Positionsgefüge und Rollengefüge der Interaktion zu konstruieren. Dabei stellt es erstens fest, daß die Positionsgefüge und Rollengefüge mit der interaktiven Situation sich verändern: In der Familie sind andere Handlungserwartungen, Positionen und Rollen erfahrbar als dies z.B. in der Gruppe der Gleichaltrigen oder in der Schule der Fall ist. Das heißt, die soziale Erfahrung von unterschiedlichen sozialen Interaktionszusammenhänge bildet zwar ein wesentliches Moment für die Erfassung des Sozialen, doch liegen die Ursachen dieser Entwicklung nicht nur in der Ausweitung des sozialen Erfahrungshorizontes des Kindes, sondern auch in seiner kognitiven Fähigkeit, diese unterschiedlichen Interaktionsstrukturen operational zu verarbeiten. Diese Fähigkeit ist dann gegeben, wenn Handlungen klassifiziert, seriiert etc. werden können. Die Differenz zwischen Individuum und Gruppe ergibt sich dann aufgrund von unterschiedlichen Klassifikationen erlebten Handelns. Das heißt, der Konformismus kann vom Kind dann abgelegt werden, wenn es operational in der Lage ist, durch Klassifikation und Seriation etc. unterschiedliche Interaktionssituationen zu erfassen. Dies impliziert, daß es unterschiedliche Positions- und Rollengefüge ausmachen kann, die zu unterschiedlichen Zeitpunkten und in unterschiedlichen Interaktionszusammenhängen ihre jeweilige Gültigkeit haben. Das konkret-operationale System ist demnach in der Lage, das Soziale als ein Vielfältiges zu erfassen. Dies impliziert gleichzeitig, daß das konkret-operationale System sich selbst in unterschiedlichen Handlungszusammenhängen kennt. Es weiß dann, daß die Handlungen, die es in einem System vollzieht, nicht alle Handlungen sind, die es ausmachen. In dieser Hinsicht kann durch die Klassifikation und Seriation unterschiedlicher sozialer Handlungen eine erste Differenz zwischen Individuum und Gruppe ausgemacht werden: *Das Individuum kann als Teilnehmer unterschiedlicher sozialer Systeme von der Bestimmung der Handlungsregularien eines sozialen Systems differenziert werden, indem es prinzipiell mehr ist, als die in einer aktuellen Interaktion geforderten Handlungsmöglichkeiten.* Dies zeigt auch die multiplikative Zuordnung von Person und Rolle in den vier Grundoperationen des Konkreten: (Per · Ro) + (¬Per · Ro) + (Per · ¬Ro) + (¬Per · ¬Ro). Operational kann diese Differenz durch die Klassifikation unterschiedlicher sozialer Handlungen dargestellt werden. Das heißt, die Summe der dem Einzelnen als Mitglied unterschiedlicher sozialer Systeme möglichen und erfahrenen Handlungen ist größer als die Summe der für einen bestimmten Interaktionszusammenhang, an dem der Einzelne teilnimmt, geforderten Handlungen:

$$\sum_{a=1}^{m} (\text{erfahrene sozHdlg})_a > \sum_{a=1}^{n} (\text{systemspezifische sozHdlg})_a$$

Dieser erste Hinweis auf eine Differenzierung zwischen Individuum und Gruppe durch das konkret-operationale System fußt demnach auf der konkreten Erfahrung des Einzelnen, daß er mehr ist als die aktuell in einem sozialen Systems vollzogenen Handlungen. Diese Art der Differenzierung zwischen Individuum und Gruppe bzw. Gesellschaft ist auch in die Theoriebildung, insbesondere in die Rollentheorie mit eingegangen. In genauer Entsprechung zu den oben dargestellten Operationen wurde dann festgestellt, daß der Einzelne nicht mit der aktuellen sozialen Handlung, die er vollzieht, vollständig identifiziert werden kann, da er nicht nur eine Rolle ist, sondern die Summe seiner Rollen darstellt, die wiederum nicht das Gesamt der Gesellschaft wiederspiegeln, sondern den jeweiligen individuellen Ausschnitt der Gesellschaft, in dem sich das Individuum bewegt. Dieser Theorie soll hier nicht gefolgt werden. Es soll lediglich festgestellt werden, daß die Klassifikation und Seriation von sozialen Handlung schon in sich die Möglichkeit bergen, zwischen Einzelnem und Gruppe bzw. sozialem System zu differenzieren.

Zweitens: Das konkret-operationale System ist auch in anderer Hinsicht schon in der Lage, zwischen Individuum und Gruppe zu unterscheiden. Erstens kann es feststellen, daß sein Handeln nicht immer ein Handeln in sozialen Kontexten ist. Das Individuum kann Handlungen vollziehen, die nicht direkt auf Andere bezogen sind. Dies bedeutet zwar nicht, daß sie frei von sozialen Implikaten sind, doch zeigt sich, daß das Individuum auch außerhalb sozialer Systeme Handlungserfahrungen macht, diese Handlungen klassifiziert und seriiert, wobei diese Form der Handlungszuordnungen prinzipiell anders strukturiert ist als die Zuordnung von sozialen Handlungen. So kann z.B. das konkret-operationale System Handlungsskripte für unterschiedliche Handlungsbereiche ausbilden (so z.B. für das Reparieren eines Weckers, das Kochen einer bestimmten Mahlzeit oder das Basteln eines Drachens), die ebenfalls vom Individuum vollzogene Handlungen sind, jedoch nicht zu den Handlungen innerhalb eines bestimmten sozialen Systems gehören. Die operationale Differenzierung geht auch hier von der multiplikativen Zuordnung von Rolle und Person aus, die hier in die multiplikative Zuordnung von sozialen und nicht-sozialen Handlungen überführt wird.

$$\text{sozHdlg} \cdot \text{nicht-sozHdlg}$$

Diese multiplikative Zuordnung stellt die Negation der Klassifikation der Handlung als sozialer Handlung dar. Das heißt, die Fähigkeit der Negation stellt hier eine grundlegende Voraussetzung für die Differenzierung zwischen Individuum und Gruppe dar: Die Klassifizierung der Handlungen allgemein kann differenziert werden in die soziale Handlung und die nicht-sozialen Handlungen. Werden z.B. die sozialen Handlungen innerhalb dieser Klasseninklusion negiert, so bleiben die nicht-sozialen Handlungen, die das Individuum vollziehen kann und erfahren hat. Dies impliziert, daß das Individuum sich nicht mit dem Gesamt seiner erfahrenen sozialen Handlungen identifiziert, sondern von sich als einem weiß, der auch außerhalb von direkten sozialen Bezügen steht.

Drittens: Eine dritte Möglichkeit der Differenzierung zwischen Individuum und Gruppe des konkret-operationalen Systems liegt in der Erfahrung eines Konfliktes zwischen dem Ich und der Gruppe und ihren Regeln. In einer solchen Differenzierung werden vollzogene bzw. vorgestellte Handlungen, die der Einzelne aktuell hat bzw. vollzieht, von solchen Handlungen differenziert, die innerhalb des sozialen Systems gefordert werden. Ein solcher Konfliktfall kann sich dadurch manifestieren, daß erstens lediglich der Wunsch nach anderen Handlungen im psychischen System vorgestellt werden, zweitens der Konflikt zu einer Regelverletzung innerhalb des sozialen Systems führt oder drittens dieser Konflikt durch Strategien, wie z.B. der Rollendistanz, auf Dauer erfahren und auch gelöst wird. Alle drei Formen des Konfliktes werden durch die Differenzierung zwischen systemspezifischen Handlungen bzw. Handlungsanforderungen der jeweiligen kommunikativen Situation einerseits und den Handlungsbedürfnisse des Einzelnen in dieser Situation ermöglicht. Es wird zwischen systemspezifischem Handeln und personalem Handeln, das dieser Spezifik nicht entspricht, differenziert:

sysHdlg · persHdlg

Diese drei Operationen zeigen, daß auch mit konkreten Operationen zwischen Einzelnem und Gruppe differenziert werden kann. Die Differenzierung entspringt dabei letztlich einer Klassifikation und Seriation von konkret erlebten oder vorgestellten Handlungen und Handlungszusammenhängen.

Das systemanalytische Denken des formalen Systems knüpft einerseits an diese Differenzierung des konkret-operationalen Systems an, kann diese jedoch fundamentaler vollziehen, indem es nicht nur zwischen unterschiedlichen Handlungsklassifikationen differenziert, *sondern jeder Handlung eine analytische Differenzierung zwischen zwei Systemen zuweisen kann*. Handeln bzw. soziales Handeln wird dann nicht nach personalem bzw. sozialem Handeln differenziert, sondern die Differenz und der Bezug zwischen psychischen und sozialen Systemen wird zu einer notwendigen Bedingung von Handeln überhaupt. Das konkret-operationale System konstruiert die Differenz zwischen Psychischen und Sozialem als eine Dichotomisierung von unterschiedlichen Handlungsklassen. Das formal-operationale System kann demgegenüber die Differenzierung zwischen Psychischem und Sozialem gleichzeitig mit ihrer wechselseitigen Konstitution verbinden. Dieses wechselseitige Konstitutionsverhältnis kann dann als grundlegendes Moment eines jeden menschlichen Vollzugs - als Handlung, Denken, Wahrnehmen, Empfinden oder als Identität und Persönlichkeit, als Rolle oder Position etc. - gedacht werden. Diese Differenzierung zwischen psychischen und sozialen Systemen erfolgt dann nicht über den Vollzug einer Differenz zwischen unterschiedlichen, konkret wahrnehmbaren Phänomenen, sondern wird als eine *Differenz konstruiert, die jeden menschlichen Vollzug als Grunddifferenz bestimmt.* In dieser Hinsicht ist das formal-operationale System in der Differenzierung zwischen psychischem und sozialem System *nicht mehr an konkrete Phänomene gebunden, sondern konstruiert in einer analytischen Differenz zwei Systeme*, die notwendig aufeinander bezogen sind. Die Differenzierung zwischen Psychischem und Sozialem ist formal-operational eine systemanalytische Differenzierung, in der zwei analytisch differenzierte und konstruierte Systeme aufeinander bezogen werden. Das Verhältnis von Individuum und Gesellschaft wird dann nicht *mehr dichotomisiert, sondern als ein interpenetrierender Zusammenhang konstruiert*, der in Handlungszusammenhängen auftritt und diese Handlungszusammenhänge ermöglicht. Dabei werden kommunikative Prozesse niemals unabhängig von psychischen Prozessen und psychische Prozesse niemals unabhängig von kommunikativen Prozessen konstruiert. Das heißt, Psychisches und Soziales sind immer schon miteinander verbunden und können nicht als zwei unvereinbare, dichotomisierte Entitäten erfaßt werden. Die Differenz zwischen psychischen und sozialen Systemen ist dann keine Differenz zwischen Innen und Außen oder zwischen Einzelnem und Gesamtheit, sondern eine *konstitutive Differenz*, um Außen und Innen, Einzelnes und Gesamtheit zu erfassen. Dem entspricht die Grundthese, daß die Rationalität des Sozialen, die Funktionalität sozialer Systeme, nur erfaßt werden kann, *indem sie von der Differenzierung und der wechselseitigen Konstitution von psychischen und sozialen Systemen ausgeht*. Dem entspricht dann die weitere These, daß das Soziale als eine rationale Konstruktion in Form einer Dichotomisierung von Einzelnem und Gesellschaft nicht erfaßt werden kann: Handlungen lassen sich nicht eindeutig auf eines dieser beiden Momente zuschreiben. Handlungen bilden kein Entscheidungskriterium dafür, ob sie personale oder soziale Handlungen sind (im Sinne der oben dargestellten Differenzierung). Handlungen sind immer schon durch beide Systeme bestimmt. Die systemanalytische Konstruktion sozialer Systeme muß demnach, um ihren Gegenstand - das soziale System - konstruieren zu können, *von der analytischen Differenzierung der Handlung ausgehen und nicht von einer Klassifizierung der Handlung.* Erst dann ist zu entscheiden, welche Momente das soziale System ausmachen, durch welche Systemparameter es bestimmt ist und wie es sich als ein Konstitutionsmoment der Handlung innerhalb seiner Parameter funktional konstruieren läßt.

Für das systemanalytische Denken bedeutet dies, daß das soziale Handeln nicht den «Grundbaustein» der Konstruktion bildet. Den Grundbaustein stellt vielmehr die Kommunikation als ein analytisch zu bestimmendes Moment dieser Handlung dar.[113] Das systemanalytische Denken geht demnach zwar von der sozialen Handlung aus, stellt diese jedoch nicht als die Grundeinheit des Sozialen dar, sondern erfaßt die Grundeinheit des Sozialen - die Kommunikation - erst in einer analytischen Differenzierung dieser Handlung.

"Die Bestimmung des Handelns hat daher normalerweise verschiedene Quellen, psychische und soziale. Die Stabilität (= Erwartbarkeit) von Handlungen bestimmter Art ist somit Resultat eines kombinatorischen Spiels, eines mixed-motive game. Evolution filtert das heraus, was sowohl psychisch als auch sozial akzeptabel ist, und zerstört dann wieder Handlungssorten, Handlungssituationen, Handlungskontexte und -systeme dadurch, daß sie ihnen die psychische oder die soziale Konditionierung entzieht. Man stelle sich nur vor, ein »Bauherr« von 1883 würde heute versuchen, ein Haus zu bauen: Es würden ihm fast alle Anschlüsse für seine Erwartungen fehlen, nicht nur im technischen, sondern gerade im sozialen Bereich; und er selbst würde zur Verzweiflung werden für alle, die mit ihm zu tun haben."[114]

Das systemanalytische Denken geht vom sozialen Handeln aus, knüpft dabei an die vom konkret-operationalen System konstituierten Handlungsschemata, Rollen- und Positionsgefüge an und differenziert dann analytisch dieses Handeln in die Momente des sozialen Systems und des psychischen Systems. Dies bildet die Grundvoraussetzung des systemanalytischen Denkens, die zur Konstruktion des sozialen Systems führt. Ganz im Sinne KANTs kann demnach von einem analytischen Urteil gesprochen werden, wenn dem sozialen Handeln das soziale System einerseits und das psychische System andererseits notwendig zugeordnet werden. Soziales und Psychisches sind immer schon mit der sozialen Handlung verknüpft, weil sie sie konditionieren.[115]

---

113. Zum Verhältnis von Kommunikation und Handeln vgl. Kapitel 2, Teil 3, Punkt 2.1.1.2 *Die operationale Konstruktion der Kommunikation als Element des sozialen Systems*
114. N. LUHMANN, Soziale Systeme, S.291
115. "Analytische Urteile (die bejahenden) sind also diejenigen, in welchen die Verknüpfung des Prädikats mit dem Subjekt durch Identität, diejenigen aber, in denen diese Verknüpfung ohne Identität gedacht wird, sollen synthetische Urteile heißen. Die ersteren könnte man auch Erläuterungs-, die anderen Erweiterungs-Urteile heißen, weil jene durch das Prädikat nichts zum Begriff des Subjekts hinzutun, sondern diesen nur durch Zergliederung in seine Teilbegriffe zerfallen, die in selbigen^2 schon, *(obschon* verworren) gedacht waren: dahingegen die letzteren zu dem Begriffe des Subjekts ein Prädikat hinzutun, welches in jenem gar nicht gedacht war, und durch keine Zergliederung desselben hätte können herausgezogen werden, z.B. wenn ich sage: alle Körper sind ausgedehnt, so ist dies ein analytisch^3 Urteil. Denn ich darf nicht *aus dem Begriffe,* den ich mit dem *Wort* Körper verbinde, hinausgehen, um die Ausdehnung als mit demselben ver-

1.4 Die vollständige sozial-kognitive Dezentrierung als Differenzierung zwischen psychischen und sozialen Systemen

Versucht man nun, die formalen Operationen zur Konstruktion der Differenz zwischen dem psychischen und sozialen System darzustellen, so muß festgehalten werden, daß der erste Schritt darin besteht, daß das Psychische und das Soziale als different konstruiert werden. Diese beiden Systeme werden in der analytischen Differenzierung des sozialen Handelns diesem Handeln als konstitutive Momente zugeordnet.

Die Differenzierung zwischen sozialem und psychischem System kann mit Hilfe der logischen Äquivalenz vollzogen werden.

$$psySys <=> sozSys$$

Die logische Äquivalenz beinhaltet zwei Momente, ein konjunktives Moment und ein Implikationsmoment. Das heißt, die logische Äquivalenz kann durch Verknüpfungen der Zuordnungsgruppe und der Implikationsgruppe genauer bestimmt werden:

Erstens: Die logische Äquivalenz stellt eine Verknüpfung zwischen der Konjunktion und ihrer Negation dar. Dementsprechend kann formuliert werden: Entweder gelten beide Systeme zusammen, oder sie gelten zusammen nicht; es kann jedoch nicht der Fall auftreten, daß nur eines der beiden Systeme gilt. Das heißt, innerhalb der Konjunktionsoperationen wird die Konjunktion mit der negativen Konjunktion verknüpft:

$$psySys \cdot sozSys$$
und
$$\neg psySys \cdot \neg sozSys$$

Mit anderen Worten: Das psychische und das soziale System treten immer gemeinsam auf bzw. sie treten immer gemeinsam nicht auf. Dies schließt dann sofort die anderen beiden Operationen der Unvereinbarkeit und der Disjunktion der Konjunktionsgruppe aus. Unvereinbarkeit bedeutete dann, daß entweder das psychische System oder das soziale System Geltung hat oder keines von beiden - dies widerspricht der Konjunktion - und die Disjunktion würde bedeuten, daß entweder das psychische System oder das soziale System oder beide zusammen Geltung hätten, was wiederum der Konjunktion widerspricht.

Die Verknüpfung der Konjunktion mit der Negation erfolgt über die Disjunktion.

$$(psySys \cdot sozSys) \vee (\neg psySys \cdot \neg sozSys)$$

Mit dieser Bestimmung ist die logische Äquivalenz von psychischen und sozialen Systemen im Hinblick auf ihre Verknüpfung mit der Konjunktionsgruppe genauer bestimmt:

---

knüpft zu finden, sondern jenen Begriff nur zergliedern, d.i. des Mannigfaltigen, welches ich jederzeit in ihm denke, nur bewußt werden, um dieses Prädikat darin anzutreffen; es ist also ein analytisches Urteil." (I. KANT, Kritik der reinen Vernunft, S.45 A7 A)

Formal-operationale Konstruktion: Vollständige sozial-kognitive Dezentrierung

$$[psySys <=> sozSys]$$
$$=$$
$$[(psySys \cdot sozSys) \lor (\neg psySys \cdot \neg sozSys)\,^{116}]$$

Aus der Operation der logischen Äquivalenz ergeben sich weitere Operationen bzw. Kombinationen von Operationen, die die Verknüpfung zwischen psychischen und sozialen Systemen spezifizieren. Diese weiteren Operationen beziehen sich auf die Implikationsgruppe.

Für das weitere systemanalytische Denken bleibt dann zu fragen, unter welchen Bedingungen die Konjunktion von psychischen und sozialen Systemen gilt bzw. wann ihre Nicht-Konjunktion angenommen werden muß. Das heißt, es müssen Kriterien gefunden werden, unter denen die Konjunktion bzw. die Nicht-Konjunktion des psychischen und des sozialen Systems gelten. Die Implikation wird hier zu einer funktionalen Analyse. Die Konjunktion bzw. die Nicht-Konjunktion von psychischem und sozialem System tritt hier als eine Funktion auf, zu der ein Suchraum von funktionalen Äquivalenten - die Kriterien, die diese Verknüpfung implizieren - gesucht wird. Hierbei kann die funktionale Analyse noch in Form der ersten drei Spezifikationen (SP_1, SP_2, SP_3) auftreten. [117] Die Beziehung zwischen diesen Kriterien und der Konjunktion bzw. Nichtkonjunktion von psychischen und sozialen Systemen ist die Beziehung der Implikation: Es wird nach Kriterien gesucht, die die Konjunktion bzw. Nicht-Konjunktion implizieren.

$$Krit_{1-n} \implies (psySys \cdot sozSys)$$
und
$$Krit_{1-m} \implies (\neg psySys \cdot \neg sozSys)$$

Die Kriterien implizieren das Auftreten bzw. das Nicht-Auftreten beider Systeme. Sie können jedoch nicht implizieren, daß nur eines der beiden Systeme auftritt. Diese Kriterien können hier näher bestimmt werden: Die Differenz zwischen psychischen und sozialen Systemen ist eine analytische Differenz, die im Hinblick auf bestimmte Kriterien vollzogen werden kann bzw. im Hinblick auf andere Kriterien als analytische Differenz nicht auftritt. Für den positiven Fall der Konjunktion beider Systeme, d.h. für die Geltung beider Systeme, müssen die Kriterien so gestaltet sein, daß beide Systeme notwendig zu diesen Kriterien gehören, notwendig auftreten, wenn diese Kriterien genannt werden; die Konjunktion wird dann durch diese Kriterien impliziert. Der Implikationszusammenhang zwischen Kriterien und der Konjunktion von psychischen und sozialen Systemen ist dann kein Ursache-Wirkungsverhältnis, sondern untersteht einer «analytischen Implikation»: Mit den Kriterien wird die Differenz von psychischen und sozialen Systemen immer schon mitgedacht. Im Sinne KANTs kann hier auch formuliert werden: Das soziale und das psychische System werden notwendig immer schon mit den Kriterien mitgedacht, ihre konjunktive Verknüpfung ist demnach ein Erläuterungs- und nicht ein Erweiterungsurteil. Die Differenzierung zwi-

---

116. "Zwei dieser möglichen Assoziationen, $p \cdot q \lor \neg p \cdot \neg q$, bringen, für sich allein genommen, die Äquivalenz zwischen p und q zum Ausdruck, ..." (J. PIAGET/ B. INHELDER, Von der Logik des Kindes zur Logik des Heranwachsenden, S.311)
117. vgl. Kapitel 1, Teil 3, Punkt 2.2.3 *Ergänzung zu den formalen Operationen: Die funktionale Analyse*

schen psychischen und sozialen Systemen als Implikat einer Implikation stellt demnach ein analytisches Urteil der Kriterien, d.i. des Implizierenden, dar.

Für das weitere systemanalytische Denken ist demnach festzuhalten: Erstens geht es von der grundlegenden Differenz von psychischen und sozialen Systemen aus. Diese Differenz wird durch die logische Äquivalenz dieser beiden Systeme konstruiert. Im Hinblick auf die konjunktive Verknüpfung dieser beiden Systeme ist dann festzuhalten, daß in der logischen Äquivalenz die Konjunktion mit ihrer Negation über die Disjunktion verknüpft wird. In Folge stellt sich dann das Problem, welche Kriterien analytisch durch die beiden Systeme differenziert werden können, so daß im Hinblick auf $Krit_{1-n}$ die Konjunktion und somit die analytische Differenzierung zwischen psychischen und sozialen Systemen gelten kann bzw. im Hinblick auf $Krit_{1-m}$ die Negation der Konjunktion gilt, so daß die analytische Differenzierung nicht gilt. Dieses operationale Vorgehen zeigt ein bestimmtes operationales Schema: Die Kombination der Implikation mit den jeweiligen Teiloperationen der logischen Äquivalenz fragt nach den Bedingungen, unter denen die Konjunktion bzw. die Negation der Relata gilt.

Für das systemanalytische Denken bildet das soziale Handeln das Kriterium, das die Konjunktion und somit die analytische Differenzierung von sozialem und psychischem System impliziert.

Diese analytische Differenzierung der sozialen Handlung in die Systeme des Psychischen und des Sozialen entspricht einer Implikation. Das heißt, der sozialen Handlung werden hier nicht mehr Subklassen in Form der Klasseninklusion zugeordnet, sondern das soziale Handeln erweist sich als ein Moment, das notwendig in die beiden Momente des Sozialen und des Psychischen differenziert werden muß. Das heißt, das Soziale und das Psychische sind zwei die soziale Handlung notwendig konstituierende Systeme, die mit der sozialen Handlung notwendig gedacht werden. Das soziale Handeln kann somit in mindestens zwei «Teile» differenziert werden, die für sich wiederum eigene Systeme darstellen: Soziales Handeln impliziert die konjunktive Verknüpfung zweier Systeme, die in einer analytischen Differenzierung unterschieden werden können. Damit ist ein erster Schritt für die Konstruktion des sozialen Systems aus dem sozialen Handeln vollzogen:

$$sozHdlg \implies (psySys \cdot sozSys)$$

Die analytische Differenzierung kann durch die Operation der Implikation dargestellt werden, wobei die soziale Handlung als Implizierendes für das Implikat des Auftretens des sozialen und des psychischen Systems gilt. Mit dieser Implikation ist die analytische Differenzierung im Gegensatz zu einer Klasseninklusion dargestellt. Da die Differenzierung zwischen psychischen und sozialen Systemen eine grundlegende Differenzierung aller menschlichen Vollzüge ist, kann die Implikation durch die Disjunktion

$$\neg sozHdlg \lor (psySys \cdot sozSys)$$

spezifiziert werden. Das heißt, die Differenzierung zwischen psychischen und sozialen Systemen kann auch unter anderen Kriterien vollzogen werden. Die soziale Handlung ist somit nicht das alleinige Kriterium der analytischen Differenzierung und hat - im

Formal-operationale Konstruktion: Vollständige sozial-kognitive Dezentrierung

Hinblick auf die analytische Differenzierung - funktionale Äquivalente. [118] Mit anderen Worten: Auch andere Gegenstände des bewußten Vollzugs können durch die Differenz von psychischen und sozialen Systemen analysiert werden; diese analytische Differenzierung kommt somit nicht nur der sozialen Handlung zu, sondern auch anderen implizierenden Momenten. Da die soziale Handlung für sich allein auch ohne einen oder mehrere weitere Faktoren die konjunktive Verknüpfung von sozialem und psychischem System ermöglicht, kann die erste Spezifikation der funktionalen Analyse ausgeschlossen werden. Die funktionale Analyse kann nur noch in ihrer zweiten oder dritten Spezifikation auftreten. Umgekehrt gilt jedoch nicht, daß die Differenzierung zwischen psychischen und sozialen Systemen durch funktionale Äquivalente ausgetauscht werden kann. Das heißt, die Implikation kann nicht zugleich auch die Disjunktion der Form (A v ¬B) annehmen. Die Implikation kann hier durch die folgenden funktionalen Analysen spezifiziert werden:

[sozHdlg ==> (psySys · sozSys)] = [¬sozHdlg v (psySys · sozSys)]

Diese Implikation kann in SP_2 und SP_3 transformiert werden:

SP_2:   [(sozHdlg v C)] <==> [(psySys · sozSys)]
SP_3:   [(sozHdlg / C)] <==> [(psySys · sozSys)]

Die reziproke Implikation gilt nicht.

Zweitens: Die zweite Möglichkeit, die logische Äquivalenz von psychischen und sozialen Systemen zu betrachten, liegt darin, daß hier Verknüpfungen innerhalb der Implikationsgruppe stattfinden. Das heißt, die logische Äquivalenz ist die Verknüpfung der Implikation mit der reziproken Implikation. Die logische Äquivalenz erweist sich dann als die konjunktive Verknüpfung zwischen der Implikation und der reziproken Implikation:

[(psySys <==> sozSys)] = [(psySys ==> sozSys) · (psySys <== sozSys)]

Die Verknüpfung der beiden Implikationen besagt dann, daß die Zuordnung von psychischen und sozialen Systemen eineindeutig ist: [119] Immer wenn das psychische System Geltung hat - d.h. auf unseren Gegenstand bezogen: wenn das psychische System Handlungen konstituiert -, so hat auch das soziale System Geltung et vice versa. Die Äquivalenz wird hierbei zu einer eineindeutigen Implikation, in der die Möglichkeiten der funktionalen Äquivalente für das Implizierende bzw. für das Implikat ausgeschlossen werden. Dementsprechend stellt die logische Äquivalenz eine «Verschärfung» der Implikation dar: Die Implikation ist prinzipiell eine Verknüpfung, die für das Implizierende auch funktionale Äquivalente vorsieht. Die logische Äquivalenz schaltet diese funktionalen Äquivalente aus, so daß festgestellt werden kann,

---

118. zur funktionalen Äquivalenz vgl. Kapitel 1, Punkt 2.2.3 *Ergänzung zu den formalen Operationen: Die funktionale Analyse*
119. "Beim Experiment mit dem Pendel (4.Kapitel) entspricht die Vergrößerung der Länge (ausgedrückt durch p) einer Vergrößerung der Geschwindigkeit (ausgedrückt durch q) und umgekehrt: daraus ergibt sich (p ==> q) · (p <== q) = (p <==> q). Der Prüfling findet diese Äquivalenz heraus, wenn er feststellt, nachdem er die Implikation p ==> q konstruiert hat, daß die Wirkung (q) keine andere mögliche Ursache als p hat und ihr folglich immer umgekehrt entspricht." (J. PIAGET/ B. INHELDER, Von der Logik des Kindes zur Logik des Heranwachsenden, S. 288)

daß psychische und soziale Systeme einander eineindeutig implizieren. Dies entspricht der vierten Spezifikation der Implikation. Gleichwohl läßt auch die logische Äquivalenz eine gewisse Offenheit zu: Das eineindeutige Implikationsverhältnis der logischen Äquivalenz kann durch ein drittes oder auch durch mehrere andere Relata ergänzt werden. Diese Relata können jedoch nicht mehr die logische Äquivalenz durch funktionale Äquivalente ersetzen, sondern können der logischen Äquivalenz weitere logische Äquivalente hinzufügen. Dies bedeutet dann, daß auch andere Systeme oder Momente notwendig mit der Geltung des psychischen und des sozialen Systems verknüpft werden können. Nach LUHMANN könnte an dieser Stelle das organische System als ein logisches Äquivalent hinzugefügt werden, und nach PARSONS könnten in dessen analytischer Differenzierung des Handelns sogar die vier Systeme des Kultursystems, des sozialen Systems, des organischen Systems und der Persönlichkeit unterschieden und einander logisch äquivalent zugeordnet werden.

"Die folgende Analyse wird innerhalb eines expliziten theoretischen Bezugsrahmens durchgeführt, den ich die »Theorie des Handelns« zu nennen pflege. Es handelt sich dabei um ein Schema für die Analyse des Verhaltens als System, das aber unter dem Aspekt der analytischen Unabhängigkeit beziehungsweise Durchdringung von vier wesentlichen Subsystemen aufgegliedert ist, die man den Organismus (die organische Basis des Verhaltens), die Persönlichkeit, das soziale System und das kulturelle System nennen kann." [120]

Die wechselseitige Implikationsverknüpfung zwischen sozialem und psychischem System ist somit nur dadurch offen, daß weitere logisch äquivalente Momente bzw. Systeme mit hinzugezogen werden können. Sie ist jedoch nicht offen in der Hinsicht, daß diese logisch äquivalenten Systeme auch in der Beziehung der funktionalen Äquivalenz zueinander stehen können. Das heißt, die logische und die funktionale Äquivalenz schließen einander aus.

Die bisherigen Bestimmungen des psychischen und des sozialen Systems werden durch eine mögliche Erweiterung der logischen Äquivalente nicht berührt.

Das eineindeutige Implikationsverhältnis zwischen psychischen und sozialen Systemen kann hier noch genauer bestimmt werden. Die Implikation wird nicht durch eine Zeitdifferenz des Vorher und Nacher vollzogen. Die logische Äquivalenz besagt, daß beide Systeme *zugleich* auftreten und das Auftreten eines der beiden Systeme immer schon mit dem Auftreten des anderen et vice versa verbunden ist. Als ein zweites Moment kann festgehalten werden, daß der Austausch zwischen diesen Systemen nicht über Input-Output verlaufen kann. Nach LUHMANN kann festgestellt werden, daß die Beziehung zwischen psychischen und sozialen Systemen insofern eine Implikationsbeziehung ist, daß sie sich wechselseitig konstituieren. Dieses Konstitutionsverhältnis kann nur dann als ein Implikationsverhältnis gefaßt werden, wenn deutlich wird, wie sich diese beiden Systeme im gleichzeitigen Auftreten wechselseitig beeinflussen können.

Zunächst muß dafür festgestellt werden, daß die logische Äquivalenz vom Psychischen und Sozialen nicht eine Beziehung zwischen zwei Faktoren darstellt, sondern eine Beziehung zwischen zwei Systemen. Das heißt, die mögliche Beeinflussung zwi-

---

120. T. PARSONS, Sozialstruktur und Persönlichkeitsentwicklung, S.102

schen diesen beiden Systemen muß in der Systemkonstitution gesucht werden und kann nicht auf einzelne Faktoren zurückgeführt werden.

Drittens: Unter klassifikatorischen Gesichtspunkten kann festgestellt werden, daß die beiden Systeme völlig different voneinander sind. Ihre systemkonstituierenden Merkmale des Elementes und der Struktur sind systemspezifisch und schließen für eine Klassifikation der Systeme einander aus: Das Element «Operation» und die Operationsstrukturen sind ausschließlich Merkmale des psychischen Systems, und das Element «Kommunikation» und Kommunikationsstrukturen sind ausschließlich Merkmale des sozialen Systems. Das heißt, unter dem Aspekt der Systemdefinition und der Systemklassifikation kann festgestellt werden, daß die jeweiligen Systemmerkmale reziprok exklusiv zueinander stehen. Entweder können die Operationen und ihre Strukturen dem psychischen System zugesprochen werden, wo Kommunikation und Kommunikationsstrukturen nicht gelten, oder Kommunikation und ihre Strukturen können dem sozialen System zugesprochen werden, innerhalb dessen Operationen keine Geltung haben. Für die Klassifikation der Systeme gilt dann:

($\neg$Operation · Kommunikation) v (Operation · $\neg$Kommunikation)

Für die Definition und Klassifikation eines Systems gilt dann, daß innerhalb dieses Systems nur systemspezifische Elemente und Strukturen miteinander verknüpft werden können, jedoch keine systemfremden. In dieser klassifikatorischen Hinsicht erweisen sich psychische und soziale Systeme durch ihre Elemente gerade nicht als Implikation, sondern als die Verknüpfung zwischen der Negation und der Korrelation der Implikation.

"Die reziproke Exklusion $p < \neq > q$ ist die Negation der Äquivalenz und entspricht der Vereinigung der beiden Nicht-Implikationen $p \cdot \neg q \vee \neg p \cdot q$, so wie die Äquivalenz das Produkt der beiden Implikationen $p \Longrightarrow q$ und $q \Longrightarrow p$ ist."[121]

Unter klassifikatorischem Gesichtspunkt ergibt sich demnach eine ausschließliche Zugehörigkeit eines der Elemente und deren Strukturen zu einem System. Unter dem Aspekt der Relation zwischen den Systemen und ihren Elementen und Strukturen ergibt sich für die reziproke Exklusion ein anderes Bild: Hier sind beide Systeme einander umgekehrt zugeordnet. Das heißt, je determinierender das psychische System sich auf das soziale Handeln auswirkt, desto geringer ist der Anspruch der Strukturbildung im sozialen System et vice versa. Das heißt, in der Relationierung zwischen psychischen und sozialen Systemen wird nun ein quantitatives Moment einbezogen, indem die Einflußnahme des jeweiligen Systems auf das soziale Handeln in ein Mehr bzw. Weniger eingeteilt wird. Die reziproke Exklusion besagt dann, daß das Maß der Beeinflussung durch das eine System proportional zu der Abnahme der Beeinflussung durch das andere Systeme steigt.

"Unter dem Gesichtspunkt der Klassen entspricht die Exklusion einer ausschließlichen Zugehörigkeit zu jeder der beiden vollständig disjunkten Klassen, unter dem Gesichtspunkt der Relationen einer umgekehrten Zuordnung. Als Beispiel sei das Experiment mit der Waage (11.Kapitel) erwähnt: Wenn der Prüfling die Gesamtheit der Gleichge-

---

[121] J. PIAGET/ B. INHELDER, Von der Logik des Kindes zur Logik des Heranwachsenden, S.288

160 *Die operationale Bestimmung des systemanalytischen Denkens*

wichtszustände betrachtet, in denen der Waagebalken waagerecht steht, so entspricht jede Vergrößerung des Gewichts (ausgedrückt durch p) einer Verringerung des Abstands ($\neg$q) und jede Vergrößerung des Abstands (q) einer Verringerung des Gewichts ($\neg$p). Daraus ergibt sich p · $\neg$q v $\neg$p · q: in diesem Fall entspricht die reziproke Exklusion zwei Seriationen in umgekehrter Zuordnung." [122]

Das Maß der Determinierung des sozialen Handelns durch die beiden Systeme kann durch das Maß der Komplexität dieser beiden Systeme beschrieben werden, mit dem sie das soziale Handeln konstituieren. Das heißt, je größer die Komplexität eines Systems ist, mit der es das andere System konstituiert, desto geringer ist die Komplexität desjenigen Systems, das penetriert wird. LUHMANN beschreibt diesen Zusammenhang am Beispiel des psychischen Systems, das das soziale System penetriert:

"Schließlich fügt sich diesen Überlegungen eine empirisch getestete Hypothese ein: Soziale Systeme, die auf komplexere psychische Systeme zurückgreifen können, haben einen geringeren Strukturbedarf. Sie können höhere Instabilitäten und rascheren Strukturwechsel verkraften. Sie können sich eher Zufällen aussetzen und können ihr Regelwerk dadurch entlasten." [123]

Gleiches gilt für den umgekehrten Fall: je stärker und komplexer die Strukturbildung des sozialen Systems ist, desto weniger Raum läßt sie für Komplexität und Kontingenz des psychischen Systems.

Eine erste Beeinflussung zwischen den logisch äquivalenten Relata des sozialen und des psychischen Systems ergibt sich aufgrund ihrer autopoietischen Geschlossenheit. Die reziproke Exklusion der Klassifikation der Systeme als autopoietisch geschlossene hat gleichzeitig die reziproke Exklusion in ihrer Relationsbildung zur Folge: Ihre wechselseitige Beeinflussung besteht darin, daß das Maß der Komplexität eines Systems umgekehrt proportional zum Maß der Komplexität des anderen Systems ist. Für das systemanalytische Denken ist dieses Verhältnis und diese Beeinflussung zwischen psychischen und sozialen Systemen von grundlegender Wichtigkeit: Soll das soziale Handeln dem psychischen System die Möglichkeit geben, nicht nur im Hinblick auf einen bestimmten Rollenaspekt Kommunikation zu konstituieren - *d.h. sollen verschiedene Aspekte der Personen der Interagierenden mit hineinspielen wie z.B. ihr Wahrnehmen, Denken, Empfinden, ihre aktuelle Gefühlslage und aktuellen Dispositionen etc. -, so muß das soziale System geringe Strukturbildung vorgeben. Umgekehrt gilt Gleiches: Soll das psychische System in der jeweiligen Interaktion unter bestimmten Hinsichten betrachtet werden und sich auch unter diesen Hinsichten einbringen: z.B. als Verkäufer und Käufer oder als Arzt und Patient -, so müssen bestimmte Regelbildungen im Sozialen stattfinden, um* unvorhersehbare Kontingenzen möglichst gering zu halten. Eine solche Strukturbildung kann dann für die Interaktion eine erhebliche Entlastung mit sich bringen.

Gleichwohl ist festzuhalten, daß aufgrund der logischen Äquivalenz der beiden Systeme die Beeinflussung durch die reziproke Exklusion niemals soweit gehen kann, daß eines der beiden Systeme völlig negiert wird. Das zu messende Maß an Komple-

---

122. J. PIAGET / B. INHELDER, Von der Logik des Kindes zur Logik des Heranwachsenden, S.288
123. N. LUHMANN, Soziale Systeme, S.294-295

Formal-operationale Konstruktion: Vollständige sozial-kognitive Dezentrierung

xität ist demnach nur graduell zu unterscheiden; die logische Äquivalenz unterbindet letztlich die Negation eines dieser Systeme. Damit wird auch eine Verbindung zu der Affirmationsgruppe der formalen Operationen hergestellt. Diese Verbindung besteht darin, daß eine Affirmation oder Negation eines der Systeme in Bezug auf das andere ausgeschlossen werden muß. Das heißt, die Affirmationsgruppe kann hier lediglich als Prüfoperation angenommen werden, die dann feststellt, ob die logische Äquivalenz weiterhin gewahrt bleibt.

Viertens: Eine zweite Form der wechselseitigen Beeinflussung zwischen psychischen und sozialen Systemen liegt in ihrer wechselseitigen Beeinflussung systemeigener Strukturbildung. [124]

Das heißt, entsprechend der Strukturbildung im sozialen System sind dem psychischen System Möglichkeiten für Strukturbildung eröffnet bzw. umgekehrt ermöglicht die Strukturbildung im psychischen System bestimmte soziale Strukturbildung. *Die Beeinflussung zwischen diesen beiden Systemen liegt dann nicht in einer Determination der Strukturen des jeweils anderen Systems, sondern in der Eröffnung eines bestimmten Horizontes von möglichen Strukturbildungen, die mit der Strukturbildung des jeweils anderen Systems funktional kompatibel sind.* Psychische und soziale Strukturen können demnach wechselseitig als Funktion in der funktionalen Analyse auftreten. Hier gilt, daß durch den eröffneten Suchraum in der funktionalen Analyse jeweils konjunktive, disjunktive und unvereinbare funktionale Äquivalente auftreten können. Das heißt, die Spezifikationen 1-3 [125] können hier angewendet werden. Die Beeinflussung zwischen den beiden Systemen besteht demnach nicht in der Bewirkung einer bestimmten Struktur durch die Struktur des jeweils anderen Systems, sondern zeigt sich in der Kompatibilität von operationalen und sozialen Strukturen, die *gleichzeitig* soziales Handeln determinieren. Diese Kompatibilität ist jedoch nur dann gegeben, wenn soziales Handeln glückt bzw. zustandekommt. Beide Systeme können auch dyskompatibel sein, so daß soziales Handeln nicht möglich ist.

Diese Form der Beeinflussung zwischen psychischen und sozialen Systemen liegt demnach in der Notwendigkeit der Kompatibilität ihrer Systemstrukturen. Diese Kompatibilität bedeutet nicht, daß hier Strukturgleichheit vorliegt. Die Elemente und Strukturen bleiben für die jeweiligen Systeme spezifisch. *Diese Differenz wird durch die Operation der reziproken Exklusion konstruiert. Die Kompatibilität der Strukturen des Psychischen und des Sozialen liegt vielmehr in ihren Funktionen*: Psychische Strukturen sind dann kompatibel mit sozialen Strukturen, wenn sie diejenigen operationalen Strukturen aktualisieren, die die spezifische Kommunikation in einem sozialen System ermöglicht. Umgekehrt sind soziale Strukturen dann kompatibel mit psychischen Strukturen, wenn in der Kommunikation solche Strukturen aktualisiert werden, die die Autopoiesis des Bewußtseins vollziehen läßt. *In einem Falle stellt die soziale Struktur die Funktion dar, unter der bestimmte psychische Strukturen aktualisiert*

---

124. "Im Falle von Interpenetration wirkt das aufnehmende System auch auf die *Strukturbildung* der penetrierenden Systeme zurück; ..." (N. LUHMANN, Soziale Systeme, S.290)
 "Es sind *Differenz* und *Ineinandergreifen* von *Autopoiesis* und *Struktur* (die eine sich kontinuierlich reproduzierend, die andere sich diskontinuierlich ändernd), die für das Zustandekommen von Interpenetrationsverhältnissen zwischen *organisch/psychischen* und *sozialen* Systemen auf beiden Seiten unerläßlich sind." (N. LUHMANN, Soziale Systeme, S.298)
125. vgl. Kapitel 1, Teil 3, Punkt 2.2.3 *Ergänzung zu den formalen Operationen: Die funktionale Analyse*

werden, im anderen Falle stellt das psychische System die Funktion dar, unter der bestimmte soziale Strukturen aktualisiert werden. Dies entspricht der Operation der funktionalen Analyse, in der hier eine Struktur des psychischen Systems konstant gehalten wird, um funktionale Äquivalente der sozialen Struktur zu eröffnen et vice versa.
Es sei hier nur darauf hingewiesen, daß sich in dieser wechselseitigen Konstitution bzw. in der Suche nach kompatiblen Strukturen Asymmetrien ergeben. Erstens sind die kommunikativen Strukturen träger und unflexibler als die psychischen Strukturen. Kommunikative Strukturen können sich auf Dauer nur dann reproduzieren, wenn unterschiedliche psychische Systeme sie penetrieren. Das heißt, soziale Strukturen müssen stabil sein und auf Dauer gelten, wenn sie Regularien für die Kommunikation geben sollen. Die Stabilität sozialer Strukturen ist somit weitgehend durch ihre intersubjektive Geltung und ihre Dauer bestimmt. In dieser Hinsicht dominiert das soziale System das psychische System: Soziale Strukturen erweisen sich als nur schwer veränderlich und haben von daher in der funktionalen Analyse der wechselseitigen Konstitution eine größere Dominanz. Dementsprechend muß das psychische System - will es kommunizieren bzw. Kommunikation konstituieren - entsprechend den sozialen und intersubjektiven Vorgaben der kommunikativen Strukturen eigene Strukturbildung vollziehen. Hier erweist sich das psychische System eher als der abhängige Teil. Diese Abhängigkeit kann mit kulturvergleichenden Studien belegt werden. Sie zeigen z.B., daß die Struktur des formalen Operierens nicht nur eine Frage der Reifung ist, sondern auch von sozialen und gesellschaftlichen Bedingungen abhängig ist. [126] Auch PIAGET selbst beschreibt die beeinflussende Wirkung der sozialen Strukturen auf die Ausbildung des formalen Denkens.

"Es scheint somit evident zu sein, daß die Entwicklung der formalen Strukturen in der Adoleszenz mit der Ausformung der Gehirnstrukturen verbunden ist. Diese Verbindung ist aber alles andere als einfach, denn der Aufbau der formalen Strukturen hängt mit Gewißheit auch vom sozialen Milieu ab." [127]

Gleichzeitig muß jedoch festgestellt werden, daß das psychische System eine hohe Flexibilität in der Strukturbildung hat und unterschiedliche Anschlüsse bzw. Operationen gleichzeitig wählen kann. Es ist z.B. in der Lage, gleichzeitig Kommunikation zu konstituieren und andere, für die Kommunikation nicht relevante Operationen durchzuführen. Das heißt, es kann während der Konstitution der Kommunikation auch noch anderes denken. Darüber hinaus hat das psychische System die Möglichkeit, aus der Kommunikation zumindest zeitweise auszusteigen, d.h. Kommunikation nicht mehr zu konstituieren, ohne daß die Gesamtkommunikation abgebrochen werden muß. Hinzu kommt, daß psychische Systeme unterschiedliche Anschlüsse wählen können: Sie können formale oder konkrete Operationen durchführen, um problemlösend zu prozessieren, sie können jedoch auch rein assoziativ operieren, so daß ihr Operieren unter ganz anderen Zwecken und Intentionen verläuft. Das heißt, das psychische System ist in seiner Strukturbildung und -veränderung wesentlich flexibler als das soziale System und hat von daher einen höheren Grad an Freiheit.

---

126. vgl. hierzu T. SCHÖFTHALER/ D. GOLDSCHMIDT, Soziale Struktur und Vernunft
127. J. PIAGET/ B. INHELDER, Von der Logik des Kindes zur Logik des Heranwachsenden, S.324

"Diese Simultanpräsenz psychischer und sozialer Elementarereignisse ist mit der These selbstreferentiell-geschlossener Systeme und sogar mit der Annahme von autopoietischen Systemen des Bewußtseins und der Kommunikation durchaus kompatibel. Denn auch wenn es auf der Ebene der Ereignisse zu einem hohen Maß an Kongruenz kommt, bleiben die Systeme ganz verschieden. Die Ereignishaftigkeit der Elemente verhindert, daß sie aneinander kleben bleiben. Die momentane Übereinstimmung löst sich immer sofort wieder auf, und im nächsten Moment kann das Bewußtsein abschweifen, etwas Nichtkommunizierbares denken, abbrechen oder pausieren, während die Kommunikationslast auf andere übergeht. Vor allem das viel untersuchte "turn taking", der sozial regulierte Wechsel in aktiver und passiver Beteiligung an Kommunikation und die entsprechenden Unterschiede der Beanspruchung von Aufmerksamkeit und des "cognitive tuning" sichern die Unvermeidlichkeit der laufenden Wiederherstellung der Systemdifferenz." [128]

Ein weiteres Moment der Asymmetrie zwischen psychischen und sozialen Systemen liegt in der Fähigkeit des psychischen Systems zur Reversibilität. Das psychische System ist in der Lage, die gewählten Operationen auch in ihrer reversiblen Form und letztlich in jeder der im formal-operationalen System möglichen Verbindungen zwischen den 16 binären Operationen durchzuführen. Es kann demnach auf Dauer nicht in einer bestimmten Strukturbildung determiniert werden, sondern kann diese Strukturbildung in andere Strukturen überführen. Dies bedeutet zwar nicht, daß diese Überführung auch kommuniziert werden muß bzw. aus zeitlichen Gründen auch kommuniziert werden kann, doch ist festzustellen, daß das psychische System - zumindest das formal-operationale System - nicht im Hinblick auf eine bestimmte Strukturbildung determiniert werden kann.

Diese drei Momente der Asymmetrie zwischen psychischen und sozialen Systemen gehen in die funktionale Analyse der Strukturkompatibilität mit ein.

Für die funktionale Analyse der Kompatibilität der Strukturen vom psychischen und sozialen System kann diese Operation prinzipiell doppelt durchgeführt werden. Einmal ist das Implikat eine soziale Struktur, die durch funktionale Äquivalente psychischer Strukturen konstituiert werden kann, und das andere Mal kann eine psychische Struktur als Implikat gelten, das durch unterschiedliche funktionale Äquivalente von sozialen Strukturen konstituiert werden kann.

$$psyStru_{1-n} \implies sozStr$$
$$und$$
$$sozStr_{1-m} \implies psyStr \;[129]$$

Die Füllung dieser Operationen mit inhaltlich bestimmten Strukturen ist vom Wissen des Analysierenden abhängig. Erstens muß festgestellt werden, welche psychischen und welche sozialen Strukturen existieren bzw. gewünscht sind. Dies bedeutet, daß umfangreiches Wissen sowohl im soziologischen wie auch im psychologischen Bereich vorhanden sein muß. Hinzu kommt das Wissen um die oben aufgeführten drei Asymmetrien zwischen psychischen und sozialen Strukturen, das für die Analyse von großer Bedeutung sein kann. Insgesamt kann festgestellt werden, daß entsprechend der Untersuchungsabsicht einer Systemanalyse der Ausgangspunkt in psychischen

---

128. N. LUHMANN, Sozialisation und Erziehung, S.175
129. unter den Spezifikationen 1-3

Strukturen oder in sozialen Strukturen genommen werden kann. So nimmt z.B. die Frage nach einer angemessenen Kommunikation für bestimmte psychische Kognitionen, Empfindungen, etc. ihren Ausgangspunkt bei diesen psychischen Strukturen als Implikat und fragt nach funktionalen Äquivalenten der sozialen Strukturen. Umgekehrt stellt sich bei einer bestimmten sozialen Struktur, die als wünschenswert erachtet wird bzw. bereits existiert, die Frage nach den funktionalen Äquivalenten psychischer Strukturen.

Für das systemanalytische Denken kann diese System-Umwelt-Grenze von psychischen und sozialen Systemen durch die funktionale Analyse vollzogen werden. Dies soll in der operationalen Konstruktion der einzelnen Parameter untersucht werden.

Zusammenfassend können für die Differenzierung zwischen psychischen und sozialen Systemen folgende Momente festgehalten werden:

Erstens: *Die Differenzierung zwischen psychischen und sozialen Systemen ist eine hochkomplexe formale Operation, die sich prinzipiell aus folgenden Teil-Operationen zusammensetzt:*
1. der logischen Äquivalenz als Relationierung der beiden Systeme;
2. der Implikation zwischen dem sozialen Handeln und der Konjunktion der beiden Systeme;
3. der reziproken Exklusion der Klassifizierung der Elemente und Strukturen und der reziproken Exklusion als Relation der umgekehrten Proportionalität;
4. der funktionalen Analyse der Systemstrukturen.

Alle vier Operationen erweisen sich selbst als zusammengesetzte komplexe Operationen, die von der Implikation ausgehen und in ihrer Spezifizierung und Komplexierung Bezüge zu allen anderen Operationsgruppen des Formalen herstellen. *Die Differenzierung zwischen psychischen und sozialen Systemen fordert demnach das formale Denken, in dem alle 16 binären Operationen miteinander in Beziehung gesetzt werden. Die für die Differenzierung dargestellte Kombinatorik von Teiloperationen zeigt eine erste Form des bereichsspezifischen systemanalytischen Operierens.*

Zweitens: Die Differenzierung zwischen psychischen und sozialen Systemen erweist sich als höchst voraussetzungsvoll. *Ohne Wissen im Bereich der Psychologie und der Soziologie könnten einige Operationen kaum mit inhaltlich bestimmten Relata gefüllt werden.*

Drittens: *Die Theoriebildung unterschiedlicher Disziplinen zeigt, daß einige Operationen der hier aufgezeigten nicht beachtet bzw. nicht vollzogen werden, was dann zu Folgeproblemen führt.* Zwei Beispiele sollen hier genannt werden, von denen sich eines auf die Rollentheorie bezieht und das andere auf die Entwicklungspsychologie PIAGETs.

Die Vorstellung vom Individuum als der Summe der Rollen, die es innehat, widerspricht grundsätzlich der reziproken Exklusion in der Klassifizierung beider Systeme: Das heißt, es wird begrifflich nicht zwischen psychischen und sozialen Systemen bzw. zwischen Einzelnem und Gesellschaft differenziert. Gesellschaftliche Strukturen werden hierbei als die einzigen Strukturen angesehen, die durch «Internalisierung» zu internen Strukturen des Einzelnen werden.

Formal-operationale Konstruktion: Vollständige sozial-kognitive Dezentrierung 165

Das zweite Beispiel bezieht sich auf PIAGET. PIAGET unterscheidet nicht zwischen sozialen und psychischen Strukturen als qualitativ anderen Strukturen:

"Die innere, operative Tätigkeit und die äußere Zusammenarbeit sind im eigentlichsten Sinn nichts anderes als die zwei sich ergänzenden Seiten einer und derselben Struktur, da das Gleichgewicht der einen von dem der anderen abhängt." [130]

Die Annahme der Strukturgleichheit führt dann zu der These, daß durch dieselben Prozesse soziale wie auch psychische Systeme ihr Gleichgewicht aufbauen können. Dies widerspricht der oben dargestellten und den noch folgenden Überlegungen: *Das soziale Systeme hält sich nicht dadurch im Gleichgewicht, daß es durch operationale Strukturen erfaßt wird, sondern dadurch, daß es zwischen seinen Systemgrenzen und seinen Strukturen eine funktionierende Einheit bildet.* Das heißt, das soziale System stellt sein Gleichgewicht durch andere - kommunikative - Strukturen her. Für das systemanalytische Denken bleibt dann zu fragen: Durch welche operationalen Strukturen kann das Gleichgewicht kommunikativer Strukturen gedacht werden?

Aus der Annahme der Strukturgleichheit ergibt sich noch eine zweite problematische Konsequenz. PIAGET differenziert nicht zwischen operationalen Systemen, die das Soziale zu erfassen suchen, und den kommunikativen Strukturen, die Gegenstand dieser Erfassung sind. Wäre eine Identität der Strukturen vorhanden, könnte das psychische System aufgrund des formalen Denkens niemals feststellen, daß sich ein soziales System im Ungleichgewicht, in einem dysfunktionalen Zustand befindet. Gleichzeitig müßte das psychische System prinzipiell analog zum sozialen System konzipiert sein. Dies ist schon dadurch nicht der Fall, daß das psychische System durch ganz andere Grenzen gekennzeichnet ist.

Ein letzter und grundlegender Kritikpunkt an PIAGET bezieht sich darauf, daß die angenommene Strukturgleichheit letztlich auch zu gleichen Strukturen führen muß. Die Reversibilität und Kompensation des formal-operationalen Systems wird dann zu einem Strukturmechanismus des Sozialen. Das heißt, Reversibilität wird nicht mehr nur auf die Reversibilität von Operationen bezogen, sondern bezieht sich dann auch auf die Reversibilität sozialer Strukturen.

"Was heißt aber zunächst konkret eine solche Einfügung (die Einfügung der Jugendlichen in das soziale Leben der Erwachsenen, A.H.)? Im Gegensatz zum Kind, das sich dem Erwachsenen unterlegen und untergeordnet fühlt, beginnt der Heranwachsende, sich für gleichberechtigt mit den Erwachsenen zu halten und sie auf dieser Ebene der Gleichheit und vollständigen Reziprozität zu beurteilen." [131]

Die soziale Gleichheit als eine bestimmte soziale Struktur wird hier mit der Reziprozität gleichgesetzt. Das heißt, die Annahme der Strukturgleichheit beider Systeme führt letztlich zu der Gleichsetzung von operationaler Reziprozität einerseits und sozialer Gleichheit andererseits. Dies führt einmal in das Folgeproblem, daß die Entwicklung des Denkens zu formalen Systemen mit der Entwicklung auf eine Gesellschaft von Gleichen festgelegt wird. Das heißt, die sozial-kognitive Entwicklung und das

---

130. J. PIAGET, Psychologie der Intelligenz, S.187

131. J. PIAGET/ B. INHELDER, Von der Logik des Kindes zur Logik des Heranwachsenden, S.326

Thema der sozialen Kognition wird moralisiert und zeigt sich als eine Entwicklung bzw. als die Konstitution von Moral im psychischen System. Dieses Folgeproblem wird sowohl bei PIAGET [132] als auch bei nachfolgenden und ergänzenden Untersuchungen anderer Autoren deutlich [133]. Damit wird jedoch ein großer Bereich sozialkognitiver Entwicklung verdeckt: Derjenige Bereich, der Verstehen und Konstruktion des Sozialen betrifft, der nicht nur unter dem Gesichtspunkt der Moral betrachtet werden kann.

Hinzu kommt, daß die Operation der Reversibilität auf sehr unterschiedliche soziale Phänomene bezogen werden kann. *Die Erfassung des Sozialen, das in aller Regel nicht der positionellen Symmetrie bzw. der Rollensymmetrie unterliegt, sondern sich gerade durch Asymmetrie auszeichnet, ist in gleicher Weise auf die Operation der Reversibilität angewiesen.* Die Operation der Reversibilität dient somit nicht nur der Erfassung bzw. des Denkens von sozialen symmetrischen Strukturen, sondern erfaßt ebenso asymmetrische Strukturen. So muß z.B. der Bezug zwischen Rollen der Kommunikation durch ihre Anschlußrationalität gekennzeichnet sein: Das heißt, Handlungen müssen erwartbar aneinander anknüpfen können. Diese Anschlußrationalität typischer Rollenmuster und Positionsgefüge kann nur durch Reversibilität operational konstruiert werden: Erwartungen der Interaktionsteilnehmer sind jeweils auf die Erwartungen anderer Interaktionsteilnehmer bezogen, so daß Erwartungserwartungen ausgebildet werden, die in ihrer operationalen Konstruktion so strukturiert sind, daß es möglich ist, von einer Erwartung auf die andere zurückzukommen et vice versa. Dementsprechend sind die Handlungsschemata der Rollen operational durch Reversibilität zu erfassen. Dies besagt jedoch noch nicht, daß diese Rollen und Positionen, die mit den Erwartungen verknüpft sind, sich durch Symmetrie auszeichnen. Die Positionsgefüge z.B. von Chef und Angestelltem, Arbeitgeber und Arbeitnehmer, Arzt und Patient, Eltern und Kind oder Lehrer und Schüler zeichnen sich alle durch Asymmetrie aus, die operational als Interaktionszusammenhang über die Reversibilität erfaßt werden. Gleichzeitig ist festzustellen, daß soziale Systeme sich gerade durch die Asymmetrie ihres Rollen- und Positionsgefüges stabilisieren, indem diese kommunikative Struktur sich als funktional für Systemziele und Systemaufgaben erweist. Damit stellt sich die Frage nach der Funktionalität von asymmetrischen sozialen Strukturen und nach den Interpenetrationen zwischen diesen Strukturen und den psychischen Systemen. Es geht nicht darum, Asymmetrie in jeglicher Hinsicht zu verhindern.

2. Die Konstruktion des sozialen Systems

Die bisherigen Darlegungen bezogen sich auf die vollständige sozial-kognitive Dezentrierung. Diese Dezentrierung wird durch die Differenzierung zwischen psychischem und sozialem System vollzogen. Gleichzeitig ist die sozial-kognitive Dezentrierung die Voraussetzung dafür, systemanalytisch zu denken. Sie zeichnet sich dadurch aus, daß das Vollzogene im bewußten Vollzug in seinen bereichsspezifischen Zusammenhängen konstruiert werden kann, wobei von der eigenen Person - dem vollziehenden Ich - abgesehen wird. *Die Dezentrierung ermöglicht es, die «Logik» dieser Zu-*

---

132. J. PIAGET, Das moralische Urteil beim Kinde
133. vgl. insbesondere L. KOHLBERG, Zur kognitiven Entwicklung des Kindes

sammenhänge in Unabhängigkeit von eigenen personalen Dispositionen, Vorlieben oder Wünschen konstruieren zu können.

Die Bestimmung dessen, was ein System ausmacht, wird von verschiedenen Autoren der Systemtheorie sehr unterschiedlich vorgenommen. Übereinstimmung besteht darin, daß ein System als eine Menge von Elementen verstanden wird, die in bestimmter Weise miteinander relationiert werden. [134] Dieser Bestimmung kann auch hier zugestimmt werden, indem das Element des psychischen Systems als Operation und deren Relationen als Operationsstrukturen spezifiziert und das Element des sozialen Systems als Kommunikation und deren Verknüpfung als Kommunikationsstrukturen bestimmt werden kann. Gleichzeitig kann damit jedoch auch festgestellt werden, daß eine solche Definition des Systems und damit auch des sozialen Systems für das systemanalytische Denken unterbestimmt ist. Für das systemanalytische Denken muß vielmehr festgestellt werden, durch welche Momente bzw. Parameter der Kommunikationszusammenhang eines sozialen Systems konstruiert werden kann.

Die Frage nach unterschiedlichen Systemkonzeptionen kann hier nicht weiter diskutiert werden. Es soll vielmehr vor dem bisher dargelegten Hintergrund danach gefragt werden, welche Parameter für das soziale System auszumachen sind. Dabei ist erstens festzustellen, daß die Erfassung des sozialen Systems in der Einstellung der vollständigen Dezentrierung die Frage nach Handlungen, deren Bedingungen und Zielen auf die sozialen Gesichtspunkte zentriert. Dementsprechend kann das systemanalytische Denken die Parameter des Systems nicht mehr aus der Intentionalität des Handelns, dessen Motivation und Zweck-Mittel-Zuweisung, die auf eine einzelne Person oder eine Personengruppe bezogen sind, gewinnen. Die Handlungsrationalität muß auf das System selbst bezogen werden. Dabei werden die für die Handlung des Einzelnen wesentlichen Merkmale nun auf die Ebene des sozialen Systems transformiert und für die Gewinnung von Parametern herangezogen. Dies bedeutet, daß nun Zielsetzungen als soziale Zielsetzungen betrachtet werden, daß Motive als soziale Handlungsbedingungen und daß Zweck-Mittel-Zuweisungen als soziale Zweck-Mittel-Zuweisungen konstruiert werden. Es wird danach gefragt, welche Ziele das Gesamtsystem verfolgt und für welche sozialen Zusammenhänge diese Ziele verfolgt werden bzw. welchen Bedingungen das Gesamtsystem unterworfen ist und aus welchen sozialen Zusammenhängen sich diese Bedingungen zusammensetzen.

Wird an die bereits dargestellten Ausführungen angeknüpft, so ergibt sich folgender Zusammenhang: Das systemanalytische Denken versucht, das soziale Handeln in seinen sozialen Verknüpfungen zu erfassen, und muß demnach für die Konstruktion des sozialen Systems soziale Momente miteinander relationieren. So wie die Prüflinge in PIAGETs chemischen und physikalischen Experimenten versuchen, Gesetzmäßigkeiten und kausale Zusammenhänge zu erfassen, indem sie mit Hilfe der formalen Operationen Faktoren aus diesem Gegenstandsbereich miteinander relationieren, müssen auch im systemanalytischen Denken soziale Faktoren als Faktoren dieses Gegenstandsbereiches miteinander relationiert werden. Das heißt, durch die sozial-kognitive Dezentrierung wird das soziale Handeln dadurch erfaßt, daß vom individuellen psy-

---

134. vgl. hierzu A.D. HALL/ R.E. FAGEN, Definition of system, S.81-92; G. KLAUS, Wörterbuch der Kybernetik, S.634; K.H. STAPF, Bemerkungen zur Gegenstands- und Methodendiskussion in der Umweltpsychologie; G. ROPOHL, Einführung in die allgemeine Systemtheorie; F. VESTER, Unsere Welt - ein vernetztes System, S.17

chischen System abstrahiert und der Gegenstandsbereich in seinen sozialen Bezügen konstruiert wird.

Die Schwierigkeit einer solchen Abstraktion liegt darin, daß erstens die sozialen Faktoren, die hier in Bezug zueinander gestellt werden müssen, keine konkret wahrnehmbaren Faktoren sind. Die Faktoren, die die Parameter des sozialen Systems darstellen, müssen durch formal-operationale Prozesse konstruiert werden. Die Konstruktion des sozialen Systems beginnt demnach zunächst mit der Konstruktion der für das soziale System grundlegenden Parameter. Eine zweite Schwierigkeit besteht darin, daß die Zentrierung auf das soziale System zwar einerseits eine Abstraktion von personalen und individuellen Bedingungen darstellt, gleichwohl jedoch auch im systemanalytischen Denken eine völlige Abstraktion vom psychischen System nicht möglich ist. Die Abstraktion ist eine Operation, in der innerhalb einer multiplikativen Zuordnung zweier oder mehrerer Klassifizierungen eine oder mehrere Klassifizierungen negiert werden, so daß mindestens eine Klassifizierung als die abstrahierte Klassifizierung gewählt wird. In der operationalen Verknüpfung zwischen psychischen und sozialen Systemen ist eine solche Abstraktion nicht möglich. Dies wird durch die Spezifizierung dieser Verknüpfung als logische Äquivalenz der beiden Systeme des Psychischen und des Sozialen deutlich. Das psychische System muß demnach, auch wenn von seiner Individualität abgesehen wird, in die systemanalytische Betrachtung einbezogen werden. Wie bereits oben dargestellt, kann das über die Interpenetration als Grenze zwischen psychischen und sozialen Systemen geschehen. Dieses Moment wird weiter unten unter dem Parameter der Interpenetration genauer erläutert werden.

Das systemanalytische Denken ist demnach vor das *Problem* gestellt, *die durch das konkret-operationale System vollzogenen Zuordnungen von sozialen Handlungen neu zu überdenken und sie in ihrer Systemfunktionalität zu betrachten, indem erstens die Differenzierung zwischen psychischen und sozialen Systemen mit einbezogen wird und zweitens das Soziale in seinem Funktionszusammenhang konstruiert wird.*

Das soziale Handeln bildet somit auch für das systemanalytische Denken den Ausgangspunkt, doch verbleibt das systemanalytische Denken nicht im Konkreten, sondern versucht, das soziale Handeln im Hinblick auf seine systemischen Bedingungsfaktoren zu bestimmen. Diese Bedingungsfaktoren sind nicht beobachtbar, sondern müssen erschlossen werden.

Diese Bedingungsfaktoren können entsprechend der oben aufgeführten Zitate MEADs folgendermaßen konstruiert werden: Es geht nun im systemanalytischen Denken nicht mehr um die Frage nach einzelnen Perspektiven der Kommunikationsteilnehmer und deren Zuordnung zu einem Ganzen, sondern es geht um die «Haltung des verallgemeinerten Anderen». Dementsprechend kann nun die Konstruktion der systemischen Parameter dadurch vollzogen werden, daß nach den Zielen, Bedingungen und Motiven des sozialen Systems gefragt wird, indem diese Momente die Parameter des sozialen Systems ausmachen.

Verfolgt man in diesem Zusammenhang LUHMANNs Darstellungen zum sozialen System, so ist festzustellen, daß er innerhalb seiner Beschreibungen und seiner Terminologie die Möglichkeit bietet, diese Parameter genauer zu bestimmten. Ziele, Bedingungen und Motive des sozialen Systems werden bei ihm dadurch spezifiziert, daß er von der Bestimmung des Systems durch die System-Umwelt-Grenze ausgeht. Die Transformation von Motiven, Bedingungen etc. des Handelns auf die Ebene des sozialen Systems ist identisch mit der Konstruktion des sozialen Systems und seiner Systemgrenzen.

"... Als Ausgangspunkt jeder systemtheoretischen Analyse hat, darüber besteht heute wohl fachlicher Konsens, die *Differenzierung von System und Umwelt* zu dienen[5]. Systeme sind nicht nur gelegentlich und nicht nur adaptiv, sie sind strukturell an ihrer Umwelt orientiert und könnten ohne Umwelt nicht bestehen. Sie konstituieren und sie erhalten sich durch Erzeugung und Erhaltung einer Differenz zur Umwelt, und sie benutzen ihre Grenzen zur Regulierung dieser Differenz. Ohne Differenz zur Umwelt gäbe es nicht einmal Selbstreferenz, denn Differenz ist Funktionsprämisse selbstreferentieller Operationen[6]. In diesem Sinne ist *Grenz*erhaltung (boundary maintenance) Systemerhaltung.
Grenzen markieren dabei keinen Abbruch von Zusammenhängen."[135]

Aus dieser System-Umwelt-Differenzierung folgt, daß jedes soziale System Grenzen hat, innerhalb derer es mit Bezug auf die Umwelt operiert. Systeme erhalten sich und konstituieren sich durch ihre Grenzen zur Umwelt.

Das systemanalytische Denken muß demnach die Grenzen des sozialen Systems konstruieren, um das soziale System operational konstruieren zu können. Das heißt, in der Erfassung des sozialen Systems geht es nicht in erster Linie um die Erfassung des sozialen Handelns, sondern um die Erfassung der systemspezifischen Kommunikation in ihren Grenzen zu ihrer Umwelt. Die Grenzen des sozialen Systems bilden demnach die Parameter für das systemanalytische Denken: Erst in der Differenz von System und Umwelt ist das systemanalytische Denken in der Lage, das soziale System zu konstruieren. Das heißt, die Grenzen sind diejenigen Größen des sozialen Systems, die seine Konstruktion ermöglichen. In dieser Hinsicht soll hier von den Grenzen als den Parametern des sozialen Systems gesprochen werden. Das systemanalytische Denken kann damit auch als eine spezifische Form der Interpenetration dargestellt werden: Das psychische System, das das soziale System zu erfassen sucht, operiert nicht nur dadurch, daß es die Grenze zum sozialen System in seinen eigenen Operationsbereich übernimmt, sondern diese Übernahme in den eigenen Operationsbereich geschieht hier bewußt: Das systemanalysierende psychische System versucht durch die bewußte Intention auf das soziale System, dessen Grenzen durch systemeigene Operationen zu erfassen.

"Man darf sich Interpenetration weder nach dem Modell der Beziehung zweier getrennter Dinge vorstellen noch nach dem Modell zweier sich teilweise überschneidender Kreise. Alle räumlichen Metaphern sind hier besonders irreführend. Entscheidend ist, daß *die Grenzen des einen Systems in den Operationsbereich des anderen übernommen werden können*. So fallen die Grenzen sozialer Systeme in das Bewußtsein psychischer Systeme. Das Bewußtsein unterläuft und trägt damit die Möglichkeit, Sozialsystemgren-

---

135. N. LUHMANN, Soziale Systeme, S.35
Verweise im Zitat: "[5] Die Differenz von System und Umwelt läßt sich abstrakter begründen, wenn man auf die allgemeine, primäre Disjunktion einer Theorie der Form zurückgeht, die *nur* mit Hilfe eines Differenzbegriffs definiert: Form und anderes. Vgl. dazu Ph.G. Herbst, Alternatives to hierarchies, Leiden 1976, S.84ff., und grundlegend: Georges Spencer Brown, Laws of Form, 2.Aufl., New York 1972; [6] Hierzu wie in der Einleitung bereits zitiert: von Foerster a.a.O. (1973)." (Literaturverweis im Zitat: H. von FOERSTER, On self-organizing systems und theire enviromment)

zen zu ziehen, und dies gerade deshalb, weil sie nicht zugleich Grenzen des Bewußtseins sind. Das Gleiche gilt im umgekehrten Fall: Die Grenzen psychischer Systeme fallen in den Kommunikationsbereich sozialer Systeme. Kommunikation ist geradezu gezwungen, sich laufend daran zu orientieren, was psychische Systeme in ihr Bewußtsein bereits aufgenommen haben und was nicht. Und auch dies ist nur möglich, weil die Grenzen psychischer Systeme nicht zugleich Grenzen der kommunikativen Möglichkeiten sind. Jedes an Interpenetration beteiligte System realisiert in sich selbst das andere als dessen Differenz von System und Umwelt, ohne selbst entsprechend zu zerfallen. So kann jedes System im Verhältnis zu anderen eigene Komplexitätsüberlegenheit, eigene Beschreibungsweisen, eigene Reduktionen verwirklichen und auf dieser Grundlage eigene Komplexität dem anderen zur Verfügung stellen." [136]

Die Interpenetration zwischen psychischen und sozialen Systemen wird demnach im systemanalytischen Denken in «verschärfter» Weise vollzogen. Das psychische System wird dann nicht nur durch das soziale System penetriert, sondern das eigene Prozessieren ist wiederum intentional auf das penetrierende System gerichtet. Das heißt, die Grenzen des sozialen Systems werden nicht nur als die Interpenetrationsgrenze für das psychische Operieren übernommen, sondern alle Grenzen zwischen dem sozialen System und seiner Umwelt werden in den Operationsbereich des psychischen Systems übernommen, indem es durch seine formalen Operationen diese Sozialsystemgrenzen konstruiert. Das systemanalytische Denken zeichnet sich demnach nicht nur - wie jedes Denken - durch die Übernahme der Interpenetrationsgrenze in den bewußten Vollzug aus, sondern der bewußte Vollzug ist in seiner Intention auf sämtliche Grenzen des sozialen Systems gerichtet, um es konstruieren zu können.

Die Beziehung zwischen dem konkret-operationalen und dem formal-operationalen System in ihrer Erfassung der Kommunikation kann nun spezifiziert werden: So wie das konkret-operationale System soziales Handeln durch personal gebundene Ziele, Motive und Bedingungen zu strukturieren versucht, konstituiert das formal-operationale System das soziale System durch dessen Grenzen, die die Schemata der Ziele, Motive und Bedingungen an soziale Prozesse und Faktoren anzubinden versuchen, um Kommunikation in ihrer Struktur zur erfassen. Die Grenzen - als Intersystem-Grenzen; d.h., als Systemgrenzen zu anderen Umweltsystemen - lassen sich dann in LUHMANNs Terminologie als die *Funktion* des sozialen Systems, die *Leistung* des sozialen Systems und die *Interpenetration* kennzeichnen. Auch die Struktur ist letztlich ein Grenzparameter; ihre Besonderheit besteht darin, daß sie keine direkte Beziehung zu Umwelt*systemen* aufnimmt, sondern *nichtsystemische Umweltkomplexität* reduziert. Auf die genauere Bestimmung und operationale Konstruktion dieser Grenzen als Parameter des sozialen Systems soll in Punkt 2.1 eingegangen werden. Hier bleibt zunächst festzuhalten, daß die gesellschaftliche Funktion die gesellschaftliche Motivation des sozialen Systems beschreibt, die Leistungen die Bedingungen und die Ziele des kommunikativen Prozesses eines sozialen Systems und die Interpenetration - wie bereits festgestellt - die Grenze zwischen dem sozialen System und dem psychischen System aufzeigt, die in den kommunikativen Prozeß des sozialen Systems insofern als Bedingungsstruktur mit eingeht, als sie festlegt, inwiefern das psychische System diesen kommunikativen Prozeß konstituiert.

---

136. N. LUHMANN, Soziale Systeme, S.295

Funktion, Leistung und Interpenetration erweisen sich hierbei als Intersystem-Grenzen und gleichzeitig als Parameter des sozialen Systems: Die Funktion zieht die Grenze eines sozialen Systems zur Gesamtgesellschaft und die Leistung zieht die Grenze zu bestimmten in der Gesellschaft ausdifferenzierten sozialen Systemen. Funktion und Leistung sind Grenzen des sozialen Systems zu sozialen Umwelten. Die Interpenetration ist als einzige Grenze eine Grenze zu nicht-sozialen Systemen. Sie bildet jedoch gleichzeitig auch ein wesentliches soziales Faktum, indem das soziale System erst durch psychische Systeme konstituiert wird.

Neben diesen Intersystemparametern gibt es einen weiteren Parameter des sozialen Systems, der erst durch die Grenzen der Intersystemparameter bestimmt wird: Das ist die Struktur. Die Struktur des sozialen Systems ist dasjenige Moment, durch die Grenzen des Systems stabilisiert wird. Das heißt, die Struktur bildet als eine internale Größe des sozialen Systems denjenigen Parameter, der erst durch den wechselseitigen Bezug zu den Intersystemparametern «verrechnet» werden kann. Die Struktur errechnet sich durch ihre funktionale Beziehung zu den Intersystemparametern und steht somit mit jeder der genannten Umwelten in Beziehung: mit der Gesellschaft, mit bestimmten anderen sozialen Systemen wie auch mit den psychischen Systemen.

Gesellschaftliche Funktion, Leistung, Interpenetration und Struktur als Parameter des sozialen Systems müssen nun im weiteren für das systemanalytische Denken genauer gefaßt werden. Aus dem Bisherigen ist festzuhalten, daß diese Parameter sich durch die vollständige sozial-kognitive Dezentrierung des formal-operationalen Systems und die Anwendung der Schemata von Ziel, Bedingung und Motiv auf soziale Phänomene und deren System-Umwelt-Differenzierung erschließen lassen. Für die weitere Betrachtung des systemanalytischen Denkens ist noch von Bedeutung, daß die Intersystemparameter des sozialen Systems immer doppelt bestimmt werden: [137] zum einen durch die Umwelt des Systems und zum anderen durch das soziale System selbst. Das heißt, jede Grenze kann in ihrer inhaltlichen Füllung, dies sind die für ein soziales System geltenden inhaltlichen Bestimmungen der gesellschaftlichen Funktion, der Leistung und der Interpenetration, in doppelter Weise bestimmt werden. Die Grenze läßt sich erstens dadurch bestimmen, daß geklärt wird, durch welche Umweltanforderungen bzw. Umweltbedingungen die Ausdifferenzierung eines bestimmten sozialen Systems ermöglicht wird. Diese Beziehung der Grenzen zu der Systemumwelt soll hier als der *externale Grenzbezug* bezeichnet werden. Zweitens verweisen die Grenzen immer auch auf das System selbst, indem sie es konstituieren und von ihm konstituiert werden. Dieser Aspekt der Grenze soll hier der *internale Grenzbezug* genannt werden. Internaler und externaler Grenzbezug kennzeichnen das soziale System als ein System, das sowohl Beziehungen zu sich selbst als auch zu seiner Umwelt hat. Diese doppelte Bestimmung der Grenze durch ihren internalen und ihren externalen Aspekt kennzeichnet das jeweilige System als ein selbstreferentielles System.

"Unsere These, daß es Systeme gibt, kann jetzt enger gefaßt werden: Es gibt selbstreferenzielle Systeme. Das heißt zunächst nur in einem ganz allgemeinen Sinne: Es gibt Systeme mit der Fähigkeit, Beziehungen zu sich selbst herzustellen und diese Beziehungen zu differenzieren gegen Beziehungen zu ihrer Umwelt. Diese These umfaßt das Faktum

---

137. Darauf wurde schon weiter oben hingewiesen, indem das operationale Schema zur Konstruktion der Intersystemparameter aufgezeigt wurde.

172 *Die operationale Bestimmung des systemanalytischen Denkens*

System und die Bedingungen seiner Beschreibung und Analyse durch andere (ebenfalls selbstreferentielle) Systeme." [138]

Die Differenz von System und Umwelt wird vom sozialen System als einem selbstreferentiellen System konstituiert. Die beiden Pole von System und Umwelt können dann näher bestimmt werden: Der Umweltbezug, den ein soziales System im Hinblick auf seine Umweltsysteme hat, bezieht sich jeweils auf die Gesellschaft, auf andere soziale Systeme und auf psychische Systeme. Die Intersystemparameter kennzeichnen diesen Umweltbezug. Der selbstreferentielle Bezug, der Bezugs eines sozialen Systems auf sich selbst, ist der Bezug auf seine Struktur. In dieser Hinsicht besteht der System-Umwelt-Bezug immer aus einem doppelten Bezug eines selbstreferentiellen Systems zum einen zu seinen Umwelten und zum anderen zu seiner Struktur. Dieser doppelte Bezug eines selbstreferentiellen Systems entscheidet hier über die Bestimmung der Parameter: Sie erweisen sich in ihrer Umweltbeziehung auf parameterspezifische Umwelten verwiesen und in ihrer internalen Beziehung bezogen auf die Struktur des Systems. Diese Doppelheit - so schreibt LUHMANN im oben aufgeführten Zitat - umfaßt dann die Bedingung der Beschreibung und Analyse dieses Systems wiederum durch ein anderes selbstreferentielles System. Im Fall des systemanalytischen Denkens ist dieses andere selbstreferentielle System das formal-operationale System des Psychischen, das das soziale System als selbstreferentielles System in seiner System-Umwelt-Beziehung zu erfassen sucht.

Die operationale Erfassung des sozialen Systems soll nun im folgenden in zwei Schritten dargestellt werden: Erstens soll festgestellt werden, durch welche Operationen die Parameter des sozialen Systems konstruiert werden können. In einem zweiten Schritt soll dann auf die Beziehung zwischen diesen Parametern eingegangen werden. Dabei wird sich die Kompensation des Gesamtsystems als eine komplexe und zentrale Operation erweisen, in der die unterschiedlichen Parameter für die Konstitution und die «Verrechnung» des Systems in einen multiplen, sich wechselseitig kompensierenden Bezug zueinander gestellt werden. Diese Operation stellt dann die zentrale Operation für die Konstruktion der Systemrationalität dar: In ihr geht es dann nicht nur darum, die unterschiedlichen Parameter zu erfassen und sie als Parameter des sozialen Systems genauer darstellen zu können, sondern in ihr geht es darum, die Parameter in einer kompensatorischen Vernetzung so aufeinander zu beziehen, daß sich dieser Bezug als funktional erweist. Mit anderen Worten: Das soziale System wird hier durch eine wechselseitige «Verrechnung» der Parameter mit Hilfe der Operation der funktionalen Analyse kompensiert, so daß es als ein systemfunktionales Konstrukt konstituiert werden kann.

Das Erfassen des sozialen Systems durch die Erfassung seiner Parameter und durch die Verrechnung zwischen diesen Parametern verweist auf die Nicht-Linearität des systemanalytischen Denkens. Dieses Denken ist vielmehr dadurch gekennzeichnet, daß es in Vernetzungen denkt und diese Vernetzungen aufgrund der dem System eigenen Logik konstituiert.

"Vernetztes, systemisches Denken meint vielmehr eine grundlegende Betrachtungsweise jeglicher Phänomenbereiche, die den Blick auf Muster, Zusammenhänge und Dynamiken lenkt (Ropohl, 1978; Ludewig, 1984a).

---

138. N. LUHMANN, Soziale Systeme, S.31/32

Es unterscheidet sich von einem Denken, dem es um die Zergliederung und Isolation von Elementen geht (Atomismus), das Elemente auf noch grundlegendere zurückführen will (Reduktionismus), das eine unmittelbar gegebene, eindeutige Realität annimmt (naiver Realismus) und das sich auf eine geradlinige, kausale Abhängigkeit zwischen Variablen beschränkt (lineares, dualistisches Denken). Die eindeutige Unterscheidung zwischen unabhängigen und abhängigen Variablen löst sich in Systemen auf, was nicht bedeuten soll, daß es in unterschiedlicher Richtung nicht unterschiedlich starke Zusammenhänge zwischen Variablen geben kann. Eine lineare Epistemologie jedoch, welche von unidirektionalen Ursache-Wirkungsfolgen ausgeht, muß für systemisches Denken als inadäquat gelten." [139]

Diese Vernetzung tritt hier als eine Vernetzung von Systemparametern auf, die durch die komplexen Operationen der Kompensation als multipler funktionaler Analyse vollzogen werden kann.

Die internale Verrechnung des Systems mit Hilfe seiner Parameter muß in Übereinstimmung mit den externalen Bestimmungen seiner Grenzen liegen, damit das System im Gleichgewicht bleibt und seine Grenzen und damit seine Struktur auf Dauer stabilisieren kann. Das heißt, jeder Grenzparameter ist doppelt bestimmt und muß sich in seiner doppelten Bestimmung als identisch erweisen. *Liegt bei der doppelten Bestimmung des Parameters keine Identität zwischen Umweltbezug und Verrechnung aller Systemparameter vor, so sind die Grenzen des Systems nicht stabil und kann der Bestand des Systems nicht gewährleistet werden.* Umwelt kann deshalb in der Bestimmung und der Definition des Systems immer nur als ein für das Gleichgewicht des Systems dauerhafter Störfall angesehen werden. Das heißt, die gesamte Systemanalyse hat zum Ziel, das Gleichgewicht des Systems dadurch zu konstituieren, daß ein funktionaler Bezug zwischen den Parametern hergestellt werden kann (Verrechnung der Systemparameter) und daß in dieser Verrechnung zugleich ein internal funktionaler Bezug zwischen der Struktur und den Intersystemparametern und ein external funktionaler Bezug der Parameter zu ihrer Umwelt konstruiert werden kann.

2.1. Die Konstruktion der Systemparameter

In dem nun folgenden Punkt soll die operationale Konstruktion der Systemparameter aufgezeigt werden. Dabei geht es darum, die mit Hilfe der LUHMANNschen System-Umwelt-Theorie ermittelten kritischen Merkmale des sozialen Systems in ihrer formal-operationalen Konstruktion aufzuzeigen. Diese kritischen Merkmale bzw. diese Systemparameter können als gesellschaftliche Funktion, Leistung, Interpenetration und Struktur des sozialen Systems bezeichnet werden. Wie bereits oben erwähnt, stellen diese Merkmale des Systems zentrale Merkmale innerhalb von LUHMANNs System-Umwelt-Theorie dar. LUHMANN selbst weist diese Merkmale jedoch nicht explizit als Systemparameter aus. Er bespricht sie vielmehr als einzelne Aspekte des sozialen Systems. Er stellt sie aber auch nicht den hier verfolgten Zusammenhang, in dem sie systematisch als konstituierende und wechselseitig aufeinander bezogene Mo-

---

139. G. SCHIEPEK, Systemische Diagnostik in der Klinischen Psychologie, S.33. Literaturverweise im Zitat: G. ROPOHL, Einführung in die allgemeine Systemtheorie und K. LUDEWIG, Der systemische Ansatz - ein erkenntnistheoretischer Rahmen für die Therapie

mente des sozialen Systems ausgewiesen werden. Für die Konstruktion der Systemparameter sind die folgenden Annahmen fundierend:

Erstens: Das systemanalytische Denken kann nur dann vollzogen werden, wenn die kritischen Merkmale des sozialen Systems - und dies sind kritische Merkmale eines jeden sozialen Systems - operational konstruiert und anschließend mit Hilfe der multiplen funktionalen Analyse in Bezug zueinander gesetzt werden.

Zweitens: Die kritischen Merkmale des sozialen Systems können dadurch konstruiert werden, daß Motive, Ziele, Bedingungen etc. des Handelns nicht mehr als individuellpersonale Motive etc. verstanden werden, sondern als Merkmale des sozialen Systems selbst. Diese Systemmerkmale werden unabhängig von personaler Gebundenheit und durch die dem sozialen System eigenen Grenzen konstruiert.

Drittens: LUHMANNs System-Umwelt-Theorie bietet die Möglichkeit, beide Momente - die «rein» soziale, soziologische Betrachtung des sozialen Handelns einerseits und die Bestimmung des sozialen Systems über seine Grenzen andererseits - systematisch aufeinander zu beziehen. *Es lassen sich Momente aus LUHMANNs Konzeption extrahieren, die als Grenzen des sozialen Systems und zugleich als dessen Motive, Ziele etc. beschrieben werden können.*

Viertens: Es wird angenommen, daß mit den genannten Parametern das soziale System für eine Systemanalyse hinreichend beschrieben werden kann. Es gibt zwar die Möglichkeit, weitere Parameterbestimmungen vorzunehmen: So z.B. kann die Interpenetration nicht nur auf das psychische System bezogen werden - wie dies in der vorliegenden Arbeit geschieht -, sondern kann sie auch als Interpenetration zwischen sozialem und organischem System und auch zwischen dem psychischen und dem organischen System dargestellt werden. Damit könnte der Interpenetrationsparameter um zwei weitere Formen der Interpenetration erweitert werden. Gleichwohl wird hier angenommen, daß mit den behandelten Parametern eine Systemanalyse des sozialen Systems vollständig vollzogen werden kann. Für die Einbeziehung weiterer Parameter impliziert dies, daß das systemanalytische Denken keine neuen Operationen einführen muß, sondern sie in gleicher Weise mit Hilfe der multiplen funktionalen Analyse in die Kompensation des sozialen Systems mit einbeziehen kann. *Das heißt, daß die Systemanalyse zwar einerseits um Parameter ergänzt werden kann, jedoch andererseits die Operationen für die Konstruktion des Gesamtsystems dieselben bleiben.*

2.1.1 Die Konstruktion des Strukturparameters

Für die Konstruktion der Systemparameter von Struktur, Interpenetration, Funktion und Leistung ist ausschlaggebend, daß die Besonderheiten eines jeden Parameters berücksichtigt werden. Diesen Besonderheiten soll dadurch Rechnung getragen werden, daß jeder Parameter in seiner Konstruktion gesondert dargestellt wird. Dabei zeigt sich, daß insbesondere der Strukturparameter durch ein anderes operationales Schema im Vergleich zu der operationalen Konstruktion der übrigen Parameter konstruiert wird. Diese Besonderheit ergibt sich dadurch, daß der Strukturparameter ein Grenzparameter ist, der das System mit der nicht-systemischen Umweltkomplexität verbindet und zugleich den internalen Parameter des sozialen Systems als dessen Kommunikationsstruktur ausmacht. Alle anderen Parameter sind Grenzparameter, die zwei Systeme miteinander verbinden - das soziale System mit einer wiederum systemisch strukturierten Umwelt. Damit können die gesellschaftliche Funktion, die Leistung und die Interpenetration im Gegensatz zum Strukturparameter als *Intersystem*grenzen bezeichnet werden. Im Strukturparameter wird die Kommunikation in ihrer systemspezifischen Struktur konstruiert. Alle anderen Parameter sind funktional auf die Kommunikation bezogen und ermöglichen eine rationale systemanalytische Konstruktion.

Der Strukturparameter soll aus den genannten Gründen hier durch drei Momente gekennzeichnet werden, deren operationale Konstruktion dann beschrieben wird: durch die Typik der System-Umwelt-Beziehung, durch die Kommunikation und durch die Kommunikationsstrukturen.

Der Strukturparameter soll vor allen anderen Parametern operational bestimmt werden. Der Grund dafür liegt in der internalen und externalen Verrechnung eines jeden Systemparameters: Der internale Bezug der Intersystemparameter ist ihr funktionaler Bezug zum Strukturparameter. Die operationale Konstruktion der Intersystemparameter bezieht damit den Strukturparameter ein. Für die Darstellung dieses operationalen Konstruktionsprozesses muß deshalb vorerst der Strukturparameter geklärt werden.

2.1.1.1 Die Differenzierung von System und Umwelt im Hinblick auf den Strukturparameter

Das soziale System konstituiert sich durch seine System-Umwelt-Differenz. Die operationale Konstruktion der System-Umwelt-Differenz ist damit auch grundlegend mit der Systemanalyse insgesamt verbunden.

"Der Begriff der Umwelt darf nicht als eine Art Restkategorie mißverstanden werden. Vielmehr ist das Umweltverhältnis *konstitutiv* für Systembildung. Es hat nicht nur »akzidentelle« Bedeutung, gemessen am »Wesen« des Systems[2]. Auch ist die Umwelt nicht nur für die »Erhaltung« des Systems, für Nachschub von Energie und Information bedeutsam[3]. Für die Theorie selbstreferenzieller Systeme ist die Umwelt vielmehr Voraussetzung der Identität des Systems, weil Identität nur durch Differenz möglich ist. Für die Theorie temporalisierter autopoietischer Systeme ist die Umwelt deshalb nötig, weil die Systemereignisse in jedem Moment aufhören und weitere Ereignisse nur mit Hilfe der Differenz von System und Umwelt produziert werden können. Der Ausgangspunkt aller daran anschließenden systemtheoretischen Forschungen ist daher nicht eine Identität, sondern eine Differenz." [140]

---

140. N. LUHMANN, Soziale Systeme, S.242/ 243; Verweise im Zitat: "[2] Die Ontologie der Substanzen und Wesenheiten hatte deshalb überhaupt keinen Begriff für Umwelt. Das Umdenken wird im 18. Jahrhundert eingeleitet an Hand von Betrachtungen über die Bedeutung des *Milieus* für die Spezifikation von genuin unterbestimmten Formen (z.B. Menschen). Der Wandel läßt sich nicht zuletzt am Begriff des Milieus (ursprünglich: Mitte) selbst ablesen. Vgl. J. Feldhoff, Milieu, Historisches Wörterbuch der Philosophie, Bd.5, Basel 1980, Sp.1393-1395; ferner Georges Canguilhem, La connaissance de la vie, 2.Aufl. Paris 1965, S.129-154. Für die Schwierigkeit des Gedankens ist im übrigen die Länge der Lernzeit bezeichnend: Schon seit dem 16.Jahrhundert wuchern in Europa Wortbildungen, die mit »self-« »Selbst-« zusammengesetzt sind. Es hat gut zweihundert Jahre gebraucht, bis man merkte, daß dies Umwelt voraussetzt."; "[3] So die Theorie »offener Systeme« - siehe nur Ludwig von Bertalanffy, Zu einer allgemeinen Systemlehre, Biologia Generalis 19 (1949), S.114-129."

Für die Konstruktion des sozialen Systems ist demnach die Differenz von System und Umwelt konstitutiv. Die Operation der Differenzierung zwischen System und Umwelt bildet somit die konstitutive Operation der Systemkonstruktion: Die «Identität» des Systems wird in seiner Differenz zur Umwelt gebildet. Diese Differenz wird operational dadurch konstituiert, daß System und Umwelt analytisch differenziert werden und gleichzeitig als eine untrennbare Einheit konstruiert werden. Die Existenz eines Systems ist demnach immer auch mit der Existenz einer systemspezifischen Umwelt verbunden, indem das System in seiner Konstitution sich seine Umwelt schafft.

$$\text{sozSys} \Longrightarrow \text{SysUmwelt}\ ^{141}$$

Dieses Implikationsverhältnis kann noch weiter spezifiziert werden. Soziale Systeme schaffen durch ihre Konstitution Umwelt. Das heißt, sie grenzen sich strukturell aus einer noch nicht strukturierten Umwelt aus, die selbst keinen direkten Einfluß auf diese Systeme ausübt. Die nicht-strukturierte Umwelt definiert sich darüber, daß sie alles andere als das soziale System ist. Für die operationale Konstruktion bedeutet dies, daß das Implikationsverhältnis nicht umkehrbar ist. Die Implikation kann damit durch die Konjunktion der Relata spezifiziert werden: System und Umwelt bilden eine Einheit und können somit einander konjunktiv zugeordnet werden. Die Implikation zwischen dem Relat des sozialen Systems und der Systemumwelt erweist sich damit als eine Implikation, die zugleich mit der konjunktiven Verknüpfung der beiden Relata verbunden ist und darüber hinaus die reziproke Implikation ausschließt. Dies bedeutet, daß in der Einheit von System und Umwelt das soziale System seine Umwelt ermöglicht und konstruiert und daß nicht umgekehrt das soziale System durch die Umwelt ermöglicht oder konditioniert wird. Damit ist dem sozialen System eindeutig in der konjunktiven Verknüpfung von System und Umwelt auch die Relatposition des Implizierenden zugesprochen: Nicht die Umwelt konstituiert das System, sondern das System konstituiert Umwelt. Dies geschieht dadurch, daß es sich von einer zu ihm selbst differenten Umwelt ausgrenzt. Die Relata der Implikationsbeziehung können des weiteren dadurch spezifiziert werden, daß die Umwelt alles andere als das soziale System ist. Operational ergeben sich dadurch zwei Klassifikationen, die keine Merkmalsüberschneidungen haben:

$$\neg \text{sozSys} = \text{Umwelt}$$

Das System steht somit nicht nur in Differenz zu seiner Umwelt, sondern diese Differenz zeichnet sich dadurch aus, daß das soziale System erstens seine Umwelt «schafft» und zweitens sich von dem differenziert, was es nicht ist.

"Umwelt ist ein systemrelativer Sachverhalt. Jedes System nimmt nur sich aus seiner Umwelt aus. Daher ist die Umwelt eines jeden Systems eine verschiedene. Somit ist auch die Einheit der Umwelt durch das System konstituiert.»Die« Umwelt ist nur ein Negativkorrelat des Systems. Sie ist keine operationsfähige Einheit, sie kann das System nicht wahrnehmen, nicht behandeln, nicht beeinflussen. Man kann deshalb auch sagen,

---

141. Für dieses Implizieren einer Systemumwelt gibt es keine funktionalen Äquivalente zum sozialen System. Der Sonderfall der vierten Spezifikation ist hier somit gegeben.

Die formal-operationale Konstruktion: Die Systemparameter

daß durch Bezug auf und Unbestimmtlassen von Umwelt das System *sich selbst totalisiert. Die Umwelt ist einfach »alles andere«.*" [142]

Die Differenzierung von System und Umwelt ist operational durch vier Teiloperationen zu kennzeichnen: Die Implikation zwischen System und Umwelt mit gleichzeitigem Ausschluß der reziproken Implikation, die konjunktive Verknüpfung von System und Umwelt und die Negation des Systems als Umwelt.

Für das systemanalytische Denken bilden diese Teiloperationen der Differenzierung die Grundoperationen der Konstruktion der Differenz des Strukturparameters zu seiner Umwelt.

Die Besonderheit des Strukturparameters im Vergleich zu allen anderen Systemparametern besteht darin, daß der Strukturparameter ein Grenzparameter und zugleich der internale Parameter des sozialen Systems ist. Er impliziert seine Umwelt durch «Sinngrenzen» [143], und er prozessualisiert das Element des Sozialen - die Kommunikation - durch Strukturbildungen. Die Umweltgrenze des Strukturparameters ist die grundlegende Grenze zwischen dem sozialen System und einer komplexen, nicht-systemisch strukturierten Umwelt. Diese Grenze wird dadurch konstruiert, daß in der Struktur aus der Vielzahl der möglichen Ereignisse diejenigen gewählt werden, die für das System relevant sind. In dieser Selektion grenzt sich das System von der noch-nicht strukturierten Umwelt ab und «schafft» damit durch Strukturgebung seine Umwelt. Alle anderen Systemparameter sind Intersystemparameter, die nicht durch die Differenz «strukturiert - unstrukturiert» eine Umwelt »schaffen«, sondern aus bereits systemisch strukturierter Umwelt Kriterien für das eigene Prozessieren entnehmen. Strukturgebung ist demnach im Hinblick auf eine unstrukturierte Umwelt immer schon grenzbildend. Die Differenz zwischen System und komplexer, unstrukturierter Umwelt wird durch den Parameter der Struktur vollzogen.

"Dies alles (daß die Umwelt einfach »alles andere« als das System ist, A.H.) heißt jedoch nicht, daß die Umwelt ein nur eingebildetes Gegenüber, eine bloße Erscheinung sei. Man muß vielmehr »die Umwelt« von den Systemen in der Umwelt unterscheiden. Die Umwelt enthält eine Vielzahl von mehr oder weniger komplexen Systemen, die sich mit dem System, für das sie Umwelt sind, in Verbindung setzen können. Denn für die Systeme in der Umwelt des Systems ist das System selbst Teil ihrer Umwelt und insofern Gegenstand möglicher Operationen. Wir haben uns deshalb schon auf der Ebene der allgemeinen Systemtheorie genötigt gesehen, System/Umwelt-Beziehungen von Intersystembeziehungen zu unterscheiden. Die letzteren setzen voraus, daß die Systeme sich wechselseitig in je ihrer Umwelt vorfinden." [144]

Die grundlegende Differenz zwischen System und Umwelt gilt somit für alle Parameter. Die Struktur zeichnet sich als der zentrale systemkonstituierende Parameter jedoch durch eine besondere Art der System-Umwelt-Beziehung aus: Sie ist die Grenze des sozialen Systems zu einer komplexen nicht-systemischen Umwelt. Die Intersystemparameter bilden Grenzen des sozialen Systems zu einer systemisch struktu-

---

142. N. LUHMANN, Soziale Systeme, S.249
143. s.u. Kapitel 2, Teil 3, Punkt 2.1.1.3 *Die Konstruktion der Kommunikationsstruktur*
144. N. LUHMANN, Soziale Systeme, S.249

178 Die operationale Bestimmung des systemanalytischen Denkens

rierten Umwelt: Dementsprechend wird auch die operationale Konstruktion dieser Parameter anders vollzogen.

2.1.1.2 Die operationale Konstruktion der Kommunikation als Element des sozialen Systems

Die Konstruktion des Strukturparameters knüpft an die Operationen des konkret-operationalen Systems an. Schon durch das konkret-operationale System konnten soziale Handlungen in ihrer Abfolge und ihrer Bindung an Rollen- und Positionsgefüge konstruiert werden. Auch das formal-operationale System konstruiert das soziale System dadurch, daß soziale Handlungen einander zugeordnet werden und diese Zuordnungen typische Systemstrukturen bilden. Dies wird insbesondere durch die Konstruktion des Strukturparameters ermöglicht. Der grundsätzliche Unterschied zwischen der konkret-operationalen und der formal-operationalen Konstruktion liegt darin, daß das formal-operationale System nun in der Einstellung der vollständigen sozial-kognitiven Dezentrierung Kommunikation als Element des sozialen Systems konstruiert. Soziales Handeln und sozial-systemische Handlungszusammenhänge werden dann über das Element der Kommunikation und deren Verknüpfungen zu Kommunikationsstrukturen konstruiert. Damit stellt sich dann die Frage, wie Kommunikation in einer solchen vollständigen sozial-kognitiven Dezentrierung gedacht wird.

Kommunikation ist ein spezifischer Handlungszusammenhang. Nicht jedes Handeln - obschon nicht unbeeinflußt von sozialen Momenten - ist Kommunikation. Die operationale Konstruktion der Kommunikation als Element des Sozialen muß demnach Handlungszusammenhänge als Kommunikation konstruieren. Das systemanalytische Denken unterscheidet zwischen sozialen Handlungen (die auch schon vom konkret-operationalen System konstruiert wurden) und der Kommunikation als Element des Sozialen. Diese Differenzierung ermöglicht dann, nicht mehr einzelne soziale Handlungen als das zentrale Moment des Konstruktionsprozesses zu betrachten, sondern die Kommunikation, die einerseits mit der sozialen Handlung nicht identisch ist und andererseits von sozialen Handlungszusammenhängen konstituiert werden kann. [145] Kommunikation ist dann nicht gleichzusetzen mit dem sozialen Handeln, sondern bildet eine Einheit, eine Emergenz, zu der sich soziale Handlungszusammenhänge verbinden können. Dementsprechend wird das soziale Handeln hier primär unter dem Gesichtspunkt betrachtet, daß es die Einheit der Kommunikation ermöglicht, und nicht unter dem Gesichtspunkt, daß es als Handeln klassiert und seriiert etc. werden kann. Das heißt, das soziale Handeln wird in das systemanalytische Denken mit einbezogen, indem es durch typische Zusammenhänge als Kommunikation konstruiert werden kann.

---

145. vgl. zur Problematik von Handlung und Kommunikation: N. LUHMANN, Kommunikation und Handlung. LUHMANN stellt hierbei Handlungen als notwendige Momente dar, die Kommunikationen realisieren und operationalisieren. Das heißt, Kommunikationen müssen als Handlungen erfaßt werden, damit Kommunikation beobachtbar und prozessualisierbar wird.
"Auf die Frage, woraus soziale Systeme bestehen, geben wir mithin die Doppelantwort: aus Kommunikationen und aus deren Zurechnung als Handlungen. Kein Moment wäre ohne das andere evolutionsfähig gewesen." (N. LUHMANN, Soziale Systeme, S. 240)
Gleichwohl bleibt für die Erfassung sozialer Systeme festzuhalten, daß soziales Handeln nur dann als Element des sozialen Systems auftreten kann, wenn es als Kommunikation verstanden wird. Das heißt, Handeln ist für die Beschreibung von Systemen dasjenige Moment, auf das sich der Beobachtende beziehen kann. Doch wird es nur zum Moment des Sozialen, indem es als Kommunikation, als das Element des Sozialen auftritt.

Dies impliziert erstens, daß soziales Handeln in der Einstellung der völligen Dezentrierung konstruiert werden muß.

"Der basale Prozeß sozialer Systeme, der die Elemente produziert, aus denen diese Systeme bestehen, kann unter diesen Umständen nur Kommunikation sein. Wir schließen hiermit also, wie bei der Einführung des Elementbegriffs angekündigt[1], eine psychologische Bestimmung der Einheit der Elemente sozialer Systeme aus."[146]

Dabei muß auch hier wieder darauf hingewiesen werden, daß es in der Untersuchung des systemanalytischen Denkens nicht darum geht, welche psychischen Dispositionen und Prozesse Kommunikation ermöglichen. Im systemanalytischen Denken geht es vielmehr darum, wie Kommunikation gedacht, also operational konstruiert werden kann und nicht, wie Kommunikation vollzogen wird, also durch psychische Systeme konstituiert wird. Kommunikation kann als Element des Sozialen nur in der vollständigen sozial-kognitiven Dezentralisierung gedacht werden, indem dieses Denken durch soziologische Kategorien geprägt ist und nicht durch psychologische. Das systemanalytische Denken konstituiert jedoch keine Kommunikation, sondern konstruiert sie als eine soziologische Kategorie; es konstruiert Kommunikation als das Element des Sozialen.

Das systemanalytische Denken muß aus einzelnen sozialen Handlungen neben ihrer Zuordnung zu Positions- und Rollengefüge die Einheit der Kommunikation bilden. Das heißt, soziales Handeln wird zwar als Ausgangspunkt des systemanalytischen Denkens betrachtet, doch bildet es noch nicht das Element des Gegenstandsbereichs der Betrachtung. Dieses Element muß seinerseits selbst erst operational konstruiert werden. Das heißt, die Erfassung des sozialen Handelns als Kommunikation impliziert gleichzeitig die Definition von sozialem Handeln in Abgrenzung zu anderen Handlungsvollzügen, die nicht sozialer Art sind. Handeln wird demgemäß nicht dann schon zum Ausgangspunkt systemanalytischen Denkens, wenn dieses Handelns soziale Bezüge bzw. einen Bezug auf Andere aufweist. Dieser Bezug ist in irgendeiner Form jedem Handeln zu eigen. Handeln wird in der Kommunikation erst zu sozialem Handeln. Unter diesem Gesichtspunkt muß festgestellt werden, daß Kommunikation notwendig an Handlungen gebunden ist. Kommunikation kann nicht vollzogen werden, wenn sie sich nicht in Handlungen übertragen läßt. Für die Analyse des Sozialen ist Kommunikation in Handlungen dekomponierbar, die zusammen die Einheit der Kommunikation bilden bzw. eine Emergenz der Handlungen bilden.

"Ich sehe das Problem darin, daß Kommunikation und Handlung in der Tat nicht zu trennen (wohl aber zu unterscheiden) sind und daß sie ein Verhältnis bilden, das als Reduktion eigener Komplexität zu begreifen ist. Der elementare, Soziales als besondere Realität konstruierende Prozeß ist ein Kommunikationsprozeß. Dieser Prozeß muß aber, um sich selbst steuern zu können, auf Handlungen reduziert, in Handlungen dekomponiert werden. Soziale Systeme werden demnach nicht aus Handlungen aufgebaut, so als ob diese Handlungen auf Grund der organisch-psychischen Konstitution des Menschen produziert werden und für sich bestehen könnten; sie werden in Handlungen zerlegt und gewinnen durch diese Reduktion Anschlußgrundlagen für weitere Kommunikationsverläufe."[147]

---

146. N. LUHMANN, Soziale Systeme, S.192
147. N. LUHMANN, Soziale Systeme, S.193

In der Konstruktion des Elementes des Sozialen bildet die Kommunikation die kleinste soziale Einheit, die in Handeln dekomponierbar ist. Diese sozialen Handlungen bilden nur in einem *Handlungszusammenhang* Kommunikation aus. *Die Kommunikation ist demnach eine dekomponierbare, als Element des Sozialen jedoch nichtteilbare Einheit.* Damit ist Kommunikation in ihrer Realisation auf Handeln angewiesen, doch bilden soziale Handlungen nur «Teile» dieser Kommunikation, die nach LUHMANN als eine Einheit aus drei Selektionen konstruiert werden kann: aus der Information, der Mitteilung und dem Verstehen.

"Begreift man Kommunikation als Synthese dreier Selektionen, als Einheit aus Information, Mitteilung und Verstehen, so ist die Kommunikation realisiert, wenn und soweit das Verstehen zustande kommt." [148]

Das systemanalytische Denken muß demnach in seiner Konstruktion der Kommunikation die drei Momente der Information, der Mitteilung und des Verstehens miteinander verknüpfen. Wenn in einem Handlungszusammenhang diese drei Momente aufeinander bezogen sind, findet Kommunikation statt. Auch hier geht es im systemanalytischen Denken nicht darum, daß das systemanalysierende psychische System Verstehensoperationen oder die Mitteilung begleitende Operationen oder allgemeine informationsverarbeitende Operationen *in* der Kommunikation vollzieht. Es geht vielmehr darum, daß Kommunikation als ein Handlungszusammenhang konstruiert wird, in dem diese drei Selektionen aufeinander bezogen sind und notwendig auftreten müssen, damit Kommunikation sich ereignen kann. Es geht somit um die operationale Bestimmung der Definition von Kommunikation als Element des Sozialen - d.h. darum, wie Kommunikation gedacht werden kann - und nicht um die operationale Bestimmung der kommunikationskonstituierenden Operationen im Handeln selbst. Unter dieser Prämisse - dem systemanalytischen Aspekt - kann Kommunikation als die Verknüpfung dreier Selektionen gedacht werden, die notwendig auftreten müssen, um einen sozialen Handlungszusammenhang als Emergenz der Kommunikation zu konstituieren.

LUHMANN unterscheidet eine vierte Selektion, die jedoch außerhalb der Einheit von Kommunikation liegt. Dies ist die Selektion der Annahme bzw. Ablehnung der mitgeteilten Sinnreduktion. [149] Ob das Mitgeteilte akzeptiert, angenommen oder abgelehnt wird, kann zwar für den weiteren Handlungsverlauf von großer Wichtigkeit sein, doch ist diese Selektion keine Selektion, die Kommunikation konstituiert. Sowohl in der Ablehnung wie auch in der Annahme des Mitgeteilten ist Verstehen impliziert, und nur dieses Verstehen ist konstitutiv für Kommunikation. [150] Betrachtet man nun diese drei Selektionen als konstitutiv für Kommunikation, so ist festzustellen, daß Handeln im Vergleich zur Kommunikation reduktiv ist. Handeln impliziert nicht alle diese Selektionen, so daß festgestellt werden kann, daß Handeln sich primär

---

148. N. LUHMANN, Soziale Systeme, S.203
149. vgl. N. LUHMANN, Soziale Systeme, S.203ff.
150. Dieser Aspekt wird noch weiter unten eine wichtige Rolle spielen: Sozialisation und Erziehung geschehen auch in einem kommunikativen Prozeß, der somit immer auch die Ablehnung des Mitgeteilten impliziert. Kommunikation wirkt nicht schon per se determinierend, sondern muß, um bestimmte Annahmen des Mitgeteilten wahrscheinlich zu machen, entsprechend mit Strukturbildung reagieren.

Die formal-operationale Konstruktion: Die Systemparameter   181

auf eine der Selektionen bezieht: den Mitteilungsakt. Erst wenn mehrere Handlungen aufeinander bezogen werden, kann Kommunikation realisiert werden. Handlungen sind als Kommunikation nicht nur «Ketten von Handlungen», sondern sind Handlungen, die die Einheit der drei Selektionen objektivieren und realisieren.

"Als Ausgangspunkt ist festzuhalten, daß Kommunikation nicht als Handlung und der Kommunikationsprozeß nicht als Kette von Handlungen begriffen werden kann. Die Kommunikation bezieht mehr Ereignisse in ihre Einheit ein als nur den Akt der Mitteilung. Man kann den Kommunikationsprozeß deshalb nicht voll erfassen, wenn man nicht mehr sieht als die Mitteilungen, von denen eine die andere auslöst." [151]

Handlungsanschlüsse sind nur dann Kommunikation, wenn im Rahmen dieser Handlungszusammenhänge nicht nur Mitteilungen stattfinden, sondern auch Informationen auftreten und Verstehensprozesse ablaufen. Kommunikation als Element ist mehr als nur die Aneinanderreihung von Mitteilungen. Sie kann jedoch nur in Handlungszusammenhängen realisiert werden.

"Anders gesagt: die Konstitutionsebene der Kommunikation kann nicht unterschritten werden, sie steht für ein je nach Bedarf immer weiter zu treibendes Auflösen zur Verfügung, aber sie kann die Form ihrer Einheitsbildung, das Verschmelzen von Information, Mitteilung und Verstehen nicht aufgeben, ohne ihre Operation zu beenden." [152]

Die Konstruktion sozialer Systeme als formal-operationaler Prozeß muß somit das Element des Sozialen als Kommunikation erfassen; d.h., nur solche Handlungsvollzüge werden als Kommunikation konstruiert, in denen die drei Selektionen auftreten.

Die Kommunikation als Einheit dreier Selektionen wird operational durch einen bestimmten Typus der analytischen Differenzierung konstruiert. Die analytische Differenzierung, wie sie weiter oben in der Differenzierung zwischen psychischen und sozialen Systemen gezeigt wurde, differenziert zwei Relata, die immer zusammen gültig sind bzw. zusammen nicht gültig sind. Die soziale Handlung impliziert die konjunktive Zuordnung zwischen den beiden Systemen. Diese analytische Differenzierung in psychische und soziale Systeme ist eine «einfache analytische Differenzierung», weil die logische Äquivalenz beider Systeme immer gegeben ist. Für die hier vorliegende Differenzierung der drei Selektionen wird jedoch behauptet, daß die Mitteilung auch allein im Handlungsvollzug auftreten kann. Dies macht die Reduktion der Handlung im Vergleich zur Kommunikation aus. Dementsprechend ist die analytische Differenzierung hier zu spezifizieren: Die drei Selektionen sind nur dann zusammen gültig bzw. zusammen nicht gültig, wenn Kommunikation betrachtet wird. Die Operation der logischen Äquivalenz wird demnach zu einer logischen Äquivalenz zwischen der Kommunikation und der konjunktiven Verknüpfung der drei Selektionen. Demnach gilt die konjunktive Zuordnung der drei Selektionen dann, wenn Kommunikation vollzogen wird:

$$Komm <=> [(Mitteil \cdot Inform \cdot Verstehen)]$$

---

151. N. LUHMANN, Soziale Systeme, S.225
152. N. LUHMANN, Soziale Systeme, S.226

Das heißt, die konjunktive Zuordnung der drei Selektionen verbindet sich mit dem Vollzug von Kommunikation als «richtige Verknüpfung», bzw., wenn Kommunikation nicht vollzogen wird, so gilt auch die konjunktive Verknüpfung der drei Selektionen nicht et vice versa. Die gültige Verknüpfung der drei Selektionen ist somit an den Vollzug der Kommunikation gebunden et vice versa. Dies bedeutet, daß ausschließlich unter der Bedingung, daß Kommunikation stattfindet, die drei Selektionen unterschieden werden können und gemeinsam Gültigkeit haben. Auch diese operationale Verknüpfung ist eine analytische Differenzierung, in der verschiedene Momente differenziert werden, die notwendig mitgedacht werden, wenn das Phänomen «Kommunikation» gedacht wird. In dieser Hinsicht impliziert die Kommunikation die drei Selektionen. Hier herrscht völlige Strukturgleichheit mit der analytischen Differenzierung der sozialen Handlung mit der konjunktiven Verknüpfung von sozialen und psychischen Systemen. Dies ist das Kernstück der analytischen Differenzierung, die sich dadurch als analytisch erweist, daß die Relata der konjunktiven Verknüpfung notwendig mit dem Impliziens der Implikation mitgedacht werden. Wenn die analytisch differenzierten Momente *immer nur zusammen* auftreten können, ergibt sich die logische Äquivalenz zwischen diesen Momenten, die als konjunktive Verknüpfung das Implikat der Implikation bilden. Im anderen Fall der analytischen Differenzierung - hier: in der analytischen Differenzierung der Kommunikation - erweist sich die Implikation, in der die konjunktive Verknüpfung wiederum als Implikat auftritt, als eine eineindeutige Beziehung. Das heißt, die logische Äquivalenz besteht nicht zwischen den konjunktiv verknüpften Momenten der Implikation, sondern die Implikation wird zu einer Verknüpfung zwischen der Implikation und der reziproken Implikation: der logischen Äquivalenz.

Geht man nun in einem nächsten Schritt davon aus, daß Handeln nur dann als Ausgangspunkt für das systemanalytische Denken betrachtet werden kann, wenn es die Einheit der Kommunikation bildet, dann kann hier zunächst einmal ausgesagt werden, daß Kommunikation dann vorhanden ist bzw. vollzogen wird, wenn soziales Handeln realisiert wird. Das heißt, Kommunikation impliziert soziales Handeln.

$$\text{Komm} \Longrightarrow \text{sozHdlgn}$$

Die reziproke Implikation gilt jedoch nicht. Soziales Handeln impliziert nicht Kommunikation: Soziale Handlungen können als Mitteilungen aneinandergereiht sein, ohne daß z.B. Verstehen stattfindet. Dennoch können soziale Handlungen in die analytische Differenzierung der drei Selektionen einbezogen werden, indem soziale Handlungen nun als Kommunikation auftreten. Dies bedeutet, daß zwischen der konjunktiven Verknüpfung von sozialen Handlungen einerseits und der konjunktiven Verknüpfung zwischen Mitteilung, Information und Verstehen andererseits die Operation der logischen Äquivalenz nicht mehr gilt. Da Kommunikation und soziales Handeln nicht logisch äquivalent sind, sondern Kommunikation lediglich soziales Handeln impliziert, jedoch nicht von ihm impliziert wird, kann zwischen der konjunktiven Verknüpfung sozialer Handlungen einerseits und der konjunktiven Verknüpfung der drei Selektionen andererseits auch nur die Implikationsbeziehung gelten. Anders formuliert: Nur wenn soziale Handlungen als Kommunikation auftreten, können sie analytisch in die drei Selektionen differenziert werden. Treten sie nicht als Kommunikation auf, so gilt auch die analytische Differenzierung nicht.

Die formal-operationale Konstruktion: Die Systemparameter

$$[(\text{Mitteil} \cdot \text{Inform} \cdot \text{Verstehen})] \Longrightarrow [(\text{sozHdlg}_1 \cdot \text{sozHdlg}_2 \cdot \text{sozHdlg}_{n+1})]$$

Diese Implikation kann als funktionale Analyse folgendermaßen spezifiziert werden: Die Mitteilung als *ein* Aspekt der Kommunikation ist gleichbedeutend mit der sozialen Handlung. Das Auftreten einer sozialen Handlung ist demnach logisch äquivalent an eine Mitteilung gebunden: Immer wenn Mitteilungen stattfinden, werden soziale Handlungen realisiert et vice versa.

$$\text{Mitteil} \Longleftrightarrow \text{sozHdlg}$$

Um soziale Handlungen als Kommunikation zu realisieren, müssen notwendig zwei weitere Faktoren mit der Mitteilung verknüpft werden: die Information und das Verstehen. Damit kann die Realisation sozialer Handlungen durch folgende funktionale Äquivalente gekennzeichnet werden, die einander disjunktiv zugeordnet sind:

[(Mitteil) v
(Mitteil · Inform) v
(Mitteil · Verstehen) v
(Mitteil · Inform · Verstehen) v
(Mitteil · Inform · Verstehen · Reak[153])]
$\Longleftrightarrow$ sozHdlgn

Diese funktionale Analyse entspricht der zweiten Spezifikation, in der die funktionalen Äquivalente disjunktiv miteinander verknüpft werden. Die konjunktive Verknüpfung wie auch die Unvereinbarkeit der funktionalen Äquivalente sind hier ausgeschlossen: Soziale Handlungen sind nicht darauf angewiesen, daß alle funktionalen Äquivalente *zugleich* realisiert werden, und diese funktionalen Äquivalente sind, da sie in ihren konjunktiven Verknüpfungen z.T. identische Relata verwenden, auch nicht unvereinbar.

Die funktionalen Äquivalente können inhaltlich folgendermaßen bestimmt werden:

1. (Mitteil)

Die Mitteilung ist für sich identisch mit der sozialen Handlung. Sie tritt hier ohne Information, Verstehen und Reaktion auf. Dies heißt, daß keine Information (das ist gleichbedeutend mit Redundanz), kein Verstehen und keine Reaktionen stattfinden. Soziale Handlungen haben stattgefunden, indem sie auf Alter bezogen waren, haben jedoch nicht zur Kommunikation geführt.

2. (Mitteil · Inform)

Soziale Handlungen können in ihrem Bezogensein auf Alter Informationen beinhalten, ohne daß Verstehen oder Reaktionen stattfinden. Dies kann z.B. bei Zeitschriftenartikeln, Radiosendungen etc. der Fall sein. Die Mitteilung hat Information, wird jedoch nicht verstanden und erwirkt keine Reaktion.

---

153. Reak steht hier für die vierte, nicht notwendig zur Kommunikation gehörige Selektion der Akzeptanz des Kommunizierten durch Alter.

3. (Mitteil · Verstehen)

Die sozialen Handlungen finden ohne Informationen statt; dies wird jedoch verstanden. Dies ist ein Fall, der kaum oder möglicherweise nie realisiert werden kann. Sachliche Wiederholungen werden im sozialen Handeln in aller Regeln nicht als Nicht-Information verstanden. Der Wiederholung wird dabei ein Informationswert zugemessen, der der Mitteilung eine Bedeutung gibt, die sie ohne Wiederholung nicht hätte. Verstehen ohne Information ist kaum möglich, weil Alter in der Interaktion der Handlung von Ego einen Sinn und damit auch Information unterstellt. [154] Gleichwohl soll diese Möglichkeit hier nicht völlig als eine funktionale Äquivalenz ausgeschlossen werden.

4. (Mitteil · Inform · Verstehen)

Im sozialen Handeln sind die drei Selektionen der Kommunikation realisiert. Soziales Handeln findet als Kommunikation statt.

5. (Mitteil · Inform · Verstehen · Reak)

Soziales Handeln wird als Kommunikation realisiert, in der Alter eine ablehnende oder zustimmende Reaktion zeigt. Dies ist z.B. der Fall, wenn Ego Alter dazu auffordert, ihm einen Gefallen zu tun, und Alter dies auch tut.

In diesen fünf Varianten kann soziales Handeln auftreten. *Für die Realisierung von sozialen Handlungen bzw. einer sozialen Handlung gibt es somit funktionale Äquivalente, wobei Kommunikation nur in zwei (4 und 5) der funktionalen Äquivalenten realisiert wird.*

Die Implikation von Mitteilung, Information und Verstehen einerseits und der sozialen Handlungen andererseits zeigt noch ein weiteres wichtiges Moment:

Es ist wichtig, zwischen *einer* sozialen Handlung und der Emergenz sozialer Handlungen zur Kommunikation zu unterscheiden. Eine soziale Handlung ist letztlich immer nur Mitteilung. Wenn diese Mitteilungen jedoch so aufeinander bezogen werden, daß neben der Mitteilungsselektion auch die nicht beobachtbaren Selektionen von Information und Verstehen vollzogen werden können, dann bilden soziale Handlungen die Emergenz der Kommunikation. Handlungen können nur dann als Einheit der Kommunikation betrachtet werden, wenn mehrere Handlungen zusammen diese Einheit bilden. In dieser Hinsicht ist Kommunikation als Element des sozialen Systems in Handlungen *dekomponierbar, jedoch nicht weiter elementarisierbar.*

Kommunikation kann ohne soziales Handeln nicht vollzogen werden. Kommunikation ist jedoch mehr als die Aneinanderreihung von Handlungen als Mitteilungen. Kommunikation bleibt damit durch die soziale Handlung unterbestimmt, zugleich ist die soziale Handlung dasjenige Moment, das Kommunikation interaktiv prozessualisiert. *Das systemanalytische Denken muß im Hinblick auf die Elementbestimmung des Sozialen zwischen Kommunikation und dem sozialen Handeln differenzieren, um Handlungszusammenhänge als Kommunikation konstruieren zu können.* Nur so ist es möglich, den Strukturparameter des sozialen Systems als Kommunikationsstruktur *und* Handlungsstruktur zu konstruieren. Soziales Handeln wird somit zu einem grundle-

---

154. vgl. hierzu: H. GRICE, Logik und Konversation

genden Moment der Systemanalyse, ist jedoch mit dem Element des Sozialen als Kommunikation nicht gleichzusetzen.

"Es gibt, anders gesagt, sehr wohl nichtkommunikatives Handeln, über das die Kommunikation sich nur informiert. Auch dessen soziale Relevanz wird jedoch durch Kommunikation vermittelt. Kommunikationssystemen steht es frei, über Handlungen oder über etwas anderes zu kommunizieren; sie müssen jedoch das Mitteilen selbst als Handeln auffassen, und nur in diesem Sinne wird Handeln zur notwendigen Komponente der Selbstreproduktion des Systems von Moment zu Moment. Deshalb ist es nie falsch, wohl aber einseitig, wenn ein Kommunikationssystem sich selbst als Handlungssystem auffaßt. Erst durch Handlung wird die Kommunikation als einfaches Ereignis an einen Zeitpunkt fixiert." [155]

2.1.1.3 Die Konstruktion der Kommunikationsstruktur

Handlungen können dann für die Konstruktion des Strukturparameters herangezogen werden, wenn sie in ihrer Emergenz als Kommmunikation betrachtet werden. Dies bedeutet für den Parameter der Struktur, daß in seiner operationalen Konstruktion durch das psychische System Handlungsstrukturen analysiert werden müssen. Diese Handlungsstrukturen bilden dann nicht mehr personal gebundene Handlungsschemata, die für das soziale System auf Dauer gestellt werden, sondern diese Handlungsstrukturen sind Systemstrukturen, die die Anschlüsse in der autopoietischen Reproduktion steuern. Dabei ist jetzt nicht mehr der zeitliche Aspekt der Wiederholung von Handlungen zu typischen Handlungsmustern, in denen Handlungen klassiert und seriiert werden, von ausschlaggebender Bedeutung, sondern die Anschlußmöglichkeit sozialer Handlungen als Kommunikation.

"Für eine Theorie autopoietischer Systeme stellt sich dagegen vorrangig die Frage, wie man überhaupt von einem Elementarereignis zum nächsten kommt; das Grundproblem liegt hier nicht in der *Wiederholung*, sondern in der *Anschlußfähigkeit*. Hierfür erweist sich die Ausdifferenzierung eines selbstreferentiell-geschlossenen Reproduktionszusammenhangs als unerläßlich, und erst in bezug auf ein dadurch gebildetes System lassen sich Probleme der Strukturbildung und Strukturänderung formulieren. Strukturen müssen, anders gesagt, die Anschlußfähigkeit der autopoietischen Reproduktion ermöglichen, wenn sie nicht ihre eigene Existenzgrundlage aufgeben wollen, und das limitiert den Bereich möglicher Änderungen, möglichen Lernens." [156]

Die Anschlußfähigkeit sozialer Handlungen für die selbstreferentielle Reproduktion von Kommunikation wird durch die Strukturbildung des Systems ermöglicht. Strukturen sind Vorgaben für die Anschlüsse des Handelns. Strukturen legen aus der Vielzahl möglicher Handlungsanschlüsse diejenigen fest, die für das jeweilige System relevant werden. Sie selegieren Handlungsanschlüsse, die in Differenz zur Umwelt gewählt werden. Das heißt, das System konstituiert sich über den Parameter der Struktur, indem in ihm die System-Umwelt-Differenz durch Selektionsprozesse vollzogen wird.[157] Dies geschieht dadurch, daß das soziale Handeln nicht nur als ein Prozeß

---

155. N. LUHMANN, Soziale Systeme, S.227
156. N. LUHMANN, Soziale Systeme, S.62
157. vgl. N. LUHMANN, Soziale Systeme, S.185

186 Die operationale Bestimmung des systemanalytischen Denkens

konstruiert wird, in dem Zeit durch irreversible Ereignisse strukturiert ist, sondern es in Strukturen konstruiert wird, in denen Zeit reversibel wird, da gerade die Struktur bestimmte wiederholbare Wahlmöglichkeiten unterschiedlicher Handlungsanschlüsse ermöglicht. [158] Das heißt, der Prozeß sozialer Handlungen definiert sich über die Abfolge seiner Ereignisse, [159] während die Struktur bestimmte Handlungsanschlüsse als erwartbar und wiederholbar setzt, so daß diese Anschlüsse als die systemtypischen Anschlüsse gekennzeichnet werden können. *Die Struktur sozialer Systeme legt demnach die Handlungsanschlüsse auf bestimmte Handlungsanschlüsse fest und konstituiert somit einerseits das System und andererseits seine Differenz zur Umwelt.*

"Strukturen fassen die offene Komplexität der Möglichkeit, jedes Element mit jedem anderen zu verbinden, in ein engeres Muster »geltender«, üblicher, erwartbarer, wiederholbarer oder wie immer bevorzugter Relationen. Sie können durch diese Selektion weitere Selektionen anleiten, indem sie die Möglichkeiten auf jeweils überschaubare Konstellationen reduzieren." [160]

Die Struktur erweist sich damit als derjenige Systemparameter, der das Handeln und seine Anschlüsse im System regelt. Durch diese Regelungen differenziert sich das soziale System von seiner Umwelt. Damit ist auch gleichzeitig festgestellt, durch welche Art von System-Umwelt-Grenze der Parameter der Struktur gekennzeichnet ist. Diese Grenze wird über das Sinnschema vollzogen. Sinn bezeichnet damit ein Selektionsschema, das den Horizont des Möglichen reduziert, indem es festlegt, welche der möglichen Anschlüsse für das System als systemspezifische gewählt werden sollen. [161] Diese Differenz entspricht der System-Umwelt-Differenz, die durch den Parameter der Struktur vollzogen wird. In der Struktur werden aus der Vielzahl möglicher

---

158. "Die Differenz von Struktur und Prozeß dient vielmehr der Rekonstruktion der ursprünglichen (= umweltbedingten) Differenz von Reversibilität und Irreversibilität in einer irreversibel angesetzten Zeit.[92]
Strukturen halten Zeit reversibel fest, denn sie halten ein begrenztes Repertoire von Wahlmöglichkeiten offen. Man kann sie aufheben oder ändern oder mit ihrer Hilfe Sicherheit für Änderungen in anderen Hinsichten gewinnen[93]. Prozesse markieren dagegen die Irreversibilität der Zeit. Sie bestehen aus irreversiblen Ereignissen[94]. Sie können nicht rückwärts laufen." (N. LUHMANN, Soziale Systeme, S.73/74)
159. "Prozesse kommen dadurch zustande (und der Prozeßbegriff soll hier dadurch definiert sein), daß konkrete selektive Ereignisse zeitlich aufeinander aufbauen, aneinander anschließen, also vorherige Selektionen bzw. zu erwartende Selektionen als Selektionsprämissen in die Einzelselektion einbauen." (N. LUHMANN, Soziale Systeme, S.74)
160. N. LUHMANN, Soziale Systeme, S.74
161. "Das Phänomen Sinn erscheint in der Form eines Überschusses von Verweisungen auf weitere Möglichkeiten des Erlebens und Handelns. Etwas steht im Blickpunkt, im Zentrum der Intention, und anderes wird marginal angedeutet als Horizont für ein Und-so-weiter des Erlebens und Handelns. Alles, was intendiert wird, hält in dieser Form die Welt im ganzen offen, garantiert also immer auch die Aktualität der Welt in der Form der Zugänglichkeit. Die Verweisung selbst aktualisiert sich als Standpunkt der Wirklichkeit, aber sie bezieht nicht nur Wirkliches (bzw. präsumtiv Wirkliches) ein, sondern auch Mögliches (konditional Wirkliches) und Negatives (Unwirkliches, Unmögliches). Die Gesamtheit der vom sinnhaft intendierten Gegenstand ausgehenden Verweisungen gibt mehr an die Hand, als faktisch im nächsten Zuge aktualisiert werden kann. Also zwingt die Sinnform durch ihre Verweisungsstruktur den nächsten Schritt zur Selektion. ... Mit jedem Sinn, mit beliebigem Sinn wird unfaßbar hohe Komplexität (Weltkomplexität) appräsentiert und durch die Operation psychischer bzw. sozialer Systeme verfügbar gehalten." (N. LUHMANN, Sinn, S.93/94)
vgl. auch insgesamt N. LUHMANN, Sinn

Handlungen diejenigen ausgewählt, die als systemspezifische Handlungszusammenhänge gelten sollen. Dabei werden Selektionen vollzogen, die die Komplexität der Umwelt auf erwartbare und wiederholbare Strukturen reduzieren, wobei diese Strukturen die Umwelt nicht negieren, sondern sie als sinnhafte Verweisungen nur abgeblendet sein lassen.

"Das Bemerkenswerte an dieser sinnvermittelten Reduktionsweise ist, daß sie Selektion zwar leistet und andere Möglichkeiten ausschaltet, aber diese Möglichkeiten als Möglichkeiten gleichwohl bestehen läßt. Trotz Selektion bleibt die reduzierte Komplexität als Komplexität erhalten, und nur der Zeitlauf schließt gewisse Möglichkeiten definitiv aus." [162]

Soziale Systeme sind Sinnsysteme [163] und reduzieren Umweltkomplexität über das Sinnschema als Selektionsschema. Das Sinnschema als Selektionsschema bezieht die System-Umwelt-Grenze in der Form mit ein, daß in den Komplexitätsreduktionen des Systems bestimmt wird, durch welche Merkmale sich die Struktur von ihrer Umwelt differenziert. Dies entspricht operational erstens der oben aufgeführten Negation des Systems als Umwelt: Das System erhält seine Identität dadurch, daß Umwelt als das Andere, das Nicht-Selegierte konstituiert wird. Zweitens ist diese Differenz durch Negation zu spezifizieren, indem das System nicht autark gegen seine Umwelt wird, sondern systematisch auf Umwelt bezogen bleibt. Dies schließt operational zunächst einmal eine Affirmation des Systems im Hinblick auf die Umwelt aus. Der Bezug zur Umwelt kann vom System aus als Implikationsverhältnis gefaßt werden: Das System konstituiert, indem es sich selbst konstituiert, seine Umwelt. Diese doppelte Bestimmung des System-Umwelt-Bezugs durch Negation und gleichzeitig durch Implikation wurde bereits oben dargestellt. Die Besonderheit der Systemgrenze als Sinngrenze besteht nun darin, daß Sinngrenzen nicht nur Bestimmtes von Unbestimmtem ausgrenzen, sondern *mit dem Unbestimmten als einem Möglichkeitshorizont für das System verbunden bleiben, so daß die Negation und die Implikation zusammen die differenzierende und unlösbare Einheit von System und Umwelt operational konstituieren.*

Zusammenfassend kann demnach festgestellt werden, daß *die Struktur ein Systemparameter ist, der die systemspezifischen Handlungsanschlüsse festlegt, indem diese Anschlüsse die Emergenz und damit auch die Reproduktion von Kommunikation ermöglichen.* Gleichzeitig bildet *die Struktur einen Parameter, der das System über Sinn mit seiner Umwelt verbindet.* Das heißt, Strukturen erweisen sich als Selektionen, die auf Dauer zur Geltung gebracht werden und damit das System in seiner Identität von der Umwelt differenzieren. Diese beiden wesentlichen Bestimmungsmerkmale der Struktur - ihre Anschlußrationalität und ihre Umweltbeziehung - werden durch Subparameter der Struktur konstruiert. Diese Subparameter unterscheiden sich durch ihre genuine Bestimmung der Anschlußrationalität des sozialen Handelns einerseits und durch ihre genuine Selektionsleistung, die das soziale System im Hinblick auf seine Sinngrenze zur Umwelt vollzieht, andererseits.

In den Subparametern wird das Moment der Selektion im Sinnschema mit dem Moment der Anschlußrationalität verbunden. Die strukturelle Umweltgrenze wird operational durch die Implikation konstruiert. Damit wird der Zusammenhang, daß

---

162. N. LUHMANN, Zweckbegriff und Systemrationalität, S.176
163. vgl. N. LUHMANN, Soziale Systeme, S.64

das System sich eine Umwelt schafft, operational hergestellt. Die Strukturbildung schafft eine Umwelt, indem sie das System aufgrund systemspezifischer Strukturen von einer nicht-systemischen, unstrukturierten und komplexen Umwelt abgrenzt. Diese Abgrenzung geschieht unter spezifischen Hinsichten. Diese Hinsichten werden durch die Subparameter benannt. Die Subparameter implizieren somit in dem oben aufgeführten Sinne Umwelt.

$$\text{Subpara} \Longrightarrow \text{Umwelt}$$

Die Anschlußrationalität wird ebenfalls durch die Subparameter konstituiert. Auch hier bedeutet dies, daß die Anschlußrationalität unter spezifischen Strukturgesichtspunkten ermöglicht wird, und auch hier sind die Subparameter diese Gesichtspunkte. Operational wird dies durch die Implikation zwischen den Subparametern und der Anschlußrationalität der Handlungen konstruiert. Zur vereinfachten Darstellung werden hier nur zwei soziale Handlungen miteinander verknüpft.

$$\text{Subpara} \Longrightarrow [\text{Anschluß (sozHdlg}_1, \text{sozHdlg}_2)]$$

Wenn die Abfolge von sozialen Handlungen nicht nur durch Seriation dieser Handlungen auf Dauer gekennzeichnet ist, so müssen ausweisbare Kriterien bestehen, die die Strukturbildung beeinflussen bzw. die Anschlußrationalität näher kennzeichnen. LUHMANN unterscheidet als Kriterien der Strukturbildung drei Subparameter: den Parameter der «sozialen Hinsicht», der «sachlichen Hinsicht» und der «zeitlichen Hinsicht»:

"Bei genauerem Zusehen zeigt sich auch hier, daß autopoietische Erfordernisse der Weiterführung von Kommunikation Strukturbildungen erzwingen und daß man es daraufhin mit einer Differenz von Autopoiesis und Struktur zu tun hat. Die Strukturbildung wird vor allem dadurch erzwungen, daß Kommunikation von bloßer Wahrnehmung abgehoben werden muß und daß dies Einschränkungen in zeitlicher, sachlicher und sozialer Hinsicht erfordert: Die relevanten Ereignisse müssen sequenziert werden; sie müssen durch Sachthemen strukturiert werden; es dürfen nicht alle Anwesenden zugleich reden, sondern als Regel (sic!) nur einer auf einmal."[164]

Damit sind die Subparameter als solche Momente gekennzeichnet, die in bestimmten Hinsichten spezifizieren, *was* die Strukturbildung durch ihre Strukturbildung festlegt, zur Geltung bringt und als wiederholbare Anschlüsse selegiert. Diese Subparameter gelten immer zusammen; d.h., sie sind entweder zusammen gültig oder zusammen nicht gültig:

$$\text{Sach} \Longleftrightarrow \text{Zeit} \Longleftrightarrow \text{Sozial}$$

Das heißt, diese Momente bestimmen die Strukturiertheit der sozialen Handlungen, die in ihrer Emergenz Kommunikation konstituieren. Für eine vereinfachte Darstellung soll hier wiederum von einer Kommunikation, die durch zwei Handlungen ermöglicht wird, ausgegangen werden:

---

164. N. LUHMANN, Soziale Systeme, S.564

Die formal-operationale Konstruktion: Die Systemparameter 189

Sach ==> Anschluß (Hdlg$_1$, Hdlg$_2$)
Sozial ==> Anschluß (Hdlg$_1$, Hdlg$_2$)
Zeit ==> Anschluß (Hdlg$_1$, Hdlg$_2$)

Diese drei Hinsichten erweisen sich als Bestimmungsmoment der Struktur, indem sie gleichzeitig - eben aus verschiedenen Hinsichten heraus - diese Struktur mit ihren Anschlüssen festlegen. Das heißt, der Bedingungskomplex von «Sach», «Zeit» und «Sozial» erweist sich als ein Komplex von gleichzeitig und auch immer zusammen auftretenden Bedingungen sozialer Strukturen. Das heißt, die Implikationen können dadurch zusammengefaßt werden, daß die Hinsichten konjunktiv miteinander verknüpft werden:

$$[(Sach \cdot Zeit \cdot Sozial)] ==> [Anschluß (Hdlg_1, Hdlg_2)]$$

Gleichzeitig kann auch die Implikation wiederum spezifiziert werden. Dabei wird davon ausgegangen, daß es keine funktionalen Äquivalente zu der konjunktiven Verknüpfung der drei Hinsichten gibt, so daß sich als Implikation zwischen den drei Hinsichten und der Anschlußrationalität eine eineindeutige Beziehung erstellen läßt:

$$[(Sach \cdot Zeit \cdot Sozial)] <==> [Anschluß (Hdlg_1, Hdlg_2)]$$

Das heißt, für die Bestimmung der Anschlußrationalität sind sowohl die drei Hinsichten konstitutiv, als auch umgekehrt die Anschlußrationalität immer in diese drei Hinsichten differenziert werden kann. Oder anders formuliert: Wenn die drei Subparameter von Zeit, Sachlichem und Sozialem gleichzeitig gelten, so ist die Anschlußrationalität bestimmt bzw. wenn soziale Handlungen als Kommunikation aneinander anschließen, so müssen die drei Subparameter gelten. Es gibt keine Kommunikation, die in ihrer Anschlußrationalität nicht über diese Subparameter bestimmt ist. Auch hier handelt es sich um eine analytische Differenzierung nach den oben aufgeführten Operationen: Mit dem Anschluß sozialer Handlungen als Kommunikation werden die drei Parameter immer schon mitgedacht. Das heißt, hier wird wiederum eine Differenzierung eingeführt, die den zu analysierenden Gegenstand weder in seine Elemente dekomponiert, noch durch Klasseninklusion Handlungen differenziert. Diese analytische Differenzierung ist als konjunktive Verknüpfung der Subparameter mit dem zu analysierenden Moment des Anschlusses logisch äquivalent verknüpfbar. *Die Selbstreferenz des sozialen Systems, der internale Aspekt des sozialen Systems, wird im Strukturparameter operational durch die logische Äquivalenz der Subparameter mit der Anschlußrationalität der sozialen Handlungen als Systemstrukturen konstituiert.*

Dieselben Hinsichten regeln auch die System-Umwelt-Grenze der Struktur als Sinngrenze; den externalen Aspekt. Dabei läßt sich Sinn nach LUHMANN in die drei Dimensionen des Sachlichen, des Sozialen und des Zeitlichen differenzieren.

"Am Anfang steht also nicht Identität, sondern Differenz. Nur das macht es möglich, Zufällen Informationswert zu geben und damit Ordnung aufzubauen; denn Information ist nichts anderes als ein Ereignis, das eine Verknüpfung von Differenzen bewirkt - a difference that makes a difference[35]. Hier liegt der Grund dafür, daß wir auch die *Dekomposition des Sinnes schlechthin* nicht nur als Differenz, sondern als *Dekomposition in Differenzen vorfinden*. Wir werden diesen Befund durch den Begriff der *Sinndimension* bezeichnen und unterscheiden *Sachdimension, Zeitdimension* und *Sozialdimension*.

190 Die operationale Bestimmung des systemanalytischen Denkens

Jede dieser Dimensionen gewinnt ihre Aktualität aus der Differenz zweier Horizonte, ist also ihrerseits eine Differenz, die gegen andere Differenzen differenziert wird."[165]

Die Selektionen, die über Sinn vom System vollzogen werden, lassen sich demnach in die «Subselektionen» von Sache, Zeit und Sozialem differenzieren. Jede dieser Subselektionen differenziert das Sinnschema in Subschemata aus und konstituiert für sich und in sich einen bestimmten Aspekt der System-Umwelt-Differenzierung. Operational bedeutet dies, daß die Subparameter von Sache, Zeit und Sozialem eine doppelte Differenzierung ermöglichen: Erstens kann durch sie das Sinnschema analytisch differenziert werden, und zweitens können sie als Subparameter der Struktur operational die Implikation zwischen Struktur und Umwelt spezifizieren. Dabei erweisen sich diese Parameter sowohl im Hinblick auf die Implikation der Anschlußrationalität als auch im Hinblick auf die Differenzierung des Sinnschemas als logische Äquivalente:

$$\text{Sach} <=> \text{Zeit} <=> \text{Sozial}$$

Auch hier zeigt sich - wie bei der Anschlußrationalität -, daß Sinn in die drei Subparameter analytisch differenziert werden kann und beide (Sinn wie Subparameter) sich wechselseitig implizieren und nur zusammen gelten bzw. zusammen nicht gelten. Die analytische Differenzierung des Sinnschemas erweist sich dann als die Implikation von Sinn mit der konjunktiven Verknüpfung von Sache, Zeit und Sozialem.

$$\text{Sinn} => [(\text{Sach} \cdot \text{Zeit} \cdot \text{Sozial})]$$

Als Subparameter des Sinns vollziehen dann diese drei Parameter die System-Umwelt-Differenzierung unter diesen drei differenten und logisch äquivalenten Hinsichten:

$$\begin{aligned}
\text{Sach} &=> \text{Umwelt} \\
\text{Zeit} &=> \text{Umwelt} \\
\text{Sozial} &=> \text{Umwelt} \\
&\text{d.h.} \\
(\text{Sach} \cdot \text{Zeit} \cdot \text{Sozial}) &=> \text{Umwelt}
\end{aligned}$$

Zusammenfassend kann festgestellt werden, daß der Parameter der Struktur dadurch operational konstruiert wird, daß

1. soziales Handeln in seiner Emergenz als Kommunikation bestimmt wird, wobei die Kriterien der Kommunikation durch die drei Selektionen von Mitteilung, Information und Verstehen gegeben sind. *Dieser Zusammenhang wird operational durch die logische Äquivalenz von Kommunikation mit der konjunktiven Verknüpfung von Mitteilung, Information und Verstehen konstruiert;*
2. soziales Handeln erst in *der konjunktiven Zuordnung von mehreren Handlungen die Kommunikation als Element des Sozialen ermöglicht;*
3. die soziale Struktur in ihrer doppelten Beziehung als Anschlußrationalität und als System-Umwelt-Beziehung bestimmt wird. Beide Beziehungen können durch dieselben Subparameter des Sozialen, des Zeitlichen und des Sachlichen genauer spe-

---

[165]. N. LUHMANN, Soziale Systeme, S.112

zifiziert werden. *Das heißt, die Subparameter der Struktur regeln sowohl den System-Umwelt-Bezug als Sinngrenze als auch die Anschlußrationalität der sozialen Handlungen.* In beiden Fällen kann diese Beziehung *erstens durch die Implikation zwischen der konjunktiven Verknüpfung der drei Subparameter einerseits und der Anschußrationalität bzw. der Umwelt andererseits, zweitens durch die logische Äquivalenz der drei Subparameter und drittens durch die analytische Differenzierung von Anschlußrationalität bzw. Sinn in die drei Subparameter konstruiert werden.*

Die operationale Konstruktion des Systemparameters der Struktur erweist sich somit als eine komplexe analytische Differenzierung, in der die jeweiligen Strukturmomente durch Konjunktion, Implikation und logische Äquivalenz miteinander verknüpft werden. Das Ergebnis dieser komplexen analytischen Differenzierung ermöglicht die Konstruktion der sozialen, zeitlichen und sachlichen Dimension als Subparameter der Struktur. Diese Subparameter differenzieren dann die Struktur als Anschlußrationalität sozialer Handlungen und als System-Umwelt-Differenzierung über Sinnschemata weiter aus.

[Struktur <==> (Anschlußrationalität · System-Umwelt-Beziehung)] =
[(Sach · Sozial · Zeit) <==> (Anschlußrationalität · System-Umwelt-Beziehung)] =

[((Sach · Sozial · Zeit) <==> Anschlußrationalität) ·
((Sach · Sozial · Zeit) <==> System-Umwelt-Beziehung)] =

[(Sach ==> Anschlußrationalität) · (Sach ==> System-Umwelt-Beziehung) ·
(Sozial ==> Anschlußrationalität) · (Sozial ==> System-Umwelt-Beziehung) ·
(Zeit ==> Anschlußrationalität) · (Zeit ==> System-Umwelt-Beziehung)]

In einem letzten Schritt der Konstruktion des Systemparameters der Struktur werden die einzelnen Parameter inhaltlich bestimmt. Dabei wirken die Subparameter als Heurismen, Kommunikation und ihre Struktur in unterschiedlichen Dimensionen zu erfassen. Der Subparameter der Sache umfaßt alle diejenigen Strukturmomente, die die Thematisierung betreffen. Das heißt, das Thema der Kommunikation wird einerseits unter dem Gesichtspunkt betrachtet, inwiefern es Anschlußhandlungen ermöglicht, und andererseits unter dem Gesichtspunkt, daß das soziale System durch die Festlegungen bestimmter Themen sich von der Umwelt ausdifferenziert.

"Von *Sachdimension* soll die Rede sein im Hinblick auf alle *Gegenstände sinnhafter Intention* (in psychischen Systemen) oder *Themen sinnhafter Kommunikation* (in sozialen Systemen). ... Die weitere Exploration wird damit dekomponiert in einen Fortgang nach innen und einen Fortgang nach außen, in eine Orientierung durch den Innenhorizont bzw. eine Orientierung durch den Außenhorizont[39]. Damit entsteht »Form« im Sinne einer Möglichkeit, Grenzen zu überschreiten und daraus die Konsequenzen zu ziehen[40]. Alles kann so behandelt werden. Insofern ist die Sachdimension universal. Zugleich zwingt sie die jeweils nächste Operation in eine Richtungswahl, die - für den Moment jedenfalls - sich der Gegenrichtung entgegensetzt, ohne deren Zugänglichkeit zu annulieren. Insofern ermöglicht die Sachdimension Anschlußoperationen, die zu entscheiden haben, ob sie noch bei demselben verweilen oder zu anderem übergehen wollen."[166]

"Auch die Sachdimension bietet von ihr aus privilegierte Asymmetrien an. Sie schließen an die Differenz von Umwelt und System an; oder in etwas elaborierterer Form an die Unterscheidung von kontrollierbaren und nichtkontrollierbaren Umweltvariablen. Das System nutzt damit seine Abhängigkeit von der Umwelt aus, um interne Prozesse zu ordnen, und läßt außer Acht, daß bei andersartigen Strukturen auch andersartige Umweltabhängigkeiten gegeben wären." [167]

Für jeden Subparameter gilt, daß die Genauigkeit und der Umfang seiner Festlegung durch das soziale System eine höhere Strukturiertheit und eine höhere Organisiertheit mit sich bringt. So gibt es soziale Systeme, die sich explizit über ihre Themenwahl konstituieren, so z.b. Symposien oder auch soziale Systeme, für die eine inhaltliche Festlegung von Themen als Organisationsanforderung gefordert wird; so z.b. curriculare Bestimmungen für die Schule. Gleichzeitig gibt es auch soziale Systeme, die relativ offen in ihrer Themenwahl sind, so z.b. ein Gespräch unter Freunden oder ein Gespräch in der Familie.

Der Subparameter des Sozialen betrachtet - unter der genannten Doppelbestimmung -, inwieweit soziale Asymmetrien, das Ego-Alter-Schema, Anschlußhandlungen ermöglichen und gleichzeitig die Identität des sozialen Systems in Differenz zu seiner Umwelt ausmachen.

"Die *Sozialdimension* betrifft das, was man jeweils als seinesgleichen, als »alter Ego« annimmt, und artikuliert die Relevanz dieser Annahme für jede Welterfahrung und Sinnfixierung." [168]

Gleichwohl muß hier betont werden, daß mit der Einführung des Begriffs »alter Ego« nicht auf Individualität im Sinne von Fremdverstehen Bezug genommen wird. Die Struktur wird so wie jeder Parameter des sozialen Systems nur dann angemessen konstruiert, wenn eine völlige sozial-kognitive Dezentrierung stattgefunden hat, das heißt, wenn das systemanalytische Denken zwischen psychischen und sozialen Systemen unterscheidet und auch das Ego-Alter-Schema dezentriert in sozialen bzw. soziologischen Kategorien und nicht in psychologischen Kategorien konstruiert wird.

"Das Soziale wurde dementsprechend als Beziehung zwischen Individuen gedacht, und dabei hatte man mitzudenken, daß die Individuen nicht entfallen können, ohne daß die Beziehung entfällt. Diese Vorstellung ist langsam und fast unmerklich inadäquat geworden, und zwar dadurch, daß die Eigenselektivität der Perspektiven und die Unerfaßbarkeit des Gegenüber mehr und mehr betont werden. Letztlich zerbricht jedes Symmetriemodell dieser Art am Problem der Komplexität und der notwendig-selektiven Komplexitätsreduktion, die jeweils systemintern-selbstreferentiell gesteuert wird." [169]

---

166. N. LUHMANN, Soziale Systeme, S.114; der Begriff der Operation ist hier nicht mit dem Begriff der Operation in der vorliegenden Arbeit identisch: Operationen sind für LUHMANN Relationen sowohl im sozialen wie auch im psychischen System.
167. N. LUHMANN, Soziale Systeme, S.632
168. N. LUHMANN, Soziale Systeme, S.119
169. N. LUHMANN, Soziale Systeme, S.154

"Für die Sozialdimension haben lange Zeit Hierarchievorstellungen eine entsprechende Funktion erfüllt. Man ging davon aus, daß es Personen von besserer »Qualität« gebe als andere und daß diesen der Vorrang gebühre. Diese Annahme korrespondierte mit einem stratifikatorischen Gesellschaftsaufbau und ist mit ihm verschwunden. Man kann jedoch daraus nicht folgern, daß es in der Sozialdimension nun keinerlei Asymmetrien mehr gebe. Hierarchien sind in den Bereich formal organisierter Sozialsysteme überführt und dort als Kompetenzhierarchien reetabliert worden." [170]

Auch das zweite Zitat zeigt, daß in der Sozialdimension als Strukturparameter funktional differenzierter Systeme von personalen Vorgaben für die Strukturierung abgesehen wird und in die Strukturgebung nur insofern das psychische System mit einbezogen wird, als es um Probleme der Interpenetration geht. Auch in der sozialen Dimension können soziale Systeme unterschiedlich stark strukturiert sein. Sie können große Offenheit für personale Interaktionsmuster zulassen, sie können jedoch auch durch Vorgaben des Systems Rollen- und Positionserwartungen, Asymmetrien, Anschlüsse etc. vorgeben.

Der dritte Subparameter, die Zeit, differenziert zwischen Zeitstrukturen, die Handlungs- und Kommunikationsanschlüsse ermöglichen und gleichzeitig die Identität des sozialen Systems in Differenz zu seiner Umwelt ausmachen.

"Die *Zeitdimension* wird dadurch konstituiert, daß die Differenz von Vorher und Nachher, die an allen Ereignissen unmittelbar erfahrbar ist, auf Sonderhorizonte bezogen, nämlich in die Vergangenheit und die Zukunft hinein verlängert wird. Die Zeit wird dadurch von der Bindung an das unmittelbar Erfahrbare gelöst, sie streift allmählich auch die Zuordnung zur Differenz von Anwesendem und Abwesendem ab[43], sie wird zu einer eigenständigen Dimension, die nur noch das Wann und nicht mehr das Wer/Was/Wo/Wie des Erlebens und Handelns ordnet." [171]

Auch der Parameter der Zeit kann vom sozialen System unterschiedlich stark für die Strukturbildung in Anspruch genommen werden. Dies reicht von festgelegten Kommunikationszeiten bis hin zu Zeiten, die dem Zufall überlassen bleiben; d.h. nicht geplant werden. Die Zeit als Parameter der Struktur gibt bestimmte Zeitstrukturen vor: Zeit kann durch lineare Entwicklung, Wiederholung etc. strukturiert werden. Es gibt soziale Systeme, die ihre Zeitplanung genau festlegen, so z.B. die Schule in ihren Unterrichtsstunden, Wochenstundenplänen, Jahresrhythmen, und darüber auch die Grenzen des Systems festlegen: So wird auch für die Schule eine genaue Systemzeit strukturell vorgegeben.

2.1.2 Die Konstruktion des Parameters der gesellschaftlichen Funktion

Die gesellschaftliche Funktion des sozialen Systems bildet einen der intersystemischen Grenzparameter. Der Begriff der *gesellschaftlichen Funktion* soll hier den Parameter vom allgemeinen Funktionsbegriff abgrenzen, wie er in der funktionalen Analyse auftritt. Die Differenz zwischen beiden Begriffen besteht darin, daß mit dem Begriff «Funktion» lediglich als eine Relatposition innerhalb der funktionalen Analyse bezeichnet werden soll, die inhaltlich durch sehr unterschiedliche Momente gefüllt

---

170. N. LUHMANN, Soziale Systeme, S.633
171. N. LUHMANN, Soziale Systeme, S.116

werden kann. Diese Momente bilden Problemaspekte, für deren Bedingung, Auftreten oder auch für deren Lösung ein Suchraum von funktionalen Äquivalenten eröffnet wird. Die gesellschaftliche Funktion kann als die Funktion in dieser funktionalen Analyse auftreten. Die gesellschaftliche Funktion bezeichnet in der funktionalen Analyse spezifische Problemaspekte, nämlich solche, die sich innerhalb einer Gesellschaft stellen. Diese gesellschaftlichen Problemaspekte sollen nun in der gesellschaftlichen Funktion als Parameter des sozialen Systems erörtert werden.

2.1.2.1 Einleitende Überlegungen zu den Intersystemgrenzen des sozialen Systems

In der vollständigen sozial-kognitiven Dezentrierung des systemanalytischen Denkens stellt sich für die Konstruktion des sozialen Systems nicht nur die Frage nach einer Differenz zwischen psychischen und sozialen Systemen, sondern es stellt sich, nachdem diese Differenz vollzogen worden ist, die Frage, warum, aus welchen Gründen und zu welchen Zwecken in einem bestimmten sozialen System entsprechend seinen strukturellen Bedingungen gehandelt wird. Die Beantwortung dieser Frage kann sich nun nicht mehr an Handlungsplänen, Handlungsbedürfnissen, Handlungsmotivation oder Handlungszielen des je Einzelnen orientieren, sondern transponiert diese Frage auf eine rein soziale Ebene. Das heißt, es ist zu fragen, aus welchen sozialen Gründen, Zielen und Motiven in einem sozialen System auf eine bestimmte Weise gehandelt wird. Auf dieser rein sozialen Ebene werden die Bedingungen, Ziele und «Motive» des sozialen Systems untersucht. [172]

Diese Einstellung der vollständigen sozial-kognitiven Dezentrierung richtet ihre Aufmerksamkeit auf die Konstruktion des sozialen Systems in seiner Beziehung zu anderen sozialen Systemen, d.h. in seiner Beziehung zur kommunikativen Umwelt. Damit werden die Grenzparameter des sozialen Systems zu seiner sozialen Umwelt angesprochen.

"Eine der wichtigsten Konsequenzen des System/Umwelt-Paradigmas ist: daß man zwischen der *Umwelt* eines Systems und *Systemen in der Umwelt* dieses Systems unterscheiden muß. Die Unterscheidung hat eine kaum zu überschätzende Bedeutung. So muß man vor allem die Abhängigkeitsbeziehungen zwischen Umwelt und System unterscheiden von den Abhängigkeitsbeziehungen zwischen Systemen." [173]

Soll das soziale System in der systemanalytischen Konstruktion nicht schon allein durch seinen Bestandserhalt legitimiert sein, so erhalten die Grenzparameter des Systems zur sozialen Umwelt eine außerordentlich große Bedeutung: Sie regeln nicht nur die Beziehung zu dieser Umwelt, sondern in ihnen wird auch die Frage gestellt, wie das soziale System in der Strukturbildung auf diese Umweltbeziehung reagiert. Für die operationale Konstruktion sozialer Systeme erweist sich die Funktionalität des sozialen Systems im Hinblick auf seine Intersystemgrenzen dadurch, daß die jeweiligen Parameter im funktionalen Bezug zur Umwelt und deren Systemen wie auch zur sy-

---

172. "Betrachtet man hingegen die Wahl der Ziele wie im utilitaristischen Ansatz, beschränkt man sich so auf die Analyse der Zweck-Mittel-Relation, so fragt man nicht nach dem sozialen Zusammenhang und dem sozialen Zustandekommen der Handlungsziele. Genau das aber hat der Gegenstand einer soziologischen Handlungstheorie zu sein." (U. MÜLLER, Die Entwicklung des Denkens, S.23)
173. N. LUHMANN, Soziale Systeme, S.36/37

stemeigenen Struktur stehen. Die funktionale Analyse verbindet somit das Umweltsystem, die Intersystemgrenze und die systemeigene Struktur miteinander.

Für die Frage nach der «Motivation», den Bedingungen und Zielen des sozialen Systems bedeutet dies, daß diese Handlungsmomente des sozialen Systems nicht allein durch das soziale System selbst generiert werden. Dies entspräche nicht nur der Autonomie, sondern sogar einer Autarkie des sozialen Systems: Die Umweltbeziehungen wären dann für das soziale System irrelevant, indem es sich in seiner Konstitution lediglich auf sich selbst bezöge. Für die Autopoiesis des Sozialen als Produktion und Reproduktion von Kommunikation gilt trotz der Geschlossenheit dieses Prozesses die Autarkie schon nicht mehr: Kommunikation ist immer an psychische Systeme und daher an Umwelt gebunden. Soziale Systeme zeichnen sich jedoch nicht nur durch ihre Grenze zum Psychischen aus, sondern haben auch untereinander Grenzen. Das heißt, soziale Systeme sind untereinander nicht abgeschlossen und stehen somit in Bezug und auch in Austausch zueinander. Damit kann zwar noch die Autonomie der sozialen Systeme konstatiert werden, doch nicht ihre Autarkie:

> "Natürlich bleibt alle Kommunikation qua Energiebedarf und Information von Umwelt abhängig, und ebensowenig ist zu bestreiten, daß jede Kommunikation über Sinnbezüge direkt oder indirekt auf die Systemumwelt verweist. Die Ausdifferenzierung bezieht sich strikt auf die Einheit und damit auf die Geschlossenheit des Zusammenhangs der Selektionen, auf die darin liegende Selektion der Selektionen, auf die dadurch bewirkte Reduktion der Komplexität. Ein Kommunikationssystem ist deshalb nie autark, es kann aber durch eigene Konditionierung kommunikativer Synthesen Autonomie gewinnen."[174]

Diese Konditionierung kommunikativer Synthesen wird durch den Parameter der Struktur bestimmt, indem die Struktur Kommunikationsanschlüsse festlegt, die zugleich das soziale System aus der Komplexität seiner Umwelt ausdifferenzieren. Die Grenzparameter der intersozialsystemischen Grenze beeinflussen diese Konditionierung in der Weise, daß sie Umweltbedingungen aus der sozialen Umwelt des sozialen Systems für die Strukturbildung aufnehmen. Diese Umweltbedingungen gilt es nun operational zu fassen. Es sei hier schon festgestellt, daß das Motiv des sozialen Systems durch seine gesellschaftliche Funktion gegeben ist und die Bedingungen und Ziele des sozialen Systems als Momente des Leistungsparameters betrachtet werden können.

Geht man von MEADs Feststellung aus, daß der Einzelne das soziale System nicht nur durch Rollenübernahme erfaßt, sondern darüber hinaus erst in der Konstruktion des verallgemeinerten Anderen, so kann im Anschluß an diese Feststellung für den hier gewählten Ansatz die Haltung des verallgemeinerten Anderen differenziert werden: Der verallgemeinerte Andere ist dann nicht nur das Ziel des gemeinsamen Handelns, sondern er differenziert sich in die gesellschaftliche Funktion und Leistung eines Kommunikationssystems. Die gesellschaftliche Funktion und die Leistung sind Intersozialsystemgrenzen, die nach der gesellschaftlichen Motivation des sozialen Handelns und nach den sozialen Bedingungen und Zielen des sozialen Handelns fragen. Diese Fragen sind dadurch zu beantworten, daß soziales Handeln vom psychischen System innerhalb der Konstruktion sozialer Systeme erfaßt und in der Einstel-

---

174. N. LUHMANN, Soziale Systeme, S.200

196 Die operationale Bestimmung des systemanalytischen Denkens

lung der vollständigen sozial-kognitiven Dezentrierung auf anderes soziales Handeln in der Umwelt des Systems bezogen wird. Damit wird die Frage nach dem verallgemeinerten Anderen auch zu einer Frage nach den Grenzen zwischen sozialen Systemen.

Im weiteren soll nun geklärt werden, durch welche Operationen das psychische System die Umweltgrenzen der gesellschaftlichen Funktion und der Leistung konstruiert.

Im Unterschied zum Grenzparameter der Struktur beziehen sich die Intersystemgrenzen nicht auf eine komplexe, unstrukturierte Umwelt. Die Intersystemgrenzen haben immer eine systemisch strukturierte Umwelt. Systemisch strukturierte Umwelten wirken auf das Prozessieren des sozialen Systems ein. Dies ist bei der Strukturumwelt nicht gegeben. Die Strukturumwelt «wirkt» auf das soziale System strukturell nicht ein; sie wird vielmehr durch die Strukturbildung im sozialen System erst geschaffen. Die Intersystemgrenzen des sozialen Systems werden operational aufgrund der veränderten parameterspezifischen Umwelt auch operational anders konstruiert. Die Umwelt wird hier nicht nur durch Systembildung geschaffen, sondern die Konstitution des Systems reagiert auf bestimmte Umweltlagen. Die intersystemparameterspezifische Umwelt enthält somit «Vorgaben» für die Systembildung. Die Umweltbeziehung kann operational nicht mehr durch die Implikation konstruiert werden, sondern bezieht sogleich auch die reziproke Implikation mit ein: Die Intersystemparameter implizieren somit eine bestimmte Umwelt, und die Umwelt impliziert die systemspezifischen Intersystemparameter. Die System-Umwelt-Beziehung der Intersystemparameter wird demnach durch die logische Äquivalenz vom psychischen System konstruiert.

Gleichzeitig können die Intersystemparameter nicht allein aufgrund der Beziehung zur Umwelt konstruiert werden. Dies würde eine einseitige Konditionierung des Systems durch seine Umwelt bedeuten und der Selbstreferenzialität des Systems nicht gerecht werden. Intersystemgrenzen können operational nur dadurch konstruiert werden, daß sie zugleich Bezüge zu einer systemisch strukturierten Umwelt und zu sich selbst herstellen. Sowohl die Umwelt wie auch das System selbst geben dann Vorgaben für die Parameterbestimmung, und der Parameter selegiert seinerseits wiederum Umweltereignisse, auf die das System mit bestimmter Strukturbildung reagiert. Intersystemparameter einerseits und Umwelt und Struktur andererseits sind logisch äquivalent:

$$[\text{IntersysPara} \quad <=> \quad (\text{Struktur} \cdot \text{Umweltsystem})] =$$
$$[(\text{IntersysPara} <=> \text{Struktur}) \cdot (\text{IntersysPara} <=> \text{Umweltsystem})]$$

2.1.2.2 Die operationale Konstruktion der gesellschaftlichen Funktion

Die Konstruktion des Parameters der gesellschaftlichen Funktion bezieht sich auf die Fragestellung, warum ein soziales System als System in einer kommunikativen Umwelt auftritt, durch welche Motivationen und Motive die Konstitution eines sozialen Systems vollzogen wird. Das heißt: Für die System-Umwelt-Beziehung des sozialen Systems ist erstens festzustellen, welchen Bezug diese Motivation zu den Kommunikationen der System-Umwelt hat, und zweitens wie dieser Bezug sich auf die Ausbildung der Identität des Systems auswirkt. Auch hier zeigt sich - wie auch bei den Subparametern der Struktur -, daß der Parameter selbst sowohl eine Außenbeziehung zur System-Umwelt wie auch eine internale Beziehung des Systems auf sich selbst herstellt. Für den Parameter der gesellschaftlichen Funktion (Ftn) bedeutet dies:

Die formal-operationale Konstruktion: Die Systemparameter

Ftn <==> (Struktur · «Funktionsumwelt»)

Der Begriff der Funktionsumwelt soll hier als eine Variable der Operation gelten, die nun näher zu bestimmen ist. Die gesellschaftliche Funktion bildet diejenige Systemgrenze, die das soziale System von allen anderen möglichen Kommunikationen in der Umwelt abgrenzt. Die Umwelt, die durch die gesellschaftliche Funktion eröffnet wird, besteht aus allen Kommunikationen, d.h. dem Sozialen in seiner Gesamtheit. Die Gesamtheit aller möglichen Kommunikationen muß einem sozialen System zugesprochen werden, aus dem sich alle anderen sozialen Systeme ausdifferenzieren. Das heißt, es muß ein soziales System benannt werden, das die Gesamtheit der Kommunikationen und somit auch die Gesamtheit aller sozialen Systeme umfaßt. Entsprechend der oben aufgeführten Differenz zwischen psychischen und sozialen Systemen kann hier festgestellt werden, daß ein System benannt werden muß, in dem Kommunikation auftritt, das durch Kommunikation definiert wird und in dessen Umwelt Kommunikation nicht vorkommt. Das Auftreten wie auch immer gearteter Kommunikation ist demnach an dieses übergeordnete bzw. integrierende soziale System gebunden, da außerhalb dieses Systems Kommunikation nicht statthat. Operational kann dieser Zusammenhang mit der logischen Äquivalenz von Kommunikation und diesem umfassenden sozialen System konstruiert werden. Nach LUHMANN ist dieses umfassende soziale System die Gesellschaft.

Komm <==> Gesell

"Es muß in der Soziologie einen Begriff geben für die Einheit der Gesamtheit des Sozialen - ob man dies nun (je nach Theoriepreferenz) als Gesamtheit der sozialen Beziehungen, Prozesse, Handlungen oder Kommunikationen bezeichnet. Wir setzen hierfür den Begriff der Gesellschaft ein. Gesellschaft ist danach das umfassende Sozialsystem, das alles Soziale in sich einschließt und infolgedessen keine soziale Umwelt kennt. Wenn etwas Soziales hinzukommt, wenn neuartige Kommunikationspartner oder Kommunikationsthemen auftauchen, wächst die Gesellschaft mit ihnen. Sie wachsen der Gesellschaft an. Sie können nicht externalisiert, nicht als Sache ihrer Umwelt behandelt werden, denn alles, was Kommunikation ist, ist Gesellschaft.[7] Gesellschaft ist das einzige Sozialsystem, bei dem dieser besondere Sachverhalt auftritt. Er hat weitreichende Konsequenzen und stellt entsprechende Ansprüche an die Gesellschaftstheorie.
Die Einheit des Gesellschaftssystems kann bei einem solchen Sachverhalt nichts anderes sein als diese selbstreferentielle Geschlossenheit. Gesellschaft ist das autopoietische Sozialsystem par excellence." [175]

Die logische Äquivalenz zwischen Kommunikation und Gesellschaft ist eine unbedingte logische Äquivalenz. Das heißt, es kann kein Faktor angegeben werden, der die konjunktive Verknüpfung der beiden Relata von Kommunikation und Gesellschaft impliziert. Kommunikation und Gesellschaft treten immer zusammen auf bzw. treten zusammen nicht auf. Gleichzeitig ist festzustellen, daß die logische Äquivalenz dieser beiden Aussagen nicht einer Differenzierung dieser beiden Faktoren aufgrund einer analytischen Differenzierung entspricht - dieser Sachverhalt hängt so eng mit dem ersten zusammen, so daß kein implizierender Faktor die notwendige Differenzierung

---

[175] N. LUHMANN, Soziale Systeme, S.555

und Einheit dieser zwei Relata angibt. Die Relata von Kommunikation als Element des Sozialen einerseits und der Gesellschaft als *das* soziale System par excellence andererseits ist eine logische Äquivalenz zwischen dem umfassendsten sozialen System und seinem Element. Die logische Äquivalenz zwischen Kommunikation und Gesellschaft kann demnach spezifiziert werden, indem nicht nur die Operation der Verknüpfung dieser beiden Relata betrachtet wird, sondern auch die Operationen, die die Relata konstituieren. Dabei kann festgestellt werden, daß die logische Äquivalenz zwischen dem Element Kommunikation und dem sozialen System Gesellschaft eine Tautologie ist: Kommunikation kann operational als die konjunktive Zuordnung dreier Selektionen konstruiert werden. Auch die Gesellschaft zeichnet sich ihrerseits durch die konjunktive Verknüpfung dieser drei Selektionen aus, indem sie das System darstellt, in dem diese konjunktive Verknüpfung als Einheit immer wieder hergestellt und reproduziert wird. Die Besonderheit der logischen Äquivalenz zwischen Kommunikation und Gesellschaft besteht somit darin, daß die zu verknüpfenden Relata ihrerseits wiederum Relata sind, die durch identische Operationen konstituiert werden. In dieser Hinsicht handelt es sich bei der Verknüpfung von Kommunikation und Gesellschaft um eine Verknüpfung identischer Operationen und somit um eine Tautologie. Das Soziale wird operational vom psychischen System durch die Tautologie von Kommunikation und Gesellschaft als dem umfassendsten sozialen System konstruiert. Die Tautologie ist eine Verknüpfung zweier qualitativer Relata, die durch ihre Wiederholung keine Veränderung erfahren, sondern in der Wiederholung dieselben bleiben.

"Im Bereich der Zahlen bildet eine zu sich selbst addierte Einheit eine neue Zahl durch Anwendung der Komposition ... Es findet eine Iteration statt. Im Gegensatz dazu verändert sich ein qualitatives Element nicht durch Wiederholung, sondern ergibt eine «Tautologie»: A + A = A." [176]

Logische Äquivalenzen müssen nicht immer Tautologien sein. Die logische Äquivalenz impliziert nicht, daß die durch sie verbundenen Relata gleich - d.h. hier: durch identische Operationen konstruiert - sind, sondern besagt, daß beide Relata zusammen gelten, richtig oder wahr sind, oder zusammen nicht gelten, falsch oder unwahr sind. Die Tautologie ist hier eine spezifische Form der logischen Äquivalenz, da gleiche Relata immer auch logisch äquivalent sind. Das heißt, tautologische Relationen sind logisch äquivalent. Umgekehrt ist jedoch nicht jede logische Äquivalenz eine Tautologie. Die Tautologie ist damit eine spezifische Form der logischen Äquivalenz, in der die verbundenen Relata identisch sind. Dies unterscheidet diese Form der logischen Äquivalenz z.B. von der logischen Äquivalenz zwischen psychischem System und sozialem System. Beide gelten, und dies ist die Grundbedingung der logischen Äquivalenz, immer zusammen bzw. gelten zusammen nicht. Gleichzeitig konnte jedoch festgestellt werden, daß die Relata, die hier in Form der logischen Äquivalenz miteinander verknüpft werden, durch ihre differente Elementbestimmung operational durch die reziproke Exklusion miteinander in Beziehung gesetzt werden können. Im Hinblick auf die Verknüpfung beider Systeme in der analytischen Differenzierung des sozialen Handelns sind beide Systeme logisch äquivalent, wobei sie im Hinblick auf ihre Klassifikation reziprok exklusiv sind.

---

176. J. PIAGET, Psychologie der Intelligenz, S.48/49

Die logische Äquivalenz der beiden Relata von Kommunikation und Gesellschaft als Tautologie bestimmt Gesellschaft letztlich als das soziale System:

Erstens: Die Gesellschaft hat keine Grenzen zu einer sozialen Umwelt. Sie unterscheidet sich dadurch von der Konstruktion sozialer Systeme, die sich innerhalb dieser Gesellschaft ausdifferenziert haben. Die Tautologie von Kommunikation und Gesellschaft impliziert für die Konstruktion des umfassendsten sozialen Systems, daß Kommunikation und Gesellschaft durch dieselben Grenzen konstruiert werden können.

Zweitens: Die Gesellschaft ist die Summe aller möglichen Kommunikationen. Sie ist ein soziales System, das erst durch die Ausdifferenzierung von Subsystemen Kommunikation in Handlungsstrukturen überträgt. Die Gesellschaft ist demnach durch andere Merkmale zu kennzeichnen als die Summe von Handlungsstrukturen: Sie ist die Summe der Kommunikationen.

Drittens: In einer solchen Konstruktion der Gesellschaft ist Gesellschaft als das umfassendste soziale System abstrakt bestimmt: Sie wird in ihrer Definition mit Kommunikation gleichgesetzt, die nicht durch Beobachtung wahrnehmbar ist, in der jedoch die beobachteten Wahrnehmungen als Einheit konstruiert werden.

Viertens: Die «Funktionsumwelten» zeichnen sich dadurch aus, daß das soziale System mit dem Gesamt der Kommunikation, d.h. mit der Gesellschaft in Bezug gesetzt wird. Dieser Bezug muß so gefaßt werden, daß er nicht als ein Bezug zwischen unterschiedlichen sozialen Systemen verstanden wird, sondern als ein Bezug zwischen in Handlungsstrukturen transformierter Kommunikation und der Kommunikation, die diesen Handlungsstrukturen nicht angehört: die Kommunikation der Umwelt.

$$Ftn <=> (Struktur \cdot Gesellschaft)$$

Der Grenzparameter der gesellschaftlichen Funktion ist damit in seiner operationalen Struktur genauer bestimmt. Er bildet diejenige Grenze, die jedes soziale System, das Kommunikation in Handlungsstrukturen transformiert, zu den anderen noch nicht als Handlungsstrukturen transformierten Kommunikationen hat. Diese Grenze kann nicht dadurch beschrieben werden, daß grenzüberschreitender Handlungsaustausch zwischen Systemen stattfindet. Diese Grenze ist vielmehr dadurch zu kennzeichnen, wie sie durch Bezug auf Umweltkommunikationen der Systemstruktur als Handlungsstruktur eine Identität bzw. eine Einheit ermöglicht. Die Frage nach der gesellschaftlichen Funktion richtet sich somit internal an die Struktur, indem diese Struktur unter einer einheitlichen gesellschaftlichen Funktion betrachtet wird, und external an die Gesellschaft, indem die einheitliche Funktion des sozialen Systems eine Abgrenzung von anderen Kommunikationen in der Gesellschaft ermöglicht. Das heißt, die Differenz zwischen handlungsstrukturierten sozialen Systemen und der Gesellschaft als der Summe möglicher Kommunikationen wird im Grenzparameter der gesellschaftlichen Funktion beschrieben. Die gesellschaftliche Funktion leistet dabei die Verbindung zwischen diesen beiden differenten Relata: Sie nimmt als Grenze Bezug auf alle möglichen Kommunikationen und gleichzeitig Bezug auf die Struktur des Systems, indem diese Struktur unter dem Aspekt der gesellschaftlichen Funktion eine Einheit erhält, die einerseits durch die Gesellschaft ermöglicht wird und andererseits sich von allen anderen gesellschaftlichen Funktionen anderer Systeme unterscheidet.

Dies wird operational durch die logische Äquivalenz zwischen der Funktion und der Konjunktion von Struktur und Gesellschaft konstruiert.

"Wichtig ist vor allem, daß die Gesellschaft einen Möglichkeitsreichtum bereithält, den die beginnende Interaktion einschränken kann[26]. Nur in Differenz zum gesellschaftlich Möglichen kann die Interaktion ihr eigenes Profil gewinnen ..."[177]

Die Differenz zwischen dem gesellschaftlich Möglichen und dem Profil der Interaktion wird durch die konjunktive Zuordnung von Gesellschaft und Struktur konstruiert. In der Konstruktion des Systemparameters der gesellschaftlichen Funktion wird das gesellschaftlich Mögliche einerseits und die Struktur andererseits so differenziert, daß aus dem gesellschaftlich Möglichen dasjenige selegiert wird, was für das soziale System relevant wird und zugleich in seiner Relevanz der Struktur seine einheitliche gesellschaftliche Funktion gibt.

So wird in der Konstruktion des Funktionsparameters eine Beziehung zwischen einem bestimmten sozialen System und dem Gesamt der Gesellschaft hergestellt. Es wird eine Teil-Ganzes-Beziehung hergestellt. Daß die gesellschaftliche Funktion des Systems als die bewußte Teil-Ganzes-Beziehung konstituiert wird, ist nicht transferierbar auf jede Gesellschaft, sondern ist das spezifische Ausdifferenzierungsmoment einer funktional differenzierten Gesellschaft, die hier zur Grundlage der Beschreibung der Gesellschaft wird.

"Im Übergang zur Neuzeit stellt sich die Gesellschaft mehr und mehr auf funktionale Systemdifferenzierungen um." [178]

Die funktional differenzierte Gesellschaft bildet denjenigen Gesellschaftstypus, innerhalb dessen sich die Operationen des systemanalytischen Denkens als Konstruktion sozialer Systeme bewähren müssen. Die erste Voraussetzung liegt auch hier wieder in der vollständigen sozial-kognitiven Dezentrierung; d.h., im systemanalytischen Denken wird die Ausdifferenzierung von sozialen Systemen innerhalb einer Gesellschaft von personalen Bindungen losgelöst. Eine zweite Voraussetzung, die aus der ersten folgt, besteht darin, daß die Ausdifferenzierung sozialer Systeme nicht allein über hierarchische Modelle konstruiert wird. Das alleinige Prinzip der Hierarchisierung ist eng mit der Ausdifferenzierung sozialer Systeme durch personale Gebundenheit verbunden:

"Ein Gesellschaftssystem, das nach dem Prinzip der Stratifikation vertikal differenziert ist, setzt dabei voraus, daß die gesellschaftliche Differenzierung sich nach den Arten von Personen richtet, nach deren »Qualität«, nach deren Bestimmung zum Leben in bestimmten Kasten oder bestimmten Ranggruppen. Mit dem Übergang zu funktionaler Differenzierung wird die Differenzierungsschematik autonom gewählt, sie richtet sich nur noch nach dem Funktionsproblem des Gesellschaftssystems selbst ohne irgendeine Entsprechung in der Umwelt ..."[179]

---

177. N. LUHMANN, Soziale Systeme, S.569
178. N. LUHMANN, Soziale Systeme, S.425
179. N. LUHMANN, Soziale Systeme, S.264

Damit wird die Konstruktion der Gesellschaft als Ganze und der funktional differenzierten sozialen Systeme als Teile dieser Gesellschaft auf eine abstrakte Ebene transformiert: Die Ausdifferenzierungen in der Gesellschaft können nicht mehr an konkreten Personen festgemacht werden. Die Ausdifferenzierung sozialer Systeme ist damit weder territorial (d.h. räumlich) noch personal gebunden, sondern erfolgt über den abstrakten Begriff der gesellschaftlichen Funktion. Die Teil-Ganzes-Beziehung kann dann auch nicht mehr über das hierarchische Prinzip von Klasseninklusionen vollzogen werden, sondern muß sich am Prinzip der gesellschaftlichen Funktion orientieren. Die Hierarchisierungen in der Gesellschaft erfolgen damit rein problemorientiert: Soziale Hierarchien sind funktional auf die Bearbeitung eines gesellschaftlichen Dauerproblems bezogen. Damit erhalten sie ihre sozial-systemische, funktionale Rationalität. Nicht Personen mit ihren Eigenschaften oder sozialen Herkünften «legitimieren» Hierarchien und sind damit privilegiert, sondern gesellschaftliche Funktionen müssen, um durch soziale Systeme bearbeitet zu werden, auch das Prinzip der Hierarchie einführen. Funktionale Differenzierung schließt somit Hierarchisierung nicht aus, doch muß die Hierarchisierung sich an gesellschaftlichen Problemen und Funktionen funktional orientieren und nicht an personalen Merkmalen. Die Konstruktion der funktional differenzierten Gesellschaft erweist sich damit als eine problemorientierte Konstruktion unterschiedlicher sozialer Systeme mit den ihnen je eigenen gesellschaftlichen Funktionen. [180] Die gesellschaftliche Funktion sozialer Systeme besteht aus gesellschaftlichen Problemen. Einerseits sind dies unter dem internalen Gesichtspunkt Probleme, die das soziale System aufgrund seiner Struktur zu behandeln sucht. Anderseits sind dies unter externalem Gesichtspunkt Probleme, die sich aufgrund gesellschaftlicher Kommunikation stellen. Dieser soziale Zusammenhang kann dadurch operational konstruiert werden, daß gesellschaftliche Probleme gesellschaftliche Funktionen implizieren. Gesellschaftliche Funktionen sind Dauerprobleme der Gesellschaft, die mit Hilfe sozialer Systeme bearbeitet werden. Gesellschaftliche Dauerprobleme werden in ihrer Bearbeitung durch soziale Systeme zu gesellschaftlichen Funktionen dieser Systeme. Damit implizieren gesellschaftliche Dauerprobleme gesellschaftliche Funktionen.

$$Pbl \Longrightarrow Ftn\ (sozSys)$$

Die Implikation kann dadurch vollzogen werden, daß ein bestimmtes Dauerproblem in seiner kommunikativen Bearbeitung in die spezifische gesellschaftliche Funktion des bearbeitenden Systems überführt wird. Das Dauerproblem wird operational zur gesellschaftlichen Funktion transformiert. Damit ist zugleich verbunden, daß die reziproke Implikation nicht gilt. Gesellschaftliche Funktionen «schaffen» keine gesellschaftlichen Dauerprobleme. Gesellschaftliche Funktionen beziehen sich immer auf Probleme der gesamtgesellschaftlichen Kommunikation, so daß einzelne soziale Systeme nicht autark gesellschaftliche Funktionen bestimmen können. Dies bedeutet,

---

180. "Will man die Ergiebigkeit von Verallgemeinerungen kontrollieren, muß man die Begriffe der allgemeinsten Analyseebene, die man benutzt, nicht als Merkmalsbegriffe, sondern als Problembegriffe anlegen. Die allgemeine Systementheorie fixiert dann nicht die in allen Systemen ausnahmslos vorzufindenden Wesensmerkmale. Sie wird vielmehr in der Sprache von Problemen und Problemlösungen formuliert, die zugleich begreiflich macht, daß es für bestimmte Probleme unterschiedliche, funktional äquivalente Problemlösungen geben kann. In die Gattungsabstraktion wird somit eine funktionale Abstraktion eingebaut, die ihrerseits einen Vergleich der unterschiedlichen Systemtypen anleitet[3]." (N. LUHMANN, Soziale Systeme, S.33)

daß die Systemanalyse eines sozialen Systems dann Dysfunktionalitäten zeigt, wenn die gesellschaftliche Funktion des Systems nicht aus einem gesellschaftlichen Dauerproblem gewonnen wird. Solche Systeme, die sich nicht auf ein gesellschaftliches Dauerproblem beziehen, sind in einer funktional differenzierten Gesellschaft grundsätzlich in ihrem Bestand gefährdet. Ein soziales System erweist sich demnach in seiner Konstruktion als dysfunktional, wenn die Implikation zwischen Dauerproblem und gesellschaftlicher Funktion nicht vollzogen werden kann. Das soziale System müßte ohne Einbindung in die Gesamtgesellschaft existieren.

Gleiches gilt für den umgekehrten Fall. Die Konstruktion der Gesellschaft mit ihren Subsystemen weist Dysfunktionalitäten auf, wenn gesellschaftliche Dauerprobleme existieren, die nicht von sozialen Systemen bearbeitet werden. Das Gleichgewicht des gesamtgesellschaftlichen Prozesses ist damit gefährdet.

Die Implikation (Pbl $=>$ gesellFtn) ist somit eine Operation, die die Rationalität des gesellschaftlichen Prozesses und ihrer sozialen Systeme in einem funktionalen systemischen Zusammenhang konstruiert. Dies ist kein "Gesetz" des Sozialen, sondern kennzeichnet seine bereichsspezifische Rationalität. Die vorliegende Implikation hat weder funktionale Äquivalente noch gilt die reziproke Implikation.

Da das Dauerproblem durch seine kommunikative Bearbeitung in eine gesellschaftliche Funktion transformiert wird, kann zugleich auch die logische Äquivalenz zwischen dem Problem und der konjunktiven Verknüpfung von Struktur und gesellschaftlicher Kommunikation vollzogen werden.

Unter der Bedingung, daß (Pbl $=>$ gesellFtn) gilt, gilt:
Pbl $<=>$ (Struktur · gesellKomm)

Diese logische Äquivalenz gilt nicht, wenn die gesellschaftliche Funktion nicht durch ein Dauerproblem «verursacht» wird und wenn das Dauerproblem nicht kommunikativ bearbeitet wird. Beide Fälle sind dysfunktional, so daß formuliert werden kann: Die logische Äquivalenz zwischen dem Dauerproblem und der konjunktiven Verknüpfung von Struktur und gesellschaftlicher Kommunikation gilt für den Fall einer funktionalen Konstruktion des Sozialen.

Durch Strukturbildung behandelt das soziale System das gestellte gesellschaftliche Problem. Die Struktur muß demnach funktional auf die gesellschaftliche Funktion bezogen werden, damit die Funktionsbestimmung des sozialen Systems in seinen Handlungsstrukturen zum Ausdruck kommt bzw. bearbeitet wird. Gleichzeitig gibt die gesellschaftliche Funktion ein gesellschaftliches Dauerproblem vor, das der Selbstbeschreibung des Systems dient. Das heißt, die gesellschaftliche Funktion ist demnach eine Art Kürzel für das System, dem sich alle anderen Momente des Systems, insbesondere seine Strukturmomente subsumieren lassen.

"So wie die Hierarchie führt also auch Funktion den Blick in Richtung auf Einheit; aber sie strafft die Struktur weniger stark. Auch Funktionen dienen mithin der Selbstbeschreibung eines komplexen Systems, der Einführung eines Ausdrucks für Identität und Differenz in das System. Auch Funktionen dienen der Selbstsimplifikation und Komplexierung des Systems - eine Doppelfunktion, die mit Verzicht auf konkrete Vollständigkeit der Selbstbeschreibung bezahlt werden muß." [181]

---

181. N. LUHMANN, Soziale Systeme, S.406

Die gesellschaftliche Funktion erweist sich gerade in ihrer Ausrichtung auf Einheit und Identität des Systems als ein hochabstrakter Begriff. Sie ersetzt die Selbstbeschreibung bzw. die Fremdbeschreibung des Systems durch *ein Problem bzw. einen Begriff, der als Kürzel klärt, unter welchem Motiv, unter welcher Prämisse das soziale System handelt*. Dieser Begriff abstrahiert dann von der Vielzahl der zu unterscheidenden Momente des sozialen Systems und formuliert lediglich das *Warum*, die Prämisse des Handelns. In dieser Hinsicht bildet die gesellschaftliche Funktion des sozialen Systems als Funktionsparameter gleichzeitig die Funktion innerhalb einer funktionalen Analyse. In einer funktionalen Analyse wird insbesondere im Hinblick auf den Strukturparameter nach funktionalen Äquivalenten gesucht. Für den Umwelt-Aspekt der gesellschaftlichen Funktion ist dann festzustellen, daß hier Probleme formuliert werden, die als gesellschaftliche Probleme auftreten. Das heißt, innerhalb der Gesellschaft ergeben sich Dauerprobleme, die nur durch die Bildung bzw. Ausdifferenzierung von sozialen Systemen, d.h. durch Kommunikation, behandelt werden können. Soziale Systeme differenzieren sich aus, um jeweils einen dieser gesamtgesellschaftlichen Problemaspekte zu behandeln.

"In funktional differenzierten Gesellschaften bringt die *Funktion* eines Teilsystems seine Beziehung auf das Gesellschaftssystem im ganzen zum Ausdruck. Genaugenommen müßte man eigentlich sagen: die Beziehung auf die eigene Umwelt, sofern und soweit sie gesamtgesellschaftliches System ist. Für das gesellschaftliche Zusammenleben muß eine Vielzahl von Funktionen erfüllt werden, die sämtlich relativ zum Entwicklungsstande der Gesellschaft notwendig und insofern gleichermaßen wichtig sind. Diese Gleichwertigkeit der Funktionen kann auf der Ebene des gesamtgesellschaftlichen Systems nicht aufgegeben werden, auch wenn innergesellschaftliche Reflexionsleistungen die Gesellschaft als religiöse, politische oder als wirtschaftliche Gemeinschaft zu bestimmen versuchen. Das sich daraus ergebende Orientierungsproblem kann aber in die Gesellschaft hineinverlagert und durch funktionale Differenzierung aufgefangen werden. Teilsysteme der Gesellschaft können einer der gesellschaftlichen Funktionen, etwa der Erziehung, den Primat geben und sich vornehmlich an ihr orientieren. Sie gewinnen daraus die Form, in der sie mit Bezug auf die Gesamtgesellschaft existieren und ansprechbar sind. Die Funktion wird dadurch zu ihrem "Leitmotiv", zu einer Kontakte und Wachstumsprozesse "katalysierenden" Problemstellung; aber das bedeutet nicht, daß sie je alleinige Seinsgrundlage oder ein Prinzip der Deduktion von Verhaltensvoraussagen oder -erklärungen sein könnte. Sie bleibt eine Form oder ein Aspekt von Umweltbeziehungen unter anderen." [182]

Für den Umwelt-Aspekt der Bestimmung der gesellschaftlichen Funktion kann demnach festgestellt werden, daß die Gesellschaft durch unterschiedliche Problemstellungen gekennzeichnet ist. Die Gesamtheit der Kommunikationen stellt spezifische Probleme, die nur dann behandelt werden können, wenn sie als gesellschaftliche Funktionen bestimmten sozialen Systemen zugesprochen werden können. Dies ist das Grundprinzip funktionaler Differenzierung: Gesellschaftliche Dauerprobleme, die sich aufgrund der Gesamtkommunikation ergeben, werden dadurch behandelt, daß einzelnen Systemen diese Funktionen zugesprochen werden, die dann wiederum Motive dieser Systeme bzw. verkürzte Selbstbeschreibung dieser Systeme sind. Damit

---

182. N. LUHMANN/ K.-E. SCHORR, Reflexionsprobleme im Erziehungssystem, S.35/36

werden gesellschaftliche Funktionen einmal durch gesellschaftliche Dauerprobleme benennbar und für das soziale System zu einer Grenze, die die Identität und Einheit dieses Systems beschreibt.

Da sich soziale Systeme aufgrund von Zuschreibungen spezifischer gesellschaftlicher Dauerprobleme ausdifferenzieren, benennt LUHMANN sie auch mit dem Begriff der Funktionssysteme. Dies sind z.B. Wirtschaft, Politik, Erziehung, Kunst, Religion, Wissenschaft und Recht. [183]

Die operationale Konstruktion einer funktional differenzierten Gesellschaft wird dadurch vollzogen, daß die Gesellschaft, die Gesamtheit der Kommunikation einerseits und bestimmte gesellschaftliche Dauerprobleme andererseits in Form der Implikation miteinander relationiert werden. Diese Beziehung ist jedoch nicht durch die einfache Implikation abzubilden, sondern auch hier gilt die logische Äquivalenz von Gesellschaft und den sich aus ihr ergebenden Dauerproblemen:

$$\text{Gesell} <=> (Pbl_1 \cdot Pbl_2 \cdot \ldots \cdot Pbl_n)$$

Die logische Äquivalenz dieser beiden Relata, der Existenz einer Gesellschaft und der Existenz von gesellschaftlichen Dauerproblemen, ergibt sich dadurch, daß für die konjunktive Zuordnung von Dauerproblemen keine andere, funktional äquivalente Bestimmung angegeben werden kann. Dauerprobleme dieser Art ergeben sich immer aus der Gesellschaft und nur aus der Gesellschaft. Dementsprechend kann formuliert werden, daß die Existenz der Gesellschaft immer mit dem Auftreten von gesellschaftlichen Dauerproblemen verbunden ist et vice versa. Hier sei nur nebenbei erwähnt, daß nicht jede funktional differenzierte Gesellschaft durch dieselben Dauerprobleme gekennzeichnet ist. Dauerprobleme können sich verschieben und können sich auch erst durch bestimmte gesellschaftliche Entwicklungen einstellen. So kann zwischen Dauerproblemen unterschieden werden, die erstens für jede Gesellschaft auftreten - so z.B. das Dauerproblem der Erziehung. Jede Gesellschaft muß in irgendeiner Weise auf die Generation der Neuen reagieren. Keine Gesellschaft kann sich diesem Problem entschlagen. [184] Dementsprechend gibt es in jeder Gesellschaft soziale Systeme, die u.a. oder explizit mit der gesellschaftlichen Funktion der Erziehung betraut sind. Hierbei kann festgestellt werden, daß mit wachsender Differenzierung der Gesellschaft diese gesellschaftliche Funktion erstens explizit zu bestimmten sozialen Systemen zugeordnet wird und auch diese sozialen Systeme sich durch Subsystembildung wiederum auf bestimmte Aspekte dieser gesellschaftlichen Funktion spezialisieren. [185] Eine zweite Gruppe von gesellschaftlichen Dauerproblemen entsteht erst durch bestimmte gesellschaftliche Entwicklungen. So kann z.B. das Wissenschaftssystem als ein soziales System gekennzeichnet werden, das erst im Laufe der Geschichte und Entwicklung von Gesellschaften als ein System ausdifferenziert wurde, indem es durch ein genuines gesellschaftliches Dauerproblem (Wahrheitsanspruch z.B.) geprägt ist. Drittens können unterschiedliche gesellschaftliche Dauerprobleme auch durch ein

---

183. vgl. hierzu N. LUHMANN, Soziale Systeme, S.625-635, wobei LUHMANN an dieser Stelle lediglich die Funktionssysteme von Wirtschaft, Politik und Erziehung erwähnt.
184. vgl. hierzu auch H. ARENDT, Die Krise in der Erziehung, vgl. auch drittes Kapitel dieser Arbeit
185. vgl. drittes Kapitel dieser Arbeit

einziges soziales System abgearbeitet werden. Das kann zur Entdifferenzierung bereits ausdifferenzierter Systeme führen. Gesellschaftliche Dauerprobleme werden sozialen Systemen zugesprochen, die sich von dem Gesamt der gesellschaftlichen Kommunikation durch ihre Spezialisierung auf bestimmte oder eines dieser Dauerprobleme differenzieren und intern über die Formulierung dieses Dauerproblems ihre Identität und Einheit finden, indem diese Dauerprobleme ihre Kurzbeschreibungen darstellen.

"Jedes Teilsystem übernimmt, wenn man so sagen darf, einen Teil der Gesamtkomplexität, indem es sich nur an der eigenen System/Umwelt-Differenz orientiert, mit dieser aber das Gesamtsystem für sich rekonstruiert. So kann das Teilsystem sich durch die Voraussetzung entlastet fühlen, daß viele Erfordernisse der Gesamtsystemreproduktion anderswo erfüllt werden. Seine Abhängigkeit vom Gesamtsystem wird entsprechend gedoppelt: es selbst ist Teil des Gesamtsystems und zugleich abhängig von der internen Umwelt und so auf anderen Wegen ebenfalls vom Gesamtsystem."[186]

Die Zuordnung von Problemaspekten der Gesellschaft zu bestimmten sozialen Systemen wird operational durch die logische Äquivalenz konstruiert. Die logische Äquivalenz ist dann - wie bereits oben dargestellt - eine Operation, die die Funktionalität der Konstruktion der Gesellschaft und ihrer Systeme wahrt. Das heißt, daß der Bestand der sozialen Systeme und das Gleichgewicht der gesamtgesellschaftlichen Kommunikation gewahrt bleibt, wenn gesellschaftliche Dauerprobleme zugleich in der Bearbeitung durch soziale Systeme auftreten, bzw. wenn soziale Systeme auftreten, zugleich auch gesellschaftliche Dauerprobleme behandelt werden. Gesellschaftliche Dauerprobleme und soziale Systeme können funktional so miteinander verknüpft werden, daß sie zusammen gelten oder zusammen nicht gelten. Diese Verknüpfung von Problemen und sozialen Systemen wiederholt sich innerhalb der Gesellschaft so oft, wie dies durch die Anzahl der funktional differenzierten Systeme vorgegeben ist. Die logische Äquivalenz von Problemen und sozialen Systemen gilt für jedes soziale System und ist operational als die konjunktive Verknüpfung von logischen Äquivalenten konstruierbar, die wiederum logisch äquivalent mit der Gesellschaft verbunden werden. Für die vereinfachte Darstellung soll hier nur der Fall aufgezeigt werden, in dem jeweils ein gesellschaftliches Problem mit einem sozialen System verbunden wird.

[Gesell <==>   ((Pbl $_1$ · sozSys $_1$) · (Pbl $_2$ · sozSys $_2$) · ... · (Pbl $_n$ · sozSys $_n$))] =
[Gesell <==>   (Ftn (sozSys $_1$) · Ftn (sozSys $_2$) · ... · Ftn (sozSys $_n$))]

Die Gleichheit der beiden logischen Äquivalenzen bedeutet, daß die Existenz der Gesellschaft logisch äquivalent mit den gesellschaftlichen Problemen bestimmter sozialer Systeme verbunden ist, und dies ist gleichbedeutend damit, daß die Existenz der Gesellschaft logisch äquivalent mit der Differenzierung bzw. Zuordnung von gesellschaftlichen Funktionen sozialer Systeme verbunden werden kann. Die Struktur der gesellschaftlichen Differenzierung zeigt sich so als eine im Prinzip nicht-hierarchische. Die funktionale Differenzierung gewichtet soziale Systeme nicht nach Präferenzgesichtspunkten: Für den gesellschaftlichen Kommunikationsprozeß bzw. für die Autopoiesis der Kommunikation sind die gesellschaftlichen Probleme, gesell-

---

186. N. LUHMANN, Soziale Systeme. S.262

schaftlichen Funktionen und somit die sozialen Systeme nicht hierarchisierbar, sondern sind primär in gleicher Weise an der gesellschaftlichen Reproduktion beteiligt. Diese funktionale Differenzierung der sozialen Systeme wird auch nicht durch die Subsystembildung unterlaufen. Erstens ist auch die Hierarchisierung in Form der Subsystembildung nicht personengebunden, und zweitens behält jedes Subsystem in der Ausdifferenzierung seine Autonomie: Die Ausbildung von Subsystemen stellt keine Hierarchisierung der neu ausdifferenzierten Systeme im Sinne einer Kontrolle oder Strukturierung dieser Systeme durch ihre übergeordneten Systeme dar. Auch die Ausdifferenzierung von Subsystemen ist orientiert an der funktionalen Differenzierung. Sie ereignet sich da, wo Funktionslasten für ein soziales System zu groß werden, so daß Funktionen weiter differenziert werden und wiederum auf neu ausdifferenzierte Subsysteme verteilt werden. Die Hierarchisierung in Form der funktional differenzierten Systeme ist dementsprechend problemorientiert und stellt eine Hierarchisierung von gesellschaftlichen Funktionen und nicht von systemischem oder personalem Machtgefälle dar. Im Erziehungssystem kann diese Form der Ausdifferenzierung verschiedener Subsysteme insbesondere an der Ausdifferenzierung der Schule beobachtet werden. Als die Qualifikationslast der von der Gesellschaft gestellten Qualifikationsansprüche insbesondere für die Familie zu groß wurde, bildeten sich Schulen aus, die vornehmlich diese Funktion erfüllten. Familie und Schule - um nur bei diesen beiden Subsystemen der Erziehung zu bleiben - differenzierten sich nach unterschiedlichen erzieherischen Funktionszusprechungen aus, erhielten ihre Identität über divergierende gesellschaftliche Funktionen und haben entsprechend auch andere Strukturbildungen vollzogen. Zugleich ist gerade das Erziehungssystem ein Beispiel dafür, daß keines der ausdifferenzierten erzieherischen Subsysteme, ob dies nun der Kindergarten, die Freizeitpädagogik, die Universitäten etc. sind, sich vollständig funktional von den anderen erzieherischen Subsystemen ausdifferenziert hat.[187] Eine Entlastung in ihrer Funktionszusprechung haben die erzieherischen Subsysteme nur graduell vollzogen. Jedes Subsystem ist wiederum mit der gesamten Funktionsbestimmung des Erziehungssystems betraut, wobei Entlastungen durch Gewichtungen zwischen den zugesprochenen gesellschaftlichen Funktionen, die diese Subsysteme bearbeiten, ermöglicht werden.

Die funktionale Differenzierung der Gesellschaft schließt Hierarchisierung nicht aus. Sie ist nur nicht ihr grundlegendes Differenzierungsprinzip. *Hierarchisierung* ist demnach *dann nur legitimiert, wenn sie mit der funktionalen Differenzierung einhergeht und funktional begründet werden kann.*

"Wenn es gelingt, die Repräsentation der Einheit des Systems im System zu enthierarchisieren und statt dessen auf Funktionen zu beziehen, werden Hierarchien nicht abgeschafft, aber sie werden an ihrer Funktion gemessen und dadurch entsubstanzialisiert. Sie werden kritisierbar, wo keine ausreichende Funktion erkennbar ist - zum Beispiel als Ungleichverteilung nach Maßgabe sozialer Klassen; sie werden bestätigt, wo ihre Funktion evident ist und funktionale Äquivalente nicht in Sicht sind - so vor allem in formal organisierten Sozialsystemen."[188]

---

187. vgl. drittes Kapitel dieser Arbeit
188. N. LUHMANN, Soziale Systeme, S.463/464

Zusammenfassend kann somit festgestellt werden:

Erstens: Das systemanalytische Denken bleibt bei der Konstruktion sozialer Systeme prinzipiell an deren Funktionsbestimmung gebunden. Neben dieser Funktionsbestimmung gibt es letztlich kein anderes rationales Kriterium, um Differenzierungen zwischen gesellschaftlichen Teilsystemen einerseits und Legitimierung von Strukturbildung nach innen andererseits zu ermöglichen.

Zweitens: Die Konstruktion sozialer Systeme im systemanalytischen Denken kann nicht von einer gesellschaftlichen Konditionierung sozialer Systeme ausgehen: Die Gesellschaft determiniert nicht die strukturellen Gegebenheiten innerhalb eines sozialen Systems. Erstens bildet die Bezugnahme zur Gesellschaft nur *einen* Parameter des Systems, der neben anderen Parametern für die strukturelle Verrechnung mit einbezogen werden muß. Zweitens ist der funktionale Bezug des Systems zur Gesellschaft nicht mit der Determination der Struktur durch die gesellschaftliche Funktion verbunden. *Gesellschaftliche Funktionen können innerhalb der funktionalen Analyse nur Gesichtspunkte sein, die strukturell auch funktionale Äquivalente zulassen und ermöglichen.* Unter diesem Gesichtspunkt wäre die Vorstellung einer Determination der Struktur durch ihre gesellschaftliche Anbindung eine sehr grobe Vereinfachung bzw. eine radikale Reduktion der Komplexität von funktionalen Äquivalenten. Das heißt, das systemanalytische Denken muß den Möglichkeitsspielraum, der durch die Parameter vorgegeben wird, auch ausschöpfen und nicht vorzeitig die Vielzahl der funktional äquivalenten Möglichkeiten auf nur eine Möglichkeit reduzieren. Für die operationale Konstruktion bedeutet dies, daß die funktionale Analyse als Eröffnung eines Suchraumes für funktionale und logische Äquivalente hier angewendet wird. Dieser Aspekt soll weiter unten als Kompensation des sozialen Systems näher erörtert werden.

Drittens: Für die Konstruktion des Funktionsparameters müssen vom systemanalytischen Denken komplexe und sehr abstrakte Operationen vollzogen werden. Die Konstruktion dieses Parameters kann nicht mehr an wahrnehmbare soziale Handlungen angebunden werden. Dies war bei der Struktur noch möglich. Die gesellschaftliche Funktion ist nur dann erfaßbar, wenn wiederum konstruierte Momente und Einheiten - wie z.B. die Gesellschaft bzw. die Kommunikation - in Bezug zu der konstruierten Einheit eines sozialen Systems gebracht werden. Das systemanalytische Denken ist damit mit einer Konstruktion gesamtgesellschaftlicher Zusammenhänge und deren spezifischen Problemaspekten verbunden und betrachtet nicht isoliert ein soziales System. Die Konstruktion der gesellschaftlichen Funktion des sozialen Systems ist mit der konkret-operationalen Konstruktion dadurch verbunden, daß das formal-operationale System in analoger Weise seinen Gegenstand konstruiert. Die Konstruktion des Sozialen wird durch beide operationalen Systeme über die Konstruktion von Motivationslagen ermöglicht. Dabei konstruiert das konkret-operationale System Motive als personale, individuelle Handlungsmotive, während das formal-operationale System soziale Motive als gesellschaftliche Funktionen, als Motive sozialer Systeme konstruiert. Die unterschiedliche Konstruktion dieses analogen Momentes kann auch hier wiederum mit der vollständigen sozial-kognitiven Dezentrierung erklärt werden, in der die Konstruktion des Sozialen von der Konstruktion durch psychologische Beschreibungen entbunden wird und somit in der formal-operationalen Konstruktion ein soziologisches Konstrukt entsteht.

2.1.3 Die Konstruktion des Leistungsparameters

Der Parameter der Leistung stellt die zweite Intersozialsystemgrenze des sozialen Systems dar. Durch ihn wird die zweite Frage, die in der Einleitung zum Funktionsparameter angesprochen wurde, behandelt: Unter welchen sozialen Bedingungen und durch welche sozialen Ziele wird in einem sozialen System gehandelt? Die Problematik der Zweck-Mittel-Zuordnung bzw. der Bedingung-Ziel-Analyse kann hier nicht eingehend erörtert werden. [189] Auch diese Beziehung wird vom systemanalytischen Denken wiederum in der Einstellung der völligen sozial-kognitiven Dezentrierung konstruiert. Es geht dabei um *Systembedingungen und Systemziele*. Die Zuordnung von Mitteln und Zielen bzw. Bedingungen und Zwecken ist ein Zuordnungsschema, in dem bestimmte Ziele und bestimmte Mittel über Wertrelationen aufeinander bezogen werden. Das heißt, diesem Zuordnungsschema liegt zwar das Kausalitätsschema zugrunde, doch es ist mit ihm nicht identisch.

"Das Zweck/Mittel-Schema postuliert in seinem Grundgedanken ebenfalls ein Verhältnis zwischen Werten. Es hat seine Eigentümlichkeit nicht, wie gemeinhin angenommen wird, in einer Beziehung zwischen Ursache und Wirkung[39]. Ein Mittel ist nicht etwa nur eine Ursache in ihrer Ursächlichkeit für einen bestimmten Zweck. Und ein Zweck ist nicht etwa nur Wirkung qua Wirkung. Zur Bezeichnung dieses Verhältnisses genügen die Kausalbegriffe. Die Begriffe Zweck und Mittel setzen ein Kausalverhältnis voraus, beschreiben es aber nicht als solches[40]. Sie meinen vielmehr, ebenso wie das Transitivitätsprinzip, *eine Wertrelation unter den Wirkungen des Handelns.*
... Die Zwecksetzung besagt, daß der Wert der bezweckten Wirkungen *ungeachtet der Werte oder Unwerte der Nebenwirkungen bzw. der aufgegebenen Wirkungen* anderer Handlungen das Handeln zu begründen vermag. Der Mittelbegriff erfaßt dieselbe Wertrelation von der anderen Seite der benachteiligten Werte aus. Er geht von den Ursachen aus, die zum Erreichen einer bezweckten Wirkung geeignet sind, und besagt, daß die Wertimplikationen der Folgen dieser Ursachen außerhalb des Zweckes vernachlässigt werden dürfen[41].
Der Zweck postuliert, mit anderen Worten, die Wertrelation: Wirkung A ist besser als »nicht-A«. Die Mittelanalyse behandelt dieselbe Wertrelation." [190]

Damit kann das Zweck-Mittel-Schema als ein Schema bezeichnet werden, das ausgehend vom Kausalschema der Ursache und Wirkung *zwischen bestimmten Ursachen und bestimmten Wirkungen auswählt*, um mit ihnen das Handeln zu begründen. Das heißt, das Zweck-Mittel-Schema ist ein Schema, das wertend in das Kausalschema eingreift. Damit ist für das systemanalytische Denken folgendes impliziert: Erstens ergeben sich zwischen Bedingungen und Zielen von Systemen keine gesetzeskausalen Beziehungen. Dies wird noch weiter unten genauer dargestellt. Zweitens ist die Aufstellung von Mittel-Zweck-Zuordnungen immer mit Selektion verbunden. Es wird nicht nach den tatsächlichen Wirkungen bzw. Nebenwirkungen bzw. nach Ursachen und Nebenursachen gefragt, sondern bestimmte Wirkungen werden als Zwecke bestimmten Ursachen als Mittel zugeordnet. Handlungen bzw. Handlungssysteme haben immer mehr Ursachen und mehr Wirkungen als diejenigen, die aktuell betrachtet werden bzw. die für das jeweilige System als begründend angenommen werden. Für

---

189. vgl. hierzu N. LUHMANN, Zweckbegriff und Systemrationalität
190. N. LUHMANN, Zweckbegriff und Systemrationalität, S.43-45

Die formal-operationale Konstruktion: Die Systemparameter

das Handeln in schulischen Zusammenhängen, dem das dritte Kapitel gilt, wird diese Feststellung von grundlegender Bedeutung sein. Ziele des schulischen Handelns sind dann bewertete Wirkungen: Neben diesen Zielen, die als erstrebenswert bewertet werden, hat Schule noch viele andere Effekte, die in die Zielbenennung nicht mit einfließen. Dieses Problem liegt dem Problemtitel des «heimlichen Lehrplans» zugrunde.[191]

Für die operationale Konstruktion komplexer Zusammenhänge, wie z.B. der von sozialen Systemen, bedeutet dies, daß sowohl Mittel als auch Ziele als Implikate der funktionalen Analyse eingesetzt werden können. Für diese Bestimmung wird von Implikationsbeziehungen zwischen verschiedenen Ursachen und einem Ziel ausgegangen:

$$(\text{Ursache}_1 \vee \text{Ursache}_2 \vee \ldots \vee \text{Ursache}_n) \implies \text{Ziel}$$

Aus der Summe der möglichen Ursachen werden dann durch Abstraktion diejenigen Ursachen ausgewählt, die als Mittel eingesetzt werden. Eine solche Abstraktion ist gleichbedeutend mit der Negation der nichtgewählten Ursachen. Das heißt, die Mittel bilden eine Teilmenge der Menge der Ursachen und werden über die Operation der Abstraktion konstruiert. Mittel sind selegierte Ursachen.

$$\{\text{Mittel}\} \subseteq \{\text{Ursachen}_{1-n}\}$$

Gleiches gilt in reziproker Form für die Bestimmung von Zielen. Unterschiedliche Wirkungen können die Wahl der Mittel beeinflussen. Dies bedeutet, daß Ursachen nicht nur Ziele implizieren, sondern daß auch in reziproker Form Wirkungen Mittel bzw. ein bestimmtes Mittel implizieren können.

$$(\text{Wirkung}_1 \vee \text{Wirkung}_2 \vee \ldots \vee \text{Wirkung}_n) \implies \text{Mittel}$$

Aus der Summe der möglichen Wirkungen, die ein bestimmtes Mittel implizieren, kann dann auch hier über die Abstraktion eine Teilmenge gebildet werden. Diese Teilmenge stellt die Ziele dar, so daß auch hier formuliert werden kann: Ziele sind selegierte Wirkungen.

$$\{\text{Ziele}\} \subseteq \{\text{Wirkungen}_{1-n}\}$$

Mittel und Ziel sind immer schon selegierte, d.h. durch Abstraktion gewonnene Größen. Diese Selektionen werden notwendig, da die Operation des Kausalschemas mindestens auf einer Seite der Relata eine bestimmte Größe braucht, um operieren zu können. Würde keine Selektion auf beiden Seiten vollzogen, so ergäbe sich eine logische Äquivalenz zwischen der Summe aller Ursachen und der Summe aller Wirkungen, wobei jede Ursache in ihren Nebenwirkungen und jede Wirkung wiederum in ihren Nebenursachen erfaßt werden müßte:

$$\sum_{i=1}^{n} (\text{Ursachen}_i) \iff \sum_{j=1}^{m} (\text{Wirkungen}_j)$$

---

191. vgl. hierzu: J. ZINNECKER, Der heimliche Lehrplan

210 Die operationale Bestimmung des systemanalytischen Denkens

Eine solche Operation könnte durch ihre Komplexität der Relata nicht vollzogen werden. Für das systemanalytische Denken sind die oben genannten Operationen Voraussetzung für die Konstruktion von Systembedingungen und Systemzwecken. Dabei wird jedoch nicht davon ausgegangen, daß die Summe von Ursachen bzw. von Wirkungen jeweils festgestellt wird. Es ist lediglich notwendig, daß Ziele und Mittel als Abstraktionen aus der Summe von möglichen Wirkungen und Ursachen konstruiert werden. Bei der Konstruktion des Systemparameters der Leistung werden nun soziale Bedingungen bzw. Mittel und soziale Ziele bzw. Zwecke des sozialen Systems näher bestimmt. Auch hier soll auf das dritte Kapitel verwiesen werden: Schulische Zwecke sind dann Selektionen aus der Summe der schulischen Wirkungen, und die Mittel sind immer Selektionen aus der Summe von möglichen Ursachen.

Für die Konstruktion des Systemparameters Leistung ist auch hier wieder die Differenz der System-Umwelt-Beziehung von grundlegender Bedeutung. So wie alle Intersystemparameter wird auch der Leistungsparameter in seiner Konstruktion sowohl auf die Struktur als auch auf die leistungsbezogene Umwelt des Systems logisch äquivalent bezogen:

$$\text{Leistung} <=> (\text{Struktur} \cdot \text{Leistungsumwelt})$$

Auch hier stellt sich - wie oben für die Bestimmung des Funktionsparameters - zunächst die Frage, durch welche Momente die Leistungsumwelt des sozialen Systems gekennzeichnet ist. Dieses Problem kann durch die Frage präzisiert werden, welche soziale Umwelt des sozialen Systems Bedingungssetzung und Zielsetzung des sozialen Systems mit beeinflußt bzw. von welcher sozialen Systemumwelt sich das soziale System durch Bedingungssetzung und Zielsetzung abgrenzt.

Im Gegensatz zur Funktionsbestimmung, die eine System-Umwelt-Beziehung durch die Differenzierung von Teil und Ganzes konstruiert, wird der Leistungsparameter in seiner Beziehung zwischen den Teilen konstruiert. Das heißt, *die Leistung ist derjenige Grenzparameter, der eine Beziehung zwischen einem sozialen System und anderen sozialen Teilsystemen herstellt.* Demnach ist die oben gestellte Frage nach der leistungsbezogenen Systemumwelt dadurch zu beantworten, daß andere Teilsysteme die soziale Bedingungssetzung und Zwecksetzung des sozialen Systems mit beeinflussen.

"Neben der Funktionsorientierung gibt es immer auch Beziehung zwischen den Teilsystemen der Gesellschaft, für die wir den Begriff *Leistung* reservieren wollen. Wir argumentieren also mit Nichtidentität von Funktion und Leistung. Die Verquickung dieser beiden Aspekte beruht auf einer Verquickung von Systemreferenzen innerhalb differenzierter Systeme und muß bei sorgsamer Begriffsbildung vermieden werden. Die Herstellung kollektiv bindender Entscheidungen (die Erfüllung der politischen Funktion) ist als solche noch keine politische Leistung. Die Herstellung wahrer bzw. als unwahr feststehender Sätze (die Erfüllung der Funktion von Wissenschaft) ist als solche noch keine wissenschaftliche Leistung. Die Sicherung künftiger Bedürfnisbefriedigung (die Funktion der Wirtschaft) ist als solche noch keine wirtschaftliche Leistung, zum Beispiel keine Produktion brauchbarer Güter. Gewiß: Funktion und Leistung sind nicht unabhängig voneinander realisierbar, sind vor allem nicht unabhängig voneinander steigerbar. Aber ein Leistungstausch, wie er systemtheoretisch oft mit Input/Output-Modellen beschrieben wird, erfordert ein Eingehen auf Bedarfslagen, Normen und Gewohnheiten anderer Teilsysteme der Gesellschaft, das zur eigenen Funktion und zu deren Sub-Codes in Widerspruch treten kann." [192]

Die Leistung bezieht sich demnach in ihren Außenbeziehungen auf andere Teilsysteme, so daß die leistungsbezogene Umwelt durch die konjunktive Verknüpfung unterschiedlicher Teilsysteme in der Gesellschaft konstruiert werden kann.

$$\text{Leistung} <\Longrightarrow [\text{Struktur} \cdot (\text{Teilsys}_1 \cdot \text{Teilsys}_2 \cdot \ldots \cdot \text{Teilsys}_n)]$$

Zu fragen bleibt hier - wie dies auch für den Funktionsparameter gemacht wurde -, wie die Leistung genauer beschrieben werden kann: Durch welche Momente sind die Beziehungen zwischen Teilsystemen der Gesellschaft gekennzeichnet, und wie können sie operational konstruiert werden? Für die Leistung stellt sich die Frage, wie die System-Umwelt-Beziehungen zu beschreiben sind, wenn Teilsysteme untereinander über Systembedingungen und Systemzwecke verbunden werden. Diese Verbindung kann mit Hilfe des Input-Output-Schemas konstruiert werden. Der Input eines sozialen Systems wird als Output von einem anderen sozialen System aufgenommen, und der Output eines sozialen Systems wird als Input an ein anderes soziales System abgegeben. Die Leistungsgrenze des sozialen Systems ist demnach durch zwei Momente gekennzeichnet: seinen Input und seinen Output. Diese doppelte Bestimmung der Grenze ergibt sich aufgrund der Zeitstruktur des Systems, in der die Zeit zwischen einem «Eingang» und einem «Ausgang» des Systems unterschieden wird. Input und Output sind auf andere Teilsysteme bezogen. «Eingang» und «Ausgang» nehmen internal Bezug auf die Struktur, indem sie selbst Einfluß auf die Strukturbildung ausüben bzw. umgekehrt die Struktur bestimmte Inputs und Outputs zuläßt. Die Struktur eines sozialen Systems ist damit immer schon auch zeitlich gebunden, indem sie den Zeithorizont zwischen Input und Output füllt. [193]

"Über die Konstitution und Attribuierung des Sinnelements Handlung und über die Verknüpfung von Handlungen zu Prozessen, in denen jedes selektive Element die Selektivität der anderen stärkt, gibt das System dem eigenen Geschehen eine asymmetrische Form, synchron zum irreversiblen Ablauf der Zeit. Unter diese Prämisse gesetzt und von daher gesehen nimmt die Differenz von System und Umwelt eine Doppelform an: Sie erscheint gemäß der Asymmetrie des Prozesses als Inputgrenze und als Outputgrenze, und eine Verwechslung oder Verschmelzung beider Grenzen muß im System ausgeschlossen werden. Die Differenz dieser Grenzen wird im System zur Voraussetzung einer geordneten Erfassung der sie übergreifenden System/Umwelt-Differenz. Die Umwelt erscheint dann nach Maßgabe der Zeitstruktur des Systems als zerteilt in Zulieferung und Abnahme, und wenn diese Projektion irgendwie greift und Realitätsbezug findet, kann sie benutzt werden, um die Reduktion auf Handlung im System zu stärken und den Handlungsprozeß an Hand von Umwelterfordernissen zu steuern." [194]

Der Umweltbezug der Leistungsgrenze ist dadurch gegeben, daß Teilsysteme durch Input- und Outputbeziehungen aneinander gebunden sind. Dabei bildet der Input des Systems die Bedingungen, unter denen im sozialen System gehandelt werden kann, und der Output die Zwecke, auf die das Handeln im sozialen System gerichtet ist.

---
192. N. LUHMANN/ K.-E. SCHORR, Reflexionsprobleme im Erziehungssystem, S.36
193. vgl. auch Kapitel 3, Teil 3, Punkt 2.1.3 *Der Zeitparameter*
194. N. LUHMANN, Soziale Systeme, S.278

212 Die operationale Bestimmung des systemanalytischen Denkens

Das Input-Output-Schema ist ein Schema, das Teilsysteme der Gesellschaft untereinander verbindet. Dabei ergibt sich für die Konstruktion dieser Systemgrenze wiederum als erstes Postulat, daß die vollständige sozial-kognitive Dezentrierung vollzogen werden muß: Handlungsbedingungen und Handlungsziele des sozialen Systems sind auf seine soziale Umwelt bezogen. Das heißt - und dies wurde auch schon weiter oben dargestellt -, daß psychische und soziale Systeme nicht in Form der Leistung miteinander verbunden werden können. Der Grenzparameter zu psychischen Systemen ist durch Interpenetration gekennzeichnet, während der Grenzparameter zu anderen sozialen Teilsystemen durch die Leistung darstellbar ist. [195] Als zweite Prämisse der Untersuchung des Grenzparameters der Leistung ist festzustellen, daß das soziale Handeln in sozialen Systemen nicht unter dem Aspekt von Ursache und Wirkung untersucht wird, sondern das Kausalschema nur zugrundegelegt wird, um nach Selektionen der Ursache als Bedingungen und nach Selektionen der Wirkungen als Ziele zu fragen. Diese beiden Voraussetzungen müssen gemacht werden, um die weitere Analyse des Leistungsparameters vollziehen zu können.

Das nun folgende Zitat LUHMANNs muß demnach unter diesen beiden Prämissen gelesen werden. Dabei ist dann festzustellen, daß Bedingungen des sozialen Handelns nur dann als Input und Zwecke nur dann als Output zu kennzeichnen sind, wenn der Input wiederum ein Output aus anderen Teilsystemen ist und der Output wiederum als Input für andere Teilsysteme verwendet werden kann. Das heißt, das soziale System kann seine Input-Output-Grenzen nur dann stabil halten, wenn sie von anderen Teilsystemen der Gesellschaft unterstützt werden. [196]

"Aus der Perspektive des Handlungsprozesses gibt es einerseits *Bedingungen*, die vorliegen müssen, damit das Handeln überhaupt in Gang kommen und reproduziert werden kann - zum Beispiel geeignete Räume, Kommunikationsmittel, Objekte, die »behandelt« werden, motivationale Bereitschaften. All das muß *vorher* sichergestellt sein. Andererseits muß dem Handlungsprozeß eine Erwartungsstruktur unterlegt werden können, die auf *Ergebnisse* hinzielt - etwa herzustellende Werke, zu verändernde Zustände, und sei es nur: Desennuierung der Teilnehmer. Etwas dieser Art muß als Zustand *nach* dem Handeln erwartbar sein. In der Orientierung an solchem Vorher und Nachher, solchen

---

195. Auch für das Erziehungssystem muß diese Prämisse übernommen werden: Auch die intendierten Veränderungen psychischer Systeme (so z.B. der Schüler in der Schule) durch das Erziehungssystem ist keine Leistung des sozialen Systems, sondern Interpenetration. Schule leistet ihrerseits etwas für vielfältige andere soziale Systeme der Gesellschaft. Vgl. hierzu drittes Kapitel dieser Arbeit.

196. Dabei sollten die im folgenden Zitat verwendeten Begriffe, wie z.B. «motivationale Bereitschaften», nicht zu dem Mißverständnis führen, daß hier doch psychische Systeme als Input für soziale Systeme fungieren können. LUHMANNs Beschreibung sozialer Systeme geht von selbstreferentiellen Systemen aus. Das heißt dann auch, daß der Begriff des Subjekts - mit dem normalerweise z.B. «motivationale Bereitschaften» verbunden wird - nicht mehr nur für das psychische System reserviert bleibt, sondern für psychische wie für soziale Systeme gleichermaßen gilt, da beide Systeme selbstreferentielle Sinnsysteme sind. Dabei können solche Momente wie Motive, Selbstreflexion, Selbststeuerung, Identität etc. nicht nur auf psychische Systeme, sondern auch auf soziale Systeme bezogen werden.
"Die Systemtheorie bricht mit dem Ausgangspunkt und hat daher keine Verwendung für den Subjektbegriff. Sie ersetzt ihn durch den Begriff des selbstreferentiellen Systems. Sie kann dann formulieren, daß jede Einheit, die in diesem System verwendet wird, (sei es die Einheit eines Elements, die Einheit eines Prozesses oder die Einheit eines Systems) durch dieses System selbst konstituiert sein muß und nicht aus dessen Umwelt bezogen werden kann." (N. LUHMANN, Soziale Systeme, S.51)

Bedingungen und solchen Ergebnissen kann die Handlungsreduktion an Selektionssicherheit gewinnen[60]. Wenn die Umweltlage des Systems eine solche Asymmetrisierung stützt, wenn sie die Ergebniserwartungen honoriert und die Bedingungen liefert, kann das System durch Handeln eine Umsetzung von Input in Output vollziehen ..."[197]

Der Umweltbezug des Leistungsparameters ist dadurch zu kennzeichnen, daß die Bedingungen und die Zwecke des sozialen Systems dadurch stabilisiert werden können, daß andere Teilsysteme diese Bedingungen als Output für den Input des jeweiligen Systems liefern bzw. das soziale System Abnehmer für seine Outputs findet, die wiederum diese Outputs als ihre Inputs nutzen können. Die Beziehung zwischen systemexternen Outputs zu den systemeigenen Inputs bzw. die Beziehung der systemeigenen Outputs zu den systemexternen Inputs ist demnach durch Identität zu kennzeichnen: Das soziale System kann seine Input-Output-Grenzen dann stabil halten, wenn seine Inputs genau mit den Outputs anderer Teilsysteme übereinstimmen bzw. wenn seine Outputs genau mit den Inputs anderer Teilsysteme übereinstimmten. Diese Identität ist hier wiederum durch den Sonderfall der logischen Äquivalenz als Tautologie zu kennzeichnen.

[Output (anderer Teilsysteme)] $<=>$ [Input (soziales System)]
[Output (soziales System)] $<=>$ [Input (anderer Teilsysteme)]

Die Tautologie kann auch hier wiederum dadurch beschrieben werden, daß dieselben Operationen die Bestimmung von Inputs und Outputs kennzeichnen. Hier kann nun nicht festgestellt werden, welche Operationen diese Leistungsgrenzen inhaltlich bestimmen, da dies jeweils von sozialem System zu sozialem System variiert. Wäre diese Differenz von System zu System nicht vorhanden, so könnten alle Systeme durch dieselben Inputs und Outputs gekennzeichnet werden. Dies ist nicht der Fall. Wäre die Differenz zwischen Input- und Outputbestimmung nicht vorhanden, so bestimmte ein soziales System seine Bedingungen inhaltlich in gleicher Weise wie seine Zwecke. Auch dies ist nicht der Fall. Das heißt, Input und Output sind jeweils für ein bestimmtes System neu und different inhaltlich zu bestimmen. Die Identität besteht lediglich zwischen der inhaltlichen Bestimmung des Outputs eines bestimmten Teilsystems und der inhaltlichen Bestimmung des Inputs für ein anderes Teilsystem. Inhaltlich kann der Input eines Systems z.B. durch den Begriff «Leder» gekennzeichnet werden, wobei ein anderes soziales System diese Material als Zulieferer, d.h. als Output stellen muß. Bzw. der Output desselben Systems kann durch den Begriff «Lederwaren» gekennzeichnet werden, wobei andere soziale Systeme diese Lederwaren als Input, d.h. als Abnehmer, aufnehmen. Das heißt, das systemanalytische Denken operiert bei der inhaltlichen Bestimmung von Inputs und Outputs mit bestimmten Begriffen, die diesen Parameter ausmachen sollen. Geht man nun davon aus, daß auch Begriffe letztlich das Resultat bestimmter Operationen darstellen, so kann hier festgestellt werden, daß für die Begriffsbestimmung der inhaltlichen Füllung des Outputs letztlich dieselben Operationen angewendet werden müssen wie für die inhaltliche Bestimmung dieser Outputs als Inputs für andere soziale Systeme. GRZESIK bestimmt

---

197. N. LUHMANN, Soziale Systeme, S.278

214 *Die operationale Bestimmung des systemanalytischen Denkens*

den Begriff als eine psychische Realität, die durch bestimmte Teiloperationen bzw. bestimmte Operationen konstituiert wird. [198]

"Über die von der Wissenschaftstheorie formulierten Anforderungen an eine gute Theorie will ich kein Wort verlieren, sondern nur den Gesichtspunkt herausstellen, unter dem die Überlegungen in diesem Kapitel angestellt werden: Die psychische Realität des Begriffs wird als ein *spezifischer, hochflexibler Zusammenhang von Teiloperationen* verstanden." [199]

Dabei kann der Begriff als ein Produkt verstanden werden, das durch diese Operationen gebildet wird und das auch jederzeit wiederum in diese Operationen zerlegbar ist. Das heißt, der Begriff ist demnach nichts anderes als das Produkt dieser Operationen, die diesen Begriff einerseits konstituieren und andererseits jederzeit wieder analysieren können.

"Es macht auch keinerlei Schwierigkeit, ein Produkt wieder in eine Operation zu verwandeln, z.B. das Quadrat x^2 in die Operation der x-maligen Erzeugung von x. Deshalb ist es fast gleichgültig, ob man annimmt, daß die Produkte gesondert abgespeichert werden oder daß sie bei jeder Inanspruchnahme wieder durch die zugehörige Operation akualisiert werden." [200]

Dementsprechend stellt GRZESIK für die Begriffsbestimmung wie auch für die Begriffsanwendung zusammenfassend fest:

"Das Ergebnis meines Definitionsversuchs dagegen lautet: Jeder Begriff ist nichts anderes als ein Zusammenhang von Teiloperationen, der an bestimmten Ausgangsinformationen vollzogen worden ist. ... Für den Begriffsgebrauch gilt Entsprechendes: Er besteht aus der Aktualisierung von Kombinationen aus solchen Teiloperationen." [201]

Im Anschluß an eine solche operationale Begriffsdefinition nach GRZESIK kann demnach für die inhaltliche Bestimmung von Outputs bestimmter Teilsysteme als Inputs für andere Teilsysteme folgender Zusammenhang angenommen werden: Die beiden Leistungsgrenzen unterschiedlicher Teilsysteme sind dann als identisch zu kennzeichnen, wenn sie mit Hilfe derselben Begriffe konstruiert werden können; d.h., wenn sie durch dieselben Teiloperationen konstituiert werden. In dieser Hinsicht kann dann von einer Tautologie zwischen Output und Inputbeziehung zweier differenter Systeme gesprochen werden: Die logische Äquivalenz zwischen diesen beiden Grenzpa-

---

198. GRZESIK geht in seiner Bestimmung der Operationen für die Erfassung von Begriffen nicht primär von den hier vorliegenden Operationen des Konkreten und des Formalen aus. Er benennt vielmehr Operationen jedes Begriffsaufbaus. Dies steht nicht im Gegensatz zu den hier vorliegenden Untersuchungen. Vielmehr geht die vorliegende Untersuchung davon aus, daß die allgemeinen Operationen zur Konstruktion von Begriffen, wie z.B. die «aufgabengeleitete Diskrimination von kritischen Merkmalen aus einem Fall», die «Generalisierung der an einem Fall unterschiedenen kritischen Merkmale», die «reflexive Verarbeitung des Begriffsinhalts» etc. (vgl. hierzu J. GRZESIK, Begriffe lernen und lehren, S. 51-94) als Operationen des konkret-operationalen und des formal-operationalen Systems angesehen werden können.
199. J. GRZESIK, Begriffe lernen und lehren, S.51
200. J. GRZESIK, Begriffe lernen und lehren, S.55
201. J. GRZESIK, Begriffe lernen und lehren, S.56

rametern unterschiedlicher Systeme wird dadurch gebildet, daß die inhaltliche Bestimmung dieser Parameter durch identische Operationen vollzogen wird; d.h. die Relata sind tautologisch. Diese Feststellung impliziert mehrere Aspekte:

Erstens: Für das systemanalytische Denken folgt demnach, daß für die Systemanalyse eine genaue Begriffsbestimmung der Leistungsparameter von unabdingbarer Wichtigkeit ist. Diese genaue Begriffsbestimmung wird dadurch vollzogen, daß die Operationen für die Konstitution eines Begriffs dargelegt werden. Dies ist insbesondere für die Leistungsbestimmung im Erziehungssystem von elementarer Wichtigkeit. Gerade die Zielbestimmungen, d.h. die Outputgrenze des Systems, werden häufig mit globalen, meist nicht näher bestimmten Begriffen wie z.B. «Mündigkeit», «Glück», «Selbständigkeit», «Freiheit», «Selbstverwirklichung» etc. gekennzeichnet. Um diese Begriffe für eine Systemanalyse fruchtbar zu machen, müßte eine genaue inhaltliche Bestimmung stattfinden, die die Teiloperationen klärt, mit deren Hilfe solche Begriffe konstituiert werden. Auch auf diesen Aspekt soll noch im dritten Kapitel eingegangen werden.

Zweitens: Aus einer solchen Feststellung der logischen Äquivalenz von Output und Input zweier unterschiedlicher Teilsysteme durch Tautologie folgt, daß das systemanalytische Denken mit dieser Operation die für diesen Parameter relevante soziale Umwelt konstruiert. Die logische Äquivalenz als Tautologie fungiert als eine Art Prüfoperation dafür, ob bestimmte andere soziale Systeme als Leistungsumwelt für ein soziales System in Betracht kommen oder nicht. Dabei kann die Inputumwelt des sozialen Systems dadurch konstruiert werden, daß die Bedingungen des sozialen Systems durch Begriffe gekennzeichnet werden, die als Outputs anderer Systeme in der Umwelt vorkommen. Die Outputumwelt kann dementsprechend dann dadurch konstruiert werden, daß die inhaltliche Bestimmung der Zwecke und Ziele des Systems tautologisch zu bestimmten Inputs anderer Systeme wird. Die Funktionalität und die Stabilisierung eines bestimmten sozialen System ist damit darauf angewiesen, daß sein Output auch auf einen Inputbedarf bei anderen sozialen Systemen stößt bzw. sein Inputbedarf am Outputbedarf anderer sozialer Systeme orientiert ist.

Drittens: Aus dieser Umweltbestimmung des Leistungsparameters folgt, daß sich durch seine Doppelung in Input und Output zwei Leistungsumwelten eines sozialen Systems unterscheiden und bestimmen lassen: Die Teilsysteme, die das soziale System mit Inputs versorgen und diejenigen Teilsysteme, die Outputs des sozialen Systems als Inputs abnehmen. Dabei kann festgestellt werden, daß eine hohe Überschneidung beider Umwelten zu einer höheren Abhängigkeit des sozialen Systems führt. Diese Abhängigkeit hat dann ihr Höchstmaß erreicht, wenn der Fall eintritt, daß nur ein Teilsystem das soziale System mit Inputs versorgt und gleichzeitig der Abnehmer für die Outputs dieses Systems ist. Das heißt, ein soziales System wird dann unabhängiger, wenn Output- und Inputgrenzen möglichst different und auch bis zu einem bestimmten Grade komplex sind.

Die logische Äquivalenz des Leistungsparameters zu der konjunktiven Zuordnung von Struktur und Umwelt kann demnach differenziert werden. Die erste Differenzierung liegt darin, daß der Leistungsparameter selbst in die beiden Grenzen von Input und Output differenziert wird:

Leistung <==> (Input · Output)

Zweitens kann der Leistungsparameter in seinem externalen und internalen Bezug folgendermaßen differenziert werden:

[Input <==> (Struktur · Inputumwelt)] <==> [Output <==> (Struktur · Outputumwelt)] [202]

Für die internale Bestimmung des Leistungsparameters ist nun sein Bezug zur Systemstruktur näher zu bestimmen. Dabei können sowohl Bedingungen als auch Zwecke des Systems als Kriterien fungieren, die die Struktur des sozialen Systems funktional bestimmen. Input und Output können als Funktion im Rahmen einer funktionalen Analyse der Struktur auftreten. Dementsprechend ergibt sich ein Implikationsverhältnis zwischen Struktur und Input wie auch zwischen Struktur und Output.

Struktur ==> Input
Struktur ==> Output

Geht man von einer einseitigen Konditionierung der Strukturparameter allein über den Subparameter des Inputs aus, so kann dies zu einer Konditionalprogrammierung des Handelns im System führen. Dementsprechend führt eine einseitige Konditionalisierung der Struktur über den Output zu einer Zweckprogrammierung.

"Das geschieht in der Form der *Programmierung* des Handelns, die Bedingungen der Richtigkeit des Handelns entweder an Hand von Auslösebedingungen oder an Hand von bezweckten Folgen oder an beiden Gesichtspunkten festmacht[61]. Entsprechend kann man Konditionalprogramme und Zweckprogramme unterscheiden[62]." [203]

Gleichzeitig ist jedoch festzustellen, daß eine solche Progammierung, die hier als Implikation dargestellt wurde, nicht die einzige Funktionsbeziehung des Leistungsparameters zur Struktur darstellt. Es gilt gleichsam auch die umgekehrte Implikation, d.h. die reziproke Implikation, indem die Struktur selbst auch bestimmt, welche Inputs das System aufnehmen kann bzw. welche Outputs das System überhaupt produzieren kann. Das heißt, die Konditionalprogrammierung wie auch die Zweckprogrammierung sind nur dann sinnvoll einzusetzen, wenn die Struktur des Systems noch nicht konstruiert ist. Dann kann sich Strukturbildung an seinen Leistungsgrenzen orientieren.

Die reziproke Implikation der Struktur zur Leistungsgrenze kennzeichnet die Parameter von Leistung und Struktur als logische Äquivalente: Das soziale Handeln wird nicht nur durch bestimmte Bedingungen und bestimmte Ziele strukturiert, sondern die Struktur dieser Handlung engt die Wahl der Input- und Outputbestimmungen ein. Auf diesen Aspekt soll unter dem Punkt der Kompensation des Systems noch weiter eingegangen werden.

---

202. Die logische Äquivalenz zwischen Input und Output wird weiter unten in diesem Punkt noch genauer geklärt.
203. N. LUHMANN, Soziale Systeme, S.278; vgl. auch N. LUHMANN, Zweckbegriff und Systemrationalität

Die Leistungsgrenze ist nicht die einzige Grenze, die die Strukturbildung bestimmt, sondern sie zeichnet sich als eine Grenze aus, die für Strukturbildung besonders geeignet ist. Geht man insbesondere von dem Fall aus, daß die beiden Leistungsgrenzen für die Strukturbildung herangezogen werden, so kann sich zwischen dem Input und dem Output eine Interaktion entwickeln, deren Anfang und Ende feststehen. Ein hohes Maß an Autonomie gewinnt ein soziales System, wenn seine Strukturbildung sowohl an der Inputgrenze als auch an der Outputgrenze bestimmt wird und wenn darüber hinaus diese beiden Formen der Bestimmungen alternieren können. Dies ist nicht in jedem sozialen System der Fall. So ist z.B. das Erziehungssystem im Hinblick auf den Leistungsparameter vorwiegend zweckrational strukturiert und kann nicht darauf verzichten, Erziehungsziele als konstitutive Bedingung für die Strukturbildung anzusetzen. Ein Wechsel zu einer ausschließlichen Bedingungsrationalität ist nicht möglich. Dies können nur soziale Systeme, die Zwecke abblenden können. Das Rechtssystem ist z.B. ein soziales System, in dem vorwiegend bedingungsrational gehandelt wird: Strafrechtliche Gesetze geben die Entscheidungskriterien dafür vor, wie auf Tatbestände reagiert werden soll. Soziale Systeme gewinnen an Autonomie, wenn das soziale Handeln alternierend an den beiden Leistungsgrenzen ausgerichtet werden kann. Dadurch wird ein höheres Maß an Wahlmöglichkeiten für die funktionale Bestimmung der Struktur geschaffen und bestimmte Systemziele oder Systembedingungen müssen nicht unbedingt Geltung haben, um die Kommunikation aufrecht zu erhalten. In der operationalen Konstruktion bedeutet dies, daß die funktionale Analyse, die einen Suchraum für die Bestimmung der Struktur eröffnet, sowohl vom Input (als Funktion in der funktionalen Analyse) als auch vom Output (als Funktion in der funktionalen Analyse) ausgeht.

"Autonomie heißt dann: wählen können in den Aspekten, in denen man sich auf Abhängigkeit von der Umwelt einläßt; und diese Wahlmöglichkeit wird vergrößert, wenn das System einen »Führungswechsel« von Input und Output organisieren kann, so daß es sich einmal durch Probleme und Engpässe der Inputgrenze und ein andermal durch Probleme und Engpässe der Outputgrenze bestimmen läßt."[204]

Das heißt, die logische Äquivalenz der Input- und Outputgrenze kann für die internale Bestimmung des sozialen Systems transformiert werden in eine Disjunktion der Implikation zwischen Input und Struktur einerseits und Output und Struktur andererseits:

$$(\text{Input} \Longrightarrow \text{Struktur}) \Longleftrightarrow (\text{Output} \Longrightarrow \text{Struktur})$$
wird transformiert in:
$$(\text{Input} \Longrightarrow \text{Struktur}) \lor (\text{Output} \Longrightarrow \text{Struktur})$$

Für das systemanalytische Denken bedeutet diese Transformation, daß es in der Konstruktion des sozialen Systems im Hinblick auf die Leistungsgrenze Freiheitsgrade gibt. Diese Freiheitsgrade sind erstens dadurch bestimmt, daß nicht alle Ursachen und Wirkungen des Systems als Leistungen mit aufgenommen werden müssen. Input und Output sind Selektionen an den Ursache- und Wirkungsgrenzen des Systems. Der zweite Freiheitsgrad besteht darin, daß für die Konstruktion der Struktur des sozialen

---

204. N. LUHMANN, Soziale Systeme, S.279

218 Die operationale Bestimmung des systemanalytischen Denkens

Systems in der logischen Äquivalenz der Subparameter von Input und Output letztlich die Möglichkeit besteht, die Rationalität der Struktur eher bzw. vorwiegend an einem dieser Subparameter zu orientieren. Damit wird die logische Äquivalenz nicht aufgehoben. Es wird nur gewichtet, welchen Einfluß zwei logisch äquivalente Faktoren letztlich auf die Strukturbildung nehmen sollen. Auch diese Freiheit wird durch Selektion ermöglicht: Durch die Transformation der logischen Äquivalenz in eine Disjunktion besteht nun die Möglichkeit, nur einen der beiden Subparameter für die Systemanalyse zu berücksichtigen, wobei der andere Subparameter zumindest zeitweise abgeblendet wird. Die Selektion besteht dann in der Abstraktion von einem Subparameter durch dessen Negation.

[(Input ==> Struktur)   v   (Output ==> Struktur)] =

[((Input ==> Struktur)   ·   (Output ==> Struktur)) v
(¬(Input ==> Struktur)   ·   (Output ==> Struktur)) v
((Input ==> Struktur)   ·   ¬(Output ==> Struktur))]

Die Disjunktion besagt dann auch, daß die für die aktuelle Konstruktion negierten Faktoren mit Hilfe dieser Operation auch wieder eingeführt werden können, d.h. wieder für das systemanalytische Denken relevant gemacht werden können. Dementsprechend ist die Negation keine Negation auf Dauer, sondern eine aktuelle Abblendung, die auch wieder aufgeblendet werden kann. Die Freiheit der systemanalytischen Konstruktion des Leistungsparameters liegt darin, daß die Abhängigkeit des Systems von anderen Teilsystemen selbst durch Selektion gesteuert wird. Ändern sich Bedarfslagen bzw. kann durch die gewählte Selektion kein Gleichgewicht des Systems konstruiert werden, so können dann andere Momente mit hinzugezogen werden.

Bisher ist - wie bei allen anderen Parametern des sozialen Systems - bestimmt worden, wie der internale und der externale Bezug des Leistungsparameters operational konstruiert wird. Das heißt, wie die Strukturbeziehung und die Umweltbeziehung zu denken sind. In einem letzten Schritt sollen hier noch die Subparameter in Beziehung zueinander gesetzt werden. Da der Leistungsparameter durch zwei Subparameter gekennzeichnet ist, muß geklärt werden, in welchem Verhältnis sie zueinander stehen. Dies ist insbesondere darum wichtig, weil hier zwar das Kausalschema zugrundeliegt, es aber in eine Bedingungs-Ziel-Analyse überführt wird. Das heißt, die Systembedingungen und Systemziele sind nicht die einzigen kausal wirkenden Faktoren. Zumindest können auch andere - aktuell ausgeblendete Faktoren - kausal die Beziehung zwischen Input und Output bedingen. Gleichzeitig ist mit der Überführung des Kausalschemas in eine Bedingungs-Ziel-Analyse verbunden, daß die beiden Subparameter von Input und Output nicht nur mit Hilfe der Implikation in Bezug zueinander gesetzt werden, sondern auch die reziproke Implikation diesen Bezug herstellt. Das heißt, Ursachen bewirken dann nicht nur bestimmte Wirkungen, sondern Bedingungen können auch durch die Selektion bestimmter Ziele wiederum beeinflußt werden:

[(Input ==> Output)   ·   (Output ==> Input)] =
[Input <==> Output]

Geht man nun von der Selektion bestimmter Ursachen als Bedingungen und der Selektion bestimmter Wirkungen als Ziele aus, so können - entsprechend dem oben

Dargestellten – die Implikation und die reziproke Implikation zwischen Input und Output erweitert werden. Nicht nur die selegierten Faktoren können sich kausal auswirken, sondern auch die nichtbenannten z.Zt. abgeblendeten Faktoren:

$$\text{Ursachen} \Longrightarrow \text{Output}$$
$$\text{bzw.}$$
$$\text{Wirkungen} \Longrightarrow \text{Input}$$

Da die Menge der Mittel eine Teilmenge der Menge der Ursachen darstellt, und der Input lediglich die Mittel benennt, ergibt sich folgender Zusammenhang:

$$\{\text{Mittel}\} \subseteq \{\text{Ursachen}\}$$
$$\text{und}$$
$$\{\text{Mittel}\} = \text{Input}$$

Gleiches gilt dann wiederum für die Bestimmung des Outputs:

$$\{\text{Ziel}\} \subseteq \{\text{Wirkung}\}$$
$$\text{und}$$
$$\{\text{Ziel}\} = \text{Output}$$

Daraus ergibt sich dann wiederum, daß der Input verknüpft mit den nichtselegierten Ursachen (Ursachen$_{1-a}$) zusammen den Output impliziert und umgekehrt der Output mit den nichtselegierten Wirkungen (Wirkung$_{1-b}$) zusammen den Input impliziert:

$$(\text{Input} \cdot \text{Ursachen}_{1-a}) \Longrightarrow \text{Output}$$
$$\text{bzw.}$$
$$(\text{Output} \cdot \text{Wirkungen}_{1-b}) \Longrightarrow \text{Input}$$

Die Implikation zwischen Input und Output und ihre reziproke Implikation stellen somit eine Besonderheit der Bedingungs-Ziel-Analyse im Vergleich zum Kausalschema dar. Diese Besonderheit besteht darin, daß die Vereinigung der Implikation mit der reziproken Implikation nicht zu einer eineindeutigen Aussagenkombination führt, sondern durch die Selektionen an den Grenzen immer mehrdeutig bleibt. Die Vereinigung der Implikation mit der reziproken Implikation besagt hier nur, daß beide Relata selektiv aufeinander bezogen sind: Die Selektionen an der Inputgrenze engen die Selektionen an der Outputgrenze ein et vice versa. Die Implikation hat dann nicht mehr die Funktion der Kausalität, sondern hat die Funktion, daß Input und Output wechselseitig füreinander Gesichtspunkte für Selektionen darstellen. Die Verbindung der Implikation mit der reziproken Implikation entspricht hier der Verbindung der funktionalen Analyse mit der reziproken funktionalen Analyse. Beide Relata können in der funktionalen Analyse wechselseitig als Funktionen und als funktionale Äquivalente des eröffneten Suchraums gelten.

"Das Input/Output-Modell beruht auf der Annahme, daß ein System seine Umweltbeziehungen nach dem Kausalschema differenziert, also unter dem Gesichtspunkt des Unterschiedes von Ursachen und Wirkungen voneinander trennt, sie getrennt, aber mit Beziehung aufeinander, stabilisiert und seine Systemgrenzen entsprechend spezialisiert. Das Kausalschema ist, in dieser Anwendung, kein Schema der Determination, sondern ein Schema der Freiheit. Es setzt voraus, daß ein System hinreichend stabilisiert ist und daß es in gewissem Umfang die Möglichkeit hat, Ursachen als Anlässe und Wirkungen als Zwecke seines Handelns zu wählen. Diese doppelte Wahlmöglichkeit kann, wie wir im ersten Kapitel gesehen haben[112], nur in der Weise genutzt werden, daß Ursachen und Wirkungen, also Input und Output, *wechselseitig füreinander als Gesichtspunkte der Selektion fungieren.*"[205]

Input und Output können jeweils als Funktion auftreten, die einen Suchraum für die Bestimmung des jeweils anderen Parameters vorgibt. Dies gilt dann wechselseitig für den Input wie für den Output.

Schon die Bestimmung der Verknüpfung von Input und Output zeigt, daß für dieses Bezugnahme das Kausalschema zugrunde gelegt wird, jedoch dessen Transformation in Bedingungs-Ziel-Analysen Operationen zuläßt bzw. erfordert, die dem Kausalschema so nicht subsumierbar sind. Darüber hinaus bleibt dann noch zu berücksichtigen, daß Input und Output als Subparameter der Leistung nicht nur in Beziehung aufeinander bestimmt werden, sondern daß insgesamt eine Systemfunktionalität konstruiert wird, die alle Parameter aufeinander bezieht, so daß Input und Output neben ihrer wechselseitigen Selektionsbeziehung auch Implikationbeziehungen zu anderen Parametern aufweisen. Die Implikation des systemanalytischen Denkens als funktionale Analyse bleibt durch die Vernetztheit des Systems, durch die *gleichzeitige* Geltung *aller* Parameter letztlich nur durch die multiple funktionale Analyse darstellbar. Dies ist die Kompensation des Systems, die weiter unten dargestellt wird.

2.1.4 Die Konstruktion des Interpenetrationsparameters

Die grundlegenden Operationen für die Konstruktion der Differenz und Bezugnahme zwischen psychischen und sozialen Systemen wurden bereits oben dargestellt. In dem nun folgenden Abschnitt wird die Konstruktion der Interpenetration nicht nur als eine Voraussetzung systemanalytischen Denkens angenommenen, sondern Interpenetration wird selbst zu einem eigenen Systemparameter. Dabei geht es vordringlich um die Frage, wie die Grenze der Interpenetration im systemanalytischen Denken für die Konstruktion des sozialen Systems mit aufgenommen wird. Das heißt, die allgemeine Frage nach der Interpenetration wiederholt sich für jede Systemanalyse in der Hinsicht, daß *erstens zwischen psychischen Systemen und sozialen Systemen differenziert und zweitens diese Differenzierung als ein eigener Systemparameter - der Grenze zwischen dem sozialen System und seiner psychischen Umwelt - konstruiert werden muß*. Das heißt, die Differenzierung zwischen psychischen und sozialen Systemen bildet die Voraussetzung dafür, die Systemgrenze eines bestimmten sozialen Systems zu seiner bestimmten psychischen Umwelt zu klären und als systemkonstituierend mit aufzunehmen. Demgemäß sind auch die grundlegenden Operationen zur Konstruktion dieses Systemparameters identisch mit den grundlegenden Operationen zur Konstruktion der Differenz zwischen psychischem und sozialem System. Diese Operationen waren:
1. die logische Äquivalenz als Relationierung der beiden Systeme;
2. die Implikation zwischen dem sozialen Handeln und der Konjunktion der beiden Systeme; d.h. die analytische Differenzierung des Handelns;

---

205. N. LUHMANN, Zweckbegriff und Systemrationalität, S.250

3. die reziproke Exklusion der Klassifizierung als Elemente und Strukturen und die reziproke Exklusion als Relation der umgekehrten Proportionalität;
4. die funktionale Analyse der Systemstrukturen.

Diese Operationen bilden die Voraussetzung zur Bestimmung des Systemparameters der Interpenetration. Hier nun soll im weiteren geklärt werden, welche zusätzlichen Momente neben der Differenzierung beider Systeme die Konstruktion des Systemparameters ausmachen.

Die Interpenetration kann - wie jede Intersystemgrenze - durch die logische Äquivalenz dieser Grenze mit der Struktur des sozialen Systems und der Interpenetrationsumwelt dargestellt werden:

$$\text{Intpen} <=> (\text{Struktur} \cdot \text{IntpenUmwelt})$$

Dabei ist mit der Struktur immer die Struktur des sozialen Systems gemeint: Die Struktur des sozialen Systems bildet den internalen Bezug der Grenzen. Demnach kann die Struktur - um hier einer Verwechslung mit psychischen Strukturen vorzubeugen - als die Struktur des sozialen Systems (Struktur (sozSys)) spezifiziert werden. Die für die Interpenetration relevante Systemumwelt des sozialen Systems kann demnach durch das psychische System bzw. durch psychische Systeme (psySys) gekennzeichnet werden. Die psychischen Systeme können dann weiter spezifiziert werden als bestimmte Strukturbildungen des Psychischen, so daß die Systemumwelt des sozialen Systems im Hinblick auf die Interpenetration als die Struktur des psychischen Systems (Struktur (psySys)) gekennzeichnet werden kann.

$$\text{Intpen} <=> [(\text{Struktur (sozSys)}) \cdot (\text{Struktur (psySys)})]$$

Unter den weiter oben dargestellten Operationen kann dann festgestellt werden, daß die Grenze der Interpenetration in logischer Äquivalenz zu der konjunktiven Verknüpfung zweier Relata konstruiert wird, die erstens wiederum als Strukturen zweier logisch äquivalenter Systeme auftreten, zweitens in der analytischen Differenzierung des Handelns als Implikat bestimmt werden können, drittens durch die reziproke Exklusion der Klassifizierung ihrer Elemente und Strukturen einerseits und der Relationierung als umgekehrte Proportionalität andererseits zu kennzeichnen sind, und die viertens in der funktionalen Analyse wechselseitige Strukturselektionen vollziehen. Die logische Äquivalenz zwischen der Interpenetration und der konjunktiven Verknüpfung der Strukturen des sozialen und des psychischen Systems gilt dann unter der Bedingung, daß die oben genannten Operationen vollzogen wurden. Die Interpenetration bildet dann allgemein die Grenze zwischen psychischen und sozialen Systemen.

Es ist nun zu fragen, wie diese Grenze für das systemanalytische Denken als ein Parameter des sozialen Systems spezifiziert werden kann. Die Interpenetration als wechselseitige Konstitution psychischer und sozialer Systeme kann sowohl als eine Grenzbestimmung des psychischen Systems als auch als eine Grenzbestimmung des sozialen Systems auftreten. Die grundlegende Beziehung der Interpenetration wird durch solche spezifizierenden Grenzbestimmungen zu einer Frage nach doppelter Penetration: Wird die Grenze der Interpenetration als eine Grenze des psychischen Systems behandelt, so stellt sich primär die Frage, durch welche sozialen Strukturen das psychische System konstituiert wird. Wird die Grenze der Interpenetration als eine

Grenze des sozialen Systems betrachtet, so stellt sich die Frage, welche psychischen Strukturen Kommunikation konstituieren.

"Von *Penetration* wollen wir sprechen, wenn ein System die eigene *Komplexität* (und damit: Unbestimmtheit, Kontingenz und Selektionszwang) *zum Aufbau eines anderen Systems zur Verfügung stellt*. In genau diesem Sinne setzen soziale Systeme »Leben« voraus. *Interpenetration* liegt entsprechend dann vor, wenn dieser Sachverhalt wechselseitig gegeben ist, wenn also beide Systeme sich wechselseitig dadurch ermöglichen, daß sie in das jeweils andere ihre vorkonstituierte Eigenkomplexität einbringen." [206]

Die operationale Konstruktion der Interpenetration ist damit immer zugleich auch an die wechselseitige funktionale Analyse gebunden. Das heißt, daß beide Relata füreinander in der Implikation der funktionalen Analyse die Relationsposition der Funktion einnehmen können.

Wenn nun die Interpenetration differenziert wird einerseits als eine Grenzbestimmung des sozialen Systems und andererseits als eine Grenzbestimmung des psychischen Systems, so ist damit nicht gemeint, daß der Grundgedanke der *Inter*penetration aufgegeben wird. Deshalb wird hier von einer doppelten Penetration gesprochen, die als wechselseitige Penetration letztlich die Interpenetration ausmacht. In dieser Hinsicht bildet dann auch die Konstruktion der Interpenetration als Differenzierung und Bezugnahme der beiden Systeme des Psychischen und des Sozialen die grundlegende Voraussetzung systemanalytischen Denkens. Die Unterscheidung zwischen Interpenetration und Penetration kann operational dadurch konstruiert werden, daß im Falle der Interpenetration eine wechselseitige funktionale Analyse vorgenommen wird und im Fall der Penetration eine einfache funktionale Analyse.

Die Frage nach der Interpenetration steht dann im Zentrum der Aufmerksamkeit, wenn sowohl die Konstitution sozialer als auch die Konstitution psychischer Systeme in gleicher Weise thematisiert wird. Sowohl soziale Systeme als auch psychische Systeme müssen in ihrer Gesamtheit und ihrer Identität erfaßt werden. Innerhalb dieser globalen Fragestellung kann jedoch auch entsprechend dem Erkenntnisgegenstand gewichtet werden. Richtet sich z.B. die Erkenntnis auf das gesamte psychische System, so muß nach dessen grundlegenden «Parametern» gefragt werden, wobei dann Momente wie z.B. Kognition und Emotion, Wahrnehmen, Denken und Handeln, Wissen und Problemlösen, anthropologische und psychologische Momente, Teil und Ganzes - d.h. Prozeß bzw. Struktur und Identität - aufeinander bezogen werden müssen. Zu fragen bliebe dann, wie dieses Gesamt des psychischen Systems durch seine Grenze zu sozialen Systemen mitkonstituiert wird. Der Erkenntnisgegenstand ist dann das psychische System, das in seinen psychischen Prozessen und Strukturen durch seine soziale Umwelt - durch vielfältige soziale Systeme - konstituiert wird. Anders formuliert: Es ginge dann um eine «Systemanalyse» des psychischen Systems. Dabei fragt die Systemanalyse des psychischen Systems in erster Linie nach der Penetration des sozialen Systems. Dies bedeutet nicht, daß die Penetration des psychischen Systems völlig ausgeblendet wird; sie kann für spezifische Fragestellungen, so z.B. für die Frage nach der sozialen Kompetenz des psychischen Systems in seiner Beeinflussungsmöglichkeit sozialer Prozesse eine wesentliche Rolle spielen.

---

206. N. LUHMANN, Soziale Systeme, S.290

Die formal-operationale Konstruktion: Die Systemparameter

Dieselbe Feststellung kann dann auch für die Systemanalyse sozialer Systeme getroffen werden. In erster Linie interessiert eine solche Analyse die Penetration des psychischen Systems. Das heißt, es interessiert die Frage, welche psychischen Strukturen das soziale System konstituieren können. Erst in einer weiteren Fragestellung wird auch für das soziale System die umgekehrte Penetration von grundlegender Bedeutung, so z.B. in der Frage, welche Sozialisationseffekte das soziale System auf das psychische System ausübt; d.h., wie durch bestimmte soziale Strukturen psychische Strukturen konstituiert werden.

Das systemanalytische Denken, das sich auf den Erkenntnisgegenstand des sozialen Systems bezieht, betrachtet in erster Linie den Parameter der Interpenetration als eine Penetration des psychischen Systems. Für die Konstitution des sozialen Systems ist es von vorrangigem Interesse, welche psychischen Strukturen die Kommunikation in einem sozialen System ermöglichen. Ein solches systemanalytisches Denken sieht die Interpenetration als eine Grenze des sozialen Systems, in der eine Beziehung zwischen der Struktur eines bestimmten - des zu analysierenden - sozialen Systems und den psychischen Strukturen als Umwelt dieses Systems hergestellt wird. Für die operationale Konstruktion der Interpenetration als eines Parameters des sozialen Systems ist dann festzustellen, daß die konjunktive Verknüpfung psychischer und sozialer Systeme immer unter dem Gesichtspunkt stattfindet, daß *eine* bestimmte soziale Struktur mit *mehreren* psychischen Strukturen als deren Umwelt konjunktiv verknüpft wird:

Intpen <=> [(Struktur (sozSystem)) · (Strukturen (psySysteme))]

Damit ist die Interpenetration als ein Parameter des sozialen Systems bestimmt. Die Interpenetration ist derjenige Systemparameter, der strukturelle Kompatibilität zwischen psychischen und sozialen Systemen durch Selektion ermöglicht.

»Das Interpenetrationsverhältnis selegiert dann seinerseits die Strukturen, die für die interpenetrierenden Systeme deren Selbstreproduktion ermöglichen.«[207]

Operational wird diese Beziehung durch die funktionale Analyse ermöglicht, in der wechselseitig Suchräume für funktional äquivalente und logisch äquivalente psychische bzw. soziale Strukturen eröffnet werden. Gleichzeitig ist damit bestimmt, daß die Interpenetration als Parameter des sozialen Systems nicht die Gesamtheit der je einzelnen psychischen Systeme in den Blick faßt, sondern nur deren Beziehung zu einem bestimmten sozialen System. Damit ist in erster Linie zu untersuchen, welche psychischen Strukturen das psychische System als Mitglied in diesem sozialen System aktualisiert und aufbaut, um die systemspezifische Kommunikation zu ermöglichen.

Für die funktionale Analyse der Systemstrukturen bedeutet dies, daß die Interpenetration als Parameter des sozialen Systems die Struktur des sozialen Systems in erster Linie als Funktion betrachtet, unter der funktionale und logische Äquivalente psychischer Strukturen betrachtet werden. Die soziale Struktur bildet in der funktionalen Analyse demnach das Implikat bzw. die Funktion.

Die in dieser funktionalen Analyse ermittelten psychischen Strukturen als logische und funktionale Äquivalente bilden die Gesamtheit derjenigen psychischen Strukturen,

---

207. N. LUHMANN, Soziale Systeme, S.298

die das soziale System konstituieren. Dabei kann festgestellt werden, daß verschiedene psychische Strukturen zusammenkommen müssen (logische Äquivalente) und einige psychische Strukturen durch andere ersetzbar sind (funktionale Äquivalente). Diejenigen psychischen Strukturen, die unabdingbar für die Konstitution der Kommunikation sind, beziehen sich direkt auf die notwendige Konstitution der Subparameter der sozialen Struktur. Das heißt, die Kommunikation kann sachlich, zeitlich und sozial nur dann prozessiert werden, wenn entsprechende psychische Strukturen die Konstitution des Sachlichen, Zeitlichen und Sozialen ermöglichen.

$$\text{psyStr}_{1-x} \Longrightarrow \text{sozStr}$$

Diese psychischen Strukturen bilden dann diejenigen Strukturen, die notwendig realisiert werden müssen, um die Kommunikation zu ermöglichen.

Werden soziale Strukturen nicht durch ein Mindestmaß der Konstitution durch psychische Systeme ermöglicht, so kann das soziale System insgesamt nicht realisiert werden. Dementsprechend müssen bestimmte Strukturen auch im psychischen System gebildet werden bzw. gebildet sein, um die thematische Progression, die sozialen Erwartungen und die Dauer des Systems in seinen spezifischen Zeitstrukturen zu sichern.

$$\text{psyStr}_{1-x} \Longrightarrow (\text{Sach} \cdot \text{Sozial} \cdot \text{Zeit})$$

Dies sind dann z.B. *Wissensstrukturen*, die die Thematisierung in der Kommunikation ermöglichen (Sachparameter), *Erwartungsstrukturen bzw. Handlungskompetenzen des je Einzelnen*, die die spezifische Interaktion des sozialen Systems generieren (Sozialparameter) und die *Bereitschaft, Zeit für die Kommunikation zur Verfügung zu stellen* (Zeitdimension). Schon in diesen wenigen Beispielen wird klar, daß sich die psychischen Strukturen nicht nur auf kognitive Strukturen als Operationsstrukturen beziehen. Die psychischen Strukturen, die Kommunikationen konstituieren, können sich auf jede Art des Psychischen beziehen: Wissen, Handeln, Dispositionen, Emotionen etc. In der Systemanalyse ist demnach zu fragen, welche psychischen Strukturen unabdingbar durch die Mitglieder der Interaktion aktualisiert bzw. aufgebaut werden müssen, um die jeweilige systemspezifische Kommunikation zu ermöglichen. Dies kann dann auch differenziert nach den drei Subparametern des Sozialen geschehen:

$$(\text{psyStr1}_{1-x} \Longrightarrow \text{Sach}) \cdot (\text{psyStr2}_{1-y} \Longrightarrow \text{Sozial}) \cdot (\text{psyStr3}_{1-z} \Longrightarrow \text{Zeit})$$

Da die psychischen Strukturen unabdingbar für die Konstitution der Subparameter sind, kann die Implikation in eine logische Äquivalenz überführt werden: Die psychischen Strukturen müssen mit dem entsprechenden Subparameter der Struktur zusammen Geltung haben: Das heißt, daß diese psychischen Strukturen diesen Parameter konstituieren und daß dieser Parameter diese psychischen Strukturen konstituiert.

$$(\text{psyStr1}_{1-x} \Longleftrightarrow \text{Sach}) \cdot (\text{psyStr2}_{1-y} \Longleftrightarrow \text{Sozial}) \cdot (\text{psyStr3}_{1-z} \Longleftrightarrow \text{Zeit})$$

Dies bedeutet dann auch, daß jede Veränderung in den Subparametern auch andere psychische Strukturen erfordert bzw. die Veränderung psychischer Strukturen andere inhaltliche Füllungen der Strukturparameter mit sich zieht. So kann denn auch festgestellt werden, daß z.B. erstens die thematische Progression der Kommunikation logisch äquivalent zu den sie konstituierenden Wissensstrukturen konstruiert werden muß. Zweitens muß der Parameter des Sozialen logisch äquivalent zu den Erwartungstrukturen des Psychischen konstruiert werden; unterschiedliche Füllungen dieses Strukturparameters entsprechen dann auch unterschiedlichen Erwartungsstrukturen. Drittens erfordert der Parameter der Zeit in seinen unterschiedlichen inhaltlichen Füllungen auch unterschiedliche psychische Bereitschaften, personale Zeit für die Kommunikation zur Verfügung zu stellen. Diese Bereitschaften können variieren zwischen der Bereitschaft, entsprechend den aktuellen Dispositionen Zeit für ein bestimmtes soziales System zu investieren, bis hin zu der Bereitschaft, auf Dauer und sehr intensiv für die Teilnahme an einem sozialen System motiviert zu sein. Dabei kann festgestellt werden, daß die Relation der logischen Äquivalenz zwischen dem Strukturparameter einerseits und den entsprechenden psychischen Strukturen andererseits impliziert, daß eine genaue inhaltliche Festlegung der Strukturparameter des sozialen Systems mit einer inhaltlich reduktiven Bestimmung der entsprechenden psychischen Dispositionen korreliert. Dies entspricht der Operation der reziproken Exklusion in der Relationierung von Elementen und Strukturen des Psychischen und des Sozialen. Je weniger durch die Strukturparameter als notwendige Anforderungen für die Struktur der Kommunikation festgelegt ist, desto freier können psychische Systeme in ihrer Aktualisierung psychischer Dispositionen bzw. Strukturen operieren und handeln. Das heißt, je weniger Strukturvorgaben durch das soziale System vollzogen werden, desto differenter können die psychischen Strukturen sein, die die Kommunikation ermöglichen. In der funktionalen Analyse zeigt sich dann ein hohes Maß funktional äquivalenter psychischer Strukturen. Wenn z.B. ein soziales System keine thematischen Vorgaben macht, so können sehr unterschiedliche Wissensstrukturen für die thematische Progression der Kommunikation aktualisiert werden, bzw. wenn der Sachparameter sehr genau bestimmt ist, sind nur bestimmte und wenige Wissensstrukturen für die Konstitution der thematischen Progression unabdingbar.

Geht man davon aus, daß in einer funktionalen Analyse der sozialen Strukturen ein Suchraum für logische und funktionale Äquivalente psychischer Strukturen eröffnet wird, so erweist sich die Beziehung zwischen psychischen, das Soziale konstituierenden Strukturen und den sozialen Strukturen als nicht-determiniert. Psychische Systeme können sehr unterschiedliche, im Hinblick auf die Konstitution des Sozialen funktional äquivalente Strukturen aktualisieren und aufbauen. Das heißt, es geht nicht darum, daß psychische Systeme intersubjektiv dieselben Strukturen für die Konstitution der Kommunikation zur Verfügung stellen, sondern lediglich darum, daß diese psychischen Strukturen im Hinblick auf die Konstitution der Kommunikation funktional sind. Das psychische System bildet Einstellungsstrukturen aus bzw. aktualisiert Einstellungsstrukturen, die diese notwendigen psychischen Strukturen als Teilstrukturen zu einer globalen Einstellung dem System gegenüber integrieren. Diese Einstellungen können sehr unterschiedlich sein: Sie können sowohl interindividuell als auch intraindividuell variieren. Das heißt, jeder Teilnehmer kann aus unterschiedlichen Einstellungen heraus sich an ein soziales System binden, bzw. die Bindung an ein soziales System kann auch im Laufe der Zeit durch andere Einstellungen funktional äquivalent ersetzt werden. Dementsprechend sind diese Einstellungen für die Generierung der notwendigen psychischen Strukturen und damit auch für die Konstitution der Kommunikation funktional äquivalent.

So kann z.B. die Teilnahme an einem sozialen System durch personal-soziale Einstellungen motiviert sein: Ein psychisches System bindet sich an ein soziales System, weil es mit bestimmten anderen Teilnehmern kommunizieren will. Diese Einstellung bezieht sich nicht auf das soziale System selbst, sondern ist personal motiviert und an die einzelnen Teilnehmer der Interaktion gebunden. Eine andere Einstellung kann sein, daß das psychische System sich an ein soziales System bindet, weil es sich mit dessen Zielen - d.h. dem Output des Systems - identifiziert. In einem solchen Fall aktualisiert das psychische System solche Strukturen, in denen eigene Zielsetzungen mit den Zielsetzungen des Systems übereinstimmen. Eine andere Einstellung kann darin bestehen, daß die Bereitschaft, psychische Strukturen für die Kommunikation zur Verfügung zu stellen, sich nicht direkt auf die Kommunikation selbst bezieht, sondern auf eine Vergütung, die mit der Mitgliedschaft verbunden ist: so z.B. Geld. Die Vielzahl solcher Einstellungen kann hier nicht aufgeführt werden. Sie können durch Machtinteressen und Prestigegewinn, durch Motivationen aus Zwang, durch Sachinteresse, durch personale Interessen etc. gekennzeichnet sein. Allen diesen Interessen ist gemein, daß sie Einstellungen ausdrücken, die das psychische System an das soziale System binden, und damit die für die Konstitution der gemeinsamen Kommunikation notwendigen Strukturen gewährleisten.

Soziale Systeme müssen dementsprechend auf ihre psychische Umwelt eingehen. Sie müssen Sorge dafür tragen, daß ihre Kommunikation auf Dauer gesichert wird, indem psychische Systeme sie konstituieren, und sie müssen Sorge dafür tragen, daß die unterschiedlichen Einstellungen auch Berücksichtigung im sozialen System finden. Dies können soziale Systeme dadurch machen, daß sie einmal direkt auf die notwendigen psychischen Strukturen Einfluß nehmen. Sie können dementsprechend schon Selektionen an der Inputgrenze vollziehen, indem sie bestimmen, wer Mitglied in diesem System werden kann. Die Kriterien reichen auch hier wieder von Qualifikationskriterien bis hin zu personalen Kriterien. Sie können jedoch auch durch Ausdifferenzierung des Systems Sorge dafür tragen, daß diejenigen psychischen Strukturen, die für die Kommunikation konstitutiv sind, ausgebildet werden können. Dies kann z.B. durch Weiterbildung innerhalb von Betrieben geschehen. Auf Einstellungen des psychischen Systems kann das soziale System auch dadurch reagieren, daß es seinen Mitgliedern die Möglichkeit gibt, diese Einstellungen innerhalb des Systems zu realisieren. Dies kann dadurch geschehen, daß das soziale System für seine Teilnehmer Möglichkeiten eröffnet, eigene Einstellungen in die Kommunikation einzubringen. LUHMANN spricht in diesem Zusammenhang die Funktion der «generalisierten Medien der Problemlösung« an. [208] Diese generalisierten Medien der Problemlösungen - wie z.B. Geld, legitime Macht oder personales Engagement - können von einem sozialen System institutionalisiert werden, um seine Mitglieder jenseits von spezifischen Bestimmungen des sozialen Systems an seine Kommunikation zu binden.

Die reziproke funktionale Analyse von Systemstrukturen, in der bestimmte psychische Strukturen als Funktion auftreten, für die dann logische und funktionale Äquivalente sozialer Strukturen gesucht werden, ist für solche sozialen Systeme unerläßlich,

---

208. vgl. N. LUHMANN, Zweckbegriff und Systemrationalität, S.201-211

die in der Bestimmung ihrer gesellschaftlichen Funktion oder in ihrer Bestimmung der Leistung direkten Bezug auf psychische Systeme nehmen. Im systemanalytischen Denken müssen dann entsprechend diesen Parameterbestimmungen soziale Strukturen konstruiert werden, die die Aktualisierung der gewünschten psychischen Strukturen ermöglichen. Dies ist z.B. für Erziehungssysteme oder auch für therapeutische Systeme von grundlegendem Interesse. Das heißt, daß es soziale Systeme gibt, die nicht nur über die Interpenetration Bezug auf psychische Systeme nehmen, sondern auch andere Parameter in bezug auf psychische Systeme bestimmt werden. Damit ändern sich die oben aufgeführten parameterspezifischen Umwelten nicht. Vielmehr geben Systemparameter, die in bezug auf psychische Systeme formuliert werden für den Interpenetrationsparameter grundlegende Selektionsvorgaben. Der Interpenetrationsparameter wird funktional auf die Parameter bezogen, indem diese Parameter als Funktionen einer funktionalen Analyse auftreten. Dies ist - wie das dritte Kapitel zeigen wird - bei dem sozialen System Schule in allen Parametern der Fall. Schule bearbeitet die gesellschaftliche Funktion der Qualifikation und formuliert deswegen in ihren Outputbestimmungen psychische Dispositionen, die vom sozialen System Schule als zu bewirkende Wirkungen selegiert werden. Der Interpenetrationsparameter muß demnach in unterschiedlichen Systemen auch unter unterschiedlichen funktionalen Gesichtspunkten betrachtet und einbezogen werden. Soziale Systeme haben entsprechend ihrer Systemparameterbestimmung mit unterschiedlichen Graden der Interpenetration zu rechnen, die in die Gesamtverrechnung des sozialen Systems mit eingehen müssen. Damit kann für das systemanalytische Denken der Systemparameter der Interpenetration für bestimmte Systeme zu einem grundlegenden Parameter des Systems überhaupt werden. Damit unterscheiden sich soziale Systeme letztlich nicht nur in ihrer Spezifität der Parameterbestimmungen, sondern können grundlegende Differenzen dadurch erhalten, daß bestimmte Parameter eine für das Gesamtsystem dominierende Rolle einnehmen.

2.2 Die Kompensation des sozialen Systems

Die operationale Konstruktion der Systemparameter ist der erste Schritt in einer Systemanalyse. In einem zweiten Schritt werden diese Parameter in Bezug zueinander gesetzt. Dieser *Bezug zwischen den Parametern kann durch die Operation der Kompensation* vollzogen werden. Diese Kompensation stellt diejenige Operation dar, die letztlich das System als ein einheitliches, im Gleichgewicht befindliches und auch funktionales System konstruiert. Sie ist gleichzeitig diejenige Operation, die als die abstrakteste und komplexeste Operation des systemanalytischen Denkens dargestellt werden kann. Sie ist eine Operation, die in ihren Relata - den Parametern - schon durch sehr komplexe und auch abstrakte Operationen konstruiert wird. In diesem Sinne übersteigt sie die Konstruktion der Parameter, indem sie diese Parameter wiederum als Relata einsetzt und durch Metaoperationen eine Beziehung zwischen den Parametern konstruiert. Diese Metaoperationen sind gleichwohl wiederum Operationen der 16 binären Operationen PIAGETs, wobei die Implikation als funktionale Analyse auch hier wieder eine zentrale Rolle spielt. Das heißt, die Kompensation stellt demnach nicht eine neue Operation dar, sondern sie relationiert mit den bislang aufgeführten kognitiven Operationen nun Relata, die selbst wiederum durch komplexe Operationen konstruiert werden. Die neue Qualität der Kompensation liegt somit darin, daß die bisher aufgeführten Operationen der Konstruktion der Systemparameter durch Metaoperationen, Operationen über diese Operationen, erweitert werden.

2.2.1 Die logische Äquivalenz der Systemparameter

Die Konstruktion der Systemparameter folgt einem operationalen Schema, das in jeder Parameterkonstruktion zugleich auf die Systemumwelt wie auch auf die Struktur Bezug nimmt. Für den Strukturparameter konnte diese Beziehung durch die Implikation zwischen Struktur und Umwelt dargestellt werden. Für die Intersystemparameter konnte die logische Äquivalenz zwischen dem jeweiligen Parameter und der konjunktiven Verknüpfung von Struktur und parameterspezifischer Umwelt aufgezeigt werden. Mit jedem Systemparameter wurde damit zugleich Bezug auf die für diesen Parameter spezifische Umwelt und auf die Struktur des sozialen Systems genommen. Mit einer solchen Konstruktion des sozialen Systems ist für das soziale System ein erster Gleichgewichtszustand konstruiert worden: Das Gleichgewicht zwischen der Struktur des Systems einerseits und ihrer Umwelt bzw. den anderen parameterspezifischen Umwelten andererseits. Die Ausdifferenzierung eines sozialen Systems aus seiner Umwelt kann operational so konstruiert werden, daß die Kriterien für die Grenze zur Umwelt mit den Kriterien für die Strukturbildung übereinstimmen. Für die Funktionsbestimmung waren diese Kriterien durch gesellschaftliche Problemaspekte gegeben, für die Leistungsbestimmung durch die Kriterien von Output und Input, für die Interpenetration durch die Kriterien der Selektion bestimmter psychischer Strukturen als kommunikationskonstituierend, und für die Struktur ergeben sich diese Kriterien durch eine Bestimmung der Subparameter der Zeit, der Sache und des Sozialen als Sinnschemata einerseits und als Kriterien der Strukturbildung andererseits. Dieses System-Umwelt-Gleichgewicht ist jedoch noch nicht ausreichend, um ein System auch internal im Gleichgewicht zu halten. Das heißt, das Gleichgewicht zur Umwelt muß durch ein internales Gleichgewicht ergänzt werden, damit das soziale System als ein einheitliches und auch als ein funktionales konstruiert werden kann. Dieses internale Gleichgewicht kann nur dann hergestellt werden, wenn die Systemparameter selbst wiederum in Bezug zueinander gestellt werden.

Die Notwendigkeit einer Zuordnung der Systemparameter zueinander wird auch von LUHMANN selbst gefordert. Dies wird auch im folgenden Zitat deutlich: Die Isolierung eines Systemparameters bzw. die alleinige Betrachtung nur eines Systemparameters für die Konstruktion eines sozialen Systems führt zu Verzerrungen bzw. zu einer «unwahrscheinlichen Strukturierung des Systems»[209]. Dies macht LUHMANN am Beispiel des Leistungsparameters deutlich.

> "Ein zu unwahrscheinlich strukturiertes System, das sich ganz mit der Transformation von Input in Output zu identifizieren sucht, bekommt es mit den Folgeproblemen der eigenen Steigerungsreduktionen zu tun." [210]

Für das systemanalytische Denken bedeutet dies, daß *alle Systemparameter in die Konstruktion des sozialen Systems mit einbezogen werden müssen*. Das bedeutet ope-

---

209. vgl. das folgende LUHMANN-Zitat
210. N. LUHMANN, Soziale Systeme, S.282

rational, daß diese Parameter durch die logische Äquivalenz miteinander verbunden werden müssen:

$$\text{Stru} <=> \text{Ftn} <=> \text{Leistg} <=> \text{Intpen}$$

Das internale Gleichgewicht des sozialen Systems ist demnach nur dann zu konstituieren, wenn alle Systemparameter in die Konstruktion des Systems mit eingehen. Letztlich können - auch wenn nur bestimmte Aspekte des jeweiligen Systems interessieren - für das Gesamtsystem nur dann inhaltliche, systemadäquate Bestimmungen vorgenommen werden, wenn alle seine Parameter berücksichtigt werden. Die logische Äquivalenz der Systemparameter besagt dann, daß alle Parameter zugleich gelten bzw. zugleich nicht gelten und daß alle Parameter in der Form der funktionalen Analyse und der reziproken funktionalen Analyse miteinander verknüpft sind. Dies führt zu der Einsicht, daß z.b. das Schulsystem nicht nur durch die alleinige inhaltliche Bestimmung von Zielen des Unterrichts bzw. deren Mittel konstruiert werden kann. Schule ist als ein soziales System eben nicht nur durch seine Leistungsparameter zu kennzeichnen: Die Isolierung des Leistungsparameters muß im Rahmen der vorliegenden Konzeption zu defizitären Modellen der Schule führen, in denen dann auch der erzieherische Prozeß in seiner systemischen Gesamtheit unterbestimmt bleibt. Auch Schule muß durch Reflexionen über das gesamte System konstruiert werden. Das heißt auch, daß Teilaspekte der Schule nur dann adäquat behandelt werden können, wenn eine Systemanalyse den Hintergrund für diese Betrachtung bildet. Einzelne Parameter, wie z.B. die Leistung oder die Interpenetration, können zwar von vorrangigem Interesse sein, doch müßte nach der Bestimmung dieser Parameter letztlich eine Abgleichung mit allen übrigen Parametern in der noch darzustellenden Kompensation stattfinden. Erst dann kann festgestellt werden, welche Bedeutung die jeweiligen Untersuchungen, z.B. zu Bildungsfragen oder zu gesellschaftlichen Funktionen der Schule, für das gesamte System Schule haben.

Die Parameter bilden demnach notwendige «Variablen», deren inhaltliche Füllungen das gesamte System konstituieren. Dabei kann von keiner Variable abgesehen werden, denn sie bilden als logische Äquivalenz einen Zusammenhang, der die Negation durch Abstraktion nicht zuläßt. Die logische Äquivalenz der Parameter fordert für die Konstruktion des sozialen Systems, daß alle Parameter berücksichtigt werden, so daß eine Implikation zwischen dem sozialen System und der konjunktiven Zuordnung der Parameter vollzogen werden kann:

$$\text{sozSys} => (\text{Stru} \cdot \text{Ftn} \cdot \text{Leistg} \cdot \text{Intpen})$$

Diese Implikation stellt dann wieder eine analytische Differenzierung dar, wobei formuliert werden kann, daß mit dem «Gegenstand» des sozialen Systems immer schon seine verschiedenen Umweltbeziehung und Grenzen gedacht werden; d.h., die Parameter müssen als Konstituentien des sozialen Systems immer schon als Momente des sozialen Systems mitgedacht werden.

Im Sinne DÖRNERs kann formuliert werden, daß die Parameter die Variablen des sozialen Systems bilden.

230 Die operationale Bestimmung des systemanalytischen Denkens

"Was ist ein System? Im einfachsten Fall ist ein System ein Geflecht von miteinander verknüpften Variablen." [211]

DÖRNER konstruiert sowohl diese Variablen als auch das Gesamtsystem: Das Gesamtsystem wird bei DÖRNER nicht über die System-Umwelt-Beziehung konstruiert. Gleichwohl können hier entsprechend DÖRNERs Überlegungen zum systemanalytischen Denken einige grundsätzliche Feststellungen übernommen werden. Diese Konstitution durch verschiedene Variablen impliziert, daß Systeme nicht nur unter einem Aspekt bzw. unter einer Variable konstituiert werden können, sondern daß die wechselseitige Abhängigkeit der Variablen mitberücksichtigt werden muß. Dies betrifft dann insbesondere die Zusammensetzung der logischen Äquivalenz aus der Implikation und der reziproken Implikation als funktionale und reziproke funktionale Analyse. Beide funktionalen Analysen verweisen auf Abhängigkeitsbeziehungen, die in Systemen - entsprechend der logischen Äquivalenz - wechselseitig sind.

"Man hat viele Merkmale zugleich zu beachten, wenn man den Situationen in Lohhausen oder in Tanaland oder in Tschernobyl gerecht werden will. Und man muß nicht nur die Einzelmerkmale beachten und sie in geeigneter Weise behandeln, sondern man muß zusätzlich berücksichtigen, daß die verschiedenen Variablen des Systems nicht unabhängig voneinander existieren, sondern sich wechselseitig beeinflussen." [212]

Diese wechselseitige Abhängigkeit von unterschiedlichen Merkmalen bezeichnet DÖRNER als Vernetztheit:

"Ein Eingriff, der einen Teil des Systems betrifft oder betreffen soll, wirkt immer auch auf viele andere Teile des Systems. Dies wird «Vernetztheit» genannt, Vernetztheit bedeutet, daß die Beeinflussung einer Variablen nicht isoliert bleibt, sondern Neben- und Fernwirkungen hat." [213]

Demgemäß kann hier formuliert werden, daß das soziale System sich durch die Vernetztheit seiner Systemparameter auszeichnet. Dies impliziert für das systemanalytische Denken, daß *alle Parameter für die Bestimmung des Systems und auch für die Behandlung eines Teilproblems des Systems mitberücksichtigt werden müssen und in Bezug zueinander gesetzt werden müssen.* Zweitens impliziert diese Annahme, daß *diese Parameter in wechselseitiger Abhängigkeit zueinander stehen.* Diese wechselseitige Abhängigkeit soll nun im folgenden durch die Operation der multiplen funktionalen Analyse als der Kompensation des sozialen Systems dargestellt werden. Der hier vorliegende Ansatz geht zwar davon aus, daß sich zwischen den Variablen Kausalitätsbeziehungen aufbauen, doch erweist sich das Kausalschema hier durch die funktionale Analyse erweitert, so daß die Kausalität und Rationalität des sozialen Systems durch seine Funktionalität konstruiert wird. DÖRNER geht in seiner Darstellung des systemanalytischen Denkens von sehr unterschiedlichen Systemen aus: So z.B. dem System eines Kernkraftwerks mit seinen Kausalprozessen wie auch dem System einer Stadt, die am Computer simuliert wird und in ihren Variablen durch komplexe Kau-

---

211. D. DÖRNER, Von der Logik des Mißlingens, S.109
212. D. DÖRNER, Von der Logik des Mißlingens, S.60
213. D. DÖRNER, Von der Logik des Mißlingens, S.61

salitätsstrukturen gekennzeichnet wird. DÖRNER unterscheidet demnach prinzipiell nicht zwischen sozialen Systemen und deren «Kausalität» einerseits und technischen oder mechanischen Systemen andererseits. Im Rahmen von LUHMANNs Terminologie könnte auch formuliert werden: DÖRNER unterscheidet in der Systemanalyse nicht zwischen mechanischen Systemen einerseits und selbstreferentiellen Sinnsystemen andererseits. Dabei kann DÖRNER dann feststellen, daß alle Systeme durch Kausalität gekennzeichnet sind:

"Ein System ist eine Menge von Variablen, die durch ein Netzwerk von kausalen Abhängigkeiten miteinander verbunden sind." [214]

Diese «kausalen» Abhängigkeiten zwischen den Variablen werden in der vorliegenden Arbeit im Hinblick auf das soziale System spezifischer bestimmt. Erstens ist das soziale System ein selbstreferentielles System, das nicht von außen programmiert wird, sondern im Hinblick auf eigene Strukturen und Prozesse prozessiert. Die operationale Konstruktion dieses Aspektes wird dadurch dargestellt, daß jeder Systemparameter immer auch mit der Struktur in Bezug gesetzt wird, indem die Struktur entweder als Implizierendes einer Implikation bzw. als Suchraum für funktionale Äquivalente zur Umwelt oder in logischer Äquivalenz zur Umwelt, jedoch niemals als Implikat der Umwelt bzw. als Funktion zur Umwelt konstruiert wird. Zweitens wird das soziale System dadurch rational konstruiert, daß es nicht durch kausalgesetzliche Zusammenhänge konstruiert wird, sondern im Hinblick auf Funktionszusammenhänge. Operational wurde dies durch die funktionale Analyse aufgezeigt. Soziale Systeme können nicht durch «Naturgesetze» konstruiert werden. Ihre Kausalität liegt vielmehr in der Funktionalität. Die Funktionalität entscheidet über die Selektionen von Ereignissen und Momenten des Systems und nicht eine Naturkausalität. Diese Differenz wird auch in der funktionalen Analyse deutlich. Sie eröffnet letztlich Horizonte von möglichen Lösungen und Ereignissen, doch legt sie das System nicht auf ein bestimmtes Ereignis fest. Das heißt, die Systemanalyse führt letztlich nicht zu einer eineindeutigen Bestimmung eines bestimmten sozialen Systems, sondern bildet den Hintergrund für rationale Selektionen.

2.2.2 Die multiple funktionale Analyse als Kompensation des sozialen Systems

Untersuchungen zur Operation der Kompensation, wie sie z.B. von PIAGET und auch von SCHRÖDER [215] gemacht wurden, beziehen sich in aller Regel auf quantifizierbare Kompensationen. Das heißt, Kompensationen können durch mathematische Verrechnungen vollzogen werden. Dabei kann die Kompensation als eine Operation dargestellt werden, die einen Gegenstand als identisch auffaßt, auch wenn sich dieser Gegenstand in der Wahrnehmung verändert. Die Kompensation besteht dann darin, die veränderte Wahrnehmung des Gegenstandes nicht mit einer Veränderung des Gegenstandes selbst gleichzusetzen, sondern Momente am Gegenstand zu identifizieren, die durch Reziprozität gekennzeichnet sind. Das heißt dann, daß die reziproken Momente so aufeinander bezogen werden können, daß eine quantitative Vergrößerung des einen Moments mit einer quantitativen Verkleinerung des anderen Moments ein-

---

214. D. DÖRNER, Von der Logik des Mißlingens, S.109
215. E. SCHRÖDER, Vom konkreten zum formalen Denken

232 Die operationale Bestimmung des systemanalytischen Denkens

hergeht, so daß der Gegenstand selbst identisch bleibt. Die untersuchten Gegenstände sind z.B. das Volumen oder das Gewicht eines Gegenstandes, die durch reziproke Verrechnungen erhalten werden können. Diese Art von quantifizierbarer Kompensation kann für das soziale System nicht durchgeführt werden. Seine Parameter sind nicht durch Variablen gekennzeichnet, die quantifizierbar sind, sondern die Parameter sind durch qualitative Bestimmungen gekennzeichnet. *Kompensationen, die sich auf das soziale System beziehen, können nur in einer qualitativen Abstimmung reziprok relationierter Parameter konstruiert werden.*

Die Kompensation des sozialen Systems ist demnach nicht eine mathematische Verrechnung quantifizierbarer Momente des sozialen Systems. Die Kompensation des sozialen Systems ist eine qualitative Kompensation. Das soziale System wird dadurch kompensiert, daß seine Parameter in qualitativer Weise so miteinander abgestimmt sind, daß das soziale System sich erhalten kann und funktionieren kann, d.h., unter funktionalen Kriterien kommunizieren kann. Demnach ist die zu erhaltende Einheit nicht eine konkret wahrnehmbare und verrechenbare Einheit, sondern sie ist ein Konstrukt, das sein Gleichgewicht dadurch herstellt, daß es external seine System-Umwelt-Beziehungen klärt und internal die logische Äquivalenz seiner Parameter berücksichtigt. Die Kompensation bezieht sich damit auf einen Gegenstand, in dem durch einen qualitativen Ausgleich Gleichgewichtsbeziehungen hergestellt werden können. Die Kompensation des sozialen Systems erweist sich dadurch als eine Kompensation des Gleichgewichtszustandes des sozialen Systems.

Dieses Gleichgewicht kann dadurch hergestellt werden, daß System und Umwelt (Konstruktion der Parameter) und die Parameter selbst im einem qualitativen Gleichgewicht zueinander stehen. Das heißt für die Beziehung zwischen den Parametern, daß sie einerseits als vernetzte Parameter wechselseitig aufeinander bezogen sind und daß sie andererseits in ihren inhaltlichen Füllungen aufeinander bezogen sind. Jeder Parameter muß demnach für jeden anderen Parameter ein Kriterium für die Selektion seiner inhaltlichen Füllung vorgeben. Operational gesprochen bedeutet dies: Jeder Parameter muß zu jedem anderen Parameter in der Beziehung der funktionalen Analyse stehen.

Dabei kann die logische Äquivalenz der Parameter als eine Zusammensetzung der Implikation und der reziproken Implikation zerlegt werden:

$$[Str <=> Ftn <=> Leistg <=> Intpen] =$$
$$[(Str => Ftn) \cdot (Ftn => Str) \cdot$$
$$(Str => Leistg) \cdot (Leistg => Str) \cdot$$
$$(Str => Intpen) \cdot (Intpen => Str) \cdot$$
$$(Ftn => Leistg) \cdot (Leistg => Ftn) \cdot$$
$$(Ftn => Intpen) \cdot (Ftn => Intpen) \cdot$$
$$(Leistg => Intpen) \cdot (Intpen => Leistg)]$$

Aus der logischen Äquivalenz der vier Systemparameter ergeben sich insgesamt zwölf bzw. sechs funktionale Analysen und ihre reziproken funktionale Analysen. Diese funktionalen Analysen können dann noch durch die Subparameter der Struktur und der Leistung erweitert werden, die jeweils untereinander wiederum in der Beziehung der logischen Äquivalenz stehen:

Sach <=> Zeit <=> Sozial
und
Input <=> Output

Jeder dieser Subparameter kann dann wiederum ebenfalls mit jedem anderen Parameter und auch Subparameter des sozialen Systems in die Beziehung der funktionalen Analyse und der reziproken funktionalen Analyse treten. Dabei ergeben sich dann folgende funktionale Analysen:

Abb. 3: Die Operation der Kompensation des sozialen Systems

[Sach ‹•› Sozial ‹•› Zeit ‹•› Ftn ‹•› Input ‹•› Output ‹•› Intpen] =

(Sach •› Sozial) • (Sozial •› Sach) •
(Sach •› Zeit) • (Zeit •› Sach) •
(Sach •› Ftn) • (Ftn •› Sach) •
(Sach •› Input) • (Input •› Sach) •
(Sach •› Output) • (Output •› Sach) •
(Sach •› Intpen) • (Output •› Intpen) •

(Sozial •› Zeit) • (Zeit •› Sozial) •
(Sozial •› Ftn) • (Ftn •› Zeit) •
(Sozial •› Input) • (Input •› Sozial) •
(Sozial •› Output) • (Output •› Sozial) •
(Sozial •› Intpen) • (Intpen •› Sozial) •

(Zeit •› Ftn) • (Ftn •› Zeit) •
(Zeit •› Input) • (Input •› Zeit) •
(Zeit •› Output) • (Output •› Zeit) •
(Zeit •› Intpen) • (Intpen •› Zeit) •

(Ftn •› Input) • (Input •› Ftn) •
(Ftn •› Output) • (Output •› Ftn) •
(Ftn •› Intpen) • (Ftn •› Intpen) •

(Input •› Output) • (Output •› Input) •
(Input •› Intpen) • (Intpen •› Input) •

(Output •› Intpen) • (Intpen •› Output)

Die Reziprozität der systemischen Kompensation besteht dann darin, daß jede funktionale Analyse gleichzeitig auch ihre reziproke funktionale Analyse fordert, so daß letztlich jeder Parameter mit jedem anderen Parameter durch die funktionale Analyse und ihre reziproken Operationen verbunden ist. Das Gleichgewicht des Systems ist demnach dadurch vollzogen, daß jeder Parameter mit jedem anderen Parameter in doppelter Weise miteinander vernetzt ist: durch die funktionale Analyse und ihre reziproke Operation. Das heißt auch, daß das internale Gleichgewicht in seiner Vernetzung das Gleichgewicht mit der Umwelt mitimpliziert. Die Systemparameter selbst konstituieren sich aufgrund des Gleichgewichts mit der Umwelt: Sie stellen eine Gleichgewichtsbeziehung zwischen der parameterspezifischen Systemumwelt und der

Struktur her. Diese Gleichgewichtsbeziehung wird dadurch in ein Metagleichgewicht gebracht, das die Systemparameter selbst wiederum so miteinander in Bezug setzt, daß jeder Parameter mit jedem anderen durch die Operation der funktionalen Analyse und gleichzeitig der reziproken funktionalen Analyse verbunden ist. Damit sind nicht nur Umwelt und Struktur operational aufeinander bezogen, sondern alle Systemparameter, so daß in die inhaltlichen Bestimmung der einzelnen Systemparameter aufgrund des konstruierten internalen Gleichgewichts auch andere Systemparameter selektiv einwirken. Diese Einwirkung erfolgt durch eine qualitative Kompensation, indem jeder Parameter für jeden anderen Parameter Selektionskriterien der inhaltlichen Füllung vorgibt.

In einem zweiten Schritt geht es dann um die inhaltliche Füllung dieser Parameter und ihren Bezug zueinander. Die Erfassung der Parameter ist bereits mit der inhaltlichen Füllung der Parameter verbunden. Die gesellschaftliche Funktion ist dann durch gesellschaftliche Problemaspekte oder durch einen gesellschaftlichen Problemaspekt gefüllt. Die Leistung ist durch die Benennung von Input- und Output-«Gegenständen», d.h., durch die Benennung derjenigen Momente, die zwischen Teilsystemen der Gesellschaft ausgetauscht werden und innerhalb eines Systems als Mittel und als Ziele auftreten, inhaltlich bestimmt. Die Struktur ist inhaltlich durch die Parameter der Sache als der Benennung von systemspezifischen Themen, des Sozialen in der Benennung von systemspezifischen Erwartungsstrukturen als Positionen, Rollen und Handlungsanschlüssen und in der Zeit durch die Benennung von systemspezifischen Zeiterfordernissen festgelegt. Und als letztes ist die Interpenetration als Parameter des Systems dadurch bestimmt, daß sie diejenigen psychischen Strukturen erfaßt, durch die die Konstitution der Kommunikation ermöglicht wird.

Die qualitative Kompensation des Systems vollzieht sich dann dadurch, daß die Systemparameter wechselseitig auf ihre inhaltlichen Füllungen Einfluß haben. Dabei wird ein Parameter in seiner inhaltlichen Füllung als Funktion der funktionalen Analyse eingesetzt, und indem er die inhaltlichen Füllungen eines anderen Parameters selegiert und den Suchraum für funktionale Äquivalente eröffnet. Das heißt, daß die funktionale Analyse hier eine Operation darstellt, die die Vielzahl der bei der Erfassung eines Parameters möglichen Merkmale dadurch reduziert, indem sie von einigen Merkmalen abstrahiert, die entsprechend der funktionalen Analyse durch andere Parameter nicht selegiert werden können. Die funktionale Analyse selegiert dann diejenigen Merkmale eines Parameters, die gleichzeitig funktional auf einen anderen Parameter bezogen sind.

Damit reduziert die funktionale Analyse die Vielzahl der möglichen Merkmale eines Parameters auf diejenigen, die gleichzeitig auf einen anderen Parameter funktional bezogen sind. Mit anderen Worten: Die Merkmale eines Parameters A werden als Funktion innerhalb der funktionalen Analyse für die Eröffnung des Suchraums von Merkmalen eines anderen Parameters B eingesetzt, indem diejenigen Merkmale von B selegiert werden, die auf die Funktion A funktional bezogen werden können. Diese Form der funktionalen Analyse muß dann entsprechend der oben aufgeführten Menge an systemeigenen funktionalen Analysen für jede funktionale Analyse und ihre reziproke Operation als wechselseitige funktionale Analyse durchgeführt werden. Damit wird jeder Parameter für jeden anderen Parameter zu einem Selektionskriterium, so daß die Parameter qualitativ miteinander abgestimmt werden können und das Gesamt dieses Abstimmungsprozesses als die Kompensation des sozialen Systems gelten kann.

Die formal-operationale Konstruktion: Kompensation des sozialen Systems 235

Für den Prozeß der multiplen funktionalen Analyse können dann folgende weitere Gesichtspunkte geltend gemacht werden:

Erstens: Die Selektion bestimmter Merkmale aus einer Parameterbestimmung im Hinblick auf die Funktion eines anderen Parameters kann nur solche Merkmale negieren, die funktionale Äquivalenzen der jeweiligen Parameterbestimmung sind. Logisch äquivalente Merkmale müssen mit aufgenommen werden, bzw. können dann in der Gesamtheit ihrer logischen Äquivalenzen negiert werden, wenn zu diesen logischen Äquivalenzen wiederum eine funktionale Äquivalenz besteht.

Zweitens: Die multiple funktionale Analyse engt durch ihre Selektionen den Horizont der inhaltlichen Füllung eines Parameters immer weiter ein. Die multiple funktionale Analyse eröffnet damit nicht weitere Suchräume, sondern reduziert eröffnete Suchräume, indem sie alle Parameter mit einbezieht. Der eröffnete Suchraum reduziert sich dadurch, daß nur solche funktionalen Äquivalenzen selegiert werden, die auf alle Parameter funktional bezogen werden können. Dies bedeutet allerdings nicht, daß damit der Parameter letztendlich nur durch ein Merkmal bestimmt ist. Es können immer mehrere funktional äquivalente Merkmale auch nach einer vollständigen multiplen funktionalen Analyse zurückbleiben, so daß nicht davon ausgegangen werden kann, das die multiple funktionale Analyse letztlich das System eineindeutig bestimmt.

Drittens: Jede Parameterbestimmung kann den Anfangspunkt einer multiplen funktionalen Analyse bilden. Zwei Gesichtspunkte können dabei Einfluß auf eine bestimmte Reihenfolge nehmen: *Erstens sollte nach Möglichkeit so begonnen werden, daß die Funktion der ersten funktionalen Analyse durch wenige Merkmale bestimmt ist.* Ist der Merkmalskomplex der Funktion einer funktionalen Analyse zu groß, so kann er kaum mehr als Selektionskriterium fungieren. Diese Feststellung legt nahe, daß die systemische Kompensation mit dem Parameter der gesellschaftlichen Funktion beginnt. *Zweitens ist der Anfangspunkt der systemischen Kompensation auch durch das Interesse, das die Systemanalyse verfolgt, geleitet.* Wie bereits im vorherigen Kapitel angesprochen wurde, kann sich die Systemanalyse auf unterschiedliche Erkenntnisinteressen beziehen. Im folgenden sollen nun einige solcher unterschiedlicher Erkenntnisinteressen kurz dargestellt werden.

Die Systemanalyse kann sich darauf beziehen, daß ein noch nicht vorhandenes System ganz neu konstruiert werden soll. Dann ist zu fragen, welche Motive diese Neukonstruktion verfolgt. Sie können z.B. darin liegen, daß neue Problemaspekte in einer Gesellschaft gesehen werden, die durch die Ausdifferenzierung neuer Systeme bzw. eines neuen Systems behandelt werden sollen. Ein solcher Ansatz richtet sich in erster Linie auf die gesellschaftliche Funktion des Systems. Dies können z.B. heute Problemaspekte der Ökologie sein, oder für den Bildungsbereich können solche Problemaspekte darin gesehen werden, daß immer mehr Berufe nicht nur durch qualifizierte Schulabschlüsse, Hochschulabschlüsse oder Abschlüsse durch eine Lehre ausgeübt werden können, sondern immer mehr Lernzeit auch zu der Ausübung der Berufe durch Weiterbildung, Umschulung und Fortbildungen eingeräumt werden muß. Es stellt sich dann das gesellschaftliche Dauerproblem, diese Qualifikationen durch entsprechende soziale Systeme auch zu sichern. Man kann beobachten, daß durch eine Vielzahl von sehr unterschiedlichen Bildungseinrichtungen dieses gesellschaftliche

Problem bearbeitet wird. Gleichzeitig verstärkt sich jedoch auch der Unmut darüber, daß diese Qualifikationsfunktion nicht erfüllt wird, da die jeweiligen Bildungseinrichtungen nicht die entsprechenden Leistungen für andere gesellschaftliche Subsysteme erbringen. Zu fragen wäre demnach, wie dieses Dauerproblem so behandelt werden kann, daß die Behandlung in Übereinstimmung mit den Leistungserwartungen der Umwelt steht.

Eine andere Fragestellung richtet sich darauf, daß Systeme sich zunächst einmal aufgrund ihrer Input- und Output-Beziehungen konstituieren. Das heißt, es sind Systeme, die in erster Linie deshalb konstruiert werden, weil sie bestimmte Leistungen für andere Systeme erbringen sollen, die so von keinem anderen System erbracht werden. Dies geschieht z.B. im wirtschaftlichen Bereich, wenn nach «Marktlücken» in der Gesellschaft gesucht wird. Es geschieht jedoch auch in Erziehungssystemen, wenn Mittel-Ziel-Beziehungen zum erstrangigen Interesse werden. BREZINKA zeigt in seiner Metatheorie [216] eine solche Konzentration auf den Leistungsparameter.

"Personen und psychische Phänomene sowie Sozialgebilde und andere soziale Phänomene werden in der Erziehungswissenschaft nur in einer bestimmten Hinsicht untersucht: soweit sie auf Erziehungsziele und auf Mittel zur Erreichung solcher Ziele sowie auf Voraussetzungen und Wirkungen von Erziehung bezogen sind."[217]

Die Konzentration auf einen Systemparameter kann berechtigtes Motiv einer Untersuchung sein, zumal in einer Untersuchung kaum *alle* Aspekte einer vollständigen Systemanalyse mit gleicher Intensität behandelt werden können. Dies wäre eine hochkomplexe Aufgabe. Gleichwohl bleibt hier zu fordern, daß die Isolierung eines Systemparameters für die Darstellung eines Systems nicht ausreicht und daß zumindest bewußt sein muß, daß andere Parameter nicht mitbehandelt wurden bzw. einige wenige zentrale Merkmale dieser Parameter in Bezug zu dem vorrangig betrachteten Parameter gesetzt werden müssen. Das heißt, andere Systemparameter müssen in der oben aufgezeigten, systematischen Weise mit diesem Parameter qualitativ verrechnet werden.

Ein weiteres Anliegen systemanalytischen Denkens kann darin bestehen, soziale Systeme zu konstruieren, die die Aktualisierung auch sehr individueller psychischer Strukturen ermöglichen. Das heißt, eine solche Systemanalyse geht nicht von einem bestimmten sozialen System aus und fragt dann nach den für Kommunikation konstitutiven psychischen Strukturen. Sie geht vielmehr vom psychischen System aus, und fragt, wie individuelle, aktuelle psychische Dispositionen ein soziales System konstituieren können. Solche Systeme müssen mit einer hohen Komplexität und Kontingenz psychischer Systeme rechnen, und müssen dementsprechend eigene Strukturbildung möglichst gering halten. Jedes soziale System, das in seinen gesellschaftlichen Funktionen und Leistungen darauf angelegt ist, psychische Dispositionen zu verändern, muß mit seiner Strukturbildung auf personale Kontingenzen reagieren können. Das heißt, die Strukturierung der Interaktion ist für solche Systeme in vorrangigem Maße an der Interpenetration ausgerichtet. Dies kann in sehr unterschiedlicher Weise geschehen. Im dritten Kapitel dieser Arbeit sollen diese Parameterbezüge im Hinblick auf die Schule spezifiziert werden. Insgesamt kann jedoch festgestellt werden, daß die

---

216. W. BREZINKA, Metatheorie der Erziehung
217. W. BREZINKA, Metatheorie der Erziehung, S.55

Die formal-operationale Konstruktion: Kompensation des sozialen Systems

Konzentration der Systemkonstitution an der Interpenetrationsgrenze mit gewichtigen Folgeproblemen zu rechnen hat. Soll ein soziales System konstruiert werden, das seinen Teilnehmern ein hohes Maß an Individualität zugesteht, so ist die Strukturbildung des Systems selbst auch in die Hände der einzelnen Teilnehmer gelegt. Dies ist z.b. in einem sehr hohen Maße in unserem heutigen Familiensystem der Fall. Die Familie hat in unserer heutigen Gesellschaft vorrangig die Funktion, Intimität einerseits und Erziehung andererseits zu ermöglichen. [218] Eine solche Funktionsbestimmung impliziert ein geringes Maß an Strukturvorgaben für die Familie. Dies impliziert wiederum, daß die Familienmitglieder selbst eine für ihr gemeinsames Handeln funktionale Struktur aufbauen können und müssen, die sich in erster Linie an den Personen, die in diesem System handeln, orientiert. Dies verlangt von den Mitgliedern - insbesondere von den Eltern - anspruchsvolle Fähigkeiten, soziale Interaktionen zu strukturieren und auch flexibel verändern zu können. Die wachsenden Probleme in der Familientherapie zeigen, daß dies hohe Ansprüche an den Einzelnen stellt. Häufig wird erfahren, daß die Interaktionsstrukturen in der Familie entsprechend ihrer Parameterbestimmung der Funktion und auch der Interpenetration - und auch im Hinblick auf ihre erzieherische Funktion bei der Parameterbestimmung der Leistung - dysfunktional sind. Dabei werden z.T. Erwartungsstrukturen aufgebaut, die in der Kommunikation des Familiensystems kaum erfüllbar sind [219] bzw. es werden dysfunktionale Interaktionsmuster aufgebaut, die nicht mehr flexibel verändert werden können. Das führt zu einer Abnahme der Ausrichtung der Struktur an aktuellen Problemlagen der einzelnen Familienmitglieder. Ähnliche Probleme zeigen sich in anderen sozialen Systemen, die sehr nahe an den Kontingenzen der aktuellen und individuellen Strukturen des psychischen Systems orientiert sind: so z.B. bei Freundschaftsbeziehungen und Liebesbeziehungen. Für alle solche sozialen Systeme stellt die Ausrichtung an den Personen für die Teilnehmer nicht nur ein hohes Maß an Freiheit dar, sondern fordert von ihren Mitgliedern systemanalytische Kompetenzen, damit sie selbständig funktionale Interaktionssysteme konstruieren können.

Ein weiteres Anliegen, das auch im dritten Kapitel dieser Arbeit aufgegriffen wird, kann darin bestehen, daß ein bereits bestehendes soziales System rekonstruiert wird und ein neues Moment an dieses System herangetragen wird. Dies wird im folgenden Kapitel in der Form geschehen, daß das systemanalytische Denken als eine Aufgabe der Schule formuliert werden soll. Hier geht es dann nicht darum, ein System vollständig zu rekonstruieren bzw. zu konstruieren, sondern es wird danach gefragt, welche Parameterbestimmungen von diesem neuen Aspekt betroffen werden und ob dieser neue Aspekt zu den Parametern bzw. zu einzelnen Parametern des sozialen Systems einen funktionalen Bezug herstellt.

Diese verschiedenen Anliegen für die Konstruktion sozialer Systeme zeigen, daß unterschiedliche Parameter in unterschiedlicher Gewichtung analysiert werden können und daß das jeweilige Anliegen auch über den Ausgangspunkt des systemanalytischen Denkens bestimmt.

---

218. vgl. Kapitel 3 *Systemanalytische Reflexionen über das Schulsystem: Schule als soziales System*
219. vgl hierzu H.-G. VESTER, Die Organisation der Familie und die Thematisierung des Selbst, S.144ff.

3. KAPITEL:

SYSTEMANALYTISCHE REFLEXIONEN ÜBER DAS SCHULSYSTEM: SCHULE ALS SOZIALES SYSTEM

1. Teil:

Schule als soziales System: Ein schultheoretischer Ansatz

Der nun folgende Teil ist in zwei Unterabschnitte aufgeteilt: Zunächst werden in Punkt 1 einige methodische Vorüberlegungen für die Systemanalyse der Schule angestellt. Anschließend werden in Punkt 2 einige schultheoretische Ansätze vorgestellt, um den in der Systemanalyse der Schule vorgestellten systemtheoretischen Ansatz einerseits von bestehenden Schultheorien abzugrenzen und andererseits aufzuzeigen, daß der systemtheoretische Ansatz Ziele verfolgt, die in ähnlicher Weise auch von anderen Schultheorien verfolgt werden.

1. Einige methodische Vorüberlegungen zur Systemanalyse der Schule

In diesem dritten Kapitel soll das *systemanalytische Denken auf das soziale System Schule angewendet werden*. Dies bedeutet, daß Schule vom systemanalytischen Denken als ein soziales System konstruiert wird. Eine solche Systemanalyse der Schule kann *den Weg dafür öffnen, eine systemtheoretische Schultheorie zu konzipieren*. Die Untersuchungen im ersten Kapitel und im zweiten Kapitel dieser Arbeit geben die systemanalytischen Implikationen einer solchen Schultheorie vor.

Schule kann dann als ein soziales System konstruiert werden, wenn das Denken des Schultheoretikers systemanalytisch verfährt, das heißt, daß Schule mit Hilfe der Operationen des systemanalytischen Denkens konstruiert wird. Dies impliziert, daß die Systemparameter der gesellschaftlichen Funktion, der Leistung, der Struktur und der Interpenetration für das soziale System Schule inhaltlich gefüllt und mit Hilfe der multiplen funktionalen Analyse aufeinander bezogen werden müssen. *Für eine systemtheoretische Schultheorie ist das systemanalytische Denken eine wissenschaftliche Methodik*, die auf die spezifischen Gegebenheiten der Schule angewendet wird.

Ziel einer solchen Methodik ist es, erstens Schule möglichst vollständig, d.h. in allen sie konstituierenden Parametern, und nicht nur unter spezifischen Einzelproblemen, wie z.B. dem der Chancengleichheit, der gesellschaftlichen Bezüge oder fachspezifischer Didaktiken, zu betrachten. Das systemanalytische Denken nimmt für sich in Anspruch, alle zentralen Aspekte der Schule in der Konstruktion des sozialen Systems Schule integrieren zu können. Damit ist das erste Ziel eines solchen Ansatzes dadurch bestimmbar, *daß eine systemanalytische Methodik einen holistischen Zugriff auf Schule ermöglichen will*. Zweitens hat der systemanalytische Ansatz das Ziel, *Schule funktional zu konstruieren*. Es geht nicht darum, möglichst viele Einzelaspekte der Schule summarisch zusammenzutragen, sondern es soll ein funktionales System konstruiert werden, dessen Konstruktion durch Rationalitätskriterien geleitet ist und in dessen Konstruktion Einzelaspekte in funktionalem Bezug zueinander gestellt werden.

240 Schule als soziales System

Unter diesem Gesichtspunkt erkennt das systemanalytische Denken nur solche Merkmale als schulspezifische und schul-notwendige Merkmale an, die unter der «Beweisführung» der multiplen funktionalen Analyse auch funktional aufeinander bezogen werden können. Schule kann nicht durch jedwede Struktur oder irgendeinen Output beschrieben werden, sondern kann nur solche systemspezifischen Parameterfüllungen annehmen, die sich im Rahmen einer Systemanalyse als funktional erweisen.

In diesem dritten Kapitel soll eine solche holistische und funktionale Systemanalyse der Schule vorgestellt werden.

Einer solchen Systemanalyse sind jedoch im Rahmen der vorliegenden Arbeit Grenzen gesetzt. Sie kann zwar alle Parameter in die Analyse mit einbeziehen, es ist jedoch nicht möglich, alle inhaltlichen Füllungen dieser Parameter aufzuführen und in ihrem funktionalen Bezug zu allen anderen Parameterfüllungen darzustellen. Dies würde bedeuten, daß alle schulspezifischen Einzelaspekte, so z.B. die Lernziele der einzelnen Unterrichtsfächer, die möglichen sozialen Strukturen des Unterrichts (Diskussion, Lehrervortrag, Schülerreferat, Gruppenarbeit etc.), die Lerninhalte, die Notengebung etc. mit einbezogen werden müssen. Dies ist aufgrund der Vielfalt der möglichen Einzelaspekte und auch aufgrund fächerspezifischer Unterschiede im Rahmen der vorliegenden Untersuchung nicht zu bewältigen. Es ist aber auch prinzipiell eine nur von Fall zu Fall systemanalytisch zu lösende Aufgabe. Aus diesem Grunde soll die folgende Systemanalyse des Schulsystems paradigmatisch auf eine bestimmte inhaltliche Füllung reduziert werden. Die Reduktion erfolgt dadurch, daß *der Output ausschließlich durch das Ziel der Vermittlung des systemanalytischen Denkens inhaltlich gefüllt wird.*

Die Wahl des systemanalytischen Denkens zum beispielhaften Inhalt kann die diesbezüglichen Untersuchungen in dieser Arbeit nutzen, statt einen solchen Inhalt erst entwickeln zu müssen. Zu diesem methodischen Vorteil kommt der sachliche, daß sich das systemanalytische Denken nicht nur als Methode der Analyse des Schulsystems, sondern auch als ein wichtiger zu vermittelnder Inhalt erweist.

Das systemanalytische Denken ist damit auf zwei verschiedenen Theorieebenen in die Systemanalyse einbezogen: *Erstens fungiert das systemanalytische Denken als wissenschaftliche Methodik einer Schultheorie und zweitens wird das systemanalytische Denken zu einer inhaltlichen Füllung eines Systemparameters, indem es als ein Lernziel formuliert wird.* Damit wird der Outputparameter, der prinzipiell inhaltlich durch alle dem Schulsystem möglichen Lernziele gefüllt werden kann, ausschließlich am Beispiel des Lernziels «systemanalytisches Denken» beschrieben. Die Systemanalyse des Schulsystems wird demnach exemplarisch an dem Lernziel «systemanalytisches Denken» vollzogen.

Eine solche inhaltliche Reduktion der Systemanalyse auf ein bestimmtes Lernziel wirkt sich unterschiedlich reduktiv auf die inhaltliche Füllung der einzelnen Systemparameter und ihre multiple funktionale Analyse aus. Dies bedeutet, daß die Systemparameter in ihrem wechselseitigen funktionalen Bezug von einer solchen Lernzielbestimmung in unterschiedlicher Weise betroffen sind. Die folgenden Punkte sollen die Grundstruktur der schulischen Systemanalyse aufzeigen und auf die Auswirkungen der inhaltlichen Reduktion auf das Lernziel «systemanalytisches Denken» für die Systemanalyse verweisen.

Erstens: Auch wenn das systemanalytische Denken in der Systemanalyse der Schule als ein Lernziel auftritt, bedeutet dies nicht, daß eine Didaktik des systemanalytischen Denkens vorgelegt wird. Didaktische und systemanalytische Theorien sind zwei verschiedene Formen theoretischer Reflexion über Schule. Die Systemanalyse der Schule versucht alle Systemparameter in die Verrechnung des Schulsystems mit einzubeziehen, wobei das Lernziel «systemanalytisches Denken» lediglich eine Reduktion der inhaltlichen Füllung der Parameter erlaubt. Im Rahmen einer Systemanalyse der Schule ist jedoch nicht erlaubt, einen Systemparameter außer acht zu lassen. Mit anderen Worten: *Die Systemanalyse muß als eine wissenschaftliche Methodik vollständig durchgeführt werden; das heißt, es müssen alle Systemparameter inhaltlich gefüllt werden und durch die multiple funktionle Analyse verrechnet werden.* Die inhaltliche Füllung selbst kann dabei unvollständig bleiben; das heißt, es müssen nicht sämtliche kritischen und typischen Merkmale der Schule mit einbezogen werden. Die inhaltliche Reduktion der schulischen Systemanalyse auf das Lernziel «systemanalytisches Denken» reduziert durch die multiple funktionale Analyse aller Systemparameter auch die inhaltliche Füllung der anderen Parameter.

Die Vollständigkeit in der Methodik kennzeichnet den methodischen Zugriff auf Schule. *Demgegenüber sind didaktische Analysen in erster Linie auf den funktionalen Bezug zwischen der Struktur, dem Output und den Interpenetrationen, die im Output intendiert sind, bezogen.* Die didaktische Analyse untersucht, wie Kommunikationsstrukturen in sachlicher, zeitlicher und sozialer Hinsicht beschaffen sein müssen, wenn sie eine bestimmtes Lernziel verfolgen. Die didaktische Analyse ist eine zweckrationale Bestimmung der Unterrichtsstruktur, in der bestimmte Lernziele über die Penetration des psychischen Systems des Schülers durch soziale Strukturen erzielt werden sollen. Erst in zweiter Linie beziehen didaktische Analysen andere Gesichtspunkte, die auf die inhaltlichen Füllungen der anderen Parameter bezogen sind, mit ein.

Die Differenz zwischen einer didaktischen Analyse und der Systemanalyse besteht darin, daß die didaktische Analyse eine Zweck-Mittel-Beziehung aufstellt und somit *zweckrational* verfährt. Die Systemanalyse ist dagegen auf alle Parameter des sozialen Systems bezogen und verfährt dadurch *systemrational*. Die inhaltiche Reduktion auf das Lernziel «systemanalytisches Denken» impliziert demnach keine didaktische Analyse, sondern versucht eine schultheoretisch orientierte Systemanalyse der Schule unter einer spezifischen inhaltlichen Reduktion zu vollziehen.

Zweitens: Die Systemanalyse der Schule ist eine holistische und funktionale Methodik. Ihr Ziel ist es nicht, zu Einzelaspekten der Schule neue Erkenntnisse und neue Theorien zu gewinnen. In der Systemanalyse sollen verschiedene systemspezifische Merkmale der Schule zusammentragen und funktional aufeinander bezogen werden. Damit erhält das systemanalytische Denken als eine wissenschaftliche Methodik zwei Funktionen: Dies ist erstens eine *Ordnungsfunktion*, die die Komplexität der unterschiedlichen und vielfältigen Aspekte der Schule strukturiert und in ihrem funktionalen systemischen Zusammenhang aufzeigt. Zweitens kann die Methodik der Systemanalyse eine *Selektionsfunktion* übernehmen, indem in der Systemanalyse durch die multiple funktionale Analyse festgestellt wird, welche inhaltlichen Merkmale für ein System spezifisch sind. Der Erkenntniswert einer Systemanalyse besteht nicht darin, einzelne neue Thesen zur Schule aufzustellen, sondern er bezieht sich auf die Ordnungs- und

242 Schule als soziales System

Selektionsfunktion der Analyse: *In ihr soll das Gesamt der Schule durch die inhaltliche Füllung der Parameter strukturiert (Ordnungsfunktion) und auf seine Systemfunktionalität hin untersucht werden (Selektionsfunktion).* Erst nachdem eine solche Systemanalyse durchgeführt worden ist, können durch die Ergebnisse dieser Analyse Handlungsanweisungen und Entscheidungskriterien für die erzieherische Praxis gegeben werden. Dies soll in der vorliegenden Arbeit nicht geschehen. Die vorgelegte Systemanalyse kann lediglich Ordnungs- und Selektionsfunktionen wahrnehmen. Sie wird nicht mit dem zweiten Schritt einer Auswertung der Ergebnisse für die Praxis verbunden. Dies bleibt einer weiteren Untersuchung vorbehalten.

Drittens: Wird das Lernziel «systemanalytisches Denken» im Rahmen einer Systemanalyse untersucht, so ist zu fragen, inwieweit sich dieses Lernziel als ein systemspezifisches und funktionales Lernziel des Schulsystems erweist.* Es ist zu untersuchen, ob das Lernziel «systemanalytisches Denken» im funktionalen Bezug zu den inhaltlichen Füllungen der anderen Systemparameter steht. In der multiplen funktionalen Analyse des Schulsystems[1] wird aufgezeigt, daß dieses Lernziel zu allen Parametern in funktionaler Beziehung steht. Damit kann festgestellt werden, daß dieses Lernziel funktional auf das Schulsystem bezogen werden kann und daß die Vermittlung einer solchen sozial-kognitiven Fähigkeit dem Schulsystem gemäß ist. Daraus kann für die schulische Praxis die Forderung erhoben werden, daß das systemanalytische Denken in der Schule vermittelt werden soll. Eine solche Forderung bleibt dann wieder praxisbezogenen Untersuchungen überlassen. *In der Systemanalyse kann lediglich festgestellt werden, daß das Lernziel «systemanalytisches Denken» funktional auf das Gesamtsystem Schule bezogen werden kann.*

Viertens: Eine Systemanalyse der Schule weist im Vergleich zu Systemanalysen anderer Funktionssysteme der Gesellschaft *Besonderheiten* auf. *Diese Besonderheiten führen zu einer für die Schule spezifischen Form der Systemanalyse.*

Die erste Besonderheit besteht darin, daß in der Systemanalyse der Schule der Interpenetrationsparameter unter zwei Hinsichten betrachtet werden muß. Diese erste Besonderheit soll nun erörtert werden.

Die Interpenetration ist die wechselseitige Konstitution sozialer und psychischer Systeme. Damit wird im Interpenetrationsparameter die Problematik des Lernens "verortet": Der Schüler lernt durch das soziale System Schule, indem durch soziale Strukturen die psychischen Strukturen des Schülers penetriert werden. Schule ist ein soziales System, das das Lernen institutionalisiert. Sie ist damit ein soziales System, das in besonderer Weise den Interpenetrationsparameter in die Systemanalyse mit einbezieht. Das soziale System Schule muß als ein sozialer Funktionszusammenhang konstruiert werden, der das Lernen des Schülers in besonderer Weise berücksichtigt. Das heißt, daß in der funktionalen Analyse der Schule solche Systemstrukturen ermittelt werden müssen, die in ihrem funktionalen Bezug zur gesellschaftlichen Funktion und zur Leistung zugleich in besonderer Weise auf die Interpenetration bezogen sind: *Das Schulsystem muß in seiner Funktionalität Lernen ermöglichen.* Das Schulsystem ist damit in besonderer Weise auf das psychische System des Schülers bezogen. Diese Besonderheit führt zu einer Spezifik der schulischen Systemanalyse, die sie mit

---

1. vgl. Kapitel 3, Teil 3 *Die multiple funktionale Analyse des Schulsystems*

anderen Funktionssystemen der Gesellschaft, die Lernen nicht institutionalisiert haben und damit in anderer Form den Interpenetrationsparameter verrechnen, nicht teilt.

Die Spezifik besteht darin, daß in der schulischen Systemanalyse inhaltliche Füllungen des Interpenetrationsparameters mit der inhaltlichen Füllung des Outputparameters identisch sind. Im Schulsystem werden bestimmte psychische Strukturen des Schülers intendiert. Die Beziehung zwischen Output und Interpenetration ist damit in besonderer Weise - nämlich durch partielle Identität - gekennzeichnet. Dies gilt nicht für Funktionssysteme, die ihren Output unabhängig von personalen Beeinflussungen formulieren, so z.B. in Produktionsbetrieben (Wirtschaftssystem) oder in der Forschung der Universitäten (Wissenschaftssystem).

Schule institutionalisiert Lernen; dies bedeutet für die Systemanalyse, daß zumindest ein Teil der Interpenetrationen des Schulsystems als intendierte Interpenetrationen, als Output, auftreten. Dies ist die eine Hinsicht, unter der die Systemanalyse der Schule die Interpenetration betrachten muß.

Die zweite Hinsicht ergibt sich daraus, daß der Schüler nicht nur lernt, was er lernen soll, sondern er lernt auch allein schon dadurch, daß er Mitglied der Schule ist. Er lernt somit nicht nur das, was in den einzelnen Fächern ausdrücklich und intendiert vermittelt wird, sondern er lernt auch Fächerunspezifisches und Nicht-Intendiertes, indem er Erfahrungen mit der schulspezifischen Interaktion macht. So lernt er z.B., daß er bestimmte Regeln einhalten muß, daß er einer unter vielen ist etc.[2] Die Resultate dieses Lernens werden jedoch nicht als Lernziele formuliert.

Das Lernen durch die Schulstruktur, die Penetration des psychischen Systems durch das soziale System, ist immer durch das intendierte und das nicht-intendierte Lernen gekennzeichnet.

Die Systemanalyse der Schule muß diese zwei Hinsichten des Lernens in die multiple funktionale Analyse des Schulsystems aufnehmen. *Dies bedeutet, daß der Interpenetrationsparameter unter zwei Hinsichten betrachtet werden muß: Erstens als die intendierten Interpenetrationen, die zugleich auch den Output inhaltlich bestimmen, und zweitens als nicht-intendierte Interpenetrationen, die durch die Mitgliedschaft Lernen ermöglichen.*

Dieser Doppelung des Interpenetrationsparameters, die sich nur in sozialen Systemen, die auf indentierte Interpenetrationen aus sind, ergibt, will die folgende Systemanalyse durch die *Differenz von Sozialisation und Erziehung* gerecht werden. Aus diesem Grunde beginnt die Systemanalyse mit einer systemanalytischen Unterscheidung zwischen dem Begriff der Erziehung und dem Begriff der Sozialisation. *Diese Unterscheidung teilt den Interpenetrationsparameter in intendierte und nicht-intendierte Interpenetrationen.* Für die multiple funktionale Analyse des Schulsystems bedeutet dies, daß die Verrechnung des Schulsystems von den intendierten Interpenetrationen, d.h. von der Erziehung, ausgehen muß. Gleichzeitig muß sie auch die nichtintendierte Interpenetration, die Sozialisation, mit einbeziehen. Dies geschieht in der Bestimmung des Strukturparameters. In der multiplen funktionalen Analyse des Strukturparameters kann danach gefragt werden, welche Lernmöglichkeiten, d.h. welche Interpenetrationen, die Struktur für das psychische System insgesamt eröffnet. *Dies bedeutet, daß auch der Strukturparameter der Schule aufgrund der Zweiteilung*

---

2. vgl. Kapitel 3, Teil 3, Punkt 2.2 *Das Lernen des systemanalytischen Denkens aus und in der Schulstruktur - Die funktionale Analyse von Struktur und Interpenetration*

des *Interpenetrationsparameters* unter zwei Gesichtspunkten betrachtet werden muß: *erstens* unter dem Gesichtspunkt, wie der funktionale Bezug zwischen der Struktur und dem Output als der intendierten, erzieherischen Beeinflussung und *zweitens* unter dem Gesichtspunkt, wie der funktionale Bezug zwischen der Struktur und der nicht-intendierten, sozialisatorischen Beeinflussung hergestellt werden kann.

Aus systemanalytischer Sicht muß die Vermittlung des systemanalytischen Denkens in ihrer zweifachen Interpenetration betrachtet werden. Dies wird im dritten Teil dieses Kapitels berücksichtigt, indem die Funktionalität des Lernziels «systemanalytisches Denken» für das Schulsystem auch daran gemessen wird, ob die durch die Sozialisation des Schulsystems eröffneten Lernmöglichkeiten im funktionalen Bezug zu diesem Lernziel als dem intendierten Output stehen. Diese Untersuchung wird zeigen, daß beide Interpenetrationen funktional aufeinander bezogen werden können. Die weiteren Untersuchungen werden zeigen, daß die sozialisatorische Beeinflussung durch die Schulstruktur Penetrationen ermöglicht, die zu der konkret-operationalen Konstruktion von Interaktionsgefügen führen. Die erzieherische Beeinflussung kann darüber hinaus das systemanalytische Denken als eine Konstruktion sozialer Systeme vermitteln.

Die zweite Besonderheit der Systemanalyse der Schule besteht drin, daß die multiple funktionale Analyse des Schulsystems von der gesellschaftlichen Funktion des Schulsystems ausgehen muß. Das Schulsystem kann nur dann als eine systemfunktionale Einheit konstruiert werden, wenn *die gesellschaftliche Funktion als erster Parameter inhaltlich gefüllt wird und damit grundlegende Selektionskriterien für alle anderen Parameterfüllungen vorgibt.* Diese *Dominanz des Funktionsparameters* über die anderen Systemparameter wird in der Darstellung der gesellschaftlichen Funktion geklärt und begründet. Diese Begründung wird durch die Herleitung der gesellschaftlichen Funktion des Schulsystems gegeben. Sie zeichnet sich dadurch als eine besondere Herleitung aus, daß Schule sich nicht - wie viele andere Funktionssysteme der Gesellschaft - von anderen Teilsystemen durch die Ausbildung von Kommunikationsmedien ausdifferenziert, sondern ausschließlich durch ihre gesellschaftliche Funktion. Dieser Zusammenhang wird im zweiten Teil dieses Kapitels geklärt werden.

Fünftens: Die Systemanalyse des Schulsystems versucht die im vorherigen Punkt vier aufgeführten Besonderheiten in die multiple funktionale Analyse der Systemparameter mit einzubeziehen. Dadurch ergibt sich eine Systemanalyse, die durch drei Kriterien gelenkt ist: Erstens müssen die zwei Hinsichten der Interpenetration als die erzieherische und die sozialisatorische Beeinflussung berücksichtigt werden, zweitens muß von der gesellschaftlichen Funktion der Schule als dem dominanten Systemparameter ausgegangen werden, und drittens sind die Parameter der Schule inhaltlich unterschiedlich stark von der inhaltlichen Reduktion auf das Lernziel «systemanalytisches Denken» betroffen. Aus diesen drei Kriterien ergibt sich die folgende *Abfolge der Systemanalyse* der Schule:

In einem ersten Schritt wird *die gesellschaftliche Funktion der Schule geklärt.* Diese Klärung beginnt mit der systemanalytischen Differenzierung von Sozialisation und Erziehung. Für die Funktionsbestimmung der Schule ist die Differenzierung zwischen Sozialisation und Erziehung grundlegend. Im Verlauf der Funktionsbestimmung der Schule erweist sich Erziehung als die gesellschaftliche Funktion aller Erziehungssysteme wogegen Sozialisation keine gesellschaftliche Funktion weder des Erziehungssystems im allgemeinen noch des Schulsystems im besonderen ist. Die Funktionsbestimmung der Schule wird aus der allgemeinen Herleitung gesellschaftlicher Dauerprobleme entwickelt und so spezifiziert, daß Schule als ein autonomes Teilsystem der Gesellschaft allen anderen, auch anderen erzieherischen Teilsystemen gegenüber funktional ausdifferenziert werden kann. *Die Spezifität der gesellschaftlichen Funktion des Schulsystems liegt darin, daß sie durch eine schulspezifische Hierarchiestruktur von erzieherischen Funktionen beschrieben werden kann und daß Schule mit keinen anderen Funktionssystem der Gesellschaft funktional kooperiert.* Dies wird im zweiten Teil geklärt und erörtert.

Die Dominanz des Funktionsparameters wird nicht nur in seiner inhaltlichen Herleitung deutlich, sondern zeigt sich auch darin, daß die inhaltliche Füllung des Funktionsparameters noch von keiner inhaltlichen Füllung anderer Parameter beeinflußt wird: Die gesellschaftliche Funktion der Schule gibt Selektionsvorgaben für die inhaltliche Füllung anderer Systemparameter vor; sie wird jedoch nicht umgekehrt von Selektionsvorgaben anderer Parameterinhalte beeinflußt.

Für die Systemanalyse bedeutet dies, daß das Lernziel «systemanalytisches Denken» als ein Output des Schulsystems keine Selektionskriterien für die inhaltliche Füllung der gesellschaftlichen Funktion der Schule vorgibt. Damit wird die gesellschaftliche Funktion auch inhaltlich vollständig, d.h. unabhängig von der inhaltlichen Reduktion auf das Lernziel «systemanalytisches Denken», bestimmt.

Sind die Begriffe der Sozialisation und Erziehung geklärt und ist die gesellschaftliche Funktion der Schule als eine spezifische Form der Erziehung bestimmt, so sind die Voraussetzungen für die *muliple funktionale Analyse des Schulsystems* gegeben. Sie wird im dritten Teil des Kapitels durchgeführt. *Die muliple funktionale Analyse wird unter dem Gesichtspunkt des Lernziels «systemanalytisches Denken» durchgeführt*, indem nach einer inhaltlich vollständigen Klärung der gesellschaftlichen Funktion die weiteren Systemparameter ausschließlich im funktionalen Bezug zu diesem Lernziel inhaltlich bestimmt werden.

Die multiple funktionale Analyse versucht aufzuzeigen, daß das Lernziel «systemanalytisches Denken» funktional auf das Gesamtsystem bezogen werden kann. Dieser Nachweis erfolgt in zwei Schritten:

1. Dieses Lernziel wird im Rahmen der multiplen funktionalen Analyse zwischen der *gesellschaftlichen Funktion*, so wie sie im zweiten Teil des Kapitels bestimmt wurde, und dem *Input*, dem *Output* und der *Interpenetration*, soweit sie den Output definiert, als funktional bestimmt. Ist dieser multiple funktionale Bezug des Lernziels «systemanalytisches Denken» aufgewiesen, so hat dieser Teil der multiplen funktionalen Analyse folgendes gezeigt: Erstens zeigt er auf, wie im Schulsystem prinzipiell eine Verrechnung zwischen der gesellschaftlichen Funktion, der Leistung und der Interpenetration, so weit sie den Output definiert, vollzogen werden kann. Zweitens stellt er das Lernziel «systemanalytisches Denken» als ein für das Schulsystem funktionales und spezifisches dar. Dieses Ziel kann unter der Bearbeitung der gesellschaftlichen Funktion der Schule als ein funktionales Schulziel betrachtet werden. Das Ziel kann den Output bestimmen, der durch die intendierten Interpenetrationen inhaltlich gefüllt wird, der im funktionalen Bezug zur schulspezifischen Outputumwelt steht und der im funktionalen Bezug zum Inputparameter steht.

2. Der zweite Teil der multiplen funktionalen Analyse bezieht den *Strukturparameter* ein. Dabei werden in einem ersten Schritt die Subparameter der Struktur inhaltlich bestimmt und auf die Parameter der gesellschaftlichen Funktion, der Leistung, der Interpenetration als intendierte Interpenetration und der drei Subparameter untereinander bezogen. Damit weist die Struktur der Schule nun inhaltliche Füllungen auf, die das soziale System Schule als ein funktionales System kennzeichnen.

In einem zweiten Schritt werden die durch die multiple funktionale Analyse des Schulsystems ermittelten *inhaltlichen Bestimmungen des Strukturparameters unter dem Gesichtspunkt analysiert, welche sozialen und erzieherischen Lernmöglichkeiten sie eröffnen*. Dies wird wiederum unter der inhaltlichen Reduktion der Vermittlung des systemanalytischen Denkens betrachtet. Der Strukturparameter wird im Hinblick auf die Vermittlung des systemanalytischen Denkens sowohl in seinen intendierten als auch in seinen nicht-intendierten Interpenetrationen funktional analysiert. Dabei zeigt sich, daß sowohl die sozialisatorische als auch die erzieherische Beeinflussung Lernmöglichkeiten für das systemanalytische Denken bieten. Damit sind auch Sozialisation und Erziehung als zwei Formen der Interpenetration im Schulsystem funktional aufeinander bezogen.

Die Darstellung der Systemanalyse der Schule verfolgt demnach *zwei thematische Perspektiven*: die Sozialisation und die Erziehung.

Die *Erziehung* wird für das Schulsystem als dessen gesellschaftliche Funktion spezifiziert und stellt damit den *dominanten Systemparameter dar, unter dem die multiple funktionale Analyse vollzogen wird*. Diese multiple funktionale Analyse zeigt die grundlegenden funktionalen Bezüge der Systemparameter in der schulischen Systemanalyse auf, und zwar bei inhaltlicher Reduktion auf die Vermittlung des systemanalytischen Denkens.

Die zweite thematische Perspektive wird erst wieder in der Darstellung des Strukturparameters aufgenommen. *Die sozialisatorische Beeinflussung der Schule wird als die nicht-intendierte Interpenetration des psychischen Systems durch die soziale Struktur in die funktionale Analyse des Schulsystems integriert*. Sozialisation und Erziehung werden als zwei Formen der Interpenetration, des Lernens durch soziale Strukturen, am Beispiel der Vermittlung des systemanalytischen Denkens funktional aufeinander bezogen. Auch hier kann *auf grundlegende Zusammenhänge der schulischen Systemanalyse verwiesen werden: Jede Systemanalyse der Schule muß von der Differenz zwischen Sozialisation und Erziehung ausgehen, diese Differenz in die funktionale Beziehung zwischen Struktur und Interpenetration integrieren und kann Schule nur dann funktional konstruieren, wenn diese beiden Formen der Interpenetration funktional aufeinander bezogen sind.*

Bevor nun im zweiten Teil des Kapitels die Differenz zwischen Sozialisation und Erziehung und die gesellschaftliche Funktion der Schule geklärt werden, soll in einem weiteren Unterabschnitt auf schultheoretische Reflexionen verwiesen werden, die Schule zum Teil in ähnlicher Weise wie die hier vorgelegte Systemanalyse holistisch und zum Teil auch systemtheoretisch beschreiben. Diese Darstellung versucht einerseits zu zeigen, daß die Systemanalyse an grundlegende schultheoretische Problemaspekte anknüpft und versucht andererseits darzustellen, daß die Systemanalyse der Schule mit keiner der aufgeführten schultheoretischen Untersuchungen identisch ist. Die Systemanalyse grenzt sich damit von anderen holistischen Theoremen ab.

2. Einige schultheoretische Ansätze

Die Systemanalyse der Schule eröffnet die Möglichkeit, eine systemtheoretische Schultheorie zu entwickeln. Eine solche Schultheorie kann durch drei grundlegende Merkmale gekennzeichnet werden: *Erstens geht sie von einer systemtheoretischen Gesellschaftstheorie aus, zweitens ist sie durch einen holistischen Ansatz gekennzeichnet und drittens wird in einer systemtheoretischen Schultheorie das soziale System Schule unter dem Gesichtspunkt seiner Funktionalität konstruiert.*

Im folgenden sollen nun einige schultheoretische Ansätze dargestellt werden, die einerseits zumindest eines dieser drei Kriterien für ihre Theoriekonstruktion aufgreifen, von denen sich der systemanalytische Ansatz andererseits jedoch in grundlegender Weise abgrenzt.

Eine erste grundlegende Differenz zwischen dem systemanalytischen Ansatz und anderen schultheoretischen Ansätzen liegt darin, daß keine der im folgenden aufgeführten Schultheorien alle drei Kriterien berücksichtigt und daß keiner dieser Ansätze die Funktionalität der Schule als ein Konstruktionskriterium in ihre Theoriekonstruktion aufnimmt.

Die Äquivalenzen zwischen der Systemanalyse der Schule und anderen schultheoretischen Ansätzen sind damit auf zwei Aspekte beschränkt: erstens darauf, daß Schultheorien von nicht-schulspezifischen Theorien wie z.B. Gesellschaftstheorien, Kommunikationstheorien, politischen Theorien, psychologischen Theorien etc. ausgehen und diese auf Schule anwenden und zweitens darauf, daß Schule unter einem holistischen Ansatz betrachtet wird.

Für beide Aspekte werden nun Schultheorien benannt und vom systemanalytischen Ansatz abgegrenzt.

Viele Schultheorien gehen von einer nicht-schulspezifischen Theorie aus und versuchen diese Theorie auf Schule anzuwenden. Auch der systemanalytische Ansatz geht von einer nicht-schulspezifischen Theorie, einer Gesellschaftstheorie, aus und versucht die Theorie funktional differenzierter sozialer Systeme auf Schule anzuwenden. Schule wird als ein Teilsystem der Gesellschaft konstruiert.

Der grundlegende Unterschied zwischen der systemanalytischen Schultheorie und anderen Schultheorien besteht darin, daß der systemanalytische Ansatz das soziale System Schule unter dem Gesichtspunkt der Funktionalität beschreibt, während die Anwendung anderer nicht-schulspezifischer Theorien auf die Schule in aller Regel zu einer Schulkritik führt. Dies bedeutet, daß solche schultheoretischen Konzepte häufig auf eine Veränderung der Schule bedacht sind. Diese Veränderungsintentionen werden am radikalsten durch die Forderung vertreten, daß die Schule abgeschafft werden soll. Dieser Standpunkt wird z.B. von FREIRE [3], REIMER [4], ILLICH [5] und NYSSEN [6] vertreten, die insbesondere durch politische und gesellschaftskritische Überlegungen eine solche radikale Schulkritik vornehmen. Andere schultheoretische Ansätze sind weniger radikal und äußern ihre Schulkritik in Rahmen von Reformvorschlägen. Sie kritisieren Schule im Rahmen des jeweiligen theoretischen Hintergrundes als verbes-

---

3. P. FREIRE, Pädagogik der Unterdrückten
4. E. REIMER, Schafft die Schule ab!
5. J. ILLICH, Deschooling society
6. F. NYSSEN, Schulkritik als Kapitalismuskritik

serungswürdig. Auch hier zeigen sich politische und gesellschaftskritische Modelle wie auch psychoanalytische Modelle als grundlegende Theoreme, aus deren Blickwinkel Schule kritisiert wird, und Schule reformiert werden soll. Dies zeigt sich z.b. in den folgenden schultheoretischen Konzeptionen: in der politischen Pädagogik von GRAMM [7], in zahlreichen schultheoretischen Konzeptionen, die Schule im Rahmen eines Kommunikationsideals reformieren wollen, das in gesellschaftskritischer Einstellung der Konzeption des herrschaftsfreien Diskurses von HABERMAS [8] entnommen ist, in schultheoretischen Ansätzen, die auch in gesellschaftskritischer Einstellung nach einer humaneren Schule suchen, wie dies z.b. von HENTIG [9] verfolgt wird, oder auch in psychoanalytischen schultheoretischen Ansätzen, wie sie z.b. von FATKE [10] und FÜRSTENAU [11] vertreten werden. [12] Sowohl die radikale Schulkritik als auch die Reformmodelle der Schule sind normative Theorien: Sie kritisieren bzw. konstruieren Schule unter Normen, die aus den ihnen zugrundeliegenden nichtschulspezifischen Theorien gewonnen sind. Sie betrachten Schule von vornherein unter einem spezifischen inhaltlichen Aspekt, der ein Beurteilungskriterium für eine gute bzw. schlechte Schule vorgibt. Demgegenüber hat die Systemanalyse der Schule kein vorgegebenes inhaltliches Kriterium für die Konstruktion der Schule. Sie übernimmt für die Konstruktion des Schulsystems ausschließlich das formale Kriterium der Funktionalität.

Die «Normativität» eines solchen Ansatzes besteht darin, daß das soziale System Schule als ein funktionales System konstruiert wird, so daß dysfunktionale Momente ausgeschlossen werden können. In dieser Hinsicht kann die Systemanalyse auch Veränderungsvorschläge ermöglichen, indem sie z.B. feststellt, daß bestimmte Momente des Systems nicht funktional aufeinander bezogen sind bzw. nicht aufeinander bezogen werden können. *Das Gleichgewicht des sozialen Systems* und nicht bestimmte Ziele oder Funktionen *wird hier zur Norm*. Reformvorschläge, die die Schule verändern wollen, können von der Systemanalyse aufgenommen werden. Sie beurteilt diese Reformvorschläge jedoch nicht durch spezifische inhaltliche Normen, die für allgemein gültig gehalten werden, sondern bezieht diese Reformbemühungen funktional auf den Gesamtzusammenhang des sozialen System Schule: Es ist dann zu fragen, inwieweit dies Reformvorschläge der Spezifik der Schule gerecht werden, ob sie im Rahmen der Schule als eines ausdifferenzierten Teilsystems der Gesellschaft behandelt werden können und inwieweit sich grundlegende Bestimmungen der Schule in ihrem wechselseitigen funktionalen Bezug verändern müssen, um diese Reformvorschläge integrieren zu können. Die der Systemanalyse implizite Normativität liegt in der Ausrichtung der Systemkonstruktion an der Funktionalität.

Das zweite grundlegende Kriterium einer systemtheoretischen Konstruktion der Schultheorie ist ihr *holistischer Ansatz*. Mit einem solchen Ansatz soll eine *integrative und systemspezifische Theoriebildung* ermöglicht werden. Der Schultheorie und auch

---

7. J. GRAMM, Kritische Schule
8. vgl. J. HABERMAS, Vorbereitende Bemerkungen zu einer Theorie der sozialen Kompetenz
9. H.v. HENTIG, Was ist eine humane Schule?; H.v. HENTIG, Acht Eigenschaften einer humanen Schule
10. R. FATKE, Psychoanalytische Beiträge zu einer Schultheorie
11. P. FÜRSTENAU, Zur Psychoanalyse der Schule als Institution
12. vgl. auch: G. BECKER, Brauchen wir eigentlich eine andere Schule; H. DAUBER, Radikale Schulkritik als Schultheorie?

allgemein den Erziehungswissenschaften fehlt ein Konzept, das erstens den Gegenstand ihrer Untersuchungen klärt und zweitens die disparaten Teiltheoreme und Teilprobleme dieser Disziplin aufeinander bezieht. [13]

"Darüber, welchen Gegenstandsbereich die Schultheorie abdecken soll, herrscht weder Klarheit noch Übereinstimmung. Dies hat Anlaß zur grundsätzlichen Klärung des Begriffs gegeben, und zwar sowohl, was den Theoriestatus (vgl. KRAMP 1973), als auch, was den Objektbereich angeht (vgl. ADEL-AMINI 1976). Während der Theoriestatus durch seine Unschärfe gefährdet ist, weil die Begriffe "Theorie", "Konzeption", "Entwurf" und dergleichen synonym verwendet werden, scheint der Gegenstandsbereich der Schultheorie geradezu durch Disparatheit und Heterogenität gekennzeichnet zu sein." [14]

Die Systemanalyse der Schule soll demgegenüber ein schultheoretisches Konzept sein, das schon im Ansatz unterschiedliche Disziplinen und auch unterschiedliche Teilaspekte der Schule zu integrieren sucht. Es will durch einen holistischen Ansatz der Disparatheit entgegenwirken.

Der Versuch, unterschiedliche Aspekte in einer Schultheorie zu integrieren, ist nicht nur ein Anliegen einer systemtheoretischen Konzeption der Schule. Auch andere schultheoretische Überlegungen und didaktische Modelle arbeiten mit mehrdimensionalen Modellen. Dabei wird der Versuch unternommen, nicht nur Einzelaspekte der Schule - wie z.B. die Curriculumfrage oder die Chancengleichheit - zu behandeln, sondern Modelle zu entwerfen, die unterschiedliche Dimensionen der Schule integrieren. [15] Einen Überblick über integrierende Modelle gibt PETERSSEN [16].

Eine grundlegende Problematik dieser Ansätze besteht darin, daß zwar einerseits unterschiedliche Dimensionen der Schule aufgezeigt, andererseits jedoch diese Dimensionen kaum in Beziehung zueinander gesetzt werden. So unterscheidet NIPKOW z.B. in der Schultheorie die anthropologische Perspektive, die gesamtgesellschaftliche Perspektive, die didaktische Perspektive und die organisationssoziologisch-institutionelle Perspektive, ohne den Wechselbezug zwischen diesen Perspektiven aufzuzeigen. [17] *Dies bedeutet, daß einerseits zwar ein holistischer Ansatz verfolgt wird, andererseits jedoch kein Bezug zwischen den dargestellten Dimensionen hergestellt wird.* Die Systemanalyse der Schule versucht, beide Aspekte zu integrieren: Erstens verweist sie in den Systemparametern auf unterschiedliche Dimensionen der Schule und zweitens werden diese Dimensionen mit Hilfe der funktionalen Analyse aufeinander bezogen.

---

13. vgl. H.-E. TENORTH, Über die disziplinäre Identität der Erziehungswissenschaft
14. B. ADEL-AMINI, Grundriß einer pädagogischen Schultheorie, S.63/64; Literaturverweise im Zitat: W. KRAMP, Studien zur Theorie der Schule, und B. ADEL-AMINI, Schultheorie - Geschichte, Gegenstand und Grenzen
15. exemplarisch sollen hier genannt werden: J. DERBOLAV, Auf der Suche nach einer mehrdimensionalen Schultheorie; H. FEND, Theorie der Schule; H. HOLSTEIN, Institutionell-politische Funktionen der Schule - Skizze einer schultheoretischen Perspektive; K.E. NIPKOW, Umriß und Problematik einer modernen Schultheorie; H. ROTH, Begabung und Lernen; W. SCHULZ, Umriß einer didaktischen Theorie der Schule; L.M. SMITH/ W. GEOFFREY, The complexities of an urban classroom; T. WILHELM, Theorie der Schule
16. W. H. PETERSSEN, Strukturmodelle von Unterricht
17. vgl. K.E. NIPKOW, Umriß und Problematik einer modernen Schultheorie

Die Systemanalyse verfährt nicht nur holistisch, sondern konstruiert die unterschiedlichen Dimensionen der Schule zu einer funktionalen Einheit.

Das Fehlen der Bezugnahme zwischen den Dimensionen einerseits und der funktionale Ansatz andererseits ist ein erster grundlegender Unterschied zwischen holistischen Ansätzen und dem systemanalytischen, holistisch-funktionalen Ansatz.

Eine zweite grundlegende Differenz besteht darin, daß die Mehrdimensionalität der Schule aus verschiedenen Theorieprämissen gewonnen wird. Dies führt zu einer anderen schultheoretischen Theoriekonstruktion.

Die aus der Systemtheorie gewonnenen schulischen Dimensionen des systemanalytischen Ansatzes sind die Systemparameter, die in der Systemanalyse der Schule konstruiert und mit systemspezifischen Inhalten gefüllt werden. Dies bedeutet, daß die schulische Systemanalyse, wie jedes andere soziale System, durch die Dimensionen der gesellschaftlichen Funktion, der Leistung, der Struktur und der Interpenetration gekennzeichnet ist. Auch bei schultheoretischen Ansätzen, die z.T. eine ähnliche oder gleiche Begrifflichkeit benutzen, zeigen sich hier grundlegende Differenzen dem systemanalytischen Ansatz gegenüber. HOLSTEIN [18] zeigt z.B. unterschiedliche Funktionen der Schule auf. Er konstruiert die unterschiedlichen Dimensionen der Schule, indem er jeder Funktion eine Schuldimension zuspricht. Die Dimensionen werden aus den unterschiedlichen Funktionen gewonnen. Jede Funktion eröffnet eine Perspektive auf Schule und diese funktionsgebundene Multiperspektivik konstituiert die Mehrdimensionalität der Schule. Der systemanalytische Ansatz konstruiert die Mehrdimensionalität demgegenüber aus den Systemparametern. Die gesellschaftliche Funktion ist demnach *eine* Dimension unter anderen. Auch im systemanalytischen Ansatz werden der Schule mehrere hierarchisch miteinander verbundene gesellschaftliche Funktionen zugesprochen. Doch werden aus diesen unterschiedlichen Funktionen keine unterschiedlichen Schuldimensionen gewonnen, sondern die gesellschaftlichen Funktionen bilden zusammen eine Dimension. Obschon HOLSTEIN ähnliche und zum Teil gleiche Begriffe wie der systemanalytische Ansatz benutzt, zeigt sich doch eine völlig andere Theoriekonstruktion.

Eine andere Forschungsrichtung der Schultheorie, die von einem systemisch-holistischen Ansatz ausgeht, bezieht sich auf LEWINs Feldtheorie [19]. Sie untersucht Schule im Rahmen der Umweltbedingungen, unter denen in der Schule gehandelt und gelernt wird. Hier haben Untersuchungen zur Ökologie der Schule, in denen Lernumwelten der Schüler thematisiert werden und in denen das schulische Sozialklima untersucht wird, ihren Ort. [20] KLEBER [21] prägte den Begriff der Schulökologie, die sich zu einer eigenständigen Forschungsrichtung der Schultheorie entwickelt hat. Die-

---
18. H. HOLSTEIN, Institutionell-politische Funktionen der Schule - Skizze einer schultheoretischen Perspektive
19. K. LEWIN, Feldtheorie in den Sozialwissenschaften
20. exemplarisch sollen hier genannt werden: W. DRACH, Ökologie der Schule; F. EDER, Schulische Umwelt und Strategien zur Bewältigung von Schule; H. FEND, Schulklima; H. DREESMANN, Unterrichtsklima; H. DREESMANN, Neuere Entwicklungen zur Erforschung des Unterrichtsklimas; R. FATKE, Schulumwelt und Schülerverhalten; K. INGENKAMP/ M.v. SALDERN/ K.E. LITTIG, Abschußbericht über das DFG-Projekt 22/10-1 «Schulische Umwelt und Verhalten von Schülern»; E.W. KLEBER, Ökologische Erziehungswissenschaft - ein neues metatheoretisches Konzept?; R.H. MOOS, Educational Climates; R. PEKRUN, Schulklima; H.J. WALBERG, Psychology of learning enviorments: behavioral, structural or perceptual?
21. E.W. KLEBER, Ökologische Erziehungswissenschaft - ein neues metatheoretisches Konzept?

ser Ansatz hat mit dem vorliegenden Ansatz gemein, daß beide holistisch-systemisch vorgehen: Sie versuchen den zu untersuchenden Gegenstand in Form eines Systems zu konstruieren. Der grundlegende Unterschied zur vorliegenden Untersuchung besteht darin, daß der ökologische Ansatz in erster Linie ein psychologischer Ansatz ist. Er versucht die Lernumwelt des psychischen Systems des Schülers aufzuzeigen und ihre Einflußnahme auf das Lernen des Schülers darzustellen. Gegenstand des schulökologischen Ansatzes ist somit das psychische System «Schüler», das im Rahmen eines Systems von schulspezifischen Lernbedingungen betrachtet wird. So kann z.B. FATKES transaktionaler Ansatz [22] als ein Ansatz verstanden werden, der die Wechselwirkungen zwischen dem Schüler und seiner Lernumwelt multifaktoriell betrachtet. Der transaktionale Ansatz versucht dabei, die systemspezifische Schulinteraktion zu beschreiben, indem auch personale Aspekte als Lernbedingungen in die Darstellung dieser Interaktion aufgenommen werden. Dieses Moment der Einbeziehung von individuellen Merkmalen psychischer Systeme kennzeichnet den transaktionalen Ansatz und stellt damit eine Ergänzung zum interaktionalen Ansatz dar.

"Zwar steht z.B. ein Lehrer den Schülern in seiner institutionalisierten Rolle »Lehrer« gegenüber, aber darüber hinaus wirkt in der konkreten Transaktion eine Fülle von Faktoren mit, die mit der *Position* und *Rolle* des Lehrers unmittelbar nicht zu tun haben, sondern in dessen spezifischer psychosozialer Lebensgeschichte begründet liegen, und deren Aufhellung im Grunde nur durch eine tiefenpsychologische Analyse geleistet werden kann; das gleiche gilt für die »Rolle« und das »individuelle Lebensschicksal« des Schülers.
Auf eine Formel gebracht, könnte man sagen, daß die soziologische und sozialpsychologische Untersuchung von Interaktionen durch eine tiefenpsychologische Analyse der zwischen konkreten Personen ablaufenden Prozesse ergänzt werden müsse. Dies soll unter dem »transaktionalen Ansatz« verstanden werden, der zunächst anhand weiterer Überlegungen zu Prozessen, die sich zwischen Lehrern und Schülern abspielen, noch näher erläutert werden soll."[23]

Demgegenüber thematisiert der vorliegende Ansatz nicht in erster Linie das psychische System des Schülers, insbesondere nicht das individuelle psychische System des Schülers, sondern thematisiert das soziale System der Schule, das mit dem psychischen System des Schülers über den Grenzparameter der Interpenetration verbunden ist. Demnach grenzt sich der vorliegende Ansatz trotz teilweiser methodischer Übereinstimmung hinsichtlich des thematischen Zusammenhangs vom ökologischen Ansatz ab. Der ökologische Ansatz folgt einer anderen Theoriekonstruktion: Er ist ein psychologischer Ansatz, während der systemtheoretische Ansatz ein soziologischer Ansatz ist.
Eine dritte Forschungsrichtung besteht darin, Schule im Rahmen von soziologischen systemtheoretischen Modellen zu beschreiben. Diese systemtheoretische Vorgehensweise ist im Vergleich zu den anderen Forschungsrichtungen eher unterrepräsentiert. Exemplarisch sollen deswegen hier nur FINGERLE [24] und MASCHELKE [25] erwähnt werden. Während FINGERLE eher einen Überblick über verschiedene sy-

---

22. vgl. R. FATKE, Schulumwelt und Schülerverhalten, S.57-89
23. R. FATKE, Schulumwelt und Schülerverhalten, S.63
24. K.-H. FINGERLE, Funktionen und Probleme der Schule
25. E. MARSCHELKE, Auf dem Weg zu einer Metatheorie der Schule

stemtheoretische Ansätze und ihre Anwendung auf das Schulsystem gibt, versucht MASCHELKE eine Systemtheorie vorzustellen, die als Metatheorie der Schule gelten kann. MARSCHELKEs Ansatz unterscheidet sich prinzipiell in den drei folgenden Punkten von dem vorliegenden Ansatz:

1. MARSCHELKE stellt das Schulsystem als ein Subsystem des Wirtschaftssystems dar.[26] Demgegenüber geht der vorliegende Ansatz von der funktionalen Differenzierung aus, in der den großen Systemen wie z.B. dem Wirtschaftssystem, dem Erziehungssystem, dem Wissenschaftssystem, dem Rechtssystem, dem Religionssystem etc. eigene gesellschaftliche Funktionen zugesprochen werden. LUHMANN bezeichnet diese Systeme auch als Funktionssysteme.[27] Die Subsystembildung vollzieht sich dadurch, daß gesellschaftliche Dauerprobleme, die ein Funktionssystem bearbeitet, so komplex werden, daß sie durch mehrere Systeme bearbeitet werden müssen, indem dann jeweils jedem ausdifferenzierten Subsystem wiederum genuine gesellschaftliche Funktionen bzw. Funktionsspektren zugesprochen werden. Dies bedeutet, daß die Ausdifferenzierung von Subsystemen an die gesellschaftliche Funktion des Hypersystems gebunden bleibt. Schule ist ein Subsystem des Erziehungssystems und hat sich dadurch ausdifferenziert, daß bestimmte gesellschaftliche Problemaspekte des Erzieherischen durch ein eigenes, ausdifferenziertes System behandelt werden mußten.[28] In dieser Hinsicht ist das Schulsystem kein Subsystem der Wirtschaft, sondern kann es nur über den Leistungsparameter Umweltkontakte zur Wirtschaft aufnehmen.

2. MARSCHELKE betrachtet das Schulsystem insbesondere über die Input-Output-Parameter.[29] Entsprechend der bereits dargestellten Überlegungen muß der vorliegende Ansatz davon ausgehen, daß die Bestimmung eines sozialen System über die Input-Output-Grenzen zu einer Unterbestimmung des sozialen Systems führt: Der Komplexität des sozialen Systems wird nicht Rechnung getragen, wenn wichtige System-Umwelt-Beziehungen nicht in Betracht kommen. Darüber hinaus wird damit ein soziales System, das selbstreferentiell prozessiert, hier ausschließlich über Variablen bestimmt, die vorwiegend für mechanische, nicht-selbstreferentielle Systeme gelten.

3. MARSCHELKE definiert den Elementbegriff dadurch, daß er das Element mit der Grenze gleichsetzt, an der der Input in das System aufgenommen wird. Das Element eines sozialen Systems definiert sich somit durch seine Schnittstelle zur Inputumwelt.

"Sucht man diejenigen Stellen auf, an denen die Inputs der Schule innerhalb der Schule eingelassen werden, werden die Elemente der Schule sichtbar: die Klassen, das Kollegium, die Schulleitung, die Räume, der Programmpool und der Materialpool. Eine weitere Analyse dieser Elemente als den Subsystemen von Schule ist geboten."[30]

Die Elemente sind somit die Schnittstellen, die wiederum als Systeme konstruiert werden können. Im vorliegenden Ansatz wird demgegenüber davon ausgegangen,

---

26. vgl. E. MARSCHELKE, Auf dem Weg zu einer Metatheorie der Schule, S.207
27. vgl. Kapitel 3, Teil 2 *Die gesellschaftliche Funktion der Schule*
28. vgl. Kapitel 3, Teil 2 *Die gesellschaftliche Funktion der Schule*
29. vgl. E. MARSCHELKE, Auf dem Weg zu einer Metatheorie der Schule, S.207ff.
30. E. MARSCHELKE, Auf dem Weg zu einer Metatheorie der Schule, S.209

Die gesellschaftliche Funktion: Sozialisation und Erziehung

daß das Element des Sozialen die Kommunikation ist. Dieses Element verbindet sich zu typischen systemspezifischen Strukturen, die mit unterschiedlichen Systemumwelten in funktionalem Bezug stehen, so daß sich ein soziales System ausbildet. Das Element des sozialen Systems ist Kommunikation. Demnach können im vorliegenden Ansatz z.b. Materialpool, Programmpool etc. keine Elemente und auch keine eigenen Systeme sein, da sie nicht Kommunikation sind. Subsystembildung ist im Rahmen des vorliegenden Ansatz nur dadurch möglich, daß soziale Systeme wiederum soziale Systeme funktional ausdifferenzieren. MARSCHELKE differenziert demgegenüber ein soziales System in unterschiedliche Subsysteme, die nicht sozialer Art sind. Dabei wird der Elementbegriff gleichbedeutend mit dem Systembegriff: Das Element eines System ist wiederum ein System.

2. Teil:

Die gesellschaftliche Funktion der Schule

In diesem Teil soll die gesellschaftliche Funktion der Schule geklärt werden. Wie im ersten Teil des dritten Kapitels bereits erwähnt, muß einer solchen Klärung eine Differenzierung der beiden Begriffe der Sozialisation und der Erziehung vorangehen. Erst wenn diese Begriffsdifferenzierung vollzogen ist, kann die dem Schulsystem angemessene Systemanalyse folgen: Die Erziehung kann dann für die Bestimmung der gesellschaftlichen Funktion der Schule spezifiziert werden, und für die Sozialisation kann gezeigt werden, daß sie als eine spezifische Form der Interpenetration nicht als eine gesellschaftliche Funkion der Schule angesehen werden kann. Die Sozialisation wird später im dritten Teil dieses Kapitels als nicht-intendierte Interpenetration der Schulstruktur in die multiple funktionale Analyse der Systemanalyse aufgenommen.

1. Sozialisation und Erziehung: Eine Differenzierung zweier Begriffe aus systemanalytischer Sicht

Die systemanalytische Differenzierung der beiden Begriffe der Sozialisation und der Erziehung nimmt für sich *nicht* in Anspruch, beide Begriffe vollständig, mit allen den ihnen eigenen Merkmalen, zu klären. Diese Begriffsdifferenzierung versucht lediglich, *die Gemeinsamkeit beider Begriffe und die sie unterscheidenden zentralen Merkmale aus systemanalytischer Sicht zu bestimmen. Beiden ist gemein, daß sie typische Formen der Interpenetration darstellen. Sie unterscheiden sich darin, daß die Erziehung durch jene Interpenetrationen konstituiert wird, die intendiert sind, und die Sozialisation die nicht-intendierte soziale Beeinflussung psychischer Systeme darstellt.*

Die Intentionalität bzw. Nicht-Intentionalität wird aus systemanalytischer Sicht als eine Zweckbestimmung des sozialen Systems definiert. Demnach kann die Erziehung als eine Form der sozialen Beeinflussung von psychischen Systemen verstanden werden, die durch solche sozialen Systeme stattfindet, die die Veränderung psychischer Systeme intendieren und in ihrem Output formulieren. Dies bedeutet, daß Erziehung nur in solchen Interaktionen auftritt, in denen die Veränderung psychischer Systeme intendiert wird. Werden solche Interaktionsformen institutionalisiert und bilden sie ein autonomes und funktional ausdifferenziertes System, so handelt es sich um ein Erziehungssystem.

Demgegenüber findet die nicht-intendierte Interpenetration als Sozialisation nicht nur in spezifischen, funktional ausdifferenzierten sozialen System statt. Jedes soziale System ist ein Sozialisationssystem bzw. ein Sozialisationsagent, da Interpenetration notwendig mit Kommunikation verbunden ist.

Diese Gemeinsamkeit und Differenz beider Begriffe soll im folgenden geklärt werden. Diese Klärung geht auf den Erziehungs- und Sozialisationsbegriff von DURKHEIM und PARSONS ein und versucht aufzuzeigen, daß beide Autoren nicht zu einer Klärung dieser Begriffe gelangen. Auch in neueren Erziehungs- und Sozialisationsbegriffen, so wird die weitere Klärung zeigen, werden beide Begriffe nicht trennschaft differenziert; dies wird am Beispiel von HURRELMANNs Erziehungs- und Sozialisationsbegriff aufgezeigt.

In einer Veränderung des Sozialisations- und Erziehungsbegriffs nach LUHMANN wird anschließend eine Begriffsklärung aus systemanalytischer Sicht versucht. Diese Begriffsklärung erfolgt in neun Punkten.

Der Begriff der Sozialisation wurde insbesondere von DURKHEIM geprägt.

"Der Begriff Sozialisation hat sich seit Beginn dieses Jahrhunderts in der wissenschaftlichen Diskussion durchgesetzt. Der französische Soziologe Emile Durkheim hat ihn als einer der ersten in die Wissenschaftssprache eingeführt."[31]

DURKHEIM betrachtet die Erziehung aus soziologischer Perspektive, indem er feststellt, daß Erziehung in ihren Strukturen, Funktionen und Zielen fundamental durch soziale Zusammenhänge geprägt ist. Das heißt, Erziehung erweist sich nach DURKHEIM als ein soziales Geschehen und ist in diesem Sinne in erster Linie unter soziologischen Kategorien zu betrachten.

"Da ich Soziologe bin, werde ich als Soziologe von der Erziehung sprechen. Das bedeutet übrigens keineswegs, die Dinge aus einem schiefen Winkel zu sehen und zu behaupten, sie seinen verzerrt. Ich bin im Gegenteil davon überzeugt, daß es keine geeignetere Methode gibt, ihre wahre Natur zum Vorschein zu bringen. Ich stelle nämlich als Postulat einer jeden pädagogischen Theorie auf, daß die Erziehung eine eminent soziale Angelegenheit ist, und zwar durch ihren Ursprung wie durch ihre Funktionen, und daß folglich die Pädagogik stärker von der Soziologie abhängt als jede andere Wissenschaft."[32]

Diese rein soziologische Betrachtungsweise DURKHEIMs wendet sich von psychologischen Bestimmungen der Erziehung ab und funktionalisiert Erziehung zu einem Instrument für die Übernahme sozialer Werte und Normen, die in einer Gesellschaft und deren Teilsystemen herrschen. Erziehung wird nicht mehr vom Individuum

---

31. K. HURRELMANN, Einführung in die Sozialisationstheorie, S.13
32. E. DURKHEIM, Erziehung, Moral und Gesellschaft, S.37

aus bestimmt [33], sondern erhält ihre Bestimmung durch ihre Vorbereitung auf Werte und Normen in einer arbeitsteilig organisierten Gesellschaft. [34]

"Statt daß die Erziehung das Individuum und sein Interesse als einziges und hauptsächliches Ziel hat, ist sie vor allem das Mittel, mit dem die Gesellschaft immer wieder die Bedingungen ihrer eigenen Existenz erneuert. Die Gesellschaft kann nur leben, wenn unter ihren Mitgliedern ein genügender Zusammenhalt besteht. Die Erziehung erhält und verstärkt diesen Zusammenhalt, indem sie von vornherein in der Seele des Kindes die wesentlichen Ähnlichkeiten fixiert, die das gesellschaftliche Leben voraussetzt. Aber ohne eine gewisse Vielfalt wäre andererseits jede Zusammenarbeit unmöglich. Die Erziehung sichert die Fortdauer dieser notwendigen Vielfalt, indem sie sich selbst vervielfältigt und spezialisiert. Sie besteht also unter der einen wie der anderen Ansicht aus einer methodischen Sozialisierung der jungen Generation. Man kann sagen, daß in jedem von uns zwei Wesen existieren, die zwar nur durch Abstraktion trennbar, trotzdem aber deutlich unterscheidbar sind. Das eine besteht aus allen Geisteszuständen, die sich nur auf uns selbst und auf die Ereignisse unseres persönlichen Lebens beziehen. Man könnte dies das individuelle Wesen nennen. Das andere ist ein System von Ideen, von Gefühlen und Gewohnheiten, die in uns nicht unsere Persönlichkeit, dafür aber die Gruppe oder die verschiedenen Gruppen ausdrücken, denen wir angehören. Das sind die religiösen Überzeugungen, die moralischen Ansichten und die Gewohnheiten, die nationalen und professionellen Traditionen, die kollektiven Meinungen aller Art. Ihre Summe bildet das soziale Wesen. Dieses Wesen in uns zu bilden, ist die Aufgabe der Erziehung." [35]

In diesem Zitat wird DURKHEIMs soziologischer Ansatz deutlich. Diese Ansatz kann durch die folgenden Punkte gekennzeichnet werden:

Erstens: Erziehung und Sozialisation sind Beeinflussungsformen, in denen die Bedingungen der Gesellschaft erneuert werden sollen. *Erziehung und Sozialisation sind nach DURKHEIM zweckorientiert. Sie unterstehen denselben Aufgaben, die auf den Erhalt der Gesellschaft gerichtet sind.* Der soziologische Ansatz DURKHEIMs besteht nicht nur darin, daß Erziehung und Sozialisation unter sozialen Kategorien analysiert und definiert werden, sondern sie werden auch ausschließlich für gesellschaftliche Zwecke instrumentalisiert.

Zweitens: DURKHEIM spezifiziert die Aufgaben von Sozialisation und Erziehung durch zwei Aufgabentypen: durch die Aufrechterhaltung des gesellschaftlichen Zusammenhangs und die Vorbereitung auf die gesellschaftliche Vielfalt. Beide Aufgabentypen sind zweckrational auf die arbeitsteilige Gesellschaft im Sinne von DURKHEIM bezogen: Erstens müssen Sozialisation und Erziehung allgemeine Werte und Normen der Gesellschaft vermitteln, damit trotz der komplexen Ausdifferenzierung der Gesellschaft ihre Einheit gewahrt werden kann. Die Moral der Gesellschaft wird zu ihrem einheitsstiftenden Moment. Moral wird nach DURKHEIM ausschließlich als die gesellschaftliche Moral definiert. Zweitens kann die arbeitsteilige Gesellschaft nur dann Weiterbestehen, wenn ihre Mitglieder in der Gesellschaft unterschiedliche Auf-

---

33. vgl. E. DURKHEIM, Erziehung, Moral und Gesellschaft, S.38ff.
34. DURKHEIM spricht nicht von der funktionalen Differenzierung der Gesellschaft, sondern setzt bei der Arbeitsteiligkeit der Gesellschaft an. Vgl. hierzu: N. LUHMANN, Arbeitsteilung und Moral
35. E. DURKHEIM, Erziehung, Moral und Gesellschaft, S.45/46

gaben übernehmen. Erziehung und Sozialisation müssen die Heranwachsenden dementsprechend auf bestimmte Positionen in der Gesellschaft vorbereiten.

Beide Aufgaben der Erziehung und Sozialisation beziehen sich somit auf zwei Dimensionen der arbeitsteiligen Gesellschaft: *auf ihre Einheit, die durch die gesellschaftliche Moral konstituiert werden soll und ihre Vielfalt, in der jeder Einzelne eine bestimmte Position zugewiesen bekommen soll.* Damit müssen Erziehung und Sozialisation nach DURKHEIM die gesellschaftlichen Aufgaben der *Integration* und der *Allokation* übernehmen.

Die Integrationsaufgabe wird nach DURKHEIM durch die moralische Erziehung und Sozialisation erfüllt. Das heißt, die gemeinsamen Werte und Normen bilden dasjenige Moment innerhalb einer Gesellschaft, die diese Gesellschaft trotz starker Arbeitsteilung zu einer Gesellschaft, zu einem Ganzen werden läßt. Damit wird die Einheit der Gesellschaft über Moral konzipiert. Die Erziehung wie auch die Sozialisation sind demnach Instrumente, um diese notwendige, einheitsstiftende Moral an die neue Generation weiterzugeben. Die zweite Aufgabe, die der Erziehung und Sozialisation zugesprochen wird, besteht darin, daß eine arbeitsteilige Gesellschaft - d.h. eine funktional differenzierte Gesellschaft - für ihre Mitglieder unterschiedliche soziale Plätze vorsieht. In einer arbeitsteiligen Gesellschaft können nicht alle Mitglieder dieselben Aufgaben, Berufe etc. ausüben. Erziehung, insbesondere in der Schule, und Sozialisation müssen demnach auf diese unterschiedlichen Plätze vorbereiten. Dies kann in der Erziehung z.B. durch Spezialbildung ermöglicht werden. Damit erhalten Erziehung und Sozialisation die Aufgabe der Allokation.

"Eine Tatsache verdeutlicht diese Meinung: daß die Erziehung immer spezieller wird. Immer mehr halten wir es für nötig, unsere Kinder nicht länger einer uniformen Kultur zu unterwerfen, als ob sie alle das gleiche Leben leben müßten, sondern sie im Hinblick auf die verschiedenen Funktionen, die sie einmal ausüben müssen, unterschiedlich zu bilden. Mit einem Wort: In spezifischer Hinsicht nimmt der kategorische Imperativ des moralischen Bewußtseins allmählich folgende Form an: *Bereite dich vor, eine bestimmte Funktion nützlich auszufüllen.*" 36

Sozialisation und Erziehung zeichnen sich dadurch aus, daß sie *zweckorientiert* und auf Zukunft hin angelegt sind. Nicht nur die Erziehung verfolgt den Zweck der Vergesellschaftung des Menschen, sondern auch die Sozialisation untersteht dieser Zielbestimmung. Sozialisation läßt sich dadurch definieren, daß insbesondere in der Kindheit das psychische System solche sozialen Erfahrungen macht, die später für das Leben in der Gesellschaft von wichtiger und grundlegender Bedeutung sind.

Erziehung und Sozialisation werden *für gesellschaftliche Zwecke instrumentalisiert*, indem sie als moralische Erziehung und Sozialisation (Integration) und als Rollenlernen für bestimmte Positionen in der Gesellschaft (Allokation) definiert werden. Diese Instrumentalisierung der Erziehung und Sozialisation für ausschließlich gesellschaftliche Zwecke wird in der Literatur häufig als einseitig und soziologistisch kritisiert. HURRELMANNs Kritik soll exemplarisch die Kritik an DURKHEIM wiedergeben.

"Er (E. DURKHEIM, A.H.) setzte ihn (den Begriff der Sozialisation, A.H.) in enge Beziehung zum Begriff Erziehung, indem er Erziehung als das wichtigste gesellschaftli-

---

36. E. DURKHEIM, Über soziale Arbeitsteilung, S.87

che Mittel der Sozialisation des menschlichen Nachwuchses bezeichnete, durch das die bei der Geburt "asozialen" menschlichen Wesen zum "sozialen Leben" geführt würden (Durkheim 1907/72, S.30). Die von Durkheim präferierte Begriffsverwendung erscheint uns heute als "soziologistisch", stellt sie doch einseitig auf den Vorgang der Vergesellschaftung des Menschen und insbesondere auf die Prägung der menschlichen Persönlichkeit durch gesellschaftliche Bedingungen ab." [37]

Drittens: DURKHEIM unterscheidet zwischen Sozialisation und Erziehung, indem er die Erziehung als «methodische Sozialisation» und Sozialisation als «unbewußte Erziehung» definiert.

"Es gibt eine unbewußte Erziehung, die niemals aufhört. Durch unser Beispiel, durch die Worte, die wir äußern, durch die Handlungen, die wir vollziehen, formen wir ständig die Seelen unserer Kinder." [38]

Das Merkmal, das beide Beeinflussungsformen voneinander unterscheidet, ist das der *Methode.* Erziehung wird bewußt und methodisch geplant und für die Aufgaben der Aufrechterhaltung der gesellschaftlichen Moral und der Verteilung von Positionen eingesetzt, während Sozialisation dies unbewußt und nicht geplant macht.

Sozialisation ist dann Erziehung, wenn sie bewußt und methodisch verläuft. Beiden ist gemein, daß sie in die Normen, Rechtsregelungen und die Werte der Gesellschaft einführen. Erziehung aber wird zu einem ausdrücklichen Unterstützungsinstrument der Sozialisation. *Sie ist dadurch gekennzeichnet, daß sie die Sozialisationsfunktionen übernimmt.*

Das Verhältnis von Sozialisation und Erziehung kann nach DURKHEIM dementsprechend folgendermaßen dargestellt werden: *Erziehung ist der Sozialisation als Begriff untergeordnet.* Sie stellt eine bestimmte Art der Sozialisation dar, und zwar diejenige der systematischen, bewußten und methodischen Sozialisation. Sie erhält damit letztlich ausschließlich eine Unterstützungsfunktion für die Sozialisation und ist dabei an die Aufgabe der Integration und der Allokation gebunden.

Viertens: Aus einer solchen Konzeption von Erziehung und Sozialisation folgt, daß die Vermittlung des sozialen Lernens bei DURKHEIM als *Internalisierung von Werten und Normen verstanden* wird. Lernen wird nicht als ein aktiver, konstruktiver Prozeß des psychischen Systems verstanden. Lernen ist nach DURKHEIM die Internalisierung externaler Momente, in der das psychische System passiv-rezipierend auftritt.

Diese vier grundlegenden Punkte haben die Sozialisationsforschung stark beeinflußt. So greift z.B. PARSONS alle vier Momente auf, indem er die Übernahme von Rollen und die Übernahme von allgemeinen Werte als die Hauptintention von Erziehung und Sozialisation der Schule darstellt:

---

37. K. HURRELMANN, Einführung in die Sozialisationstheorie, S.13; Literaturverweis im Zitat: E. DURKHEIM, Erziehung und Soziologie
38. E. DURKHEIM, Erziehung und Soziologie, S.50

"Aber in dem Zeitraum zwischen dem Eintritt in die erste Klasse und dem Beginn der Erwerbstätigkeit oder der Ehe kann die Schulklasse als die zentrale Sozialisationsinstanz angesehen werden. Die Sozialisationsfunktion kann zusammenfassend gekennzeichnet werden als die Entwicklung von Bereitschaften und Fähigkeiten der Individuen als wesentlicher Voraussetzung ihrer späteren Rollenerfüllung. Bereitschaft kann wiederum in zwei Komponenten aufgeteilt werden: Bereitschaft zur Verwirklichung der allgemeinen Werte der Gesellschaft und Bereitschaft zur Erfüllung eines spezifischen Rollentyps innerhalb der Struktur der Gesellschaft." [39]

PARSONS stellt die Sozialisation - hier bezogen auf die Schulklasse als ein soziales System - ganz analog zu der Sozialisationsbestimmung im Sinne DURKHEIMs dar. [40] Sozialisation ist die Beeinflussung Heranwachsender, die die Aufgabe hat, die Bereitschaft zur Erfüllung allgemeiner Werte und Normen und zur Erfüllung einer spezifischen Rolle zu vermitteln. Sozialisation wird auch von PARSONS zweckrational auf die beiden Aufgaben der Integration (allgemeine Werte der Gesellschaft) und der Allokation (spezifische Rollen) bezogen. Diese Aufgabe soll dadurch erfüllt werden, daß die angestrebten Bereitschaften von den Heranwachsenden internalisiert werden.

"Unser Hauptinteresse ist damit auf ein doppeltes Problem gerichtet: erstens, wie die Schulklasse funktioniert, um bei den Schülern Bereitschaft und Fähigkeit zur erfolgreichen Erfüllung ihrer späteren Erwachsenenrollen zu verinnerlichen und zweitens, wie sie funktioniert, um diese menschlichen Ressourcen innerhalb der Rollenstruktur der Erwachsenengesellschaft zu verteilen." [41]

Die durch die beiden Aufgaben der Integration und Allokation definierte Sozialisation ist nach PARSONS die primäre Funktion der Schule.

"Dieser Essay möchte - wenn auch nur in groben Umrissen - die Grund- und Oberschulklasse als soziales System und die Beziehung ihrer Struktur zu ihren primären gesellschaftlichen Funktionen als Instanz der Sozialisation und Verteilung analysieren." [42]

Die Erziehung wird auch hier der Sozialisation untergeordnet. Erziehung ist auch in PARSONS Konzeption eine bewußte Beeinflussung der Heranwachsenden, die die Aufgaben der Sozialisation zu erfüllen hat. Der Begriff der Funktion kann bei DURKHEIM wie auch bei PARSONS dadurch definiert werden, daß ein soziales System gesellschaftliche Aufgaben übernimmt. Der Funktionsbegriff wird damit mit dem Leistungsbegriff identisch gesetzt.

Die Sozialisation ist sowohl bei DURKHEIM als auch bei PARSONS eine Beziehung zwischen zwei verschiedenen sozialen Systemen. Auf der einen Seite ist Sozialisation *die Beeinflussung durch soziale Systeme*. Bei PARSONS ist es die Schulklasse, bei DURKHEIM das Erziehungssystem allgemein. Auf der anderen Seite steht die

---

39. T. PARSONS, Die Schulklasse als soziales System, S.162
40. Exemplarisch sollen hier noch zwei Autoren genannt werden, die die Sozialisation als eine zentralen Funktion der Schule dargestellen: H. ABELS, Die Schule als Feld soziologischer Forschung; R. FATKE, Schulumwelt und Schülerverhalten (insbesondere Einleitung, S.12-27)
41. T. PARSONS, Die Schulklasse als soziales System, S.161/162
42. T. PARSONS, Die Schulklasse als soziales System, S.161

Die gesellschaftliche Funktion: Sozialisation und Erziehung 259

Gesellschaft, die als «Zielsystem» der Sozialisation bezeichnet werden kann. Sozialisation wird von DURKHEIM und auch von PARSONS als eine soziale Beeinflussung gekennzeichnet, deren Ziel es ist, die Beeinflußten auf die Gesellschaft vorzubereiten, sie zu Mitgliedern der Gesellschaft zu machen. ULICH geht hierin sogar noch einen Schritt weiter, indem er die Sozialisation mit dem politischen System als Zielsystem verbindet. Sozialisation wird damit nicht nur für gesamtgesellschaftliche Zwecke instrumentalisiert, sondern für die Zwecke nur eines Teilsystems der Gesellschaft, nämlich des politischen Systems.

"Es besteht also eine doppelte Zweck-Mittel-Relation: Sozialisation ist sowohl Ziel und Zweck, nämlich im Hinblick auf schul*interne* Prozesse wie "Unterricht", als auch Funktion und Mittel, nämlich im Hinblick auf schul*externe* Bereiche wie das "politische System". Außerdem sind die Beziehungen zwischen Schulsystem und schulexternen Bereichen natürlich wechselseitig: Das politische System ist in den Rollenerwartungen der Lehrer bereits enthalten; das Selektionssystem der Gesellschaft ist im schulischen Selektionssystem repäsentiert (u.a. über die familiäre Sozialisation), und "Gesellschaft" ist natürlich auch durch die Institution definiert, so daß die ganze Gegenüberstellung höchst problematisch wird." [43]

Im folgenden soll nun *aus systemanalytischer Sicht die Problematik der Sozialisation und Erziehung untersucht werden.* Diese Untersuchung geht von LUHMANNs Definition der Begriffe «Sozialisation» und «Erziehung» aus. Diese Definition wird für die systemanalytische Erörterung der beiden Begriffe zum Teil übernommen. Die Darstellung der Unterscheidung von Sozialisation und Erziehung in systemanalytischer Sicht wird an die bisherigen Erörterungen zur Sozialisation und Erziehung angebunden und von einem neueren, psychologisch geprägten Sozialisationsbegriff abgegrenzt. Die systemanalytische Definition der beiden Begriffe versucht die Unzulänglichkeit und Unklarheit, die mit DURKHEIMs und PARSONS Sozialisations- und Erziehungsbegriff verbunden sind, darzustellen.

Wird der Sozialisations- und Erziehungsbegriff aus systemanalytischer Perspektive definiert, so stellt sich die Frage, mit Hilfe welcher Parameter des sozialen Systems eine solche Definition möglich ist. *Für die systemanalytische Darstellung muß demnach nachgewiesen werden, daß Sozialisation und Erziehung sich dadurch voneinander unterscheiden, daß sie erstens durch unterschiedliche Parameterbezüge gekennzeichnet sind und zweitens damit auch in unterschiedlicher Weise in die multiple funktionale Analyse der Systemanalyse einbezogen werden. Dies soll im folgenden geklärt werden.*

Erstens: Aus systemanalytischer Sicht kann, bevor die Differenz beider Begriffe aufgezeigt wird, ihre grundlegende *Gemeinsamkeit* dadurch bestimmt werden, daß sich beide Begriffe auf den Interpenetrationsparameter beziehen. *Erziehung und Sozialisation sind Beeinflussungen psychischer Systeme durch soziale Systeme.* Erziehung und Sozialisation sind damit beide spezifische Formen der Interpenetration. Die Differenz zwischen beiden Systemen muß eine Differenz sein, die zwei Formen der Interpenetration voneinander unterscheidet; bei beiden Fällen der Interpenetration han-

---

43. D. ULICH, Pädagogische Interaktion, S.201

delt es sich um die Grenzen zwischen einem sozialen und einem psychischen System. LUHMANN stellt fest, daß Sozialisation mit Interpenetration gleichzusetzen ist:

> "Als Sozialisation wollen wir ganz pauschal *den Vorgang bezeichnen, der das psychische System und das dadurch kontrollierte Körperverhalten des Menschen durch Interpenetration formt.*" [44]

LUHMANN differenziert den Erziehungsbegriff vom Sozialisationsbegrif dadurch, daß Erziehung ein spezifisches soziales System ist, in dem Interpenetration intendiert wird. Erziehung grenzt sich somit von Sozialisation dadurch ab, daß sie in eigens für Erziehung ausdifferenzierten sozialen Systemen stattfindet und in diesen Systemen Interpenetration intendiert, während Sozialisation jede Form der Interpenetration darstellt.

> "Die Konsequenzen für eine Theorie der Erziehung können hier nur angedeutet werden. Erziehung ist, und darin liegt der Unterschied zu Sozialisation, intentionalisiertes und auf Intention zurechenbares Handeln. Es kann sein Ziel (von Möglichkeiten indirekter und unbemerkter Manipulation wollen wir einmal absehen) nur durch Kommunikation erreichen. Als Kommunikation sozialisiert dann auch Erziehung, aber nicht unbedingt so, wie intendiert." [45]

Erziehung wird nach LUHMANN durch die erzieherische Kommunikation definiert. Damit kann Erziehung dadurch bestimmt werden, daß das Erziehungssystem systemanalytisch beschrieben wird. Sozialisation ist dagegen nicht an ein spezifisches soziales System gebunden. Sozialisation ist nach LUHMANN die in jedem sozialen System stattfindende Interpenetration. In diesem Sinne sozialisiert auch Erziehung: Sie hat als ein eigenes soziales System die Grenze der Interpenetration.

LUHMANNs Differenzierung zwischen Sozialisation und Erziehung soll hier prinzipiell übernommen werden. *Damit wird Erziehung als ein spezifisches soziales Handeln definiert, in dem Interpenetration intendiert ist, und Sozialisation ist die Form der Interpenetration, die im sozialen Handeln eines jeden sozialen Systems als die wechselseitige Konstitution von psychischen und sozialen Systemen stattfindet.*

In einem wesentlichen Punkt soll die Differenzierung zwischen Sozialisation und Erziehung von LUHMANN jedoch abweichen. Nach LUHMANN ist Sozialisation identisch mit der Interpenetration, und Erziehung ist eine spezifische Form der Interpenetration: die intendierte Interpenetration. Der Sozialisationsbegriff wird dem Erziehungsbegriff als ein allgemeiner Begriff übergeordnet. Das hat LUHMANNs Darstellung, trotz grundlegender Differenzen, mit DURKHEIMs und PARSONS Begriffsbestimmung gemein. In der vorliegenden Arbeit aber werden beide Begriffe einander nebengeordnet. Interpenetration wird nicht mit Sozialisation identisch gesetzt, sondern Sozialisation ist, wie Erziehung, eine spezifische Form der Interpenetration. *Die Interpenetration ist somit der gemeinsame Oberbegriff, dem die Sozialisation und die Erziehung untergeordnet werden können.* Sozialisation ist dann nicht mehr jede Form der Interpenetration, sondern nur die nicht-intendierte Form.

---

44. LUHMANN, Soziale Systeme, S.326
45. LUHMANN, Soziale Systeme, S.330

Die gesellschaftliche Funktion: Sozialisation und Erziehung 261

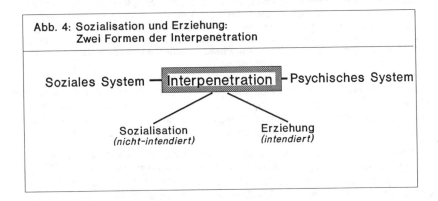

Mit einer solchen Differenzierung zwischen Sozialisation und Erziehung kann geklärt werden, daß *alle* Systeme sozialisieren, jedoch nur jene Systeme erziehen, die bewußt, systematisch und methodisch Interpenetration intendieren.[46] Jedes soziale System beeinflußt über Interpenetration psychische Systeme. Interpenetration ist eine Außenbeziehung, eine Grenze eines jeden sozialen Systems: Jedes soziale System konstituiert durch Kommunikation psychische Prozesse und Strukturen. Auch Erziehungssysteme sozialisieren, indem sie psychische Systeme nicht nur im Hinblick auf die intendierten Interpenetrationen beeinflussen, sondern auch Beeinflussungen ausüben, die nicht intendiert sind.

Auch in der neueren Sozialisationsforschung wird betont, daß Sozialisation nicht auf ein Teilsystem der Gesellschaft zu beschränken ist.[47] Sozialisation wird als eine Beeinflussungsform angesehen, die allen Teilsystemen zu eigen ist und von der sich die Beeinflussungsform der erzieherischen Systeme in besonderer Weise abgrenzt.

"Die folgenden Überlegungen gelten ausdrücklich nur den wissenschaftlichen Gegenstandsbereich "Sozialisation". In der theoretischen und methodologischen Diskussion wird oft so getan, als ließen sich grundlagentheoretische Debatten ohne einen solchen Gegenstandsbezug führen. Das halte ich für falsch. Es macht einen Unterschied, ob ich ein Theoriemodell für die Erziehungssystemanalyse oder für die Analyse der Sozialisation entwickeln will. Gewiß mögen einige allgemeine grundlegend theoretische Pro-

---

46. Es gibt auch noch weitere soziale Systeme, die Interpenetration intendieren, obschon sie keine Erziehungssysteme sind; so z.B. Therapiesysteme. Die Definition der Erziehung durch die Intentionalität ist ein notwendiges, jedoch nicht hinreichendes Definitionsmerkmal. Erst eine Systemanalyse des Erziehungssystems kann die hinreichenden definitorischen Merkmale der Erziehung bestimmen.

47. vgl. hierzu: G. KÄRTNER/ E. und P. WAHLER, Berufliche Sozialisation im Zeitverlauf; M.L. KOHN, Persönlichkeit, Beruf und soziale Schichtung; L. KRAPPMANN, Sozialisation in der Gruppe der Gleichaltrigen; W.R. HEINZ, Berufliche Sozialisation; L. BÖNISCH/ W. SCHEFOLD, Sozialisation durch sozialpädagogische Institutionen; H. KEUPP, Sozialisation in Institutionen der psychosozialen Versorgung; B. SCHORB/ E. MOHN/ H. THEUNERT, Sozialisation durch Massenmedien

bleme ähnlich gelagert sein. Aber Gegenstand der Sozialisationstheorie ist nicht ein wesentliches Teilsystem der Gesellschaft, wie das in der Erziehungssystemanalyse der Fall ist, sondern der elementare soziale Prozeß der Vergesellschaftung des menschlichen Subjekts. Ich komme in dieser Analyse zwar nicht ohne die Betrachtung auch von gesellschaftlichen Teilsystemen aus, aber die andersartige Natur des Gegenstandes meiner Analyse verlangt doch nach einer entsprechend veränderten eben dem Gegenstand angemessenen theoretischen Gesamtkonzeption." [48]

Wird Sozialisation von Erziehung aus systemanalytischer Sicht über das Kriterium «nicht-intendiert vs. interndiert» abgegrenzt, so wird nach der Intentionalität des sozialen Systems gefragt. Erziehung und Sozialisation müssen sich in systemanalytischer Sicht als zwei typische Parameterbestimmungen sozialer Systeme erweisen.

Zweitens: Sozialisation ist keine gesellschaftliche Funktion und kann damit auch nicht dem Erziehungssystem als gesellschaftliche Funktion zugesprochen werden. Nicht nur Erziehungssysteme sozialisieren, sondern auch das Wirtschaftssystem, das Religionssystem, das Berufssystem etc. *Sozialisation ist kein Dauerproblem der Gesellschaft, das mit Hilfe eines bestimmten funktional ausdifferenzierten Teilsystems der Gesellschaft behandelt wird.* Sozialisation ist eine Form der Beeinflussung bzw. Formung psychischer Systeme, die immer dann stattfindet, wenn Kommunikation stattfindet, da Kommunikation immer in sozialen Strukturen realisiert wird. Sozialisation ist immer mit Kommunikation aufs engste verbunden und ist damit auch keine spezifische gesellschaftliche Funktion der Schule. Aus diesem Grunde muß DURKHEIM und PARSONS widersprochen werden, wenn sie der Erziehung die Funktion der Sozialisation zuweisen. Demgegenüber kann die Erziehung als ein gesellschaftliches Dauerproblem allen Erziehungssystemen als gesellschaftliche Funktion zugesprochen werden.[49]

Drittens: Die Intentionalität der Erziehung kann aus systemanalytischer Sicht dadurch beschrieben werden, daß Erziehungssysteme die intendierten Interpenetrationen als ihren Output bestimmen. Die Interpenetration der Sozialisation tritt dagegen nie im Outputparameter auf. Damit geht die Interpenetration der Erziehung in mehrfacher Weise in die multiple funktionale Analyse des Erziehungssystems ein: Sie ist die gesellschaftliche Funktion des Erziehungssystems, sie bestimmt zum Teil den Interpenetrationsparameter, sie definiert den Output, und die Struktur muß, wenn dieser Output angestrebt werden soll, zweckrational auf sie bezogen sein.

Demgegenüber will Sozialisation die Veränderung psychischer Systeme nicht bewirken; d.h. die Interpenetrationen werden weder funktional auf eine gesellschaftliche Funktion noch auf eine Leistung bezogen. Das ist in allen sozialen Systemen der Fall, in denen die Beeinflussung psychischer Systeme nicht intendiert ist: Interpenetration ist für sie dann lediglich eine «Nebenwirkung» der Kommunikation, die in der Formulierung der Leistung nicht miterfaßt wird. Der Outputparameter formuliert nur diejenigen Wirkungen des sozialen Systems, die für das soziale System erstrebenswert sind. Interpenetration wird jedoch für soziale Systeme, die die Interpenetration nicht als Outputparameter formulieren, nicht irrelevant. Die Kommunikation des sozialen Systems bleibt auf die Konstitution durch psychische Systeme angewiesen, und jedes

---

48. K. HURRELMANN, Das Modell des produktiv realitätsverarbeitenden Subjekts in der Sozialisationsforschung, S.92
49. vgl. Kapitel 3, Teil 2, Punkt 2, *Die gesellschaftliche Funktion der Schule*

soziale System muß Vorkehrungen dafür treffen, wie es die psychischen Systeme an die sozialen Systeme bindet, so z.B. über Geld, Macht oder personales Engagement. LUHMANN nennt diese Formen der Bindung psychischer Systeme an soziale Systeme generalisierte Medien der Problemlösung.[50] Dabei können die meisten sozialen Systeme jedoch davon absehen, welche konstitutive Beeinflussung ihre Kommunikation auf das psychische System ausübt. Dieser Aspekt der Interpenetration ist insbesondere für Erziehungssysteme wiederum von elementarem Interesse. Sie binden nicht nur psychische Systeme, um die systemspezifische Kommunikation zu ermöglichen, sondern sie intendieren bestimmte Interpenetration; d.h., sie versuchen gezielt, psychische Systeme durch Kommunikation mitzukonstituieren. Darin liegt ihr erzieherisches Moment. Gleichwohl bleibt auch für Erziehungssysteme festzuhalten - und dies wurde auch im letzten Zitat von LUHMANN deutlich -, daß Erziehungssysteme nicht nur erziehen. Indem sie erzieherische Kommunikation vollziehen, sozialisieren sie, so daß neben der intendierten Interpenetration immer auch nicht-intendierte Interpenetration ermöglicht werden. In dieser Hinsicht sozialisiert Schule als ein Erziehungssystem wie jedes andere soziale System auch: Es penetriert, ohne daß diese Penetrationen im Leistungsparameter formuliert sind. Das systemspezifische Merkmal der Erziehung ist jedoch nicht, daß sie, wie jedes andere soziale System sozialisiert, sondern daß sie intendierte Interpenetrationen in ihrem Outputparameter festlegt. Erziehung zeigt damit eine spezifische Bezugnahme zwischen Interpenetration und Output. Dieser Bezug ist in der multiplen funktionalen Analyse des Erziehungssystems von grundlegender Bedeutung.

Wird der Sozialisationsbegriff als die nicht-intendierte Interpenetration definiert, so verliert er die von DURKHEIM und PARSONS dargestellte doppelte soziale Bindung: Sozialisation ist nicht eine Beeinflussung psychischer Systeme durch soziale Systeme, die für andere soziale Systeme instrumentalisiert werden kann. Sozialisation ist lediglich die Beeinflussung des psychischen Systems durch Kommunikation. Damit bezeichnet der Sozialisationsbegriff einen Bezug zwischen sozialem System einerseits und psychischem System andererseits; dies entspricht ganz dem Interpenetrationsbegriff. Die weitere Bindung an ein soziales System, für das sozialisiert wird, entfällt damit. Sozialisation ist nicht dadurch definierbar, daß sie in einem bestimmten bzw. durch ein bestimmtes soziales System für ein anderes soziales System stattfindet. Damit wird der Sozialisationsbegriff frei von jeder Intentionalität im Hinblick auf ein anderes soziales System. Mit anderen Worten: *Sozialisation ist gerade nicht die Beeinflussung psychischer Systeme, die als Leistung für andere soziale Systeme erbracht werden soll.* Sie formuliert die Interpenetration des psychischen Systems durch das soziale System, unabhängig davon, ob diese Interpenetration auch für andere Teilsysteme konstitutiv sein können. Wird die Interpenetration intendiert und somit unter dem Aspekt ihrer Konstitution der Kommunikation anderer Teilsysteme betrachtet, so handelt es sich nicht um Sozialisation, sondern um Erziehung. Sozialisation ist nicht intendiert. Sozialisation ist eine Interpenetration eines sozialen Systems mit einem psychischen System, die nicht zugleich auch im Leistungsparameter formuliert ist.

Viertens: Wird Sozialisation als Interpenetration formuliert, so wendet sich dieses Konzept davon ab, daß zwischen psychischen und sozialen Systemen Äquivalenzen oder Gleichheiten bestehen müssen. Sozialisation findet immer dann statt, wenn nicht-

---

50. vgl. N. LUHMANN, Zweckbegriff und Systemrationalität

intendierte Interpenetration stattfindet und nicht, wenn die Normen der Gruppe zugleich zu Normen des Einzelnen werden. Damit wendet sich der systemanalytische Sozialisationsbegriff gegen das von DURKHEIM und PARSONS vertretene Paradigma der Internalisierung. Sozialisation als die Übernahme von Gruppennormen und -regeln ist eine der ältesten Definitionen von Sozialisation und hat sich auch im Laufe der Geschichte immer wieder durchgesetzt. So soll hier beispielhaft eine Definition des Sozialisationsbegriffs aus dem vorigen Jahrhundert wiedergeben werden, die sich bis in die heutige Zeit wiederfinden läßt:

"Sozialisation bedeutet dann "die Gefühle und Wünsche der Individuen so zu formen, daß sie den Bedürfnissen der Gruppe entsprechen."" [51]

Demgegenüber grenzt sich das hier verwendete Sozialisationskonzept ab, das erstens von der Nicht-Intentionalität der Sozialisation ausgeht und das zweitens lediglich darauf bezogen ist, daß die wechselseitige Konstitution zwischen psychischem und sozialem System stattfindet. Dabei stellt die Konstitution der Kommunikation durch Bewußtsein eine notwendige Bedingung der Interpenetration dar. Ist diese Bedingung nicht gegeben, findet Sozialisation nicht statt. Eine solche Konstitution ist jedoch nicht gleichzeitig damit verbunden, daß das psychische System die Ziele, Motive etc. des sozialen Systems übernehmen muß. Gerade die generalisierten Medien der Problemlösung - wie z.B. Geld - zeigen, daß das psychische System für die Kommunikation Bewußtsein zur Verfügung stellen kann, ohne sich mit den sozialen Zielen und Motiven zu identifizieren. Sozialisation als Interpenetration erweist sich somit weder als Internalisierung noch als Übernahme von sozialen Werten, Zielen und Motiven. Das psychische System kann in Abblendung dieser sozialen Ziele eigene Ziele, Motive etc. verfolgen und damit die Kommunikation konstituieren. *Dementsprechend ergeben sich auch für die Schule Differenzen zwischen den Systemzielen und Motiven und den personalen Motiven und Zielen des Schülers, ohne daß die Interpenetration gestört sein muß, ohne daß Sozialisation scheitert.*

Erst in einer systemanalytischen Einstellung des Schülers zum Schulsystem ist es notwendig, daß er die Ziele und Motive der Schule versteht und in Bezug zueinander bringt. Das Handeln im System unterscheidet sich hierin vom systemanalytischen Denken als der bewußten Konstruktion des sozialen Systems. Das heißt, der sozialisierte Schüler muß nicht das soziale System Schule erfassen, seine Ziele und Motive kennen. Er muß lediglich über Interpenetration Bewußtsein für Kommunikation zur Verfügung stellen, und umgekehrt muß Kommunikation hier als erzieherische Kommunikation das Bewußtsein des Edukanden konstituieren bzw. mitkonstituieren.

Fünftens: Aus den vorhergehenden Punkten folgt, *daß Sozialisation nicht nur auf sozial-kognitive Fähigkeiten beschränkt ist.* Die über Sozialisation vermittelte Interpenetration kann sich auf jeden Aspekt des psychischen Systems beziehen. Durch Sozialisation können Emotionen und Kognitionen konstituiert werden. Beide - Emotionen und Kognitionen - müssen sich dabei nicht auf soziale Gegenstände beziehen. In dieser Hinsicht kann Sozialisation wie auch Erziehung Interpenetrationen ermöglichen,

---

51. E.A. ROSS, Social control, zitiert nach: D. GEULEN, Die historische Entwicklung sozialisationstheoretischer Paradigmen, S.31

die sich z.B. auf die Identität, die Soziabilität und auf Einstellungen sowohl sich selbst als auch einer Sache oder Anderen gegenüber beziehen.

Sechstens: Aus diesem Grunde kann *Sozialisation auch nicht auf die Ausbildung der Identität eines vergesellschafteten Subjekts allein bezogen werden kann.* Sozialisation hat keine Zielsetzung - auch nicht im psychischen System. Dementsprechend grenzt sich der hier dargestellte Sozialisationsbegriff auch von der neueren psychologischen Sozialisationsforschung ab.

"Dabei gehen wir davon aus, daß Sozialisation begrifflich zu fassen ist als der Prozeß der Entstehung und Entwicklung der Persönlichkeit in wechselseitiger Abhängigkeit von der gesellschaftlich vermittelten sozialen und materiellen Umwelt. Vorrangig thematisch ist dabei die Frage, wie der Mensch sich zu einem gesellschaftlich handlungsfähigen Subjekt bildet." [52]

GEULEN und HURRELMANN versuchen die Beeinflussung der Persönlichkeit durch die Umwelt des psychischen Systems mit dem Begriff der Sozialisation zu fassen. Auch hier erhält der Sozialisationsbegriff eine Zielgerichtetheit. Sie wird ausschließlich mit dem Ziel der Identitätsbildung verbunden. Sozialisation ist nach GEULEN und HURRELMANN als die Vergesellschaftung des Subjekts zu verstehen, das in der Auseinandersetzung mit seiner Umwelt eine personale Identität aufbaut. Demnach stellt HURRELMANN fest, daß die Sozialisation ein Prozeß ist, der auch mißlingen kann; d.h., wenn durch die aktive Verarbeitung der Umwelt durch das Subjekt keine Identität ausgebildet wird.

"Ob die Sozialisation gelingt, entscheidet sich danach, wie angemessen die individuellen Handlungskompetenzen, das Selbstbild und die Identitätsbildung für die jeweiligen situations- und lebensgeschichtlichen Handlungsanforderungen sind: Sind sie in Struktur und Profil unzureichend entfaltet, dann fehlen die Voraussetzungen und Grundlagen für den Vollzug autonomen und zielorientierten Handelns und das Risiko besteht, daß psychisch und sozial auffällige und abweichende Formen des Handelns und Verhaltens auftreten, die die weitere Entwicklung der Persönlichkeit beeinträchtigen." [53]

Einem solchen Ansatz ist zu verdanken, daß die Sozialisationstheorie den Prozeß der Sozialisation nicht mehr als eine Internalisierung versteht, wie dies bei DURKHEIM und PARSONS geschieht. GEULEN wie auch HURRELMANN betonen, daß der Sozialisand ein aktives Subjekt ist, das seine Umwelt aktiv verarbeitet. Damit kommt dieser Ansatz den Vorstellungen der Interpenetration nahe: Soziale Strukturen werden nicht vom psychischen System internalisiert, sondern sie bilden die unabdingbare Voraussetzung für die Konstitution psychischer Strukturen, die dann in einem selbstreferentiellen Prozeß konstituiert werden.

Auch die Abgrenzung zwischen Sozialisation und Erziehung über das Moment der Intentionalität entspricht ganz der hier vorliegenden Begriffsbestimmung von Sozialisation. Gleichwohl muß festgestellt werden, daß HURRELMANN - ganz im Sinne LUHMANNs - die Erziehung als eine intendierte Sozialisation versteht. Das heißt,

---

52. D. GEULEN/ K. HURRELMANN, Zur Programmatik einer umfassenden Sozialisationstheorie, S.51
53. K. HURRELMANN, Einführung in die Sozialisationstheorie, S.178

Erziehung wird der Sozialisation untergeordnet, indem sie als eine spezifische Form der Sozialisation gedacht wird.

"Vom Begriff der Sozialisation wird in der heute vorherrschenden Verwendung der Begriff Erziehung deutlich abgesetzt. Erziehung ist ein begriffslogisch dem Begriff Sozialisation untergeordneter Begriff, der die Handlungen und Maßnahmen bezeichnet, durch die Menschen versuchen, auf die Persönlichkeitsentwicklung anderer Menschen Einfluß zu nehmen, um sie nach bestimmten Wertmaßstäben zu fördern. Erziehung bezeichnet nur einen Teil derjenigen gesellschaftlich vermittelten Einflüsse auf die Persönlichkeitsentwicklung, die unter den Begriff Sozialisation fallen, nämlich die bewußten und geplanten Einflußnahmen." [54]

Die Differenz zwischen Erziehung und Sozialisation wird hier durch Hierarchiebildung vollzogen: HURRELMANN stellt Erziehung als einen Unterbegriff zur Sozialisation vor. Sozialisation ist jede Form der Beeinflussung des psychischen Systems durch soziale Systeme. In dieser Hinsicht stimmt er mit MONTADAs Sozialisationsbegriff überein:

"... meint man mit Sozialisation nicht nur Lernen (oder die Vermittlung) von Rollenerwartungen und Kompetenzen, sondern jedes Lernen durch Sozialpartner und in gesellschaftlichen Institutionen." [55]

Folgt man einer solchen Unterordnung des Erziehungsbegriffs unter den Sozialisationsbegriff, so fehlt letztlich eine begriffliche Fassung der nicht-intentionalen Beeinflussung des psychischen Systems durch das soziale System. Dies wird einmal dadurch deutlich, daß auch bei HURRELMANN Sozialisation im Hinblick auf einen bestimmten Zweck bzw. im Hinblick auf ein bestimmtes Ziel betrachtet wird, nämlich die Persönlichkeitsentwicklung als die Ausbildung einer personalen Identität. In dieser Hinsicht kann er der Sozialisation letztlich auch ein Scheitern unterstellen. Zweitens liegt in der systemanalytischen Differenzierung zwischen Sozialisation und Erziehung die Möglichkeit, Erziehungssysteme nicht nur im Hinblick auf ihre intendierten Interpenetrationen zu betrachten, sondern auch gleichzeitig zu fragen, welche nicht-intendierten Interpenetrationen dadurch ermöglicht werden, daß Schüler an der schulischen Kommunikation, d.h. an der erzieherischen Beeinflussung, teilnehmen. Erziehung kann auch sozialisieren - so wie LUHMANN in einem oben dargestellten Zitat sagt [56] -, doch können bei der durch Sozialisation ermöglichten Interpenetration andere psychische Strukturen konstruiert werden als bei der durch Erziehung intendierten Interpenetration, ja die beiden Formen der Interpenetration können sich auch widersprechen. Sozialisation ist und bleibt ein Problem für Erziehungssyteme. Dies wird weiter unten noch näher erörtert. *Doch stellt sie nicht ein Problem dar, weil hier Sozialisation bewußt vollzogen wird und gleichsam in Erziehung überführt wird, sondern weil Erziehung als ein soziales Geschehen in einem sozialen System nicht nur erzieht - auf intendierte Interpenetration aus ist -, sondern zugleich immer auch sozialisiert - d.h.*

---

54. K. HURRELMANN, Einführung in die Sozialisationstheorie, S.14 (Zitat ist im Original kursiv gesetzt)
55. L. MONTADA, Themen, Tradition, Trends, S.49
56. Vgl. Anmerkung 45

psychische Systeme durch die erzieherische Kommunikation in ihrer Typik und Spezifik penetriert.

Siebtens: Sozialisation und Erziehung lassen sich nicht über ihre «Effekte» definieren. Sozialisation und Erziehung sind systemanalytisch nur formal zu bestimmen. Sie unterscheiden sich nicht im Hinblick darauf, daß sie unterschiedliche psychische Dispositionen penetrieren. Damit wird die gesellschaftliche Funktion der Schule nicht über ihre Effekte, sondern dadurch definiert, daß sie als ein gesellschaftliches Dauerproblem der Schule zugesprochen werden kann. Gleiches gilt für die Sozialisation: Sie definiert sich nicht über ihre Effekte (so z.B. Werthaltungen, soziale Kompetenzen), sondern darüber, daß sie durch nicht-intendierte Interpenetration psychische Strukturen konstituiert. Das systemspezifische Merkmal von Erziehungssystemen besteht darin, daß sie nicht nur sozialisieren, sondern die intendierten Interpenetrationen in der funktionalen Analyse der Systemparameter sowohl auf den Output und die Struktur als auch auf die gesellschaftliche Funktion des Systems beziehen.

Die Sozialisation ist dagegen als nicht-intendierte Interpenetration lediglich funktional auf die Struktur bezogen. Solange die Struktur der Kommunikation durch Momente geprägt ist, die die Konstitution dieser Kommunikation durch psychische Systeme ermöglicht, d.h. psychische Systeme an sie bindet und somit wiederum konstitutive Bedeutung für das psychische System erlangt, ist Sozialisation möglich.

Erziehung ist in allen Parametern auf die intendierte Interpenetration bezogen, so daß Erziehung als ein ausdifferenziertes Teilsystem auftritt: Die gesellschaftliche Funktion ist die Erziehung, so daß das Erziehungssystem Kommunikationsstrukturen ausbildet, die Erziehung, d.h. intendierte Beeinflussungen, psychischer Systeme ermöglicht. *Die systemanalytische Differenzierung zwischen Sozialisation und Erziehung ist demnach eine formale Differenzierung, die durch die unterschiedlichen Funktionszusammenhänge, die Sozialisation und Erziehung in der multiplen funktionalen Analyse bilden, bestimmt werden kann.* Erziehung wird in systemanalytischer Sicht nicht über ihre Inhalte oder Wirkungen und Ziele definiert, sondern über die ihr *eigene Konfiguration der Systemparameter* in der multiplen funktionalen Analyse. Gleiches gilt für die Sozialisation.

Achtens: Auf der in sieben Punkten vorgenommenen systemanalytischen Differenzierung zwischen Sozialisation und Erziehung können die von DURKHEIM und PARSONS gegebenen Begriffsdefinitionen grundlegend kritisiert werden. Aus systemanalytischer Sicht erweisen sich DURKHEIMs und PARSONS Begriffsdefinitionen als unzulänglich und nicht trennscharf. Die folgenden Punkte fassen diese Kritik zusammen:

1. DURHKEIM und PARSONS unterscheiden die Begriffe der Sozialisation und der Erziehung nicht als zwei einander nebengeordnete Begriffe, sondern definieren den Erziehungsbegriff als einen dem Sozialisationsbegriff untergeordneten Begriff, indem Erziehung als eine spezifische Form der Sozialisation dargestellt wird. Diese Kritik richtet sich auch gegen HURRELMANNs und LUHMANNs Konzeptionen. Erziehung ist bei den genannten Autoren die bewußte und methodisch disziplinierte Form der Sozialisation. In einer solchen Definition kann nicht zwischen der Interpenetration als Sozialisation einerseits und der Interpenetration als Erziehung andererseits unterschieden werden. *Diese Unterscheidung ist aber dann grundlegend, wenn nach der Funktion sozialer Systeme gefragt wird und wenn in der Sy-*

stemanalyse eines Erziehungssystems beide Formen der Interpenetration funktional aufeinander bezogen werden müssen. Sozialisation kann dann keine gesellschaftliche Funktion eines Erziehungssystems sein, und die multiple funktionale Analyse muß dann auch die sozialisatorische und die erzieherische Interpenetration funktional aufeinander beziehen.

2. DURKHEIM und PARSONS definieren die Sozialisation als gesellschaftliche Funktion und als Leistung der Erziehung. Der Funktionsbegriff wird nicht auf eine funktional differenzierte Gesellschaft bezogen, sondern wird als Aufgabe definiert, die die Leistung eines sozialen Systems ausmacht.

Sozialisation und Erziehung können, werden sie über Aufgaben bestimmt, nicht formal als zwei verschiedene Funktionszusammenhänge des Sozialen differenziert werden, sondern sie werden dann inhaltlich zweckrational bestimmt. Diese inhaltliche Zweckrationalität verkürzt beide Begriffe, indem sie sie für gesellschaftliche Zwecke, die Integration und die Allokation, instrumentalisiert. Erziehung und Sozialisation werden nicht als komplexe soziale Phänomene beschrieben, sondern über gesellschaftlich-soziale Aufgaben definiert, die im Falle der Erziehung bewußt und im Falle der Sozialisation unbewußt verfolgt werden.

Damit wird ausgeschlossen, daß Erziehung auch andere Aufgaben übernehmen kann und daß Sozialisation auch andere psychische Strukturen beeinflussen kann. Es wird ausgeschlossen, daß Sozialisation keiner Aufgabe untersteht.

3. Sozialisation und Erziehung werden in ihrer Beeinflussung des Einzelnen von DURKHEIM und PARSONS als ein Prozeß der *Internalisierung* beschrieben. *Dies widerspricht der Darstellung des psychischen Systems aus konstruktivistischer Sicht*: Psychische Systeme internalisieren nicht Vorgegebenes, sondern konstruieren in wechselseitiger Konstitution mit sozialen Systemen ihre Umwelt.

Neuntens: Die systemanalytische Differenzierung zwischen Sozialisation und Erziehung ist in einer Systemanalyse des Schulsystems nicht nur für den Funktionsparameter von Interesse. Auch der Strukturparameter ist in grundlegender Weise von dieser Differenzierung betroffen. Dies wird im letzten Teil dieses Kapitels dargestellt. *Für die multiple funktionale Analyse des Schulsystems stellt sich die Frage, in welchem Verhältnis Sozialisation und Erziehung zueinander stehen bzw. stehen müssen, um die eigentliche gesellschaftliche Funktion des Sozialsystems - die Erziehung - strukturell zu ermöglichen.* Es stellt sich mit anderen Worten die Frage, in welchem Verhältnis die Interpenetration, die nicht-intendiert ist und sich deshalb allein aufgrund der Mitgliedschaft und der Beteiligung an der Kommunikation ergibt, zu der intendierten Interpenetration, die als Output formuliert wird, stehen muß.

KOB differenziert Erziehung und Sozialisation ebenfalls über das Moment der Intentionalität, kommt dann jedoch zu dem Schluß, daß Sozialisation mit Erziehung nicht vereinbar bzw. vergleichbar ist.

"Trennt man nun nicht säuberlich zwischen beiden Formen von Sozialisation (gemeint ist die Sozialisation und die intendierte Sozialisation als Erziehung, A.H.) - was nur allzuoft geschieht -, dann muß jeder Vergleichsversuch zuungunsten des institutionellen Erziehungshandelns ausfallen, denn nur bei ihm kann ja sowetas wie Mißerfolg gemessen werden.
Aber nicht nur aus diesem Grunde muß davor gewarnt werden, Wirkungen von erzieherischer und nichterzieherischer Sozialisation pauschal miteinander unter dem Gesichts-

punkt der Effizienz und Konkurrenz zu vergleichen. Beide Vorgänge sind strukturell derartig verschieden voneinander, daß sie im Prinzip inkommensurabel sein müssen."[57]

Eine solche Darstellung des Verhältnisses von Erziehung und Sozialisation impliziert eine Nicht-Vereinbarkeit beider Beeinflussungsarten, die letztlich in ihrer strukturellen Differenz liegt. Es kann jedoch noch genauer gefragt werden, worin ihre strukturelle Differenz liegt.

Sozialisation wie auch Erziehung sind Interpenetrationen. Das heißt, sie stellen eine Beziehung zwischen den sozialen Strukturen und den psychischen Strukturen her. Erziehung ist als intendierte Interpenetration nicht allein schon deshalb Interpenetration, weil diese intendiert wird, sondern kann nur dann interpenetrieren, *wenn Erziehung durch strukturelle Momente ermöglicht wird*. Interpenetration findet im Hinblick auf die intendierte Interpenetration dann erst statt, wenn die Struktur des Erziehungssystems funktional auf den Outputparameter bezogen ist. Und dies gilt gleichzeitig für den Sach-, den Sozial- und den Zeitparameter. Die Struktur des sozialen Systems ist letztlich dasjenige Moment oder derjenige Parameter des Sozialen, über den Interpenetration zum psychischen System stattfinden kann. Die Zielsetzung - die Formulierung des Outputparameters - kann keine Interpenetration ermöglichen, sondern ist lediglich ein Moment, von dem aus die Struktur des sozialen Systems zweckrational konstruiert werden kann. Gleichzeitig ist es auch die Struktur des sozialen Systems, die die nicht-intendierte Sozialisation als Interpenetration ermöglicht. *Sozialisation und Erziehung ist gemein, daß sie als Interpenetrationen durch dieselbe Struktur, nämlich die Struktur des Schulsystems ermöglicht werden.*

Wenn nun gleichzeitig behauptet wird, daß Erziehung und Sozialisation nicht nur verschiedene Effekte haben können, sondern auch als Beeinflussungsarten unterschiedlich sind, stellt sich die Frage, worin diese Differenz liegt: beides sind Interpenetrationen, die durch dieselben kommunikativen Strukturen ermöglicht werden. Auch wenn Erziehung intendiert ist, so wird sie doch durch dieselben Strukturen ermöglicht, durch die auch Sozialisation stattfindet. Muß demgemäß nicht festgestellt werden, daß Sozialisation und Erziehung als Interpenetrationen ein und derselben sozialen Struktur mit denselben psychischen Systemen letztlich keine Differenz hervorbringen können?

Der Parameter des Outputs stellt immer eine Selektion dar. Nicht alle «Wirkungen» der Kommunikation, d.h. nicht alle Interpenetrationen der Kommunikation werden im Output formuliert, sondern lediglich diejenigen, die als erstrebenswert gelten. Im Rahmen des systemanalytischen Denkens richtet sich diese Selektion einerseits auf das psychische System, indem bestimmte psychische Dispositionen als zu erzielende formuliert werden, und sie richtet sich andererseits auf andere Teilsysteme der Gesellschaft, indem die im Output als erstrebenswert formulierten Interpenetrationen gleichzeitig auch andere soziale Systeme - andere Kommunikationen - konstituieren können. Durch diese Selektion wird in einem funktionalen bzw. zweckrationalen Bezug zwischen Output und Struktur die Struktur unter selegierten Kriterien bestimmt. Das Ziel - z.B. das Ziel des systemanalytischen Denkens - ist lediglich *ein* Kriterium für die funktionale Analyse der Struktur. Die Struktur wird auch durch den Input, die gesellschaftliche Funktion und durch andere psychische Dispositionen des psychischen

---

57. J. KOB, Erziehung und Macht, S.323

270 Schule als soziales System

Systems mitbestimmt. Alle Systemparameter sind zugleich Kriterien für die funktionale Analyse der Struktur. Die Kommunikationsstruktur eines Erziehungssystems - hier des Schulsystems - ist demnach komplexer und reichhaltiger bestimmt, als dies allein durch die Outputorientierung möglich ist. *Dementsprechend ergeben sich durch die Struktur der Schule immer auch Interpenetrationen, die nicht funktional auf den Outputparameter bezogen sind.* Diese Interpenetrationen machen die Sozialisation aus. Die Struktur der Schule bietet demnach nicht nur Interpenetrationen, die als ein Lernen *im System* betrachtet werden können, sondern auch Interpenetration, die als ein Lernen *am System* formuliert werden können. Schule ermöglicht demnach nicht nur Lernen durch die ihr eigenen Zielsetzungen, sondern sie ermöglicht gleichzeitig auch eine Fülle von Lernprozessen, die durch die Teilnahme am sozialen System durch die Interpenetration zwischen einer auf Lernen bezogenen Kommunikation und dem psychischen System des Schülers ermöglicht wird. Diese Doppelung des Lernens aus dem System und im System entspricht der Interpenetration durch Sozialisation einerseits und der Erziehung andererseits. Das Verhältnis zwischen diesen beiden Interpenetrationen wurde immer schon durch unterschiedliche Problemtitel kritisch betrachtet, so z.B. in der Erziehung zur Selbständigkeit: Hier stellt sich die Frage, wie die intendierte Interpenetration der Selbständigkeit durch soziale Strukturen ermöglicht werden sollen, die selbst durch Fremdbestimmung, Abhängigkeit und Asymmetrie gekennzeichnet sind und somit als soziale Beeinflussungen Interpenetrationen erzeugen können, die den intendierten Interpenetrationen widersprechen.

Sozialisation ist ein «Nebeneffekt» derjenigen strukturellen Gegebenheiten, die zum einen durch die intendierten «Effekte» konstituiert werden und zum anderen durch die multiple Vernetztheit des gesamten sozialen Systems auch von anderen Systemparametern mitkonstruiert werden.

Betrachtet man Sozialisation und Erziehung unter den genannten Prämissen, so ist erstens für die Konstruktion des Schulsystems zu fordern, daß *die Interpenetration der Sozialisation mit der Interpenetration der Erziehung kompatibel sein müssen.* Sie müssen nicht identisch sein, dürfen sich jedoch nicht widersprechen. Der Widerspruch ist dann gegeben, wenn unterschiedliche psychische Dispositionen konstituiert werden, die miteinander nicht vereinbar sind: so z.B. Abhängigkeit und Selbständigkeit oder Freiheit und Fremdbestimmung. Eine genauere Analyse der strukturellen Bedingungen der Schule muß aufweisen, daß die Lernmöglichkeiten, die Schule über ihre Struktur eröffnet, mit den intendierten Lernprozessen vereinbar sind. Dabei ist auch genau zu prüfen, ob die Form der Fremdbestimmung - so wie sie in der Schule vollzogen wird, wie sie in der Struktur der Schule realisiert wird - auch zur Fremdbestimmung des psychischen Systems des Schülers als einer allgemeinen Disposition führt. Es muß untersucht werden, welche strukturellen Bedingungen welche Interpenetration, d.h. welche Konstitutionen von psychischen Dispositionen, ermöglichen.

Darüber hinaus muß in der Konstruktion des Schulsystems jede einseitige Bestimmung der strukturellen Bedingungen über die Zieldimension vermieden werden. Strukturelle Bedingungen müssen im Rahmen einer gesamtsystemischen Betrachtung funktional bestimmt werden und im Hinblick auf ihre Interpenetrationsmöglichkeiten reflektiert werden.

2. Die gesellschaftliche Funktion der Schule

Aus der bisherigen Argumentation hat sich ergeben, daß Sozialisation nicht als eine Funktion der Schule anzusehen ist. Schule - wie auch jedes andere Erziehungssystem - kann gegenüber anderen Teilsystemen der Gesellschaft nicht dadurch definiert werden, daß sie sozialisiert, weil dies für jedes andere Teilsystem der Gesellschaft auch gilt. Schule erhält über den Begriff der Sozialisation keine Spezifität gegenüber anderen Teilsystemen der Gesellschaft. Damit ist gleichzeitig auch festgelegt, daß Sozialisation nicht als eine Unterfunktion der Schule auftreten kann. Sozialisation ist eine Form der Interpenetration, die in jedem sozialen System stattfindet und die, gerade weil sie nicht intendiert ist, mit dem Hauptanliegen der Schule bzw. aller Erziehungssysteme, über Interpenetration psychische Dispositionen und Strukturen bewußt und gewollt hervorzubringen, nicht gleichzusetzen ist.

Soll nun die gesellschaftliche Funktion der Schule dargestellt werden, so stellt sich in erster Linie die Frage, welches Dauerproblem Schule als ein Erziehungssystem bearbeitet. Dieses Dauerproblem muß so formulierbar sein, daß sich Schule funktional von allen anderen Teilsystemen der Gesellschaft und außerdem von allen anderen erzieherischen Teilsystemen der Gesellschaft differenzieren läßt. Schule ist in ihrer gesellschaftlichen Funktion nur dann hinreichend beschrieben, wenn ihr ein genuines Dauerproblem der Gesellschaft zugesprochen werden kann.

Erziehung ist ein soziales Geschehen. Sie wird in der Kommunikation realisiert. Doch ist die Tatsache, daß Erziehung immer ein soziales Geschehen ist, nicht gleichbedeutend damit, daß Erziehung auch in eigens für die Erziehung ausdifferenzierten sozialen Systemen stattfindet. Das Problem der Erziehung wird und kann zwar nur über Kommunikation behandelt werden, es führt jedoch nicht in jeder Gesellschaft zu eigens für dieses Problem ausdifferenzierten Systemen. [58] Es gibt Gesellschaften, in denen Erziehung nicht in ausdifferenzierten Erziehungssystemen stattfindet. Ist das der Fall, so tritt Erziehung nur okkasionell auf.

Erziehung ist einerseits aus anthropologischen Gründen immer schon ein gesellschaftliches Dauerproblem. [59] Andererseits führt diese Problemstellung nicht immer

---

58. Ein wesentlicher Grund hierfür liegt darin, daß nicht jede Gesellschaft funktional differenziert ist. Soll hier jedoch nicht nur gesellschaftstheoretisch, sondern auch erziehungswissenschaftlich argumentiert werden, so liegt ein zweiter Grund in der Spezifik der Beziehung zwischen Sozialisation und Erziehung.
59. Die Frage nach der anthropologischen Bestimmung der Erziehung kann hier nicht weiter erörtert werden. Nach H. ARENDT kann die Erziehung als eine der elementaren und notwendigen Tätigkeiten der Menschengesellschaft angesehen werden.
"Denn das Erziehen gehört zu den elementarsten und notwendigsten Tätigkeiten der Menschen-Gesellschaft, die niemals bleibt, was sie ist, sondern sich durch Geburt, durch das Hinzukommen neuer Menschen, ständig erneuert, und zwar so, daß die Hinzukommenden nicht fertig sind, sondern im Werden. So zeigt das Kind, mit dem es die Erziehung zu tun hat, dem Erzieher ein Doppel-Gesicht: es ist neu in einer ihm fremden Welt und es ist im Werden, es ist ein neuer Mensch und es ist ein werdender Mensch. Dieser Doppelaspekt ist keineswegs selbstverständlich und trifft nicht auf die tierischen Formen des Lebens zu; ihm entspricht ein doppelter Bezug, der Bezug auf die Welt einerseits und auf das Leben andererseits. Das Im-Werden-sein teilt das Kind mit allem Lebendigen; es betrifft das Leben und seine Entwicklung, das Kind ist ein werdender Mensch und nicht anders als eine kleine Katze eine werdende Katze ist. Aber neu ist das Kind nur in Bezug auf eine Welt, die vor ihm da war, die nach seinem Tode weiterbestehen wird, und in der es sein Leben verbringen soll. Wäre das Kind nicht auch ein Neuankömmling in dieser Menschenwelt, sondern nur ein noch nicht fertiges Lebendiges, so würde Erziehung nur eine Funktion des Lebens selbst

zur Ausdifferenzierung autonomer Erziehungssysteme. Es ist demnach zu fragen, wie es angesichts des anthropologisch immer schon vorhandenen Grundproblems der Erziehung zur Ausdifferenzierung eines funktional differenzierten Erziehungssystems kommt. Diese Erörterung bildet das Zentrum für die Funktionsbestimmung der Schule. In ihr wird deutlich, warum es zur Ausdifferenzierung sozialer Erziehungssysteme kommt; d.h., es wird deutlich, unter welcher sozialen Motivationslage, unter welchen gesellschaftlichen Problemstellungen sich Erziehungssysteme allgemein und das Schulsystem im Besonderen ausdifferenzieren.

Bevor diese Erörterung stattfindet, soll hier jedoch zunächst auf die Funktionsbestimmung der Schule in der Literatur [60] eingegangen werden.

2.1 Probleme in der Funktionsbestimmung der Schule

Die gesellschaftliche Funktion der Schule ist ein wichtiger Untersuchungsgegenstand von schultheoretischen Untersuchungen. Die Zahl der in diesem Zusammenhang unterschiedenen Funktionen ist erstaunlich groß. So verweist BALLAUFF in seinem umfangreichen Werk zur gesellschaftlichen Funktion der Schule auf zahlreiche und sehr unterschiedliche Funktionen, die der Schule im Laufe ihrer Existenz zugesprochen wurden. [61] In ähnlicher Weise verweisen die Arbeiten von GOLDSCHMIDT und SCHÖPFTHALER [62] und LESCHINSKY und ROEDER [63] auf Funktionen der Schule. Gleiches gilt für schultheoretische Untersuchungen, die den Funktionen der Schule breite Aufmerksamkeit widmen. Exemplarisch seien hier nur FEND [64] und FINGERLE [65] genannt. Der Rückgriff auf diese Literatur ist für die vorliegende Untersuchung aufgrund unterschiedlicher Aspekte problematisch. Einige zentrale Problemaspekte sollen hier aufgeführt werden.

Erstens: Die Bestimmung des Begriffs «Funktion» erweist sich in der Literatur als problematisch. Insbesondere in BALLAUFFs umfangreicher und auch hilfreicher Zusammenstellung von sehr vielen unterschiedlichen Funktionen der Schule wird deutlich - und dies betont er selbst -, daß er mit der Beschreibung der Funktion der Schule nicht nur auf das gesellschaftliche Motiv der Schule eingehen will, sondern daß er alle

---

sein, in nichts anderem zu bestehen haben als jener Sorge um Erhaltung des Lebens und Training oder Einübung im Lebendigsein, die alle Tiere gegenüber ihren Jungen übernehmen. Menschliche Eltern aber haben ihre Kinder nicht nur durch Zeugung und Geburt ins Leben gerufen, sie haben sie gleichzeitig auch in eine Welt hineingeboren. In der Erziehung übernehmen sie die Verantwortung für beides, für Leben und Werden des Kindes wie für den Fortbestand der Welt. Diese beiden Verantwortungen fallen keineswegs zusammen, sie können sogar in einen gewissen Widerspruch miteinander geraten. Die Verantwortungen für das Werden des Kindes ist in einem gewissen Sinne eine Verantwortung gegen die Welt: das Kind bedarf einer besonderen Hütung und Pflege, damit ihm nichts von der Welt her geschieht, was es zerstören könnte. Aber auch die Welt bedarf eines Schutzes, damit sie von dem Ansturm des *Neuen*, das auf sie mit jeder Generation einstürmt, nicht überrannt und zerstört werde." (H. ARENDT, Die Krise der Erziehung, S.15)

60. Diese Darstellung beschränkt sich auf einige wenige, jedoch auch für die Diskussion repräsentative Texte zur Funktionsbestimmung der Schule.
61. vgl. T. BALLAUFF, Funktionen der Schule
62. vgl. D. GOLDSCHMIDT/ T. SCHÖPFTHALER, Die Soziologie in Wechselwirkung mit Bildungssystem, Bildungspolitik und Erziehungswissenschaft
63. vgl. A. LESCHINSKY/ P.M. ROEDER, Gesellschaftliche Funktionen der Schule
64. vgl. H. FEND, Theorie der Schule
65. vgl. K.H. FINGERLE, Funktionen und Probleme der Schule

sozialen Außenbeziehungen des Schulsystems mit einbezieht. Er legt demnach nicht nur eine Darstellung der Funktion der Schule im in der vorliegenden Arbeit definierten Sinne vor, sondern er versucht, jede Zielsetzung der Schule, die hier als deren Leistung auftritt, mit einzubeziehen. BALLAUFFs Begriff der Funktion integriert demnach den hier vorgestellten gesellschaftlichen Funktionsbegriff mit dem Leistungsbegriff: BALLAUFF untersucht unter dem Aspekt der Funktion die sozialen Außenbeziehungen der Schule.

"Die Geschichte der Schule ist ein Trauerspiel. Gemessen an dem, was man ihr auftrug und was man von ihr erwartete, enttäuschten ihre Institution und die Vorgänge in ihr immer aufs neue. Ja ihre beobachtbare, feststellbare Wirklichkeit bot oft den gegenteiligen Anblick zu ihrer postulierten Gestalt und Verfassung. So wird sie durch ihre Geschichte hindurch von Kritik und Reform begleitet, die seit dem 17. Jahrhundert zum permanenten Kennzeichen ihres Selbstverständnisses werden. Eine solche Kritik und die ihr entsprechende Reform sind nur auf der Grundlage einer Theorie der Schule möglich: Man muß wissen, was die Schule soll, weshalb man sie einrichtet, was ihre Aufgaben und Ziele sind und woran man deren Erfüllung messen kann. Man muß über die "Funktionen" der Schule klar sein." [66]

Eine solche Untersuchungsabsicht richtet sich nicht darauf, eine oder einige wenige bestimmte Funktionen der Schule, die gleichzeitig als Dauerprobleme der Gesellschaft auftreten, aufzuzeigen. Eine solche Untersuchung versucht vielmehr, die in der Geschichte vorzufindenden Aufgaben, Begründungen und Ziele der Schule darzustellen. BALLAUFFs Untersuchung wird für die folgenden Überlegungen noch eine Rolle spielen, gleichwohl bleibt festzuhalten, daß er durch seinen anders definierten Funktionsbegriff auch eine andere Untersuchungsabsicht hat.

Der Begriff der gesellschaftlichen Funktion bleibt auch in vielen anderen Untersuchungen zur Schule ungenau bzw. wird in ihnen anders definiert als in der vorliegenden Arbeit. Demnach können diese Untersuchungen auch nicht für die Benennung der gesellschaftlichen Funktion der Schule als eines Dauerproblems der Gesellschaft mit herangezogen werden. Die genaue Differenzierung zwischen der gesellschaftlichen Funktion, der Leistung und der nicht-intendierten Interpenetration der Schule in der vorliegenden Arbeit soll jedoch beibehalten werden. Diese Differenzierung entspringt einem systemanalytischen Denken, das soziale Systeme nur dann als hinreichend dargestellt, definiert und konstruiert sieht, wenn diese Unterscheidungen vollzogen, mit bestimmten Inhalten gefüllt und darüber hinaus auch in Bezug zueinander gesetzt werden. Diese Differenzierung unterscheidet dann erstens zwischen der gesellschaftlichen Motivation der Schule, die bei BALLAUFF mit dem «Weshalb» der Schule angesprochen wird, der Leistung der Schule, die bei BALLAUFF mit der Untersuchung der Aufgaben und Ziele der Schule angesprochen wird, und der nicht-intendierten Konstitution psychischer Strukturen durch die Schule, die hier als Sozialisation gefaßt werden und die bei BALLAUFF immer wieder als ein Moment unterschiedlicher Funktionen auftreten. Dieses letzte Moment verweist wiederum auf die hier vollzogene Differenzierung zwischen Sozialisation und Erziehung. Da Sozialisation nicht als

---

66. T. BALLAUFF, Funktionen der Schule, S.1

eine Funktion des Erzieherischen auftreten kann, kann demnach auch der sogenannte «heimliche Lehrplan»[67] der Schule nicht Funktion der Schule sein.

Zweitens: Schule wird in ungeklärter Weise Multifunktionalität zugesprochen.

"Näher liegt zunächst einmal die Annahme, daß das Bildungssystem nicht so sehr äußerlichen, beispielsweise ökonomischen Imperativen gehorcht, sondern (in unterschiedlicher Ausprägung und zeitlicher Varianz) gleichzeitig mehrere gesellschaftliche Funktionen ausfüllt. ... Die unterschiedlichen Funktionen stehen demnach in einer komplexen, teils sich stützenden, teils spannungsgeladenen Beziehung, die vielfach eine allenfalls analytische Scheidung ermöglicht."[68]

Die Annahme der Multifunktionalität der Schule wird in fast allen schultheoretischen Betrachtungen zur Schulfunktion vertreten. Einige grundlegende Funktionszuweisungen sind in der Literatur immer wieder zu finden: So z.B. die Personalisationsfunktion, die Qualifikationsfunktion, die Selektionsfunktion, die Allokationsfunktion, die Legitimationsfunktion, die Enkulturationsfunktion.[69] Die Multifunktionalität führt häufig zum Folgeproblem einer nicht genauen Abgrenzung zwischen den einzelnen Funktionen. Betrachtet man diese Funktionen, so kann erstens festgestellt werden, daß keine eindeutige Differenzierung zwischen diesen Funktionen vollzogen werden kann. Die Qualifikation kann dann z.B. gleichbedeutend mit der Enkulturation[70] sein, wenn etwa grundlegende Kulturtechniken wie das Lesen und Schreiben vermittelt werden. Enkulturation ist demnach nicht von Qualifikation abzugrenzen. Auch die Personalisationsfunktion ist nicht trennbar von der Qualifikation, wenn sie im Sinne WURZBACHERs, der den Begriff der Personalisation grundlegend prägte, verwendet wird: Personalisation wird von ihm definiert als die Fähigkeit, sich mit Gesellschaft und Kultur kritisch auseinanderzusetzen[71], und wird so zur "Ausbildung und Anwendung der menschlichen Fähigkeit zur Integration des sozialen und kulturellen *Pluralismus.*"[72] Eine solche Fähigkeit des Menschen, die hier als Personalisation definiert wird, ist zugleich auch eine Qualifikation. Auch Qualifikation und Personalisation sind somit nicht trennbar. Darüber hinaus gibt es bei WURZBACHER wiederum das grundlegende Problem der Definition von Sozialisation. Sozialisation ist bei WURZBACHER nicht unterschieden von der Erziehung. Sozialisation ist bei ihm eine Erzie-

---

67. vgl. ZINNECKER, Der heimliche Lehrplan
68. A. LESCHINSKY/ P.M. ROEDER, Gesellschaftliche Funktionen der Schule, S.112
69. vgl. H. ABELS, Die Schule als Feld soziologischer Forschung, S.269-274; B. ADEL-AMINI, Grundriß einer pädagogischen Schultheorie, S.64ff.; M. BORN, Die Schule als Stätte der Personalisation junger Menschen; J. DERBOLAV, Auf der Suche nach einer mehrdimensionalen Schultheorie, S.27f.; H. FEND, Theorie der Schule, S.13-55; H. HOLSTEIN, Institutionell-politische Funktionen der Schule - Skizze einer schultheoretischen Perspektive; A. LESCHINSKY/ P.M. ROEDER, Gesellschaftliche Funktionen der Schule
70. "Es wird hierbei deutlich, daß *Enkulturation* (kulturelle Bildung) etwas anderes ist als *Sozialisation* (soziale Prägung) und nicht synonym mit ihm gebraucht werden sollte. War Sozialisation Eingliederung des Menschen in die soziale Gruppe, so bedeutet Enkulturation eine gruppen- wie personenspezifische Aneignung und Verinnerlichung von Erfahrungen, "Gütern", Maßstäben und Symbolen der Kultur zur Erhaltung, Entfaltung und Sinndeutung der eigenen wie der Gruppenexistenz. Hierbei stehen sich die Kultur in ihrer zwingenden Breite und Herausforderung und die Person in angeregter, folgender und lernender Aktivität gegenüber[20]." (G. WURZBACHER, Sozialisation - Enkulturation - Personalisation, S.14)
71. vgl. G. WURZBACHER, Sozialisation und Personalisation, S.14ff.
72. G. WURZBACHER, Sozialisation - Enkulturation - Personalisation, S.15

hung, die auf soziale Lernziele bezogen ist. In der vorliegenden Arbeit wird der Sozialisationsbegriff dagegen über die Nicht-Intentionalität definiert und ist frei von spezifischen inhaltlichen Gebundenheiten: Sozialisation kann jede Art von psychischen Dispositionen konstituieren. Erzieherische Bemühungen wiederum können auch auf Ziele bezogen sein, die in erster Linie auf soziale oder sozial-kognitive Prozesse ausgerichtet sind, die für andere Teilsysteme konstitutiv sind. Diese erzieherische Beeinflussung im Hinblick auf soziale Kompetenzen soll hier *Sozialisierung* genannt werden. *Sie kann von dem Begriff der Sozialisation dadurch unterschieden werden, daß sie im Rahmen eines erzieherischen Prozesses vollzogen wird; mithin wird in der Sozialisierung durch erzieherische Kommunikation die Konstitution sozialer bzw. sozialkognitiver Kompetenzen intendiert.* In bezug auf das kurze Zitat von WURZBACHER [73] zeigt sich, daß Personalisation nicht nur Qualifikation impliziert, sondern insbesondere auch Sozialisierung, indem mit der Personalisation eine wichtige soziale Kompetenz gemeint sein kann. In dieser Hinsicht sind Qualifikation, Personalisation und Sozialisierung untrennbar miteinander verquickt.

Auch die Selektions- und Allokationsfunktion erweist sich als nicht trennbar von der Qualifikationsfunktion. Selektion und Allokation können in der Schule nur dadurch vollzogen werden, daß sie über Qualifikation ermöglicht werden. Schule selegiert und weist Plätze in der Gesellschaft über die Qualifikation zu. Schule hat letztlich keine anderes Kriterium der Selektion und Allokation als das der Qualifikation. Qualifikation ist hier auch untrennbar mit den Funktionen der Selektion und Allokation verbunden. [74]

Drittens: Ein dritter grundlegender Problemaspekt bei der Bestimmung der Funktion der Schule ist mit dem vorherigen verbunden. *Die genannten Funktionen sind nicht trennscharf definierbar. Gleichwohl wird das Verhältnis zwischen den Funktionen kaum geklärt.* Sie werden so behandelt, als seien sie nebengeordnete Funktionen, die mit gleicher Geltung und gleichem Gewicht der Schule zugeschrieben werden könnten. Dabei hat sich schon gezeigt, daß z.B. die Qualifikation eine Funktion ist, die letztlich mit allen anderen Funktionen verbunden werden kann. Werden solche Beziehungen zwischen den genannten Funktionen nicht aufgezeigt und werden die Funktionen nicht in hierarchischer Weise einander zugeordnet, so kann auch nicht festgestellt werden, welche der genannten Funktionen die Hauptfunktion bildet bzw. welche Funktionen der Hauptfunktion als Subfunktion zugeordnet werden können. Werden die gesellschaftlichen Funktionen lediglich einander nebengeordnet bzw. summativ aufgezählt, so muß daraus geschlossen werden, daß Schule auf mehrere Dauerprobleme der Gesellschaft durch Systembildung reagiert. Schule wäre dann ein System, das das Dauerproblem der Personalisation, der Enkulturation etc. in gleicher Weise bearbeitet. Dem ist entgegenzuhalten, daß gerade für Gesellschaften, die hochgradig funktional differenziert sind, eine mehrfache Funktionszuweisung zu einem System kaum wahrscheinlich ist. Die funktional differenzierte Gesellschaft zeichnet sich gerade dadurch aus, daß mehrfache Funktionszuweisungen durch Subsystembildung ausdifferenziert werden. Ein weiteres Moment, das noch weiter unten unter dem Ge-

---

73. G. WURZBACHER, Sozialisation - Enkulturation - Personalisation, S.15
74. vgl. Kapitel 3, Teil 2, Punkt 2.4 *Die Hierarchiestruktur der gesellschaftlichen Funktionen der Schule*

sichtspunkt der Struktur[75] behandelt wird, kann dem entgegengehalten werden: Schule ist ein soziales System mit einer bestimmten Struktur, die die genannten Funktionen nicht in gleicher Weise behandeln kann. So kann z.b. die Personalisationsfunktion nicht nur im Sinne WURZBACHERs definiert werden, sondern auch unter dem Bezugsgesichtspunkt der individuellen personalen Identität. Schule müßte dann das Problem der Identitätsbildung in gleicher Weise behandeln wie das Problem der Qualifikation etc. Aufgrund ihrer strukturellen Gegebenheiten ist sie jedoch nicht in der Lage, diese anders definierte Personalisation zu betreiben.

Viertens: Der Schule werden Funktionen zugeschrieben, die sie nicht gleichzeitig abarbeiten kann. Das heißt, es werden Funktionen genannt, die sich widersprechen bzw. gegenseitig aufheben. Auch hierzu sei ein Beispiel genannt. FEND bestimmt die Legitimationsfunktion der Schule als eine Teilfunktion neben der Qualifikations- und Selektionsfunktion. Legitimation meint in Sinne von FEND, die Legitimation der «Leistungsideologie» und die Legitimation politischer Herrschaft.

Die Legitimation der «Leistungsideologie» besagt, daß Schule durch ihre spezifischen Strukturen Einstellungen prägt, die die Leistung als einen positiv zu bewertenden Maßstab für die Selektion und Allokation annimmt. Diese Einstellung bezeichnet FEND als Ideologie, da das Problem der Allokation und Selektion dadurch nur scheinbar gelöst sei. Daß die Chance, einen bestimmten Platz in der Gesellschaft einzunehmen, mit der persönlichen Leistung verbunden sei, stellt FEND als eine ideologische Unterstellung dar. Damit werde das Problem der Allokation personalisiert, obgleich es - so meint FEND - ein grundlegendes sozial-politisches Problem ist: Allokation ist - und dies meint der Begriff der «Leistungsideologie» - eben nicht durch persönliche Leistung bzw. durch das Versagen persönlicher Leistungen zu erklären, sondern ist ein Verteilungsmechanismus der nach wie vor in sehr starkem Maße an soziale Schichten gebunden ist.

"Die zentralen Legitimationsprobleme der spätkapitalistischen Gesellschaft ergeben sich aus zwei Sachverhalten: einmal muß die ungleiche Verteilung knapper Güter legitimiert werden, zum anderen gilt es, die Anerkennung der politischen Instanzen zu sichern. Beide Sachverhalte sind insofern verschränkt, als es keine Autonomie des ökonomischen Systems von politisch-administrativen mehr gibt, so daß mit der Anerkennung der politischen Herrschaft gleichzeitig eine Anerkennung der privatrechtlichen Wirtschaftsform verbunden zu sein scheint.
Die *ungleiche Verteilung knapper Güter* wird durch eine Leistungsideologie legitimiert, nach der Ungleichheit das Ergebnis unterschiedlicher Anstrengung und unterschiedlicher Qualität des Menschen (z.B. Begabung) ist." [76]

Hierauf wird weiter unten noch genauer eingegangen.

Das zweite Moment, die Legitimation der politischen Herrschaft, besteht nach FEND darin, daß die normative gesellschaftliche Ordnung durch die Schule positiv besetzt wird, so daß die Mitglieder der Gesellschaft an die Legalität des Gesellschaftssystems glauben: die Legalität der Rechtsgebung und der Rechtsausübung. FEND weist der Schule diese Funktion zu, indem er feststellt:

---

75. vgl. Kapitel 3, Teil 3, Punkt 2.1 *Merkmale des Strukturparameters*
76. H. FEND, Theorie der Schule, S.45

"Ich meine, daß die Schule den prototypischen Kontext für den Aufbau der oben skizzierten normativen Strukturen und Interpretationsmuster bilden kann."[77]

Gleichzeitig stellt Fend jedoch auch fest, daß die Qualifikationsfunktion der Schule der Legitimationsfunktion widerspricht. Er stellt fest, daß höhere schulische Qualifikationen gerade mit einer kritischen Haltung gegenüber tradierten Werten und Normen verbunden ist.

"Für den Bereich der Legitimationsproblematik könnte darauf hingewiesen werden, daß in den letzten Jahren gerade im Bildungssystem die stärkste Bewegung gegen den Kapitalismus entstanden ist. Die Forschung über politische Sozialisationsprozesse legt ferner die Behauptung nahe, daß sich die entscheidenen Prozesse der politischen Loyalitätsbindung an den Staat nicht in der Schule, sondern in der Familie abspielen. Im Bezug auf die Leistungsideologie scheint sich aus empirischen Forschungen zu ergeben, daß es besonders weniger qualifizierte Bereiche im Schulsystem sind, die solche Bewußtseinsstrukturen enthalten (z.B. Hauptschulen und Realschulen), während mit steigendem Qualifikationsgrad (z.B. Gymnasium) auch die unkritische Hinnahme legitimierender Bewußtseinsstrukturen zurückgeht (vgl. *Väth-Szusdziara* 1976, *Fend* et al. 1976; *Koneffke* 1969)."[78]

Qualifikation und Legitimation stehen nach den vorgetragenen Auffassung in Konflikt zueinander. Geht man jedoch davon aus, daß die Funktion eines sozialen System ein Dauerproblem der Gesellschaft ist, das in diesem System kommunikativ bearbeitet wird, so muß gleichzeitig festgestellt werden, daß *Funktionen untereinander nicht in Widerspruch stehen können und dürfen*. Funktionen bilden Leitmotive sozialer Systeme in einer funktional differenzierten Gesellschaft. Stehen diese Leitmotive in Widerspruch zueinander, kann das jeweilige System die Probleme in seiner Handlungsstruktur nicht rational bzw. systemfunktional bearbeiten. Es müßte seine internalen Prozesse mit Systemgrenzen abgleichen, die ihm die Aufgabe stellen, zwei oder mehrere sich widersprechende Kriterien funktional auf die Konstruktion des Systems zu beziehen. Diese Kriterien bilden dann in der funktionalen Analyse Selektionskriterien, die letztlich völlig unterschiedliche Selektionen ermöglichen und verursachen. Das soziale System kann seine Einheit nicht finden. Erst wenn alle Systemparameter funktional aufeinander bezogen werden können, wenn die wechselseitigen Selektionen, die sie füreinander verursachen, aufeinander abgestimmt sind und sich zu einer rationalen Funktionseinheit verbinden, kann das soziale System sich konstituieren und funktional sein. Systemparameter bzw. die inhaltliche Füllung eines Systemparameters durch mehrere Momente dürfen in Rahmen der hier vorgegebenen Konzeption nicht in Widerspruch zueinander stehen. Auf das oben gegebene Beispiel bezogen meint dies: Schule kann sich als ein soziales System nicht gleichzeitig an dem Dauerproblem der Legitimation, so wie es von FEND dargestellt wurde, einerseits und dem Dauerproblem der Qualifikation andererseits orientieren. Beide Dauerprobleme fordern unterschiedliche Systembildungen, da die Strukturen eines qualifizierenden Systems im

---

77. H. FEND, Theorie der Schule, S.46
78. H. FEND, Theorie der Schule, S.48; Literaturverweise im Zitat: R. VÄTH-SZUSDZIARA, Zur Integrationsfunktion der Schule; H. FEND/ W. KNÖRZER/ W. NAGEL/ W. SPECHT/ R. VÄTH-SZUSDZIARA, Sozialisationseffekte der Schule; G. KONEFFKE, Integration und Subversion, S.389ff.

278 Schule als soziales System

Vergleich zu den Strukturen eines «legitimierenden» Systems gegensätzliche Interpenetrationen ermöglichen. Sollen beide Dauerprobleme behandelt werden, so ist dies im Rahmen der Schule nur dadurch möglich, daß Legitimation als Qualifikation vollzogen wird. [79] Soll eine andere Form der Legitimation ermöglicht werden, die - wie oben dargestellt - den *Glauben* an das Gesellschafts- und Rechtssystem vermittelt, so muß dies in einem sozialen System geschehen, das sich von der Schule ausdifferenziert und diese Form der Legitimation zu seinem Dauerproblem ernennt.

Fünftens: Die gesellschaftliche Funktion der Schule stellt eine genuine gesellschaftliche Funktion eines erzieherischen Subsystems dar, die sich von anderen Funktionen anderer Teilsysteme und insbesondere auch anderer erzieherischer Teilsysteme unterscheidet. Kann der Schule eine solche genuine gesellschaftliche Funktion nicht zugeschrieben werden, so hat sie letztlich kein Kriterium für ihre funktionale Ausdifferenzierung. Deshalb muß z.b. Familie als ein Erziehungssystem in funktionaler Differenz zum Schulsystem stehen. Betrachtet man unter diesem Gesichtspunkt z.b. die Funktion der Personalisation oder auch der Allokation, so kann festgestellt werden, daß beide Funktionen zugleich auch von der Familie erfüllt werden. Gerade im Hinblick auf die Personalisation erweist sich Familie als ein soziales System, das in viel engerem Kontakt zum Individuum steht und auf dessen Identitätsentwicklung einen entscheidenden Einfluß ausübt. So zeigen z.b. Identitätstheorien im Rahmen der psychoanalytischen Theoriebildung, daß die grundlegenden Voraussetzungen für eine «gesunde» Identitätsbildung schon von der frühen Kindheit an gelegt werden. Diese Entwicklungsphase liegt außerhalb der Beeinflussungsmöglichkeiten der Schule und wird vorrangig durch die sozialen Kontakte innerhalb der Familie mitgeprägt. [80] Gleiches gilt für die Allokation. FEND verweist auf die wichtige Bedeutung der Familie im Rahmen der Verteilung bestimmter Plätze innerhalb der Gesellschaft. Dieses Grundproblem wird in der Schultheorie immer wieder unter dem Aspekt der Chancengleichheit aufgenommen. Dabei erweist sich die Familie in einem sehr hohen Maße als eine Wirkungsgröße für die Allokation, so daß auch hier gefragt werden muß, ob die Allokationsfunktion nur der Schule zu eigen ist. [81]

"Danach scheint das Schulsystem für die Herstellung sozialer Gleichheit weniger wirksam und für die tatsächliche Produktion von Ungleichheit weit weniger bedeutsam als lange angenommen wurde. Wir stehen hier vor einer ähnlichen Situation wie bei der Argumentation um die Qualifikationsfunktion der Schule: Das Schulsystem verliert plötzlich an Funktionalität: seine Einbindung in gesellschaftliche Zwecke, hier in solche der Reproduktion von Statusverteilungen und Rekrutierung, wird weniger eng und unausweichlich als ursprünglich angenommen." [82]

Die Funktionsbestimmung der Schule kann unter den Funktionen der Personalisation und der Allokation nicht eindeutig vorgenommen werden. Schule hat in allen ihren Funktionsbestimmungen, die hier bereits erwähnt wurden immer nur einen bestimmten Anteil. Sie erfüllt diese Funktionen nicht ausschließlich und somit auch

---

79. vgl. Kapitel 3, Teil 2, Punkt 2.4 *Die Hierarchiestruktur der gesellschaftlichen Funktionen der Schule*
80. vgl. hierzu E.H. ERIKSON, Identität und Lebenszyklus
81. vgl. Kapitel 3, Teil 2, Punkt 2.4.1.1 *Die Subfunktion der Allokation*
82. H. FEND, Theorie der Schule, S.37

nicht vollständig funktional differenziert von anderen erzieherischen Teilsystemen der Gesellschaft.

Schule ist als ein erzieherisches Subsystem und somit ein soziales System, das das Dauerproblem des Erzieherischen aufgreift und zu behandeln versucht. In dieser Hinsicht sind immer schon alle Momente des Erzieherischen - die Qualifikation wie die Personalisation, die Allokation wie die Selektion und Innovation wie auch die Enkulturation und Sozialisierung - auch Momente der Schule. Gleichwohl bleibt nach wie vor zu fragen, wie sich Schule als ein eigenes Subsystem von anderen erzieherischen Subsystemen ausdifferenziert und somit ihre Autonomie als ein eigenständiges soziales System erhält. Damit wendet sich die Fragestellung auf einen anderen Problemaspekt. Im Zentrum der Frage nach der Ausdifferenzierung der Schule als einem eigenen sozialen System steht dann nicht die Frage, was Schule im Rahmen ihrer erzieherischen Funktion immer schon impliziert und demnach mit allen anderen erzieherischen Subsystemen gemein hat, sondern es stellt sich die spezifische Frage nach der Differenz zwischen den erzieherischen Teilsystemen. Diese Frage soll nun im weiteren erörtert werden.

Blickt man auf die bisher aufgeführten Funktionszuweisungen der Schule, so kann schon eine erste Spezifik der Schule ausgemacht werden: die Qualifikationsfunktion. Jede Funktionszuweisung der Schule enthält das qualifizierende Moment in sich. Diese Funktion soll auch im folgenden als die grundlegende Funktion der Schule dargestellt und begründet werden.

Auch in der Darstellung zur Literatur über die gesellschaftliche Funktion zeigte sich, daß die Qualifikationsfunktion der Schule immer inhärent ist. Schule kann zwar sehr unterschiedliche erzieherische Aufgaben und Momente implizieren und intendieren, doch bleibt die Qualifikationsfunktion letztlich diejenige Funktion, die zu einer Ausdifferenzierung dieses sozialen Subsystems geführt hat. So schreibt auch BALLAUFF, daß die Qualifikationsfunktion eine zentrale Funktion der Schule darstellt:

"... Die Realisation der qualifizierenden Funktion konnte in ihrem Ausmaß zu allen Zeiten die anderen Funktionen der Schule in Schatten stellen.
Die Geschichte der Schule bietet überreich Material." [83]

2.2 Ursprünge gesellschaftlicher Dauerprobleme und ihre Auswirkung auf die Systembildung

Die Bestimmung der gesellschaftlichen Funktion eines Teilsystems der Gesellschaft muß entsprechend der Selbstreferenz und der Umweltbeziehungen des sozialen Systems den internalen und den externalen Aspekt des Systems zugleich berücksichtigen. Der internale Aspekt besteht aus den funktionalen Selektionen, die die gesellschaftliche Funktion auf die Struktur ausübt und damit auch aufgrund der Vernetztheit aller Parameter untereinander auf die anderen Parameter ausübt. Der externale Aspekt bestimmt das gesellschaftliche Dauerproblem. Diese Doppelung wird im systemanalytischen Denken durch die logische Äquivalenz der gesellschaftlichen Funktion zu der Konjunktion von Struktur und Gesellschaft konstruiert. Aufgrund dieser Doppelung

---

83. T. BALLAUFF, Funktionen der Schule, S.13

280 Schule als soziales System

kann die gesellschaftliche Funktion eines Systems einem System nicht von außen «aufgezwungen» werden, sondern kann nur dann zur Systembildung führen, wenn das System entsprechende Strukturen realisiert.

"Umweltereignisse und Umweltveränderungen können dann nur noch als "Rauschen" wahrgenommen werden, und ob sie im System Resonanz finden können, hängt von den systemeigenen Strukturen ab. Genau dies bezeichnen wir als gesellschaftliche Ausdifferenzierung oder im Resultat auch als Autonomie des Systems."[84]

Für die Bestimmung des Funktionsparameters bedeutet dies, daß die Zuweisung eines bestimmten Dauerproblems zu einem bestimmten sozialen System nur dann vollzogen werden kann, wenn das jeweilige System auch die entsprechenden Strukturen, Leistungen und Interpenetrationen ermöglicht, um dieses Dauerproblem zu behandeln. Die Spezifität eines sozialen Systems liegt somit nicht nur in seiner gesellschaftlichen Funktion, sondern zugleich auch in seinen übrigen Parametern, die die Bearbeitungen dieser spezifischen gesellschaftlichen Funktion ermöglichen sollen. In dieser Hinsicht ist die Frage nach der gesellschaftlichen Funktion der Schule nicht in erster Linie eine Frage danach, welche gesellschaftliche Funktion der Schule zugewiesen werden soll, sondern welche gesellschaftliche Funktion die Schule aufgrund ihrer Strukturen etc. überhaupt übernehmen kann. Soziale Systeme erhalten gerade dadurch ihre Autonomie, daß nicht jedes Umweltereignis für sie relevant ist, sondern letztlich nur diejenigen, die sie auch mit ihrer Struktur, Leistung und Interpenetration bearbeiten können.

Die Ausdifferenzierung unterschiedlicher sozialer Systeme ist demnach nicht nur eine Ausdifferenzierung verschiedener gesellschaftlicher Funktionen, sondern ist zugleich auch mit der Ausdifferenzierung systemspezifischer Strukturen, Leistungen und Interpenetrationen verbunden.

Für die Darstellung dieses Zusammenhanges soll nun LUHMANNs Begriff der symbolisch generalisierten Kommunikationsmedien eingeführt werden, weil er eine weitere Aufklärung der funktionalen Differenzierung zwischen Subsystemen des Erzieherischen ermöglicht.

LUHMANN nimmt an, daß es unterschiedliche symbolisch generalisierte Medien der Kommunikation gibt. Diese Medien sind Grundstrukturen der Interaktion zwischen zwei Interaktionsteilnehmern. Sie legen fest, welche grundlegenden Strukturen diese Interaktion hat. LUHMANN nimmt zusätzlich an, daß die Grundstrukturen der Interaktion durch die beiden Momente des Erlebens und Handelns verteilt auf die einzelnen Interaktionsteilnehmer konstituiert werden. Dabei ergeben sich typische Interaktionsmuster dadurch, daß die Kommunikation durch einen bestimmten Typus der wiederholten und positionsgebundenen Verteilung von Handlung und Erleben geprägt ist.[85] Handlungen sind Selektionsprozesse, die dem System zugesprochen werden; Erleben zeichnet sich dagegen durch Selektionsprozesse aus, die der Umwelt zugeschrieben werden.

---

84. N. LUHMANN, Codierung und Programmierung, S.156
85. vgl. N. LUHMANN, Einführende Bemerkungen zu einer Theorie symbolisch generalisierter Kommunikationsmedien, S.174ff.

"Um Kurzbezeichnungen verfügbar zu haben, sollen Selektionsprozesse, die in diesem Sinne auf Systeme zugerechnet werden, *Handeln* genannt werden und Selektionsprozesse, die auf Umwelten zugerechnet werden *Erleben* (10)."[86]

Die Interaktionsmuster bilden sich durch eine Typik der Zurechnung von Selektionen auf die jeweiligen Interaktionspartner; d.h., sie werden durch Muster bestehend aus den Momenten *Handeln von Ego, Erleben von Ego, Handeln von Alter, Erleben von Alter* gebildet. Mit einer solchen Zusprechung von Handeln und Erleben auf die Position von Ego und Alter ergeben sich typische Interaktionsformen, die LUHMANN die symbolisch generalisierten Kommunikationsmedien nennt. So ergeben sich vier typische Grundinteraktionsmuster, in denen Handeln und Erleben von Ego und Alter typische Formen ausbilden. Diese einzelnen typischen Interaktionsmuster sind nach LUHMANN mit einer bestimmten Form der Kommunikation verbunden, die wiederum spezifische Kommunikationen zulassen. So ergeben sich aus dem Grundmuster von Erleben von Ego und Erleben von Alter die Möglichkeit der Kommunikation über Wahrheit, aus dem Grundmuster von Handeln von Ego und Handeln von Alter die Möglichkeit in durch Macht und Recht konstituierten Zusammenhängen zu handeln, aus dem Grundmuster von Erleben von Ego und Handeln von Alter die Möglichkeit, in Zusammenhängen, die von Geld und Eigentum dominiert werden, zu kommunizieren und schließlich aus dem Grundmuster von Handeln von Ego und Erleben von Alter die Möglichkeit in Form von Liebesbeziehungen zu kommunizieren.[87] Die Möglichkeiten, die durch die jeweiligen Zuordnungen von Erleben und Handeln von Ego oder Alter eröffnet werden, nennt LUHMANN die generalisierten Medien der Kommunikation. Kommunikationsmedien haben demnach in erster Linie die Funktion, Kommunikation zu stabilisieren. Diese Stabilisierung wird dadurch ermöglicht, daß die Selektionen als Handlung und als Erleben in der Kommunikation konstant gehalten werden und somit Anschlüsse des Handelns für die Kommunikation ermöglicht werden. Die Selektionen, die durch Handeln oder Erleben in die Kommunikation eingebracht werden, sind nicht nur Selektionsofferten für die anderen Interaktionsteilnehmer, an die sie in kontingenter Weise anschließen, sondern sie sind in einem Medium aufeinander abgestimmter Selektionen so aufeinander bezogen, daß Kommunikation erfolgreich verlaufen kann, daß bestimmte Selektionen auf bestimmte, erwartbare andere Selektionen folgen.

"Die Gründe für die Annahme von Selektionsofferten müssen auf abstrakterer Basis rekonstruiert werden, sie müssen auf Kommunikation mit Unbekannten eingestellt sein und die Verquickung mit einem archaischen Ethos der Sozialbindung unter Nahestehenden abstreifen. Das ist der historische Ausgangspunkt für die Ausdifferenzierung besonderer symbolisch generalisierter Kommunikationsmedien."[88]

Durch die Ausbildung symbolisch generalisierter Kommunikationsmedien erhält die Kommunikation Erwartbarkeit, durch die die Erfolgssicherheit der Kommunikation

---

86. N. LUHMANN, Einführende Bemerkungen zu einer Theorie symbolisch generalisierter Kommunikationsmedien, S.175
87. vgl. N. LUHMANN, Einführende Bemerkungen zu einer Theorie symbolisch generalisierter Kommunikationsmedien, S.176-179
88. N. LUHMANN, Einführende Bemerkungen zu einer Theorie symbolisch generalisierter Kommunikationsmedien, S.173

gesteigert wird. Die Erwartbarkeit ist unabhängig von personalen Implikationen; die Interaktionspartner müssen sich nicht kennen. Die Erwartbarkeit ist allein dadurch gegeben, daß es ein Medium der Kommunikation gibt, das die Typik der Interaktion in einem bestimmten Kontext - wie Wahrheit, Liebe, Eigentum oder Macht - ermöglicht.

"Jede Theorie der Kommunikationsmedien hat demnach davon auszugehen, daß nichtidentische Selektionsperspektiven vorliegen und selektiv zu verknüpfen sind. Selbst Wahrheit, selbst Macht reguliert eine kontingente Selektion *beider* Kommunikationspartner. Hinzu kommt, daß beide Partner sich wechselseitig als selektiv erlebend und handelnd erfahren und dies bei eigenen Selektionen in Rechnung stellen können. Geschieht dies, so wird der Selektionsprozeß reflexiv. Die Kettenbildung kann antizipiert und zum Selektionsmotiv gemacht werden: Man stellt zum Beispiel Informationen mit Wahrheitswert (Unwahrheitswert) für das Erleben anderer bereit; oder man seligiert das Handeln anderer." [89]

Die Ausbildung von Kommunikationsmedien stellt eine grundlegende Voraussetzung für die Ausbildung der Funktionssysteme dar. In ihrer Funktion, Selektionsanschlüsse auf Dauer konstant zu halten und damit erwartbar zu machen, ermöglichen die Kommunikationsmedien die Systembildung.

"Die allgemeine Funktion generalisierter Kommunikationsmedien, reduzierte Komplexität übertragbar zu machen und für Anschlußselektivität auch in hochkontingenten Situationen zu sorgen, gehört zu den Grundvoraussetzungen des Aufbaus komplexer Gesellschaftssysteme. Ohne sie könnte die Kontingenz des Erlebens und Handelns nicht nennenswert gesteigert werden. Die am System Beteiligten würden sich auseinanderseligieren, wäre nicht gewährleistet, daß der eine die Selektionen des anderen als Prämissen eigenen Verhaltens übernimmt. Nur unter diesen *beiden* Voraussetzungen hoher *Kontingenz der Selektionen* und ausreichender *Nichtbeliebigkeit in den Relationen zwischen ihnen* können komplexe Systeme entstehen, die strukturell offen lassen und doch synchronisieren können, wie man sich im einzelnen verhält." [90]

Die Besonderheit der Kommunikationsmedien besteht nun darin, daß sie in einer engen Beziehung zum organischen System stehen. Sie greifen grundlegende organische Prozesse und Zustände auf und überführen sie über die Selektionsanschlüsse von Handeln und Erleben in erwartbare kommunikative Strukturen. Die Kommunikationsmedien erweisen sich damit als Möglichkeiten, grundlegende organische Prozesse, die dem Menschen zu eigen sind, erwartbar in Kommunikation zu überführen.

"... Alle Medien bilden daher auf der Ebene ihrer symbolischen Struktur Regulative für ihr Verhältnis zu organischen Prozessen aus. Solche Regulative wollen wir als *symbiotische Mechanismen* bezeichnen (*Luhmann 1974a*).
Die Ausdifferenzierung und Spezifikation der gesellschaftlich wichtigsten Medien-Codes hat zugleich eine Spezifikation symbiotischer Mechanismen erzwungen in dem Sinne, daß für jedes Medium ein und nur ein solcher Mechanismus zur Verfügung steht: für Wahrheit Wahrnehmung; für Liebe Sexualität; für Eigentum/Geld Bedürfnisbe-

---

89. N. LUHMANN, Einführende Bemerkungen zu einer Theorie symbolisch generalisierter Kommunikationsmedien, S.174
90. N. LUHMANN, Einführende Bemerkungen zu einer Theorie symbolisch generalisierter Kommunikationsmedien, S.174

friedigung; für Macht/Recht physische Gewalt. Die Zuordnungen sind nicht austauschbar."[91]

Demnach stellt die Systembildung aufgrund ausdifferenzierter und ausgebildeter Kommunikationsmedien eine spezifische Form der Ausdifferenzierung sozialer Systeme dar: Sie ist motiviert durch das organische System. Das organische System gibt demnach bestimmte Dispositionen vor, die letztlich im Zusammenleben der Menschen durch Kommunikation erwartbar behandelt werden müssen. Funktionssysteme, wie z.B. Wirtschaft und Recht, sind in diesem Sinne hochkomplexe Systeme, die aufgrund von Dauerproblemen der Gesellschaft konstituiert werden, die wiederum auf organische Befindlichkeiten zurückgehen.

Die Entstehung der gesellschaftlichen Dauerprobleme erhält über diese spezifische und gleichzeitig grundlegende Form der Systembildung letztlich eine organische «Ursache». Gesellschaftliche Dauerprobleme, die als gesellschaftliche Funktionen sozialer Teilsysteme auftreten, konstituieren sich zum Großteil durch die organische Verfaßtheit des Menschen, die im gesellschaftlichen Zusammenleben Grundprobleme aufwirft, die wiederum kommunikativ erwartbar bearbeitet werden müssen. Für die meisten Funktionssysteme ist damit die Entstehung und der Ursprung ihrer genuinen gesellschaftlichen Funktion geklärt. Sie behandeln Dauerprobleme der Gesellschaft, die letztlich organischen Ursprungs sind, indem sie organische Dispositionen in kommunikative Probleme transformieren: Es entwickeln sich Kommunikationsmedien, die organische Dispositionen über grundlegende Selektionsformen von Erleben und Handeln in Kommunikation übertragen. Die durch symbolisch generalisierte Medien der Kommunikation konstituierten Systeme erweisen sich hiermit als Funktionssysteme, die ursprünglich durch die Interpenetration von organischen und sozialen Systemen konstituiert werden.

Aufgrund des in dieser Arbeit entwickelten Zusammenhangs des systemanalytischen Denkens gilt im Hinblick auf den funktionalen Bezug zwischen den Systemparametern für solche Funktionssysteme, daß sie über die Ausbildung der Medien ihre systemrationale Einheit gewinnen. Die verschiedenen Systemparameter sind in folgender Weise mit dem Kommunikationsmedium verbunden:

Erstens: Kommunikationsmedien geben für soziale Systeme die jeweilige gesellschaftliche Funktion vor. In der Transformation organischer Dispositionen in kommunikative Probleme ist die Bestimmung des jeweiligen gesellschaftlichen Dauerproblems mitgegeben: Das Wirtschaftssystem erhält die Funktion der Sicherung künftiger Bedürfnisbefriedigung über das Medium Eigentum/Geld, das Wissenschaftssystem erhält die Funktion der Herstellung von wahren bzw. unwahren Sätzen etc.[92]

Zweitens: Das Kommunikationsmedium gibt gleichzeitig vor, wie das soziale System psychische Systeme an seine Kommunikation bindet. Das Medium selbst stellt dann die «Vergütung» für die psychischen Systeme dar, die sie erhalten, wenn sie in dem jeweiligen sozialen System durch Bewußtsein Kommunikation konstituieren. Die Konstitution der Kommunikation durch die Interpenetration psychischer und, ergänzend zu

---

91. N. LUHMANN, Einführende Bemerkungen zu einer Theorie symbolisch generalisierter Kommunikationsmedien, S.181; Literaturverweis im Zitat: N. LUHMANN, Symbiotische Mechanismen
92. vgl. N. LUHMANN/ K.-E. SCHORR, Reflexionsprobleme im Erziehungssystem, S.36

ihnen, organischer Systeme, wird dann entsprechend durch Geld, Macht, Liebe, Engagement, Wahrheit etc. ermöglicht. [93]

Drittens: Die Kommunikationsmedien geben gleichzeitig durch ihre erwartbaren Selektionen Kriterien für die Ausbildung des Strukturparameters vor. Kommunikationsmedien bilden als Medien Codes aus, die die Selektionen für den Strukturparameter im Hinblick auf seine komplexe Umwelt erleichtern und ermöglichen. Die Codes sind binäre Schemata, die die Sinnselektion des Strukturparameters auf die dem jeweiligen Kommunikationsmedium entsprechenden Oppositionen reduziert. So ist z.b. dem Medium der Wahrheit, das das Wissenschaftssystem konstituiert, die Opposition von wahr/unwahr inhärent und dem Medium des Rechts als Konstitutiv des Rechtssystems die Opposition von recht/unrecht. Mit einem solchen Code können Sinnselektionen im System vorgenommen werden, die das Kontingent der Umweltkomplexität über den Code auf eine bestimmte Opposition reduziert.

"Die aus der Differenzierung von Zurechnungsweisen folgende Konstellationstypik (gemeint ist die Konstellationstypik von Erleben und Handeln als Zurechnung auf Ego und Alter, A.H.) kann nun (unter angebbaren evolutionären Voraussetzungen) benutzt werden, um das zu erreichen, was Medien-Codes von der Sprache im allgemeinen unterscheiden, nämlich *Präferenzen zu codieren.* Medien-Codes sind Präferenz-Codes. Ihre Duplikationsregel beruht auf der Wert/Unwert-Dichotomisierung von Präferenzen. Sie konfrontiert Vorkommnisse, Fakten, Informationen mit der Möglichkeit, Wert oder Unwert zu sein, zum Beispiel wahr oder unwahr, stark oder schwach, recht oder unrecht, schön oder häßlich." [94]

Diese Dichotomisierung in Wert und Unwert hat eine entscheidende Bedeutung für den Strukturparameter. Diese Dichotomisierung gibt vor, welche Selektionen er aufnimmt. Die Ausbildung von Codes über Kommunikationsmedien stellt dann einen funktionalen Bezug zwischen dem Medium einerseits und der Strukturbildung des sozialen Systems andererseits her. Dieser funktionale Bezug kann dann auch - entsprechend der Subparameter der Struktur - nochmals differenziert werden auf den Bezug zum Sach-, zum Zeit- und zum Sozialparameter. Im Hinblick auf den Sachparameter gibt der jeweilige Code vor, welche thematischen Selektionen auf Dauer für das jeweilige System ermöglicht werden können; so werden z.B. im Wissenschaftssystem diejenigen Themen zugelassen, die durch die Dichotomie von wahr/unwahr konstituiert werden können. Im Hinblick auf den Sozialparameter ermöglicht der Code nur solche sozialen Anschlüsse, die durch sein binäre Schema ausgebildet werden können, wie z.B. recht/unrecht im Rechtssytem oder der Vorstellung von Liebe entsprechend/nicht entsprechend in sozialen Systemen, wie z.B. Liebesbeziehungen oder auch der Familie. Im Hinblick auf den Zeitparameter gibt der Code die Möglichkeit der Wiederholbarkeit und damit die Stabilisierung des Systems auf Dauer vor.

"Über symbolische Generalisierungen wird es möglich, Identität und Nichtidentität zu kombinieren, also Einheit in der Mannigfaltigkeit darzustellen und als Beschränkung

---

93. vgl. den Begriff der generalisierenden Medien der Problemlösung in: N. LUHMANN, Zweckbegriff und Systemrationalität, S.201-211; auf die generalisierten Medien der Problemlösung wurde bereits eingegangen.
94. N. LUHMANN, Einführende Bemerkungen zu einer Theorie symbolisch generalisierter Kommunikationsmedien, S.175

des Möglichen erwartbar zu machen. Mit Hilfe symbolischer Generalisierungen kann deshalb jeder Partner einer Kommunikationsbeziehung seine eigenen Selektionen kommunikationslos mit einer interpretierten Realität und Intentionalität anderer abstimmen, in der er selbst als Objekt vorkommt (16). Binäre Schematisierung setzt diese Leistung voraus und ermöglicht überdies: [1] in der *Sozial*dimension das *Zumuten* harter, aus nur zwei Elementen (z.B. recht/unrecht) bestehender Alternativen (17); [2] in der *Zeit*dimension ein *Progressivwerden* von Operationen in dem Sinne, daß eine Selektion auf die andere aufbauen, sie jederzeit wiederholen (also ihre Wiederholbarkeit implizieren) und bei festgehaltenem Sinn fortsetzen oder ersetzen kann (18); [3] in der *Sach*dimension das Übergreifen sehr *heterogener* Situationen durch lange, inhaltlich zusammenhängende Selektionsketten, indem man etwa aus Wahrheiten, die in einer Situation gefunden wurden, für ganz andere Situationen Schlüsse zieht, oder Übermacht in einer Situation gebraucht, um ganz andere Situationen zu beherrschen."[95]

Mit dieser Auflistung der Beziehungen zwischen dem Medium und den Parametern der gesellschaftlichen Funktion, Struktur und Interpenetration zeigt sich, daß die Einheit des Systems durch das Medium ermöglicht wird, indem es Selektionskriterien vorgibt, die zumindest die gesellschaftliche Funktion, die Struktur und die Interpenetration aufeinander beziehen. Der Leistungsparameter wird hier nicht explizit angesprochen.

Soziale Systeme, die sich über Kommunikationsmedien konstituieren, sind demnach erstens in ihrer Funktionsbestimmung durch organische Momente konstituiert und zweitens im Bezug zwischen ihren Parametern immer schon systemfunktional konstruiert. LUHMANN selbst verweist auf diesen Zusammenhang nur andeutungsweise. Doch gerade dieser Zusammenhang ist für das systemanalytische Denken als Konstruktion eines sozialen Systems von elementarer Wichtigkeit. Hier wird deutlich, *wie der funktionale Bezug als Kompensation des sozialen Systems über die multiple funktionale Analyse letztlich vollzogen werden kann.* Die multiple funktionale Analyse, die die wechselseitige Selektion zwischen den Systemparametern aufzeigt, stellt damit ein *Abgleichen zwischen den Parametern* dar, so daß diese Parameter in einer Funktionseinheit aufeinander bezogen sind. Die Kommunikationsmedien bilden für diesen Abgleich und damit auch für den Vollzug der multiplen funktionalen Analyse eine grundlegende Voraussetzung: Sie geben *Selektionskriterien* vor, *die in der wechselseitigen funktionalen Analyse eingehalten werden müssen,* damit die Parameterbestimmungen inhaltlich aufeinander abgestimmt sind. Ein Kommunikationsmedium bestimmt ein Selektionskriterium für alle Parameter und setzt somit diese Parameter funktional in Beziehung zueinander. Damit bildet sich ein Selektionskriterium heraus, das jeden Parameter in seiner Spezifik bestimmen kann und gleichzeitig den funktionalen Bezug zwischen den Parametern gewährleistet. LUHMANN selbst zeigt diesen Zusammenhang zwischen Kommunikationsmedium und dessen Selektionskriterium für Systemparameter einerseits und den gleichzeitigen funktionalen Bezug zwischen den Systemparametern andererseits am Beispiel der Parameter der Struktur und der Interpenetration. Dabei spricht er den Medien die Funktion zu, gleichzeitig Strukturselektionen zu konditionieren und die Form der Interpenetration als Motivation des psychischen Systems für die Konstitution der Kommunikation festzulegen, so daß beide Parameter nicht nur für sich inhaltlich bestimmt werden, sondern auch als - wie er sagt -

---

95. N. LUHMANN, Einführende Bemerkungen zu einer Theorie symbolisch generalisierter Kommunikationsmedien, S.177

Einheit, in der hier vorgeschlagenen Terminologie: im funktionalen Bezug, konstruiert werden.

"Als symbolisch generalisiert wollen wir Medien bezeichnen, die Generalisierungen verwenden, um den Zusammenhang von Selektion und Motivation (gemeint ist die Motivation psychischer Systeme für die Konstitution der Kommunikation, A.H.) zu symbolisieren, das heißt: als Einheit darzustellen. Wichtige Beispiele sind: Wahrheit, Liebe, Eigentum/Geld, Macht/Recht; in Ansätzen auch religiöser Glaube, Kunst und heute vielleicht zivilisatorisch standardisierte »Grundwerte«. Auf sehr verschiedene Weise und für sehr verschiedene Interaktionskonstellationen geht es in all diesen Fällen darum, die Selektion der Kommunikation so zu konditionieren, daß sie zugleich als Motivationsmittel wirken (sic!), also die Befolgung des Selektionsvorschlages hinreichend sicherstellen kann." [96]

Neben dieser wichtigen Funktion der Kommunikationsmedien für die wechselseitige funktionale Analyse der Systemparameter und somit für die Kompensation des Gesamtsystems kann durch die Kommunikationsmedien gleichzeitig der Ursprung gesellschaftlicher Funktionen erkärt werden. Dieser Aufweis, der dem systemanalytischen Denken selbst nicht inhärent ist, zeigt eine wichtige und unabdingbare Voraussetzung des systemanalytischen Denkens: Die Herleitung von Dauerproblemen und damit von gesellschaftlichen Funktionen sozialer Systeme.

2.3 Die Herleitung des gesellschaftlichen Dauerproblems der Schule: Qualifikation als Hauptfunktion

Die Bestimmung der gesellschaftlichen Funktion sozialer Systeme durch die Ausbildung von Kommunikationsmedien ist eine für fast alle Funktionssysteme geltende Form der Herleitung des systemspezifischen gesellschaftlichen Dauerproblems. Die Ermittlung der gesellschaftlichen Funktion ist damit durch eine solche Herleitung für fast alle Funktionssysteme möglich. *Schule als ein soziales System zeichnet sich durch die Besonderheit aus, daß sie selbst kein eigenes Kommunikationsmedium hat* und gleichzeitig auch *mit keinem Kommunikationsmedium anderer Systeme kooperiert*. Diese These soll nun genauer erläutert werden, damit Schule als dasjenige erzieherische Subsystem dargestellt werden kann, das erstens die *Qualifikation zur gesellschaftlichen Funktion* hat, und das sich zweitens diese Bestimmung auch von anderen erzieherischen Subsystemen der Gesellschaft unterscheidet. Damit kann die Spezifik der funktionalen Differenzierung für das Schulsystem dargestellt werden.

Schule ist ein soziales System, das sehr unterschiedliche Interaktionsformen integrieren kann. Sie ist nicht auf einen bestimmten Typus der Kombination von Erleben und Handeln durch Ego bzw. Alter festgelegt. Sie hat sich demnach auch nicht über ein eigenes Kommunikationsmedium ausdifferenziert.

"Im Unterschied zum Schulunterricht, der sich durch seine *Interaktionsform* auszeichnet, laufen Familienerziehung, Betriebserziehung und Universitätserziehung in Funktionssystemen der Gesellschaft ab, die durch Bezug der Kommunikationsprozesse auf symbolisch generalisierte Medien ausdifferenziert worden sind, das heißt durch be-

---

96. N. LUHMANN, Soziale Systeme, S.222

sondere Codes, die ein kontingentes Annehmen von Kommunikationsleistungen regulieren[70]."[97]

Mit diesem Zitat sind zwei grundlegende Bestimmungen des Schulsystems angesprochen: *Erstens hat das Schulsystem kein eigenes Kommunikationsmedium, das seine Ausdifferenzierung ermöglicht hat, und zweitens zeichnen sich andere Subsysteme der Erziehung dadurch aus, daß sie neben ihrer erzieherischen Funktion gleichzeitig durch die Kommunikationsmedien derjenigen Systeme mitgeprägt sind, in denen die Erziehung stattfindet.* Diese letzte Bestimmung soll hier die *Kooperation* des Erziehungssystems mit bestimmten Kommunikationsmedien genannt werden.

Diese beiden grundsätzlichen Bestimmungen des Schulsystems, die von LUHMANN übernommen werden, sollen nun vor dem Hintergrund der bisherigen Überlegungen dargestellt und genauer erörtert werden.

Die gesellschaftliche Funktion der Erziehung zeichnet alle erzieherischen Subsysteme aus. Sie ergibt sich aus einer gesellschaftlichen Entwicklung, in der die neue Generation nicht nur über sozialisatorische Prozesse beeinflußt wird, sondern durch intendierte Beeinflussungen erzogen wird. *Wird diese intendierte Beeinflussung zu einem gesamtgesellschaftlichen Problem, so kommt es zur Ausdifferenzierung autonomer erzieherischer Teilsysteme.* Auch hier zeigt sich, daß das Erziehungssystem allgemein im Vergleich zu anderen sozialen Funktionssystemen der Gesellschaft eine Besonderheit aufweist: *Das Erziehungssystem erweist sich als das einzige Funktionssystem, daß seine gesellschaftliche Funktion gleichzeitig auch in seinem Namen trägt. Es formuliert seine Spezifik dadurch, daß eine Form der Kommunikation zugleich zu einem Dauerproblem der Gesellschaft wird.* Im Gegensatz dazu ist die gesellschaftliche Funktion sozialer Systeme, die Kommunikationsmedien haben, zwar ein gesellschaftliches, jedoch kein kommunikatives Problem.

"Im folgenden will ich versuchen, eine gesellschaftstheoretische Hypothese am Fall von Erziehung durchzuspielen. Die Hypothese geht davon aus, daß die moderne Gesellschaft als ein Sozialsystem mit primär funktionaler Differenzierung beschrieben werden kann. In einer solchen Ordnung sind die Teilsysteme in hohem Maße autonom geworden. Sie reproduzieren sich autopoietisch, das heißt: aus sich selbst heraus. Ihre Leitkonstante ist die Funktion, die sie für das Gesellschaftssystem zu erfüllen haben: im hier behandelten Fall also Erziehung."[98]

Das Erziehungssystem hat somit die gesellschaftliche Funktion der Erziehung. Damit erweist sich schon das Dauerproblem, auf das das Erziehungssystem durch Systembildung reagiert als ein Problem der Kommunikation. *Die Funktion der Erziehung ist damit nicht wie die durch Kommunikationsmedien ausdifferenzierten Systeme letztlich durch organische Dispositionen motiviert, die dann durch ihre Transformation in Kommunikationsmedien zu sozialen Dauerproblemen werden, sondern sie ist genuin sozial motiviert:* Das soziale Problem der Konfrontation zwischen der alten

---

97. N. LUHMANN/ K.-E. SCHORR, Reflexionsprobleme im Erziehungssystem, S.54. Die Anmerkung 70 im Zitat verweist auf: N. LUHMANN, Einführende Bemerkungen zu einer Theorie symbolisch generalisierter Kommunikationsmedien
98. N. LUHMANN, Codierung und Programmierung, S. 154

288 Schule als soziales System

und der «neuen» Generation [99] kann entsprechend der evolutionären Entwicklung der Gesellschaft zu einem gesellschaftlichen Dauerproblem werden, das für seine Behandlung ein spezifisches, ausdifferenziertes System benötigt, wenn das Problem nicht mehr aufgrund von Sozialisation durch mehrere, im Hinblick auf dieses Problem noch nicht autonomisierte und ausdifferenzierte Teilsysteme, behandelt werden kann. Das Erziehungssystem ist nicht auf organische, anthropologische etc. «Motive» zurückzuführen. Das Erziehungs*system* kann ausschließlich auf ein genuin kommunikatives Problem zurückgeführt werden. Dieses kommunikative Problem besteht darin, daß die Kommunikation zwischen Neuen und Alten problematisch geworden ist. Die Generationendifferenz als ein biologisches, anthropologisches und auch psychologischen Problem gibt es in jeder Gesellschaft. Jede Gesellschaft muß sich auf die Neuen als die Neu-Anfangenden[100] beziehen. Doch nicht jede Gesellschaft bildet hierfür eigene Erziehungssysteme aus. Nur dann, wenn die Konfrontation von Neuen und Alten nicht mehr «selbstverständlich» über sozialisatorische Interpenetrationen vollzogen werden kann, werden Erziehungssysteme eingerichtet, die dieses genuine Kommunikationsproblem durch eigene Systembildung behandeln. Die scheinbare Tautologie der gesellschaftlichen Funktion mit dem Namen des Erziehungssystems liegt in seinem Rückgriff auf ein genuin kommunikatives Problem begründet, so daß das Dauerproblem schon formuliert, was das soziale System «tun» soll, um dieses Dauerproblem zu behandeln. Erziehungssysteme reagieren somit auf das Problematischwerden der Konfrontation zwischen Neuen und Alten und verweisen durch Systembildung darauf, daß die Konfrontation zwischen Neuen und Alten nicht mehr über Sozialisation allein vollzogen werden kann, sondern daß es gezielter und auch organisierter Kommunikation für dieses genuin kommunikative Dauerproblem bedarf. Dies ist insbesondere dann der Fall, wenn Gesellschaften an Komplexität zunehmen, wie dies z.B. in der funktional differenzierten Gesellschaft seit Beginn der Neuzeit der Fall ist. Für komplexe Gesellschaften stellt sich somit das soziale Problem der Konfrontation zwischen Alten und Neuen in einer neuen Form.

Komplexe Gesellschaften stellen an ihre Mitglieder bestimmte Anforderungen, die über sozialisatorische Beeinflussungen nicht mehr erfüllt werden können. Diese Anforderungen müssen, wenn ihre Erfüllung und Realisation nicht dem Zufall überlassen werden soll, gesondert formuliert und behandelt werden. Keine Gesellschaft kann es sich erlauben, grundlegende oder gar ihre Stabilität und Reproduktion gefährdende Dauerprobleme nicht gesondert zu behandeln. Gesellschaftliche Probleme können in

---

99. Mit dem Begriff «neu» ist hier im Sinne von H. ARENDT eine spezifische anthropologische Abgrenzung zum Begriff «jung» gemeint (vgl. Zitat in der Fußnote 58 dieses Kapitels).
100. "Dieser Anfang, der der Mensch ist, insofern er Jemand ist, fällt keinesfalls mit der Erschaffung der Welt zusammen^3; das, was vor dem Mensch war, ist nicht Nichts, sondern Niemand; seine Erschaffung ist nicht der Beginn von etwas, das, ist es erst einmal erschaffen, in seinem Wesen da ist, sich entwickelt, andauert oder auch vergeht, sondern das Anfangen eines Wesens, das selbst im Besitz der Fähigkeit ist anzufangen: es ist der Anfang des Anfangs oder des Anfangens selbst. Mit der Erschaffung des Menschen erschien das Prinzip des Anfangs, das bei der Schöpfung der Welt noch gleichsam in der Hand Gottes und damit außerhalb der Welt verblieb, in der Welt selbst und wird ihr immanent bleiben, solange es Menschen gibt; was natürlich letztlich nichts anderes sagen will, als daß die Erschaffung des Menschen als eines Jemands mit der Erschaffung der Freiheit zusammenfällt." (H. ARENDT, Vita activa, S.166)
"Handeln als Neuanfangen entspricht der Geburt des Jemand, es realisiert in jedem einzelnen die Tatsache des Geborenseins; ..." (H. ARENDT, Vita activa, S.167)

Die gesellschaftliche Funktion 289

einer funktional differenzierten Gesellschaft dadurch bearbeitet werden, daß es zu einer Ausdifferenzierung eigens dafür eingerichtete Systeme kommt.

"Probleme lösen sich nicht selbst. Problembegriffe allein können nicht erklären, daß und wie es zu Problemlösungen kommt. Man kann ohne Zweifel davon ausgehen, daß keine Gesellschaft existieren könnte, die den Kommunikationserfolg dem Zufall überließe." [101]

In diesem Sinne muß eine Gesellschaft, die bestimmte «Kommunikationserfolge» in der Interaktion zwischen Neuen und Alten benötigt, diese Erfolge dadurch stabilisieren, daß sie Erziehungssysteme einrichtet. Damit wird die intendierte Beeinflussung der neuen Generation, die in einer komplexen Gesellschaft notwendig wird, stabilisiert und zur gesellschaftlichen Funktion des Erziehungssystems. Sieht man die Herleitung der gesellschaftlichen Funktion des Erziehungssystems so, dann wird deutlich, daß die Ausbildung von Erziehungssystemen dann vollzogen wird, wenn die Gesellschaft einen bestimmten Organisationsstand entwickelt hat. Erziehung als ein gesellschaftliches Problem ist dann nicht in erster Linie durch anthropologische, organische oder psychologische «Ursachen» gekennzeichnet, sondern ist ein grundlegend soziales Problem. Es erwächst aus dem Defizit heraus, daß soziale Systeme als Sozialisationsagenten bzw. okkasionelle Erziehung nicht mehr diejenigen psychischen Dispositionen und Strukturen konstituieren können, die für die Mitgliedschaft in dieser Gesellschaft von grundlegender Wichtigkeit sind und damit auch letztlich die Reproduktion der Gesellschaft in jeder neuen Generation gewährleisten.

Diese Form der Herleitung der Erziehungsfunktion wird aus unterschiedlichen Theorieansätzen und auch im Hinblick auf unterschiedliche Erkenntnisinteressen in der Literatur immer wieder betont. Exemplarisch sollen hier zwei Beispiele genannt werden. Das erste bezieht sich auf KOBs Darstellung zur gesellschaftlichen Funktion der Erziehung. KOB betont die gesellschaftliche Funktion der Erziehung als Qualifikation, indem er feststellt, daß Erziehung immer dort institutionalisiert wird, wo Sozialisationsprozesse die notwendigen Interpenetrationen für die Mitgliedschaft in einer Gesellschaft nicht mehr ermöglichen. Von diesem Ansatzpunkt ausgehend, versucht er das Erziehungssystem allgemein als ein System zu kennzeichnen, das notwendig mit Machtausübung und Unterwerfung der Neuen durch die Alten verbunden ist:

"Zum Ausbau eines breiten institutionalisierten Erziehungswesens kommt es dann, wenn bei gegebenen manifesten Erziehungszielen allgemeiner Art Zweifel daran bestehen, daß die unmittelbare Sozialisation und das in sie eingebettete sporadische Erziehungshandeln in der Lage sind, die erwarteten Prägungen zu leisten. Es kommt dabei zur Konzentration von Erziehungshandlungen auf ein größeres zeitliches Kontinuum und damit zur Organisation längerfristig aufrechterhaltener Erziehungssituationen; zugleich erfolgt eine kollektive Zusammenfassung in dem Sinne, daß die Handlungen der Erziehenden immer auf eine größere Zahl von Zu-Erziehenden gerichtet sind. Kollektiv gerichtet ist ein solches institutionalisiertes Erziehungswesen aber für gewöhnlich auch in dem Sinne, daß es alle Mitglieder ganzer sozialer Gruppen bzw. unter Umständen jedes Mitglied einer ganzen Gesellschaft zwangsweise - mittels dringlicher Erwar-

---

101. N. LUHMANN, Einführende Bemerkungen zu einer Theorie symbolisch generalisierter Kommunikationsmedien, S.176

tungen oder durch gesetzlichen Zwang - erfaßt, d.h. institutionalisierte Erziehung ist überwiegend verbunden mit der sozialen Verpflichtung, sich ihr zu unterwerfen. Die aus diesem Zusammenhang wichtigste Konsequenz ist dabei die aus der Institutionalisierung resultierende Isolierung der Erziehungsmacht." [102]

Dieses Zitat kann in seinen grundlegenden Annahmen hier nicht weiter diskutiert werden. Problematisch und diskussionswürdig erscheinen die Begriffe der Prägung und die Schlußfolgerung auf das Erziehungssystem als Machtsystem. Hier wären die Begriffe von Macht und Unterwerfung genauer zu bestimmen und ihre Eignung für die Beschreibung erzieherischer Prozesse zu überprüfen.

Unabhängig davon bestätigt dieses Zitat die Annahme, daß aus einer gesellschaftlichen Anforderung heraus Erziehungssysteme als autonome und institutionalisierte Teilsysteme der Gesellschaft ausdifferenziert werden. Dabei steht im Zentrum einer solchen Ausdifferenzierung, daß das Erziehungssystem Qualifikationen zu vermitteln sucht, die der Sozialisationsprozeß nicht mehr vermitteln kann. Ein zweites Moment ist in dem oben dargestellten Zitat von grundlegender Wichtigkeit: Die Tatsache, daß sich das Erziehungssystem als ein autonomes Teilsystem der Gesellschaft ausdifferenziert, ist nicht gleichbedeutend mit der Tatsache, daß Erziehung erst jetzt als ein soziales Phänomen auftritt. Erzogen wurde schon immer, auch bevor sich explizit dafür ausdifferenzierte Systeme gebildet haben. Die Ausdifferenzierung ermöglicht es nun, den erzieherischen Prozeß, der ohne funktional ausdifferenzierte Erziehungssysteme nur «sporadisch» auftritt, auf Dauer zu stellen und zu stabilisieren.

Das zweite Beispiel, der in der Ausdifferenzierung der Erziehung in erster Linie eine intendierte und explizite Beeinflussung der Neuen durch die Alten sieht, wurde bereits oben erörtert. Es ist der Standpunkt der Sozialisationstheorie, der Sozialisation und Erziehung im Hinblick auf das Merkmal «intentional vs. nicht-intentional» differenziert. Auch hier wird deutlich, daß die Erziehung sich dann als eigener Kommunikationszusammenhang konstituiert, wenn Sozialisationsprozesse die geforderten Qualifikationen nicht mehr ermöglichen.

Mit einer solchen Definition der Erziehung über ihre gesellschaftliche Funktion ist zunächst festgestellt, daß jeder Erziehungsprozeß auf Qualifikation aus ist und sich aufgrund von qualifikatorischen Anforderungen konstituiert. Sind diese qualifikatorischen Anforderungen allgemeingesellschaftlicher Art, so kommt es zur Ausdifferenzierung eines eigenen Erziehungssystems. Damit ist festgestellt, daß auch Schule als ein erzieherisches Subsystem über die gesellschaftliche Funktion der Qualifikation zu definieren ist.

"Der Erziehungsprozeß ist ein Qualifizierungsprozeß, in dem Fähigkeiten entwickelt werden sollen, die zur Aufrechterhaltung von gesellschaftlichem Zusammenleben überhaupt unverzichtbar sind." [103]

Einem solchen Qualifikationsbegriff ist zu eigen, daß er nicht mehr nur auf berufliche Qualifikationen bezogen werden kann. Qualifikation als gesellschaftliche Funktion

---

102. J. KOB, Erziehung und Macht, S.324
103. H. ABELS, Die Schule als Feld soziologischer Forschung, S.281

der Schule meint jede Form der erzieherisch intendierten Vermittlung von Fähigkeiten, Fertigkeiten, Wissen und Einstellungen.

"Heute hat sich die Qualifikationsperspektive um weitere 90 Grad gedreht. Die vordringliche Frage ist nicht mehr: Welche Qualitäten brauche ich für den mir vorschwebenden Beruf (den die heutigen Schulabsolventen entweder gar nicht kennen oder aber möglichst schnell vergessen müssen, um überhaupt in den Arbeitsmarkt einsteigen zu können)? Die Frage ist vielmehr: Was brauche ich fürs "Leben" - für die Bewältigung dieses heutigen Daseins mit seinen aufdringlichen und eben keineswegs berufsspezifischen Prioritäten?" [104]

Die Besonderheit des Schulsystems im Vergleich zu anderen Subsystemen des Erzieherischen liegt nun darin, daß Schule sich ausschließlich über die gesellschaftliche Funktion der Qualifikation als ihre Hauptfunktion definieren läßt. Andere Subsysteme des Erzieherischen sind dadurch gekennzeichnet, daß sie neben der Qualifikationsfunktion gleichzeitig auch anderen gesellschaftlichen Funktionen anderer Teilsysteme der Gesellschaft unterstehen. Diese anderen Funktionen ergeben sich dadurch, daß diese erzieherischen Subsysteme mit anderen Funktionssystemen, die durch Kommunikationsmedien gekennzeichnet sind, kooperieren. So zeigt sich z.B. im Fall der Familie, daß dieses Teilsystem der Gesellschaft nicht nur ein erzieherisches Subsystem ist, sondern gleichzeitig durch die gesellschaftliche Funktion der Intimität und Liebe zu kennzeichnen ist. Im Fall der Betriebserziehung zeigt sich, daß diese Form der Erziehung mit der gesellschaftlichen Funktion der Verteilung von Geld und Waren kooperiert, die als Funktion des Wirtschaftssystems auftritt. Und schließlich zeigt sich für die Universitätserziehung, daß auch hier das Erziehungssystem mit einem anderen Funktionssystem kooperiert, u.z. mit dem Wissenschaftssystem, das seine Funktion in der Erstellung von wahren/unwahren Sätzen hat.

Diese Kooperation des Erziehungssystems mit anderen Funktionssystemen der Gesellschaft kann in unterschiedlicher Weise vollzogen werden. In der Betriebs- und Universitätserziehung findet diese Kooperation durch Subsystembildung statt, indem sich das Erziehungssystem aus dem ursprünglichen Funktionssystem als ein eigenes System ausdifferenziert. Für die Universität ergibt sich dann die Differenz von Lehre und Forschung. Für die Lehre ist jedoch als einem eigenen Subsystem der Universität wichtig, daß sie als ein Subsystem des Erzieherischen im Rahmen des Kommunikationsmediums des Wissenschaftssystems ausdifferenziert ist. Das heißt, das erzieherische Subsystem der universitären Lehre untersteht in der für die Erziehung typischen Funktion der Qualifikation letztlich der Funktion des Wissenschaftssystems. Dies hat grundlegende Auswirkungen auf die inhaltliche Füllung der Systemparameter dieses Erziehungssystems. Das kann hier nicht genauer erörtert werden. Es genügt der Hinweis, daß dieses Subsystem des Erzieherischen durch die Kooperation mit dem Wissenschaftssystems z.B. in seinem Leistungsparameter und in seinem Sachparameter der Struktur in elementarer Weise durch die Funktion des Wissenschaftssystems geprägt ist. Im Rahmen des systemanalytischen Denkens kann dann formuliert werden, daß das Subsystem der Erziehung als universitäre Lehre nicht nur funktional auf die gesellschaftliche Funktion der Qualifikation bezogen ist, sondern auch gleichzeitig durch den funktionalen Bezug zur gesellschaftlichen Funktion des Wissen-

---

104. T. WILHELM, Funktionswandel der Schule, S.57

schaftssystems konstituiert wird. Gleiches gilt für die Betriebserziehung. Auch hier ist das Erziehungssystems einerseits aus der Produktion bzw. der Dienstleistung des Betriebs ausdifferenziert, andererseits in der inhaltlichen Füllung seiner Systemparameter funktional auf die gesellschaftliche Funktion des Wirtschaftssystems bezogen. Auch dies macht sich hier insbesondere im Leistungsparameter, Sach- und Zeitparameter der Struktur bemerkbar. Leistungen der Betriebserziehung richten sich direkt auf die Anforderungen des jeweiligen Betriebes, in dem aus- und fortgebildet wird, so daß diese Leistungen ausschließlich als ein Input für ein nach wirtschaftlichen Kriterien prozessierenden System festgelegt werden. Damit ist gleichzeitig auch der Sachparameter «belegt»: In ihm wird festgelegt, welche Lerninhalte vermittelt werden müssen, um die betriebliche Kommunikation effektiv aufrechtzuerhalten. Der Zeitparameter ist insbesondere in der Betriebserziehung ein wichtiger Faktor: Die Aus- und Fortbildung darf nur soviel Zeit in Anspruch nehmen, daß das betriebliche Prozessieren nicht zu sehr gestört wird und daß die finanziellen Aufwendungen für diese Aus- und Weiterbildung gleichzeitig noch funktional auf das Kommunikationsmedium «Geld» bezogen werden können.

Die Kooperation zwischen einem gesellschaftlichen Funktionssystem und dem Erziehungssystem vollzieht sich im Rahmen einer Ausdifferenzierung dadurch, daß das erzieherische Subsystem in seiner Parameterbestimmung funktional auf die gesellschaftliche Funktion des jeweiligen Funktionssystems bezogen ist. Die Erziehung in solchen Systemen erhält dadurch ein bestimmtes Profil, eine bestimmte Typik.

Eine andere Form der Kooperation zwischen einem Funktionssystem der Gesellschaft und dem Erziehungssystem findet sich in der Familie. Dort wird das Kommunikationsmedium der Familie und die damit verbundene gesellschaftliche Funktion nicht in Form der Subsystembildung und Ausdifferenzierung vom Erziehungssystem getrennt. Das Erziehungssystem ist innerhalb der Familie nicht in dem Sinne geplant und stabilisiert, wie dies in den oben genannten Systemen der Fall ist. Das familiale Erziehungssystem wird damit instabiler und kontingenter. Diese Kontingenz ermöglicht dem Familiensystem eine hohe Autonomie im Hinblick auf die Konstitution der Erziehung. Dies bedeutet, daß das Familiensystem im Hinblick auf die Parameterbestimmung der in ihrem System stattfindenden Erziehung sehr frei ist. Dies fängt mit der zeitlichen Bestimmung an. Wann in der Familie Erziehung stattfindet, ist nicht durch ein explizit ausdifferenziertes System vorgegeben, sondern kann von den erziehenden Personen - den Eltern - selbst bestimmt werden. Diese Freiheit kann im Familiensystem dazu führen, daß Erziehung kaum stattfindet oder sogar gar nicht stattfindet, so daß die Beeinflussung der Kinder im Familiensystem der Sozialisation überantwortet wird. Andererseits kann im Familiensystem das Erzieherische dominant werden, indem die Eltern ihr Handeln zum großen Teil auf Erziehung ausrichten. Gleiches gilt für die anderen Parameter der Erziehung, auf die hier im Rahmen der Familienerziehung nicht genauer eingegangen werden kann. Es bleibt lediglich festzuhalten, daß die Besonderheit der Familienerziehung dadurch gegeben ist, daß Erziehung innerhalb der Familie als einem eigenen Funktionssystem der Gesellschaft nicht ausdifferenziert ist. Damit wird die Funktion der Familie hier nicht zu einem dominanten Selektionskriterium für die inhaltliche Füllung einer ausdifferenzierten Erziehung - wie dies für die Betriebs- und Universitätserziehung gilt -, sondern die familiale Erziehung findet innerhalb des für die Familie geltenden Kommunikationsmediums statt. Erziehung erhält hier ihr besonderes Profil und ihre Typik dadurch, daß

Erziehung in Form des Kommunikationsmediums der Familie vollzogen wird. Eine solche Erziehung ist dann an die Kommunikation innerhalb des Kommunikationsmediums von Liebe und Intimität gebunden. Erziehung kann nur insofern stattfinden, als ihre Handlungen gleichzeitig auf dieses Kommunikationsmedium und damit auch gleichzeitig auf die gesellschaftliche Funktion der Familie bezogen werden. Die Erziehung innerhalb der Familie ist in erster Linie auf die gesellschaftliche Funktion der Familie bezogen und kann erst in zweiter Linie ihre Qualifikationsfunktion bearbeiten, wenn gleichzeitig die Familienfunktion miterfüllt wird. Eine solche Erziehung weist typische Besonderheiten auf, die hier nicht ausführlich dargelegt werden können. Es sei nur darauf verwiesen, daß innerhalb des Kommunikationsmediums von Liebe und Intimität andere Erziehungsziele (Output), andere Interaktionsmuster (Sozialparameter), andere Thematisierungen (Sachparameter) und auch andere zeitliche Bestimmungen (Zeitparameter) vorgenommen werden, als dies bei einem explizit ausdifferenzierten Erziehungssystem der Fall ist. Die Familie ist demnach ein soziales System, das am wenigsten im Hinblick auf funktionale Differenzierung zwischen ihrer gesellschaftlichen Funktion als Gruppe und ihrer gesellschaftlichen Funktion als Erziehungssystem ausdifferenziert ist. Eine solche Kooperation ist dadurch geprägt, daß *gleichzeitig* mit der Bearbeitung einer Funktion eine andere Funktion bearbeitet werden soll. Diese Form der Kooperation durch Nicht-Ausdifferenzierung ist nicht nur der Familie als einem Erziehungssystem eigen. Diese Form der Kooperation liegt z.B. vor, wenn das politische System mit dem Religionssystem kooperiert. Diese Kooperation kann dazu führen, daß Staatsverfassungen durch religiöse Überzeugungen und Vorschriften konzipiert werden, oder sie kann in bestimmten Bereichen, nachdem prinzipiell eine Ausdifferenzierung zwischen Politik und Religion stattgefunden hat, immer noch bestehen, so wie dies z.b. bei der Kirchensteuer der Fall ist. Ein anderes Beispiel ist die Ikonographie, in der das Religionssystem und das ästhetische System kooperieren. [105]

Das *soziale System Schule* zeigt die Besonderheit, daß es mit *keinem anderen Funktionssystem der Gesellschaft im Hinblick auf die gesellschaftliche Funktion kooperiert*. Es ist somit in seiner Parameterbestimmung *ausschließlich auf die Funktion der Qualifikation* verwiesen, ohne *gleichzeitig andere gesellschaftliche Funktionen anderer Teilsysteme der Gesellschaft bearbeiten zu müssen*. Betrachtet man die Subsysteme des Erzieherischen - wie dies hier geschieht - unter diesem gesellschaftsfunktionalen Aspekt, so kann für das Schulsystem festgestellt werden, daß es als ein erzieherisches Subsystem dadurch, daß es allein auf die Funktion der Qualifikation bezogen ist, seine *Spezifik und Besonderheit* erhält.

Ein zweites Moment zeigt Schule im Rahmen des entwickelten Gedankengangs als ein spezifisches System. Schule ist ein erzieherisches Subsystem, das insbesondere dann von der Gesellschaft ausdifferenziert wird, wenn die Erziehung gleichzeitig zu einem Dauerproblem der Gesellschaft geworden ist. Familien hat es - in sehr unterschiedlich ausgeprägten sozialen Strukturen - immer schon gegeben. [106] Kinder sind somit immer schon in Familien groß geworden und erzogen worden. Die Einrichtung der Schulen als eigenständige soziale Subsysteme der Gesellschaft ist jedoch mit einer bestimmten gesellschaftlichen Entwicklung verbunden. Schule erweist sich damit als

---

105. Zur Kooperation zweier Funktionssysteme vgl. auch G. SIMMEL, Der Henkel
106. vgl. hierzu: P. ARIÉS, Geschichte der Kindheit und B. BEUYS, Familienleben in Deutschland

ein soziales System, das genau zu dem Zeitpunkt des Problematischwerdens der Erziehung entsteht. Hierin ist für die folgenden Überlegungen die Spezifität der Schule zu suchen: Sie wird dann eingerichtet, wenn Erziehung als ein Dauerproblem der Gesellschaft auftritt und übernimmt demnach die Erziehungsfunktion in einer besonderen Weise: Sie konstituiert sich allein unter dieser Funktion, wohingegen andere erzieherische Subsysteme immer schon als Familie etc. bestehen.

"Mit dem Auseinanderfallen der Sinnsysteme, z.B. im Zuge der Aufklärung, und den rasch wachsenden Anforderungen völlig neuer Produktionssysteme, z.B. im Zuge der Industrialisierung, wuchs nun die Komplexität von Verhaltensmustern enorm an. In gleichem Maße wurde es riskant, das Lernen dem freien Willen des Individuums zu überlassen. Die Gesellschaft ging daran, gezielt zu "richtigem" Verhalten anzuleiten. Es wurden Systeme geschaffen, in denen geschulte Kräfte Heranwachsenden sagten, wie sie sich als Erwachsene einmal verhalten sollten. Waren bis dahin die Lernprozesse im wesentlichen getragen von der Familie, der Nachbarschaft und der kirchlichen Gemeinschaft, so entstanden nun - ungefähr um die Wende vom 18. zum 19. Jahrhundert - Schulen, die für möglichst viele Menschen eine verbindliche Einführung in die Wertvorstellungen und Handlungsmuster der Gesellschaft leisteten." [107]

Damit erweist sich das Schulsystem als dasjenige erzieherische Teilsystem, das seine Autonomie als Erziehungssystem am stärksten ausgebildet hat: Es ist im Vergleich zu anderen erzieherischen Subsystems am stärksten ausdifferenziert. Die Erziehungsfunktion als ein gesellschaftliches Dauerproblem ist demnach insbesondere der Schule als einem explizit für diese Funktion ausdifferenzierten System zuzusprechen. Schule überläßt als institutionalisiertes Lernen [108] eben nicht dem Zufall, daß und wie gelernt wird. Damit wird in der Schule das Problem des Lernens und der Qualifikation systematisch durch Kommunikation bearbeitet und nicht mehr dem Sozialisationsprozeß überantwortet. [109]

"Diese Form der Institutionalisierung soll gewährleisten, daß der im Lehrplan genannte Lehrstoff auch tatsächlich gelernt wird, daß also die offiziell angestrebten Lernprozesse auch stattfinden. Zu diesem Zweck wird eine Beziehungsstruktur vorgegeben, durch die der Schüler letztlich zur Kommunikation über den von Institution und Lehrer vorgegebenen Lehrstoff gezwungen werden kann." [110]

Aus der Herleitung der Ausdifferenzierungsform und der gesellschaftlichen Funktion der Schule ergeben sich folgende Voraussetzungen für eine Systemanalyse der Schule:

Erstens: Das Schulsystem ist ein System, das sich auf kein Kommunikationsmedium stützen kann.

---

107. H. ABELS, Die Schule als Feld soziologischer Forschung, S.271
108. vgl. H. FEND, Bildungssysteme als Orte der systematischen Veranstaltung von Lernprozessen
109. vgl. P. OSWALD, Grundzüge einer Theorie der Schule
110. H. PARDON/ K.J. TILLMANN, Interaktions- und Kommunikationsmuster in der Schule als Belastungsfaktoren, S.174

Zweitens: Das Schulsystem ist damit auch kein soziales System, das grundlegend organische Dispositionen in Kommunikation überführt.

Drittens: Das Schulsystem ist in seiner Konstruktion in erster Linie auf seine Funktionsbestimmung verwiesen. *Die systemanalytische Verrechnung muß demnach bei der Funktionsbestimmung beginnen.* Da dem Schulsystem ein Kommunikationsmedium fehlt, kann die systemanalytische Verrechnung nicht von strukturellen Bedingungen ausgehen. Diese strukturellen Bedingungen sind im Falle der Schule kommunikative Strukturen, die im funktionalen Bezug zur gesellschaftlichen Funktion des Systems ermittelt werden, und die nicht umgekehrt die gesellschaftliche Funktion des Systems vorgeben. *Demnach bildet die Qualifikationsfunktion das oberste Selektionskriterium für die systemanalytische Verrechnung.*

Viertens: Schule ist dasjenige Subsystem des Erzieherischen, das ausschließlich auf die gesellschaftliche Funktion der Erziehung bezogen ist. Schule kooperiert mit keinem anderen Funktionssystem. Das heißt, es stellt dasjenige erzieherische Subsystem dar, das die Erziehung als ein gesellschaftliches Dauerproblem in vorrangiger und systemkonstituierender Weise aufnimmt.

Fünftens: Die Konstruktion des Schulsystems erhält dadurch ein hohes Maß an Unsicherheit. Schule bildet sich nicht aufgrund anthropologischer oder organischer Bedingungen, sondern ist ein System, das ausschließlich im Hinblick auf ein auftretendes gesellschaftliches Dauerproblem ausdifferenziert wird. Dies erklärt auch die hohe Unsicherheit in der Bearbeitung dieses Dauerproblems: Die Konstruktion eines solchen Systems kann sich nicht an Kommunikationsmedien orientieren. In der Konstruktion des Schulsystems gibt es somit kein Selektionskriterium, das von vornherein einen funktionalen Bezug zwischen den Systemparametern herstellt. Dies muß die Konstruktion selbst erst leisten.

Sechstens: Die systemanalytische Verrechnung der Schule ist aufgrund der ausschließlichen Bestimmung des Systems über die gesellschaftliche Funktion unterbestimmt. Soziale Systeme, die sich aufgrund von Kommunikationsmedien konstituieren, haben den multiplen funktionalen Bezug zwischen den Systemparametern von gesellschaftlicher Funktion, Struktur und Interpenetration immer schon vorgegeben. In der Konstruktion des Schulsystems muß - wenn sie allein von ihrer gesellschaftlichen Funktion ausgeht - dieser multiple funktionale Bezug erst noch konstruiert werden. Darin könnte ein Grund dafür liegen, daß der Schule sowohl im Hinblick auf ihre strukturellen Gegebenheiten als auch im Hinblick auf ihre Interpenetrationen und Leistungen immer schon sehr viel zugemutet wurde. Die unterschiedlichen Konzeptionen von Schule verweisen auf eine immense Vielfalt.[111] Schule ist durch das Fehlen eines eigenen Kommunikationsmediums in struktureller Hinsicht kaum durch Selektionsvorgaben bestimmt, wie dies in einem System der Fall ist, das durch eine bestimmte Kombination von Erleben und Handeln von Ego und Alter schon bestimmt ist. Dadurch erscheint Schule als ein System, das vielerlei strukturelle Merkmale annehmen kann. Vor allem können diese strukturellen Vorgaben sehr viel leichter verändert werden, als dies in einer Bindung an ein Kommunikationsmedium der Fall ist. *Schule erscheint unter diesen Hinsichten als ein System, das in vielfältiger Weise konstruiert*

---

111. vgl. T. BALLAUFF, Funktionen der Schule, S.1

werden kann und das durch ein besonderes Maß an «Künstlichkeit» gekennzeichnet werden kann. [112]

Im folgenden soll nun aufgezeigt werden, welche Implikationen mit der gesellschaftlichen Funktion der Qualifikation verbunden sind. Damit werden die Subfunktionen der Qualifikationsfunktion der Schule bestimmt und in ihrer hierarchischen Zuordnung zueinander aufgezeigt.

2.4 Die Hierarchiestruktur der gesellschaftlichen Funktionen der Schule

Das soziale System Schule differenziert sich als ein autonomes Subsystem der Gesellschaft dann aus, wenn die Konfrontation zwischen Neuen und Alten zu einem allgemeinen gesellschaftlichen Problem wird. Dieses Problem ergibt sich aus der Tatsache, daß Erziehung als intendierte Beeinflussung der Neuen nicht mehr dem Zufall überlassen werden kann, sondern innerhalb eines Systems über Kommunikation bearbeitet werden soll. Das Dauerproblem der Erziehung wird institutionell bearbeitet, so daß Lernen systematisch ermöglicht wird. Schule ist durch die Besonderheit gekennzeichnet, daß sie ausschließlich die gesellschaftliche Funktion der Qualifikation hat.

Die Qualifikationsfunktion der Schule ist immer auf die Gesamtgesellschaft bezogen. Dies unterscheidet Schule auch von anderen qualifizierenden Systemen, wie z.B. der Betriebserziehung. Innerhalb eines Betriebes differenziert sich ein qualifizierendes Systems dann aus, wenn die Qualifikation ein Grundproblem des Betriebes ist. Schule ist jedoch in ihrer Qualifikationsfunktion ausschließlich auf die Gesamtgesellschaft bezogen.

Mit der Festlegung der Qualifikation als der Hauptfunktion der Schule ist gleichzeitig verbunden, daß alle anderen gesellschaftlichen Funktionen der Schule als Teil- oder Subfunktionen der Schule auftreten. Dies bedeutet, daß Schule diese Subfunktionen nur insofern erfüllen und bearbeiten kann, als sie gleichzeitig die Hauptfunktion der Qualifikation bearbeitet. Demnach sind die Subfunktionen solche Funktionen, die zwar der Schule als einem spezifischen Teilsystem als Dauerproblem zugesprochen werden können, aber auch durch andere Systeme bearbeitet werden können. Die Spezifik der schulischen Subfunktionen besteht darin, daß sie in der Form der Qualifizierung bearbeitet werden, das heißt, daß Schule einen spezifischen Aspekt dieser Funktionen behandelt, der so von keinem anderen Subsystem - auch von keinem anderen erzieherischen Subsystem - behandelt wird. Die Hierarchisierung gesellschaftlicher Funktionen eines sozialen Systems in Haupt- und Subfunktionen ermöglicht eine Gewichtung und damit auch eine Spezifizierung des jeweiligen sozialen Systems. So wie die Familie z.B. die gesellschaftliche Funktion der Liebe und Intimität zur Hauptfunktion hat, hat Schule die Qualifikation zur Hauptfunktion. Dies schließt nicht aus, daß Familie nicht auch qualifizierende Funktionen hat. Doch erhält Familie diese Qualifikationsfunktion lediglich als Subfunktion. Sie qualifiziert nur insofern, als sie gleichzeitig ihre Hauptfunktion der Liebe und Intimität bearbeitet. Eine solche Spezifizierung der Systeme verweist dann insgesamt auf eine grundlegend andere Systemkonstitution: Die jeweilige Hauptfunktion des Systems gibt gleichzeitig auch dasjenige Kriterium vor, das in einer systemanalytischen Verrechnung das Hauptselektionskriterium einer funktionalen Analyse ausmacht. Das Schulsystem differenziert sich dem-

---

112. vgl. hierzu: P. DALIN, Zukunft der Schule, S.149; N. MEDER, Interaktionsanalyse, S.57-58 (Zitat wird später im Abschnitt über die soziale Struktur der Schule aufgeführt)

nach von anderen erzieherischen Subsystemen dadurch aus, daß es die Qualifikationsfunktion als das Hauptselektionskriterium für die multiple funktionale Analyse des Systems vorgibt. Dieses Hauptselektionskriterium bezieht sich dann einerseits auf die Selektionen der Subfunktionen und andererseits auf die in der funktionalen Analyse vollzogenen Selektionen für die anderen Systemparameter. Im folgenden soll nun aufgezeigt werden, inwiefern die Qualifikationsfunktion ein Selektionskriterium für die Subfunktionen und im Anschluß daran für die übrigen Systemparameter darstellt.

Die Qualifikationsfunktion der Schule impliziert mehrere Subfunktionen, von denen hier einige aufgeführt werden sollen, wobei jedoch nicht der Anspruch auf Vollständigkeit erhoben wird.

Schule bearbeitet mit ihrer Qualifikationsfunktion gleichzeitig auch andere gesellschaftliche Funktionen. Das heißt, Schule kann über die Qualifikation gleichzeitig Beiträge - schulspezifische Beiträge - für andere Dauerprobleme der Gesellschaft erbringen. In dieser Hinsicht sind auch die Subfunktionen dieses sozialen Systems mit grundlegenden Dauerproblemen der Gesellschaft verbunden, die in dem jeweiligen System in einer spezifischen Form bearbeitet werden. Subfunktionen sind keine Marginalfunktionen, sondern sind - wie auch die Hauptfunktion - Funktionen, die auf Dauerprobleme der Gesellschaft reagieren. Demnach können Subfunktionen hier nicht als «Nebeneffekte» des jeweiligen Systems verstanden werden. Sie stellen vielmehr systemspezifische Spezifikationen gesamtgesellschaftlicher Dauerprobleme dar, die in dem jeweiligen System auf eine spezifische Weise behandelt werden und somit die Autonomie des jeweiligen Systems stützen.

Die Problematik der «Nebeneffekte» bzw. des «Hidden curriculum» der Schule ist eine Problematik, die nicht durch die Funktion gestellt wird. Nebeneffekte des Systems ergeben sich aufgrund seiner sozialisatorischen Interpenetrationen, die weiter unten genauer behandelt werden. [113] Solange jedoch der Parameter der gesellschaftlichen Funktion betrachtet wird, geht es im Rahmen des Schulsystems immer um die intendierten Beeinflussungen psychischer Systeme, die das Schulsystem als ein erzieherisches Subsystem kennzeichnen, und die gleichzeitig die Gesamtkonstruktion dieses Systems in vorrangiger Weise konstituieren.

2.4.1 Die Subfunktionen erster Ordnung

Die gesellschaftliche Hauptfunktion der Qualifikation differenziert sich in unterschiedliche Subfunktionen aus. Eine solche Hierarchisierung gesellschaftlicher Funktionen besagt, daß die Hauptfunktion im Schulsystem immer bearbeitet wird und daß die Subfunktionen im Schulsystem insofern bearbeitet werden, als ihre Bearbeitung zugleich auch eine Bearbeitung der Qualifikation darstellt. Damit werden die Subfunktionen in ihrer Bedeutung für das Schulsystem im Hinblick auf die Qualifikation spezifiziert: Nicht *alle* Momente der Personalisation, Allokation etc. können von Schule bearbeitet werden. Schule kann die Subfunktionen nur insofern bearbeiten, als sie zugleich auch die Qualifikationsfunktion bearbeitet.

---

113. vgl. Kapitel 3, Teil 3, Punkt 2 *Die multiple funktionale Analyse des Strukturparameters im Hinblick auf die Vermittlung des systemanalytischen Denkens*

298 Schule als soziales System

Die Grundthese der vorliegenden Arbeit lautet somit: Die Qualifikation stellt die zentrale Funktion der Schule dar. Alle anderen oben aufgeführten Funktionen des Erzieherischen treten dann hier als Subfunktionen der Qualifikation auf.

Die Hierarchisierung zwischen der Hauptfunktion und den Subfunktionen wird über drei Ebenen erstellt: die Hauptfunktion, die Subfunktionen erster Ordnung und die Subfunktionen zweiter Ordnung. Diese Hierarchiestruktur wird dadurch begründet, daß auch die Subfunktionen nicht einander nebengeordnete Funktionen sind.

Für die Subfunktionen erster Ordnung gilt dann, daß sie systemspezifisch dadurch bearbeitet werden, daß die Hauptfunktion durch sie zugleich bearbeitet wird. Für die Subfunktionen zweiter Ordnung gilt dann, daß sie systemspezifisch dadurch bearbeitet werden, daß *zugleich* die Hauptfunktion und die Subfunktionen erster Ordnung bearbeitet werden. Die Subfunktionen zweiter Ordnung sind damit zweifach spezifiziert: Erstens durch die Hauptfunktion und zweitens durch die Subfunktionen erster Ordnung.

Im folgenden werden die Subfunktionen erster Ordnung vorgestellt; dies sind die Allokationsfunktion und die Personalisationsfunktion. Anschließend werden in Punkt 2.4.2 die Subfunktionen zweiter Ordnung dargestellt. Dies sind die Traditions- und die Innovationsfunktion und die Legitimationsfunktion.

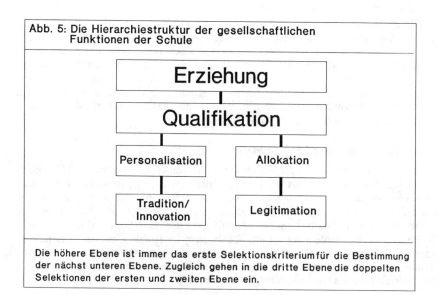

Abb. 5: Die Hierarchiestruktur der gesellschaftlichen Funktionen der Schule

Die höhere Ebene ist immer das erste Selektionskriterium für die Bestimmung der nächst unteren Ebene. Zugleich gehen in die dritte Ebene die doppelten Selektionen der ersten und zweiten Ebene ein.

2.4.1.1 Die Subfunktion der Allokation

Die Allokationsfunktion der Schule ist eine gesellschaftliche Funktion, die ihr neben der Qualifikation immer wieder zugesprochen wird. Gemeint ist mit dieser Funktion, die auch unter der Bezeichnung der Selektionsfunktion auftritt, daß Schule als ein soziales System für die Positionsverteilung und Positionszusprechungen innerhalb der Gesellschaft in dominanter Weise verantwortlich ist. Das heißt, die schulische Karriere entscheidet über die Zusprechung bestimmter Positionen innerhalb der Gesellschaft.

"Ein wichtiges Bindeglied zwischen dem Erziehungssystem und der Gesellschaft wird heute in der *Allokationsfunktion des Schulsystems* gesehen. Danach wird das Schulsystem als großes "Rüttelsieb" konzipiert, das zwischen den Generationen eingebaut ist und zu einer Neuverteilung von Lebenschancen führt, indem es den Zugang zu hohen oder niedrigen beruflichen Positionen und damit zu Prestige, Macht und Einkommen reguliert. Bevor der heutige Diskussionsstand um die Bedeutung des Schulsystems für die Vergabe sozialer Positionen und für die Stabilisierung sozialer Strukturen referiert wird, soll wieder kurz auf die Entdeckung dieser Nahtstelle zwischen Schule und Gesellschaft eingegangen werden." [114]

LUHMANN geht sogar so weit, daß er dem Erziehungssystem insgesamt - wobei er jedoch in erster Linie an die Schule denkt - die Selektion als Hauptfunktion zuordnet. Diese Gewichtung entsteht dadurch, daß er in der Selektion durch die Schule gleichzeitig dasjenige gesellschaftliche Moment sieht, aufgrund dessen sich Schule als ein autonomes System konstituiert und von anderen Teilsystemen als ein eigenständig ausdifferenziertes System akzeptiert wird:

"Sehr zu Unrecht wird soziale Selektion als eine gesellschaftlich aufgezwungene, erziehungsfeindliche Aufgabe dargestellt. Es geht um die *Zuweisung von Positionen innerhalb und außerhalb des Systems*. Als ein System, das solche Selektionen mit eigenen Kriterien vollzieht und mit dem Ergebnis externe Selektionschancen beeinflussen kann, hat das Erziehungssystem die Chance, den eigenen Kriterien in seiner sozialen Umwelt Ansehen und Wirkung zu verschaffen. Soziale Selektion im Erziehungssystem ist ein Vorgang, mit dem das Erziehungssystem Einfluß auf die Umwelt ausübt, und nicht umgekehrt; und nur weil dies so ist, müssen die Programme, die die Selektion steuern, auf Erfordernisse der Umwelt eingestellt werden oder ihnen jedenfalls in gewissem Umfange Rechnung tragen." [115]

In diesem Zitat kommt zum Ausdruck, daß die Selektionsfunktion als das gesellschaftliche Dauerproblem der Schule bzw. des Erziehungssystems auch der Qualifikation übergeordnet ist. Erst durch die Behandlung des Dauerproblems der Allokation - so LUHMANN - verschafft sich Schule die Autonomie für systemspezifische Entscheidungskriterien. [116]

Die These, daß nicht die Allokationsfunktion, sondern die Qualifikationsfunktion die Hauptfunktion der Schule ist, impliziert, daß nicht die Qualifikation aufgrund der

---

114. H. FEND, Theorie der Schule, S.29
115. N. LUHMANN, Codierung und Programmierung, S.160
116. Das Verhältnis von Selektion und Qualifikation nach LUHMANN soll weiter unten noch ausführlicher behandelt werden.

Selektion des Schulsystems möglich wird, sondern daß *umgekehrt, die Selektionsfunktion der Schule durch die Qualifikationsfunktion ermöglicht und ausgeübt wird.* Diese grundsätzliche Annahme soll nun begründet werden.

Die Allokation stellt für jede Gesellschaft ein Dauerproblem dar. Es müssen Entscheidungskriterien für die Zuschreibung von gesellschaftlichen Positionen bestehen, so daß die Gesellschaft erstens sich selbst reproduzieren kann und zweitens auch diese Positionszuschreibung legitimieren kann. Vergleicht man die stratifikatorische Gesellschaft des Mittelalters mit der funktional differenzierten Gesellschaft der Neuzeit, so können hier zwei grundlegend verschiedene Entscheidungskriterien für die Positionszuschreibung festgestellt werden. Die mittelalterliche Gesellschaft ermöglichte der Mehrzahl der Kinder keine Ausbildung und die Schule konnte nur von einigen wenigen besucht werden. Am Beispiel für die Ausbildung zu einem Handwerk kann jedoch das allgemeine Prinzip der mittelalterlichen Positionszuweisung veranschaulicht werden.

Die Kinder wurden in einem Alter von ca. sieben bis neun Jahren aus ihrer Herkunftsfamilie entlassen, wohnten für sieben bis neun Jahre in einer fremden Familie und verrichteten Dienste, die ihrer Ausbildung dienen sollten. [117] In der Handwerksausbildung lernte das mittelalterliche Kind durch seine Mitgliedschaft in einer fremden Familie, in der es nicht nur einen bestimmten Beruf erlernte, sondern auch grundlegende Erfahrungen für sein späteres Leben, für seine Einführung in die Gesellschaft machte:

"Das Kind lernte durch Praxis, und diese Praxis machte nicht an den Grenzen eines bestimmten Berufes halt, und zwar schon deshalb nicht, weil es damals und noch für lange Zeit keine Grenzen zwischen Beruf und Privatleben gab; die Abgrenzung des Berufslebens - übrigens ein ziemlich anachronistischer Ausdruck - brachte die Abspaltung des Privatlebens mit sich, mit dem es zuvor vermischt gewesen war. So gab ein Lehrherr auf dem Wege dieses Dienens in seinem Hause einem Kind, und zwar nicht seinem eigenen, sondern dem eines anderen, den ganzen Schatz der Kenntnisse, der praktischen Erfahrung und die menschlichen Werte weiter, in deren Besitz man ihn glaubte."[118]

Die Allokationsfunktion wurde im Mittelalter in erster Linie durch die Familie bearbeitet. Es war zwar nicht die eigene Familie, doch lernte das Kind seinen Beruf im familiären Rahmen, indem es Mitglied dieser Familie wurde, dort Dienste verrichtete und lernte. Kinder lernten somit das, was in der jeweiligen Familie vermittelt werden konnte und wurden dementsprechend in diejenigen Positionen und Berufe der Gesellschaft eingeführt und auf sie vorbereitet, die auch die jeweilige Familie vermitteln konnte.

"Im allgemeinen beruhte die Wissensvermittlung von einer Generation zur anderen auf der Teilnahme der Kinder am Erwachsenenleben im familiären Rahmen."[119]

---

117. vgl. P. ARIÉS, Geschichte der Kindheit, S.502ff.
118. P. ARIÉS, Geschichte der Kindheit, S.505
119. P. ARIÉS, Geschichte der Kindheit, S.508

Die Allokation wurde somit von der Familie ermöglicht, in der das Kind durch Teilnahme lernte und in der es den Beruf und seine spätere Position zugewiesen bekam.

In der Neuzeit wird die Allokation unter anderen Gesichtspunkten vollzogen: Der Beruf soll nicht mehr über Generationen in familiären Systemen sozial «vererbt» werden, sondern die Allokation soll nun unabhängig von der familiären Herkunft über Qualifikation vollzogen werden. Die Entwicklung einer solchen Vorstellung dauerte lange und führte erst im 19. Jahrhundert zu der allgemeinen Schulpflicht und wird auch heute noch kontrovers unter dem Problemtitel der Chancengleichheit diskutiert.

Die Allokation ist dementsprechend keine genuine gesellschaftliche Funktion des Schulsystems, sondern sie tritt schon vor der Einrichtung von Schulen und ständig außerhalb von ihnen auf und ist erst im Laufe der Entwicklung der Gesellschaft zu einer komplexen funktional ausdifferenzierten Gesellschaft der Schule als eine Subfunktion zugesprochen worden. Die Allokation soll dann nicht mehr über familiäre Herkunft bzw. über Familienerziehung ermöglicht werden, sondern soll über die Qualifikation der Schule vollzogen werden. Dies entspricht einer Abwendung von der stratifikatorischen Gesellschaft, die ihre hierarchische Struktur personenabhängig konzipierte. Das Schulsystem als ein Qualifiaktionssystem erweist sich in besonderer Weise dazu geeignet, das Allokationsproblem und seine Legitimierung zu behandeln. *Schule selegiert aufgrund ihrer Qualifikationsfunktion herkunftsunabhängig.* Damit ermöglicht das Schulsystem, soziale Selektion nicht über personale Kriterien zu vollziehen, sondern über das anonyme Kriterium der Qualifikation. Dieses Selektionskriterium hat jedoch noch nichts mit dem Anspruch der Chancengleichheit zu tun. Die Diskussion um die Chancengleichheit ist quasi die pädagogische Wendung dieser veränderten Selektionsweise. Selektion über Qualifikation ist dann ein gesellschaftliches Anliegen, wenn gesellschaftliche Positionen nach dem Kriterium der Befähigung vergeben werden sollen. Dies bedeutet auch gleichzeitig, daß Positionen erworben und nicht mehr zugesprochen werden.

"Geschichtlich gesehen muß die Einführung der Schulpflicht als ein wichtiger Schritt zur Emanzipation derjenigen Schüler (und zukünftigen Erwachsenen) gewertet werden, deren gesellschaftliche Lebenschancen nicht von dem ererbten Rang und Vermögen ihrer Familien abhängig sind, sondern von ihrer schulischen (und beruflichen) Leistung; denn erst die rechtliche Absicherung der Schulpflicht schaffte die Voraussetzung dafür, daß Kinder und Jugendliche nicht um der Ausbeutung ihrer Arbeitskraft zugunsten der Familie oder gar unternehmerischer Kapitalinteressen willen von ihrem Recht auf Lernen abgehalten werden." [120]

Schule selegiert dadurch, daß sie qualifiziert und nicht umgekehrt. Die Umkehrung entspräche der Forderung, daß Schule qualifizieren müsse, weil sie selegiert.

Allokation ist ein grundlegendes gesellschaftliches Problem, das in irgendeiner Form durch Kommunikation behandelt werden muß. Die Allokationsfunktion der Schule ist eine gesellschaftliche Variante, um diese Bearbeitung zu ermöglichen. Gleichzeitig muß jedoch festgestellt werden, daß Allokation in sehr unterschiedlichen Formen - durch Erbschaft etc. - vollzogen werden kann und auch in Verlauf der Geschichte und in unterschiedlichen Gesellschaftsformen in sehr unterschiedlichen For-

---

120. B. GRABBE/ H.J. TYMISTER, Zur speziellen Situation des Schülerseins, S.240

men vollzogen wird. Die schulische Allokation stellt demnach eine besondere Form der Bearbeitung dieses grundlegenden gesellschaftlichen Dauerproblems dar. Sie ist nicht eine Funktion, die erst mit der Institution Schule auftritt, sondern die der Institution Schule in einer komplexen, ausdifferenzierten Gesellschaft zugesprochen wird. Dies geschieht *immer dann, wenn Allokation mit Qualifikation verbunden werden soll.* Ist die gesellschaftliche Organisation und Struktur nicht mehr an Personen orientiert, so kann auch die Zuweisung der Positionen in einer Gesellschaft nicht mehr über Kriterien der Herkunft vollzogen werden. Erst wenn eine Gesellschaft von stratifikatorischer Organisation in eine funktionale Differenzierung überwechselt, wird die Allokation an andere Kriterien - hier das Kriterium der Qualifikation - gebunden.

"Bedingt durch die fortschreitende Industrialisierung und die Ausbreitung der egalitären Ideen tritt die individuelle Leistung immer stärker an die Stelle von »zugeschriebenen« Merkmalen. Im Verlauf dieses Wandels erhält auch die Schule eine andere Funktion für den Zuteilungsprozeß. Sie dient zunehmend weniger der Behauptung des Status der oberen Schichten und entwickelt sich zu dem Ort, wo ohne Rücksicht auf die Herkunft die Fähigkeiten ausgebildet, die Fertigkeiten vermittelt und die Leistungen nachgewiesen werden, die für den Zugang zu den einzelnen Positionen verlangt werden. Die Schulbildung wird also zum »strategischen Faktor« im Prozeß der Zuweisung von Berufspositionen nach universalistischen Kriterien." [121]

Mit einer solchen Zuschreibung der Schule als einer Allokationsinstanz, die über Qualifikation vollzogen wird, sind gleichzeitig andere Problemaspekte impliziert:

Erstens: Das Zusammengehen von Allokation und Qualifikation ist zugleich eine Form der Legitimation der Positionszuweisungen. Die Positionszuweisung geschieht hier nicht durch Zuschreibung, sondern durch erworbene Qualifikationen. [122] Die Qualifikation, die jedem durch seine Pflichtmitgliedschaft in der Schule ermöglicht wird, entscheidet über die Verteilung und Zusprechung sozialer Positionen innerhalb der Gesellschaft. Die Legitimation der Positionszusprechung erfolgt dadurch, daß jedes Mitglied der Gesellschaft die entsprechenden Voraussetzungen für die Allokation durch eigene Leistungen selbst erwerben kann. In dieser Hinsicht erfüllt die Allokationsfunktion als Qualifikation zugleich auch eine Legitimationsfunktion. Die Legitimation bezieht sich damit nicht - wie von FEND dargestellt - auf die Legitimation bestimmter gesellschaftlicher Normen und Herrschaftsverhältnisse, sondern auf die Legitimation der Verteilung von Positionen innerhalb der Gesellschaft. Die schulische Allokation ist demnach nicht nur eine spezifische Form der Allokation, sondern sie trägt auch die Legitimation dieser Form der Allokation schon in sich. FEND spricht diesen Aspekt der Legitimation an, indem er feststellt, daß Schule ihre Allokation gleichzeitig dadurch legitimiert, daß der Erwerb bestimmter gesellschaftlicher Positionen von der individuellen Leistungsfähigkeit des Schülers abhängig gemacht wird und nicht durch andere Kriterien vollzogen wird.

"So repräsentiert das Schulsystem ein Allokationssystem, d.h. ein Regelsystem der Zuweisung unterschiedlich hoch bewerteter Positionen. Im Schulsystem ist in der Form

---

121. H. DAHEIM, Soziale Herkunft, Schule und Rekrutierung der Berufe, S.53
122. vgl. die Differenz von «ascribed» vs. «achieved» Positionen in der Rollentheorie; z.B. G. WISWEDE, Rollentheorie, S.11ff.

unterschiedlich hoher Schulabschlüsse (Hauptschulabschluß, Mittlere Reife, Abitur usw.) Ungleichheit eingebaut. Im Verlauf seiner Schulzeit lernt der Schüler, diese Ungleichheit zu akzeptieren, indem er das Regelsystem der Zuordnung zu unterschiedlichen Leistungspositionen und deren Verfahren (Prüfungen) zu akzeptieren lernt. Ihm wird tagtäglich vorgeführt, daß Unterschiede in der formellen Belohnung auf Unterschiede in der Leistung zurückzuführen sind. Mit dieser Erzeugung von Ungleichheit wird das entsprechende Erklärungsmuster mitgeliefert: es ist auf die jeweilige Anstrengung und Begabung des Schülers zurückzuführen, welche Positionen er erreicht. Wer begabt ist und sich anstrengt, der steigt auf, wer unbegabt ist und sich wenig anstrengt, der bleibt unten. Dem Prozeß der Internalisierung solcher Interpretationsmuster auf der Basis der strukturellen Gestaltung des Schulwesens entspricht der Aufbau eines entsprechenden Selbstbildes: selbst der degradierte Schüler fühlt sich schließlich gerecht behandelt, da er sich als wenig begabt, als wenig fleißig und an Höherem uninteressiert einschätzt." [123]

Das Zusammengehen von Allokation und Qualifikation ist demnach zugleich mit der Legitimation der Positionszuweisungen als erworbene Positionen verbunden. *Die Qualifikations-, Allokations- und Legitimationsfunktion stehen somit in einem engen Bezug, indem die Qualifikation Selektionskriterien für die Allokation vorgibt, und die Allokation ihrerseits wiederum Selektionskriterien für die Legitimation der Positionsverteilungen vorgibt.*

Zweitens: Die Allokation der Schule hat den Status einer gesellschaftlichen Funktion, so daß insbesondere von der Schule als einem Teilsystem der Gesellschaft dieses Dauerproblem behandelt werden soll. Gleichzeitig büßt jedoch die Schule gerade im Hinblick auf diese Funktion an Autonomie ein. Diese These steht zu der These LUHMANNS, daß Selektion und Allokation eine der Hauptfunktionen der Schule sind, im Widerspruch. Sie soll damit begründet werden, daß mit der Allokation der Schule zwar in gesamtgesellschaftlicher Hinsicht ein bestimmtes Dauerproblem zugesprochen wird, jedoch dieses Dauerproblem so gelagert ist, daß es nicht autonom von einem Teilsystem der Gesellschaft übernommen werden kann. Das Dauerproblem der Allokation ist ein gesellschaftliches Dauerproblem, das - wie jedes Dauerproblem - einem bestimmten Teilsystem der Gesellschaft zur Bearbeitung zugesprochen wird. Die Allokation zeichnet sich jedoch gerade dadurch aus, daß sie nur schwerlich in autonomer Form von *einem* Teilsystem bearbeitet werden kann. *Die Besonderheit der Allokation besteht darin, daß sie von vielen Systemen qua Sozialisation vollzogen wird, jedoch nur der Schule als gesellschaftliche Funktion zugesprochen wird. Daß nur der Schule diese gesellschaftliche Funktion zugesprochen wird, liegt in der oben dargestellten gleichzeitigen legitimierenden Funktionen dieser Form der Allokation durch Qualifikation.* Andere Teilsysteme ermöglichen gleichfalls Allokation, doch wird sie ihnen nicht als eine gesellschaftliche Funktion zugesprochen. Dies kann z.B. an der Diskussion um die Chancengleichheit gezeigt werden. Das Familiensystem hat nach wie vor hohen Einfluß auf die Allokation der Kinder, doch wird gerade diesem System die Allokation als Bearbeitung eines gesellschaftlichen Dauerproblems nicht zugesprochen. Dies würde einer Allokation im Rahmen einer stratifikatorischen Gesellschaft entsprechen. Anders formuliert: *Im Hinblick auf die Zuweisung von Allokation zu einem bestimmten Teilsystem der Gesellschaft muß zwischen der Allokation als einer ge-*

---

123. H. FEND, Theorie der Schule, S.46/47

sellschaftlichen Funktion eines Teilsystems einerseits und der Allokation als einem sozialisatorischen Effekt eines Teilsystems andererseits unterschieden werden. So zeigt sich, daß Familie im hohen Maße nach wie vor Allokationen vollzieht, ohne sie als eine gesellschaftliche Funktion zu bearbeiten. [124]

"Was uns hier (aus Forschungsergebnissen aus den USA, A.H.) gemeldet wird, wie aussichtsreich eine Egalisierung von Bildungschancen und damit eine Veränderung der Gesellschaft über das Schulsystem sein könnte, ist beinahe durchwegs enttäuschend. Die Schlußfolgerungen laufen jetzt beinahe ins andere Extrem: ist vor einigen Jahren noch eine enge Koppelung von Schulsystem und Sozialstruktur behauptet worden, was die Rekrutierung und den sozialen Aufstieg betrifft, so erscheint jetzt dieser Zusammenhang stark gelockert. Ein Großteil der sozialen Vorteile hinsichtlich Einkommen, Macht und Prestige wird nicht durch das Schulsystem vermittelt, sondern außerschulisch erzeugt. Eine zweite These gesagt, daß die Schulen wenig tun können, um die außerschulischen Unterschiede durch schulische Beeinflussung zu beseitigen, Chancengleichheit sei deshalb unter den gegenwärtigen gesamtgesellschaftlichen Bedingungen nicht zu realisieren." [125]

Eine ähnliche sozialisatorische Allokation kann auch für die betriebliche Erziehung und Weiterbildung festgestellt werden. Die betriebliche Weiterbildung wird durch Subsystembildung ermöglicht. Das erzieherische Subsystem des Betriebes untersteht damit nicht einer allgemein-gesellschaftlichen Funktion der Erziehung, sondern wird im Hinblick auf das Dauerproblem des Betriebes subfunktional ausdifferenziert. Das heißt, daß Betriebe dann Weiterbildungssysteme ausdifferenzieren, wenn sich für sie das innerbetriebliche Dauerproblem der Qualifikation stellt. In dieser Hinsicht hat die innerbetriebliche Weiterbildung keine Allokationsfunktion. Sie bearbeitet die Allokation nicht als ein gesamtgesellschaftliches Problem. Gleichwohl können diese Weiterbildungen für andere Betriebe allokative Wirkungen haben. So z.B. im Falle eines Betriebswechsels, in dem das aufnehmende System im Hinblick auf die Qualifikationen des je Einzelnen Allokationen vornimmt. Diese Allokationen entspringen dann jedoch nicht der gesellschaftlichen Funktion des abgebenden Betriebes, sondern können als sozialisatorische Effekte, die durch die Mitgliedschaft in diesem Betrieb bewirkt wurden, beschrieben werden.

Allokation wird somit von vielen sozialen Systemen ermöglicht. Gleichwohl bleibt für Schule festzustellen, daß sie Allokation nicht nur als einen sozialisatorischen Effekt bewirkt, sondern Allokation als eine gesellschaftliche Funktion übernimmt. Demnach kann formuliert werden, daß *jedes soziale System, das in irgendeiner Form qualifiziert, zugleich auch allokative Effekte hat, jedoch Schule als ein soziales System die Allokation nicht nur im Rahmen von Sozialisation, sondern explizit als eine gesellschaftliche Funktion bearbeitet.*

Drittens: Aus den beiden vorherigen Punkten ergibt sich die Besonderheit der schulischen Allokation. *Die schulische Allokation wird gerade durch ihre gleichzeitige Legitimationsfunktion zu einer gesellschaftlichen Funktion der Schule:* Die Gesellschaft versucht in der Schule das Problem der Allokation in legitimierter Form durch Kom-

---

124. vgl. hierzu auch: H. ABELS, Die Schule als Feld soziologischer Forschung, S.274-280; H. DAHEIM, Soziale Herkunft, Schule und Rekrutierung der Berufe
125. H. FEND, Theorie der Schule, S.34

munikation zu behandeln. In der Behandlung der Allokationsfunktion ist das Schulsystem jedoch nicht autonom: Erstens ist es nicht das einzige gesellschaftliche Subsystem, das Allokation ermöglicht und zweitens ist die Autonomie in der Bearbeitung der Allokation als gesellschaftliche Funktion insofern schon immer gefährdet, als sie in den Autonomiebereich anderer sozialer Subsysteme eingreift. Durch Allokation werden zwei oder mehrere Teilsysteme der Gesellschaft miteinander verbunden: Dasjenige soziale System, das Allokation ermöglicht, mit anderen Teilsystemen, in denen bestimmte Positionen erworben werden können. In dieser Hinsicht steht das Dauerproblem der Allokation in einem sehr engen funktionalen Bezug zur Outputleistung des Schulsystems. Dabei stellt sich dann - entsprechend der Parameterbestimmung des Outputs - die Frage, welche Aufnahmebedingungen für die weiterführenden Systeme gelten. Schule kann durch Qualifikation Allokationen ermöglichen, doch sind die abnehmenden Systeme nicht abhängig vom schulischen Output. Sie können vielmehr neben den schulischen Qualifikationen gleichzeitig Inputbedingungen stellen, die eine direkte Zuordnung zwischen schulischer Karriere und Positionserwerb unterbinden. Schule hat nicht die Autonomie, durch ihren Output - so z.B. durch die allgemeine Hochschulreife - gleichzeitig direkt die Positionszuschreibungen in anderen Teilsystemen zu vollziehen. Andere Teilsysteme können diesen Output als Orientierung für ihre Inputbedingungen annehmen, können ihre Inputbedingungen ihrerseits jedoch wiederum autonom bestimmen. Damit wird eine direkte Zuordnung zwischen Output der Schule und Positionserwerb in anderen Teilsystemen unterbunden. *Die Autonomie anderer Teilsysteme unterbindet demnach die autonome Behandlung der Allokationsfunktion durch ein Subsystem der Gesellschaft.*

Ein zweiter Gesichtspunkt, der die Allokationsfunktion der Schule in direkter Weise mit der Leistung des Schulsystems verbindet, liegt im Inputparameter. Auch hier ist die Schule nicht autonom. Allokationen vollziehen sich auch schon in vorgeordneten Systemen der Schule, wie z.B. im Familiensystem. Dementsprechend erhält die Schule in ihrer Allokationsfunktion dadurch «Konkurrenz», daß ein vorgeordnetes System allokative Effekte als Sozialisationseffekte vorgibt. Weiter unten soll gezeigt werden, wie Schule mit dieser Problemlage umgeht und wie sie durch ihre Inputbedingungen auf diese Situation eingeht.

Die schulische Funktion der Allokation ist demnach in sehr enger Weise mit dem Leistungsparameter der Schule verbunden. Schule muß, um ihre gesellschaftliche Funktion als ein autonom ausdifferenziertes System behandeln zu können, mit spezifischer Leistungsparameterbestimmung reagieren. Gerade weil die Autonomie der Schule im Hinblick auf ihre Allokation gefährdet ist, da sie in sehr enger Weise mit dem Leistungsparameter verbunden ist, der wiederum in großer Abhängigkeit zu anderen Teilsystemen formuliert wird, muß Schule die Behandlung dieses Dauerproblems durch andere Parameterbestimmungen stützen und spezifizieren. Dies soll weiter unten gezeigt werden. Hier kann zunächst nur festgestellt werden, daß Schule die Allokationsfunktion nicht autonom behandeln kann. Sie übernimmt sie lediglich im Hinblick auf die ihr spezifischen Qualifikationen. Diese Qualifikationen wiederum sind in aller Regel keine beruflichen Qualifikationen, sondern bilden eher «Sockelqualifikationen», die in verschiedenen Teilsystemen der Gesellschaft gebraucht werden.[126] Das heißt, die Qualifikation der Schule ist auf hohe Streuung der abneh-

---

126. vgl. zur Problematik der Basis- und Sockelqualifikationen: H. ABELS, Die Schule als Feld soziologischer Forschung, S.273

306 Schule als soziales System

men Teilsysteme bedacht. In dieser Hinsicht kann die Allokationsfunktion der Schule auch nur auf solche Sockelqualifikationen bezogen bleiben, die keine direkten beruflichen Qualifikationen sind und somit auch keine direkten beruflichen Allokationen ermöglichen. *Entsprechend kann die Allokation der Schule als eine «Basis-» oder «Sockelallokation» bezeichnet werden.* Dies impliziert, daß durch die Schule nicht bestimmte Positionen verteilt werden, sondern sie ermöglicht ein relativ breites Spektrum von unterschiedlichen Positionen, nachdem sie ihre Selektionsfunktion bearbeitet hat. *Die Flexibilität der Positionszusprechung durch die Schule nimmt mit steigender Differenzierung der Gesellschaft zu.* Die Zuordnung zu bestimmten Positionen bleibt demnach letztlich offen. Die Allokation der Schule wird dann durch die *Selbstallokation* des je Einzelnen in seiner Berufswahl ergänzt.

2.4.1.2 Die Subfunktion der Personalisation

Die Personalisationsfunktion der Schule bildet wie die übrigen hier dargestellten gesellschaftlichen Funktionen eine Subfunktion der Qualifikation. Eine solche Bestimmung impliziert, daß die Personalisation nicht die Hauptfunktion der Schule darstellt. Um diese grundlegende Annahme näher erläutern zu können, muß hier zunächst eine Klärung darüber stattfinden, was unter Personalisation zu verstehen ist.

Der Begriff der Personalisation kann prinzipiell in zwei verschiedenen Bedeutungsvarianten auftreten. Erstens kann er sich auf die Identitätsbildung beziehen, und zweitens kann er auf spezifische intraindividuelle Veränderungen bezogen sein, die die Veränderung psychischer Strukturen impliziert. Beide Begriffsvarianten beziehen sich auf einen Veränderungsprozeß, der sich im Individuum als ein internaler Prozeß vollzieht. Die Differenz der beiden Begriffsvarianten liegt darin, daß in der Identitätsbildung die gesamte Person des Individuums mit ihren Emotionen und Kognitionen, mit ihren Erfahrungen und Erwartungen verändert bzw. entwickelt wird, während die zweite Begriffsvariante nur auf partielle kognitive Veränderungen der Person bezogen ist.

Betrachtet man nun Schule unter dem Aspekt der Personalisation, so kann man feststellen, daß die erste Begriffsvariante der Personalisation, nämlich die Identitätsbildung, der Schule als eine eigene gesellschaftliche Funktion nicht zukommt. Schule kann Auswirkungen auf die Identitätsentwicklung der Schüler haben, doch ist sie als ein Teilsystem der Gesellschaft nicht mit dem gesellschaftlichen Dauerproblem betraut, personale Identitätsbildung zu ermöglichen. [127] Identitätsbildung ist damit keine gesellschaftliche Funktion der Schule, sondern kann als ein sozialisatorischer Einfluß der Schule auf die Identität des Schülers beschrieben werden. Das Problem der Identität ist systemanalytisch damit nicht im Parameter der gesellschaftlichen Funktionen der Schule zu verorten, sondern im Parameter der Interpenetration. Dies soll hier zunächst näher erörtert werden.

Im Rahmen einer komplex ausdifferenzierten Gesellschaft wird die Individualität und die Identität des je Einzelnen dadurch zum Problem, daß gesamtgesellschaftliche

---

127. vgl. Kapitel 3, Teil 3, Punkt 2.1.1 *Der Sozialparameter.* Die funktionale Bestimmung der Schule impliziert, daß Schule in ihrem sozialen Handeln nicht auf die gesamte Person des Schülers bezogen ist. Dies wird im Strukturmerkmal der Schülerrolle deutlich, die durch die Spezifität der Schülerleistung geprägt ist. In dieser Hinsicht sind gesellschaftliche Funktion und soziale Struktur funktional aufeinander bezogen.

Strukturen die Einheit des Individuums nicht mehr ermöglichen. Der gesellschaftliche Prozeß - und dies ist auch ein Kritikpunkt an MEAD - bildet keine Einheit mehr, an der sich der je Einzelne orientieren kann. Die funktional differenzierte Gesellschaft bildet vielmehr eine Struktur, in der viele verschiedene Teilsysteme mit den ihnen eigenen Regeln und Normen nebeneinanderstehen. Die Gesellschaft ist somit keine moralisch-normative Einheit mehr - die bei DURKHEIM und PARSONS als eine notwendige Bedingung der Gesellschaft dargestellt wird -, an der sich der Einzelne in seiner Identitätsbildung orientieren kann. Damit wird die Identitätsbildung «privatisiert». Der Einzelne muß aus eigener Kraft in einer hochkomplexen und hochdifferenzierten Gesellschaft seine Identität aufbauen. [128] Eine stark differenzierte Gesellschaft bietet hier kaum Orientierung. Sie ist vielmehr eine Gesellschaftsform, die durch die Interpenetrationen zwischen dem psychischen System und der Vielzahl der ausdifferenzierten Subsysteme die Identitätsdiffusion fördert und damit die Identitätsbildung erschwert. [129] Die «Privatisierung» der Identitätsbildung stellt hohe Anforderungen an den Einzelnen. Ihr Gelingen ist nicht mehr selbstverständlich und kann gerade durch eine stark differenzierte und hochkomplexe Gesellschaft kaum mehr unterstützt werden. Damit kann die Problematik der Identitätsbildung wiederum zu einem allgemeinen gesellschaftlichen Problem werden, das einer kommunikativen Bearbeitung bedarf. Dafür haben sich soziale Systeme gebildet, die die «Lücke», die die komplex differenzierte Gesellschaft im Hinblick auf die Identitätsbildung hinterläßt, mit Hilfe eigens ausdifferenzierter Kommunikation behandeln. Dies geschieht z.B. in unterschiedlichen Therapiesystemen. *Solche Therapiesysteme bilden sich aus, wenn über sozialisatorische Beeinflussung das Individuum nicht mehr in der Lage ist, eine eigene Identität, eine eigene Persönlichkeit aufzubauen.* In dieser Hinsicht - unter dem Problemaspekt der Identitätsbildung - kann dann im Sinne von HURRELMANN von einer gescheiterten bzw. mißlungenen Sozialisation gesprochen werden. [130] Die Therapiesysteme konstituieren sich demnach durch ähnliche Grundprozesse wie das Schulsystem: Sie versuchen durch systemische Ausdifferenzierung Probleme, die in der Gesellschaft auftreten und die über sozialisatorische Beeinflussungen nicht mehr behandelt werden können, durch Kommunikation explizit zu behandeln. Der Unterschied zwischen Schule und Therapiesystem liegt darin, daß die Problemaspekte, die diese unterschiedlichen Systeme behandeln, verschiedene sind: Schule versucht die Qualifikation explizit über Kommunikation zu behandeln, während Therapiesysteme die Persönlichkeitsentwicklung, die Identitätsbildung über Kommunikation zu behandeln suchen. Ein weiterer Unterschied zwischen diesen beiden Systemen liegt darin, daß im Falle des Schulsystems davon ausgegangen wird, daß die Qualifikation in jedem Fall durch Institutionalisierung behandelt werden muß. Das gesellschaftliche Dauerproblem der Qualifikation kann ohne eine explizite Behandlung über Kommunikation nicht bearbeitet werden. Qualifikation wird somit zu einer gesellschaftlichen Funktion eines grundlegenden Funktionssystems der Gesellschaft. Im Gegensatz dazu hat das Problem der Identitätsbildung und Persönlichkeitsbildung gesellschaftlich einen anderen Stellenwert. Dieses Problem ist nach wie vor in erster Linie ein individuelles und

---

128. vgl. hierzu: G. SIMMEL, Das individuelle Gesetz und T. LUCKMANN, Persönliche Identität, soziale Rolle und Rollendistanz
129. vgl. hierzu auch: E.H. ERIKSON, Identität gegen Rollendiffusion
130. vgl. K. HURRELMANN, Gelingende und mißlingende Sozialisation

privates Problem, das das Individuum autonom im Verlauf seines Sozialisationsprozesses zu bewältigen hat. Therapiesysteme greifen demnach nur dann ein, wenn dieser Prozeß der Personalisation vom Einzelnen nicht mehr geleistet werden kann; wenn er mißlingt.

Dieser Hinweis zeigt, daß die Personalisation als Identitätsbildung letztlich nicht durch *ein* soziales System ermöglicht wird. Die Summe der sozialen Systeme, in denen ein Individuum lebt und handelt, bildet die sozialisatorische Beeinflussung auf die Identitätsentwicklung, die vom Individuum selbst geleistet werden muß. Damit ist auch die Grundproblematik der Therapiesysteme angesprochen. Sie müssen, wollen sie in einer komplex funktional differenzierten Gesellschaft Identität ermöglichen, gleichzeitig die Möglichkeit bieten, andere Teilsysteme in ihre Kommunikation zumindest über den Sachparameter mit einzubeziehen; insbesondere jene Teilsysteme, die für die Integration der Identität ein grundlegendes Problem darstellen.

Schule ist ein soziales System, das diese personenorientierte Integration anderer Teilsysteme nicht leisten kann. Personalisation wird - tritt sie als eine gesellschaftliche Funktion eines ausdifferenzierten Sozialsystems auf - von Therapiesystemen behandelt. Schule ist somit ein soziales System, das - wie andere soziale Systeme auch - aufgrund seiner Strukturen identitätsbeeinflussende Effekte hat; sie behandelt die Identitätsentwicklung jedoch nicht explizit als Funktion. Sie ist in dieser Form der Beeinflussung sehr beschränkt: Erstens zeichnet sie sich in ihren Strukturen dadurch aus, daß sie nicht personennah kommuniziert. Dies ist ein grundlegender Hinweis darauf, daß Schule letztlich keine therapeutischen Funktionen übernehmen kann. Zweitens ist Schule ein Teilsystem unter anderen Teilsystemen, die immer den je Einzelnen unter einem bestimmten Aspekt, unter einer bestimmten Perspektive betrachten. Auch Schule ist kein System, das die Gesamtperson in die Kommunikation integriert und somit auch in der Identitätsbildung direkten Einfluß auf die Gesamtperson ausüben kann. [131] In dieser Hinsicht kann Schule schon unter strukturellem Aspekt kein Kommunikationssystem sein, das explizit mit der Identitätsbildung der Neuen beauftragt werden kann. Die Personalisation als Identitäts- und Persönlichkeitsentwicklung kann nicht die gesellschaftliche Hauptfunktion der Schule sein, sondern sie ist vielmehr der Qualifikationsfunktion als Subfunktion untergeordnet. Das heißt, daß Persönlichkeits- und Identitätsentwicklung in der Schule insofern vollzogen wird, als Schule die gesellschaftliche Funktion der Qualifikation bearbeitet. In dieser Hinsicht erweist sich Schule als ein soziales System, das - wie jedes andere soziale System - über Interpenetration psychische Systeme mitkonstituiert. Dies geschieht in der Schule in einer besonderen Weise, da die gesellschaftliche Funktion der Qualifikation immer schon die intendierte Veränderung psychischer Systeme impliziert. Diese besondere Form der Interpenetration ergibt sich durch die Qualifikation, die Lernen impliziert. Sie ist jedoch nicht durch das gesellschaftliche Problem der Identitätsbildung vorgegeben. Soll nun die Identitätsentwicklung insgesamt erfaßt werden, so müssen *alle* sozialen Systeme miterfaßt werden, die im Laufe der Biographie des Einzelnen dessen Persönlichkeitsentwicklung mitbeeinflussen. Dem entspricht HURRELMANNs Einschätzung der Schule als *eines* Sozialisationsagenten unter anderen Sozialisationsagen-

---

131. vgl. Kapitel 3, Teil 3, Punkt 2 *Die multiple funktionale Analyse des Strukturparameters im Hinblick auf die Vermittlung des systemanalytischen Denkens*

ten, die erst in ihrer Gesamtheit Aufschluß über die individuelle Identitätsentwicklung geben.

"In einer handlungstheoretischen Sozialisationsforschung wird es deshalb auch darum gehen müssen, Persönlichkeitsentwicklung im Kontext schulischen Handelns auf Korrespondenzen und Wechselwirkungen zwischen sozialstrukturell und sozialökologisch beeinflußten Interaktionsstrukturen und subjektiven Verarbeitungsmodi bzw. psychischen Strukturbedingungen abzufragen. Schulprobleme im Sinne von Lern- und Verhaltensschwierigkeiten unterschiedlichen Umfangs, Grades wie unterschiedlicher Dauer müssen im Kontext umfassender lebenslagenspezifischer Problemkonstellationen verortet und als Indikatoren für Belastungen im Prozeß der Verarbeitung von Lebens- und Entwicklungsaufgaben betrachtet werden (Hurrelmann/ Mürmann/ Wissinger 1986, S.106)."[132]

Jedes soziale System wirkt auf die Identitätsentwicklung durch sozialisatorische Beeinflussung ein. Das heißt, jedes soziale System, in dem der Einzelne als Mitglied auftritt, ist gleichzeitig als ein Sozialisationsagent auch an der Identitätsentwicklung des Einzelnen beteiligt. So ist auch Schule an der Persönlichkeits- und Identitätsentwicklung beteiligt, doch nicht in der Form, daß ihr diese Form der Beeinflussung als Hauptfunktion zugesprochen werden kann. Personalisation als Identitätsentwicklung kann nur einem sozialen System als gesellschaftliche Funktion zugesprochen werden, das das Individuum in seinen verschiedenen bzw. als problematisch erfahrenen sozialen Systemen (Familie, Beruf, Freundschaft, etc.) thematisiert.

Die zweite Bedeutungsvariante des Begriffs Personalisation bezieht sich auf jede Form der partiellen kognitiven intrapsychischen Veränderung. Jede Veränderung der psychischen Strukturen und Dispositionen stellt letztlich auch eine Veränderung der Person dar, so daß diese Form der Veränderung auch als Personalisation verstanden werden kann. Geht man nun davon aus, daß Schule ein soziales Systems ist, das Lernen institutionalisiert, um das Dauerproblem der Qualifikation bearbeiten zu können, so kann hier festgestellt werden, daß die zweite Form der Personalisation für Schule in fundamentaler Weise kennzeichnend ist.

"Die Schule ist also die organisatorische Verkörperung einer wichtigen sozialen Institution, deren Hauptfunktion es ist, entwicklungsmäßige Veränderungen bei Individuen hervorzubringen."[133]

Über die Qualifikationsfunktion behandelt die Schule immer auch die Personalisationsfunktion als die intendierte Beeinflussung psychischer Strukturen. HOLSTEIN bezeichnet die Personalisationsfunktion als einen Cobegriff zur Qualifikationsfunktion:

---

132. K. HURRELMANN, Einführung in die Sozialisationstheorie, S.141; Literaturverweis im Zitat: K. HURRELMANN/ M. MÜRMANN/ J. WISSINGER, Persönlichkeitsentwicklung als produktive Realitätsverarbeitung
133. R. DREEBEN, Was wir in der Schule lernen, S.5

310 Schule als soziales System

"Institutionell-politisch kann eine weitere Schulfunktion, die *Personalisationsfunktion* in etwa als Cobegriff zur Qualifikation angesehen werden; ..." [134]

Gleichzeitig ordnet er jedoch die Qualifikationsfunktion der Personalisationsfunktion unter:

"Anliegen und Aufgabe der Schule ist es, Heranwachsende im Hinblick auf ihre sinnvolle Verwendbarkeit und Einsetzbarkeit im gesellschaftlichen Leben zu qualifizieren. Diese Qualifikationsfunktion kann als einschränkende Teilfunktion der Personalisationsfunktion gesehen werden." [135]

Allgemein kann zwar die *Qualifikation* als eine spezifische Form der *Personalisation* betrachtet werden, als Funktion der Schule tritt jedoch umgekehrt die Personalisations*funktion* immer als eine Sub*funktion* der Qualifikations*funktion* auf. Diese unterschiedliche Form der Hierarchisierung der Begriffe ergibt sich dadurch, daß im ersten Fall zwei allgemeine psychische Entwicklungsprozesse aufeinander bezogen werden, während im zweiten Fall zwei gesellschaftliche Funktionen eines sozialen Systems in ihrem hierarchischen Bezug zueinander betrachtet werden. In der Schule wird nur insofern das Dauerproblem der Personalisation bearbeitet, als auch zugleich das Dauerproblem der Qualifikation bearbeitet wird und nicht umgekehrt.

Die Konfrontation der Alten mit den Neuen, die in der Schule im Hinblick auf das Dauerproblem der Qualifikation behandelt wird, ist damit immer schon zugleich eine Konfrontation, die gezielt psychische Dispositionen und Strukturen verändern will. Auch hier muß in systemanalytischer Hinsicht auf die enge funktionale Beziehung zwischen dem Funktionsparameter und dem Outputparameter hingewiesen werden: *Mit der gesellschaftlichen Funktion der Qualifikation ist immer schon eine intendierte und nicht nur eine sozialisierte Beeinflussung psychischer Systeme verbunden.*

Im Hinblick auf die Personalisationsfunktion behandelt somit die Schule die Beeinflussung der Neuen in einer besonderen Weise. Indem Schule qualifiziert, verändert sie direkt intraindividuelle Dispositionen und ist somit durch die Qualifikationsfunktion immer schon an die Personalisationsfunktion gebunden. Das Dauerproblem, auf das Schule mit der Personalisationsfunktion reagiert, kann dann folgendermaßen formuliert werden: In der Gesellschaft müssen die Mitglieder bestimmte psychische Strukturen entwickelt haben, um den Fortbestand der Gesellschaft zu sichern. Das gesellschaftliche Dauerproblem ist somit darin zu suchen, daß bestimmte Persönlichkeitsvorstellungen und Persönlichkeitsmerkmale notwendig sind, um die jeweilige gesellschaftliche Kommunikation in den unterschiedlichen Strukturen der vielfältigen gesellschaftlichen Teilsysteme aufrechtzuerhalten.

Die Subfunktion der Personalisationsfunktion der Schule wurde im Laufe der Entwicklung des Schulsystems sehr stark betont. Die jeweiligen Persönlichkeitsbilder, die unterschiedliche Schulkonzeptionen ausmachen, zeigen die Vielfältigkeit der möglichen Füllungen dieses Parameters. Sie reichen über Persönlichkeitsvorstellungen des mündigen Bürgers, der sozialistischen Persönlichkeit, des religiösen Menschen bis hin

---

[134]. H. HOLSTEIN, Institutionell-politische Funktionen der Schule - Skizze einer schultheoretischen Perspektive, S.97
[135]. H. HOLSTEIN, Institutionell-politische Funktionen der Schule - Skizze einer schultheoretischen Perspektive, S.99

zur Erziehung zur Selbständigkeit in vielfältigen Hinsichten. In gesellschaftsfunktionaler Hinsicht erweisen sich diese verschiedenen Persönlichkeitsvorstellungen als unterschiedliche Typen der Persönlichkeit, die in der jeweiligen Gesellschaft Mitglied sein soll. Dabei kann insbesondere die Vorstellungen der Persönlichkeit gleichzeitig mit der Vorstellung einer veränderten Gesellschaft verbunden werden. Das heißt, das Dauerproblem, daß eine bestimmte Gesellschaft auch bestimmte Persönlichkeitseigenschaften für ihren Fortbestand über intendierte Beeinflussung ermöglichen will, kann auch auf eine vorgestellte, verbesserte oder gar utopische Gesellschaft bezogen werden. Das Dauerproblem ließe sich dann so formulieren, daß für eine neue Gesellschaft, die als gerechter und besser angenommen wird, ein neuer «Menschentypus» gebildet werden muß. Das gesellschaftliche Dauerproblem der Personalisation erhält hiermit eine besondere Wendung: Die gesellschaftlich notwendigen Persönlichkeitseigenschaften werden nicht dadurch festgestellt, daß von der bestehenden Gesellschaft ausgegangen wird, sondern von einer vorgestellten, verbesserten Gesellschaft. Ist dies der Fall, so erhält die Schule, die diese Personalisationsfunktion übernehmen soll, gleichzeitig auch die gesellschaftliche Funktion der Veränderung der Gesellschaft über das Mittel der erzieherischen Beeinflussung. Eine solche Formulierung der Personalisationsfunktion birgt wiederum grundlegende Schwierigkeiten in sich.

Zu fragen bleibt aus systemanalytischer Perspektive, ob dasjenige Teilsystem der Gesellschaft, das in der Konfrontation der Alten mit den Neuen seinen gesellschaftlichen «Ort» hat, zugleich auch die bestehende Gesellschaft von Grund auf ändern kann. Zu fragen bleibt dann, ob hier nicht der Beeinflussungsmöglichkeit der Neuen durch die schulische Kommunikation eine deterministische Beeinflussung unterlegt wird, die dem Paradigma der Interpenetration widerspricht. Weiterhin bleibt zu fragen, ob nicht andere Teilsysteme der Gesellschaft, die in ihrer Funktionsbestimmung auf die Organisation und Prozesse der Gesamtgesellschaft bezogen sind, eher in der Lage sind, solche Veränderung zu ermöglichen; so z.B. das politische System. Darüber hinaus bliebe zu fragen, wie auf diese Weise der Übergang von Schule zur outputspezifischen Umwelt beschrieben werden kann.

Tritt die Personalisationsfunktion als eine Subfunktion der Qualifikationsfunktion auf, so ist damit gleichzeitig folgende Bestimmung verbunden: Nur bestimmte Persönlichkeitseigenschaften können vom Schulsystem intendiert werden. Dies sind jene, die gleichzeitig über Qualifikation ermöglicht werden können. Damit erweisen sich Persönlichkeitsvorstellungen, die nicht über Qualifikationen ermöglicht werden können, als dysfunktional für das Schulsystem. Dies sind insbesondere solche Persönlichkeitsvorstellungen, die aufgrund rein manipulativer Beeinflussungen ermöglicht werden können. In diesem Zusammenhang erhält die Qualifikationsfunktion eine weitere Bedeutung: Sie subsumiert nicht jede Form der intendierten Beeinflussung psychischer Systeme durch Kommunikation, sondern sie wird nur dann gleichzeitig mit der Personalisation bearbeitet, *wenn in der Kommunikation durch die Auseinandersetzung über eine Sache Selbständigkeit bzw. partielle Selbständigkeit des psychischen Systems intendiert ist*. Personalisation als Qualifikation bleibt an die Auseinandersetzung über eine Sache gebunden. [136]

---

136. vgl. T. WILHELM, Identitätshilfe auf der Grundlage von Sachlichkeit, S.64-84 und T. WILHELM, Das Ende des Schulmonopols, S.65ff.; hier betont er explizit, daß die Idenitätsbildung

312 *Schule als soziales System*

"Das spezifische Chakteristikum schulischen Nachdenkens ist nicht die Phantasie, nicht das "Glasperlenspiel" eines Denkmeisters, auch nicht Wittgensteins "Schauen", sondern die Stringenz der Beziehung zur *Sache*. An der Eigenart der Funktion schulischer Denkanstrengungen wird besonders deutlich, was Schule kann und was nicht. Die Schule findet ihre Grenzen an lehrbaren Beiträgen zum Aufbau der sittlichen Person; die Person ist immer noch mehr und eigenartiger als alle Denkanstöße, die vom Unterricht ausgehen können." [137]

"Zu den Orientierungspunkten, die das Ich im sozialen Umfeld angeboten (oder aufgedrängt) erhält, fügt die Schule einen entscheidenden Halt hinzu, der im Medium des *Nachdenkens über die Sachwelt* gewonnen wird." [138]

Mit den beiden Zitaten wird deutlich, daß die Personalisationsfunktion der Schule an die Qualifikationsfunktion gebunden ist. Zugleich wird deutlich, daß die Personalisationsfunktion nicht die Hauptfunktion der Schule sein kann, da auch andere Teilsysteme die Idenität oder Person sozialisatorisch oder auch intendiert beeinflussen. Gleichwohl bleibt festzuhalten, daß Schule die Personalisation zur gesellschaftlichen Funktion hat, jedoch nur soweit sie über die Sachorientierung der Qualifikation ermöglicht werden kann. [139]

"Wenn der Personalisationsprozeß ein *Lernprozeß* ist, wenn der Heranwachsende erzieherischer Hilfen bedarf, um seine Personalität verwirklichen zu können, wenn ferner Personalisation nur über Sozialisation und Enkulturation möglich ist, dann spielt zweifellos die *Schule* für diesen Prozeß eine wichtige Rolle. Sie sollte es jedenfalls.
Schule ist selbstverständlich nicht die einzige Instanz, der diese Aufgabe zufällt. Aber gegenüber der sog. "Primärgruppen", die stärker personenbezogen orientiert sind, ist die Schule - nach WURZBACHER (1974, 29) - durch eine dominante Wert-, Sach- und Leistungsbezogenheit gekennzeichnet und vermittelt damit gleichfalls unentbehrliche Voraussetzungen und Möglichkeiten für Sozialisation, Enkulturation und Personalisation." [140]

Die Qualifikationsfunktion stellt somit das Dauerproblem, intendierte Beeinflussung im Hinblick auf die Ermöglichung bestimmter Persönlichkeitsmerkmale hervorzubringen. Damit können nur solche Persönlichkeitsvorstellungen durch die Schule realisiert werden, die im Rahmen der Qualifikationsfunktion ermöglicht werden können.

Die Personalisationsfunktion und die Allokationsfunktion der Schule sind Subfunktionen erster Ordnung, die der Hauptfunktion der Qualifikation zugeordnet werden. Die Qualifikation wird damit zum Selektionskriterium für die Bestimmung der Perso-

---

in der Schule nur über die Sache vollzogen werden kann, während die nicht-sachbezogene Form der Identitätsbildung mit dem Begriff der «Nabelschau» bezeichnet.
137. T. WILHELM, Funktionswandel der Schule, S.43
138. T. WILHELM, Funktionswandel der Schule, S.66
139. Die gesellschaftliche Funktion der Schule zeigt hier einen grundlegenden selektiven bzw. funktionalen Bezug zum Sachparameter der Struktur.
140. M. BORN, Die Schule als Stätte der Personalisation junger Menschen, S.247; Literaturbezug im Zitat: G. WURZBACHER, Sozialisation und Personalisation

nalisation und der Allokation. Dies bedeutet für diese beiden Subfunktionen, daß sie nur unter dem Kriterium der Qualifikation realisiert und behandelt werden können. Personalisation wird im Schulsystem nur insofern behandelt, als sie die Ermöglichung der Veränderung psychischer Strukturen und Prozesse darstellt, die im Rahmen einer Auseinandersetzung über Gegenstände für das psychische System Selbständigkeit bzw. partielle Selbständigkeit intendieren. Gleiches gilt für die Allokationsfunktion. Schule vollzieht im Hinblick auf Qualifikation Selektionen. Das heißt, sie ermöglicht die Zuweisung bestimmter Positionen innerhalb der Gesellschaft über ihre Qualifikationsfunktion.

Die Qualifikationsfunktion der Schule wird durch die Personalisation und die Allokation spezifiziert. Im Hinblick auf die Personalisationsfunktion impliziert dies, daß alle Qualifikationen, die gleichzeitig das Dauerproblem der für die Gesellschaft konstitutiven psychischen Strukturen und Prozesse behandeln, Qualifikationen der Schule sein können. So kann z.B. Schule in ihrer Qualifikationsfunktion zugleich auch die Funktion erfüllen, den mündigen Bürger, die im Hinblick auf bestimmte Fähigkeiten selbständige Persönlichkeit etc. zu ermöglichen. Gleiches gilt auch für die Allokationsfunktion: Sie bestimmt, daß solche Qualifikationen als funktional für das Schulsystem gelten können, die zugleich allokative Funktionen bearbeiten.

2.4.2 Die Subfunktionen zweiter Ordnung

Die Subfunktionen zweiter Ordnung sind gesellschaftliche Funktionen, die der Personalisations- bzw. der Allokationsfunktion untergeordnet werden können. Dies bedeutet, daß die Hauptfunktion und die Funktionen erster Ordnung zugleich Selektionskriterien für die Bestimmung der nun folgenden Subfunktionen zweiter Ordnung vorgeben. Die Allokationsfunktion - dies wurde bereits oben erwähnt - erhält die Subfunktion der Legitimation. Die Personalisationsfunktion kann wiederum differenziert werden in die Traditions- und die Innovationsfunktion. Die Zuordnung der verschiedenen gesellschaftlichen Funktionen der Schule kann demnach durch ein hierarchisches Modell abgebildet werden, das in drei Ebenen erstens die Hauptfunktion, zweitens die Subfunktionen erster Ordnung und drittens die Subfunktionen zweiter Ordnung abbildet.[141]

2.4.2.1 Die Subfunktionen der Tradition und Innovation

Tradition und Innovation sind zwei Funktionen der Schule, die einerseits grundlegende Dauerprobleme der Gesellschaft behandeln und andererseits in der Behandlung dieser Dauerprobleme weitere Gesichtspunkte der Funktionsbestimmung der Schule integrieren. Dies bedeutet, daß mit dieser dritten Ebene der Funktionsbestimmung die Darstellung der Funktionen der Schule als Dauerprobleme der Gesellschaft abgeschlossen werden kann, da andere Aspekte, wie z.B. die Enkulturation oder die Sozialisierung, Teilaspekte bzw. Gewichtungen dieser beiden Funktionen darstellen. Dies soll im weiteren erörtert werden.

Das Begriffspaar *Tradition und Innovation* repräsentiert zwei grundlegende Aspekte, mit deren Hilfe eine Gesellschaft ihren Fortbestand sichern kann. Im Hinblick auf die Tradition ergibt sich für jede Gesellschaft das Problem, Wissen, Fähig-

---

141. vgl. die vorherige Abbildung

keiten, Einstellungen, Werthaltungen etc. an die nächste Generation zu tradieren, um ihren Bestand und ihre Kontinuität zu sichern. Jede Gesellschaft muß demnach in der Konfrontation der Neuen mit den Alten versuchen, Bestehendes an die nächste Generation weiterzugeben. Dies muß nicht intentional über Erziehung geschehen, sondern geschieht im Laufe der Entwicklung eines Menschen in einer bestimmten Gesellschaft immer schon über sozialisatorische Prozesse. Das Grundproblem der Tradition wird nur dann zu einem durch ein spezifisches soziales System zu behandelndes Problem, wenn die sozialisatorischen Beeinflussungen die notwendige Tradierung nicht mehr gewährleisten und somit Tradition im Rahmen von erzieherischer Beeinflussung vollzogen werden muß. Tradition als gesellschaftliche Funktion der Schule stellt somit eine besondere - nämliche die erzieherische - Bearbeitung eines gesellschaftlichen Dauerproblems dar.

Das gesellschaftliche Problem der Innovation ist demgegenüber nicht für jede Gesellschaft auch ein gesellschaftliches Dauerproblem. Als ein gesellschaftliches Problem stellt es sich folgendermaßen dar: Die bestehende Gesellschaft kann ihr weiteres Prozessieren, d.h. ihre Kommunikation, nur dadurch aufrechterhalten, daß die neue Generation nicht nur Bestehendes übernimmt, sondern auch Bestehendes verändert. Bestandssicherung und Kontinuität des autopoietischen Prozesses der Kommunikation ist nur dann gewährleistet, wenn die Neuen mit dem Bestehenden innovativ umgehen können. [142] Dieses Problem stellt sich nicht für jede Gesellschaft. Es ist insbesondere ein Problem hochkomplexer Gesellschaften, die ihr weiteres Prozessieren nur dadurch ermöglichen können, daß neu auftretende Probleme behandelt werden können. Wenn die Bearbeitung grundlegender Probleme sich als dysfunktional erwiesen hat, müssen sie auf neue Weise funktional behandelt werden können. Dieses Problem der Innovation als eine Form der Bestandssicherung ergibt sich insbesondere in hochkomplexen Gesellschaften, die in ihrem Prozessieren selbst wiederum Dauerprobleme schaffen und die eine hohe Mobilität zeigen, so daß immer wieder auf neue Umweltlagen reagiert werden muß. Das Innovationsproblem ist demnach nur für bestimmte Gesellschaften ein grundlegendes Dauerproblem. Das soziale System Schule erhält in diesen Gesellschaften nicht nur die gesellschaftliche Funktion, Bestehendes zu sichern, sondern auch Bestandserhalt über Innovation zu ermöglichen.

Die beiden Subfunktionen der Tradition und Innovation bilden zwei Pole der personalisierenden Qualifikation. Beide Pole können sich letztlich auf jeden Gegenstandsbereich beziehen, der durch die Qualifikation vorgegeben ist, und bilden somit zwei gegensätzliche und miteinander verbundene Momente der Vermittlung eines jeden Lerninhaltes. ADEL-AMINI beschreibt diese beiden Momente als Doppelfunktion der Schule:

"Neben der Sozialisationsfunktion hat sie (die Schule, A.H.) Qualifikations-, Selektions-, Legitimations- und Personalisationsfunktion, wobei der gemeinsame Kern der verschiedenen Funktionen auf eine Doppelfunktion reduziert werden kann, die in unterschiedlicher Formulierung auftritt, etwa:
Erhaltung und Überwindung, Eingliederung und Persönlichkeitsförderung, Partizipation und Antizipation (...). Diese Doppelfunktion ist mit dem Charaketer der Schule als Institution verknüpft." [143]

---

142. vgl. P DALIN, Zukunft der Schule, S.151
143. B. ADEL-AMINI, Grundriß einer pädagogischen Schultheorie, S.65

Beide Dauerprobleme - die Tradition wie auch die Innovation - werden in einer hochkomplexen Gesellschaft nicht nur von einem sozialen System behandelt. Schule ist jedoch ein soziales System, das diese beiden gesellschaftlichen Dauerprobleme in besonderer und grundlegender Weise behandelt. Dies wird in der Schule erstens dadurch ermöglicht, daß diese Problemaspekte nicht nur im Rahmen sozialisatorischen Geschehens behandelt werden, sondern durch intentional gerichtete Kommunikation. Zweitens ist die Übernahme dieser beiden Dauerprobleme als schulische Funktionen grundlegend für die Gesellschaft, da hier Tradition und Innovation insofern systematisch behandelt werden, als *alle* Mitglieder der Gesellschaft von schulischer Kommunikation betroffen sind (Schulpflicht) und insofern, als im Hinblick auf die Art der Qualifikationen, die diese Funktionen betreffen, auch hier sogenannte Sockelqualifikationen vermittelt werden können. Das Schulsystem ermöglicht somit eine besondere und grundlegende Bearbeitung der gesellschaftlichen Dauerprobleme der Tradition und Innovation. Darüber hinaus kann Schule als eine relativ lange und institutionalisierte Lernzeit Inhalte tradieren und Innovationen ermöglichen, die mit einer solchen systematischen Lernzeit unabdingbar verknüpft sind.

Beide Funktionen können in sehr unterschiedlicher Weise gewichtet sein. Sie können sich auf sehr unterschiedliche Inhalte beziehen. So ist z.B. die Tradition von Werten oder grundlegenden Kulturtechniken wie Lesen und Schreiben eine Form dieser Gewichtung, die in der Regel als Enkulturation verstanden wird. Enkulturation ist demnach *eine* Form der Tradition, in der bestimmte Werte und Kulturtechniken tradiert werden; so z.B. bei HOLSTEIN [144] und WURZBACHER. WURZBACHER schreibt hierzu:

"Es wird hierbei deutlich, daß *Enkulturation* (kulturelle Bildung) etwas anderes ist als *Sozialisation* (soziale Prägung) und nicht synonym mit ihm gebraucht werden sollte. War Sozialisation Eingliederung des Menschen in die soziale Gruppe, so bedeutet Enkulturation eine gruppen- wie personenspezifische Aneignung und Verinnerlichung von Erfahrungen, "Gütern", Maßstäben und Symbolen der Kultur zur Erhaltung, Entfaltung und Sinndeutung der eigenen wie der Gruppenexistenz. Hierbei stehen sich die Kultur in ihrer zwingenden Breite und Herausforderung und die Person in angeregter, folgender und lernender Aktivität gegenüber[20]." [145]

Diese Definition der Enkulturation kann hier übernommen werden.

Damit ist dann auch schon eine andere Form der Gewichtung der Traditionsfunktion angesprochen. So wie in der Enkulturation kulturelle Werte und Techniken vermittelt werden, werden in der *Sozialisierung soziale Kompetenzen vermittelt. Der Unterschied zur Sozialisation besteht darin, daß hier soziale Kompetenzen intendiert werden, wobei die Sozialisation nicht-intendierte Interpenetrationen ermöglicht, die auch von nicht-sozialer Art sein können.* Der Begriff der Sozialisierung meint demnach die Vermittlung sozialer Kompetenzen. Im Rahmen der Sozialisierung ist dann auch das systemanalytische Denken als Aufgabe der Schule funktional zu verorten, indem es eine sozial-kognitive Fähigkeit darstellt, die eine spezifische Form der

---

144. vgl. H. HOLSTEIN, Institutionell-politische Funktionen der Schule - Skizze einer schultheoretischen Perspektive, S.99
145. G. WURZBACHER, Sozialsation - Enkulturation - Personalisation, S.14

Qualifikationsfunktion bearbeitet und sowohl tradierende als auch innovative Funktionen mitbearbeitet. In der Literatur wird mit dem Sozialistionsbegriff häufig das beschrieben, was hier unter Sozialisierung verstanden wird. [146]

Im Hinblick auf diese sozialen Kompetenzen kann sowohl die Traditionsfunktion als auch die Innovationsfunktion angesprochen werden. Die Traditionsfunktion ermöglicht eine Sozialisierung aufgrund der Übermittlung bestehender sozialer Regeln. Gleichzeitig kann die Sozialisierung jedoch auch innovative Momente aufweisen, indem Fähigkeiten und Wissen vermittelt werden, die das psychische System in die Lage versetzen, selbst neue Regeln zu generieren. Dementsprechend behandelt die Sozialisierung die gesellschaftliche Funktion der Tradition und Innovation, indem sie sich auf soziale Regeln bezieht.

Die Tradition und die Innovation sind als schulische Funktionen den Funktionen der Qualifikation und der Personalisation untergeordnet. Dies impliziert, daß die Besonderheit der schulischen Tradition und Innovation dadurch gegeben ist, daß die Qualifikation als eine sachorientierte Kommunikation die Selbständigkeit bzw. die partielle Selbständigkeit des psychischen Systems im Hinblick auf die Momente der Tradition und Innovation intendiert. Das bedeutet z.B., daß auch die Vermittlung von gesellschaftlichen Werten und Normen als Traditionsfunktion der Schule zugleich unter den Selektionskriterien der Qualifikation und Personalisation steht. Intendierte Wertetradierung muß demnach in der Schule so vollzogen werden, daß sie den Kriterien der Qualifikation und der Personalisation genüge tut. Dies ist dann nicht der Fall, wenn erzieherische Beeinflussung in der Schule nicht sachorientiert ist und dabei soziale Strukturen als Mittel eingesetzt werden, die ganz bestimmte Wertvorstellungen und Werthaltungen konstituieren sollen. Eine solche moralische Erziehung wird z.B. von BREZINKA vertreten.

"Wenn die Staatsschule sich damit begnügen soll, "Wertvorstellungen zu vermitteln", staatsbürgerliche Verantwortung "verstehen" zu lehren oder "den *Gedanken* an die Einheit der Nation wachzuhalten"[69] statt das Streben danach, dann hat dieser Intellektualismus in den Zielangaben natürlich auch Folgen für die Wahl der Erziehungsmittel. Wer nur "Wertvorstellungen vermitteln", "Verstehen" bewirken oder "Gedanken wachhalten" will, kann sich auf rationale Mittel beschränken, die nur die Vernunft ansprechen. Wer jedoch Wertüberzeugungen wecken und stärken will, wer um emotionale Zustimmung wirbt, muß zusätzlich auch Mittel anwenden, die das Gemüt erreichen: sprachliche und musikalische Kulturgüter, die zu Herzen gehen; staatliche Symbole, die Hochachtung einflößen; patriotische Feiern, die patriotische Gefühle erregen. Das wichtigste Mittel aber ist der Lehrer selbst in seiner persönlichen Glaubwürdigkeit als engagierter Patriot. Von Bürgern, die in ihrer Schulzeit keine emotionalen Bindungen an den Staat und an ihre bürgerlichen Pflichten erworben haben, kann man kaum erwarten, daß sie später mehr für ihn tun, als sie unbedingt müssen."[147]

Eine solche Vermittlung von Werten erweist sich nach den hier vorgelegten Ausführungen im Hinblick auf die Funktionsbestimmung der Schule als dysfunktional. Die Traditionsfunktion wird - im Sinne von BREZINKA - nicht im Rahmen bzw. nicht unter den Vorbedingungen der Qualifikation vollzogen. Demgegenüber ist die

---

146. vgl. z.B. H. HOLSTEIN, Institutionell-politische Funktionen der Schule - Skizze einer schultheoretischen Perspektive, S.98
147. W. BREZINKA, Wertwandel und Erziehung in der Schule, S.42

Wertevermittlung in Form einer rationalen Bearbeitung von Werten eine für die Schule funktionale Tradition. Eine solche Wertevermittlung tradiert Werte, indem sie zum Gegenstand von Erörterungen, Analysen und Reflexionen gemacht werden. Eine solche Form der Vermittlung wird von MAUERMANN unter den Aspekten «Werterziehung durch Klärung individueller Werte» und «Werterziehung durch Wertanalyse» dargestellt. [148] HEITGER verweist auf die qualifizierende und personalisierende Traditionsfunktion der Schule, indem er erstens die Tradition als eine wichtige Funktion der Schule darstellt, sie zweitens jedoch immer an die Überprüfung und Begründung der mit dem Tradierten verbundenen Geltungen gebunden sieht.

"D.h., um der Bildung des jungen Menschen willen sind Gesellschaft und Staat verpflichtet, den Anspruch von Niveau und Wertigkeit der Tradition gegenüber dem jungen Menschen zur Geltung zu bringen. Das ist kein Widerspruch zur pädagogischen Aufgabe, sondern ihre konkrete Möglichkeit, wenn die Berufung auf Tradition nicht zum Ersatz der Begründung von Geltungsansprüchen wird." [149]

Werden die Funktionen der Tradition und Innovation als schulische Funktionen dritter Ordnung dargestellt, so kann nun auch umgekehrt eine Spezifizierung der Qualifikation auf der dritten Ebene stattfinden. Qualifikationen können gleichzeitig tradierende und innovatorische Funktionen übernehmen. Das heißt, die Qualifikationen sind inhaltlich durch die Selektionskriterien der Tradition und der Innovation zu bestimmen: Qualifizierend kann die Schule in der Hinsicht sein, daß sie die Dauerprobleme der Bestandssicherung durch Tradition und Innovation gleichzeitig mitbearbeitet, und dies bedeutet zugleich, daß Tradition und Innovation durch die Personalisationsfunktion, d.h. durch die Veränderung und Entwicklung psychischer Strukturen und Prozesse, ermöglicht wird.

2.4.2.2 Die Subfunktion der Legitimation

Die Legitimationsfunktion bildet ebenfalls eine Funktion zweiter Ordnung. Sie ist der Allokationsfunktion direkt untergeordnet. Der Zusammenhang zwischen Allokation, Qualifikation und Legitimation wurde bereits oben genauer aufgezeigt. Er bestand darin, daß die über Qualifikation vollzogene Allokation zugleich eine Legitimation der Allokation, eine Legitimation der Verteilung bestimmter sozialer Positionen darstellt. In dem hier gewählten Ansatz kann die Legitimationsfunktion der Schule auch nur auf diese Teil- bzw. Subfunktion der Allokationsfunktion bezogen werden. Damit widerspricht die vorliegende Arbeit einer Darstellung der Legitimationsfunktion der Schule als einer Legitimation von Herrschaftsstrukturen. Eine solche Funktionsbestimmung wäre erstens als eine Funktion zweiter Ordnung der Personalisationsfunktion unterzuordnen. Zweitens erhebt sich gegen eine in dieser Weise formulierte Legitimationsfunktion ein ähnlicher Einwand wie der gegen eine manipulierende Wertevermittlung. Schule kann, wenn sie die Qualifikationsfunktion zur Hauptfunktion hat, nicht gleichzeitig das Problem der Legitimation von Herrschaftsstrukturen in der Gesellschaft übernehmen. Sie kann lediglich nach der Funktionalität und Rationalität von sozialen Strukturen und sozialen Regeln fragen, indem sie diese zum Gegen-

---
148. vgl. L. MAUERMANN, Darstellung und Kritik aktueller Konzepte zur Werterziehung in der Schule, S.360-364; vgl. auch A. WOLF, Wertvermittlung durch Unterricht
149. M. HEITGER, Der Begriff der Bildung unter den institutionellen Bedingungen von Schule, S.42

stand ihrer Kommunikation macht. Dies soll weiter unten noch aufgegriffen werden,[150] indem die Vermittlung des systemanalytischen Denkens als Aufgabe der Schule dargestellt wird. Weiter oben[151] wurde auch schon darauf hingewiesen, daß Qualifikation und Legitimation von Herrschaftsstrukturen zwei Momente sind, die nicht gleichzeitig realisiert werden können. FEND selbst verweist darauf, daß mit zunehmendem Bildungsgrad auch die kritische Einstellung gegen bestehende Strukturen wächst. Qualifikation kann demnach nicht gleichzeitig auch Legitimation ermöglichen. Auch diese beiden Funktionsbestimmungen der Qualifikation einerseits und der Legitimation als Legitimation von Herrschaftsstrukturen sind nicht funktional aufeinander bezogen, sondern stehen in einem dysfunktionalen Verhältnis zueinander. Gleichwohl muß hier festgehalten werden, daß die Legitimation als eine Legitimation der Allokation funktional auf die Qualifikation bezogen werden kann.

3. Teil:

Die multiple funktionale Analyse des Schulsystems

Nachdem die gesellschaftliche Funktion der Schule systemanalytisch vollständig dargestellt worden ist, kann im folgenden die multiple funktionale Analyse unter dem Gesichtspunkt der Vermittlung des systemanalytischen Denkens durchgeführt werden.

Zunächst werden dafür im ersten Punkt die Intersystemgrenzen funktional aufeinander bezogen. Diese Untersuchung versucht die Vermittlung des systemanalytischen Denkens als ein für das Schulsystem systemspezifisches Lernziel darzustellen.

In einem zweiten Punkt wird die Struktur der Schule in ihrem funktionalen Bezug zur gesellschaftlichen Funktion und Leistung und in ihren grundlegenden Merkmalen bestimmt. Diese Strukturmerkmale werden anschließend in funktionalen Bezug zur Interpenetration als sozialisatorische und als erzieherische Interpenetration unter den Gesichtspunkt der Vermittlung des systemanalytischen Denkens gestellt. Dabei erweisen sich auch die beiden Interpenetrationsformen als funktional aufeinander bezogen.

In der multiplen funktionalen Analyse bildet der Funktionsparameter den Anfang der systemanalytischen Verrechnung. Die gesellschaftliche Funktion bildet für die Schule im weitaus stärkeren Maße das Leitmotiv für seine Ausdifferenzierung als dies für andere soziale Systeme, auch für erzieherische Subsysteme gilt. Der Grund für diese Gewichtung liegt im Fehlen eines schulischen Kommunikationsmediums. HOLSTEIN betont diesen Aspekt der Schule, wobei der von ihm benutzte Funktionsbegriff sich in erster Linie auf die institutionell-politische Betrachtung der Schule bezieht. Damit ist sein Funktionsbegriff nicht genau bedeutungsgleich mit dem hier verwendeten Funktionsbegriff, doch impliziert auch er das grundlegende Verhältnis der Schule zum Gesamt der Gesellschaft. [152]

---

150. vgl. Kapitel 3, Teil 3 *Die multiple funktionale Analyse des Schulsystems*
151. vgl. Kapitel 3, Teil 2, Punkt 2.1 *Probleme der Funktionsbestimmung der Schule*
152. "Perspektivisch betrachtet, erweisen sich nahezu alle aufweisbaren Funktionen der Schule bereits beim ersten Hinsehen als institutionell-politische, sofern sie öffentlich bedeutsam sind. Schule ist eben eine öffentliche Institution und Einrichtung von Gesellschaft und Gemeinwesen. Das Institutionell-Politische umfaßt gleichsam die gesamte Schulwirklichkeit, d.h. ihre Institution mit Or-

"Es ist sicher kaum zu umgehen, bei der Darstellung schultheoretischer Perspektiven von einer *Skizze*, einer Skizzierung zu sprechen. Schule läßt sich im Grunde nicht begriffssystematisch darstellen. Sie ist wesentlich von ihren *Funktionen* her erfahrbar und erfaßbar. Funktionen der Schule lassen die der Schule wesenhaft zukommenden Merkmale in Erscheinung treten. Zwar werden Funktionen erst jeweils im Licht von Sinngaben deutbar und bestimmbar, sie fassen aber dennoch Schule als Institution und Praxis in der Einheit eines Phänomens zusammen. Schulische Funktionen werden konstitutiv für die Wirklichkeit der Institution Schule." [153]

Im zweiten Kapitel wurde festgestellt, daß die systemanalytische Verrechnung prinzipiell mit jedem Systemparameter beginnen kann. Die Konstruktion sozialer Systeme ist damit prinzipiell an keine spezifischen Vorgaben für den Ausgangspunkt der systemanalytischen Verrechnung gebunden. Erst bei der Konstruktion eines bestimmten sozialen Systems zeigen sich, entsprechend seinen Konstitutionsbedingungen, bestimmte Parameterprioritäten. So lassen sich soziale Systeme, die sich über generalisierte Kommunikationsmedien konstituieren, in dominanter Weise über den Parameter der Struktur funktional analysieren. Die spezifische Kombination des Erlebens und Handelns von Ego und Alter geben bestimmte Anforderung für den Strukturparameter vor, die sich insbesondere auf den Subparameter des Sozialen beziehen. Von dort aus können dann funktionale Analysen der gesellschaftlichen Funktion einerseits und der Interpenetration andererseits vollzogen werden.

Für das Familiensystem kann ausgehend von seinem Kommunikationsmedium der Liebe festgestellt werden, daß dieses Kommunikationsmedium mit der Kombination des Erlebens von Alter und des Handelns von Ego verbunden ist. [154] Durch die Wech-

---

ganisation und Administration.[2] Die einzelnen Funktionen der Schule gehen konstitutiv in die institutionell-politische Perspektive ein.

[2] H. HOLSTEIN, Die Schule als Institution. Zur Bedeutung von Schulorganisation und Schulverwaltung, Ratingen, Wuppertal, Kastellaun 1972" (H. HOLSTEIN, Institutionell-politische Funktionen der Schule - Skizze einer schultheoretischen Perspektive, S.95)

153. H. HOLSTEIN, Institutionell-politische Funktionen der Schule - Skizze einer schultheoretischen Perspektive, S.95/96

154. "... In ganz andere Richtung steuert ein Medium, das das Zurechnungsproblem in einem Punkte anders strukturiert: das von Ego ein Handeln im Sinne der Erlebnisreduktionen Alters verlangt. Die Maxime der Handlungswahl Egos wäre hier: Wie erlebt mich Alter? Oder: Wer kann ich sein, daß mein Handeln die Erlebnisselektionen Alters bestätigt? Und nicht etwa: Wie handelt Alter, was hat Alter getan, wie befriedigt mich Alter?
Ein dafür geeigneter Komplex kultureller und moralischer Vorschriften läuft seit der Antike unter der Bezeichnung philia/amicitia, zunächst im Sinne einer öffentlichen Tugend mit Schwierigkeiten der Differenzierung gegen Politik (Gerechtigkeit), gegen Ökonomie (Nutzfreundschaft) und gegen Religion (Gottesliebe). Problematisch und stärker ausdifferenzierungbedürftig wird dieses Medium erst seit dem Mittelalter (23) mit zunehmender Individualisierung der Lebensführung, besonders in den höheren Schichten. Die Unwahrscheinlichkeit der Selektionsübertragung wird größer in dem Maße, als Ego eine mehr oder weniger private Sonderwelt konstituiert und Alter sich gleichwohl handelnd, also sichtbar, darauf einläßt. Diese Möglichkeit wird in der beginnenden Neuzeit unter neuen Aspekten der Freundschaft gleichgesinnter Seelen und der passionierten Liebe kultiviert und gerade als Abweichung gesellschaftlich legitimiert (*Tenbruck* 1964). Entsprechend der Unwahrscheinlichkeit solcher Beziehung müssen die Freiheiten der Rekrutierung für Intimbeziehung zunehmen (*Blood* 1967). Die Entwicklung kulminiert schließlich in der Vorschrift, Ehen auf persönliche, passionierte Liebe zu gründen (*Waller* und *Hill* 1951: 93-215; *Goode* 1959; *Aubert* 1965; *Furstenberg* 1966).
[23] vgl. z.B. *Forster* (1963) zu *Andreas Cappelanus* und zu Gesichtspunkten der Differenzierung von religiöser und persönlicher Liebe."

selseitigkeit dieser Beziehungsstruktur sind die Positionen als Momente des Sozialparameters der Familie dadurch gekennzeichnet, daß sie sowohl durch das Handeln von Ego als auch durch das Erleben von Alter gleichzeitig bestimmt sind. Handeln und Erleben von Ego und Alter sind nicht auf bestimmte Positionen ausdifferenziert, sondern sind immer zugleich mit einer Position verbunden. Dies bedeutet, daß die Interaktion des Familiensystems unter der gesellschaftlichen Funktion der Liebe und Intimität im hohen Maße durch personale Kontingenzen strukturiert wird. Der Strukturparameter in seiner sozialen, sachlichen und zeitlichen Hinsicht wird durch personale Bedingungen konstruiert, so daß Liebe als Kommunikationsmedium ermöglicht werden kann. Damit ist die Struktur der Familie durch ein Kommunikationsmedium bestimmt, das die Familie durch hohe personale Kontingenz und somit auch durch Unbestimmtheit auszeichnet. Das Kommunikationsmedium Liebe bezieht sich gleichzeitig auf die gesellschaftliche Funktion, die Struktur und die Interpenetration: Die gesellschaftliche Funktion ist durch das Kommunikationsmedium vorgegeben, die Struktur ist funktional auf die Funktion bezogen, indem sie durch die Interagierenden selbst bestimmt wird und an ihren personalen Dispositionen ausgerichtet wird, und die Interpenetration wird über die Funktion dadurch bestimmt, daß Liebe und Intimität zugleich Momente sind, die die Mitglieder an das soziale System binden. An diesem kurzen Beispiel kann gezeigt werden, daß ein Kommunikationsmedium den funktionalen Bezug zwischen Struktur, gesellschaftlicher Funktion und Interpenetration herstellt. Dieser funktionale Bezug bildet die Ausgangslage für die systemanalytische Verrechnung des jeweiligen sozialen Systems, die die einzelnen Parameter genauer bestimmt und mit Inhalt füllt.

Anders sieht diese Ausgangslage für das soziale System Schule aus. *Da Schule nicht durch ein Kommunikationsmedium geprägt ist und Schule sich in erster Linie über ihre gesellschaftliche Funktion gegenüber anderen Teilsystemen aus der Gesellschaft differenziert hat, ist die gesellschaftliche Funktion zugleich auch der Ausgangspunkt der systemanalytischen Verrechnung. An der gesellschaftlichen Funktion orientiert sich die Gesamtkonstruktion des Schulsystems.* Die gesellschaftliche Funktion der Qualifikation ist somit zunächst der einzige Leitgesichtspunkt für die systemanalytische Verrechnung und bildet somit zugleich das Hauptselektionskriterium für die multiple funktionale Analyse des Schulsystems.

Es muß demnach geklärt werden, wie die Parameter der Leistung, der Interpenetration und der Struktur auf die gesellschaftliche Funktion bezogen werden können, das heißt, wie die funktionale Verrechnung zwischen diesen Parametern möglich ist, wenn zunächst ausschließlich und allein nur vom Parameter der gesellschaftlichen Funktion ausgegangen wird und nicht - wie bei Kommunikationsmedien - von einer schon bestehenden funktionalen Beziehung zwischen Struktur, Funktion und Interpenetration ausgegangen werden kann.

(N. LUHMANN, Einführende Bemerkungen zu einer Theorie symbolisch generalisierter Kommunikationsmedien, S.178; Literaturverweise im Zitat: F.H. TENBRUCK, Freundschaft; R.O. BLOOD JR., Love match and arranged marriage: a Tokyo-Detroit comparison; W. WALLER/ R. HILL, The Familie; W.J. GOODE, The theoretical importance of love; V. AUBERT, A note on love; F.F. FURSTENBERG JR., Industrialization and the american family)

1. Die funktionale Analyse der Intersystemgrenzen im Hinblick auf die Vermittlung systemanalytischen Denkens

In dem nun folgenden ersten Punkt soll der wechselseitige funktionale Bezug zwischen den Intersystemgrenzen der Schule aufgezeigt werden. Für diese multiple funktionale Analyse der Intersystemparameter bildet die gesellschaftliche Funktion der Schule den Ausgangspunkt.

Die Intersystemgrenzen sind die Parameter der gesellschaftlichen Funktion, der Interpenetration und der Leistung. Jeder dieser Parameter beschreibt eine Schnittstelle zwischen dem sozialen System und einer ebenfalls systemisch strukturierten Umwelt. Die grundlegende Frage der multiplen funktionalen Analyse der Intersystemgrenzen lautet demnach: Welche wechselseitigen funktionalen Bezüge bestehen zwischen der gesellschaftlichen Funktion der Schule einerseits und der Leistung und Interpenetration andererseits? Bei der Untersuchung dieses Aspektes der systemanalytischen Verrechnung wird sich gleichzeitig zeigen, welche funktionalen Bezüge zwischen der Leistung einerseits und der Interpenetration andererseits hergestellt werden können.

Die Besonderheit der Funktionsbestimmung der Schule besteht darin, daß ihre gesellschaftliche Funktion als Qualifikationsfunktion durch die Hierarchiestruktur von Subfunktionen erster und zweiter Ordnung spezifiziert werden kann. *Die Hierarchisierung des Funktionsparameters ist eine Spezifizierung der Qualifikation.* Die Subfunktionen ermöglichen somit, den Typus der schulischen Qualifikation herauszuarbeiten. *Für die systemanalytische Verrechnung bedeutet dies, daß die Parameterbestimmungen der Leistung und der Interpenetration auf alle diese gesellschaftlichen Funktionen des sozialen Systems Schule bezogen werden müssen.* Innerhalb der Systemanalyse der Schule ist es darum nicht erlaubt, nur isolierte Bezüge zwischen einzelnen Subfunktionen und den anderen Systemparametern herzustellen. Dementsprechend muß jede inhaltliche Parameterbestimmung der Leistung und der Interpenetration immer auch mit dem Gesamt dieser Hierarchisierung verbunden werden. Eine Argumentation, die sich darauf beruft, daß bestimmte Zielsetzungen der Schule (Outputparameter) die Personalisationsfunktion bearbeiten, nicht jedoch die Allokationsfunktion oder die Qualifikationsfunktion, ist unter den genannten Prämissen hier nicht statthaft. Jede Zielsetzung bezieht sich auf die Qualifikationsfunktion, indem sie die Typik dieser Qualifikationsfunktion bearbeiten muß und demnach *zugleich* funktionale Bezüge zur Personalisationsfunktion, zur Traditionsfunktion, zur Innovationsfunktion, zur Allokationsfunktion und zur Legitimationsfunktion aufweisen muß. Erst dann kann vom Outputparameter ein funktionaler Bezug zu der Spezifik der schulischen Funktion hergestellt werden.

Wird die Systemanalyse unter der inhaltlichen Reduktion der Zielsetzung des systemanalytischen Denkens vollzogen, so muß diese Zielsetzung auf die Spezifik der gesellschaftlichen Funktion funktional bezogen werden. *Dies impliziert, daß die Vermittlung des systemanalytischen Denkens in einer multiplen funktionalen Analyse auf die Qualifikationsfunktion und alle sie spezifizierenden Subfunktionen bezogen werden muß.*

Diese Vorgehensweise der schulischen Systemanalyse zeigt, daß erstens *jedes Lernziel* immer auf alle gesellschaftsfunktionalen Bestimmungen bezogen sein muß, und daß zweitens ein Lernziel *nur dann als schulspezifisches und schulfunktionales Lern-*

ziel anerkannt werden kann, wenn es als Outputparameterbestimmung alle gesellschaftsfunktionalen Bestimmungen der Schule *zugleich* bearbeitet.

Neben der Dominanz des Funktionsparameters ist die zweifache Hinsicht, unter der der Interpenetrationsparameter betrachtet werden kann, eine Besonderheit des Schulsystems. *In der multiplen funktionalen Analyse der Intersystemparameter wird die Interpenetration nur unter einer Hinsicht betrachtet; nämlich als intendierte Interpenetration.* Erst der Strukturparameter kann, nachdem er funktional auf die gesellschaftliche Funktion, die Leistung und die intendierte Interpenetration bezogen worden ist, die funktionale Analyse zu den nicht-intendierten Interpenetrationen eröffnen. Erst wenn die schulspezifische Struktur bestimmt ist, kann festgestellt werden, welche nicht-intendierten Lernmöglichkeiten das Schulsystem für den Schüler bietet.

Aus diesem Grunde wird die multiple funktionale Analyse der Intersystemparameter ausschließlich die intendierte Interpenetration thematisieren, und die nicht-intendierten Interpenetrationen werden als sozialisatorische Lernmöglichkeiten in die funktionale Analyse des Strukturparameters im anschließenden zweiten Punkt einbezogen.

Unter der inhaltlichen Reduktion der Systemanalyse auf die Vermittlung des systemanalytischen Denkens wird demnach das systemanalytische Denken als die intendierte Interpenetration bestimmt, die damit den Outputparameter inhaltlich festlegt.

Diese Vorgehensweise der schulischen Systemanalyse zeigt, daß *intendierte Lernziele immer intendierte Interpenetrationen* sind und *den Outputparameter inhaltlich füllen*. Die intendierten Interpenetrationen sind identisch mit der inhaltlichen Bestimmung des Outputparameters.

Im folgenden wird unter der inhaltlichen Reduktion der Vermittlung des systemanalytischen Denkens die multiple funktionale Analyse der Intersystemparameter in drei Schritten vollzogen: *Erstens werden die unterschiedlichen gesellschaftlichen Funktionen aus der gesellschaftsfunktionalen Hierarchiestruktur der Schule auf das Lernziel «systemanalytisches Denken» bezogen.* Damit wird der funktionale Bezug zwischen der gesellschaftlichen Funktion, dem Output und den intendierten Interpenetrationen, die mit dem Output identisch sind, hergestellt. *Zweitens wird der funktionale Bezug zwischen dem Output und der schulspezifischen Outputumwelt hergestellt.* Diese Untersuchung zeigt, daß mit dem Lernziel «systemanalytisches Denken» schulspezifische Leistungen für andere Teilsysteme der Gesellschaft erbracht werden können. *Drittens wird der funktionale Bezug zwischen gesellschaftlicher Funktion, Output und Input hergestellt.*

Ein weiterer wichtiger Aspekt einer funktionalen Analyse der Intersystemparameter zeigt auch eine Besonderheit des Schulsystems. Die inhaltliche Füllung des Outputparameters hat einen typischen Bezug zur gesellschaftlichen Funktion der Schule und zum Interpenetrationsparameter. Der Output stellt eine Konkretisation der gesellschaftlichen Funktion [155] dar und ist die inhaltliche Bestimmung der intendierten Interpenetrationen. Der funktionale Bezug zwischen gesellschaftlicher Funktion, Output und Interpenetration kann demnach in der inhaltlichen Füllung der Parameter dadurch ermöglicht werden, daß der Parameter der gesellschaftlichen Funktion Selektionskriterien für die Outputbestimmung vorgibt, die in Form der Konkretisation

---

155. vgl. den folgenden Unterpunkt 1.1

vollzogen werden. Gleichzeitig gibt der Outputparameter Selektionskriterien für die inhaltliche Bestimmung des Interpenetrationsparameters vor. Dies geschieht in Form der Identität bzw. der Tautologie: Der Outputparameter formuliert diejenigen psychischen Dispositionen, die vom Gesamtsystem intendiert werden.

1.1 Der funktionale Bezug zwischen Output, gesellschaftlicher Funktion und Interpenetration

Der funktionale Bezug zwischen der Qualifikationsfunktion und der Outputleistung des Schulsystems kann *durch Konkretisation bzw. umgekehrt durch Abstraktion* vollzogen werden. Dies bedeutet, daß die Schulfunktion dann funktional auf die Outputleistung bezogen ist, wenn die Outputleistung eine *bestimmte* Qualifikation der Schulqualifikation darstellt. *Die Qualifikationsfunktion selegiert aus der Vielzahl der möglichen Erziehungsziele diejenigen Erziehungsziele, die dem Kriterien der schulischen Qualifikation entsprechen.*

Dies sei an einem Beispiel verdeutlicht. In den verschiedenen Erziehungstheorien findet sich - jeweils unter anderen Prämissen - immer wieder das Erziehungsziel «Glück». ROUSSEAUs Konzept der natürlichen Erziehung kann exemplarisch für eine Erziehung zum Glück angeführt werden. ROUSSEAUs Erziehungsziel ist der natürliche Mensch, der in sich ruht und seine Einheit gefunden hat. [156] Das Ziel der Erziehung ist das Ziel der Natur [157], das durch erzieherische Beeinflussung anzustreben ist. Die Natur des Menschen muß demnach durch intentionale Beeinflussung eine Entwicklungschance erhalten, da sonst die Gefahr besteht, daß durch sozialisatorische Beeinflussungen der Mensch sich in der Gesellschaft von sich selbst entfremdet. Erziehung hat hier vornehmlich die Aufgabe, die Natur des Mensch zu bewahren, indem sie den Menschen dazu befähigt, vor «unnatürlichen» und entfremdenden Einflüssen der Gesellschaft gefeit zu sein. Das Ziel eines natürlichen und nicht-entfremdeten Menschen entspricht dem Ziel, den Menschen zu seinem Glück zu erziehen. Das Glück wiederum wird hier durch das Gleichgewicht von Können und Wollen definiert und ist ein Gleichgewicht, das die Einheit des natürlichen und in sich ruhenden Menschen verbürgt. [158]

Betrachtet man eine solche Zielsetzung der Erziehung unter dem Gesichtspunkt der erzieherischen Beeinflussung in der Schule, so kann unter gesellschaftsfunktionalem Aspekt festgestellt werden, daß eine allgemeine Erziehung zum Glück durch das soziale System Schule nicht geleistet werden kann. Schule ist ein soziales System, das bestimmte Qualifikationen im Hinblick auf das Dauerproblem der Personalisation unter dem Aspekt der Tradierung und Innovation und im Hinblick auf die Allokation als Legitimation ermöglicht. Glückserziehung als eine mögliche Zielsetzung der Erzie-

---

156. "Der natürliche Mensch ruht in sich. Er ist eine Einheit und ein Ganzes; er bezieht sich nur auf sich oder seinesgleichen." (J.-J. ROUSSEAU, Emil, S.12)
157. vgl. J.-J. ROUSSEAU, Emil, S.11
158. "Worin besteht also die menschliche Weisheit oder der Weg zum wahren Glück? Nicht eigentlich darin, unsere Wünsche zu vermindern. Denn wenn sie hinter unserem Vermögen zurückbleiben, so bliebe ein Teil unserer Fähigkeiten ungenutzt, und wir gelangten nicht zum vollen Genuß unserer Sinne. Ebensowenig wäre es möglich, wenn wir unsere Fähigkeiten ausweiteten. Denn wenn unsere Wünsche ebenfalls im gleichen Maße zunähmen, würden wir um so glücklicher. Es gilt also, das Übergewicht der Wünsche über unsere Fähigkeiten zu vermindern und Wollen und Können in vollkommenes Gleichgewicht zu bringen. Nur wenn alle Kräfte tätig sind, und die Seele dabei noch in Frieden ruht, ist der Mensch ausgeglichen." (J.-J. ROUSSEAU, Emil, S.57)

hung wird im sozialen System Schule aufgrund seiner funktionalen Bestimmung nicht mitselegiert. Betrachtet man ROUSSEAUs Konzept unter diesem Gesichtspunkt, so kann festgestellt werden, daß seine Form der Glückserziehung in der Schule lediglich in dem Aspekt der Selbstbeurteilung im Hinblick auf die Leistungseinschätzung des Schülers ermöglicht werden kann. Wird in der Schule Glück als ein Gleichgewicht zwischen Können und Wollen als ein Erziehungsziel angestrebt, so bezieht sich dieses Gleichgewicht von Können und Wollen auf die Schülerleistung. Das Lernziel «Glück» ist schulspezifisch dann realisiert, wenn der Schüler sein Können und Wollen im Hinblick auf seine Schülerleistung in ein Gleichgewicht gesetzt hat. Dies impliziert, daß der Schüler lernt, im Hinblick auf bestimmte Aufgaben seine eigenen Fähigkeiten einzuschätzen: Der Schüler lernt damit ein adäquates Selbstbild seines Leistungsvermögens zu entwickeln. [159] Die Typik schulischer Qualifikationen ermöglicht ausschließlich eine Personalisation, die im Rahmen der Traditionsfunktion und Innovationsfunktion bearbeitet werden kann. [160] Der Funktionsparameter der Schule gibt Selektionskriterien vor, die das Leitmotiv dieses Systems aufgrund von gesellschaftlichen Dauerproblemen vorgibt. In einem solchen Rahmen kann die Schule unter anderem zu Teilfähigkeiten qualifizieren, die Teilaspekten von Glücksvorstellungen unterschiedlicher Provenienz entsprechen, doch kann es unter gesamtgesellschaftlichem Gesichtspunkt nicht ihre genuine Aufgabe sein, eine Erziehung zum Glück zu ermöglichen.

An diesem Beispiel sollte der funktionale Bezug zwischen gesellschaftlicher Funktion und Outputparameter der Schule verdeutlicht werden: Die schulspezifische Qualifikationsfunktion gibt Selektionskriterien vor, die darüber entscheiden, wie die Qualifikation für den Outputparameter konkretisiert werden kann. Das heißt, der Outputparameter wird inhaltlich durch bestimmte Qualifikationen gefüllt, die entsprechend den funktionalen Bezügen des Outputs im Hinblick auf die Struktur des Systems einerseits und die Outputumwelt andererseits beurteilt werden können.

Dies soll am Beispiel der Vermittlung des systemanalytischen Denkens als einer Aufgabe der Schule demonstriert werden. Dabei wird - wie bereits oben erwähnt - der strukturelle Aspekt gesondert behandelt, so daß zunächst der Outputparameter in seiner Beziehung zur gesellschaftlichen Funktion als einer Konkretisation der Qualifikation untersucht wird, anschließend die funktionalen Bezüge zur Outputumwelt und zum Input aufgewiesen werden und abschließend - in Punkt 2 - der funktionale Bezug zur Struktur hergestellt wird.

Die Vermittlung des systemanalytischen Denkens als einer Aufgabe des Schulsystems ist eine inhaltliche Füllung des Outputparameters. Sie stellt ein bewußt intendiertes Ziel der erzieherischen Beeinflussung dar und kann demnach als eine Outputleistung des Schulsystems betrachtet werden. Damit ist eine solche Aufgabenbestimmung im operationalen Modell des systemanalytischen Denkens an einer bestimmten Stelle «verortet». Für die multiple funktionale Analyse soll nun in in einem ersten

---

159. Der Aspekt der Schülerleistung soll noch weiter unten unter dem Parameter der Struktur genauer behandelt werden.
160. Hier sei nur in Kürze darauf verwiesen, daß im Rahmen von ROUSSEAUs Konzeption die Traditionsfunktion der Erziehung als ein gesamtgesellschaftliches Problem so gut wie keine Beachtung findet. ROUSSEAUs Erziehungsvorstellungen gehen vielmehr davon aus, daß Wissen nicht über Tradierung, sondern über die Konstruktion des Wissens durch den Edukanden im problemlösenden und entdeckenden Lernen vollzogen wird.

Schritt der funktionale Bezug zwischen dem Lernziel «systemanalytisches Denken» und der gesellschaftlichen Funktion aufgezeigt werden. *Das systemanalytische Denken stellt eine Qualifikation dar*, die durch sehr abstrakte und komplexe Operationen vollzogen wird. Sie ist eine sozial-kognitive Kompetenz, die eine bestimmte Qualifikation darstellt. Das systemanalytische Denken konkretisiert somit die schulische Qualifikation zu einer bestimmten sozial-kognitiven Fähigkeit. Das systemanalytische Denken ist eine komplexe und abstrakte sozial-kognitive Fähigkeit. Sie kann allein durch sozialisatorische Beeinflussung nicht konstituiert werden. Komplexe und abstrakte Fähigkeiten bedürfen einer Schulung, wenn sie von psychischen Systemen realisiert werden sollen. Da das Schulsystem funktional auf Qualifikation spezifiziert ist, ist es dasjenige Teilsystem der Gesellschaft, das solche Qualifikationen ermöglichen kann. Die Qualifikationsfunktion der Schule zeichnet Schule als ein soziales System aus, das insbesondere abstrakte und komplexe Fähigkeiten, die durch sozialsatorische Beeinflussung anderer Teilsysteme nicht ermöglicht werden können, vermitteln kann. Das systemanalytische Denken bedarf der Schulung. Aus diesem Grunde kann es als ein schulspezifisches, schulfunktionales Lernziel betrachtet werden.

Der funktionale Bezug des Lernziels «systemanalytisches Denken» zur gesellschaftlichen Funktion der Qualifikation muß nun im Hinblick auf die Subfunktionen spezifiziert werden.

Im Hinblick auf die *Personalisationsfunktion* der Schule stellt die Vermittlung des systemanalytischen Denkens mehrere funktionale Bezüge her. Diese Bezüge werden in den folgenden Punkten hergestellt:

Erstens: Die Vermittlung systemanalytischen Denkens ist wie jedes Lehren und Lernen ein Beitrag zur Personalisation. In einer solchen Vermittlung werden über kommunikative Prozesse psychische Strukturen ausgebildet, die als Teilstrukturen des Subjekts auftreten. Im Hinblick auf die Zielsetzung «systemanalytisches Denken» besteht die Personalisation darin, daß das Individuum in der Vermittlung des systemanalytischen Denkens in seinen sozial-kognitiven Fähigkeiten beeinflußt wird, indem es hochabstrakte, komplexe Strukturen aufbaut, die sein Denken im Hinblick auf die Konstruktion komplexer sozialer Zusammenhänge prägen. Faßt man das Subjekt als Zentrum des Funktionierens auf, das sein Prozessieren durch und in psychischen Strukturen vollzieht, so stellt die Vermittlung des systemanalytischen Denkens eine grundlegende Beeinflussung der Persönlichkeit dar.

> "Wenn die Struktur «wirklich» ist, so muß es eine aktive Regelung geben, und da sie autonom ist, muß man folglich von Selbstregulierungen sprechen (...). Wir sind damit wieder bei der Notwendigkeit eines Funktionierens angelangt, und wenn uns die Tatsachen zwingen, die Strukturen einem Subjekt zuzuweisen, so können wir uns damit begnügen, dieses Subjekt als ein Zentrum des Funktionierens zu definieren."[161]

Das Subjekt verändert sich durch seine veränderten Strukturen. *In dieser Hinsicht sind die Veränderung und der Aufbau sozial-operationaler Strukturen für das systemanalytische Denken ein Moment der Personalisation des psychischen Systems.*

---

161. J. PIAGET, Der Strukturalismus, S.68; auf diesen Zusammenhang wurde bereits in Kapitel eins verwiesen.

Die Art dieser Veränderung bzw. die inhaltliche Bestimmung dieser Personalisation ist demnach durch die genaue Benennung der operationalen Strukturen des systemanalytischen Denkens, so wie dies im zweiten Kapitel geschehen ist, zu kennzeichnen. Sie reicht von der Fähigkeit der Differenzierung zwischen psychischen und sozialen Systemen bis hin zu einer multiplen funktionalen Analyse des Gesamtsystems als dessen Kompensation.

Zweitens: Das systemanalytische Denken stellt eine sozial-kognitive Kompetenz dar, die das Individuum dazu befähigt, einen Realitätsausschnitt *selbständig* zu konstruieren. Das systemanalytische Denken ist ein operationales Instrumentarium, mit dessen Hilfe komplexe soziale Zusammenhänge vom Einzelnen selbständig konstruiert werden können. *Die Vermittlung des systemanalytischen Denkens ist demnach ein Beitrag zur Selbständigkeitserziehung,* die sich hier auf den Teilbereich der Konstruktion komplexer sozialer Zusammenhänge bezieht. Die Selbständigkeitserziehung, insbesondere in bezug auf kognitive Fähigkeiten (der kritische Leser, Sprachenlernen, fachspezifische Urteilskraft etc.), ist ein grundlegendes Moment schulischer Personalisation, indem die Qualifikation immer die Selbständigkeit des zu Qualifizierenden in einem bestimmten Teilbereich seiner Persönlichkeit anstrebt. Dieser Teilbereich wird in den Lernzielen benannt.

Drittens: Ein dritter wesentlicher Aspekt der Vermittlung des systemanalytischen Denkens in Bezug auf die Personalisationsfunktion besteht darin, daß das Individuum durch die Erfahrung einer hochdifferenzierten Gesellschaft gleichzeitig die Erfahrung macht, daß unterschiedliche Kommunikationssysteme auch unterschiedliche Normen, Werte und Regeln generieren. *Dies impliziert, daß das psychische System erkennt, daß in einer Gesellschaft gleichzeitig unterschiedliche Normen gelten, daß das Leben in der Gesellschaft nicht nur durch eine handlungsleitende Norm, die als oberste Norm akzeptiert wird, gestaltet werden kann.* So kann durch das systemanalytische Denken auf die Problematik aufmerksam gemacht werden, daß die *Identität des je Einzelnen nicht vollständig durch ein soziales Teilsystem konstituiert wird, sondern daß die Ausbildung der Identität immer durch die Koordination unterschiedlicher Normen, Regeln und Wertvorstellungen unterschiedlicher Teilsysteme konstituiert wird.* Die Vermittlung des systemanalytischen Denkens versucht, einer Übergeneralisierung bestimmter Normen auf alle Handlungszusammenhänge entgegenzuwirken. In dieser Hinsicht ermöglicht die Vermittlung des systemanalytischen Denkens eine grundlegend andere Form der Personalisation, als dies in anderen Konzepten der Vermittlung sozialer Kompetenzen geschieht. So liegt z.B. der Erziehung zur Gerechtigkeit im Sinne von KOHLBERGs Stufentheorie der moralischen Entwicklung die Vorstellung zugrunde, daß letztlich die Orientierung des Handelns und Denkens an möglichst hochentwickelten, der höchsten Stufe der moralisch-kognitiven Entwicklung entsprechenden Fähigkeiten *die* grundlegende Voraussetzung für eine allgemein gewünschte und auf jeden sozialen Zusammenhang generalisierbare soziale Kompetenz ist. Dies impliziert, daß nach KOHLBERG letztlich Gerechtigkeit als oberste handlungsleitende Norm zur Norm des gesamten Handelns gemacht wird. Der hier vorgestellte Ansatz der sozial-kognitiven Kompetenz als systemanalytisches Denken impliziert demgegenüber die Fähigkeit, unterschiedliche Normensysteme zu differenzieren und entsprechend der kommunikativen Gegebenheiten unterschiedliche Handlungsregularien zu konzipieren.

Die multiple funktionale Analyse: Die Intersystemgrenzen 327

Diese drei Punkte zeigen den grundlegenden funktionalen Bezug zwischen der Qualifikationsfunktion als Personalisationsfunktion einerseits und der Vermittlung des systemanalytischen Denkens - einer inhaltlichen Füllung des Outputparameters - andererseits. Die Vermittlung einer solchen sozial-kognitiven Kompetenz untersteht den Selektionskriterien der personalisierenden Qualifikation. Die Vermittlung des systemanalytischen Denkens ist somit - wie jedes andere systemfunktionale Lernziel - eine Konkretisation der personalen Qualifikation.

In der oben dargestellten Beziehung zwischen der personalisierenden Qualifikation einerseits und der Vermittlung des systemanalytischen Denkens andererseits wurden bereits die beiden *Subfunktionen zweiter Ordnung* indirekt angesprochen. Das systemanalytische Denken kann nur dadurch vermittelt werden, daß es *Tradition* und *Innovation* gleichzeitig aufeinander bezieht. Das tradierende Moment liegt darin, daß *in der Vermittlung Wissensbestände tradiert* werden müssen, die ein systemanalytisches Denken erst ermöglichen. Dies ist z.b. das Wissen von einer funktional differenzierten Gesellschaft, das Wissen von grundlegenden und teilweise auch schon hochspeziellen Zusammenhängen in bestimmten sozialen Systemen, das die Füllung der Parameter erlaubt, und nicht zuletzt das Wissen um die Methode des systemanalytischen Denkens selbst. Die Vermittlung systemanalytischen Denkens erhält dadurch, daß sie das Individuum zum selbständigen Umgang mit hochkomplexen sozialen Zusammenhängen befähigt, zugleich auch *innovativen Charakter.* Das systemanalytische Denken ist in erster Linie ein konstruktiver Prozeß. Dem entspricht, daß der Schüler hier nicht nur in die Lage versetzt wird, soziale Realität systematisch und mit einer genauen Begrifflichkeit zu erfassen, sondern auch die Möglichkeit erhält, *soziale Zusammenhänge neu zu konstruieren.* Dies ist ein wesentliches Merkmal des systemanalytischen Denkens, das der Innovationsfunktion der Schule als einem gesamtgesellschaftlichen Dauerproblem in spezifischer, jedoch grundlegender Weise entspricht. In einer stark ausdifferenzierten und komplexen Gesellschaft müssen die Mitglieder oder muß zumindest ein Teil der Mitglieder in der Lage sein, soziale Zusammenhänge - auch sehr komplexer Art - konstruieren zu können, um auch auf neu auftretende Problemlagen zu reagieren. Der Bestand einer komplexen Gesellschaft ist unter anderem davon abhängig, daß systemanalytisch neue Systeme konstruiert werden können bzw. bestehende Systeme auf ihre Funktionalität hin geprüft werden können.

Das Lernziel «systemanalytisches Denken» ist in *mittelbarer und unmittelbarer Weise auf die Allokationsfunktion* bezogen.

Es kann *mittelbar über die Notengebung* auf die Positionszuweisung in der Gesellschaft bezogen werden. Damit ist das Lernziel «systemanalytisches Denken», wie jedes andere systemfunktionale Lernziel, dadurch für die Allokation von Bedeutung, daß die faktische Realisation dieses Lernziels mit ihren graduellen qualitativen Unterschieden sich in der Notengebung wiederspiegelt, die wiederum für die Allokation von zentraler Bedeutung ist.

Das Lernziel «systemanalytisches Denken» hat darüber hinaus einen zweiten *unmittelbaren und funktionalen Bezug* zur Allokationsfunktion. Dieser Bezug soll hier *Selbstallokation bzw. Selbstselektion* genannt werden. Der Schüler kann aufgrund seiner systemanalytischen Fähigkeiten im Hinblick auf die Beurteilung und Einschätzung bestimmter Positionen in der Gesellschaft ein höheres Maß an eigener Entscheidungskompetenz und Urteilskompetenz erlangen. Dies kann in der Schule zwar nur bedingt vermittelt werden, da nicht alle Teilsysteme der Gesellschaft ausführlich analysiert werden können und somit auch der Schüler nicht alle Teilsysteme ausführlich in ihren Parameterbestimmungen kennenlernen kann. Doch kann ein systemanalytisch geschulter Schüler Differenzierungen, wie z.B. die Differenzierung zwischen dem Rechtssystem, dem Erziehungssystem, dem Wirtschaftssystem oder dem Religionssystem leichter vollziehen, da er prinzipiell die Methode einer solchen Differenzierung kennengelernt hat. Dies impliziert, daß er diese Funktionssysteme in ihren Grundzügen kennt. Dementsprechend ist ein solcher Schüler eher in der Lage, zu beurteilen, welche der genannten Teilsysteme für ihn wichtig sein sollen, in welchen dieser Teilsysteme er als Mitglied handeln will und welche Teilsysteme er vermeiden will. Der Schüler kann damit Kriterien für die Berufswahl erhalten. Ein Schüler, der die allgemeine Hochschulreife erworben hat und studieren will, kann zwischen sehr unterschiedlichen Fachdisziplinen wählen, die jeweils auch auf Berufe verschiedener Funktionssysteme der Gesellschaft vorbereiten. Ein Studium der Theologie, der Rechtswissenschaft, der Künste oder der Wirtschaftswissenschaften entscheidet nicht nur über bestimmte Studieninhalte, sondern stellt auch schon Weichen für die Mitgliedschaft in bestimmten Funktionssystemen der Gesellschaft. Dies impliziert auch, daß im späteren Beruf unterschiedliche Anforderungen an die Mitglieder - jenseits ihrer jeweiligen Fachkompetenz - gestellt werden. Dieser Aspekt der Berufswahl kann mit Hilfe des systemanalytischen Denkens bearbeitet werden. Gleiches gilt auch für andere Berufe bzw. Positionswahlen innerhalb der Gesellschaft, z.B. die Aktivität in einer politischen Partei oder die Entscheidung, eine Familie zu gründen, Kinder zu erziehen etc.

Die Allokationsfunktion steht demnach in einem besonderen Bezug zur Vermittlung des systemanalytischen Denkens: *Das systemanalytische Denken ermöglicht nicht nur die schultypische Allokation, die wiederum Legitimation ermöglicht, sondern es ermöglicht zugleich auch Selbstallokation, die dann wiederum durch den Akt der Selbstwahl legitimiert ist.* Das heißt, daß im Hinblick auf die Vermittlung des systemanalytischen Denkens die Allokationsfunktion der Schule als eine Subfunktion der Qualifikation zwei Formen der Allokation zuläßt: die Allokation, die durch nachgewiesene Qualifikationen (Schulabschluß) ermöglicht wird, und die Selbstallokation, die auch aufgrund von Qualifikationen vollzogen werden kann.

1.2 Outputparameter und Systemumwelt

Wenn das systemanalytische Denken als Aufgabe der Schule formuliert wird, werden die Operationen des systemanalytischen Denkens *zugleich* zur inhaltlichen Füllung des Outputparameters wie der intendierten Interpenetration.

Die zwei Besonderheiten der schulischen Systemanalyse sind erstens die Dominanz der gesellschaftlichen Funktion und zweitens die Differenzierung des Interpenetrationsparameters in intendierte und nicht-intendierte Interpenetrationen.

Die erste Besonderheit ist im vorherigen Punkt 1.1 für das Lernziel «systemanalytisches Denken» dargestellt worden. Ein Teilaspekt der zweiten Besonderheit - die intendierte Interpenetration - soll nun im Bezug zwischen Ouput und Ouputumwelt für das Lernziel «systemanalytisches Denken» erörtert werden. Er besteht darin, daß erstens intendierte Interpenetrationen den Outputparameter füllen, und daß zweitens der Output des Schulsystems nur dann an die Outputumwelt abgegeben werden kann, wenn die intendierten Interpenetrationen die Kommunikation in anderen Teilsystemen der Gesellschaft konstituieren können. Diese Besonderheit des schulischen Outputparameters hat zur Folge, *daß die Output-Input-Beziehung zwischen Schule und anderen Teilsystemen der Gesellschaft ein intersozialsystemischer Abgabe- und Aufnahme-Prozeß ist, der von interpenetrierenden Prozessen begleitet wird. Der Output des Schulsystems ist nicht das psychische System des Schülers, sondern ist wiederum ein kommunikativer Prozeß, der Auskunft über das psychische System des Schülers im Hinblick auf die intendierten Lernziele gibt.* Das heißt, daß Schule Output-Kommunikationen einrichtet, die in ihrem Sachparameter das psychische System des Schülers thematisieren. Diese Kommunikation hat Schule in Form der schriftlichen Kommunikation durch Zeugnisse institutionalisiert. In den Zeugnissen werden die Outputleistungen des Schulsystems formuliert (z.B. die Allgemeine Hochschulreife), die durch das psychische System des Schülers konstruiert werden können, und die andere Teilsysteme und deren Kommunikation konstituieren können.

Demnach wird auch die Schulleistung direkt über Kommunikation an die aufnehmenden Systeme weitergegeben. Darüber hinaus können vom aufnehmenden System wiederum gesonderte Kommunikationen ausdifferenziert werden, die die Aufnahme des Schuloutputs in das jeweilige System steuern: so z.B. durch Bewerbungsgespräche, schriftliche Test etc.

Der Übergang vom Schuloutput zum Input in ein anderes System wird demnach von der Schule und den aufnehmenden Systemen über Kommunikation vollzogen. Die Interpenetration, die das psychische System für die Konstitution des aufnehmenden Systems vollziehen kann, ist dabei nicht das ausschlaggebende Moment für den Übergang von Output zu Input, sondern die für diesen Übergang bereitgestellte Kommunikation. In dieser Hinsicht wird die outputspezifische Umwelt der Schule wieder durch soziale Systeme gebildet, die Schulleistungen für die Konstitution seiner systemspezifischen Kommunikation übernehmen.

Entsprechend dem operationalen Modell des systemanalytischen Denkens, zeigt sich der Outputparameter dadurch mit seiner parameterspezifischen Systemumwelt verbunden, daß die inhaltliche Bestimmung des Outputparameters der Schule einerseits mit dem Input der jeweils aufnehmenden Systeme andererseits zumindest partiell tautologisch sind. Dieser Zusammenhang kann dann wie folgt formuliert werden: *Die konkretisierte Qualifikation, die Schule als eine bestimmte Fähigkeit im Output bereitstellt, muß sich auf dieselben psychischen Strukturen und Dispositionen beziehen, die das aufnehmende System bzw. die aufnehmenden Systeme für die Konstitution ihrer Kommunikation benötigen.* Ist dies nicht der Fall, so erweist sich der Output als dysfunktional. Die Beziehung des Outputs der Schule zur gesellschaftlichen Funktion, der Interpenetration und der outputspezifischen Systemumwelt ist dann funktional, wenn die Funktion der Qualifikation zu einer bestimmten Fähigkeit konkretisiert wird, die mit intendierten Interpenetrationen, dem Output und dem Input des aufnehmenden Systems identisch ist. Dieser Zusammenhang stellt den typischen funktionalen Bezug zwischen den Intersystemgrenzen der Schule dar. Im folgenden wird dieser funktionale Bezug unter dem Gesichtspunkt der Vermittlung des systemanalytischen Denkens dargestellt.

Der funktionale Zusammenhang zwischen Schuloutput und outputspezifischer Umwelt ist nicht zu verwechseln mit dem Schuleffekt. Die Wirkungen des Schulsystems werden von der Schuleffektforschung untersucht. [162] Diese Forschung hat einen anderen Untersuchungsgegenstand: Ihr geht es erstens nicht um die intendierten psychischen Dispositionen und Strukturen, sondern um die tatsächlich durch Schule penetrierten psychischen Dispositionen und Strukturen; d.h., sie befaßt sich mit der Wirkung und nicht mit dem Output des sozialen Systems Schule. [163] Zweitens geht es einer solchen Forschung in erster Linie um die Beeinflussung psychischer Strukturen durch die Schule und nicht - wie in der vorliegenden Arbeit - um die Funktionalität des Schulsystems im Rahmen einer Systemanalyse. Solche Untersuchungen können jedoch wichtige Hinweise darüber geben, ob die Funktionalität des Schulsystems im Hinblick auf den Outputparameter im tatsächlich vollzogenem Unterricht realisiert wird bzw. im Hinblick auf den Outputparameter in der Schule systemfunktional behandelt wird.

Betrachtet man die Vermittlung des systemanalytischen Denkens als eine Aufgabe der Schule, so erweist sich diese Aufgabenbestimmung immer schon einbezogen in den funktionalen Bezug zwischen dem Output-, dem Funktions- und dem Interpenetrationsparameter. In der Vermittlung des systemanalytischen Denkens ist das operationale Modell des systemanalytischen Denkens zugleich die Konkretisation im Gehalt einer bestimmten Qualifikation und bearbeitet somit im Output die Qualifikationsfunktion der Schule. Im folgenden wird erörtert, wie das Lernziel «systemanalytisches Denken» funktional auf die Outputumwelt bezogen werden kann. Für diese Erörterung wird der Begriff der Basisqualifikation eingeführt.

Die aufgrund der Qualifikationsfunktion der Schule intendierten Lernziele sind *Basisqualifikationen*. Aus systemanalytischer Sicht können Basisqualifikationen als Fähigkeiten definiert werden, die die Kommunikation möglichst vieler Teilsysteme der Gesellschaft konstituieren. Basisqualifikationen sind z.B. die Fähigkeiten, lesen und schreiben zu können; sie stellen Fähigkeiten dar, die in *sehr vielen Teilsystemen als unabdingbare Voraussetzung für die Konstitution der Kommunikation* gelten. Schule kann dann funktional konstruiert werden, wenn ihr Output durch Basisqualifikationen inhaltlich gefüllt wird, so daß die schulische Outputumwelt sehr breit gestreut ist. Schule bereitet nicht auf spezifische Fähigkeiten eines bestimmten sozialen Systems vor, sondern sie versucht, solche Qualifikationen zu vermitteln, die eine hohe Streuung der Outputumwelt zuläßt. Dies impliziert nicht, daß die Basisqualifikationen sich nur auf «einfache», d.h. grundlegende im Sinne von nicht-komplexen, weniger schwierigen und weniger abstrakten Fähigkeiten beziehen. Dies widerspräche der eigentlichen Qualifikationsfunktion der Schule: Schule konstituiert sich als ein autonomes soziales System gerade dadurch, daß es Lernen institutionalisiert und zu Qualifikationen führt, die besonderer Lernzeit und besonderer lehrender Unterstützung bedürfen. Sie intendiert deshalb Lernziele, die aufgrund ihres *Schwierigkeitsgrades* als Lernresultate von autonomen Lernprozessen bzw. sozialisatorischen Interpenetrationen nicht zu erwarten sind.

---

162. Einen Überblick über die Schuleffektforschung gibt M. WEISS, Schuleffekt-Forschung: Ergebnisse und Kritik empirischer Input-Output-Untersuchungen
163. vgl. das Verhältnis zwischen Input-Output-Schema und Kausalitätsschema in Kapitel zwei; Kapitel 2, Teil 3, Punkt 2.1.3 *Die Konstruktion des Leistungsparameters*

In diesem Zusammenhang ist AEBLIs Begriff der Allgemeinbildung interessant, der einen weiteren Aspekt des Begriffs der Basisqualifikation hervorhebt. Ein Moment des Begriffs der Allgemeinbildung ist nach AEBLI die Vernetztheit der Wissensstruktur.

"Haben wir nun endlich das gültige Modell der Allgemeinbildung vor uns? Ist das Weltbild, das dem Menschen Orientierung und Überschau verschafft, jenes vernetzte Wissen, das uns die kognitive Psychologie schreibt? Das Angebot ist verführerisch. Man sagt ja mit Recht, unsere Welt kenne zu viele Spezialisten. Nicht nur im technischen Bereich, auch in den Geisteswissenschaften ist das Spezialistentum im Vormarsch. Vermag dies eine neue Allgemeinbildung zu korrigieren? Sollte dies etwa dadurch geschehen, daß der Primarlehrer mit den Kindern zusammen die Welt in konzentrischen Kreisen erkundet, wie das Pestalozzi schon gefordert hatte, oder daß die Lehrer der Sekundarstufe I und II die Fachgrenzen überschreiten und ihre Darstellungen der Wirklichkeit interdisziplinär verknüpfen, eben *vernetzen?* Ich meine, das sei in der Tat ein wichtiges bildungstheoretisches Postulat. Seine Verwirklichung ist schwierig, aber nicht unmöglich." [164]

Die Vernetzung von Wissen, und zwar von Wissen über das Soziale, ist auch dem systemanalytischen Denken zu eigen. Im Sinne AEBLIs kann das systemanalytische Denken im Hinblick auf seine Vernetzungsmöglichkeiten als eine Basisqualifikation bezeichnet werden.

Schulische Qualifikationen sind Basis- und Sockelqualifikationen und zum Teil komplexe und abstrakte Qualifikationen, die durch ein spezifisch ausdifferenziertes Lehr-Lern-System - nämlich durch die Schule - konstituiert werden. Aus diesem Grunde ermöglichen schulische Qualifikationen systemspezifische Outputfüllungen, die für viele Teilsysteme der Gesellschaft konstitutiv sind. Diese Basisqualifikationen ermöglichen damit auch einen *Transfer* auf unterschiedliche Inhalte. Im Falle des systemanalytischen Denkens meint dies, daß *alle* sozialen Systeme mit Hilfe des systemanalytischen Denkens konstruiert werden können.

Dieser Transfer kann dadurch erzielt werden, daß die Lerninhalte der Schule erstens in Form des *exemplarischen Lernens* vermittelt werden und daß zweitens in der Schule eine *bereichsspezifische Schulung grundlegender konkreter wie auch abstrakter Operationen stattfindet, die den Schüler in die Lage versetzen, die so gewonnen Fähigkeiten auf sehr unterschiedliche Gegenstände des jeweiligen Bereichs anzuwenden.* Die schulische Qualifikation erhält somit ein spezifisches Profil: Sie versucht kognitive Fähigkeiten zu vermitteln, die die Konstruktion eines bestimmten Gegenstandsbereichs mit seinen unterschiedlichen Inhalten erleichtern und ermöglichen. Damit gewinnt die schulische Qualifikation eine spezifische Form der Denkschulung und verliert zugleich ihren Charakter einer reinen Wissensvermittlung. Dies entspricht auch einem funktionalen Bezug zum Zeitparameter der Schule. Schule ist nicht in der Lage, aufgrund ihrer begrenzten - wenn auch langen - Schulzeit, allen alles zu lehren. Sowohl im Hinblick auf die Tradition sind dem Lehrbaren der Schule zeitliche Grenzen gesetzt als auch im Hinblick auf die Innovation. Der Transfer des Gelernten, der durch das exemplarische Lernen ermöglicht wird, rückt damit in das Zentrum des schulischen Lernens.

---

164. H. AEBLI, Allgemeinbildung, Erkennen und Handeln, S.213

332 Schule als soziales System

"Schulisches Lernen ist in seiner zeitlichen Beschränktheit auf Transfer angewiesen, wenn sie auf Lebensbewältigung vorbereiten soll: Der Schüler soll nach dem Wort eines chinesischen Weisen in den drei anderen Ecken eines Raumes das anwenden können, was er in der einen gelernt hat. Transfer von geistig anspruchsvollen Lösungsschritten ist aber auf Gedeih und Verderb an das Durchschauenkönnen, an die klare Einsicht gebunden - ..." [165]

Entsprechend zu der im ersten Kapitel dargestellten Bereichsspezifik operationaler Systeme muß hier einschränkend festgestellt werden, daß der Transfer der operationalen Fähigkeiten auf unterschiedliche Gegenstände nur in den bereichsspezifischen Grenzen stattfinden kann. Dies gilt insbesondere für das formal-operationale System.

Diese operationale Form der schulischen Qualifikation versucht durch exemplarisches Lernen *methodische Fähigkeiten* zu vermitteln. [166] LUHMANN sieht in dieser Form der schulischen Qualifikation eine grundlegende Spezifität der Schule, so daß er sie sogar als eine Funktion der Schule einsetzt: Die spezifische Funktion der Schule besteht nach LUHMANN darin, die Lernfähigkeit zu steigern [167]; das Lernen zu lernen, wird damit zu einer eigenen schulischen Funktion. [168]

"Wenn die Kontingenzformel Lernfähigkeit als Symbol für die *Funktion* von Erziehung eingesetzt wird, ergibt sich von da aus eine veränderte Blickweise auf die Leistung der Erziehung für andere Teilsysteme der Gesellschaft. Anders als in der klassischen Bildungsformel werden Leistungen nicht mehr nur als "spezielle" Vorbereitungen auf das Leben ausgegrenzt und dann wieder einbezogen durch eine zweite, inkonsequente Verwendung eines allgemeine und spezielle Bildung übergreifenden Bildungsbegriffs. Wenn man auf Lernfähigkeit abstellt, kann das Verhältnis von Funktion und Leistung rekonstruiert werden als Verhältnis von Lernen und Können. Unter dem Gesichtspunkt der Funktion interessieren Wissensthemen und sonstige Fähigkeiten in ihrer Eignung, als Ausgangspunkt für Anpassungsprozesse zu dienen. Unter dem Gesichtspunkt der Leistung interessieren Anpassungsprozesse, soweit sie im Verwendungskontext der Fähigkeiten abgerufen werden und nützlich sind. Lernfähigkeit kann nur an Stoffen oder Verhaltensweisen eingeübt werden. Sie geht andererseits als adaptive Kapazität in das Können selbst ein und wird mit nachgefragt, wenn Kenntnisse oder Fähigkeiten gesucht werden." [169]

---

165. R. VIELINGER, Die Sicherung des Lernertrages unter Berücksichtigung der schulischen Rahmenbedingungen, S.411
166. "Das, was die Schule eigentlich leisten könnte, ist ihr zur Zeit leider immer noch nicht erlaubt: Sie sollte nämlich weniger Wissen vermitteln (das ohnehin rasch veraltet) - also weniger einen bestimmten Zustand anstreben - als vielmehr das Umgehen mit dem Wissen, das Umgehen mit dem Gelernten lehren; ..." (F. VESTER, Lernbiologische Erkenntnisse als Basis für die Bewältigung komplexer Systeme, S.180)
167. vgl. N. LUHMANN, K.-E. Schorr, Reflexionsprobleme im Erziehungssystem, S.87
168. Auch LUTZ postuliert, daß das «Lernen lernen» eine eigene Funktion der Schule sein soll: "Die Kompetenzvermittlung müsse vor allem darauf gerichtet sein, das Lernen zu lernen, lebenslanges Lernen zu ermöglichen und nicht die Heranwachsenden mit ganz bestimmten Wissensbeständen vollzustopfen, die ja immer wieder entwertet würden." (Bezieht sich auf bildungspolitische Vorstellungen er 60er und 70er Jahre, A.H.) (B. LUTZ, Welche Qualifikationen brauchen wir? Welche Qualifikationen können wir erzeugen, S.56)
169. N. LUHMANN/ K.-E. SCHORR, Reflexionsprobleme im Erziehungssystem, S.88

Nach LUHMANN ist die Funktion des Erziehungssystems das Lernen und die Leistung des Erziehungssystems das Können. Lernen wird demgegenüber in der vorliegenden Arbeit zu einem Teilmoment der kommunikativen Handlungen, durch die das Dauerproblem der Qualifikation bearbeitet wird. Damit wird der Begriff des Lernens in den Interpenetrations- und Strukturparameter des sozialen Systems und nicht - wie LUHMANN dies tut - in den Funktionsparameter verwiesen. Der Strukturparameter - dies wird weiter unten noch deutlicher zu zeigen sein - ist dadurch gekennzeichnet, daß er die grundlegende Kommunikation von Lehren und Lernen ermöglicht. Das Handeln im Schulsystem ist nämlich durch die Teilhandlungen des Lehrens und des Lernens als soziales Handeln zu kennzeichnen, die als die typischen Handlungsmomente des sozialen Systems Schule die Funktion der Qualifikation bearbeiten und Lernen als intendierte Interpenetration ermöglichen.

Trotz der unterschiedlichen Terminologie und auch der unterschiedlichen Verortung der Begriffe in den verschiedenen Parametern, ist für die vorliegende Arbeit das Zitat von LUHMANN deshalb von grundlegender Bedeutung, weil er die von der Schule erzielten Qualifikationen als methodische Fähigkeiten ansieht. Die Vermittlung methodischer Fähigkeiten impliziert die Vermittlung grundlegender operationaler Fähigkeiten. Die Basisqualifikationen ermöglichen über exemplarisches Lernen methodische Fähigkeiten, die einen hohen Transferwert haben. Die Basisqualifikationen stellen somit Qualifikationen dar, die einen hohen Transferwert haben und die zugleich weitere Qualifikationen ermöglichen. Solche Basisqualifikationen sind Einführungen in die typischen Kombinatoriken formaler Operationen - und konkreter Operationen als Vorläufer - eines spezifischen Gegenstandsbereichs. Damit sind schulische Qualifikationen durch Denkschulungen in bestimmten Gegenstandsbereichen zu erzielen.
170

"Die Schule lenkt die Aufmerksamkeit auf die Sachen, auf die "Welt da draußen" (das können natürlich auch die Mitmenschen sein) und unterwirft diese Sachwelt dem Nachdenken. "Lernen" allein reicht zur Definition der Schule nicht aus; es geht darum, "nachdenken zu lernen", genauer gesagt: sich eine Haltung anzugewöhnen, die den Handelnden, der einer "Sache" (einem Problem) begegnet, das ihn im Fortgang des unreflektierten Verhaltens stört, zum Nachdenken nötigt und ihn nicht ruhen läßt, bis eine Lösung gefunden ist. Die Schule ist diejenige Institution, wo man sich in der Dialektik von Denken und Sachlichkeit, d.h. im Umschlagen von Handeln in Denken und von Denken in Handeln systematisch übt.(89) Man kann das auch noch programmatisch ausdrücken: In der Schule wird die "instrumentale" Funktion des Denkens, von der Dewey und James sprachen, institutionalisiert und dem Aufbau von Selbständigkeit (Identität) dienstbar gemacht." [171]

In der Vermittlung des systemanalytischen Denkens werden diese typischen Momente der schulischen Qualifikation erfüllt. Das systemanalytische Denken stellt eine Qualifikation dar, die durch sehr komplexe und abstrakte Operationen gekennzeichnet ist. Aus diesem Grund muß das systemanalytische Denken als eine abstrakte und komplexe Fähigkeit durch Lehr-Lern-Prozesse in der Schule vermittelt werden. Eine

---

170. vgl. T. WILHELM, Das Ende des Schulmonopols, S.63
171. T. WILHELM, Funktionswandel der Schule, S.70

solche Schulung entspricht dann einer allgemeinen Denkschulung für die Konstruktion sozialer Systeme. Die intendierte Vermittlung des systemanalytischen Denkens führt nicht nur in bestimmte soziale Systeme ein, sondern intendiert die Systemanalyse eines jeden sozialen Systems. Das systemanalytische Denken hat somit einen hohen Transferwert und ist auf einen großen Anwendungsbereich des Sozialen bezogen. Die Vermittlung des systemanalytischen Denkens ist dadurch eine Methodenschulung: Es ist die Methode, mit der Soziales in Form von sozialen Systemen konstruiert werden kann und kann demnach auch als ein Instrumentarium für die Konstruktion sozialer Realität bezeichnet werden. Systemanalytisches Denken ist eine Fähigkeit, die für die Mitgliedschaft in allen sozialen System von Relevanz ist, um diese Systeme erfassen, ihre Grenzen sehen und die eigene Position innerhalb dieser Systeme verorten zu können. Die Fähigkeit des systemanalytischen Denkens hat eine hohe Outputstreuung der aufnehmenden Systeme. WILHELM formuliert diese sozial-kognitive Aufgabe der Schule als ein Ziel, das auf alle soziale Systeme als Outputumwelt der Schule bezogen ist: Schule muß in die Sozialformen der Gesamtgesellschaft einführen, indem sie die Kleingruppen wie z.B. die Familie und die Peer-Gruppe, rational übersteigt und eine sozial-kognitive Qualifikation intendiert, die auf die gesamte, funktional differenzierte Gesellschaft bezogen ist. So schreibt WILHELM:

"Die Schule muß die erfahrbaren und erlebten Sozialformen der Kleingesellschaft rational überschreiten und die Vierzehn- bis Zwanzgigjährigen (schrittweise) in die abstrakte Moralität der nicht mehr unmittelbar erlebbaren Großgesellschaft einzuführen (sic!), in der sich das Schicksal der Menschheit entscheidet. (34)" [172]

WILHELM setzt das rationale Übersteigen der Kleingruppe mit der Einführung in die abstrakte Moralität der Großgesellschaft gleich. Dem kann aus systemanalytischer Sicht erwidert werden, daß nicht in eine abstrakte Moralität, sondern auf rationale Weise in die sozialen Zusammenhänge der funktional differenzierten Systeme eingeführt werden soll. Diese Aufgabe kann die Vermittlung des systemanalytischen Denkens übernehmen.

Das Denken in Systemen ist eine grundlegende Form der Erfassung der sozialen Welt, die für die Orientierung in der sozialen Welt und auch für die Veränderung der sozialen Welt von grundlegender Bedeutung ist. JENSEN sieht im systemanalytischen Denken sogar eine Fähigkeit, die dem Menschen das Überleben sichert.

"Menschen müssen in Systemen denken, mit Systemen operieren, ihr Erleben und Handeln in Systemen organisieren, sonst könnten sie überhaupt nicht überleben. Dies ist eine anthropologische Prämisse." [173]

Für das Leben in einer hochkomplex ausdifferenzierten Gesellschaft hat die Forderung von JENSEN zusätzliche Bedeutsamkeit: Der Mensch muß nicht nur in der Lage sein, in Systemen zu denken, sondern er muß auch in der Lage sein, sehr unterschiedliche Systeme mit sehr unterschiedlichen Systemregeln konstruieren zu können, um die Vielfalt der sozialen Zusammenhänge strukturieren zu können. VESTER und DÖRNER betonen in gleicher Weise die Notwendigkeit in Systemen zu denken, um

---
172. T. WILHELM, Funktionswandel der Schule, S.32
173. S. JENSEN, Systemtheorie, S.7

komplexe Zusammenhänge zu konstruieren und zu verarbeiten. Beide stellen fest, daß das monokausale Denken sowohl in subjektiven Theorien des alltäglichen Denkens als auch als Struktur wissenschaftlichen Denkens die Probleme unserer heutigen Gesellschaft wie auch komplexe Probleme nicht-sozialer Art nicht mehr zu lösen vermögen. So schreibt VESTER:

"Gerade beim Versuch, das Verhalten komplexer Systeme zu verstehen, spielt uns ein bloßes Spezialwissen, ja selbst eine rein logische Denkweise oft die übelsten Streiche. Man denke nur an die katastrophalen Ergebnisse unserer klassischen Entwicklungshilfe oder auch an die vielen mißlungenen Maßnahmen zur Sanierung unserer Wirtschaft, an die Überkapazitäten, die ins Desaster führen, an Technologien, die sich selbst *ad absurdum* führen, wie das Überschallflugzeug Concorde oder die Supertanker und eben auch die ganze Kernenergie, und nicht zuletzt auch die schon grotesken Entwicklungen in unserer EG-Landwirtschaft, um nur einige Beispiele zu nennen, die man natürlich im einzelnen belegen kann. Das alles wurde jedoch einmal von hochdotierten Experten geplant, auf der Grundlage genauer Daten und logischer Schlüsse, aber eben nicht im Zusammenhang, nicht als Teil eines lebendigen Ganzen." [174]

Auch DÖRNER verweist auf die Notwendigkeit in Systemen zu denken. [175] Beide fordern deshalb, daß das Denken in Systemen eingeübt werden muß. Beide zeigen grundlegende Probleme auf, die das Denken in Systemen erschweren und zum Teil auch verhindern. Insbesondere wird das systemanalytische Denken dadurch verhindet, daß das Denken in Systemen nicht eingeübt wird, nicht systematisch geschult und vermittelt wird. Das Denken in monokausalen Zusammenhängen wird in den Schulen immer noch als die einzige Form wissenschaftlichen Denkens vermittelt.

"Wenn wir also immer weniger mit der Wirklichkeit fertig werden und in immer größere Zwänge hineingeraten, so stimmt wohl in erster Linie etwas nicht in der Art wie wir denken, wie wir die Information aufnehmen und verarbeiten, kurz, welches *Bild* wir uns von der Wirklichkeit machen. Da dieses Bild aber zum großen Teil durch die Ausbildung vermittelt wird, war mir sehr bald klar, daß ein Großteil unserer Schwierigkeiten, mit den komplexen Vorgängen in unserer heutigen Welt fertig zu werden, in den Lern- und Denkformen unserer Schulen und Universitäten liegt." [176]

Beide fordern, daß das Denken in Systemen geschult werden muß. DÖRNER verweist auf eine Reihe von Maximen, die das Lernen des systemanalytischen Denkens erleichtern und eine «operative Intelligenz» [177] ermöglichen sollen. VESTER fordert dagegen, daß das Denken in Systemen zu einer wichtigen Aufgabe der Schule bzw.

---

174. F. VESTER, Lernbiologische Erkenntnisse als Basis für die Bewältigung komplexer Systeme, S.189; die von VESTER benutzten Beispiele können politisch unterschiedlich bewertet werden. Es geht hier nicht darum, die möglichen politischen Fehlentscheidungen einem falschen, einem nicht-systemischen Denken zuzuschreiben und gleichzeitig den Anspruch zu erheben, daß im systemischen Denken keine Fehlentscheidungen auftreten. Wichtig ist vielmehr, daß nicht-systemisches Denken komplexen Problemstellungen nicht gewachsen ist.
175. "Weiterhin müssen wir lernen, in *Systemen* zu denken." (D. DÖRNER, Die Logik des Mißlingens, S.307)
176. F. VESTER, Lernbiologische Erkenntnisse als Basis für die Bewältigung komplexer Systeme, S.179
177. vgl. D. DÖRNER, Die Logik des Mißlingens, S.298

der jeweiligen Ausbildung gemacht werden sollte. Erziehungssysteme sollten demnach die Aufgabe und das Ziel der Vermittlung systemanalytischen Denkens übernehmen.

"Vernetztes Denken brauchen wir heute mehr denn je. Eine durchgehende Umstülpung unseres ganzen Ansatzes in der Ausbildung ist nicht nur nötig, um die Welt besser zu verstehen, sie würde auch das Lernen als solches erleichtern und im Hinblick auf seine sinnvolle Umsetzung weit effizienter machen." [178]

Interessant ist in diesem Zusammenhang auch ein Blick auf didaktische Konzepte der Umwelterziehung. [179] In diesem neu sich entwickelnden Lernbereich werden didaktische Konzepte vorgelegt, die zur Bewältigung der auftretenden Umweltproblematik immer wieder systemisches Denken einfordern bzw. zu vermitteln suchen. Gleichzeitig zeigt sich hier, daß das systemische Denken bzw. das Denken in Systemen bislang kognitiv und damit auch für die Vermittlung nicht geklärt ist. Die didaktischen Ansätze erschöpfen sich meist darin, Ziele aufzustellen, die das Denken in Systemen fordern. Wie dieses Denken jedoch genau bestimmt werden kann, welche Momente für ein solches Denken konstitutiv sind und welche Operationen hierfür geschult werden müssen, bleibt häufig ungeklärt. Dieser Hinweis auf Konzepte der Umwelterziehung zeigt, wie wenig entwickelt und erforscht das systemanalytische Denken ist.

Dennoch wird das systemanalytische Denken als eine Denkmethode gekennzeichnet, die für jede Art von Problemlöseprozessen von grundlegender Bedeutung ist, und diese Feststellung wird mit der Forderung verbunden, daß das systemische Denken geschult werden muß.

Das systemanalytische Denken kann mit DÖRNER, VESTER und JENSEN als eine Fähigkeit beschrieben werden, die für das Leben insbesondere in einer funktional differenzierten Gesellschaft als eine Basisqualifikation bestimmt werden kann.

Das systemanalytische Denken kann funktional auf das Schulsystem bezogen werden, weil es geschult werden muß und weil es einen breiten Anwendungsbereich hat. Das heißt, daß mit dem Lernziel «systemanalytisches Denken» eine breite Outputstreuung verbunden ist, die es zu einer schulspezifischen Basisqualifikation macht.

Das systemanalytische Denken stellt darüber hinaus eine operationale Fähigkeit dar, die mit weiteren fachspezifischen Qualifikationen immer besser und professioneller angewendet werden kann, so daß eine solche grundlegende Denkfähigkeit zugleich auch als eine Voraussetzung für hochspezialisierte Systemanalysen unterschiedlicher Art angesehen werden kann.

1.3 Der funktionale Bezug zwischen gesellschaftlicher Funktion, Interpenetration und Inputparameter

Das operationale Modell systemanalytischen Denkens zeigt, daß sowohl der Outputparameter als auch der Inputparameter systemspezifischen Selektionen unterliegt. So wie Schule für den Outputparameter nur die intendierten Interpenetrationen als

---

178. F. VESTER, Lernbiologische Erkenntnisse als Basis für die Bewältigung komplexer Systeme, S.189
179. vgl. E. KLEBER, Ökologische Pädagogik oder Umwelterziehung?

Lernziele formuliert und somit von der Fülle der möglichen Interpenetrationen des Systems absieht, untersteht auch der Inputparameter systemspezifischen Selektionen. Der Output wird entsprechend der oben dargestellten Differenz von Sozialisation und Erziehung inhaltlich nur von solchen Interpenetrationen bestimmt, die intendiert sind, und läßt die durch sozialisatorische Bedingungen konstituierten Interpenetrationen außer acht. Dies entspricht der engen funktionalen Verknüpfung des Outputparameters mit der gesellschaftlichen Funktion der Schule und der Interpenetration.

Die für den Input vorgenommenen Selektionen stehen ebenfalls im funktionalen Bezug zur gesellschaftlichen Funktion und zur Interpenetration. Der Input wird - entsprechend dem Output - selektiv inhaltlich aufgrund seiner systemischen Verknüpfung mit der gesellschaftlichen Funktion und mit der Interpenetration gefüllt. Dementsprechend ist weder der Inputparameter der Schule durch die Fülle der Ursachen für die schulische Kommunikation gekennzeichnet, noch ist der Outputparameter durch die Fülle der Wirkungen schulischer Kommunikation beschreibbar. Beide Grenzparameter selegieren aus der Fülle ihrer kausalen Verknüpfungen zu anderen sozialen Systemen diejenigen Merkmale aus, die systemspezifisch als Bedingungen und systemspezifisch als Ziele der schulischen Kommunikation beschreibbar sind. Beide Leistungsparameter orientieren sich in ihrer inhaltlichen Füllung insbesondere an ihrem funktionalen Bezug zur gesellschaftlichen Funktion einerseits und dem funktionalen Bezug zur Interpenetration andererseits.

Aufgrund dieses funktionalen Bezugs des Inputparameters ergeben sich für seine inhaltliche Bestimmungen, die wiederum als psychische Strukturen und Prozesse zu kennzeichnen sind und gleichzeitig als psychische Gegebenheiten die Voraussetzung für die schulspezifische Kommunikation darstellen, spezifische Selektionskriterien.

Erstens: Im Hinblick auf den funktionalen Bezug zur gesellschaftlichen Funktion der Schule ist die schulische Lernfähigkeit eine Inputbedingung der Schule. Wer in der Schule als Schüler aufgenommen wird, muß demnach die Fähigkeit mitbringen, unter den Bedingungen des schulischen Lernens lernfähig zu sein. Um die Qualifikationsfunktion der Schule abarbeiten zu können, muß die schulische Kommunikation so gestaltet werden, daß durch sie ein systematisches Lernen ermöglicht wird. Die Voraussetzung für dieses systematische Lernen liegt in Fähigkeiten emotionaler, körperlicher und kognitiver Art, die insgesamt die Lernfähigkeit im Hinblick auf schulisches Lernen darstellen. Lernfähig ist der Mensch zu jeder Zeit seines Lebens. Die typische schulische Lernfähigkeit setzt jedoch spezifische Fähigkeiten voraus, die sich aufgrund von Reifungsprozessen entwickeln und die in aller Regel im Familiensystem erworben werden können. Definitionen der Schulreife legen solche Fähigkeiten inhaltlich fest und machen sie zur Voraussetzung für den Eintritt in die Schule. Gleichzeitig darf die Schule noch keine für die Schule typischen Teilqualifikationen aus anderen sozialen Systemen erwarten. Dies gilt nicht nur für die intendierten Lernziele, sondern auch für einige wichtige Mitgliedschaftsbedingungen, wie z.B. für das Lernen der Schülerrolle, die sich von der Rolle des Kindes in der Familie unterscheidet. Die Schule muß im Hinblick auf die ihr spezifischen Qualifikationen alle Möglichkeiten bieten, ohne Sonderqualifikationen ihren Anforderungen gewachsen zu sein. Die schulischen Qualifikationen müssen in ihren Inhalten vollständig vermittelt werden, so daß hier keine themenspezifischen Qualifikationen als Inputbedingungen gesetzt werden können; das heißt, daß Schule für die Vermittlung ihrer Lernziele keine sachlichen Voraussetzungen unter

338 Schule als soziales System

stellen darf. Dies betrifft sowohl das Sach- als auch das Methodenwissen.[180] Für die Vermittlung des systemanalytischen Denkens bedeutet dies, daß die Schule im Hinblick auf diese Fähigkeit keine spezifischen qualifizierenden Voraussetzungen machen kann. Es ist vielmehr davon auszugehen, daß *keine* Teilfähigkeit - auch nicht auf der Ebene des konkreten Denkens - bis zur Einschulung entwickelt worden ist. Schule kann nicht stillschweigend bestimmte Fähigkeiten, die sie selbst vermitteln will, voraussetzen. Will Schule das systemanalytische Denken vermitteln, so muß sie mit der Vermittlung der entsprechenden konkreten Operationen beginnen und kann dann auf weiteren Entwicklungs- und Lernstufen der Schüler zu der Schulung des formal-operationalen Systems übergehen. Schule kann sich nur auf die Voraussetzung berufen, daß die neuen Mitglieder in der Lage sind, das systemanalytische Denkens prinzipiell lernen zu können; das heißt, daß die Mitglieder im Hinblick auf dieses Lernziel lernfähig sind.

Zweitens: Diese Bearbeitung des gesellschaftlichen Dauerproblems der Qualifikation wird in der modernen Industriegesellschaft dadurch realisiert, daß *alle* Kinder eines bestimmten Alters in die Schule gehen müssen. *Schulpflicht ist damit eine Inputbedingung des Schulsystems.* [181] So kann z.B. die Allokationsfunktion nur dann durch die Schule legitimiert ausgeübt werden, wenn alle Kinder die Möglichkeit besitzen, sich qualifizieren zu können. Auch die Personalisationsfunktion kann als ein gesamtgesellschaftliches Dauerproblem nur dann behandelt werden, wenn *alle* Mitglieder der Gesellschaft die Chance erhalten, die für die Mitgliedschaft in der Gesellschaft notwendigen Voraussetzungen erlernen zu können. Die Tatsache, daß es eine Schulpflicht gibt, wird somit funktional der gesellschaftlichen Funktion der Schule gerecht.

So muß auch für das systemanalytische Denken als Basisqualifikation in dem oben erklärten Sinne gelten, daß alle Mitglieder der Gesellschaft die Möglichkeit haben müssen, die entsprechenden operationalen Fähigkeiten zu erwerben, um sich in der Gesellschaft orientieren, die komplex differenzierte Gesellschaft kognitiv verarbeiten und die Gesellschaft verändern zu können.

Die beiden Merkmale der Schulreife und Schulpflicht bilden die grundlegenden inhaltlichen Füllungen des Inputparameters. Damit ist der Inputparameter nur durch zwei inhaltliche Merkmale bestimmt. Das Schulsystem reduziert die Fülle intraindividueller Lernbedingungen des je einzelnen Schülers auf zwei Mitgliedschaftsbedingungen: Erstens auf die Bedingung, daß alle Kinder zur Schule gehen müssen, d.h., auf die Schulpflicht, und zweitens auf die Bedingung, daß diese Kinder in der Lage sind, unter schulischen Bedingungen lernen zu können, d.i. die Schulfähigkeit bzw. die Schulreife. Damit blendet Schule für ihre Kommunikationen insbesondere die intrain-

---

180. Diese Inputbedingungen beziehen sich auf den Input des gesamten Schulsystems. Es wird davon abgesehen, daß weiterführende Schulen, so z.B. das Gymnasium, auch themenspezifische, sachliche Voraussetzungen als Inputbedingungen bestimmt, die sowohl das Sach- als auch das Methodenwissen betreffen.
Die hier dargestellten Inputbedingungen betreffen den Schulanfang. Damit werden alle Schularten als das soziale System Schule beschrieben, wobei jeder Schultypus im Rahmen der systemfunktionalen Bestimmungen der Schule eigene Gewichtungen vornimmt. Verschiede Schultypen sind jedoch keine funktional differenzierten Systeme. Alle Schultypen bearbeiten dieselben gesellschaftlichen Funktionen. Ihre Gewichtungen beziehen sich auf unterschiedliche inhaltliche Füllungen der anderen Systemparameter.

181. Auch hier ist das Gesamtsystem Schule als ein funktional differenziertes Teilsystem der Gesellschaft gemeint.

dividuellen Lernbedingungen des je einzelnen Schülers aus. Die Schule ist aufgrund ihrer systemischen Konzeptionen, und das meint hier insbesondere durch ihren funktionalen Bezug zwischen Input, gesellschaftlicher Funktion und Interpenetration, nicht in der Lage, intraindividuelle Differenzen der schulischen Lernbedingungen zu unterscheiden. *Sie unterstellt letztlich die Gleichheit aller Schüler, indem sie bei jedem Kind in gleicher Weise die schulische Lernfähigkeit unterstellt.*

Diese inhaltliche Füllung des Inputparameters ist immer wieder ein Streitpunkt in der Diskussion über die Chancengleichheit. Im Hinblick auf die hier dargestellten funktionalen Zusammenhänge können hierzu folgende Anmerkungen gemacht werden:

Erstens: Das soziale System Schule erweist sich aufgrund seiner gesellschaftsfunktionalen Gegebenheiten und deren Verrechnung mit den Intersystemgrenzen als ein soziales System, das nicht in der Lage ist, interindividuelle Chancengleichheit zu ermöglichen. Chancengleichheit ist nur dann möglich, wenn im Rahmen der inhaltlichen Füllung des Inputparameters interindividuelle Differenzen zwischen den einzelnen Schülern für das soziale System konstitutiv werden. Dazu ist die Schule nicht in der Lage. *Damit kann festgestellt werden, daß Schule, gerade weil sie die Gleichheit aller Schüler in den Inputbedingungen unterstellt, das Problem der Chancengleichheit nicht bearbeiten kann.*

Zweitens: In dieser Hinsicht kann der These FENDs, die schon weiter oben dargestellt wurde, zugestimmt werden: *Schule produziert nicht die Chancenungleichheit, sondern ist ein soziales System, das Chancenungleichheiten aus den ihr vorgelagerten sozialen Systemen - hier insbesondere der Familie - übernimmt und nicht speziell behandelt.* Die in der Schule erfahrene Chancenungleichheit ist eine Ungleichheit, die sich durch die interindividuellen Differenzen zwischen den Schülern ergeben, auf die jedoch durch entsprechende Inputbedingungen nicht eingegangen werden kann.

Drittens: Soll das Problem der Chancengleichheit dennoch auch mit Hilfe kommunikativer Möglichkeiten behandelt werden, so müßte dafür ein soziales System konstruiert werden, das dieses Grundproblem als ein gesellschaftliches Dauerproblem aufnehmen und durch die entsprechenden inhaltlichen Füllungen aller Systemparameter bearbeiten kann. Schule ist ein soziales System, das aufgrund seiner funktionalen Gegebenheiten, und dies impliziert auch seine strukturellen Gegebenheiten [182], dieses Problem nicht bearbeiten kann.

Zusammenfassend kann für die Bestimmung des Inputparameters festgestellt werden, daß er durch das Moment gekennzeichnet ist, daß alle Kinder als gleiche betrachtet werden, insofern sie schulfähig und schulpflichtig sind. Die durch andere soziale Systeme konstituierten Interpenetrationen - sozialisatorischer oder erzieherischer Art - werden nicht interindividuell spezifiziert. Auch hier liegt im Hinblick auf die Allokationsfunktion eine notwendige Bedingung schulischen Lernens: Erst durch die *interindividuellen Differenzen, die sich aufgrund von schulischen Qualifikationen bei den Schülern ergeben,* können legitimierbare Allokationen ermöglicht werden. Jede weitere Bedingung der Allokation, die sich auf andere interindividuelle Voraussetzungen schulischen Lernen beziehen - so z.B. die Zugehörigkeit zu einer bestimmten Fa-

---

182. vgl. Kapitel 3, Teil 3, Punkt 2.1, *Die multiple funktionale Analyse des Strukturparameters im Hinblick auf die Vermittlung des systemanalytischen Denkens*

milie, zu einer bestimmten sozialen Schicht etc. - sind im Rahmen der schulischen Allokation nicht legitimierbar.

Aufgrund dieser inhaltlichen Füllung des Inputparameters kann hier keine direkte Anwendung auf das spezifische Lernziel der Vermittlung systemanalytischen Denkens vollzogen werden. Unabhängig von bestimmten Lernzielen und Lerninhalten, gelten diese Inputbedingungen, die mit dem Outputparameter dadurch im funktionalen Bezug stehen, daß sie Voraussetzungen für die Vermittlung komplexer Fähigkeiten bilden, wobei diese Voraussetzungen nicht an interindividuellen Differenzen orientiert sind und auch keine themenspezifischen, inhaltlichen Voraussetzungen bilden.

2. Die multiple funktionale Analyse des Strukturparameters im Hinblick auf die Vermittlung des systemanalytischen Denkens

Im folgenden wird der Strukturparameter in die funktionale Analyse mit einbezogen. In Punkt 2.1 werden typische Strukturmerkmale auf die bisher dargestellten Systemparameter bezogen. In Punkt 2.2 wird die Differenz von Sozialisation und Erziehung für die Darstellung des funktionalen Bezugs zum Interpenetrationsparameter aufgegriffen. Dabei werden unter dem spezifischen inhaltlichen Gesichtspunkt der Vermittlung des systemanalytischen Denkens die sozialisatorischen und die erzieherischen Lernmöglichkeiten der Struktur aufgezeigt.

2.1 Merkmale des Strukturparameters

Die Struktur des sozialen Systems besteht aus *Erwartungsstrukturen, die die Kommunikation stabilisieren.* Jedes Strukturmerkmal ist dementsprechend dadurch geprägt, daß es eine Erwartung darstellt; nämlich die Erwartung, daß dieses Merkmal im Handeln realisiert wird.

"Ereignis/Struktur-Theorie und Erwartungstheorie werden zusammengeführt mit der These, daß Strukturen sozialer Systeme in Erwartungen bestehen, daß sie *Erwartungsstrukturen* sind und daß es für soziale Systeme, weil sie ihre Elemente als Handlungsereignisse temporalisieren, *keine anderen Strukturbildungsmöglichkeiten gibt.*"[183]

Die Subparameter der Struktur zeigen unterschiedliche *Erwartungsstrukturen* auf, *die sich auf die sozialen Gegebenheiten, auf die sachlichen Gegebenheiten und auf die zeitlichen Gegebenheiten der Interaktion des sozialen Systems beziehen.* Die sozialen Erwartungsstrukturen werden durch das *typische Positions- und Rollengefüge* des sozialen Systems gebildet. Deshalb muß hier nach den Merkmalen der Lehrer- und Schülerrolle einerseits und nach der Position des Lehrers und des Schülers andererseits gefragt werden. Die sachlichen Erwartungsstrukturen beziehen sich auf die Themata des Unterrichts. Hier muß in erster Linie nach den *Lerninhalten* gefragt werden. Als drittes bildet die Zeitstruktur eine Erwartungsstruktur, die die Systemzeit in bestimmter und erwartbarer Weise zeitlich strukturiert. Demnach ist unter dem Zeitparameter nach der Typik der schulischen *Systemzeit* zu fragen. Durch die Bestimmung der schulischen Strukturparameter werden die schulspezifischen Regeln und

---

[183] N. LUHMANN, Soziale Systeme, S.398

Regelzusammenhänge aufgezeigt. In der Bestimmung des Strukturparameters wird versucht, die schulspezifischen Erwartungs-Erwartungen (wechselseitige Erwartungen) bzw. den regelgeleiteten Handlungszusammenhang des Unterrichts darzustellen. [184]

2.1.1 Der Sozialparameter

Unter den Sozialparameter des Schulsystems können alle jene inhaltlichen Füllungen gefaßt werden, die sich auf typische und dauerhafte Momente der sozialen Beziehungen zwischen den Mitgliedern der Interaktion beziehen. Bei der Bestimmung des Sozialparameters in seinem multiplen funktionalen Bezug zu anderen Systemparametern wird die Vermittlung des systemanalytischen Denkens noch nicht thematisiert. Dies bleibt dem Punkt 2.2 überlassen, in dem das Lernen aus und in der Schulstruktur im Hinblick auf das Lernen des systemanalytischen Denkens ausdrücklich zum Thema wird. Gleichwohl wird schon hier der Sozialparameter nur unter den kritischen Merkmalen betrachtet, die dann im weiteren auf das Lernen des systemanalytischen Denkens bezogen werden können.

Die Sozialstruktur ist - im Vergleich zu den anderen Subparametern der Struktur - ein Systemparameter, der in erster Linie funktional auf die sozialisatorische Interpenetration bezogen ist. Die soziale Struktur ist demnach eher diejenige Dimension des unterrichtlichen Handelns, die die systemspezifische Interaktion in Form von Positions- und Rollenerwartungen aufrechterhält, während Sach- und Zeitstruktur eher dominant auf das Ziel (den Output als erzieherische Interpenetration) bezogen sind und inhaltlich zweckrational gestaltet werden.

Die sozialen Beziehungen in der Schule sind in grundlegender Weise durch schulstrukturelle Vorgaben geprägt und sind in dieser Hinsicht keine «personalen Beziehungen», die sich allein an der Individualität des Anderen orientieren, wie dies z.B. in Freundschaftsbeziehungen, Liebesbeziehung und auch der Familie der Fall ist.

"Die konkreten Beziehungen innerhalb einer unterrichtlichen Kommunikation müssen also verstanden werden als mögliche Ausprägung einer generell vorgegebenen institutionellen Struktur."[185]

Die Differenz zwischen Position und Rolle wurde bereits oben dargestellt: Positionen bezeichnen den «Ort», den der jeweilige Interaktionsteilnehmer innerhalb des Interaktionsgefüges einnimmt, während die Rollen die mit diesen «Orten» verbundenen typischen Handlungen kennzeichnen. Positionen wie auch Rollen können nicht isoliert betrachtet werden. Beide bilden jeweils im Rahmen aller Interaktionsbeteiligten ein Positions- bzw. Rollengefüge. Die grundlegenden Bestimmungen der sozialen Struktur und deren operationaler Konstruktion wurden schon weiter oben aufgezeigt. [186] Dabei wird im Positionsgefüge die Form der Asymmetrisierung bzw. der Symmetrisierung der Kommunikation beschrieben, indem der Bezug zwischen den Status ver-

---

184. vgl. zur Darstellung der Schule bzw. des Unterrichts als «regelgeleiteter Handlungszusammenhang» T. WILHELM, Funktionswandel der Schule, S.37ff.
185. H. PARDON/ K.J. TILLMANN, Interaktions- und Kommunikationsmuster in der Schule als Belastungsfaktor, S.174 (das gesamte Zitat ist im Original durch Kursivdruck hervorgehoben)
186. vgl. Kapitel 2, Teil 2, Punkt 2 *Die Konstruktion der Sozialstruktur durch das konkret-operationale System*. Hier nun folgen die im ersten Kapitel angekündigten rollentheoretischen Überlegungen.

schiedener Interaktionsteilnehmer aufgezeigt wird, während im Rollengefüge der typische soziale Handlungszusammenhang erfaßt wird. Ein solcher typischer Handlungszusammenhang bildet sich dadurch aus, daß mit dem Handeln der Interaktionsteilnehmer bestimmte Erwartungen verknüpft werden, die in der Handlung realisiert werden sollen. Handlungen in sozialen Systemen sind demnach nicht völlig determiniert durch ihre Rollenvorgaben, sondern sind in ihrer Bedeutung und ihrer Konzeption durch bestimmte Handlungserwartungen geprägt. Damit ergibt sich für jedes soziale Handeln zugleich immer eine Verbindlichkeit im Hinblick auf die Erwartungen und ein Spielraum, diese Verbindlichkeiten auf je individuelle Weise zu realisieren.

"Die Erwartungen, aus denen eine "soziale Rolle" in diesem Sinne besteht, sind in den meisten Fällen viel zu vage, unvollständig und zu wenig ausdifferenziert, um tatsächlich als Handlungsanleitung zu dienen." [187]

Rollen beziehen sich somit auf die Verhaltenserwartungen, die den Vollzug und die Wahrnehmung sozialer Handlungen mitbestimmen, während die Positionen sich auf den Status des Interaktionsteilnehmers beziehen, den er im Rahmen der jeweiligen Interaktion innehat.

"Soziale Positionen sind ohnehin ein Danergeschenk der Gesellschaft an den Einzelnen. Auch wenn er sie nicht mit eigener Kraft erworben hat, sondern sie ihm ungefragt zugeschrieben werden, verlangen sie von ihm eine Leistung; denn jeder sozialen Position haftet eine Rolle an, ein Satz von Erwartungen an das Verhalten ihres Trägers, der von den Bezugsgruppen seines Feldes sanktioniert wird." [188]

Ähnlich definiert BAHRDT den Rollen- und Positionsbegriff. Dabei wird auch in den Zitaten von DAHRENDORF wie auch von BAHRDT deutlich, daß Positionen und Rollen zugleich über Bezugssysteme zu definieren sind.

""Soziale Rolle" wird verstanden als ein aus speziellen Normen bestehendes Bündel von Verhaltenserwartungen, die von einer Bezugsgruppe (oder mehreren Bezugsgruppen) an Inhaber bestimmter sozialer Positionen herangetragen werden. Von den Positionsinhabern wird erwartet, daß sich aus der Fülle der speziellen Normen regelmäßiges und daher voraussehbares Verhalten anderer Menschen, die ihrerseits gleichartige oder andere Positionen innehaben, (dementsprechend gleichartige oder andere Rollen spielen) einstellen kann. Hierdurch wird regelmäßige und kontinuierlich planbare Interaktion möglich." [189]

Positionen und Rollen treten nicht isoliert auf, sondern sind Bestandteile eines Bezugssystems, das nicht nur aus einzelnen Rollen und Positionen besteht, sondern diese Rollen und Positionen einander zuordnet. Auch an anderer Stelle verweist DAHRENDORF auf die Wichtigkeit des Bezugssystems für die Identifizierung von Positionen und Rollen. Dabei stellt er fest, daß mit bestimmten Positionen möglicherweise auch unterschiedliche Bezugssysteme verbunden sind.

---

187. G. McCALL/ J.L. SIMMONS, Identität und Interaktion, S.89
188. R. DAHRENDORF, Homo Sociologicus, S.56
189. H.P. BAHRDT, Schlüsselbegriffe der Soziologie, S.67

"Die zweite Aufgabe der Beschreibung sozialer Rollen liegt in der Ermittlung der Bezugsgruppen, die den Ort bestimmter sozialer Positionen definieren. Die Frage, ob es für jede Position eine bestimmte und bestimmbare Zahl von Bezugsgruppen gibt, ist in Allgemeinheit schwer zu beantworten. Wahrscheinlich würde es auch hier reichen, die wichtigsten Bezugsgruppen jeder Position zu identifizieren. Schwieriger als diese Identifizierung, die bei den meisten Positionen aus deren Stellung in organisatorischen oder quasiorganisatorischen Zusammenhängen hervorgeht, ist die Bestimmung des relativen Gewichts der verschiedenen Bezugsgruppen für gegebene Positionen. Wer ist für das Rollenverhalten des Lehrers wichtiger - seine Vorgesetzten oder seine Kollegen[75]? Überall dort, wo zwei oder mehr Bezugsgruppen unterschiedliche Erwartungen an eine Position knüpfen, wird diese Frage offenbar entscheidend. Es scheint sinnvoll, sich auch zur Klärung dieser Frage, also zur Herstellung einer Rangordnung von Bezugsgruppen, an der Verbindlichkeit von Rollenerwartungen, d.h. an der Schwere der den Bezugsgruppen zur Verfügung stehenden negativen Sanktionen, zu orientieren." [190]

Die Problematik des Bezugssystems bzw. der Bezugssysteme wird in der vorliegenden Konzeption so behandelt, daß die Positionen und Rollen nicht dadurch definiert werden, daß möglichst alle verschiedenen Bezugssysteme, die mit der jeweiligen Position verbunden sind, aufgeführt werden, sondern daß die Position und auch die Rolle ihre Definition durch den funktionalen Bezug zu einem Gesamtsystem erhält. Dementsprechend kann hier argumentiert werden, daß es Positionen gibt, die so bestimmt sind, daß sie zugleich in unterschiedlichen Systemen auftreten können. Das Beispiel des Lehrers zeigt dies deutlich: Die Lehrerpositionen definiert sich über unterschiedliche Bezugssysteme, so z.B. über den Unterricht, über das Bezugssystem des Lehrerkollegiums, das Bezugssystem Lehrer-Eltern etc. Gleichwohl muß festgestellt werden, daß die Position und die mit ihr verbundenen Rollenerwartungen auch in Entsprechung zu dem jeweiligen Bezugssystem wechseln. Demnach kann eine Position und auch eine Rolle zunächst nur über ihre Verankerung in einem bestimmten Bezugssystem definiert werden. Es kann zwar festgestellt werden, daß ein bestimmter Beruf oder auch eine Mitgliedschaft durch zwei oder mehrere Bezugssysteme zu kennzeichnen ist, doch ist die genaue Definition einer Position und deren Rollen nur in bezug auf ein bestimmtes soziales System möglich. Das für die folgenden Positionen und Rollen gewählte Bezugssystem ist die Interaktion des Unterrichts.

Ein weiteres wichtiges Moment von Positionen und Rollen besteht darin, daß sie strukturelle Momente des sozialen Systems sind und hier nicht als Momente des psychischen Systems auftreten. Dies bedeutet, daß mit den Begriffen von Position und Rolle zugleich auch schon die Differenz von sozialem und psychischem System angesprochen wird, indem diese beiden Begriffe grundlegende Momente der Sozialstruktur darstellen. Als soziale Stabilitäten, die unabhängig von der jeweiligen Person sind, die diese Positionen und Rollen ausübt, bezeichnen diese beiden Begriffe die kritischen Momente der sozialen Struktur. Sie sind Bestandteile des sozialen Systems, das sich gerade in der Differenz zum psychischen System konstituiert. Die Interaktion in der Schulklasse wie auch jede andere Interaktion ist durch sehr viele verschiedene Momente geprägt: so z.B. durch das Aushandeln von Rollen, durch das interindividuelle Fremdverstehen usw. Unter systemanalytischer Perspektive sind jedoch die beiden

---

190. R. DAHRENDORF, Homo Sociologicus, S.74

Momente der Position und Rolle in erster Linie kritische Merkmale der Sozialstruktur des Systems.

Aufgrund der überindividuellen Stabilität von Positionen und Rollen werden ihre Funktionen in erster Linie in ihrer Entlastung für die Interaktionsteilnehmer gesehen. In Positionen und Rollen werden soziale Erwartungen formuliert, die die Interaktionsteilnehmer davon entlasten, jede Situation neu und in ihren spezifischen Merkmalen zu erfassen und zu verarbeiten. So kann Kommunikation auch mit einem geringen Aufwand an interindividuellem Fremdverstehen, gemeinsamer Definition der Situation und Aushandeln von gegenseitigen Erwartungen vollzogen werden. Exemplarisch soll hierzu HARGREAVES zitiert werden:

> "Die Rollen, die wir im nächsten Kapitel untersuchen werden, sind Kategorien für menschliche Wesen. Die Interaktion der Person mit dem Anderen wird beträchtlich erleichtert, wenn die Person die Rolle des anderen identifizieren kann. Wenn einer die Rolle eines Kunden in einem Laden spielt und der andere die Rolle des Verkäufers hinter dem Pult, besitzen wahrscheinlich weder der eine noch der andere Informationen über Persönlichkeit oder Motive des Partners. Die beiden führen eine zufriedenstellende Interaktion durch, wenn sich sowohl der Kunde als auch die Verkäuferin der Regeln bewußt sind, die ihre Rollenbeziehung bestimmen, und wenn sie sich daran halten. Die Rollen gestalten die Interaktion." [191]

Für den hier vorliegenden Ansatz sind die Position und die Rolle allein durch ihre Entlastungsfunktion unterbestimmt. Neben der Entlastungsfunktion muß aus systemanalytischer Sicht zugleich nach der Funktionalität von Positionen und Rollen im sozialen System gefragt werden. Dies bedeutet, daß die Entlastungen, die durch die Erwartungen gegeben sind, sich zugleich inhaltlich funktional auf die anderen Parameter des Systems beziehen müssen. Damit ist gemeint, daß die Entlastungsfunktion zugleich auch auf die Gesamtfunktionalität des Systems bezogen werden muß. Mit einer solchen Forderung sind zwei Momente verbunden: Erstens kann die Entlastung nicht das alleinige Bestimmungsmoment von Rollen und Positionen sein, weil jede Form der Erwartungsbildung Entlastungsfunktionen hat. Erhalten die sozialen Erwartungen in einer Interaktion keine weiteren Bestimmungsmerkmale, so wäre die inhaltliche Füllung der Erwartungen letztlich willkürlich. Demgegenüber wird hier behauptet, daß die inhaltliche Füllung im Gesamtzusammenhang des sozialen Systems betrachtet werden muß, so daß funktionale und nicht dysfunktionale Erwartungsmuster generiert werden können. Zweitens kann mit der hier dargestellten Vorgehensweise das in unterschiedlichen Rollentheorien immer wieder als relevant dargestellte Bezugssystems genauer bestimmt werden, und Rollen und Positionen können in bezug auf dieses System beschrieben und inhaltlich gefüllt werden. In der Literatur zur Rollentheorie bzw. in soziologischer und sozialpsychologischer Literatur findet man zwar immer wieder den Verweis auf das Bezugssystem, das als eine relevante Größe mit einbezogen werden soll, doch wird nicht genau erörtert, wie dieses Bezugssystem zu konstruieren ist und in welcher Form eine Beziehung zwischen diesem System und den jeweiligen sozialen Einzelphänomenen herzustellen ist.

Im folgenden soll nun das Positions- und Rollengefüge des Unterrichts dargestellt werden. Damit wird der Sozialparameter im Hinblick auf die Interaktion des Unter-

---

191. D. H. HARGREAVES, Interaktion und Erziehung, S.32

richts hinreichend und vollständig beschrieben. Diese Darstellung versucht, die inhaltlichen Bestimmungen von Positions- und Rollengefügen im Rahmen der Rationalität bzw. Funktionalität des Gesamtsystems zu betrachten. Das systemanalytische Denken ermöglicht es nicht nur, die Interaktionsstrukturen nach Positionen und Rollen zu beschreiben - dies konnte auch schon vom konkret-operationalen System geleistet werden -, sondern es ermöglicht gleichzeitig die Darstellung der Positions- und Rollenbestimmungen in ihrem funktionalen Bezug zum Systemganzen.

2.1.1.1 Die systemkonstituierenden Positionen und ihre Asymmetrie

Die Frage nach den systemkonstituierenden Positionen richtet sich in erster Linie auf die funktionale Beziehung zwischen der gesellschaftlichen Funktion der Schule und dem Sozialparameter des Systems. Dementsprechend wird hier die Frage gestellt, welche Positionen des Systems es ermöglichen, die gesellschaftliche Funktion des Systems zu bearbeiten. Für das Schulsystem erweisen sich die Positionen des Lehrers und des Schülers als grundlegend systemkonstituierend. Dies soll im weiteren erörtert werden. Dabei soll zunächst genauer geklärt werden, was mit systemkonstituierenden Positionen gemeint ist. Anschließend werden die Positionen des Lehrers und des Schülers im Rahmen eines Positionsgefüges dargestellt. Abschließend werden dann die Rollenbestimmungen zu den einzelnen Positionen genauer dargestellt, wobei hier der Schwerpunkt auf der Bestimmung der Schülerrolle liegen wird.

In einer Interaktion, und insbesondere in einer Interaktion eines institutionalisierten Systems, werden zumeist verschiedene Bezugssysteme zugleich realisiert. Dies kann an dem System der Familie verdeutlicht werden. Dieses soziale System realisiert zugleich das Bezugsystem Eltern-Kind, das Bezugsystem der Eltern als eine intime Beziehung zwischen zwei Erwachsenen und das Bezugsystem der Geschwisterkonstellation als einer Beziehung zwischen meist verschiedenaltrigen Kindern. Diese drei Bezugssysteme konstituieren zugleich das Familiensystem. Dementsprechend müssen alle drei Bezugssysteme untersucht werden, wenn man dieses System erfassen will. Dabei ist aus pädagogischer Perspektive insbesondere das Eltern-Kind-System von zentraler Bedeutung.

Auch in der Schule werden unterschiedliche Bezugssysteme in der Interaktion des Unterrichts gleichzeitig realisiert. So bilden sich neben dem Bezugsystem Lehrer-Schüler zugleich das Bezugsystem der Schüler und darin wiederum einzelne besondere Bezugssysteme, wie z.B. bestimmte Freundschaftskreise oder bestimmte Positionen in der Klasse, wie z.B. der Klassensprecher und die Schüler, der Klassenclown etc., aus. Die Möglichkeiten der Gestaltung des Schülersystems bzw. der Gestaltung von Teilsystemen des Schülersystems sind sehr vielfältig: Sie können teilweise auf typische Schülerpositionen, wie z.B. die des Klassensprechers, zurückgreifen, werden zum Teil jedoch auch durch ganz individuelle Gruppenstrukturen geprägt. WILHELM beschreibt diese Schüler-Schüler-Beziehungen oder informelle Lehrer-Schülerbeziehungen, indem er sie als «Untergliederung der Klasse» [192] bezeichnet. Erst hier bilden sich wirkliche Gruppen, die WILHELM in Anlehnung an das Gruppenparadigma von NEIDTHARDT [193] als personale Interaktionen definiert. Dabei stellt WILHELM fest, daß im Unterricht durch die Untergliederung der Klasse personale Beziehungen auf-

---

192. vgl. T. WILHEM, Funktionswandel der Schule, S.29f.
193. vgl. F. NEIDHARDT, Themen und Thesen zur Gruppensoziologie

gebaut werden bzw. aufgebaut werden können, wohingegen jedoch der Unterricht selbst nicht funktional auf den Aufbau personaler Beziehungen bezogen ist. Interessant ist WILHELMs Feststellung, daß auch diese personalen Beziehungen im Unterricht - im Rahmen der vorliegenden Terminologie sind dies Kommunikationen, die durch ein hohes Maß an Interpenetration durch das psychische System gekennzeichnet sind - sich in systemtypischer Weise ausbilden. Das heißt, auch die personalen Beziehungen im Unterricht unterstehen der systemspezifischen Struktur der Schule, obgleich sie als personale und informelle Strukturen nicht direkt in funktionaler Weise auf die anderen Parameter des sozialen Systems bezogen sind.

"Unsere These lautet: Auch diese Teilgruppierungen haben in der Schule einen anderen Zuschnitt als anderswo. Sie sind kein Ebenbild der Familie, des soziologischen Urbilds der Primärgruppe. Die Schule bildet vielmehr mit allen ihren Gruppenvarianten das dauernde soziale Kontrastprogramm zur Familie." [194]

Soll das Interaktionssystem des Unterrichts in allen seinen Positionen und Rollen vollständig erfaßt werden, so müssen diese verschiedenen Bezugssysteme untersucht werden, ihre Auswirkung auf das Lernen in der Schule aufgezeigt werden und ihre Beziehung untereinander verdeutlicht werden. Dabei kann sich erweisen, daß einige Bezugssysteme das Lernen in besonderer Weise befördern oder hemmen bzw. kann es sich erweisen, daß diese verschiedenen Bezugssysteme in Widerspruch zueinander stehen.

Aus systemanalytischer Perspektive können alle Bezugssysteme für die Untersuchung des Lernens in der Schule von grundlegender Bedeutung sein. Die Art und Weise der Gestaltung der sozialen Strukturen in der Klasse bzw. in einer bestimmten Klasse hat nämlich immer auch Auswirkungen auf das Lernen. Jede soziale Struktur ermöglicht Interpenetration, die in Beziehung zu der in der Schule erzieherisch intendierten Interpenetration gesetzt werden muß. Wenn das Lernen in der Schule als ein zentraler Gesichtspunkt der Strukturanalyse angesehen wird, müssen dementsprechend die unterschiedlichen sozialen Strukturen der Schule als Lernbedingungen mitthematisiert werden. [195]

"Die erste Frage meint den eher deskriptiven Gehalt des Interaktions-Konzepts. Unter diesem Aspekt kann Lehrer-Schüler-Interaktion bestimmt werden als die Gesamtheit aller im Unterricht stattfindenden Prozesse wechselseitigen Wahrnehmens, Beurteilens, Kommunizierens und Beeinflussens intendierter und nicht-intendierter, verbaler und nicht-verbaler, symmetrischer wie komplementärer Art (...)." [196]

In der vorliegenden Arbeit geht es jedoch nicht darum, *alle* Lernbedingungen der Schule aufzuzeigen. Es geht vielmehr darum, das soziale System Schule in seinen Grundzügen zu analysieren. Zu diesen Grundzügen gehören dann die systemkonstituierenden Positionen der Schule. Dies bedeutet, daß hier nicht alle in der Schule möglichen sozialen Strukturen, die z.T. auch gleichzeitig realisiert werde können, dargestellt werden, sondern jene sozialen Strukturen, die die Schule als soziales System be-

---

194. T. WILHELM, Funktionswandel der Schule, S.31
195. vgl. auch H. PETILLON, Der Schüler, S.161-185
196. D. ULICH, Die Lehrer-Schüler-Interaktion, S. 161;

reitstellt, um ihrer gesellschaftlichen Funktion nachzukommen. In dieser Hinsicht erweisen sich die Lehrer- und Schülerpositionen als grundlegend für das soziale System Schule: Sie bilden diejenigen Positionen, die das soziale System Schule erst hervorbringen. Demzufolge kann das konstitutive Moment der Positionen hier dadurch beschrieben werden, daß ohne diese Momente Schule und Unterricht nicht stattfinden, während andere soziale Bezugssysteme des Unterrichts - auch wenn sie grundlegende Auswirkungen auf das Lernen in der Schule haben - nicht systemkonstituierend sind. So vermerkt auch WILHELM:

"Die Personen - Lehrer und Schüler - sind für den Unterricht konstitutiv."[197]

Entsprechend der gesellschaftlichen Funktion der Schule müssen Positionen eingerichtet werden bzw. eingerichtet sein, die die Behandlung der Qualifikation in schulspezifischer Weise ermöglichen. Dies impliziert, daß mit Hilfe von Kommunikation Qualifikation ermöglicht wird, indem für die Qualifikation funktionale Positionen eröffnet werden. Da Schule als soziales System Qualifikation über Kommunikation ermöglicht, muß sie soziale Positionen schaffen, die eine qualifizierende Kommunikation ermöglichen. Die qualifizierende Kommunikation kann sozialstrukturell nur dann vollzogen werden, wenn die Positionen eines Qualifizierenden und eines zu Qualifizierenden bzw. eines Lehrenden und eines Lernenden eingerichtet werden. Die qualifizierende Kommunikation wird positionsgebunden durch die Lehrer- und Schülerposition ermöglicht. *Eine solche Bestimmung der Positionen der Schule aus der gesellschaftlichen Funktion der Schule impliziert, daß die Positionen asymmetrisch zueinander stehen: Die Asymmetrie besteht in der «Arbeitsteilung» zwischen dem Lehrer als Lehrenden und dem Schüler als Lernenden.*[198] Damit steht eine solche Positionszuweisung auch im funktionalen Bezug zu der mit Qualifikation verbundenen intendierten Interpenetration. *Schule muß als Qualifikationssystem eine soziale Position eröffnen, auf deren Positionsträger sich die intendierte Interpenetration beziehen soll.* Dies ist die Schülerposition. Zugleich ist die Position des Schülers eng mit dem Leistungsparameter verbunden: *Die Position des Lernenden erneuert immer wieder die Inputbedingungen (Lernfähigkeit und noch-nicht-gelernt-haben) mit den Outputbedingungen (bestimmte Lernziele zu erreichen).* Gleiches gilt für die Position des Lehrers: *Es ist diejenige Position, die Lernen durch Lehren ermöglicht und zu bestimmten Lernzielen führen will.*

Entsprechend der hierarchischen Struktur der gesellschaftlichen Funktionen der Schule können weitere inhaltliche Bestimmungen dieser Positionsasymmetrie gegeben werden. Im Hinblick auf die *Personalisationsfunktion* als eine Subfunktion der Qualifikationsfunktion erweist sich die Asymmetrie zwischen Lehrer und Schüler als eine Asymmetrie des Wissens (der Lehrer als Fachautorität) [199]. *Die Lehrerposition ist*

---

197. T. WILHELM, Funktionswandel der Schule, S.45; wobei hier zu bemerken ist, daß in systemanalytischer Sicht nicht die jeweiligen Personen konstitutiv sind, sondern ihre Positionen und Rollen, und daß Personen nur insofern konstitutiv für die soziale Interaktion sind, als sie diese penetrieren.
198. vgl. zu den unterschiedlichen Bestimmungen der Asymmetrie im Unterricht: KOB, Erziehung und Macht; C. LOHMANN/ F. PROSE, Die Lehrer-Schüler-Interaktion; H. PARDON/ K.J. TILLMANN, Interaktions- und Kommunikationsmuster in der Schule als Belastungsfaktoren, S.174f.
199. s. vorherige Fußnote

damit durch Sachautorität gekennzeichnet, so daß eine sachorientierte Tradition und Innovation realisiert werden kann. Durch die *Allokationsfunktion* der Schule ergibt sich eine Asymmetrie der Positionen, die sich darauf bezieht, *daß der Lehrer - und nicht der Schüler - Selektionen ermöglicht, indem er beurteilt* (der Lehrer als Autorität durch Belohnung und Bestrafung) [200]. Damit ist die Asymmetrie zwischen Lehrer und Schüler für das soziale System Schule spezifiziert. *Sie stellt keine Asymmetrie des Sozialen in jeder Hinsicht dar, sondern konstituiert sich aufgrund der funktionalen Bestimmung der Schule als eine Asymmetrie der Sach- und Selektionskompetenz, die wiederum durch sachliche Kriterien geleitet ist.* Hierin liegt zugleich der funktionale Bezug zwischen der Asymmetrie der Positionen und der Sachstruktur des Unterrichts. Auf beide Aspekte wird noch weiter unten unter dem Aspekt der Lehrer- und Schülerrolle genauer eingegangen.

Ein weiteres Moment der schulischen Asymmetrie besteht *in ihrem funktionalen Bezug zum Zeitparameter.* Die schulische Asymmetrie konstituiert sich aufgrund der Tatsache, daß durch Anleitung Lernen ermöglicht werden soll. Das heißt, daß die Kommunikation der Schule zu einem Mittel wird, das dem Ziel des Lernens bzw. dem Ziel des Ermöglichens von Lernen untergeordnet ist. In dieser Hinsicht bildet der Strukturparameter insgesamt ein Mittel für die Bearbeitung der systemspezifischen Funktion. Das durch Kommunikation ermöglichte Lernen ist zugleich damit verbunden, daß der Schüler als der Lernende in die Lage versetzt wird, bestimmte Fähigkeiten und Fertigkeiten selbständig durchzuführen und zu vollziehen. Schulisches Lernen bzw. allgemein das durch Erziehung intendierte Lernen ist immer auch auf das Ziel der Selbständigkeit bzw. der Teilselbständigkeit in einem bestimmten Bereich gebunden. Damit erhält die gesamte Struktur der schulischen Kommunikation eine ihr eigene Zeitstruktur: *Die notwendig durch die gesellschaftliche Funktion der Schule vorgegebene Asymmetrie zwischen Lehrer und Schüler ist eine Asymmetrie, die auf ihre eigene Aufhebung bezogen ist.* Das Schulsystem richtet asymmetrische Grundstrukturen ein, um den Schüler in die Lage zu versetzen, zukünftig auf die Anleitung des Lehrers bei der Bearbeitung bestimmter Sachgebiete verzichten zu können. Damit ist der asymmetrischen Struktur im Hinblick auf die Zeitstruktur ihre Aufhebung implizit. Die Selbständigkeit des Schülers, in der er ohne Anleitung lernt und handelt, ist durch die Qualifikationsfunktion der Schule vorgegeben: Der Schüler lernt entsprechend der funktionalen Bestimmung der Schule nicht, in Abhängigkeit von Autoritäten lernen zu können, sondern er wird über die Anleitung durch einen Lehrer in die Lage versetzt, Selbständigkeit zu erlangen, selbständig lernen zu können. Dies impliziert auch, daß alle gesellschaftlichen Funktionen der Schule nach ihrer kommunikativen Bearbeitung in der Schule, in anderen Systemen der Gesellschaft vom psychischen System des Schülers selbständig - ohne kommunikative Stützung - vollzogen werden können. Die der Qualifikationsfunktion implizite Selbständigkeit des Schülers verweist darauf, daß der Zeitparameter der Schule nicht nur auf die Schulzeit selbst bezogen ist, sondern auf die Zeit nach der Schulzeit, d.h. auf die Zukunft des Schülers.[201] Die gesellschaftliche Funktion der Qualifikation wird in eine Selbstqualifikation überführt; dies impliziert, daß die gesellschaftliche Funktion der Personalisation als Tradition und Innovation in autonome Personalisation durch die selbständige An-

---

200. s. vorherige Fußnote
201. vgl. die Darstellung des Zeitparameters

eignung von Tradiertem und die selbständige Veränderung von Bestehendem und die gesellschaftliche Funktion der Allokation in eine Selbstallokation überführt werden.

Die Asymmetrie zwischen Lehrer und Schüler erweist sich damit als ein funktional notwendiger Bestandteil der schulischen Interaktion, wobei diese Asymmetrie durch die Momente ihrer sukzessiven Selbstaufhebung, der notwendigen Anbindung an Sach- und Fachkompetenz und der daraus resultierenden Anbindung an die Beurteilungskompetenz des Lehrers gebunden ist. Jede andere Form der Asymmetrie, so z.B. die Form der Beherrschung Anderer, eine noch so subtile Beeinflussung anderer für bestimmte personale Ziele des Lehrers, ist mit der schulischen Asymmetrie nicht vereinbar.

Ein weiteres wesentliches Merkmal des Positionsgefüges in der Schule liegt in der Anzahl und im Wechsel der Personen, die diese Positionen einnehmen. [202] Im Hinblick auf die Position des Schüler wird entsprechend der Klassenstärke diese Position von ca. 15-30 Personen zugleich eingenommen. Die Schülerposition erweist sich damit als ein Position, die *zugleich* sehr viele Personen an eine Position bindet und somit diese Personen zugleich auch in den von ihnen zu erwartenden Rollenhandlungen an dieselben Erwartungskriterien bindet. *Dieser personale Wechsel in der Lehrerposition ist funktional auf die Qualifikationsfunktion bezogen*: Die Lehrer wechseln entsprechend ihrer Sach- und Fachkompetenz (Fachlehrer, Stufenlehrer), um die schulische Qualifikation zu ermöglichen.

Die Lehrerposition wird selbst im Teamteaching immer nur von einem Lehrer realisiert. *Dabei ergibt sich schon in der zahlenmäßigen Verteilung der Positionen zu den an der Interaktion Beteiligten eine erhebliche Asymmetrie zwischen der Lehrer- und der Schülerposition.* Gleichzeitig zeigt sich auch, daß die Lehrerposition nicht nur an eine Person gebunden ist, sondern durch mehrere Personen *in zeitlicher Folge* eingenommen werden kann.

Die zahlenmäßige Asymmetrie zwischen der Lehrer- und der Schülerposition ist demnach funktional auch auf das Moment bezogen, daß Allokation in der Gesellschaft dadurch legitimiert ist, daß alle Neuen die Möglichkeit haben müssen, an der Positionszuweisung in der Gesellschaft teilnehmen zu können, so daß diese Form der Allokation legitimiert ist. Die funktionalen Auswirkungen dieser gesellschaftsfunktionalen Bestimmung auf das Positionsgefüge liegen darin, daß viele Schüler von einem Lehrer zugleich unterrichtet werden, um überhaupt eine Qualifikation für *alle* zu ermöglichen. Darin liegt dann auch der grundlegende funktionale Bezug zum Inputparameter als Schulpflicht. Wäre das Zahlenverhältnis symmetrisch, so müßte Schule letztlich Einzelunterricht praktizieren, was schon aufgrund von ökonomischen Erwägungen nicht realisierbar ist.

2.1.1.2 Die soziale Grundstruktur - Das Rollengefüge

Entsprechend dem Positionsgefüge in der Schule können typisch zu erwartende Handlungsmerkmale an die Positionen des Lehrers und des Schülers angebunden werden. Die Bestimmung der Rollen und des Rollengefüges kann demnach dadurch erfolgen, daß nun Handlungszusammenhänge, die die typische schulische Kommunikation ausmachen, an die Positionen angebunden werden. Diese Anbindung soll hier dadurch

---

202. vgl. R. DREEBEN, Was wir in der Schule lernen, S.12-15

erfolgen, daß das Element des Sozialen - die Kommunikation - als schultypischer Handlungszusammenhang zwischen Lehrer und Schüler dargestellt wird. Anschließend wird in einem zweiten Schritt insbesondere die Schülerrolle in ihrem funktionalen Bezug zu den Intersystemparametern dargestellt.

Die kleinste Einheit, das Element eines jeden sozialen Systems ist die Kommunikation. Diese Kommunikation ist eine Einheit aus drei Selektion ist: der Mitteilung, der Information und des Verstehens. Erst wenn diese drei Selektionen in einem Handlungszusammenhang auftreten, findet Kommunikation statt. *Jede dieser drei Selektionen hat einen spezifischen funktionalen Bezug zu bestimmten Parametern des sozialen Systems*: Die *Mitteilung* bezieht sich insbesondere auf den *Sozialparameter*, indem sie das Moment des sozialen Handelns ausmacht, die *Information* bezieht sich insbesondere auf den *Sachparameter* des sozialen Systems, indem sie in der Thematisierung der Kommunikation gegeben wird, und das *Verstehen* bezieht sich insbesondere auf den *Interpenetrationsparameter*, indem im Verstehen als Teil der Kommunikation die Schnittstelle zwischen sozialer Struktur und den durch Kommunikation konstituierten psychischen Strukturen liegt. Ein weiterer funktionaler Bezug zwischen der Kommunikation und den Parametern des sozialen Systems besteht darin, daß die in der Einheit der Kommunikation zugleich realisierten *drei Selektionen* im sozialen Handeln selbst in einer bestimmten *zeitlichen Struktur realisiert werden müssen*. Damit ist der *Bezug zum Zeitparameter* gegeben. Die Einheit der Kommunikation ist als Einheit der drei Selektionen somit immer schon auf alle Parameter des sozialen Systems bezogen: *auf alle Subparameter der Struktur, auf die Interpenetration, auf die gesellschaftliche Funktion, die mit Hilfe der Struktur bearbeitet wird, und auf die Leistung, indem sich die Struktur als die Vermittlung zwischen dem Input- und dem Outputparameter erweist.*

Für die Bestimmung des Sozialparameters der Struktur stellt sich nun in erster Linie die Frage, wie die Einheit der Kommunikation durch schulspezifische Handlungen realisiert wird. Der Sozialparameter ist derjenige Parameter, der die Mitteilungen typisiert und in schulspezifischer Form prägt. Die Transformation von Kommunikation in Handlungen ist für den Sozialparameter von zentraler Bedeutung. In ihm wird festgehalten, welche typischen Handlungen die Transformation der schulspezifischen Kommunikation in Handlung ermöglicht. Damit wird der *Sozialparameter* als derjenige *Strukturparameter* verstanden, *in dem systemspezifische Handlungszusammenhänge stabilisiert und auf Dauer gestellt werden*. Der Sozialparameter bestimmt demnach soziale Handlungszusammenhänge, die die drei Selektionen der Kommunikation systemspezifisch ermöglichen sollen. Damit muß sich das Rollengefüge der Schule als ein sozialer Handlungszusammenhang erweisen, der die schulspezifische Kommunikation auf Dauer stabilisiert, indem erwartbare soziale Strukturen gebildet werden. Dieses Rollengefüge erweist sich dann zugleich als die grundlegende soziale Struktur des Unterrichts.

Zu fragen ist hier, welche Handlungsanschlüsse für Unterricht konstitutiv sind. Dieser Frage ist inhärent, daß durch die Anschließbarkeit der Handlungen zugleich das Rollen*gefüge* des Unterrichts verdeutlicht wird: Es wird aufgezeigt, welche Handlungserwartungen an die Positionen von Lehrer und Schüler gebunden werden, wie diese Handlungserwartungen Handlungsanschlüsse ermöglichen und inwieweit diese Handlungsanschlüsse zugleich Kommunikation konstituieren und auf Dauer stellen. Mit anderen Worten: *Es wird danach gefragt, wie der Handlungszusammen-*

hang des Unterrichts in seiner sozialen Grundstruktur zu kennzeichnen ist, wenn Mitteilung, Information und Verstehen auf Dauer stabilisiert werden sollen.
Die soziale Grundstruktur wird durch die folgenden Kriterien konstituiert.

Erstens: Die soziale Grundstruktur des Unterrichts muß sich als eine Interaktionsstruktur erweisen, die häufig im Unterricht vorkommt.

Zweitens: Die soziale Grundstruktur des Unterrichts muß funktional auf die Systemparameter beziehbar sein, so daß *nicht nur die Häufigkeit als ein grundlegendes Kriterium auftritt, sondern zugleich auch die systemische Funktionalität.*

Drittens: Die soziale Grundstruktur des Unterrichts konstituiert sich aufgrund typischer Handlungserwartungen, die das Rollenhandeln und das Rollengefüge des Unterrichts ausmachen. Dies bedeutet, daß Handlungserwartungen einerseits an bestimmte Positionen gebunden werden können und andererseits diese Handlungserwartungen die Anschließbarkeit der Handlungen der Interagierenden ermöglichen.

Viertens: Die soziale Grundstruktur des Unterrichts muß solche Handlungserwartungen vorgeben, *die Mitteilen, Information und Verstehen systemspezifisch in typischen Handlungen und ihren Anschlüssen ermöglichen und auf Dauer stellen.*
So wird hier die Selektion des Verstehens nicht nur als ein Moment des Interpenetrationsparameters aufgefaßt, sondern zugleich auch als ein Moment des Sozialparameters, indem der Sozialparameter soziale Erwartungen beschreibt, die das Verstehen ermöglichen und auch überprüfen können.

In der Literatur wird der folgende Handlungszusammenhang häufig als Grundstruktur des Unterrichts dargestellt: die Aufgabenstellung durch den Lehrer, die Bearbeitung der Aufgabe durch den Schüler und der Rückmeldung des Lehrers im Hinblick auf die Aufgabenbearbeitung durch den Schüler. Dabei wird, entsprechend den oben dargestellten Momenten der sozialen Grundstruktur, argumentiert, daß erstens diese Handlungsabfolge durch ihr häufiges Auftreten im Unterricht als unterrichtstypisch zu kennzeichnen ist und daß zweitens diese Handlungsabfolge als funktional für das Schulsystem angesehen werden kann. [203] Zwei Zitate sollen - neben den Arbeiten der in der vorherigen Fußnote aufgeführten Autoren - hier exemplarisch für die Darstellung der sozialen Grundstruktur als Aufgabenstellung des Lehrers, Aufgabenbearbeitung durch den Schüler und Rückmeldung durch den Lehrer aufgeführt werden. So schreibt DREEBEN:

"Die unmittelbare Bedeutung der Schularbeit als Aufgabenerfahrung, die nach Leistungskriterien beurteilt wird, ist beinah selbstevident. Diese Erfahrung ist eingelagert in die Sequenz: Zuweisung - Ausführung - Beurteilung, wie sie für die Arbeit kennzeichnend ist." [204]

MEDER beschreibt die soziale Grundstruktur des Unterrichts folgendermaßen:

---

203. vgl. hierzu A. A. BELLACK/ H.M. KLIEDBARD/ R.T. HYMAN/ F.L. SMITH, Die Sprache im Klassenzimmer; A.A. BELLACK, Theory and research in teaching; R.F. BALES, Interaction process analysis
204. R. DREEBEN, Was wir in der Schule lernen, S.68

"Akkommodation und Assimilation sind im sozialen Bereich gegenläufige Interaktionsschematismen, was sich schon allein daran zeigt, daß die Handlungspartner jeweils füreinander wechselseitig Umwelt darstellen. Der eine muß sich der Umwelt, der andere die Umwelt sich anpassen. Im sozialen Raum sind dies reziproke Prozesse, die sich überdies in ihrem Gelingen ergänzen und im Unterrichtsresultat als ihrer Identität wieder zusammenfallen, wie sie aus einer identischen Situation entstanden sind. Solche sich ergänzenden Handlungen nennt man komplementär. Rollentypisch sind sie als Instruktion und Erfüllung zu fassen: Der Lehrende versucht den Lernenden zu veranlassen, bestimmte kognitive Prozesse handelnd zu vollziehen. Im einzelnen kann dies unterschiedlich aussehen. Global betrachtet handelt es sich dennoch stets um eine Aufgabenstellung, d.h. eine Instruktion. Der Lernende versucht, diese zu erfüllen, d.h. die Aufgabe zu lösen. Gelingt es, dann ist auf der Basis dieser Aufgabe und der mit ihrer Lösung verbundenen Kenntnisse und Fähigkeiten das Gleichgewicht hergestellt und das Lehrer-Schüler-Qualifikationsgefälle partiell aufgehoben. Da der Lernende im Versuch, die Instruktion zu erfüllen, nicht weiß, ob und inwieweit es ihm gelungen ist, braucht er ein Kriterium aus seiner situativen Umwelt. Er benötigt eine Rückmeldung. Mag bei Lernprozessen in unmittelbarer Erfahrung, beim Umgang mit Sachen, die Sache selbst das Kriterium im "Operation-Test"-Paar sein, in institutionalisierten Lernprozessen unter Bedingungen einer künstlich, vielleicht auch kunstvoll, hergestellten Lernsituation übernimmt zumeist der Lehrende die Funktion des Testkriteriums. Er meldet dem Lernende Erfolg und Mißerfolg zurück. Im ersten Fall kann der Akkommodations- und Assimilationsprozeß als abgeschlossen gelten, im zweiten Fall muß erneut versucht werden. Mit Instruktion, Erfüllung und Rückmeldung ist jedenfalls rollentypisch der unterrichtliche Interaktionsschematismus vollständig bestimmt." [205]

Die typischen Rollenerwartungen an die Lehrerrolle bestehen somit darin, daß der Lehrer Aufgaben stellt, Instruktionen gibt und Schülerbeiträge beurteilt bzw. eine Rückmeldung auf Schülerbeiträge gibt. Die typische Rollenerwartung an die Schülerrolle ist dementsprechend die Bearbeitung von Lehrerinstruktionen. Die Anschlußrationalität ist durch die Verzahnung dieser typischen Handlungserwartungen gegeben, indem der Schülerbeitrag eine Bearbeitung einer Lehreraufgabe darstellt und die Rückmeldung des Lehrers aufgrund eines Schülerbeitrages erfolgt. Die Verzahnung führt zu einer zirkulären Grundstruktur, wenn die Rückmeldung zugleich wiederum als eine Instruktion des Lehrers für den Schüler aufgefaßt werden kann. GRZESIK verweist auf diese grundlegende zirkuläre Struktur, indem er die drei Handlungserwartungen durch Zwischenschritte ergänzt und in ihrer Fortsetzung darstellt.

"Aus der Struktur des *unterrichtlichen Handlungszusammenhanges* ergibt sich die folgende *Grundform des Verlaufs*: 1. der Lehrende intendiert beim Lernenden Lernresultate (spezifische Zielsetzungen). 2. Er gibt dann dem Lernenden externe Handlungsbedingungen vor, die er als geeignet dafür ansieht, daß der Lernende auf das von ihm festgesetzte Ziel hin handelt. 3. Der Lernende rezipiert gleichzeitig mit der Vorgabe oder bei einer Fixierung der externen Bedingungen in einem dauerhaften Medium (Schriftsprache, graphische Darstellung, dreidimensionales Modell aus verschiedenen Materialien) zu einem späteren Zeitpunkt die vorgegebenen Bedingungen. 4. Er entwirft dann auf der Grundlage der Vorgaben seinerseits Handlungsziele. 5. Danach führt er die aus der Synthese von Handlungsbedingungen und Handlungszielen sich ergebenden Handlungsvollzüge aus. Ihr Resultat kann innerlich bleiben oder aber zu intersubjektiv zugänglichen Leistungen führen. ... In dieser Grundform des Verlaufs werden die inter-

---

205. N. MEDER, Interaktionsanalyse, S.57-58

nen Handlungsbedingungen der Lehrenden und der Lernenden an jeder Position einfließen.- 6. Alle vom Lernenden initiativ und reaktiv für den Lehrenden vorgegebenen Bedingungen können vom Lehrer aufgenommen und zur Voraussetzung für eine weitere Grundform des Verlaufs gemacht werden. - Selbst für Verständigungsphasen bleibt diese Grundform des Verlaufs erhalten: Lehrer oder Schüler streben initiativ eine Verständigung an, was sich auch in der Grundform des Unterrichtsverlaufs abspielt. Deren Resultate bilden externe Bedingungen für den Lehrenden, auf deren Grundlage es zu einem erneuten Durchlaufen der Grundform kommen kann."[206]

Damit kann hier eine doppelte Anschlußrationalität festgestellt werden: Erstens schließen die Rollenhandlungen von Lehrer und Schüler so aneinander an, daß sie ein Rollengefüge bilden und zugleich die kleinste Einheit des sozialen Systems, die Kommunikation konstituieren. Zweitens beschreibt die zirkuläre Struktur des Unterrichts die Anschlußrationalität dieser Kommunikationseinheiten, indem sie sich wiederholen und in sich geschlossene Zyklen bilden.

Die soziale Grundstruktur von Instruktion, Bearbeitung und Rückmeldung bezieht sich auf Handlungserwartungen. Die an den Lehrer gestellten Erwartungen der Instruktion und der Rückmeldung müssen nicht explizit durch zwei verschiedene Handlungen realisiert werden. Sie stellen lediglich Erwartungen dar, die für die unterrichtliche Interaktion im Handeln des Lehrers realisiert werden müssen. Demzufolge darf die Grundstruktur der unterrichtlichen Interaktion nicht als eine determinierte Abfolge von Handlungen im Unterricht verstanden werden. *Sie bildet Merkmale von Handlungen, die im Handeln mitrealisiert werden müssen, um Unterricht zu konstituieren.* Die Bearbeitung durch den Schüler kann sehr unterschiedliche Formen annehmen. So kann z.B. die Diskussion von Schülern zu einem bestimmten Thema eine Bearbeitung der entsprechenden Instruktion des Lehrers sein. Dies bedeutet, daß die Aufgabenbearbeitung durch den Schüler nicht allein als eine Beantwortung einer Frage aufzufassen ist, sondern daß diese Bearbeitung sehr komplexe Formen annehmen kann, die für sich sogar wiederum Strukturen anderer sozialer Systeme - wie hier z.B. die des Diskussionssystems - aufnehmen kann. In dieser Hinsicht kann die Grundstruktur auf sehr vielfältige Weise realisiert und moduliert werden. Damit erweist sich diese Grundstruktur als sehr plastisch, indem sie vielfältige Formen der Realisierung - vom Unterrichtsvortrag mit anschließender Abfrage bis hin zu der Durchführung von Projekten - annehmen kann. [207]

---

206. J. GRZESIK, Unterrichtsplanung, S.108-109
207. Diese Grundstruktur findet auch in unterschiedlichen Erziehungstheorien ihren Niederschlag. So ist z.B. die Mäeutik als die Befragung des Schülers durch den Lehrer ebenfalls durch die drei Momente der Instruktion, der Bearbeitung und der Rückmeldung geprägt. Instruktionen werden durch die Fragen gegeben, die durch den Schüler bearbeitet werden und die wiederum durch weitere Befragungen zugleich eine Rückmeldung auf die erfolgte Bearbeitung darstellen. (Vgl. PLATON, Menon)
Auch in der indirekten Erziehung ROUSSEAUs sind diese drei Grundkomponenten vorzufinden, wobei die Lehrerhandlungen hier nicht in einer direkten Interaktion mit dem Edukanden realisiert werden, sondern im Arrangement der Umwelt des Edukanden durch den Erzieher. Dabei stellt die Umwelt Anforderungen und Aufforderungen an das Handeln des Edukanden und ist zugleich derart arrangiert, daß sie Rückmeldung auf das Handeln des Edukanden geben kann (vgl. J.-J. ROUESSEAU, Emil). Die Rückmeldung kann nach ROUSSEAU jedoch auch direkt geschehen, indem der Erzieher dem Edukanden Lernfortschritte vermittelt:
"Nur werde ich jedes Jahr seine Fortschritte vermerken und mit denen vergleichen, die es (sic!) im nächsten Jahr machen wird. Ich werde ihm sagen: Du bist um soviel Zentimeter gewachsen;

2.1.1.3 Der funktionale Bezug der sozialen Grundstruktur des Unterrichts zu den Intersystemparametern

Die Grundstruktur des Unterrichts versucht durch ihre Spezifität die gesellschaftliche Funktion der Schule zu bearbeiten. *Die Anschlußrationalität von Instruktion, Bearbeitung und Rückmeldung ermöglicht sowohl eine Qualifikation als Personalisation als auch eine Qualifikation als Allokation bzw. Selektion.* PARDON/ TILLMANN verweisen auf diesen funktionalen Bezug, wobei die Qualifikationsfunktion verkürzt als «Stoffaneignung» dargestellt wird:

"Die Beziehungsebene wird also zunächst in ihrer Funktion gesehen, Stoffaneignung zu gewährleisten." [208]

Die Personalisationsfunktion wird durch die Grundstruktur dadurch bearbeitet, daß durch Instruktion und Rückmeldung zugleich eine Form des Aufbaus bestimmter kognitiver Strukturen erfolgt. Die Instruktion richtet damit die Aufmerksamkeit auf einen bestimmten Gegenstandsbereich und fordert zugleich auf, bestimmte Operationen innerhalb dieses Gegenstandsbereichs zu vollziehen. Entsprechend der Bearbeitung der Instruktion kann der Lehrer wiederum die Rückschlüsse auf die Art der operationalen Verarbeitung ziehen und die Rückmeldung derart gestalten, daß auf Probleme, Defizite, Ergänzungen oder auch auf die Bestätigung der jeweiligen Bearbeitung verwiesen wird. Instruktion und Rückmeldung bilden damit eine Steuerung von operationalen Prozessen des Schülers über Kommunikation. Diese Form der Personalisation durch die Grundstruktur des Unterricht kann entsprechend der Spezifität der Instruktion und auch der Rückmeldung sowohl *tradierende als auch innovative Funktionen* erfüllen. *Tradierend in der Hinsicht, daß mit der Instruktion und auch mit der Rückmeldung Wissensinhalte, d.h. Informationen, gegeben werden.* Damit ist zugleich der funktionale Bezug zum Sachparameter beschrieben. Die Instruktion und die Rückmeldung des Lehrers können so gestaltet werden, daß sie Sach- und Methodeninformationen mittransportieren bzw. sich in der Instruktion auf Aufgaben für den Schüler beziehen, die den Schüler zu einer eigenen Informationsaufnahme auffordern; so z.B. durch die Instruktion, einen bestimmten Text zu lesen. Die Instruktion und auch die Rückmeldung können ein hohes Maß an Sachinformation aufweisen, indem sie mit Erläuterungen etc. versehen sind.

Die *Innovationsfunktion* kann mit Hilfe der Grundstruktur dadurch bearbeitet werden, daß solche Aufgaben gestellt werden, die den Schüler zu innovativen Arbeiten veranlassen.

Die *Allokations- bzw. die Selektionsfunktion* wird in dieser Grundstruktur durch die Beurteilung des Lehrers als einer besonderen Form der Rückmeldung vollzogen. Eine Beurteilung ist zugleich damit verbunden, daß dem Schüler mitgeteilt wird, ob seine Bearbeitung den Anforderungen genügt, er somit im positiven Sinne selegiert wird.

über den Graben bist du gesprungen; diese Last hast du getragen; so weit hast du den Stein geworfen; so weit bist du in einem Atem gelaufen, usw. Nun wollen wir sehen, was du jetzt kannst. So sporne ich ihn an, ohne ihn auf jemanden eifersüchtig zu machen. Emil will und soll sich übertreffen." (J.-J. ROUSSEAU, Emil, S.179)

208. H. PARDON/ K.L. TILLMANN, Interaktions- und Kommunikationsmuster in der Schule als Belastungsfaktoren, S.174

"Die Beurteilungsnotwendigkeiten in der Schule entstammen aber nicht nur aktuellen Orientierungsbedürfnissen des urteilenden Lehrers, sondern liegen überdies in den institutionellen und gesellschaftlichen Normsetzungen mitbegründet, die insgesamt die Lehrerrolle definieren. Zu ihnen gehört neben der "Sozialisierungsfunktion" auch die "Selektionsfunktion" nach Leistungskriterien, die den Ansprüchen gesellschaftlicher Interessen zu genügen haben." [209]

Dieser funktionale Bezug zur Qualifikation als Personalisation und als Allokation durch die soziale Grundstruktur wird von LUHMANN ebenfalls festgestellt, doch durch andere Bezugnahmen dargestellt. LUHMANN geht davon aus, daß die Schule kein eigenes Medium der Kommunikation hat. Zugleich versucht er jedoch, auch für Schule bzw. allgemein für Erziehung im Hinblick auf die Struktur grundlegende Schemata anzunehmen. [210] Diese Schemata sieht LUHMANN in der Differenz zwischen Codierung und Programmierung des Schulsystems. Die Codierung führt auf einen binären Code, der darüber entscheidet, was den Anforderungen des Schulsystems genügt bzw. was ihnen nicht genügt. Dies ist nach LUHMANN die Selektion durch die Schule, die in der Beurteilung des Lehrers vollzogen wird, indem er entscheidet, ob die Schülerleistung für eine weitere Karriere im Schulsystem und auch für eine weitere Karriere der Anschlußsysteme ausreicht. Die Programmierung der Schule geschieht, so LUHMANN, über die Qualifikation, indem die Qualifikationsprozesse als Programm der Schule gelten. Selektion und Qualifikation werden somit nach LUHMANN in der Struktur als grundlegende Merkmale realisiert und können demnach als ein funktionales Äquivalent zu den Kommunikationsmedien behandelt werden.

Die in der vorliegenden Arbeit vertretene Auffassung widerspricht einer solchen Darstellung des Schulsystems. Das Schulsystem hat zwar die Allokationsfunktion zu bearbeiten, doch erhält die Struktur des Systems dadurch keinen binären Code. Vielmehr kann festgestellt werden, daß durch die soziale Grundstruktur des Unterrichts zugleich auch die Allokation vollzogen wird, indem der Lehrer beurteilt und rückmeldet. Die Struktur ist als ein eigenständiger Parameter des sozialen Systems funktional auf die Allokationsfunktion bezogen und wird selbst nicht zu einem binären Code. Die Qualifikation, die LUHMANN als die Programmierung des Systems bezeichnet, kann hier genauso behandelt werden. Die soziale Grundstruktur ist nicht durch Qualifikation programmiert, sondern hat in ihrem funktionalen Bezug zur gesellschaftlichen Funktion der Schule die Aufgabe, die Qualifikationsfunktion zu bearbeiten. Dies geschieht dadurch, daß hier eine soziale Grundstruktur gewählt wird, die die Beeinflussung psychischer Systeme durch Kommunikation in besonderer Weise ermöglicht: *Die durch Instruktion in einer Kommunikation aktualisierten und konstruierten psychischen Strukturen werden durch die Bearbeitung wiederum in Kommunikation eingebracht und in der Rückmeldung thematisiert.* Die Grundstruktur versucht demnach der gesellschaftlichen Funktion des Systems in besonderer Weise gerecht zu werden, erhält jedoch selbst nicht Merkmale, die die gesellschaftliche Funktion darstellen. In dieser Hinsicht könnte LUH-

---

209. N. ERLEMEIER, Zur Frage der Wirkungen von Lehrererwartungen auf das Schülerverhalten, S.537
210. vgl. N. LUHMANN, Codierung und Programmierung

MANN dahingehend kritisiert werden, daß er gesellschaftsfunktionale Bestimmungen des Schulsystems nicht von der Struktur des Systems trennt und damit auch ihren funktionalen Bezug zueinander nicht mehr aufweisen kann, was letztlich zu einer Unterbestimmung des Schulsystems - insbesondere im Hinblick auf den Strukturparameter - führt. Gleichzeitig führt dies zu einer Differenzierung zwischen Selektion und Qualifikation, in der der Bezug zwischen diesen beiden Funktionen nicht deutlich wird.

Im Hinblick auf den funktionalen Bezug zwischen sozialer Grundstruktur und gesellschaftlicher Funktion der Schule kann demnach festgestellt werden, daß die Grundstruktur so angelegt ist, daß sie in besonderer Weise die Bearbeitung der gesellschaftlichen Funktion zuläßt: *Sie ermöglicht Qualifikation als Personalisation und als Allokation.*

Damit ist zugleich auch der Interpenetrationsparameter des Schulsystems angesprochen. Die soziale Grundstruktur des Unterrichts versucht, über die Instruktion und die Rückmeldung den Aufbau bzw. die Konstitution psychischer Strukturen und Prozesse zu steuern. Damit ist nicht gesagt, daß die Kommunikation psychische Systeme determiniert. Dies widerspricht dem wechselseitigen Konstitutionsverhältnis zwischen Sozialem und Psychischem, das nicht als Input-Output-Schema beschreibbar ist. *Schule versucht vielmehr durch die Spezifik ihrer interaktiven Grundstruktur psychische Prozesse und Strukturen des Schülers kommunizierbar zu machen und damit über Kommunikation zu verändern.* Dies impliziert für die Rückmeldung des Lehrers, daß hier nicht nur eine Beurteilung in Form der Notengebung stattfinden, sondern zugleich Hilfestellungen für den Vollzug kognitiver Operationen und ihrer Verknüpfungen gegeben werden müssen. *Die Rückmeldung ist somit nicht nur eine Bewertung, sondern zugleich eine in der Kommunikation vollzogene Diagnose der durch den Schüler geleisteten operativen Prozesse mit einem gleichzeitigen Verweis auf andere Formen der operationalen Verknüpfung.* Die Rückmeldung unterliegt damit nicht nur der Selektionsfunktion, sondern ist zugleich auch funktional auf die Qualifikationsfunktion bezogen. Dies wird im folgenden Zitat von VIERLINGER verdeutlicht:

"Die Rückmeldung soll im übrigen so unmittelbar wie möglich nach der Leistungsanstrengung erfolgen, wenn sie sachliche Verbesserungen bringen und nicht bloß Antwort auf die bange Frage nach der Einstufung sein soll."[211]

Auch hier kann wiederum ein funktionaler Bezug zum Sachparameter hergestellt werden. Die Hilfe, die der Lehrer im Hinblick auf den Aufbau und die Verknüpfung operationaler Tätigkeiten dem Schüler gibt, muß in der Interaktion des Unterrichts thematisch werden. Schon die Instruktion ist eine Form der Aufforderung, bestimmte operationale Verknüpfungen zu vollziehen. Sie thematisiert demnach, neben der Aufforderung, eine bestimmte Aufgabe zu lösen, zugleich auch direkt oder indirekt die operationalen Verknüpfungen, die ein Schüler für die Bearbeitung der Aufgabe benötigt. Dies kann natürlich in unterschiedlichen Genauigkeitsgraden geschehen. Die Instruktion kann Operationen wie z.B. den Vergleich, die Differenzierung etc. mitbenennen, sie kann jedoch auch sehr global gestellt sein, wobei dann vom Lehrer unterstellt werden muß, daß der Schüler in der Lage ist, die mit der Instruktion gemeinten

---

211. R. VIERLINGER, Die Sicherung des Lernertrages unter Berücksichtigung der schulischen Rahmenbedingungen, S.409

operationalen Verknüpfungen automatisch und auch bewußt anzuwenden; so z.B. in den Instruktionen: Analyse einer bestimmten Textpassage, Erörterung eines Problemaspektes etc. Gleiches gilt für die Rückmeldung. Die Rückmeldung kann für den Schüler nur dann eine Hilfestellung sein, wenn er nicht nur die Beurteilung des Lehrers erfährt, sondern zugleich auch vermittelt bekommt, inwieweit seine operationalen Tätigkeiten verändert werden müssen, was er geleistet hat und welche Anforderungen mit der Instruktion impliziert sind. Dies bedeutet, daß in der Rückmeldung zugleich immer auch durch die Thematisierung der kognitiven Leistungen des Schülers ein Bewußtwerden seiner Leistungen im Hinblick auf den Anforderungscharakter der Aufgabe stattfinden muß. *Die Rückmeldung hat demnach auch die Funktion eine metakognitive Thematisierung zu vollziehen.*

In diesen kurzen Ausführungen zur Beeinflussung des Schülers durch die Grundstruktur des Unterrichts wird deutlich, daß kommunikative Prozesse gezielt auf den Aufbau psychischer Prozesse einwirken sollen. Erziehung und insbesondere die erzieherische Beeinflussung in der Schule ist auf diesen Zusammenhang in elementarer Weise angewiesen: Erziehung versucht letztlich nichts anderes, als mit Hilfe von Kommunikation intendiert Bewußtsein zu interpenetrieren. Dieser grundlegende Sachverhalt führt in der Literatur immer wieder zu der Feststellung, daß Erziehung und Unterricht doch nur psychische Systeme determinieren wollen. Dies wird einmal dadurch beschrieben, daß das Lernen z.T. auch heute noch im Prozeß der erzieherischen Beeinflussung als ein passiver Prozeß aufgefaßt wird, in dem der Schüler nur mit Wissen «gefüllt» wird, das er zu Prüfungszwecken wieder «ausspuckt». Einen ähnlichen Vorbehalt formuliert auch LUHMANN, indem er feststellt, daß Erziehung aufgrund ihrer Intentionalität psychische Systeme wie Trivialmaschinen behandelt. [212]

"Natürlich sind alle psychischen Systeme, alle Kinder, alle Schüler, alle Lernenden nicht-triviale Maschinen. Daran besteht auch für den Pädagogen kein Zweifel. Wenn die Pädagogik das, was sie im Menschen vorfindet, vervollkommnen will, bestünde also aller Anlaß, von der Eigenart einer nicht-trivialen Maschine auszugehen und die nichttriviale Funktionsweise auszubauen. Das hieße vor allem: den Spielraum des "Selbst" in seiner Entwicklung auf die Beziehung von Selbst und Programm zu vergrößern und mehr Freiheit, das heißt mehr Unzuverlässigkeit zu erzeugen[14].
Dies geschieht nicht. Der Erzieher behält sich die eigene Bewertung der Äußerungen des Zöglings vor, auch wenn er bereit ist, sich im Prozeß des Beobachtens und Beurteilens zu korrigieren und sich auf neue Einsichten einzulassen. Sein Ziel ist gleichwohl: die Erziehung zur Trivialmaschine, und die pädagogische Vernunft rät nur, dem System nicht unbedingt fremde Programme aufzudrängen, sondern Eigenentwicklungen zu tolerieren, ja zu fördern, sofern sie akzeptable Resultate liefern. Selbst die Philosophie stützt diese Position, indem sie den Freiheitsbegriff, den sie anbietet, retrivialisiert. Freiheit ist danach Einsicht in Notwendigkeit, Bereitschaft, das Notwendige aus eigenem Entschluß zu tun, also Mitwirkung des Selbst unter Verzicht auf eine Störung des Programms.
Die Erklärung dafür, daß das Erziehungssystem nicht-triviale Systeme als triviale Systeme erzieht, liegt natürlich nicht in der Anwendung einer solchen Philosophie. Sie findet sich in dem Problem der Rekombination von Codierung und Programmierung. Trivialmaschinen lassen sich leicht beobachten und beurteilen, man braucht nur festzustellen, ob die Transformation von Input in Output richtig funktioniert. Man kann außerdem, ohne die Typik der Maschine zu ändern, die Erwartung an das Programm stei-

---

212. vgl. auch N. LUHMANN, Codierung und Programmierung

gern und den Unterricht mit diesem Ziel sequentiell unter höhere Ansprüche stellen. Das kann zu sehr hochwertiger Arbeit führen. Man kann hoffen und zum Ausdruck bringen, daß eine Person sich "bildet", wenn sie ihr "Selbst" auf die Fähigkeit abstellt, als hochkomplexe Trivialmaschine mit vielen anspruchsvollen Programmen zu operieren. Trotzdem bleibt eine eigentümliche Diskrepanz zwischen operativer Programmierung und idealisierender Reflexion erhalten. Bildung heißt dann allenfalls: innere Form; nicht: innere Freiheit. Es wäre ja auch schwierig, einen Schüler im Unterricht zusammen mit anderen zu fördern, der sich von seinem Selbst souffiieren läßt, er würde jetzt lieber hinausgehen und eine Zigarette rauchen, er halte überhaupt nichts von Mathematik und denke die ganze Zeit an Fußball."[213]

Dieses längere Zitat soll dazu dienen, in kurzen Stichpunkten kritische Einwände gegen LUHMANNs Position zu vertreten:

Erstens: Das Erziehungssystem kann seine Wirksamkeit nicht auf ein Input-Output-Schema reduzieren, weil die «erzieherische Kausalität» nur durch Interpenetration ermöglicht werden kann. *Die Grundstruktur der Instruktion, Bearbeitung und Rückmeldung ist kein Input-Output-Schema, wenn die Transformationen von Kommunikation in Bewußtsein mitreflektiert werden.* Erzieherische Kommunikation erhält ihre Kausalität nicht durch die Versorgung des psychischen Systems des Schülers mit bestimmten Bewußtseinsprogrammen.

"Lehren heißt eben nicht Lernen machen, weil Lernen ohne Eigenaktivität der Lernenden nicht stattfinden kann, eine im übrigen auch schon von der Reformpädagogik vertretene Position (...)."[214]

Die erzieherische Kommunikation versucht vielmehr über kommunikative Strukturen mögliche Interpenetrationen, die im psychischen System wiederum selbstreferentiell und aktiv konstituiert werden, hervorzurufen und versucht gleichzeitig, die in einem solchen Prozeß aufgebauten psychischen Strukturen wiederum zu thematisieren. Aus der Beobachterperspektive kann hier Kausalität als Input und Output unterstellt werden, doch ist der Funktionszusammenhang zwischen psychischen und sozialen Systemen wesentlich komplexer. Könnte die Input-Output-Kausalität vollzogen werden, so wären die erzieherischen Bemühungen in sehr viel höherem Maße durch Erfolg gekennzeichnet.

Zweitens: Im funktionalen Bezug des Sozialparameters zur gesellschaftlichen Funktion wird der Doppelbezug zur Personalisation und Allokation deutlich. Beide gesellschaftlichen Funktionen werden *zugleich* im Vollzug des sozialen Handelns realisiert. Dabei können die einzelnen Momente der sozialen Grundstruktur nicht ausschließlich einer Gesellschaftsfunktion zugeordnet werden. *Dementsprechend sind alle Momente der Grundstruktur zugleich als Bearbeitung der Gesamtfunktion der Schule zu betrachten.* In dieser Hinsicht kann dann die Rückmeldung des Lehrers nicht ausschließlich als Behandlung der Selektionsfunktion betrachtet werden. *Die Rückmeldung integriert die Personalisation und die Allokation.* Mit dieser Feststellung ist dann auch das grundlegende Schema des Input-Outputs verworfen. Der Lehrer gibt mit der Instruktion keinen Input und bewertet oder beurteilt nur den Schülerbeitrag als Output. Nur

---

213. N. LUHMANN, Codierung und Programmierung, S.168/169
214. H.-G. SCHÖNWÄLDER, Anforderungsstrukturen und Schülertätigkeiten im Unterricht, S.220

in einer solchen Vorstellung kann das soziale Geschehen als Input und Output interpretiert werden, wobei dann der Lehrer lediglich die Aufgabe hat, durch Instruktion und Rückmeldung zu programmieren und letztlich in der Rückmeldung immer Selektionen zu vollziehen. Dies würde bedeuten, daß die Verarbeitung der Information durch den Schüler vom Lehrer lediglich im Hinblick auf den Output, das Ergebnis bearbeitet wird, der Schüler für den Lehrer eine «black box» bliebe, und der Lehrer nunmehr die Aufgabe hat, das Ergebnis gutzuheißen oder zu korrigieren. Eine solche Darstellung erzieherischer Wirkungszusammenhänge im Unterricht ist noch ganz vom behavioristischen Input-Output-Schema geprägt. Versucht der Lehrer demgegenüber die operationalen Vollzüge des Schüler in seine Rückmeldung miteinzubeziehen und daher eben nicht nur den Output als richtig/falsch oder angemessen/unangemessen zu beurteilen, dann kann die Personalisationsfunktion als Lehren und Lernen in der Schule bearbeitet werden, weil der Schüler nur so Qualifikationen durch Lernen im Schulsystem erwerben kann. Insgesamt kann demnach festgestellt werden, daß das behavioristisch interpretierte Input-Output-Schema die Personalisationsfunktion in ihrem funktionalen Bezug ignoriert und allein auf die Allokationsfunktion reduziert.

Drittens: LUHMANN unterstellt, daß das selbstreferentielle autopoietische Operieren des psychischen Systems durch Kontingenz gekennzeichnet ist. Das heißt, daß das psychische System jederzeit Bedürfnisse und Ziele aktualisieren kann, die die Erwartbarkeit des sozialen Systems stören. Demnach unterscheidet LUHMANN die soziale Erwartbarkeit als ein grundlegendes Moment des sozialen Systems auf der einen Seite von der Kontingenz des psychischen Systems auf der anderen Seite. Dies bedeutet, daß das psychische System nach LUHMANN nur insofern erwartbare psychische Strukturen generiert, als es durch Bewußtsein soziale Erwartbarkeiten, soziale Strukturen penetriert. Demgegenüber kann aufgrund der operationalen Bestimmung des psychischen Systems nach PIAGET festgestellt werden, daß das psychische System auch durch psychische Erwartbarkeiten, die es aufgrund der ihm eigenen operationalen Bewußtseinsstrukturen generiert, gekennzeichnet. So können durch den Vollzug konkreter und in ungleich höherem Maße formaler Operationen im Sinne von PIAGET, eindeutige und widerspruchsfreie Ergebnisse erzielt werden, die erwartbar und wiederholbar sind. Das bedeutet, daß das psychische System in seinen kognitiven Fähigkeiten die Möglichkeit besitzt, Erwartbarkeiten zu produzieren. Das psychische System ist nicht nur durch Kontingenz gekennzeichnet, sondern kann durch seine operationalen Fähigkeiten auch erwartbare, im Sinne der Rationalität erwartbare Ergebnisse erzielen. Die Fähigkeit des psychischen System, mit Hilfe operationaler Systeme Rationalität zu *konstruieren*, zeichnet es als ein nicht-kontingentes in seinen psychischen Strukturen erwartbar prozessierendes System aus. Damit ist die Qualifikation durch Kommunikation keine «Versorgung» des psychischen Systems durch erwartbare Strukturen. *Qualifikation ist keine Programmierung durch soziale Systeme, sondern kann durch solche kommunikativen Strukturen bearbeitet werden, die den selbstreferentiellen Konstruktionsprozeß psychischer Systeme sozial, sachlich und zeitlich ermöglichen.*

Viertens: Der unterrichtliche Wirkungszusammenhang ist nicht dadurch beschreibbar, daß Lehrerhandlungen psychische Prozesse des Schülers determinieren, sondern daß die kommunikative Einheit Lernprozesse steuert. Diese Lernprozesse sind selbstreferentiell. *Soll über Kommunikation eine Veränderung psychischer Systeme stattfinden, so muß die Instruktion und die Rückmeldung vom Schüler konstruktiv verarbeitet und akzeptiert werden, indem die intendierten Resultate vom Schüler mit Hilfe des konkret-operationalen oder formal-operationalen Systems selbständig und an rationalen Kriterien orientiert konstruiert werden können.* Damit ist auch die Steuerung operationaler Lernprozesse an die Selbstreferenz des Lernenden und an die Rationalität des zu vermittelnden Gegenstandsbereichs gebunden. Unterrichtliche Beeinflussung zeigt sich nur dann als funktional, wenn sie an Sachkriterien (Qualifikationsfunktion) orientiert ist. Dementsprechend muß der Lehrer seine Steuerung so vollziehen, daß er nicht nur programmiert, sondern dem Schüler die Möglichkeit bietet, die «Sache» eigenständig und rational zu konstruieren. Die Steuerung von Lernprozessen ist keine Programmierung, sondern ist der Versuch, Lerninhalte auf die Art und Weise zu vermitteln, daß sie in einer rationalen Konstruktion des psychischen Systems des Schülers hergestellt bzw. generiert werden können. Damit ist der Vermittlungsprozeß immer an das selbstreferentielle Operieren des Schülers gebunden.

Fünftens: Das Denken des formal-operationalen Systems in Sinne von PIAGET ist durch Erwartbarkeit wie auch durch ein hohes Maß an Flexibilität gekennzeichnet. Die von LUHMANN dargestellte Programmierung psychischer Systeme durch die Erziehung findet gerade in diesem Punkt ihre Programmierungsgrenze. Programmierung impliziert immer schon, daß Prozesse in einer bestimmten Reihenfolge auf eine bestimmte Art und Weise wiederholt abgearbeitet werden. Das Programm gibt dann das Prozedere vor, mit dem ein Input verarbeitet wird und zu einem bestimmten Output führt. Gerade diese Form der Programmierung ist jedoch für das psychische System nicht möglich. Die «Programmierung» des psychischen Systems kann nach PIAGET lediglich die Form annehmen, daß es in einem Sachbereich eine Selektion von Operationen vornimmt und sie in einem hohen Maße flexibel miteinander verknüpft. *Operationale Systeme sind Systeme, in denen sich die Operationen wechselseitig kompensieren. Damit ist verbunden, daß «Resultate» immer über mehrere Wege (Assoziativgesetz), die sich untereinander überprüfen, konstruiert werden können. Rationalität ist nicht durch Programmierung «herstellbar», sondern sie ist die Konstruktion mit Hilfe eines vernetzten, transformatorischen und kompensatorischen Systems.* Damit erhält das psychische System seine Konstruktivität, die nicht nur durch das «Abfahren» bestimmter bzw. - wie LUHMANN meint - sehr unterschiedlicher Programme beschrieben werden kann. Die operationale Fähigkeit des psychischen Systems ist demnach ein konstruktiver Prozeß und schließt deshalb jede Form der Programmierung aus.

Programmierung ist mit Konstruktivität nicht vereinbar. Die operationale Fähigkeiten des psychischen Systems bieten gerade die Möglichkeit, neue Wege zu gehen, neue Verknüpfungen herzustellen. Deshalb könnte hier die These vertreten werden, daß eine operationale Schulung genau das Gegenteil von Programmierung darstellt.

Sechstens: Die Bearbeitung durch den Schüler ist keine programmierte Outputproduktion, weil sie individuell different erfolgt. Die Bearbeitung einer Aufgabe ist eine selbständige, selbstreferentielle und aktive Bearbeitung durch den Schüler.

Diese sechs Einwände können an die systemanalytische Beschreibung des sozialen Systems Schule rückgebunden werden. Die soziale Grundstruktur der Interaktion im

Unterricht stellt entsprechend der Qualifikationsfunktion der Schule die schulspezifische Kommunikation dar, mit deren Hilfe Interpenetration ermöglicht werden soll. Damit erhält die Schule letztlich ihre auch im Zitat von MEDER angesprochene Künstlichkeit: *Das soziale System Schule konstituiert sich in der funktional differenzierten Gesellschaft nicht über Kommunikationsmedien, sondern wird ausschließlich durch seine gesellschaftliche Funktion konstituiert, die wiederum das gesamte soziale System als eine Hilfskonstruktion definiert, um psychische Dispositionen zu ermöglichen, die einerseits in der Gesellschaft gefordert werden, andererseits durch kein anderes soziales System - auch nicht durch sozialisatorische Interpenetrationen - konstituiert werden können.* Die soziale Struktur dieses Systems muß, gerade weil sie bestimmte psychische Strukturen ermöglichen will, so realisiert und konstruiert sein, daß sie der Interpenetration als der wechselseitigen Beeinflussung und Konstitution zwischen Psychischem und Sozialem gerecht wird. Dies impliziert wiederum, daß die soziale Struktur so angelegt sein muß, daß sie zum gezielten Aufbau psychischer Prozesse und Strukturen eingesetzt werden kann. Damit erweist sich die soziale Grundstruktur zugleich zweckrational auf den Output des sozialen Systems Schule bezogen. *Die soziale Struktur ist demnach funktional im Sinne der Zweckrationalität auf den Output bezogen, der wiederum in funktionaler Beziehung zur gesellschaftlichen Funktion und zur Interpenetration steht.*

Sollen diese funktionalen Bezüge in der sozialen Grundstruktur der Schule wirksam werden, so kann die Grundstruktur der Instruktion, Bearbeitung und Rückmeldung nicht in Form des Input-Output-Schemas verstanden werden. Des weiteren kann dann auch Codierung und Programmierung der Schule nicht im Sinne LUHMANNs durch Selektion und Qualifikation vollzogen werden. Qualifikation kann nicht durch Programmierung ermöglicht werden, weil dies der Verfaßtheit des psychischen Systems widerspricht. Qualifikation kann lediglich durch die bereichsspezifische Schulung operationaler Fähigkeiten ermöglicht werden, die dann wiederum das psychische System in die Lage versetzen, Tradiertes operational zu verarbeiten wie auch innovativ zu operieren. *Qualifikation ist die Ermöglichung selbständigen, selbstreferentiellen Operierens in einem bestimmten Realitätsbereich.* Dies hat wiederum funktionale Konsequenzen für die soziale Grundstruktur der Schule. Sie ist kein Instrument, mit dem Input ermöglicht und ein bestimmter Output programmiert werden kann, indem Schülerbeiträge als das Resultat der Bearbeitung einer Instruktion beurteilt bzw. korrigiert werden. Dieses binäre Schema, das letztlich der Codierung der Selektion bei LUHMANN zugrundeliegt, ist funktional mit dem Parameter der Interpenetration nicht vereinbar. Wenn Selektion als ein eigenes Strukturmoment auftritt und durch die Beurteilung des Schülerbeitrages realisiert wird, dann erhält die soziale Grundstruktur der Schule das dysfunktionale Merkmal eines Input-Output-Schemas. Die schulspezifische Rückmeldung muß deshalb, um die Systemfunktionalität der Schule zu wahren, zugleich metakognitive Informationen ermöglichen: Die Rückmeldung muß dem Schüler Aufschluß über die operationale Verarbeitung der Instruktion ermöglichen, so daß dem Schüler sein eigenes Operieren bewußt wird, und muß ihm Ansatzpunkte für die selbständige konstruktive Verarbeitung geben. *Damit erhält der Sozialparameter einen fundamentalen funktionalen Bezug zum Sachparameter: Die Bearbeitung durch den Schüler muß durch den Lehrer im Hinblick auf die vollzogenen Operationen diagnostiziert werden, diese Operationen müssen dem Schüler bewußt gemacht werden, indem sie thematisiert werden, und es muß auf Ergänzungen, Widersprüche etc. hin-*

gewiesen werden. Unter diesem Aspekt kann dann die Bearbeitung des Schülers nicht als eine programmierte Ausführung von Instruktionen verstanden werden, sondern *ist nur dann funktional auf das Schulsystem bezogen, wenn sie eine selbständige Bearbeitung einer Instruktion darstellt, in der ein möglichst hohes Maß an Eigenaktivität und problemlösendem Denken einfließen kann.* Nur so läßt sich auch die Aktivität des Schülers als seine eigene Leistung verstehen.

"Es besteht jedoch Anlaß zu der Annahme, ein möglichst hoher Anteil an selbständiger Schüleraktivität, also hohe Aktivierung, sei fruchtbarer als passivisches Rezipieren, da das Nach-Denken, Nachvollziehen geringeren Anreiz zur Entfaltung und Entwicklung von Schülerfähigkeiten zum Umgang mit neuen Inhalten bietet als die aufrechterhaltene Anspruchslage, selbst Lösungen zu finden oder auszuarbeiten." [215]

Damit wird durch die soziale Grundstruktur der Schule ein zweiter fundamentaler Bezug zum Outputparameter hergestellt: *Der Output kann nur solche Qualifikationen aufnehmen, die als operationale Fähigkeiten in einem bestimmten Realitätsbereich formulierbar sind.* Sind diese Realitätsbereiche so angelegt, daß mit Hilfe von konkreten und formalen Operationen keine eineindeutigen Resultate ermöglicht werden können, müssen die Qualifikationen so formuliert sein, daß sie die operationale Tätigkeit als Ziel formulieren und nicht einen bestimmten Inhalt. Dies ist z.B. im Fach Deutsch der Fall, wenn die Fähigkeit der Textinterpretation und Textanalyse gelehrt und gelernt werden sollen. Auch hier können operationale Fähigkeiten vermittelt werden, die die Textinterpretationen und Textanalysen ermöglichen, doch ist es nicht systemgerecht, bestimmte Interpretationen als Ziel des Unterrichts zu formulieren. Gleiches gilt dann für die oben bereits erwähnte Vermittlung von Werten. Der Schüler kann durch operationale Schulung die Fähigkeit entwickeln, Werte kennenzulernen, sie beurteilen zu können und mit ihnen umzugehen. Doch kann Schule nicht bestimmte Werte zum Ziel ihrer erzieherischen Beeinflussung machen.

Damit kann der funktionale Bezug zwischen Sozialstruktur und Intersystemgrenzen der Schule genauer gefaßt werden: *Die Sozialstruktur ist ein Mittel für die Bearbeitung der gesellschaftlichen Funktion, die wiederum als Output bestimmte Interpenetrationen als bestimmte Qualifikationen vorgibt.* Dieser funktionale Zusammenhang zwischen gesellschaftlicher Funktion und Output wird durch die soziale Struktur dadurch selektiv beeinflußt, daß sie nur solche Qualifikationen zuläßt, die zugleich der grundlegenden Bestimmung der Interpenetration entsprechen.

Der Inputparameter kann kaum funktional auf die soziale Struktur bezogen werden. Er zeichnet sich dadurch aus, daß unabhängig von individuellen psychischen Dispositionen des Schülers eine Aufnahme in das Schulsystem erfolgt. Die Funktionalität der sozialen Struktur des Unterrichts liegt dementsprechend in erster Linie in ihrer Zweckrationalität und nicht in ihrer Bedingungsrationalität. Dies hat wiederum eine Auswirkung auf den Zeitparameter: Schule muß, wenn sie keine bestimmten Voraussetzungen für ihre Mitgliedschaft als Schüler formuliert, Lernzeit ermöglichen. Dies gilt nicht nur für die intendierten Lernresultate, sondern auch dafür, daß der Schüler mit den grundlegenden sozialen Strukturmerkmalen der Schule umzugehen lernt. Dies bedeutet, daß die schon oben dargestellte stark reduktive Bestimmung des Inputparameters zugleich funktional auf den Zeitparameter verwiesen ist: Die für die Mit-

---

215. H.-G. SCHÖNWÄLDER, Anforderungsstrukturen und Schülertätigkeiten im Unterricht, S.234

gliedschaft notwendigen psychischen Dispositionen, die dann wiederum die schulische Kommunikation konstituieren, müssen in der Schule selbst vermittelt werden, sie können nicht als ein Input aus vorherigen sozialen Systemen übernommen werden. Die Bestimmung des Inputs als Schulpflicht und Schulfähigkeit ist eine Bestimmung, die eine unabdingbare Voraussetzung für eine solche Vermittlung darstellt.

2.1.1.4 Die Schülerleistung als soziale Kategorie

Neben der sozialen Grundstruktur des Unterrichts stellt die Schülerleistung ein grundlegendes Moment des Sozialparameters dar. Der Bezug zwischen der Schülerleistung und der sozialen Grundstruktur des Unterrichts besteht darin, daß die Schülerleistung durch die selbständige Bearbeitung einer durch den Lehrer vorgegebenen Aufgabe (Instruktion) konstituiert wird, die ihren Leistungscharakter dadurch erhält, daß diese Bearbeitung in der Rückmeldung durch den Lehrer anhand von vorgegebenen Leistungsstandards beurteilt wird.

Die Schülerleistung ist jedoch nicht nur funktional auf den Sozialparameter bezogen. Sie enthält grundlegende funktionale Bezüge zum *Sachparameter und auch zum Zeitparameter. Der Sachparameter wird durch die Schülerleistung dadurch konstituiert, daß die Schülerleistung zugleich auch als thematischer Beitrag in die Kommunikation einfließt. Damit prägt sie in grundlegender Weise die thematische Progression.* Die Schülerleistung ist demnach - wie bereits oben in der zirkulären sozialen Grundstruktur beschrieben - auch in thematischer Hinsicht ein Moment, das Handlungsanschlüsse in ihrer thematischen Gestaltung beeinflußt. In zeitlicher Hinsicht ist die Schülerleistung insbesondere an den zeitlichen Aufbau von kognitiven Fähigkeiten gebunden. Dies soll weiter unten noch dargestellt werden.[216]

Im folgenden soll das Moment der Schülerleistung zunächst in sozialer Hinsicht untersucht werden, indem der Sozialparameter mit dem Eintrag «Schülerleistung» versehen wird. Dabei sollen sich die folgenden Ausführungen insbesondere auf DREEBENs Ausführungen stützen.[217]

Der Schüler ist in der Schule an eine bestimmte Rolle gebunden. Er kann nicht seine gesamte Person in die Interaktion eingeben, was z.B. die strukturellen Bedingungen von Familie und Freundschaftskreis erlauben. *Schule betrachtet den Schüler unter bestimmten Hinsichten und realisiert diese Betrachtungsweise durch die Erwartungen an die Schülerrolle. Diese partielle Inanspruchnahme der Person des Schülers benennt Dreeben mit dem Terminus der Spezifität.*[218] Spezifität wird in ihrer wiederum schulspezifischen Ausprägung leicht übersehen, wenn das Schulsystem als Analogon zu anderen sozialen System definiert wird.[219] So z.B. in der Analogisierung der Schule mit der Polis bzw. der Gesamtgesellschaft, wie dies z.B. in HENTIGs Schultheorie geschieht,[220] in der Analogisierung der Schule mit «dem Leben»,

---

216. vgl. Kapitel 2, Teil 3, Punkt 2.1.3 *Der Zeitparameter*
217. vgl. R. DREEBEN, Was wir in der Schule lernen
218. vgl. R. DREEBEN, Was wir in der Schule lernen. S.71-83
219. zur Spezifität vgl. im weiteren Verlauf des vorliegenden Punktes
220. "Wenn die Erziehung die Aufgabe hat, die nächste Generation auf das Leben vorzubereiten, wie es ist, ohne sie dem Leben zu unterwerfen, wie es ist, dann muß sie die Grundbedingungen der jeweiligen historischen gesellschaftlichen Existenz genau kennen, sich selbst zum Modell dieser Gesellschaft machen und sowohl ihren gegenwärtigen Zustand als auch ihren Entwicklungen Al-

364 Schule als soziales System

wobei dann wiederum bestimmte Strukturmerkmale als typisch für «das Leben» im allgemeinen angesehen werden [221] oder in der Analogisierung der Schule mit dem Familiensystem, so wie dies schon von PESTALOZZI in seinem Stanser Brief [222] geschieht. Allen diesen Analogien ist gemein, daß sie die Struktur der Schule prinzipiell an der Struktur anderer sozialer Systeme ausrichten wollen. Dabei wird immer wieder gefordert, daß der Schüler in der Schule als ganze Person angesprochen werden soll und sich auch als ganze Person ausleben und eingeben soll. Eine solche Auffassung steht der hier vorgenommenen Beschreibung und funktionalen Darstellung der Schule entgegen: Der Schüler wird in der Schule in erster Linie unter der Kategorie seiner Leistung betrachtet. Auch WELLENDORF beschreibt das Phänomen, daß der Schüler nicht seine gesamte Identität in den Unterricht einbringen kann und macht diese Feststellung zugleich zum Ausgangspunkt für seine Schulkritik:

"Es ist eine zentrale These dieser Arbeit, daß eine ungebrochene Darstellung der persönlichen Identität im szenischen Arrangement der Schule nicht oder nur unzulänglich möglich ist, da in die Inszenierung schulischer Bedeutungsgehalte, wie sie sich in Ritualen der Schule exemplarisch findet, die Triebimpulse und Affekte der Individuen, insofern sie in infantilen Szenen interpretiert sind, als bewußt kommunizierbare Bedeutung nicht eingehen (97)." [223]

PETILLON dagegen sieht die Schule aufgrund ihrer strukturellen Gegebenheiten überhaupt nicht dazu in der Lage, die gesamte Person des Schülers anzusprechen und einzubringen, sondern sieht sie als eine Instanz, die die Person des Schülers nur in einem bereichsspezifischen Ausschnitt anspricht. Dies entspricht der Spezifität bei DREEBEN. Dementsprechend bildet nach PETILLON der Schüler auch nur ein bereichsspezifisches Selbst- und Umweltkonzept aus:

"Wenden wir uns der Frage zu, wie Schüler mit *Leistungsanforderungen* "innerlich umgehen", so ist allgemein festzustellen, daß mit zunehmender schulischer Erfahrung auch gelernt wird, die persönlichen Kompetenzen für effektive Problemlösungen einzuschätzen. Die wechselseitige, prozeßhafte Beziehung zwischen den Fähigkeiten des Schülers und den an ihn gestellten Leistungsanforderungen führt in Form einer Speicherung schulischer Erfahrungen zu bestimmten kognitiven Repräsentationen der personalen und situativen Gegebenheiten. Im Sinne der Identitätsentwicklung entsteht ein bereichsspezifisches Selbst- und Umweltkonzept." [224]

---

ternativen gegenüberstellen." (H. v. HENTIG, Systemzwang und Selbstbestimmung, Stuttgart 1968, S.65).
Schule sollte "gerade auch die Gefahren und Chancen dieser Gesellschaft in elementarer und erfahrbarer Form enthalten." (H. v. HENTIG, Systemzwang und Selbstbestimmung, S.13)
vgl. auch H.v. HENTIG, Acht Eigenschaften einer humanen Schule; H.v. HENTIG, Schule als Erfahrungsraum? H.v. HENTIG, Was ist eine humane Schule?
221. vgl. H.-K. BECKMANN, Schulleben - ein einheimischer und aspektreicher Begriff der Pädagogik
222. J.H. PESTALOZZI, Pestalozzis Brief an einen Freund über seinen Aufenthalt in Stans (1799)
223. F. WELLENDORF, Schulische Sozialisation und Identität, S.49
224. H. PETILLON, Der Schüler, S.58

Dieses Moment der Einengung der Gesamtpersonen auf eine bestimmte Kategorie soll hier als das rollenkonstituierende Moment in der unterrichtlichen Interaktion angesehen werden. Drei Zitate von WILHELM sollen diese Auffassung stützen:

"Schule und Schulklasse sind vielmehr *organisierte Sozialsysteme,* denen eine personhafte Binnenstruktur zwar im Einzelfall im Laufe der Jahre zuwachsen mag, für die Rücksichtnahme, Treue und persönliche gegenseitige Zuwendung jedoch nicht konstitutiv sind." [225]

""Gruppe" ist das (die Schulklasse, A.H.) eben deshalb nicht, weil der Schulklasse das Moment der Geborgenheit und Solidarität gänzlich abgeht." [226]

"Die Schulklasse ist eine systemorientierte Organisation, und das Klassenzimmer ist in der Tat "ein Erfahrungsraum eigener Art" (...), weil in ihm individuelle Erwartungen von der ersten Stunde an in einem institutionellen Rahmen aufgefangen und objektiviert werden." [227]

Um dieses Moment genauer zu erläutern, sollen DREEBENs vier Beiträge der Schule zum Lernen von Normen [228] unter dem Aspekt der *Schülerleistung* betrachtet werden, damit die grundlegende soziale Bedeutung der Schülerleistung dargestellt werden kann.

DREEBEN definiert die Schülerleistung [229] durch zwei Momente: erstens durch die aktive, selbständige Beeinflussung der Umwelt durch den Schüler und zweitens durch die Güte, die in der Differenz zu anderen Schülerleistungen mit Hilfe standardisierter Gütekriterien gemessen wird.

"Der Begriff Leistung hat, ähnlich wie der Begriff Unabhängigkeit, verschiedene Bezüge. Er bezeichnet für gewöhnlich Aktivität und Beherrschung, die aktive Beeinflussung der Umwelt statt ihrer fatalistischen Hinnahme, sowie den Wettbewerb gemäß irgend einem Standard der Auszeichnung." [230]

Von diesen beiden Bestimmungsmerkmalen der Schülerleistung kann *aus systemanalytischer Perspektive der funktionale Bezug zur gesellschaftlichen Funktion* hergestellt werden. Das erste Moment der aktiven Beherrschung der Umwelt kann als der

---

225. T. WILHELM, Funktionswandel der Schule, S.26
226. T. WILHELM, Funktionswandel der Schule, S.27
227. T. WILHELM, Funktionswandel der Schule, S.27
228. vgl. R. DREEBEN, Was wir in der Schule lernen, S.59-87
229. Hier soll im folgenden immer von der Schülerleistung gesprochen werden, um mögliche Verwechslungen mit dem Begriff der Leistung als der Systemleistung, die durch die beiden Parameter des Inputs und des Outputs des Gesamtsystems gegeben ist, zu vermeiden. Beide Leistungsbegriffe sind grundlegend verschiedener Art: Im ersten Fall handelt es sich um individuelle Leistungen des psychischen Systems und im zweiten Fall um die soziale Leistung eines sozialen Systems. Neben der Differenz, daß hier bei der Schülerleistung Leistungen durch ein psychisches System und im Falle der Systemleistung Leistungen durch ein soziales Systems erbracht werden, ergibt sich ein weiterer grundlegender Unterschied zwischen diesen beiden Leistungsbegriffen: Die Leistung, die von einem psychischen System erbracht wird, kann erst, wenn sie wiederum für Kommunikation konstitutiv wird, beobachtet werden. Die individuelle Leistung wird über Interpenetration erst in der Umwelt wahrnehmbar. Die Systemleistung dagegen kann ihren Output direkt wieder an eine soziale Umwelt abgeben und bedarf in dieser Hinsicht nicht der Interpenetration, sondern des Output-Input-Schemas.
230. R. DREEBEN, Was wir in der Schule lernen, S.67

funktionale Bezug zur Personalisation als einer Subfunktion der Qualifikationsfunktion dargestellt werden. Dies bedeutet, daß in der Leistung des Schülers die Personalisationsfunktion so bearbeitet wird, daß in ihr die Form der Selbständigkeit des Schülers im Hinblick auf den Umgang mit bestimmten Realitätsbereichen zum Ausdruck kommt. In der Schülerleistung wird die schulspezifische Form der Personalisationsfunktion strukturell objektiviert, indem sie in der Kommunikation beobachtbar wird. Das zweite Moment der Schülerleistung bezieht sich auf die Meßbarkeit der Leistung in einem sozialen Kontext, d.h. in Bezug auf Andere, und nach einem bestimmten Standard der Auszeichnung. Dies impliziert die explizite Beurteilung des Schülerbeitrages unter standardisierten Beurteilungskriterien, wie z.B. dem Notensystem. Dieses zweite Moment verweist auf den *funktionalen Bezug der Schülerleistung zur Allokations- bzw. Selektionsfunktion der Schule*. Die Schülerleistung zeigt mithin nicht nur die Selbständigkeit des Schülers im Hinblick auf die Bewältigung bestimmter Aufgaben, die die Personalisationsfunktion der Schule impliziert, sondern die Schülerleistung verweist zugleich auf die Selektionsfunktion der Schule, indem diese Schülerleistung gemessen und beurteilt wird. Die Allokationsfunktion der Schule wird durch die Notengebung bzw. durch Leistungsmessung und -beurteilung in der schulischen Kommunikation bearbeitet.

Eine ähnlich fundamentaler funktionaler Bezug wird von der *Schülerleistung zum Outputparameter* hergestellt. Die Schülerleistung stellt die der Schulstruktur gemäße Objektivierung der tatsächlichen Lernerfolge dar. Die Lernerfolge werden dadurch objektiviert, daß durch die Schülerbeiträge in der sozialen Grundstruktur des Unterrichts durch den Schüler Kommunikation konstituiert wird, die auf die realisierten Lernziele Rückschlüsse zulassen. Dies bedeutet, daß *in der Schülerleistung als einer kommunikativen Handlung die psychischen Strukturen und Prozesse diagnostizierbar werden*, weil diese Strukturen und Prozesse Kommunikation konstituieren. Damit ist jede Schülerleistung funktional auch auf den Output des Systems bezogen: Sie zeigt die Realisierung der Outputbestimmungen bzw. zeigt die Diskrepanz zwischen den Outputbestimmungen und der aktuellen Schülerleistung. Die Schülerleistung ist somit dasjenige strukturelle Moment, das die Realisierung bzw. Nichtrealisierung der Outputbestimmung anzeigt und steht demnach durch ihre Identität bzw. Nicht-Identität mit der Outputbestimmung im funktionalen Bezug. Der Bezug zwischen der Schülerleistung und der Outputbestimmung gibt auch Kriterien für die Beurteilung der Schülerleistung. Leistungsbeurteilung folgt somit nicht nur sozialen Kriterien (soziale Bezugsnorm) - also durch den Vergleich mit anderen Schülerleistungen -, sondern auch Sachkriterien (sachliche Bezugsnorm), die das Ziel vorgibt.

Im Hinblick auf die Interpenetration ergeben sich für die Schülerleistung folgende funktionale Bezüge: Erstens zeigt die Schülerleistung durch ihre Konstitution der unterrichtlichen Interaktion, welche psychischen Strukturen der Unterricht penetriert hat. Dies bedeutet, daß die Schülerleistung die wechselseitige Konstitution durch Interpenetration in fundamentaler Weise aufzeigt: Die Schülerleistung, die sich erst durch das soziale Handeln des Schülers zeigt und somit als seine Leistung identifiziert werden kann, wird durch psychische Strukturen und Prozesse des Schülers konstruiert, die wiederum durch den Unterricht als soziales System konstruiert worden sind. Die Diagnostizierbarkeit psychischer Strukturen und Prozesse in der Schülerleistung verweist demnach nicht nur auf den funktionalen Bezug zum Output, sondern zeigt die wechselseitige Konstitution durch Interpenetration. Dabei wird durch das Schulsystem diese wechselseitige Konstitution durch Interpenetration in der Schülerleistung noch in besonderer Weise akzentuiert: Die Schülerleistung wird insbesondere unter dem Gesichtspunkt behandelt, wieweit für sie psychische Strukturen und Prozesse konstitutiv sind, die durch Unterricht - und nicht durch ein anderes soziales System - konstituiert worden sind. Schülerleistungen sind demnach Interpenetrationen, die in der Schule systemspezifisch ausschließlich im Hinblick auf die Interpenetration *zwischen Schulstruktur und dem psychischen System* des Schülers bezogen werden: Sollen die Schülerbeiträge nicht nur im Hinblick auf operationale Fähigkeiten diagnostiziert werden, sondern auch beurteilt werden, so können vom Lehrer nur solche Schülerbeiträge erwartet werden, die durch Unterricht konstituiert wurden. Der besondere Bezug der Schulleistung zur Interpenetration ist dadurch mit dem Sozialparameter in fundamentaler Weise verbunden: *Die Erwartungen, die der Lehrer an den Schüler stellt, dürfen sich nur auf die Konstitution von Kommunikation durch psychische Strukturen und Prozesse beziehen, die ihrerseits wiederum durch Unterricht konstituiert worden sind.* Damit zeigt sich im Hinblick auf die Schülerrolle eine Besonderheit: *Die Schülerrolle verändert sich im Hinblick auf die inhaltliche Füllung der Handlungserwartungen ständig.* Die Schülerrolle erweist sich in ihrer Definition demnach *funktional auf den Zeitparameter bezogen*: Die an den Schüler gestellten Handlungserwartungen, die seine Rolle ausmachen, verändern sich im Laufe der Zeit und unterstehen dem Kriterium, daß die geforderten und gestellten Erwartungen nur dann legitimierbar sind, wenn die Struktur des Unterrichts ihrerseits wiederum die Möglichkeit bot, die entsprechenden psychischen Strukturen und Prozesse zu konstituieren. Eine solche Bestimmung schulischer Interpenetration bezieht sich dann auch zugleich auf *den Inputparameter des Systems*. Dieser Parameter ist - wie oben dargestellt - unterbestimmt und nimmt somit im Hinblick auf die im Laufe der Schulzeit zu erwartenden Schülerleistungen kaum Systemleistungen vorgeordneter Systeme auf. Die Inputaufnahme der Schule bezieht sich lediglich auf die psychischen Voraussetzungen, im Schulsystem lernen zu können. Welche Schülerleistungen mit diesem Lernen verbunden sind, muß die Schule durch den oben beschriebenen selbstreferentiellen Prozeß bestimmen.

Durch diese besondere Form der wechselseitigen Konstitution des sozialen Systems Schule mit dem psychischen System des Schülers, die sich in der Schülerleistung zeigt, erhält die Schülerleistung ihrerseits wiederum eine zentrale Bedeutung für die gesamte Interaktion des Unterrichts. Die Schülerleistung wird dann in sozialer Hinsicht zu dem einzigen legitimen Erwartungsmoment. Der Lehrer kann und darf keine anderen Erwartungen an den Schüler stellen als diejenigen, die durch die Interpenetration des Schulsystems ermöglicht werden. Damit ist zugleich verbunden, daß der Lehrer nicht alle Aspekte der Schülerpersönlichkeit als für die unterrichtliche Interaktion relevant annehmen kann. *Der Lehrer muß die Gesamtperson des Schülers in systemanalytischer Perspektive auf das Moment der Schülerleistung reduzieren.* Damit kategorisiert er Teilaspekte des Schülers als systemrelevante Aspekte. Der Schüler kann sich damit nicht als gesamte Person in die systemspezifische Interaktion einbringen, sondern ist durch die systemspezifischen Erwartungen an eine Rolle gebunden, die ausschließlich auf die Schülerleistung bezogen sind. Dieses Moment der systemspezfischen Reduktion von Personen benennt DREEBEN - wie bereits oben angesprochen - mit dem Begriff der Spezifität:

368 Schule als soziales System

"Die Norm der Spezifität wird leicht mit jener der Universalität verwechselt, obwohl sie sich von ihr unterscheidet. Sie bezieht sich auf die Breite des Interesses, das eine Person an einer anderen nimmt; auf die Verpflichtung, ihr Interesse auf ein enges Spektrum von Merkmalen und Belangen zu beschränken oder es so zu erweitern, daß es ein breites Spektrum umfaßt.[13] Der Begriff der Relevanz ist implizit; die Merkmale und Belange, die im Spektrum enthalten sein sollten - egal ob breit oder eng - sind jene, die hinsichtlich der Aktivitäten, in welche die betreffenden Personen involviert sind, als relevant erachtet werden. Ärzte und Ladeninhaber zum Beispiel unterscheiden sich hinsichtlich des Interesses, das sie an Personen nehmen, die ihre Dienste in Anspruch nehmen, aber der Inhalt ihres Interesses variiert auch je nach der Art der Bedürfnisse und Wünsche dieser Personen."[231]

Nach DREEBEN werden auch an den Schüler in der Schule spezifische Erwartungen gestellt, so daß er sich nicht mit dem Gesamt seiner Persönlichkeit in die Interaktion einbringen kann.

"... wenn die Schüler die Elementarschule verlassen und die Fachzweige der Sekundarstufe durchlaufen, haben sie es mit Lehrern zu tun, die ein immer engeres und spezialisierteres Interesse an ihnen nehmen. (Und zwar deshalb, weil sowohl die Spezialisierung der Fächer als auch die Zahl der Schüler, die jeder Lehrer im Lauf des Tages unterrichtet, zunimmt.) Es trifft zwar zu, daß Kinder, wenn sie älter werden, spezifischere Beziehungen zu ihren Eltern eingehen (symptomatischerweise manifestiert sich diese Tendenz in den Beschwerden der Adoleszenten über die Verletzung ihrer Privatsphäre durch die Eltern), die Schule bietet jedoch weit mehr Voraussetzungen als die Familie, um Beziehungen herzustellen, an denen nur ein schmaler Teil der Persönlichkeit beteiligt ist."[232]

Die inhaltliche Bestimmung der Spezifität wird von DREEBEN nur vage formuliert, indem er auf die Spezialisierung durch Fächer und den Anstieg der Schülerzahl, die durch einen Lehrer unterrichtet wird, verweist. In der vorliegenden Arbeit soll die Spezifität mit der Schülerleistung verbunden werden. Die Spezifität besteht dann gerade darin, daß der Lehrer den Schüler unter der Perspektive seiner Leistungen betrachtet und somit die Schülerleistung zum vorrangigen Rollenkriterium der Schülerrolle wird. Diese Reduktion der Schülerpersönlichkeit auf den Leistungsaspekt stellt eine starke Verengung dar, die in der pädagogischen Literatur immer wieder mit dem Begriff der Entfremdung benannt wird. Es muß jedoch gleichzeitig beachtet werden, daß diese Form der Reduktion nicht nur vom Lehrer vorgenommen wird, sondern auch vom Schüler erwartet werden kann. Die Spezifität der Schülerrolle ist nicht nur eine Erwartung des Lehrers an den Schüler, sondern stellt zugleich auch eine Erwartungserwartung des Schülers da, weil er einfordern kann, daß keine anderen Merkmale - außer seiner Leistung - für seine Beurteilung und seine Mitgliedschaft in Betracht kommen. Er kann sich demnach gegen Lehrererwartungen verwahren, die andere Kriterien, wie z.B. Sympathie, Glaubensüberzeugungen, Schichtzugehörigkeit, Aussehen etc., implizieren. *Das Schulsystem erhält durch die Spezifität der Schülerleistung eine Form der Systemrationalität, die vom Lehrer wie auch vom Schüler erwartet und eingeklagt werden kann, so daß irrelevante Merkmale und personale Kontingenzen nicht systemrelevant werden. Die Schülerleistung wird damit zu dem einzi-*

---
231. R. DREEBEN, Was wir in der Schule lernen, S.73
232. R. DREEBEN, Was wir in der Schule lernen, S.77/78

gen legitimen systemrationalen Merkmal, das eine Differenzierung zwischen den Schülern erlaubt.

"Die Schüler zu gleichem Arbeitsausmaß und Könnensstand zu verpflichten, kann nicht das Ziel der Schule sein, es sei denn, sie gäbe sich extrem diktatorisch." [233]

Hinsichtlich aller anderen Kriterien müssen Schüler - auch konkrafaktisch - als gleich behandelt werden. Zu große Differenzen in der Leistung können jedoch störend sein. Intersubjektiv vergleichbare Leistungen sind eine Voraussetzung für die unterrichtliche Kommunikation. Dementsprechend schwankt die Kommunikation der Schule zwischen Differenzierung und Reegalisierung der Schüler. Die Reegalisierung kann durch sehr unterschiedliche strukturelle Maßnahmen ermöglicht werden: so z.B. durch Förderpläne, Schuldifferenzierungen, Leistungsgruppen etc. [234] Beide Momente - die Reegalisierung wie auch die Differenzierung - bleiben an die Schülerleistung gebunden. *Somit erweist sich eine interindividuelle Differenzierung der Schüler - und dies zeigt der funktionale Bezug zum Inputparameter - systemspezifisch nur dann als legitim, wenn sie über Momente und Kriterien vollzogen wird, die die Leistungen der Schüler betreffen, die wiederum durch Interpenetrationen im Schulsystem konstituiert werden.*

"Im ideologischen Bereich beklagen die Sozialkritiker die unpersönlichen, angeblich entmenschlichenden Aspekte der Kategorisierung - eines Prinzips, das, wie gern geglaubt wird, die Ursache des Problems der menschlichen Entfremdung sei; die Bindung des Menschen an die Maschine, die Abwendung des Menschen vom Menschen. Ignoriert wird dagegen oft der Zusammenhang zwischen diesem Prinzip und der Idee der Fairneß oder Gerechtigkeit. Unter diesem Gesichtspunkt betrachtet, ist die Kategorisierung überwiegend eine gute Sache, besonders wenn sie Phänomenen wie Nepotismus, Begünstigung und Willkür entgegengehalten wird." [235]

Die Schülerleistung erweist sich somit als das zentrale Kriterium für die sozialen Erwartungen und Erwartungserwartungen im Unterricht und wird in dieser zentralen Bedeutung durch ihre fundamentalen funktionalen Bezüge zu den anderen Systemparametern unterstützt.

Ein *weiterer funktionaler Bezug der Schülerleistung zur Interpenetration* besteht darin, daß *über die Schülerleistungen zugleich das psychische System des Schülers an das Schulsystem gebunden wird*. Die Schule verfügt über keine Kommunikationsmedien wie andere soziale Systeme. Sie kann den Schüler weder dadurch an das System binden, daß er mit Geld vergütet wird, noch dadurch, daß ihm Macht verliehen wird oder daß ihm eine besondere emotionale Zuwendung zuteil wird. Die Schule kann und muß die psychischen Systeme der Schüler allein über ihre eigene Schülerleistung an das System binden. PETILLON stellt in einer Untersuchung der Schülerperpektive fest, daß Schüler durch ihre schulspezifischen Schülerleistungen an Schule gebunden

---

233. R. VIERLINGER, Die Sicherung des Lernertrages unter Berücksichtigung der schulischen Rahmenbedingungen, S.409
234. vgl. J. BAUMERT/ P. M. ROEDER/ F. SANG/ B. SCHMITZ, Leistungsentwicklung und Ausgleich von Leistungsunterschieden in Gymnasialklassen
235. R. DREEBEN, Was wir in der Schule lernen, S.71

sind, weil ihre Hauptmotivation für die Mitgliedschaft in der Schule auf ihre eigenen Leistungen in der Schule bezogen ist.

"Bei meinen zahlreichen Unterrichtshospitationen konnte ich feststellen, daß Lehrer den Unterricht in einer Weise steuern, die Aktivitäten der Schüler nur in einer Art zulassen, welche den Unterrichtsgegenstand in seiner wissenschaftlichen Version - nicht aber in der subjektiven Erfahrungsversion - zulassen." [236]

Weiter stellt er fest:

"... daß der Eindruck entsteht, schulische Lernprozesse sind weitgehend durch Zensuren motiviert. In vielen Schüleraussagen findet sich dieser Eindruck bestätigt." [237]

Erziehung kann nur dort über Kommunikationsmedien stattfinden, wo die Interaktion der Erziehung in andere Funktionssysteme wie Familie, Wissenschaft, Wirtschaft etc. eingebunden ist. Die Ausdifferenzierung der Schule zu einem eigenen sozialen System impliziert, daß Schule kein eigenes Kommunikationsmedium hat und auch mit keinem Kommunikationsmedium kooperiert, so daß sie ihre Mitglieder - insbesondere den Schüler - über andere Motivationen binden muß als denjenigen, die den Kommunikationsmedien zu eigen sind.

"Das Auseinandertreten dieser Medienbereiche, ihre Autonomisierung und die Steigerung der Erwartungen in bezug auf Liebe, Geld und Wahrheit ins Unwahrscheinliche macht diese Medien als Basis für Sozialisations- und Erziehungsprozesse problematisch; einerseits bleiben diese Medien für Erziehung partiell unentbehrlich, andererseits können sie in ihrer Eigenlogik nicht unter diese Funktion gebeugt werden. Im Kernbereich ausdifferenzierter Erziehung, in der Schule, wird die Ordnungsfunktion solcher Medien durch das Altersgefälle Lehrer/Schüler und durch die Interaktionsform ersetzt. Wo Medien-Codes für den Erziehungsprozeß gleichwohl unentbehrlich sind, *muß die Erziehung in der modernen Gesellschaft außerhalb des Schulsystems in jenen Überschneidungsbereichen ablaufen;* denn es ist weder möglich noch sinnvoll, die Medien-Codes eigens für Schulzwecke zu duplizieren, also einen Sonder-Code für Schul-Liebe, Schul-Geld oder Schul-Wahrheit zu schaffen, um das Lehr-/Lernverhalten zu regulieren. Gerade die hochgetriebenen Ansprüche an die Orientierung unter spezifischen Medien-Codes verhindern, daß der Schulunterricht personenbezogene Liebe, monetäre Rationalität oder methodisch und theoretisch kritisch zu evaluierende Wahrheit als eigenes Erziehungsinstrument einsetzt. Solche Medien überzeugen nur im Kontext von eigens dafür ausdifferenzierten Operationen. Die Schule ihrerseits bleibt darauf angewiesen, daß anderswo geliebt, verdient und geforscht worden ist und daß sie die Resultate solche Operationen pauschal und selektiv übernehmen kann." [238]

Das Fehlen eines Kommunikationsmediums im Schulsystem impliziert, daß in der Schule die psychischen Systeme der Schüler nicht durch Kommunikationsmedien an das System gebunden werden können. Kommunikationsmedien bestimmen im Hinblick auf den Interpenetrationsparameter, durch welche Motivationen sie psychische Systeme an ihre Kommunikation binden. Das Schulsystem kann, da es kein Kommu-

---

236. H. PETILLON, Der Schüler, S.41
237. H. PETILLON, Der Schüler, S.55
238. N. LUHMANN/ K.-E. SCHORR, Reflexionsprobleme im Erziehungssystem, S.53/54

nikationsmedium hat, Schüler nur dadurch sich binden, *daß zentrale Momente der Struktur zugleich motivierend wirken*. So kann z.B. der Sachparameter durch das entsprechende Sachinteresse des Schülers motivierend wirken. Gleiches gilt für die Schülerleistung: Die Schülerleistung wirkt motivierend und bindet Schüler an das soziale System Schule.

"Damit der Schüler, der Lernende ganz allgemein, bereit ist, sich erneut und immer wieder mit dem Gegenstand zu beschäftigen, ist der innere Beweggrund von gleicher Bedeutung wie für die Erstbegegnung. Die Spitze der *Maslow*schen Bedürfnishierarchie (*Maslow*, 1954) muß ihn emporziehen und hinauflocken: Geltung, Anerkennung, Erfolg durch Leistung müssen wirken, damit Übungspotenzen aktiviert werden." [239]

Damit wird hier die Meinung vertreten, daß die Sachmotivation nicht die einzige - und möglicherweise auch nicht die dauerhafteste - Motivation bzw. Einbindung des Schülers in die schulische Kommunikaton darstellt. *Das Moment der Schülerleistung verbindet die Sachmotivation mit der Motivation durch die Allokationsfunktion der Schule.* Dagegen wird die Sachmotivation in der Literatur häufig als *das* zentrale Motiv des Schülers dargestellt. [240] Die Annahme, daß die Schülerleistung auch die Hauptmotivation des Schülers ist, impliziert im Hinblick auf den funktionalen Bezug zur gesellschaftlichen Funktion, daß Schüler dadurch gebunden werden, daß ihnen Lernen ermöglicht wird, und daß sie durch dieses Lernen eine selbsterworbene Allokation vollziehen können. Eine solche schulspezifische Motivation bzw. Einbindung des Schülers in die Interaktion des Unterrichts impliziert zugleich auch, daß Schüler sich über ihre Leistung an Kommunikation binden lassen. Sie müssen, mit anderen Worten, auch etwas leisten wollen. Ist diese Voraussetzung nicht gegeben, so hat die Schule kaum Möglichkeiten, den Schüler weiter an ihre spezifische Kommunikation zu binden. Die Schulpflicht unterstützt zwar die Anwesenheit des Schülers, doch kann Schule ihre Kommunikation kaum funktional aufrechterhalten, wenn die Schüler nicht über Leistungen zu motivieren sind. Darüber hinaus ist Schule - aufgrund ihrer strukturellen Gegebenheiten - kaum in der Lage, diese für die Kommunikation notwendige Bereitschaft aufzubauen, falls der Schüler sie nicht von sich aus zeigt.

Betrachtet man die multiplen funktionalen Bezüge der Schülerleistung zu allen anderen Systemparametern, dann kann man feststellen, daß die Schülerleistung *das* zentrale Moment der Schulstruktur darstellt. [241]

"Durch die Setzung von Normen können Interaktionen nach verbindlichen Spielregeln ablaufen, da eine erwartbare Regelmäßigkeit in den Reaktionen der Interaktionspartner gewährleistet ist (...).
Einen zweiten bedeutsamen Aspekt neben dem Umgang mit schulischen Normen bilden die Anforderungen, die im *Leistungsbereich* an den Schüler herangetragen werden. Gleichzeitig ist die Erfüllung von Leistungsansprüchen eng mit der Beachtung schulischer "Spielregeln" verbunden." [242]

---

239. R. VIERLINGER, Die Sicherung des Lernertrages unter Berücksichtigung der schulischen Rahmenbedingungen, S.408; Literaturverweis im Zitat: A.H. MASLOW, Motivation and personality
240. vgl. hier exemplarisch: T. WILHELM, Funktionswandel der Schule, S.71
241. vgl. auch H. PETILLON, Der Schüler, S.82ff.
242. H. PETILLON, Der Schüler, S.27

Die Schülerleistung konstituiert sich als zentrales Moment dadurch, daß in ihr als einem Strukturmoment *zugleich die Selektionsvorgaben der Intersystemgrenzen* realisiert werden können. Dementsprechend könnte hier auch formuliert werden, daß das funktionale Äquivalent der Schule zu den Kommunikationsmedien weder in der Differenz von Selektion und Qualifikation liegt noch im Lernen selbst, das durch die Schule institutionalisiert wird. *Das funktionale Äquivalent für Kommunikationsmedien ist vielmehr die Schülerleistung, auf die alle Parameter auch in ihren unterschiedlichen inhaltlichen Füllungen (so z.B. der Qualifikationsfunktion als Personalisations- und Allokationsfunktion) funktional bezogen sind.*

2.1.2 Der Sachparameter

Der Sachparameter der Schulstruktur wurde bereits in mehrfacher Hinsicht unter dem Sozialparameter mitthematisiert. Deshalb soll hier lediglich eine Zusammenfassung für die Bestimmung des Sachparameters gegeben werden.

Der Sachparameter beschreibt diejenigen Momente, die in der Interaktion thematisiert werden. In aller Regel sind dies für die Schule die Lerninhalte. Inhaltliche Bestimmungen, d.h. curriculare Bestimmungen können unter den Sachparameter subsumiert werden. Eine Diskussion solcher curricularer Bestimmungen des Schulsystems kann hier nicht geleistet werden. Statt dessen sollen die funktionalen Bezüge des Sachparameters zu den anderen Systemparametern untersucht werden.

Erstens: Im Hinblick auf die *gesellschaftliche Funktion* der Schule kann festgestellt werden, daß Qualifikation ohne Inhalte nicht stattfinden kann. Die Qualifikation kann demnach nicht «nur» eine Denkschulung, wie bereits oben dargestellt, sein. *Wenn grundlegende operationale Fähigkeiten geschult werden sollen, so muß dies an bestimmten Inhalten geschehen.*

Außerdem ist für die Qualifikation festzustellen, daß die Schulung kognitiver Fähigkeiten bereichsspezifisch gebunden ist.[243] Komplexe und formale Operationen, die in einem Gegenstandsbereich vollzogen werden können, können damit nicht auch zugleich in einem anderen Gegenstandsbereich konstruieren. Der Transfer komplexer Operationen zwischen den Gegenstandsbereichen geschieht nicht «automatisch», sondern muß seinerseits wiederum geschult und vermittelt werden. Damit bleibt die Denkschulung an bereichsspezifische Inhalte gebunden.

Die zu vermittelnden Inhalte der Schule unterstehen zugleich auch dem Selektionskriterium, daß in der Schule solche Lerninhalte vermittelt werden, die in anderen sozialen Systemen nicht vermittelt werden. *Schule erhält als ein soziales System seine Autonomie auch dadurch, daß sie thematisch an systemspezifische Inhalte gebunden ist.* Zugleich unterliegen diese Selektionskriterien dem Anspruch, daß diese Inhalte einerseits grundlegend für den Erhalt der Gesellschaft sind, d.h. *Tradition und Innovation* ermöglichen, und andererseits solche Inhalte darstellen, die der *Allokationfunktion* genüge tun; d.h. sie müssen sich auf Inhalte beziehen, die innerhalb der Gesellschaft von konstitutiver Bedeutung sind.

---

243. vgl.Kapitel 1 dieser Arbeit

Zweitens: Im Hinblick auf den **Outputparameter** läßt sich für den Sachparameter der funktionale Bezug aufstellen, daß alle im Output formulierten sachspezifische Merkmale zugleich auch in der Interaktion thematisiert werden müssen. Dies impliziert zunächst, daß die thematische Gestaltung der Interaktion zugleich auch davon abhängig ist, wieweit die jeweiligen Inhalte auch für aufnehmende Systeme der Schule relevant sind, d.h als Input übernommen werden können. Lerninhalte als Themen der schulischen Interaktion sind demnach zugleich auch danach auszusuchen, wieweit sie grundlegende Voraussetzungen für die Mitgliedschaft in anderen sozialen Systemen darstellen.

Die Notwendigkeit, Merkmale des Outputs zugleich auch in der Interaktion thematisch werden zu lassen impliziert als zweites, daß auch metakognitive Überlegungen thematisiert werden. Der Output zeichnet sich nicht nur dadurch aus, daß bestimmte Sachinhalte vom Schüler verarbeitet werden, sondern beschreibt zugleich eine operationale Fähigkeit als ein Ziel des Unterrichts. *Der grundlegende funktionale Bezug des Outputs zur Interpenetration fordert für die thematische Gestaltung des Unterrichts, daß hier nicht nur Lerninhalte thematisiert werden, sondern zugleich auch die Operationen, die kognitiven Prozesse und Strukturen, die die Verarbeitung dieser Lerninhalte implizieren.* Dies ermöglicht der Schule nicht nur, informative Wissensvermittlung zu betreiben, sondern zugleich unter didaktischen Gesichtspunkten die kognitive Verarbeitung der Lerninhalte mit einzubeziehen und zu thematisieren.

Drittens: Aus dem vorherigen Punkt folgt auch, daß jedes intendierte Lernziele einer Thematisierung im Unterricht bedarf. Dies bezieht sich dann auch auf intendierte Einstellungen, mögliche Transferleistungen des Schülers zu anderen Sachgebieten etc. Die Vermittlung von Sachwissen muß diejenige Aspekte, die gleichzeitig mit dieser Vermittlung verbunden sein sollen, auch thematisch werden lassen. Soll mit der Bearbeitung einer bestimmten Aufgabe nicht nur in bestimmte Sachbereiche eingeführt werden, sondern soll zugleich auch eine bestimmte Arbeitshaltung vermittelt werden, so z.B. Ausdauer, Sachinteresse, Selbstbeurteilung im Hinblick auf die Güte der Aufgabenbearbeitung etc., dann muß Schule, will sie diese Lernziele intendieren und nicht nur möglichen sozialisatorischen Interpenetrationen überlassen, auch diese Arbeitshaltungen und Arbeitseinstellungen thematisieren. Es genügt nicht, daß der Schüler Erfahrungen mit bestimmten Inhalten macht, sondern Schule muß durch Thematisierung auf alle Aspekte, die gelernt werden sollen, aufmerksam machen, sie bewußt und thematisch werden lassen. Dies verweist zugleich auch auf den *Zeitparameter*: Sollen mit einem bestimmten Lerninhalt auch andere Ziele verfolgt werden, so z.B. im exemplarischen Lernen, der Denkschulung etc., so müssen diese Momente thematisiert werden und Zeit für diese Thematisierung eingeräumt werden.

Viertens: Der Sachparameter setzt in seinem funktionalen Bezug zum Inputparameter für das soziale System Schule einen «Neuanfang». Schule kann sich im Hinblick auf bestimmte Lerninhalte nicht auf Wissensbestände verlassen, die sie als Input aus vorhergehenden Systemen übernimmt, so z.B. aus der Familie oder dem Kindergarten. Schule muß, um der Bestimmung des Intputparameter gerecht zu werden, ihre Lerninhalte von Grund auf im Anschluß an einen vorausgesetzten Entwicklungsstand vermitteln. Sie muß sicherstellen, daß der einzelne Schüler in der Lage ist, sich mit diesen Lerninhalten in der Form, wie Schule es verlangt, auseinandersetzen zu können.

374 Schule als soziales System

Hierzu gehören insbesondere die Fähigkeit, konkrete Operationen vollziehen zu können.

"Die Beherrschung konkreter Operationen des Denkens ist Voraussetzung für die Bewältigung des Lehrstoffes in der Grundschule." [244]

Hierzu kommt die Fähigkeit, über längere Zeitabschnitte Konzentration und Aufmerksamkeit für einen Sachgegenstand aufzubringen, auch wenn andere aktuelle Bedürfnisse, Wünsche und Ziele vorhanden sind. [245]
Die Tatsache, daß Schule in ihren Inputbedingungen von interindividuellen Differenzen zwischen den Schülern absieht und zugleich Schulpflicht erhebt, impliziert für den Sachparameter, daß er keine Wissensvoraussetzungen, die die zu vermittelnden Inhalte der Schule betreffen, voraussetzen darf, sondern *jedem* Schüler die Möglichkeit geben muß, diese Lerninhalte neu und zu lernen.

Fünftens: Ein besonderer und bereits angedeuteter doppelter funktionaler Bezug ergibt sich zwischen *dem Sozial- und dem Sachparameter*.

Der erste Bezug besteht in dem besonderen Verhältnis *zwischen der Asymmetrie des Unterrichts und dem Sachparameter*. Dieser funktionale Bezug kann hier auch als eine Umkehrung beschrieben werden. Die soziale Asymmetrie erweist sich in der Interaktion des Unterrichts nur dann als funktional, wenn dem Schüler die Möglichkeit geboten wird, möglichst selbständig den Sachparameter mitzukonstituieren. Die sachspezifische Asymmetrie des Unterrichts, die sich auf die unterstützende Funktion des Lehrers für den Lernprozeß des Schülers bezieht, impliziert demnach, daß durch eine solche soziale Struktur Interpenetrationen ermöglicht werden sollen, die den Schüler in die Lage versetzen, möglichst selbständig Sachaufgaben behandeln zu können. *Die Abhängigkeit in der sozialen Asymmetrie ist demnach funktional auf die selbständige Konstitution des Sachparameters durch den Schüler bezogen. Dies verweist wiederum zugleich auf den Zeitparameter: Die schulische Asymmetrie ist eine Asymmetrie auf Zeit, die nur dann funktional ist, wenn ihre Aufhebung intendiert ist.*

Der zweite Bezug kann durch einen *funktionalen Bezug zwischen der Schülerleistung und dem Sachparameter* hergestellt werden. Wie bereits oben dargestellt, kann die schulspezifische Vermittlung von Inhalten nicht darauf bezogen sein, psychische Systeme in Hinblick auf bestimmte Werthaltungen, Meinungen etc. zu manipulieren. Die schulische Beeinflussung ist vielmehr darauf aus, kognitive Fähigkeiten beim Schüler zu ermöglichen, die ihm wiederum die Möglichkeit geben, in verschiedenen Gegenstandsbreichen selbständig, lernend und innovativ zu denken und zu handeln. *Damit ist verbunden, daß solche Inhalte vermittelt werden, die Lernen im Hinblick auf Tradieren und Innovation einerseits und andererseits im Hinblick auf die Beurteilung der Lernleistung ermöglichen.* Der Sachparameter ist demnach funktional auf die Schülerleistung bezogen, die erstens durch das Moment der Selbständigkeit und zweitens durch das Moment der Beurteilbarkeit nach standardisierten Maßstäben definiert ist. Dieser funktionale Bezug gibt Selektionskriterien für die inhaltliche Gestaltung des Sachparameters vor. *Über die Inhalte muß letztlich immer unter Rationalitätsgesichtspunkten entschieden werden.* Sie müssen in der Beurteilung ihres Schwie-

---

244. H. zur OEVESTE, Kognitive Entwicklung im Schulalter, S.102
245. vgl. B. BETTELHEIM, Erziehung und Realitätsprinzip

rigkeitsgrades einschätzbar, in den mit ihnen verbundenen operationalen Fähigkeiten bewertbar sein, und sie müssen eine selbständige Bearbeitung durch den Schüler ermöglichen. Selbständigkeit meint dann auch, daß der Schüler mit Hilfe der konstituierten bereichsspezifischen operationalen Fähigkeiten in die Lage versetzt wird, die vermittelten Inhalte unter verschiedenen Perspektiven zu betrachten, indem er sich flexibel in der Kombinatorik und in den wechselseitigen Verweisungen bewegen kann. Auch hier kann dann wiederum aus systemanalytischer Sicht die Forderung erhoben werden, daß Inhalte nicht durch bestimmte Meinungen, Weltanschauungen oder Werte vorgegeben werden können. *Die Inhalte müssen vielmehr so gestaltet sein, daß der Schüler auf möglichst hohem kognitiven Niveau selbständige, an dem Kriterium der Rationalität orientierte operationale Konstruktionen vollziehen kann.* Dies schließt eine Festlegung von Inhalten aus, die nur bestimmte Sichtweisen und Ansichten zulassen.

2.1.3. Der Zeitparameter

Hier sollen einige Grundzüge des Zeitparameters in der Struktur der unterrichtlichen Interaktion aufgezeigt werden, während die funktionalen Bezüge zu den anderen Systemparametern bereits in der Darstellung der Systemparameter aufgezeigt wurden.

Die in der Schule *institutionalisierte Zeit ist Lehr- und Lernzeit.* Die durch die *gesellschaftliche Funktion der Qualifikation* vorgegebene gesellschaftliche Motivationslage des Schulsystems gibt die Systemzeit als Lehr-Lernzeit vor. Schule erhält erst durch die Tatsache, daß hier das Lehren und Lernen auf Dauer über Kommunikation stabilisiert wird, ihre Autonomie innerhalb der funktionalen Differenzierung der Gesellschaft: Das gesellschaftliche Dauerproblem der Qualifikation, das sich insbesondere in hochkomplex ausdifferenzierten Gesellschaften ergibt, kann nur dadurch bearbeitet werden, daß Lernzeit institutionalisiert wird, um den Erwerb von Qualifikationen zu ermöglichen. Die Bestimmung der Schulsystemzeit als Lernzeit kann durch den funktionalen Bezug, den der Zeitparameter zu anderen Parametern hat, spezifiziert werden. Das heißt, die Strukturierung der Zeit als Systemzeit wird durch systemrationale Kriterien vorgegeben. Damit kann gleichzeitig auf ein grundlegendes Problem der Funktionalität der Systemschulzeit hingewiesen werden: Die Institutionalisierung des Lernens durch die Schule erfordert eine rationale Gestaltung der Schulzeit im Hinblick auf systemspezifische Bedingungen, d.h. auf die Grenzen und die sachlichen und sozialen Strukturen des Systems. Dieses Moment ist jedem Parameter zu eigen. *Die Besonderheit des Zeitparameters besteht darin, daß Schule Systemzeit strukturiert, die einen intrapsychischen Vorgang - das Lernen - ermöglichen soll, wobei die Systemzeit so beschaffen ist, daß sie mit den individuellen Zeitdispositionen nicht immer kompatibel ist.* Weil Schule Lernen institutionalisiert, muß sie ihre Systemzeit festlegen, was möglicherweise auch verhindert, daß Lernen ermöglicht werden kann. Insbesondere im Hinblick auf den Zeitparameter kann die Kompatibilität des sozialen mit dem psychischen System zu einem grundlegenden Problem werden. Dies impliziert, daß insbesondere der funktionale Bezug von Zeitparameter und Interpenetration problematisch ist und möglicherweise das soziale System tolerieren muß, daß dieser Bezug auch über längere Abschnitte dysfunktional sein kann. Auch hier spielt wiederum das Fehlen eines eigenen Kommunikationsmediums, das die psychischen Systeme an das soziale System in der Art bindet, daß es auf aktuelle Bedürfnisse des psychischen Systems (nach Wahrheit, Liebe, Macht oder Geld) eingehen kann, eine wichtige Rolle.

Die Systemzeit der Schule ist dasjenige Strukturmoment, das die beiden Leistungsparameter des Inputs und des Outputs miteinander verbindet. *Als Lernzeit hat sie funktionalen Bezug zur gesellschaftlichen Funktion der Schule und als Dauer verbindet sie Input und Output miteinander.* Die Systemzeit der Schule ist in erster Linie auf die Intersystemgrenzen zu sozialen Systemen – und erst in zweiter Linie auf psychische Systeme – bezogen.

Die Systemzeit ist in einem sehr hohen Maß durch *systemspezifische Zeitstandards* gekennzeichnet. Dies impliziert die ausschließliche Definition der Systemzeit als Lehr-Lernzeit, weil die Qualifikationsfunktion eine effektive und systematische Nutzung der zur Verfügung gestellten Zeit im Hinblick auf die Ermöglichung von Qualifikation vorgibt. *Die Qualifikationsfunktion schreibt* – gerade weil sie das Lehren und Lernen nicht dem Zufall überlassen will, sondern es durch Institutionalisierung stabilisieren und effizient gestalten will – *die Standardisierung und Stabilisierung der Systemzeit vor.* Dies geschieht zunächst einmal durch die Festlegung der Schulzeit. Damit wird zugleich festgelegt, welches Maß an Lebenszeit jeder einzelne Schüler für die Qualifikation als Pflichtschulzeit oder schulartspezifischer Zeit investieren muß. Die Vorgabe der Systemzeit impliziert somit immer auch die Festlegung der Lebenszeit, die ein Schüler in diesem System verbringt. Dabei steht die Dauer der Schulsystemzeit in einem direkten funktionalen Bezug zur Qualifikationsfunktion: Je dringlicher und umfangreicher das gesellschaftliche Dauerproblem der Qualifikation ist, desto länger ist die Schulzeit. Dies kann anhand der historischen Entwicklung der Länge der Schulzeit abgelesen werden. Noch nie war das quantitative Maß der Schulzeit so hoch bemessen, wie dies heute in verschiedenen hochkomplex ausdifferenzierten Gesellschaft der Fall ist.

Innerhalb der Schulzeit ergeben sich wiederum standardisierte Zeitstrukturen und Zeitrhythmen, die das Schuljahr, die Wochenarbeitszeit in ihrer wöchentlichen Wiederholung bis hin zur Länge der Unterrichtsstunde vorgeben. Darüber hinaus hat die Schule die für sie notwendige Planungszeit der erzieherischen Handlungen aus der unterrichtlichen Interaktion ausdifferenziert, so daß die für Unterricht investierte Zeit nicht nur mit der Dauer der Interaktion des Unterrichts beschrieben werden kann, sondern Planungszeiten unterschiedlicher Art in die Unterrichtszeit einfließen, ohne Interaktionszeit zu beanspruchen. Dies sind Unterrichtsplanungen des Lehrers, Beurteilungszeit des Lehrers wie auch Planungsarbeiten durch andere Gremien und Institutionen, wie z.B. die Zeugniskonferenz, ministerielle Erlasse, curriculare Vorgaben etc. Die Interaktion des Unterrichts bildet somit *eine* Zeitebene der Schule, die durch Arbeiten anderer Institutionen und Gremien zeitlich entlastet wird. Insgesamt kann festgestellt werden, daß die unterschiedlichen Zeitstrukturen der Schule in einem hohen Maße durch das soziale System festgelegt werden und institutionalisiert sind. Damit ergeben sich für die Interaktion im Unterricht kaum Zeitvarianzen, wie sie z.B. im Sach- oder auch im Sozialparameter gefordert sind. *Kein Parameter des Systems wird so stark festgelegt wie der Zeitparameter.* Dies hat zur Folge, daß Abweichungen von der Systemzeit nur mit sehr hohem bürokratischen Aufwand ermöglicht werden können bzw. häufig als ein Regelverstoß gegen die Schulregel verstanden werden. Dies ist der Fall, wenn Schulzeit nicht als Lernzeit ausgegeben und verstanden wird oder wenn die Schulzeit in anderer Form als den von ihr vorgegebenen Zeitstrukturen verbracht wird: so z.B. bei Projektunterricht, Exkursionen etc.

So wie der Sozial- und der Sachparameter ist auch der Zeitparameter in erster Linie zweckrational orientiert. Dies wird durch die schulspezifische Unterbestimmung des Inputparameters und die Ausrichtung der gesamten unterrichtlichen Interaktion auf den Outputparameter vorgeben. *Für den Zeitparameter impliziert dies, daß er in erster Linie zukunftsorientiert ist.* Lernzeiten des Schülers, die seine vor-schulische Vergangenheit betreffen, werden ausgeblendet. Allein die Schulreife als die Fähigkeit, schulspezifisches Lernen vollziehen zu können, wird als Inputbedingung zugelassen. Dies ändert sich lediglich dann, wenn bestimmte Schultypen, wie z.B. die Primarstufe, Schüler an andere Schultypen, wie z.B. die Hauptschule, die Gesamtschule oder das Gymnasium, weitergeben. Doch auch hier wird als Vergangenheit nur die schulische Vergangenheit mit einbezogen. Die Zukunft des Schülers, die sein Leben nach der Schulzeit betrifft, wird antizipiert und in dieser antizipierenden Vorausschau zum Kriterium der Gestaltung der Lernzeit. Dies wird dadurch funktional unterstützt, daß die Schulstruktur allgemein am Outputparameter orientiert ist, und daß zusätzlich die Konstruktion und Formulierung des Outputparameters im Hinblick auf seine systemspezifische Umwelt erfolgt, d.h. im Hinblick auf die zukünftig aufnehmenden sozialen Systeme.

Der Gegenwartsaspekt der Systemzeit der Schule soll weiter im Zusammenhang unter der bereits angesprochenen Problematik des funktionalen Bezugs zwischen Zeitparameter und Interpenetrationsparameter aufgegriffen werden.

Ein weiterer Aspekt der Systemzeit besteht *in ihrem gleichzeitigen funktionalen Bezug zum Sachparameter und zum Outputparameter.* Intendierte Lernziele der erzieherischen Beeinflussung müssen in ihren Merkmalen und Merkmalsdimensionen zugleich auch im Sachparameter vertreten sein. Entsprechend der Komplexität der Zielbestimmungen muß demnach auch der Sachparameter komplex gestaltet sein. So lernt ein Schüler z.B. bei der Interpretation eines Dramas nicht «automatisch» die Grundstruktur von Dramen im allgemeinen, sondern kann hier nur dann exemplarisch lernen, wenn die Exemplarizität des jeweiligen Unterrichtsstoffes auch thematisch wird. *Dies impliziert für den Zeitparameter, daß jedes Lernziel und Teillernziel über seine Thematisierung in die Systemzeit integriert werden muß. Jedes Lernziel und jedes Teillernziel stellt zeitliche Anforderungen.* Auch in dieser Hinsicht muß jedes Ziel in seine Teilziele untergliedert werden, d.h. möglichst genau bedacht und analysiert werden, um seine Vermittelbarkeit und damit auch seine Realisierbarkeit in zeitlicher Hinsicht zu bedenken. Sollen Lernziele realisiert werden, so muß zugleich auch ihr funktionaler Bezug zur Systemzeit berücksichtigt werden.

Ein weiteres Moment des *funktionalen Bezugs zwischen Sachparameter und Zeitparameter bildet die Selektion, die die Zeit auf den Sachparameter ausübt.* Lerninhalte müssen so vermittelt und thematisiert werden, daß sie im Rahmen der Struktur der Systemzeit, z.B. im Rahmen einer Unterrichtsstunde, darstellbar sind und auch in diesem Rahmen sinnvolle Einheiten bilden. Darüber hinaus bildet die Zeitstruktur der Jahrgangsklassen wiederum ein Selektionskriterium für die Themen des Unterrichts. Das Alter der Schüler, das durch die Organisation durch Jahrgangsklassen in die Systemzeit aufgenommen wird, ist ein Indiz für den Entwicklungsstand und stellt ein entscheidendes Kriterium für die Auswahl der Unterrichtsinhalte dar.

Damit ist ein weiterer Aspekt angesprochen: *Die Systemzeit wird durch ihren doppelten Bezug zur Schülerleistung einerseits und zum Alter der Schüler andererseits zu einem Moment der Differenzierung zwischen den Schülern.* So wie die Schülerleistung dasjenige Kriterium ist, das zwischen den sonst als gleich behandelten Schülern differenziert, unterstützt die Zeitorganisation nach Jahrgangsklassen diese Differenzierung.

"Die soziale Besonderheit der Schulklasse besteht in der Tat wesentlich in ihrer Altershomogenität; ähnlich altershomogen strukturierte Sozialgebilde gibt es in der Gesellschaft kaum irgendwo sonst ..." [246]

Erstens kann damit festgestellt werden, daß der Schüler bestimmte Leistungen erbracht haben muß, wenn er in einer bestimmten Jahrgangsstufe ist. Zweitens verweist die Parallelität zwischen Alter und Leistungsniveau zugleich auf die Kollektivierung der Leistungsdiagnose. Schüler werden in der Regel im Hinblick auf ihre Leistungsfähigkeit und damit im Hinblick auf die Zumutbarkeit bestimmter Lerninhalte als eine Einheit bezüglich der Jahrgangsstufe diagnostiziert. Dies ermöglicht eine Planung des Unterrichts, die entsprechend dem Alter des Schülers von bestimmten Lernvoraussetzungen ausgeht. Der Schüler wird somit dadurch, daß er in einem Klassenverband einer bestimmten Jahrgangsstufe sitzt, in seiner Leistung nur im Hinblick auf die Beurteilung individuell behandelt. Das heißt, die Einzelleistung des Schülers bildet die Grundlage für die Beurteilung. Im Hinblick auf die Unterrichtsplanung und die damit verbundene Zumutbarkeit bestimmter Lerninhalte kann der Lehrer aufgrund der Jahrgangsstufenorganisation von individuellen Leistungen absehen und kann vom prinzipiellen Leistungsvermögen der Schüler in diesem Alter ausgehen.

"Der Unterricht in der Jahrgangsklasse beruht auf der Vorstellung, daß eine Altersgruppe, von der man annimmt, daß sie sich im wesentlichen auf einer Entwicklungsstufe befindet, gemeinsam von einem definierten obligatorischen Sockelniveau zum nächsten fortschreitet." [247]

Der Lehrer muß die Schüler demnach nicht als Individuen kennen, wenn er Unterricht plant, sondern kann sich an Altersbedingungen und an bereits in anderen Jahrgangsklassen vollzogenen Lernbedingungen orientieren.

Ein weiteres grundlegendes Moment der schulischen Systemzeit besteht darin, *daß die Zeit der unterrichtlichen Interaktion kaum Individualzeit zuläßt.* Schüler und Lehrer handeln in einer zeitlichen Struktur, die immer die gesamte Klasse, die gesamte Lerngruppe, betrifft. Der Schüler hat damit so gut wie keine Möglichkeiten des Rückzugs und ist dazu gezwungen, *ständig in der Öffentlichkeit der Klasse zu handeln*; das heißt, er bearbeitet Lehrerinstruktionen in aller Öffentlichkeit und wird auch in aller Öffentlichkeit vom Lehrer beurteilt. Zugleich kann der Schüler dieses Handeln und Erleben seiner Mitschüler beobachten. [248]

---

246. T. WILHELM, Funktionswandel der Schule, S.29
247. J. BAUMERT et al., Leistungsentwicklung und Ausgleich von Leistungsunterschieden in Gymnasialklassen, S.639
248. vgl. auch H. PETILLON, Der Schüler, S.93ff.

"... die Öffentlichkeit und Kollektivität der Schulklasse, die Sichtbarkeit ihrer Mitglieder füreinander, die zwischen ihnen herrschende Gleichheit bieten jedem einzelnen, als Teil einer überwältigenden Mehrheit, Gelegenheit, die Handlungen der anderen Mitglieder individuell zu beobachten und zu beurteilen und gleichzeitig den Beurteilungsprozeß zu beobachten, an welchem der Lehrer und andere Mitglieder beteiligt sind ..." [249]

Ein weiteres Merkmal der Schulzeit als «Kollektivzeit» besteht darin, *daß der Lehrer kaum die Möglichkeit hat, sich mit einem Schüler allein zu befassen.* Der Ansprechpartner des Lehrers in der Schule ist nicht *der* Schüler, sondern sind *die* Schüler. Dementsprechend ist er mit seinen Instruktionen und auch mit der Art und Weise seiner Rückmeldung immer zugleich auch auf die gesamte Klasse bezogen und nicht nur auf den einzelnen Schüler. Diese Doppelung des Unterrichts - daß einerseits die Leistung des je Einzelnen gefragt ist, und andererseits sich die Kommunikation immer auf alle bezieht und alle einbezieht - stellt ein Grundproblem des Unterrichts dar. *Es resultiert aus der Tatsache, daß Schule die Bearbeitung der Personalisationsfunktion nicht systemisch von der Bearbeitung der Allokationsfunktion ausdifferenziert hat: Die Schule muß beide Funktionen zugleich behandeln, so daß einerseits der Einzelne immer angesprochen und involviert ist und andererseits nicht die Möglichkeit besteht, sich der Öffentlichkeit - des Involviertseins aller Schüler - zu entziehen.* Dadurch wird der Schüler einerseits unter der sozialen Kategorie der Schülerleistung betrachtet, andererseits wird von ihm eine hohe interaktive Aufmerksamkeit verlangt, indem er zu jeder Zeit potentiell angesprochen ist. Die Schülerrolle kategorisiert und spezifiziert einerseits - und sieht damit von anderen personalen Merkmalen des Schülers ab -, doch fordert sie andererseits in der Spezifik ihrer Kategorisierung, daß der Schüler sich vollständig und ausschließlich auf den Unterricht konzentriert. *Unterricht bezieht zwar nicht die Gesamtperson des Schülers mit ein, doch fordert sie die gesamte aktive Teilnahme und Konzentration des Schülers.* Dasjenige Moment, das ihn spezifiziert, ist *zugleich* dasjenige Moment, das seine gesamte personale Kraft fordert. Oder anders ausgedrückt: *Schulische Interpenetration spezifiziert den Schüler und fordert zugleich seine volle und immer aufmerksame Konstitution schulischer Kommunikation.*

"Alles zusammen legt den Finger auf das zentrale Dilemma des Schulunterrichts, das zugleich seine produktive Stärke ausmacht: Es geht mit strengen Mitteln um die *Sache*, und doch wird niemand aus dem Anspruch entlassen, er solle und müsse mit seiner ganzen *Person* gegenwärtig sein und persönlich Rede und Antwort stehen." [250]

Korrigiert der Lehrer einen Schülerbeitrag, z.B. indem er ihn ergänzt, so ist diese Ergänzung nicht nur für den je einzelnen Schüler gedacht, sondern richtet sich an das Gesamt der Klasse. Die soziale Grundstruktur, die durch Instruktion, Bearbeitung und Rückmeldung den Aufbau intendierter psychischer Strukturen und Prozesse beim Schüler ermöglichen soll, ist zugleich eine Grundstruktur, die sich in jeder Lehrerhandlung an *alle* Schüler richtet. Aufgrund der vorgegebenen Systemzeit kann eine individuelle Betreuung des je einzelnen Schülers kaum stattfinden. Individuelle Betreuung im Hinblick auf Schülerleistungen und oder gar im Hinblick auf außerschuli-

---

249. R. DREEBEN, Was wir in der Schule lernen, S.26
250. T. WILHELM, Funktionswandel, S.45

sche Aspekte der Person des Schülers - auch wenn sie für das Lernen in der Schule eine grundlegende Rolle spielen - können in der Schule nur partiell und gelegentlich durchgeführt werden. Eine systematische individuelle Betreuung des einzelnen Schülers ist aufgrund der Schulstruktur und insbesondere aufgrund ihrer Zeitstruktur im Zusammenhang mit der anzahlmäßigen Verteilung der Interaktionsteilnehmer auf die Schülerposition und die Lehrerposition nicht möglich. Soll eine solche Betreuung ermöglicht werden, so muß Schule in weitere Subsysteme ausdifferenziert werden, die strukturell eine individuelle Betreuung des Schülers ermöglichen. Dies geschieht z.b. durch eine Ausdifferenzierung von psychologischen Beratungsstellen in der Schule. [251]

Die Kollektivzeit der Schule impliziert demnach, daß jeder Schüler im Unterricht als gleich behandelt wird und sich nur - wie bereits oben erwähnt wurde - über seine Leistung von anderen Schülern differenziert. [252]

Dieses Problem der Nicht-Individualisierung des schulischen Lernprozesses wird im Zeitparameter durch seinen problematischen Gegenwartsbezug deutlich. Die Gesamtproblematik dieser Zeitperspektive kann hier nicht erörtert werden. Allerdings kann die Forderung, daß die Gegenwart des Edukanden nicht seiner möglichen Zukunft geopfert werden darf, als eine Forderung angesehen werden, die in sehr unterschiedlichen Erziehungstheorien und Schultheorien vertreten wird. [253] Im Hinblick auf die bisherigen Erörterungen kann in diesem Zusammenhang auf das problematische Verhältnis der Schulzeit als Systemzeit und der individuellen Zeit des je einzelnen Schülers hingewiesen werden. Der Interpenetrationsparameter ermöglicht nicht nur die Konstitution psychischer Strukturen und Prozesse beim Schüler, sondern ist darauf angewiesen, daß der Schüler seinerseits Kommunikation konstituiert. In der Konstitution der Schulkommunikation durch den Schüler bindet sich der Schüler an die Systemzeit der Schule. Diese Zeit ist - wie bereits dargestellt - grundsätzlich auf Zukunft bezogen. Die Gegenwart dieser Systemzeit ist durch die unterrichtliche Interaktion geprägt, die individuelle Betreuung bzw. das Einbringen der gesamten Person des Schülers in die Kommunikation ausschließt. Die Gegenwart der Systemzeit ist demnach in erster Linie durch Regeln gekennzeichnet, die den Schüler zu Gleichen unter Gleichen macht, die ihn in Form der Schülerleistung an das System und durch die rigide Bestimmung des Zeitparameters an die schulische Interaktion bindet. In dieser Hinsicht bleibt zunächst kein Raum für Individualzeit, weder in der Hinsicht, daß der Schüler in die Schulzeit seine volle Individualität einbringen kann, noch in der Hinsicht, daß er in individuellen Zeitstrukturen und nach individuellen Zeitbedürfnissen handelt.

Ein solches individuelles Zeiterleben ist im Rahmen der rigiden Systemzeit der Schule nicht möglich. Die Differenz zwischen Systemzeit und individueller Zeit kann sehr unterschiedliche Grade haben, doch muß immer berücksichtigt werden, daß beide

---

251. vgl. zu diesem Problem: P. GAUDE, Systemorientierte Perspektiven der Schulpsychologie in Theorie und Praxis
252. Die verschiedenen Formen der Differenzierung so z.B. des dreigliedrigen Schulsystems oder der verschiedenen Leistungsgruppen in der Gesamtschule versuchen die durch die Schülerleistung sich ergebenden Differenzen zwischen den Schülern nach Möglichkeit zu reegalisieren. Dies steht in einem engen funktionalen Bezug zu den zeitlichen, sachlichen und sozialen Strukturanforderungen der Schule, die die Gleichheit der Schüler unterstellen.
253. Exemplarisch soll hier auf J.-J. ROUSSEAU, Emil, J.F. HERBART, Allgemeine Pädagogik, und F.E.D. SCHLEIERMACHER, Ausgewählte pädagogische Schriften, hingewiesen werden

Zeitstrukturen dysfunktional zueinander sein können, weil Schule über strukturelle Bedingungen keine Funktionalität zwischen ihnen erzeugen kann. Damit bleibt Schule in der Konstitution ihrer Kommunikation und damit auch in ihrer Bearbeitung der gesellschaftlichen Funktion und der Realisierung des Outputparameters in fundamentaler Weise davon abhängig, inwieweit der je einzelne Schüler diese Kommunikation konstituiert. Der Schüler seinerseits muß sich, wenn er die Kommunikation konstituiert, den Regeln des Systems beugen. Dies impliziert eine prinzipielle Asymmetrie zwischen dem psychischen und dem sozialen System.

Die Möglichkeit der Schule, den Konstitutionsprozeß des Schülers zu stabilisieren, besteht darin, so weit wie möglich die Gegenwart des Schülers mit einzubeziehen. Dies kann sie nur bedingt und auch nur über den Sachparameter. Dabei kann sie dem Schüler den Sachparameter nicht für die Thematisierung individueller Aspekte bereitstellen, sondern sie kann nur versuchen, daß der Schüler diese Sachaspekte der Schule zu seinen eigenen macht. Dies ist die Form, wie Schule in ihre Zeitstruktur Gegenwart des Schülers einbringen kann und somit den Schüler motivieren kann. Die schulspezifische Motivation besteht somit nicht darin, daß der Schüler nur Inhalte wählt, die er bereits kennt oder die er kennenlernen will oder mit denen er sich gerade beschäftigen will. Die Abgleichung zwischen Schülerinteresse und Sachanforderungen der Schule kann immer nur partiell erfolgen. Kein Schüler kann im Lateinunterricht die neuesten Fußballergebnisse oder die Reparatur seines Mofas zum allgemeinen Thema machen. *Der Schüler kann letztlich nur dadurch motiviert werden - und dies bedeutet gleichzeitig: er kann nur dadurch auf Dauer an das System gebunden werden -, daß die in der Schule thematisierten Sachaspekte zu seinen eigenen Problemaspekten werden.*

2.2 Das Lernen des systemanalytischen Denkens aus und in der Schulstruktur -
Die funktionale Analyse von Struktur und Interpenetration

In dem nun folgenden Punkt 2.2 soll das Lernen des systemanalytischen Denkens im Hinblick auf die in Punkt 2.1 dargestellte Schulstruktur untersucht werden. Dabei soll aufgezeigt werden, inwieweit die Schule aufgrund ihrer strukturellen Bedingungen Lernbedingungen für das Lernen des systemanalytischen Denkens bereitstellt. Dies impliziert, daß die Schulstruktur für den Schüler Informationen bereitstellt, die er auf unterschiedliche Weise kognitiv verarbeiten kann. Die Schulstruktur konstituiert psychische Strukturen, die intendierte und nicht-intendierte Lernresultate ermöglichen.

Im folgenden wird der Versuch unternommen, die *Spezifik der Schulstruktur im Hinblick auf ihre interpenetrierenden Prozesse mit dem psychischen System des Schülers zu untersuchen*; es werden die möglichen Lernresultate, die Schulstruktur penetriert, benannt. Eine solche Untersuchung unterstellt nicht, daß diese Lernresultate das Handeln oder allgemeine sozial-kognitive Einstellungen bestimmter Schüler tatsächlich bestimmen. Die Lernresultate sind Lernresultate, die durch kommunikative Strukturen ermöglicht werden können: *ob der jeweilige Schüler faktisch diese Lernresultat erzielt, ist damit noch nicht ausgemacht.* Und auch wenn der Schüler diese Lernresultate erzielt, *ist damit noch nicht unterstellt, daß diese Lernresultate vom*

Schüler akzeptiert werden. Der Schüler geht in individueller Weise mit diesen Lernresultaten um. Er kann sie in sein Handeln einbeziehen, er kann sich jedoch auch von ihnen distanzieren. Die Differenz zwischen dem Lernen durch die Schulstruktur und der tatsächlichen Übernahme dieser Lernresultate für das eigene Denken und Handeln kann damit individuell unterschiedlich geprägt sein: Sie kann zu einer gänzlichen Übernahme dieser Erfahrungen für das eigene Handeln und Denken führen, sie kann jedoch auch abgelehnt und nicht akzeptiert werden. Die Akzeptanz der Lernresultate ist nur *ein* Moment im Gesamtprozeß der Verarbeitung sozialer Informationen. DREEBEN verweist im Hinblick auf das Lernen bestimmter Normen auf diese grundlegende Schwierigkeit, die auf jedes sozial-kognitive Lernen, das heißt, jede Informationsverarbeitung sozialer Informationen, generalisiert werden kann.

"Erstens: Normen und Verhalten müssen analytisch unterscheidbar sein, weil es ein logischer Zirkelschluß wäre, die Normen aus dem Verhalten abzuleiten und sodann Verhaltensunterschiede auf sie zurückzuführen. Zweitens: Normen müssen sich analytisch von Werten unterscheiden lassen, wiewohl dies leichter gesagt als getan ist. Werte sind auch durch Präferenzen bedingt, nicht aber hinsichtlich Situation oder Verhalten spezifizierbar.[6]
Drittens: Wiewohl Normen-Übernahme und Verhalten analytisch zu unterscheiden sind, muß ihre Beziehung zueinander doch logisch formuliert werden. Die Übernahme von Normen ist eine Variable; sie ist unabhängig davon, wie weit jemand sich Verpflichtungen auferlegt, wie weit er diese befolgt. Ganz abgesehen von der Schwierigkeit, den Grad der Normen-Anerkennung zu messen, kann diese zwischen Internalisierung, Bekenntnis zu einer tiefen, inneren Überzeugung, deren Verletzung Angst, und Schuldgefühle auslöst, und zynischen Zustimmungen wechseln. Wie weit die Anerkennung der Normen auch gehen mag, gibt es doch ein Spektrum möglicher Verhaltensreaktionen; so z.B. variiert die Häufigkeit von Handlungen bezüglich einer bestimmten Norm und gemäß den herrschenden Bedingungen. Da es Variationen sowohl im Maß der Normen-Anerkennung als auch in der Beziehung zwischen der Norm und dem an ihr orientierten Verhalten gibt, kann das Verhalten nicht einfach als Frage der Befolgung oder Abweisung von Normen aufgefaßt werden.
Viertens: Eine Vielzahl von Bedingungen kann das Verhältnis zwischen Normen-Anerkennung und Verhalten beeinflussen. (1) Die Menschen sind vielleicht unterschiedlicher Meinung darüber, welche Norm für eine bestimmte Situation gelten soll; ... (2) Verhaltenskonformität kann auf der expliziten oder impliziten Bedingtheit der Normen beruhen. So z.B. ist das Lügen prinzipiell verboten, aber es gibt allgemein anerkannte Situationen, in denen es akzeptabel ist, die Unwahrheit zu sagen.[8] (3) Auch was den Wunsch der Menschen betrifft, Normen zu befolgen, gibt es Unterschiede ..."[254]

Dieses Grundproblem des Lernens von Normen kann hier nicht weiter erörtert werden. Es soll lediglich der Hinweis darauf gegeben werden, daß das Lernen in und aus der Schulstruktur nicht impliziert, daß Lernresultate für das eigene Denken und Handeln als verbindlich akzeptiert werden. *Das Lernen in und aus der Schulstruktur ist nicht durch die Internalisierung von Normen und Werten zu beschreiben, sondern ist ein individuell geprägter, konstruktiver Informationsverarbeitungsprozeß, dessen Lernresultate nicht zugleich auch akzeptiert werden.* Der Schüler kann beispielsweise die Norm der Leistung kennen, da er sie durch die Schulstruktur gelernt hat, kann sich selbst jedoch jederzeit dieser Norm entziehen. Das Verstehen, das Wissen um so-

---

254. R. DREEBEN, Was wir in der Schule lernen, S.45/46

ziale Normen und die Akzeptanz und Umsetzung dieser Normen und Regeln in eigenes Handeln kann durch sehr unterschiedliche Formen geprägt sein. Dies ist auch ein Grundproblem der Rollentheorie, die aufgrund dieser unterschiedlichen Formen der Akzeptanz und des Wissens um soziale Rolle das Moment der Rollendistanz eingeführt hat.

Schule hat lediglich die Möglichkeit, das Wissen um diese strukturellen Gegebenheiten bzw. sozialen Regeln der Schule zu verbessern, auf ihre Akzeptanz hat sie aufgrund ihrer spezifischen gesellschaftlichen Funktion der Qualifikation kaum Einfluß.
Hinzu kommt das grundlegende Problem, daß psychische Systeme durch Kommunikation prinzipiell nicht determinierbar sind, sondern Kommunikation immer nur ein Faktor für die Konstitution psychischer Strukturen unter anderen Faktoren ist.

FATKE beschreibt die individuelle Informationsverarbeitung sozialer Informationen als einen Adaptionsprozeß. Damit ist hier nicht die Anpassung des Einzelnen an die sozialen Vorgaben gemeint, sondern das «Verstehen» und «Erkunden» der sozialen Umwelt. Dieser Adaptionsprozeß kann sehr unterschiedliche Verhaltensweisen nach sich ziehen. *Das Verstehen ist nicht gleichbedeutend mit Prägung oder Internalisierung.*

"Das "Erkunden der Umwelt" stellt den Versuch dar, eine neuartige Situation zu bewältigen. Emotionale und Verhaltenssicherheit - die wiederum Voraussetzung für soziale Interaktionen, Leistungen usw. sind - können nur gewonnen werden, wenn die Merkmale der Umwelt und vor allem deren Relevanz und Funktionen für die in ihr lebenden Individuen ausgekundschaftet und eingeschätzt worden sind und wenn der einzelne, der neu in diese Umwelt hineingestellt wird, auf der Grundlage dieser Informationen seinen eigenen sozialen Ort in dieser Umwelt bestimmen kann. Dabei können sowohl aktive wie passive Komponenten wirksam werden: Der einzelne kann versuchen, sich ganz und gar den Gegebenheiten und Anforderungen seiner Umwelt anzupassen oder die Umwelt so zu verändern, daß sie seinen spezifischen Bedürfnissen und Vorstellungen angepaßt ist.
Genau diese beiden, einander nicht ausschließenden, sondern in der Regel sich ergänzenden, Komponenten enthält der Terminus »Adaptionsprozeß«, mit dem der beschriebene Sachverhalt begrifflich gefaßt werden soll."[255]

Diesem Zitat kann darin zugestimmt werden, daß soziale Strukturen sich nicht determinierend auf das psychische System auswirken. Daraus kann jedoch nicht die Schußfolgerung gezogen werden, daß der Schüler die soziale Struktur gemäß seiner individuellen Bedürfnisse gestalten kann. Abgrenzend zu FATKE muß festgestellt werden, daß dem Schüler Grenzen gesetzt sind, seine Umwelt so zu gestalten, daß sie im Hinblick auf seine Bedürfnisse strukturiert ist. Der Veränderungsprozeß sozialer Systeme bleibt an ihre Systemfunktionalität gebunden. Die Mitglieder sozialer Systeme können ihre eigenen Bedürfnisse nur insofern realisieren, als sie mit den systemspezifischen Handlungserwartungen vereinbar sind. Dies impliziert gleichzeitig, daß größere Veränderungsprozesse, die die Gesamtinteraktion und Gesamtkommunikation verändern, nur dadurch möglich werden, daß das Gesamtsystem verändert wird. Dies ist eine sehr langwierige und auch komplizierte Veränderung, die kaum von einem Individuum allein bewältigt werden kann.

---

255. R. FATKE, Schulumwelt und Schülerverhalten, S.21

Die Informationsverarbeitungsprozesse sozialer Informationen können in eine Verarbeitung durch das konkret-operationale und durch das formal-operationale System differenziert werden. Damit erweist sich die hier untersuchte Form der Interpenetration - das Lernen in und aus der Schulstruktur - als ein Informationsverarbeitungsprozeß des Schülers [256], der *individuell geprägt ist, nicht notwendig alle durch die strukturellen Bedingungen möglichen Lernresultate erzielt, nicht automatisch zur Akzeptanz für das eigene Handeln führt und qualitativ unterschiedlich als ein konkret- oder formal-operationaler Informationsverarbeitungsprozeß vollzogen werden kann.*

In der folgenden Untersuchung werden nur zwei Aspekte der komplexen Informationsverarbeitung sozialer Informationen betrachtet: Erstens der Aspekt, *ob die Schulstruktur die prinzipielle Möglichkeit bietet, das systemanalytische Denken beim Schüler zu konstituieren.* Damit wird das Lernziel «systemanalytisches Denken» in seinem funktionalen Bezug zur Schulstruktur untersucht. Einer solcher Untersuchung liegt die systemanalytisch gewonnene These zugrunde, daß Lernziele der Schule nicht nur unter dem Kriterium des Gewünschten und Legitimierten als Lernziele für das Schulsystem übernommen werden können, sondern daß die Schulstruktur daraufhin untersucht werden muß, ob sie ein bestimmtes Lernziel überhaupt als eine psychische Struktur des Schülers penetrieren kann. Auch gewünschte und legitimierte Lernziele erweisen sich dann als dysfunktional, wenn sie aufgrund der Schulstruktur nicht erzielt werden können. Zweitens wird der *Aspekt der konkret- und der formal-operationalen Informationsverarbeitung berücksichtigt.* Durch die Schulstruktur kann auf die Qualität des Informationsverarbeitungsprozesses des Schülers Einfluß genommen werden: Wird die Vermittlung des systemanalytischen Denkens nicht intendiert, das heißt, daß der Schüler ausschließlich durch sozialisatorische Beeinflussungen lernt, so kann das Lernresultat nur durch eine konkret-operationale Informationsverarbeitung konstruiert werden. Der Schüler konstruiert aufgrund der sozialisatorischen Beeinflussung der Schule Soziales in Form von sozialen Interaktionsgefügen. Wird die Vermittlung des systemanalytischen Denkens dagegen intendiert, so lernt der Schüler aufgrund von erzieherischer Beeinflussung. Ist dies der Fall, so kann das systemanalytische Denken als ein formal-operationaler Informationsverarbeitungsprozeß vermittelt werden. Der Schüler kann aufgrund von erzieherischer Beeinflussung dann Soziales in Form von sozialen Systemen konstruieren.

Dieser Zusammenhang soll im folgenden erörtert werden, indem die Schulstruktur in ihren sozialisatorischen und erzieherischen Lernmöglichkeiten für die Vermittlung des systemanalytischen Denkens dargestellt wird.

---

256. Auch FATKE versucht die sozialen Erfahrungen des Schülers, das Lernen des Schülers in und aus dem Schulsystem durch Formen der Informationsverarbeitung zu beschreiben.
"Ferner gilt es, bei der Beobachtung von Verhaltenseinheiten größeres Gewicht als bisher auf die Vorgänge der Informationssuche und -verarbeitung zu legen. Wie in dieser Arbeit wiederholt dargelegt wurde, läßt sich Verhalten im Rahmen eines kognitionspsychologischen Paradigmas angemessener erschließen. Besondere Aufmerksamkeit verdienen dabei die Vorgänge der *Exploration* und der *Antizipation*. Denn jeder adaptiven Reaktion eines Individuums geht die Einschätzung der Situation auf der Grundlage eines bereits bestehenden Bezugsrahmens voraus, der durch frühere Erfahrungen in ähnlichen und andersartigen Umwelten gebildet worden ist ...." (R. FATKE, Schulumwelt und Schülerverhalten, S.164)

2.2.1. Sozialisatorische Lernmöglichkeiten: Lernen aus der Struktur

Die Struktur der Schule bietet im Hinblick auf das systemanalytische Denken grundlegende Lernmöglichkeiten. Für dieses Lernen soll die These vertreten werden, daß die sozialisatorischen Lernmöglichkeiten das systemanalytische Denken auf seiner konkret-operationalen Stufe ermöglichen. Dieser These ist implizit, daß ohne erzieherische Beeinflussung das systemanalytische Denken in seiner formal-operationalen Struktur nicht gelernt werden kann. Die sozialisatorischen Lernmöglichkeiten können nur die konkret-operationale Konstruktion des sozialen Systems penetrieren. Erst eine gezielte Schulung ermöglicht die Ausbildung des vollständigen und formal-operationalen systemanalytischen Denkens. Dies entspricht einigen sozial-kulturellen Untersuchungen der kognitiven Entwicklung. Diese Untersuchungen zeigen auf, daß die formal-operationale Stufe des Denkens dann erreicht werden kann, wenn eine Schulung in demjenigen Gegenstandsbereich vollzogen wird, in dem formal gedacht werden soll. [257]

Die Grundlagen für ein Lernen aus der Struktur der Schule werden erstens durch die Struktur der Schule selbst und zweitens durch die Differenz zwischen der Schulstruktur und der Familienstruktur bereitgestellt. Damit ist schon angedeutet, daß entsprechend dem Interpenetrationsparadigma das Lernen aus der Schulstruktur nicht als eine Determination bzw. Internalisierung sozialer Strukturen im psychischen System verstanden werden kann. *Das psychische System wird immer zugleich durch mehrere soziale Systeme sozial beeinflußt und konstruiert selbständig und selbstreferentiell Realität aufgrund der sozialisatorischen Beeinflussung.* Schule kann schon allein aus diesem Grund psychische Prozesse nicht determinieren, weil sie nicht die einzige Beeinflussungsinstanz ist. Schule bietet durch ihre Strukturen Lernmöglichkeiten für das systemanalytische Denken.

"Die Schülerperspektive beinhaltet dementsprechend auch die Art und Weise, wie sich der Schüler mit seiner Umwelt auseinandersetzt, und verweist auf zentrale Zwischenprozesse, die zwischen Umwelt und den daraus resultierenden Handlungen anzusiedeln sind." [258]

Der Ansatzpunkt für eine solche Betrachtung der Interpenetration liegt darin, daß das soziale Handeln des Schülers durch sozial-kognitive Prozesse begleitet wird, und daß diese Prozesse deshalb durch soziale Systeme beeinflußt werden können, weil das soziale System *durch systemspezifische Regeln gekennzeichnet ist, die über das Glücken und Mißlingen der Kommunikation generell entscheiden. Dies bedeutet, daß die Kommunikation dann glückt, wenn die systemspezifischen Regeln realisiert werden, was dann der Fall ist, wenn die Selektionen von Mitteilen, Information und Verstehen gleichzeitig in systemspezifischer Weise vollzogen werden können.* Glücken meint damit nicht, daß eine bestimmte Kommunikationsabsicht realisiert wird, z.B. die Absicht, den Anderen zu etwas zu überreden oder ihn zu bestimmten Handlungen zu veranlassen. Kommunikation glückt dann, wenn die drei Selektionen vollzogen werden, das heißt, wenn Verstehen ermöglicht wird. In der gelungenen Kommunikation werden die systemspezifischen Regeln - ob bewußt oder unbewußt - immer schon re-

---

257. vgl. Kapitel 1
258. H. PETILLON, Der Schüler, S.2

alisiert. Diese Regeln bestimmen die wechselseitigen Erwartungen in einem sozialen System und können damit auch garantieren, daß hinsichtlich der drei Selektionen gleiche oder ähnliche Bedeutungen vom den die Kommunikation konstituierenden psychischen Systemen aktualisiert werden.[259] Das Einhalten der systemspezifischen Regeln stabilisiert Kommunikation. In diesem Sinne sind soziale Regeln mit dem «Glücken» der Kommunikation verbunden.

Das psychische System kann durch seine kognitiven Fähigkeiten den sozialen Bereich mit den ihm eigenen Regeln strukturieren, so wie es jeden Gegenstandsbereich durch Strukturierung erfassen kann. Dies impliziert, *daß das soziale System in irgendeiner Form zum Gegenstand der Reflexion gemacht wird. Das geschieht in aller Regel dann, wenn Kommunikation insgesamt mißglückt oder wenn die Form der Kommunikation, die das psychische System konstituieren will, nicht mit der Form der geforderten Kommunikation übereinstimmt.* In dieser Hinsicht ist der Anstoß für sozial-kognitive Lernprozesse - genau wie PIAGET dies beschreibt - in den Grundschemata von Assimilation und Akkommodation zu suchen. Dabei gilt als Regulativ des Assimilations- und Akkommodationsprozesses, daß Kommunikation glückt bzw. zustande kommt. Die Funktionalität des Handelns bildet somit den Ausgangspunkt für sozial-kognitive Reflexionen, da im Falle von auftretenden Schwierigkeiten, somit im Störfall, die Regulierung zunächst über kognitive Prozesse geleistet werden muß.[260] Für die Assimilation ist bedeutsam, welche sozialen Erfahrungen der Schüler vor dem Eintritt in die Schule und außerhalb der Schule gemacht hat. Erst durch die Differenz dieser beiden Erfahrungen ergeben sich Störungen, wenn der Schüler bereits ausgebildete Handlungs- und Denkschemata, die für andere sozialen Systeme spezifisch sind und nicht der Schulspezifik entsprechen, verwenden will. Der grundlegende Motor für die sozial-kognitiven Erfahrungen des Schülers aus dem Schulsystem besteht somit aus der Erfahrung der Differenz seiner intendierten Handlungen zu den systemspezifisch geforderten (als Störfall) und in der Erfahrung der Funktionalität seines Handelns (dem geglückten Fall von Kommunikation).

Eine der grundlegend neuen Erfahrungen, die Schule durch ihre Struktur vermittelt, liegt darin, daß der Schüler in der Schule zumindest in Ansätzen die Differenz von sozialem System und psychischem System erfährt. Er lernt nicht nur andere Menschen kennen, die sich anders verhalten z.B. als die Mitglieder seiner Familie, sondern er macht die fundamentale Erfahrung, daß das Handeln und Verhalten nicht nur von bestimmten Personen abhängig ist, sondern sich in typischer Form durch den Kommunikationskontext ergibt. Diese Differenz kann vom Schüler erstens dadurch konstruiert werden, daß er die Kommunikation anhand der ihm zur Verfügung stehenden Operationen strukturiert. Dies sind in aller Regel beim Eintritt in die Schule die konkreten

---

259. vgl. H. PETILLON, Der Schüler, S.27
260. LAZARUS/ AVERILL/ OPTON stellen die Person-Umweltbeziehung im Rahmen des Assimilations- und Akkommodationsschemas dar. Sie unterscheiden dabei zwischen dem «primary appraisal» (Abschätzen von gefährlichen, vorteilhaften oder irrelevanten Merkmalen), dem «secondary appraisal» (Begutachten von Reaktionsalternativen) und dem «reappraisal» (Rückkopplung an der Reaktion oder Reflexion über Alternativen; Antizipation von Folgen). Diese drei Abschätzungsformen bilden Rückmeldemechanismen im Assimilations- und Akkommodationsprozeß für das soziale Lernen. Damit zeigt sich, daß auch hier Lernen durch geglückte oder mißglückte Kommunikation stattfindet, indem entsprechende Assimilations- bzw. Akkommodationsprozesse stattfinden. (Vgl. R.S. LAZARUS/ J.R. AVERILL/ E.M. OPTON Jr., The psychology of coping: issues of research and assessment)

Operationen. Zweitens kann diese Differenz dann erfahren werden, wenn der Schüler merkt, daß er in der Schule im Gegensatz zur Familie nicht als ganze Person angesprochen wird. Er erfährt, daß er nicht entsprechend seinen aktuellen Wünschen und Motiven handeln kann, und er erfährt zugleich, daß er, um an der Kommunikation teilnehmen zu können, individuelle Aspekte seiner Person ausklammern muß. Diese Differenz kann zunächst nur als Störung erfahren werden: Auf seiten des Schülers wird Schule als Gängelung und Einschränkung erfahren, und auf seiten der Kommunikation des Unterrichts wird die Kontingenz der Schülerperson zu einer Störung der systemspezifischen Interaktion.

Eine zweite grundlegende Erfahrung des Schülers besteht darin, daß die bereits erworbenen Handlungserwartungen und Handlungsregularien dem Handeln in der Schule zum Teil zuwiderlaufen. Er macht somit die Erfahrung einer Diskrepanz zwischen dem, was er als handlungskonstituierend kennt, und dem, was in der Schule gefordert wird. Diese Diskrepanz nötigt ihn, wenn er weiter an der Interaktion teilnimmt, zu einer Akkommodation seiner bisherigen sozial-kognitiven Strukturen.

Zu diesen beiden grundlegenden Erfahrungen benötigt der Schüler Zeit. Erstens muß er die Kommunikation im Unterricht erleben, um die Erfahrung der Differenz zu machen. Zweitens bedarf es Lernzeit, die dem Schüler zur Verfügung gestellt werden muß, damit er diese grundlegenden sozialen Sachverhalte erfassen kann. Dies impliziert auch, daß der Schüler nicht nur seine Rolle bei Eintritt in das soziale System Schule noch nicht kennt, sondern überhaupt die Erfahrung, in sozialen Systemen im Rahmen von systemspezifischen Rollen handeln zu müssen, in so ausgeprägter Form noch nicht gemacht hat. Schule muß demnach Zeit zur Verfügung stellen, in der der Schüler dies lernen kann. Diese Lernzeit muß gleichzeitig auch im Sozialen so strukturiert sein, daß der Lehrer in seinem Handeln die Regeln des Systems vorgibt und auch dem Schüler vermittelt, welche Erwartungen an ihn gestellt werden. Der Lehrer hat somit die Aufgabe, die systemspezifischen Regeln zu konstituieren und zu vermitteln. Er ist derjenige Faktor im sozialen System, der die systemspezifische Interaktion stabilisiert.

"Dabei fällt dem Lehrer zunächst die Aufgabe zu, den Schüler zu einem sozialen Verhalten zu führen, das Unterrichtsveranstaltungen überhaupt erst möglich macht."[261]

Hierhin gehört auch die in der Literatur häufig aufzufindende Doppelbestimmung der Lehrerrolle, in der der Lehrer einerseits disziplinierend-soziale Aufgaben und andererseits sachlich-fachliche Aufgaben hat. Zwei Zitate sollen exemplarisch für diese Unterscheidung genannt sein:

"Die wichtigsten Erwartungsmuster, die (im Rahmen der Selektionsfunktion der Schule) an den Lehrer herangetragen werden, beziehen sich vor allem auf zwei Bereiche: auf den der *Wissensvermittlung* und den der *Ordnung.*"[262]

---

261. H. PARDON/ K.J. TILLMANN, Interaktions- und Kommunikationsmuster in der Schule als Belastungsfaktor, S.174
262. C. LOHMANN/ F. PROSE, Die Lehrer-Schüler-Interaktion, S.405

388 Schule als soziales System

"Alle Lehrer haben zwei grundlegende Sub-Rollen, denen sie sich nicht entziehen können. Das sind die Rollen des Unterrichtenden und des Hüters der Disziplin."[263]

Der Lehrer ist somit als «Disziplinierender» derjenige, der soziale Regeln einführen muß, die die Grundlagen für das Unterrichten und Lernen bilden. Tut der Lehrer dies nicht, so hat der Schüler kaum die Möglichkeit, die systemspezifischen Regeln kennenzulernen. So schreiben auch PARDON/ TILLMANN in Rückgriff auf FÜRSTENAU[264]:

"Die Schule muß zunächst zum organisationskonformen Verhalten erziehen, damit die intendierten Lernprozesse auf der Inhaltsebene überhaupt stattfinden können ..."[265]

Im Vorgriff auf Punkt 2 kann schon hier darauf aufmerksam gemacht werden, daß das erzieherische Handeln grundlegende Hilfestellungen geben kann, um diesen Sozialisationsprozeß als eine kognitive Informationsverarbeitung zu unterstützen. Das ist besonders deshalb erforderlich, weil die Differenzerfahrung den Übergang von Familie zur Schule erschwert und weil sie für den Schüler nie problemlos ist.

Die Erfahrung der Differenz zwischen psychischem und sozialem System kann der Schüler in jedem der drei Subparameter der Struktur machen. Dabei muß ihm diese Differenz nicht begrifflich bewußt sein. *Er lernt vielmehr, daß sein Handeln im sozialen System wie auch das Handeln der Anderen nicht mehr in dem Sinne personal gebunden ist, wie dies noch in der Familie der Fall war.*

Eine erste grundlegende Erfahrung macht der Schüler im Hinblick auf das Positionsgefüge in der Schule. In Analogie zu seiner Erfahrungen in der Familie kennt er bereits die grundlegende Asymmetrie zwischen den Positionen der Erwachsenen und den Positionen der Kinder. Es ist jedoch wesentlich schwerer, für das Familiensystem diese Asymmetrie unabhängig von der jeweiligen Personen zu konstruieren, und sie somit als eine Grundstruktur des Systems zu sehen. In der Familie sieht das Kind die Elternrollen fest mit den Personen der Eltern verbunden. Durch die Merkmale des Geschlechts und der Generationsdifferenz erhalten beide Elternteile einen individuellen Standort innerhalb des Familiengefüges. Gleiches gilt für die Kinder. Jedes Kind hat in der Regel durch die Kombination von Geschlecht und Alter seinen individuellen Standort.[266] Die Familie besitzt somit in der Erfahrung des Kindes schon bestimmte Positionen für verschiedene Kinderpositionen und die Mutter- und Vaterposition, doch verbindet das Kind diese Positionen nicht mit Positionsmerkmalen eines sozialen Systems, sondern lediglich mit den Personen, die diese Positionen ausüben. *Im Gegensatz dazu ergibt sich in der Schule eine zunehmend sichtbare Auswechselbarkeit der Positionen und Personen.* Sowohl die Schülerposition und ihre Rolle wie auch die Lehrerposition und ihre Rolle werden von sehr unterschiedlichen Individuen realisiert. Die Schülerposition und -rolle wird im Unterricht immer gleichzeitig von vielen Schülern ausgefüllt. Der Schüler erfährt, daß unterschiedliche Personen dieselbe Po-

---

263. D.H. HARGREAVES, Interaktion und Erziehung, S.87
264. P. FÜRSTENAU, Zur Psychoanalyse der Schule als Institution
265. H. PARDON/ K.L. TILLMANN, Interaktions- und Kommunikationsmuster in der Schule als Belastungsfaktoren, S.174
266. Dies gilt nicht für gleichgeschlechtliche Zwillinge.

sition einnehmen können. In der Familie ist eine solche Auswechselbarkeit in der Regel nicht erfahrbar.

"... die Schule bietet Erfahrungen, die geeignet sind, den Unterschied zwischen sozialen Positionen und den Personen, die diese Positionen bekleiden, zu lernen. Sowohl die Familie als auch das Klassenzimmer sind Zwei-Positionen-Situationen, deren jede sich durch eine eigenartige Trennung zwischen Erwachsenen und Nicht-Erwachsenen auszeichnet. Das entscheidende Merkmal der Schulklasse ist, daß die Mitgliedschaft der Erwachsenen-Position dauernd wechselt, denn der Lehrer wird einer bestimmten Altersklasse zugewiesen und nicht einer bestimmten Gruppe von Kindern, deren schulische Laufbahn er begleiten würde. Der Schüler wird jedes Jahr von verschiedenen Individuen unterrichtet, welche die Position des Lehrers einnehmen. Dieses Arrangement ermöglicht es, die Unabhängigkeit zwischen der Position und der Person, die sie einnimmt, wahrzunehmen." [267]

Mit dieser Differenz zwischen Person und Positionen erfährt der Schüler, daß es soziale Kriterien gibt, die die Position ausmachen, und nicht nur personale Kriterien. Damit macht er zugleich die Erfahrung, daß es überindividuelle Regeln gibt, die das gemeinsame Handeln bestimmen. *In der Differenz von Person und Position werden die sozialen Regeln wahrnehmbar, indem mit der jeweiligen Positionen dieselben Regeln verbunden bleiben, obschon die Personen wechseln.* Diese Regeln kann der Schüler nur dadurch erkennen, daß er sieht, daß trotz des Wechsels der Personen in der Position des Lehrers immer dieselben Regeln eingehalten werden. Der Schüler ist demnach für die Erfassung der Kommunikationsregeln der Schule darauf angewiesen, daß alle Lehrer nach denselben Regeln handeln. Der Schüler kann die Regeln der Schule nur im Handeln der Lehrer erfassen und ist deshalb auch darauf angewiesen, daß in diesem Handeln die systemspezifischen Regeln eingehalten werden. Für das Erfassen dieser Regeln ist in gleicher Weise auch bedeutend, daß der Schüler den sozialen Handlungszusammenhang operational strukturiert. *Die Schulregeln sind demnach durch den Schüler nur dann erfahrbar, wenn sie von den Lehrern eingehalten werden und wenn der Schüler die Fähigkeit besitzt, soziales Geschehen strukturieren zu können.* Der Schüler ist im Gegensatz zum Lehrer nicht in der Lage, die schulspezifischen Regeln aus der Rationalität des Systems abzuleiten: Er ist nicht in der Lage, eine Systemanalyse der Schule durchzuführen. In dieser Hinsicht ist er trotz der Erfahrung, daß es eine Differenz zwischen psychischen und sozialen Systemen gibt, sehr wohl noch auf die Strukturierung der konkreten Handlungen und auf die Handlungsweisen der Personen der Lehrer angewiesen, da er das soziale System analytisch noch nicht konstruieren kann. Die Erfassung sozialer Strukturen durch das konkret-operationale System zeigt noch eine personale Gebundenheit und kann deshalb keine vollständige Differenzierung zwischen psychischem und sozialem System leisten.

Ist der Schüler in der Lage, Person und Position zu unterscheiden, so erhält auch die soziale Asymmetrie, die ihm bereits aus der Familie bekannt ist, eine neue Form. Der Schüler ist nicht von der Lehrer-Person abhängig, sondern ist jetzt von den Regeln eines überindividuellen Systems abhängig. Dies impliziert eine höhere Unabhängigkeit von der Person des Lehrers und gleichzeitig auch die Frage nach der Form oder Legitimation dieser nicht-personalen Asymmetrie. Die Asymmetrie des Eltern-

---

267. R. DREEBEN, Was wir in der Schule lernen, S.25

Kind-Verhältnisses war für das Kind noch eine Asymmetrie, die sich aufgrund der Personen - dies heißt auch: aufgrund von personaler Macht - konstituiert. Die Asymmetrie in der Schule kann diese personale Macht nicht mehr haben. Der Schüler ist dementsprechend unabhängiger von der Person des Lehrers; er ist freier.

"Die Schule bildet also eine Situation, die, mehr als die Familie, zur Bildung lockerer, flüchtiger sozialer Bindungen führt, die sowohl mit starken Abhängigkeitsbeziehungen als auch mit der auf dauernder persönlicher Verpflichtung gegenüber Erwachsenen beruhenden Autorität unvereinbar sind." [268]

Diese Freiheit des Schülers der Person des Lehrers gegenüber impliziert jedoch zugleich seine Abhängigkeit von der Position des Lehrers. Der Schüler ist somit gemäß der Systemlogik aus der personalen Abhängigkeit vom Erwachsenen entlassen und wechselt damit in eine Abhängigkeit, die durch das soziale System gegeben ist. Dies bedeutet für den Schüler zunächst eine hohe Stabilisierung der Asymmetrie. Er weiß, daß die Asymmetrie der Beziehung so lange andauert, wie er zur Schule geht und Schüler ist. Die soziale Asymmetrie stabilisiert sich demnach auch in der Erfahrung des Schülers überindividuell und gebunden an das System Schule. Den Zuwachs an Unabhängigkeit erhält der Schüler demnach nicht dadurch, daß die Abhängigkeit aufhört, sondern dadurch, daß die personale Abhängigkeit in eine soziale Abhängigkeit transformiert wird und somit Kriterien benannt werden können, die den Regeln dieser Abhängigkeit entsprechen bzw. ihnen widersprechen. Dabei lernt ein Schüler entsprechend den strukturellen Gegebenheiten in der Schule sehr bald, welche Handlungen des Lehrers diesen Regeln zuwiderlaufen. So weiß der Schüler beispielsweise, daß ein Lehrer ihn nicht bitten kann, daß er ihm für sein Abendbrot Brot und Butter einkaufen soll. Eine solche Aufforderungen kann jedoch innerhalb der Familie an ihn ergehen. In der Schule verletzt sie die Spezifik der Asymmetrie.

Die sozialen Regeln der Schule kann der Schüler dadurch konstruieren, daß er aus dem Handeln des Lehrers bzw. aus dem interaktiven Handeln des Unterrichts diese Regeln bildet. Dies geschieht zunächst durch *die Zuordnung bestimmter Handlungsschemata, die an die Positionen gebunden werden*. Der Schüler strukturiert das soziale Handeln, indem er wiederholt auftretende Strukturmerkmale des Lehrerhandelns und auch des Schülerhandelns in Bezug zueinander setzt. Im Rahmen der Operationen des konkret-operationalen Systems bedeutet dies, daß der Schüler das schulische Positionsgefüge als eine *Seriation der Positionen* erfaßt und das Rollengefüge dadurch konstruiert, daß er bestimmte *Handlungsbedeutungen multiplikativ mit den Positionen verknüpft* und *typische Handlungsmuster* konstruiert, *die in zeitlicher Abfolge an die Positionen gebunden sind*. [269]

Die Konstruktion der Rollen des Lehrers und des Schülers als der grundlegenden sozialen Strukturen des Unterrichts kann der Schüler nicht mit der Systemfunktionalität dieser Zuordnung begründen. Der Schüler konstruiert diese beiden Rollen vielmehr durch die Bedeutung ihrer Handlungen, durch die Identifizierung der anderen Schüler als gleiche, durch die Identifizierung der Lehrer als gleiche und durch die Analogie

---

268. R. DREEBEN, Was wir in der Schule lernen, S.24
269. vgl. Kapitel 3, Teil 2, Punkt 2 *Die Konstruktion der Sozialstruktur durch das konkret-operationale System*

der Erwachsenen/Nicht-Erwachsenen-Positionen in der Familie. Dies soll nun genauer erörtert werden.

Die Konstruktion der Lehrer-Schüler-Position kann der Schüler durch die Analogie zur Eltern-Kind-Position vollziehen. Die Erfahrungen aus der Familie bilden somit eine Grundlage für die Strukturierung der schulischen Interaktion, in der der Schüler einen kommunikativen Zusammenhang von der Familie zur Schule hin überträgt und anwendet. Dieser analoge Schluß wird dadurch erleichtert, daß der Schüler diesen sozialen Zusammenhang an wahrnehmbaren äußeren Merkmalen konstruieren kann. Die sozialen Zusammenhänge werden durch das Alter und durch die Differenz Erwachsener/Nicht-Erwachsener konstruiert, so daß die Merkmale dieses Zusammenhangs durch die Wahrnehmung direkt erfahrbar sind. Dies entspricht der Denkart des konkret-operationalen Systems, einerseits strukturieren zu können, andererseits noch von konkreten Objekten abhängig zu sein.

Ist dieses grundlegende asymmetrische Positionsgefüge erfaßt, so kann der Schüler aufgrund der Handlungen, die er im Unterricht wahrnimmt, weitere sozial-kognitive Strukturierungen vollziehen. Dabei ist er grundlegend darauf angewiesen, daß die Lehrer in aller Regel auch die Grundstrukturen der Schule realisieren. Nur so kann der Schüler sie erfassen. Oder pointierter ausgedrückt: Werden in einer Schule die Grundstrukturen dieses Systems systematisch verletzt, so ist der Schüler auch nicht in der Lage, sie konstruieren zu können. In aller Regel werden in den Schulen von den Lehrern und durch die organisatorischen Bedingungen der Schule diese Regeln jedoch eingehalten. Es ist interessant zu sehen, daß Schüler selbst die Einhaltung dieser Regeln fordern, bzw. über den Verstoß bestimmter Regeln empört sind, wenn ein Lehrer sich regelwidrig verhält, so z.B. in dem Fall, daß ein Lehrer aus Sympathie gute Noten gibt oder daß im Religionsunterricht gute Noten an diejenigen Schüler verteilt werden, die auch Meßdiener in der Kirche sind etc. Der Schüler kann - gerade weil er wechselnde Lehrer hat - das interaktive Handeln unterschiedlicher Personen operational strukturieren und so die Gleichheiten, die typische Handlungsstruktur jenseits personaler Bedingungen, als allgemeine soziale Regeln konstruieren. Werden von einem Lehrer oder einigen Lehrern diese Regeln nicht eingehalten, so kann der Schüler auch Regelverstöße wahrnehmen. In dieser Hinsicht bleibt die Erfassung der schulischen Kommunikation auch hier an das konkret-operationale System gebunden: Der Schüler konstruiert die sozialen Zusammenhänge und Regeln nicht aus der Rationalität des Systems, sondern versucht die wahrgenommenen sozialen Zusammenhänge zu strukturieren, weil er noch auf die Realisierung dieser Zusammenhänge durch die Lehrer angewiesen ist. Zugleich konstruiert er - durch die gegebenen Vergleichsmöglichkeiten zwischen den Lehrern - grundlegende Regeln und kann insbesondere in den höheren Jahrgangsklassen der Schule zwischen angemessenem Handeln und unangemessenem Handeln unterscheiden. Dabei bleibt der Schüler immer den operationalen Möglichkeiten des konkret-operationalen Systems verhaftet: Er strukturiert die konkret wahrgenommene Realität mit Hilfe der dem konkret-operationalen System zur Verfügung stehenden Operationen, und er ist in der Konstruktion der Systemregeln letztlich auf Wiederholungen, Häufigkeiten und geglückte Kommunikationen angewiesen.

Wird von den Lehrern die Grundstruktur der Instruktion, Bearbeitung und Rückmeldung in der Interaktion realisiert, so ist der Schüler auch in der Lage, diese Handlungen als typische Handlungsschemata und Handlungsabläufe zu konstruieren. Der Schüler konstruiert durch die Seriation dieser drei Handlungen die soziale Grundstruktur des Unterrichts und erwartet damit auch zugleich, daß diese Grundstruktur realisiert wird. Dementsprechend werden alle Handlungen des Lehrer vom Schüler als Rollenhandlungen identifiziert, indem er sie zugleich immer auch als Aufforderung oder Rückmeldung und Beurteilung wahrnimmt. Dies ist auch dann der Fall, wenn der Lehrer sein Handeln nicht direkt als Aufforderung oder Rückmeldung und Beurteilung erkennen läßt. So ist z.B. das Vorlesen eines Gedichtes durch den Lehrer immer schon mit einem Aufforderungscharakter versehen, indem der Schüler weiß, daß der Lehrer dieses Gedicht zum Gegenstand des Lernens machen und ihm nicht nur die Stunden in der Schule versüßen will. Gleiches gilt für die Rückmeldung. Schon allein die Art und Weise, wie der Lehrer einen Schülerbeitrag in die weitere Interaktion integriert, kann eine beurteilende Rückmeldung für den Schüler haben. Gleichzeitig zeigt sich, daß die Rückmeldungsarten für den Schüler von großer Wichtigkeit sind. Findet z.B. keine Rückmeldung statt und wird jeder Schülerbeitrag mit einem mehr oder weniger anerkennenden «Ja» vom Lehrer kommentiert, verliert der Schüler Orientierung, und der Unterricht kann möglicherweise so gestört werden, daß die gesamte Kommunikation abreißt. Der Schüler strukturiert die Interaktion, so daß er bestimmte Erwartungen an den Lehrer stellt: die Erwartung der Instruktion und der Rückmeldung durch den Lehrer. Insbesondere die Rückmeldung durch Notengebung spielt für den Schüler hier eine fundamentale Rolle: Einerseits erwartet er Notengebung als eine typische Handlungsweise des Lehrers, andererseits ist häufig gerade die Notengebung ein Moment im Schülerleben, unter dem er am meisten leidet. Nicht zuletzt hat dieser z.T. hohe Leidensdruck durch die Notengebung damit zu tun, daß der Schüler gerade in der Beurteilung im Hinblick auf seine eigene Person zwischen Rolle und Person nicht unterscheidet. Dies ist auch kaum zu erwarten, weil die *Differenzierung zwischen Person und Rolle vom konkret-operationalen System noch nicht vollständig und stabil durchgeführt werden kann* und auch in ihrer Differenzierung von konkret wahrnehmbaren Beobachtungen abhängig ist. Dies führt meist dazu, daß der Schüler sich in der Beurteilung durch den Lehrer in seiner gesamten Person und nicht nur in seinen partiellen Leistungen beurteilt fühlt. Hier zeigen sich grundlegende Probleme, die die Schule nur durch erzieherische Beeinflussung behandeln kann.

Die Erfahrung des Schülers, unter bestimmten Kategorien betrachtet und beurteilt zu werden, werden noch durch weitere strukturelle Momente der Schule unterstützt.

Erstens: Der Schüler macht die Erfahrung, daß er als einer von vielen behandelt wird. Das heißt, er macht die Erfahrung der sozialen Kategorisierung. Er wird in der Schule nicht als je individueller Einzelner und schon gar nicht als Bevorzugter betrachtet, sondern wird als ein Gleicher unter vielen behandelt. Diese Kategorisierung wird durch mehrere konkret wahrnehmbare Momente gestützt: der Schüler sieht, daß er nicht mehr einen individuellen Standort - wie dies noch in der Familie möglich war - einnimmt. Er ist nicht mehr durch sein Alter als ein Besonderer gekennzeichnet, sondern er ist in der Schule in aller Regel im Klassenverband mit Gleichaltrigen zusammen. Biologische Momente werden als konkret wahrnehmbare Momente ein Indiz für soziale Gleichheit.

Zweitens: Der Schüler macht Erfahrungen mit der öffentlichen Situation in der Interaktion des Unterrichts. Der Schüler interagiert nicht in der intimen sozialen Beziehung eines Zweier-Gesprächs mit dem Lehrer, sondern alle diejenigen Momente, die seine Interaktion mit dem Lehrer ausmachen, bilden zugleich auch wesentliche Momente für die gesamte Interaktion in der Klasse. Auch dieses Moment unterstützt die für Schule typische Kategorisierung der eigenen Person.

Drittens: Sowohl der Sach- als auch der Zeitparameter unterstützen die Erfahrung der Kategorisierung des Schülers. Der Schüler weiß und merkt, daß er weder in der thematischen Progression noch in der Gestaltung der Zeit nach seinen individuellen Bedürfnissen und Wünschen handeln kann. Er ist auf die Vorgaben, die für alle Schüler gelten, angewiesen und kann sich ihnen nicht dadurch entziehen, daß er anders handelt.

Viertens: Ein letztes wesentliches Moment der Erfahrung der Kategorisierung liegt in der Schülerleistung. Der Schüler weiß, daß er im Unterricht im Hinblick auf seine Leistungen betrachtet wird. Er weiß, daß er als ein Gleicher unter Gleichen behandelt wird, wobei er lediglich im Hinblick auf seine Leistungen sich als ein Besonderer auszeichnen kann. Dies impliziert, daß er im Sinne DREEBENs [270] lernt, sich selbst in einem sozialen System unter einer Kategorie zu betrachten. Dies ist in der Schule die Kategorie des Schülers unter Schülern. Er lernt damit, sich selbst und andere nicht unter individuellen, sondern universellen Aspekten zu betrachten und erfaßt dasjenige Moment, das ihn als einer unter vielen als einen Besonderen kennzeichnet, d.h. seine Spezifität ausmacht: seine Schülerleistung. Er lernt die Schülerrolle, indem er die Kategorie der Schülerleistung auf alle Schüler anwendet. Der Schüler lernt, die Schülerleistung als dasjenige Moment, das unter standardisierten Kriterien zugleich seine Spezifität ausmacht, aufgrund der strukturellen Bedingungen zu erfassen. Er erfaßt sich selbst und die anderen Schüler im Hinblick auf die Leistung. Er konstruiert somit die schulspezifische Form der Differenzierung und Kategorisierung des Schülers; er lernt in Rollen zu denken.

Zugleich hat der Schüler *durch seine außerschulischen Erfahrungen als Mitglied anderer sozialer Systeme die Möglichkeit, zwischen Schule und anderen Systemen Vergleiche zu ziehen.* Dies ist deshalb möglich, weil der Schüler die multiplikative und seriierende Zuordnung von Handlungen und deren Zuordnung zu Positionen vollzieht und somit Positions- und Rollen*gefüge* unterschiedlicher sozialer Systeme konstruiert, die nun untereinander verglichen werden können.

So kann der Schüler z.B. erfahren, daß unterschiedliche soziale Systeme auch unterschiedliche moralische Anforderungen stellen. Die Einzelleistung des Schülers als die Spezifität des Unterrichts macht einen Handlungskontext notwendig, der es erlaubt, Einzelleistungen auch als Leistungen des Einzelnen und nicht als Leistung der Gruppe wahrnehmen zu können. Dieser Zusammenhang wird für den Schüler durch die Regel, nicht mogeln zu dürfen, hergestellt. Die Unabhängigkeit des je einzelnen Schülers, die in seiner Leistung zum Ausdruck kommt, ist nicht vereinbar mit einer systematischen Beurteilung von Gruppenleistungen. Der Schüler weiß, daß seine Einzelleistung vom Lehrer beurteilt wird. Anders verhält es sich in der Familie. Hier wird «mogeln», d.h. die helfende Unterstützung anderer, nicht als negativ angesehen, sondern erhält die positive Bedeutung der Solidarität und der Hilfestellung. Dies sind zwei grundlegend verschiedene moralische Bewertungen ein und derselben Handlung in unterschiedlichen Systemen.

---

270. vgl. R. DREEBEN, Was wir in der Schule lernen, S.59-83

"Wir bezeichnen also solche Handlungsweisen als Mogeln, die eng an die Unterrichtsziele der Schule gebunden sind und bei denen eine Leistung mit Hilfe anderer erfolgt, während eine Leistung ohne fremde Hilfe anderer erwartet wird. Wie ein Beobachter es ausdrückt: Die Schüler »... müssen lernen, zwischen Kooperation und Mogelei zu unterscheiden.«[6] Die Ironie beim Mogeln in der Schule liegt nun darin, daß die gleichen Handlungen in anderen Situationen als moralisch akzeptabel und sogar empfehlenswert gelten. Es ist lobenswert, wenn ein Freund einem anderen in seinem Kummer hilft oder wenn die Eltern dem Kind beistehen; und wenn jemandem die Informationen fehlen, eine Arbeit zu verrichten, dann gehört es sich, daß der andere einspringt. Tatsächlich sind viele schulische Aktivitäten, die wir als Mogeln bezeichnen, geläufige Formen der Hilfe und Unterstützung in der Familie und zwischen Freunden."[271]

Der Schüler lernt demnach auch die systemspezifischen Bedeutungen von Handlungen kennen, ohne daß zugleich die anderen Bedeutungen in anderen Systemen verlorengehen. *Der Schüler lernt, daß Handlungen in unterschiedlichen Systemen z.B. unterschiedliche moralische Bedeutungen haben und trotzdem gleichzeitig berechtigt sind.*

Faßt man die Lernmöglichkeiten, die die Schulstruktur im Hinblick auf das systemanalytische Denken vermitteln kann, zusammen, so kann hier festgestellt werden, *daß Schule sozialisatorische Interpenetrationen aufweist, die als Vorläufer des systemanalytischen Denkens im konkret-operationalen System gelten können.* Der Schüler lernt durch die besondere Struktur der Schule zwischen *Positionen und Personen zu unterscheiden. Damit ist eine Voraussetzung zur Differenzierung zwischen psychischem und sozialem System gegeben.* Der Schüler lernt, *Rollen als Spezifität* zu erfassen, d.h. er lernt, daß in sozialen Systemen nicht die gesamte Person angesprochen wird, sondern daß Personen in sozialen Systemen unter bestimmten Aspekten, kommunikationsrelevanten Aspekten, betrachtet werden. Gerade diese Erfahrung kann durch die stark personenorientierte Sozialstruktur weder in der Familie noch im Freundeskreis gemacht werden. Der Schüler lernt weiterhin *typische Handlungsschemata der Interaktion kennen, die durch die wiederholte Anwendung auch unterschiedlicher Personen eine hohe Konstanz haben.* Damit ist er in der Lage, *typische Handlungsgefüge zu konstruieren, die als Rollengefüge Vorläufer der Konstruktion sozialer Systeme darstellen.* Hinzu kommt, daß der Schüler lernt, *wie unterschiedlich und doch auch zugleich berechtigt die Regeln in den verschiedenen Handlungsgefügen sind.* Er lernt demnach, *Systemvergleiche zu vollziehen und zugleich unterschiedliche Handlungsbedeutungen für unterschiedliche soziale Systeme anzunehmen.* Gleichzeitig lernt der Schüler auch in der Schule schon *ein gewisses Maß an Funktionalität der Kommunikationszusammenhänge kennen.* Er lernt z.B. das Mogeln als eine Regel im Zusammenhang mit der grundlegende Bedeutung der Schülerleistung zu betrachten. Ein weiteres wichtiges Moment des sozialisatorischen Lernens in der Schule im Hinblick auf das systemanalytische Denken liegt darin, daß *der Schüler die Regeln der Schule kennenlernt, jedoch nicht akzeptieren muß.* Er lernt, daß das Wissen um Regeln ihn in die Lage versetzt, an der Kommunikation teilzunehmen und möglicherweise erfolgreich teilzunehmen. Er lernt, seine Schülerrolle zu spielen, ohne daß er sich vollständig mit ihr identifizieren

---

271. R. DREEBEN, Was wir in der Schule lernen, S.64

muß. Auch hier liegt eine grundlegende Voraussetzung des systemanalytischen Denkens, weil nicht nur Person und Rolle differenziert werden, sondern zugleich auch Rollendistanz erfahren wird.

Insgesamt kann festgestellt werden, daß der Schüler *grundlegende soziale Regeln kennenlernt und soziale Erfahrungen macht, die in jedem sozialen System Geltung haben.*

"Gerade Kinder müssen lernen, Institutionalisierungsprozesse einzuüben. Das macht einen Teil der schulischen Sozialisation aus." [272]

Die sozialisatorischen Beeinflussungen der Schule im Hinblick auf die Vermittlung des systemanalytischen Denkens können auch durch empirische Untersuchungen belegt werden. Dies soll im folgenden an einer empirischen Untersuchung von EDER [273] exemplarisch dargestellt werden. EDER hat in einer empirischen Studie die Strategien der Schüler zur Bewältigung der Schule untersucht. In einer inhaltsanalytischen Auswertung wurden Daten erhoben, die aufgrund der freien schriftlichen Beantwortung von 263 Gymnasiasten am Ende der Sekundarstufe I auf die Frage: "Welche Tips bzw. Ratschläge würdest Du Deiner jüngeren Schwester/ Deinem jüngeren Bruder, der (sic!) neu in diese Schule eintritt, geben, damit sie/er gut durch die Schule kommt?" [274] gewonnen wurden. EDER faßt die Antworten der Schüler auf diese Frage folgendermaßen zusammen:

"Berücksichtigt man lediglich die Häufigkeit der einzelnen Vorschläge, würde eine "durchschnittliche" Strategie der Schulbewältigung so lauten: Ständig mitarbeiten und lernen, sich den Lehrern gegenüber angemessen verhalten, sich nach Möglichkeit mit ihnen gutstellen und in keiner Situation negativ auffallen. Im Vordergrund steht die Erfüllung der Arbeitsanforderungen der Schule bzw. eines eher abstrakten Leistungsstandards (nicht *was* gelernt wird, ist wichtig, sondern das *viel* und *regelmäßig* gelernt und im Unterricht *ständig* mitgearbeitet wird) und die Beachtung der überwiegend situations- und personenbezogenen Verhaltenserwartungen: Sozialisations- und Qualifikationsfunktion der Schule bilden zu annähernd gleichen Teilen den Inhalt der von den Schülern geäußerten Ratschläge. Arbeitsinhaltliche Orientierungen (inhaltliche Auseinandersetzung mit dem Angebot der Schule; Anstreben eine Gütemaßstabes für die eigene Lerntätigkeit) sind selten (...), Vorschläge zur (bloß) formalen Arbeitsbewältigung die Regel." [275]

Daß hier arbeitsinhaltliche Orientierungen selten sind, könnte auch an der Art der Fragestellung gelegen haben. Die Fragestellung richtet sich eher auf die Wahrnehmung der Gesamtsituation der schulischen Kommunikation und die Art und Weise, wie mit ihr umgegangen werden kann. Damit rücken insbesondere die Umgangsweisen mit dem Sozial-, Sach- und Zeitparameter in den Vordergrund, die insgesamt die schulische Interaktion ausmachen. Diese Fragerichtung läßt diese empirische Untersuchung auch für den vorliegenden Zusammenhang interessant erscheinen. Die globale Zusammenfassung der inhaltsanalytischen Auswertung zeigt, daß die Schulstruktur in

---

272. B. ADEL-AMINI, Grundriß einer pädagogischen Schultheorie, S.69
273. vgl. F. EDER, Schulische Umwelten und Strategien zur Bewältigung von Schule
274. F. EDER, Schulische Umwelten und Strategien zur Bewältigung von Schule, S.103
275. F. EDER, Schulische Umwelten und Strategien zur Bewältigung von Schule, S.105/106

ihren grundlegenden Momenten von den Schülern erfaßt worden ist. Es werden sowohl die Momente der Öffentlichkeit, der Leistung, der Kategorisierung wie auch grundlegende Momente des Rollen- und Positionsgefüges erfaßt.

Neben der oben angegebenen Antworten gaben die befragten Schüler auch den Ratschlag, daß der Schüler so tun soll, als ob er seiner Rolle gerecht werde. [276] Damit wird auf die Wahrnehmung der Schülerrolle einerseits und andererseits auf die Rollendistanz hingewiesen. Die Zusammenfassung der Schülerantworten durch EDER zeigt, daß von den Schülern wesentliche Merkmale der Schulstruktur erfaßt worden sind. Damit soll keine Beurteilungen dieser Strategien ausgesprochen werden. Es soll lediglich festgestellt werden, daß die Schüler in der Lage sind, grundlegende Merkmale der Schulstruktur zu erfassen und sie auch explizit - hier für einen freundschaftlichen Ratschlag - zu formulieren.

In einer differenzierteren Auswertung der Daten konnten neben diesen globalen Ergebnissen unterschiedliche Strategietypen zur Bewältung der Schule festgestellt werden. Diese Typen bzw. Cluster repräsentieren Typen der Beantwortung der gestellten Frage, die wiederum auf unterschiedliche Schülertypen rückschließen lassen: Es gibt typische interindividuelle Differenzen zwischen den Bewältigungsstrategien der einzelnen Schüler, die in der Untersuchung durch die Cluster wiedergegeben werden. In Klammern ist die totale und prozentuale Häufigkeit des Auftretens des jeweiligen Clusters vermerkt:

"1. Cluster: *"Beziehungsmanagement"* (N = 91, 36,3%). Charakteristisch ist hier der Aspekt der bewußten Funktionalisierung von personalen Beziehungen durch geplantes Anbiedern und Einschmeicheln bei den Lehrern bzw. durch Integration in die Klasse. Aspekte der inhaltlichen Beteiligung treten demgegenüber deutlich zurück.

2. Cluster: *"Mitarbeiten und Lernen"* (N = 60, 23,9%). Charakteristisch ist hier die Betonung von Mitarbeit und Lernen bei völliger Ignorierung von Anpassungs- und Beziehungsstrategien. Lernen und Mitarbeit wird allein als ausreichend zur Schulbewältigung angesehen.

3. Cluster: *"Angepaßt-engagierte Beteiligung"* (N = 64, 25,5%). Dieses Cluster kombiniert Beteiligungsverhalten mit der Berücksichtigung von Aspekten der situationellen Anpassung. Das damit angesprochene Verhaltenssyndrom weist eine gewisse Ähnlichkeit mit dem von Gollman (1973) beschriebenen "Perfekten Insassen" bzw. "perfekten Schüler" auf, der sich durch Beachtung der Situationsvorschriften und Erfüllung der fachlichen Erwartungen eine unangreifbare Position schafft.

4. Cluster: *"Demonstratives Engagement"* (N = 36, 14,3%). Das Cluster umfaßt jene Schülergruppe, die durch besonderes fachliches bzw. aktivitätsgebundenes Engagement gegenüber dem Lehrer eine erfolgreiche Schulbewältigung erwartet; alle anderen Kategorien sind in dieser Gruppe eher unterdurchschnittlich angesprochen. Das Cluster enthält Elemente der von Goffman bzw. Heinze apostrophierten "Übererfüllung" von Erwartungen." [277]

---

276. vgl. F. EDER, Schulische Umwelten und Strategien zur Bewältigung von Schule, S.107
277. F. EDER, Schulische Umwelten und Strategien zur Bewältigung von Schule, S.107

Interessant an dieser Darstellung ist, daß jeder Typus typische Merkmale der Schulstruktur wiedergibt. Jeder Typus ist damit dadurch gekennzeichnet, daß er in besonderer Form die Schulstruktur sozial-kognitiv verarbeitet hat. Dies unterstreicht die These, daß der Schüler im Rahmen des konkret-operationalen Denkens Positions- und Rollengefüge des Unterrichts erfaßt und auch der Schülerleistung einen zentralen Stellenwert einräumt. Die möglichen auch für das psychische System des Schüler nachteiligen Einseitigkeiten oder gar Verzerrungen in der Erfassung der Schulstruktur sollen hier nicht erörtert oder bewertet werden. Sie könnten durch erzieherische Maßnahmen, z.B. durch die Thematisierung der Strukturmomente, behandelt werden. Dies soll im folgenden Teil 2.2.2 noch gezeigt werden: Auch für die konkret-operationale Konstruktion der Interaktion sollten dem Schüler Lernhilfen in Form von erzieherischen Beeinflussungen gegeben werden.

Ein weiteres interessantes Moment der genannten Untersuchung ist, daß nicht von der «Wirkung» der Schulstruktur auf das psychische System des Schülers gesprochen werden kann. Die Schulstruktur wird entsprechend den individuellen Gegebenheiten kognitiv verarbeitet und zeigt demnach in der Formulierung dieser Struktur durch den Schüler typische interindividuelle Differenzen, die z.T. für das Lernen des jeweiligen Schülers von grundsätzlicher Bedeutung sind. Die sozial-kognitive Verarbeitung der Schulstruktur bleibt demnach personenabhängig, sie ist ein individueller, aktiver und selbstreferentieller Prozeß. EDER verweist auf diesen nicht-deterministischen, konstruktiven Prozeß der Verarbeitung der Schulstruktur, indem er auf die Personenabhängigkeit in Gestalt von individuellen Konstruktionen der Bewältigungsstrategien, hinweist:

"Schülerstrategien zeigen eine doppelte Charakteristik: Sie spiegeln einerseits die Anforderungs- und Erwartungsstrukturen der Schule, bilden also in gewisser Weise das erforderliche "Betriebswissen" ab, das für den Erfolg ausschlaggebend sein kann. In diesem Verständnis liefern sie wertvolle Hinweise auf das tatsächliche Funktionieren von Schule bzw. Aspekte des "heimlichen" Lehrplans. Andererseits spiegeln sie *auch* die Wahrnehmungs- und Persönlichkeitsstruktur von Schüler: Denn das, was jemand aus den offensichtlich vielfältigen Möglichkeiten der Schulbewältigung für sich auswählt und - zumindest gedanklich - weiterempfiehlt, ist nicht nur durch die objektiven Gegebenheiten der Schule bedingt, sondern auch Resultat der individuellen schulischen Erfahrungen, der persönlichen Zielsetzungen und der eigenen wertenden Auseinandersetzung mit den verschiedenen Möglichkeiten. Schülerstrategien liefern damit auch Hinweise auf die jeweils *persönlich* präferierte Art und Weise der Schulbewältigung, die in verschiedener Hinsicht als Indikator für das Entwicklungsniveau der Persönlichkeit angesehen werden kann (z.B. hinsichtlich der der Entwicklung von Motiven und Werthaltungen)." [278]

Die Untersuchung von EDER zeigt, daß trotz dieser interindividuellen Differenzen Schüler ohne erzieherische Beeinflussung, also allein aufgrund der sozialisatorischen Interpenetrationen, Schule und Unterricht im Rahmen des konkret-operationalen Systems konstruieren. Die Schülerantworten lassen darauf schließen, daß die Interaktion des Unterricht in ihrem Rollen- und Positionsgefüge erkannt wird und Schule auch als ein soziales System neben anderen sozialen Systemen wahrgenommen wird. Dies ent-

---

278. F. EDER, Schulische Umwelten und Strategien zur Bewältigung von Schule, S.108

spricht ganz den Operationen des konkret-operationalen Systems zur Erfassung der Interaktion als eines Vorläufers des systemanalytischen Denkens.[279]

Auch das Moment der Rollendistanz, das von EDER aufgeführt wird, zeigt, daß das psychische System bereits in der Lage ist, zwischen dem sozialen System und dem psychischen System zu differenzieren. Gleichzeitig zeigt sich in den Aussagen der Schüler, daß diese Rollendistanz noch nicht durch die vollständige sozial-kognitive Dezentrierung vollzogen wurde, sondern letztlich noch an der Vorstellung konkreter Handlungen gebunden ist. Auch dies ist ein grundlegender Hinweis auf die Konstruktion durch das konkret-operationale System: Es kann noch nicht psychische und soziale Systeme in einer analytischen Differenzierung unterscheiden, sondern bleibt an den Vorstellungen von Handlungen gebunden, die als unterrichtstypische Handlungen und personale Handlungen unterschieden werden. Gleichwohl zeigt sich hier im konkret-operationalen System, daß der Schüler eine soziale Realität mit eigenen Regeln konstruiert. In dieser Hinsicht ist Rollendistanz nicht unbedingt ein Schutzverhalten, um die eigene Identität zu wahren [280], sondern kann auch positiv formuliert werden: Der Schüler lernt Taktiken, um mit vorgegeben sozialen Erwartungen fertig zu werden, ohne daß er sich mit diesen Erwartungen vollständig identifiziert, und er lernt möglicherweise sogar, in einem So-Tun-Als-Ob vorgegebene Handlungserwartungen auch für personale Zwecke zu nutzen.

Auch WILHELM betont, daß der Schüler allein durch seine Mitgliedschaft grundlegende soziale Regeln kennenlernt und darüber hinaus überhaupt mit der «Tatsache» sozialer Regeln konfrontiert wird.

"Schüler können diese Erfahrungen in der Schule selbst machen: die Schulklasse als organisierte Form des Gruppenhandelns, die Sicherung aller Organisierten hinsichtlich ihrer Ansprüche, die Einschränkung individueller Beliebigkeit, die Regeln für den Verkehr untereinander und nach oben und unten, das Prinzip der Angemessenheit (Über- und Unterorganisation), die Größenordnung sachgemäßer Organisation (Mammut- und Zwergschulen), die dem Organisationscharakter immanente Tendenz der Eskalation. Ohne organisierte Regeln geht es nicht." [281]

Auch diese Aufzählung von möglichen Lernerfahrungen des Schülers zeigt, daß das Soziale in seiner eigenen Regelhaftigkeit wahrgenommen wird, eine erste Dezentrierung stattfindet und in dieser Dezentrierung das Soziale strukturiert wird. Diese Strukturierung zeigt insgesamt, daß die konkreten Operationen nach PIAGET auf das Soziale angewendet werden. Es werden schulspezifische Rollen- und Positionsgefüge konstruiert, die grundsätzlich durch die Operationen der Klassifikation und Seriation von Positionen und den ihnen zugeordneten Handlungsschemata zu typischen Mustern gekennzeichnet sind. Dieses sozial-kognitive Lernen ist ein Lernen am Schulsystem,

---

279. vgl. hierzu auch: H. PETILLON, Der Schüler, S.27-102 und WILHELMs Darstellung des SHELL-Reports "Jugend 81" in: T. WILHELM, Funktionswandel der Schule, S.69
280. Diese Schutzfunktion wird immer wieder der Rollendistanz unterstellt. Hier sei exemplarisch PETILLON zitiert:
"Als identitätssicherndes Verhalten kann der Versuch gesehen werden, die Schülerrolle zu "spielen", d.h. nach außen hin erwartungsgemäßes Verhalten zu zeigen." (H. PETILLON, Der Schüler, S.29)
281. T. WILHELM, Funktionswandel der Schule, S.75

indem der Schüler diese operationalen Konstruktionsprozesse vollzieht, ohne daß er durch erzieherische Anleitungen hierbei Unterstützung findet. Der Schüler kann demnach allein aufgrund seiner Mitgliedschaft das Soziale im Rahmen der konkreten Operationen struktuieren. Dies unterstützt die These, daß das konkret-operationale System durch sozialisatorische Interpenetration grundlegende Vorläufer des systemanalytischen Denkens konstruiert. Das systemanalytische Denken bedarf der erzieherischen Beeinflussung, um die formalen sozial-kognitiven Operationen vollständig zu vollziehen.

2.2.2. Erzieherische Lernmöglichkeiten: Lernen in der Struktur

Soll Schule das systemanalytische Denken vermitteln, kann und darf sie nicht nur sozialisatorische Lernmöglichkeiten anbieten, sondern muß sie im ihr zur Verfügung stehenden Rahmen auch erzieherische Kommunikation strukturieren. Auch WILHELM fordert für die Schule die Zielsetzung, Organisationen in ihren Regelhaftigkeiten kennzulernen. Er bezeichnet diese Kenntnisse als eine Fähigkeit, in der Polis zu leben:

"Im zweiten Lebensjahrzehnt muß jungen Menschen zum Bewußtsein kommen, welche Freiheitsbeschränkungen mit dem Zusammenleben notwendigerweise verbunden sind. Die Frage, was es heißt, in einer Polis zu leben, wird gleich allgemeiner gestellt werden. Nehmen wir denjenigen Aspekt vorweg, der sich dem Jugendlichen bereits in der Schule aufdrängt: die Notwendigkeit von *Organisationen*." [282]

Kritisch sei aber schon angemerkt, daß das Bewußtwerden der sozialen Regeln allein noch nicht in die Grundstrukturen unserer heutigen Gesellschaft einführt. Diese Regeln können schon vom konkret-operationalen System konstruiert werden. In der intendierten schulischen Vermittlung dieser Regeln stellt sich auch die Frage nach der Funktionalität dieser Regeln. Diese Frage kann erst durch das formal-operationale System beantwortet werden. Demnach sollten junge Menschen nicht nur ein Bewußtsein der Regeln erlangen, sondern auch die Fähigkeit, diese systemfunktional zu konstruieren. Zweitens muß gegen WILHELM eingewendet werden - und diese Kritik richtet sich gegen etliche Autoren -, daß unsere heutige Gesellschaft keine Polis ist. Die Polis zeigt ganz andere Gesellschaftsstrukturen als die heutige, hochkomplexe und funktional differenzierte Gesellschaft. Der Begriff der Polis kann hier nur als eine Metapher benutzt werden. Trotz dieser Kritik an der Auffassung WILHELMs kann ihm darin zugestimmt werden, daß er die Schulung und Vermittlung sozial-kognitiver Fähigkeiten für die Konstruktion gesamtgesellschaftlicher Zusammenhänge fordert. Diese Forderung kann an das Erziehungssystem weitergeben und die Vermittlung des systemanalytischen Denkens als eine notwendige erzieherische Aufgabe der Schule angesehen werden.

In dem nun folgenden Punkt 2 sollen einige grundlegende Hinweise für eine schulspezifische erzieherische Beeinflussung im Hinblick auf das systemanalytische Denken gegeben werden.

Zunächst zeigt sich, *daß die Vermittlung des vollständigen systemanalytischen Denken zumindest in zweierlei Hinsicht ein Zeitproblem ist*. Erstens ist der *Zeitparameter*

---

282. T. WILHELM, Funktionswandel der Schule, S.74

durch seine rigorose Bestimmung derjenige Parameter, der die Aufnahme neuer Lerninhalte und Lernstoffe am problematischsten erscheinen läßt. Zweitens zeigt eine erste Bestimmung des Zeitparameters durch die erzieherische Beeinflussung im Hinblick auf das systemanalytische Denken, daß in der Schule eine Schulung dieser Fähigkeit möglich ist, *wenn die Fähigkeit des formalen Denkens bei allen Schülern unterstellt werden kann.* Gleichzeitig ist zu berücksichtigen, daß die sozial-kognitive Entwicklung des formalen Denkens im Vergleich zu der Entwicklung des formalen Denkens in anderen Gegenstandsbereichen verspätet auftritt. Dies hat vielfältige Gründe, so z.B. auch den Grund, daß in der Regel das Soziale als Gegenstand des Denkens in der Schule und auch in anderen erzieherischen Institutionen nicht systematisch vermittelt wird. Dies soll jedoch gerade gefordert werden, so daß möglicherweise gerade durch eine systematische Schulung der Zeitpunkt des formalen Denkens im Bereich des Sozialen vorverlegt werden kann, bzw. überhaupt erreicht werden kann.

Dies bedeutet jedoch nicht, daß jede Form der erzieherischen Beeinflussung im Hinblick auf die Vermittlung des systemanalytischen Denkens auf die Schulung des formal-operationalen Denkens beschränkt werden soll. *Auch bei den strukturierenden Leistungen des konkret-operationalen Systems kann die Schule erzieherisch mitwirken und Hilfestellungen geben.* Diese Hilfestellungen können sich auf alle Strukturparameter beziehen. Im folgenden sollen zunächst einige erzieherische Maßnahmen dargestellt werden, die auf die konkret-operationale Konstruktion von Interaktionen bezogen sind, um dann im Anschuß daran einige zentrale Aspekte der strukturellen Gegebenheiten für die erzieherische Beeinflussung des formal-operationalen Systems aufzuzeigen.

Für die konkret-operationale Strukturierung der sozialen Beziehungen in der Schule zeigt sich die Tatsache, daß alle Lehrer systemadäquat handeln, als ein wichtiger Gesichtspunkt. Die Wiederholung typischer Interaktionsverläufe, unabhängig von der jeweiligen Person des Lehrers, erleichtert dem Schüler die Erfassung dieser Strukturen als systembedingte und nicht personenabhängige. Dementsprechend ist es gerade für die konkret-operationale Erfassung des Sozialen von grundlegender Bedeutung, daß alle Lehrer ihr Handeln entsprechend den sozialen Systembedingungen konzipieren. *Die Hilfestellung im Bereich des Sozialparameters kann demnach darin gesehen werden, daß Einigkeit unter den Lehrern herrscht, sich entsprechend der Systembedingungen zu verhalten. Dies bedeutet insbesondere, daß sie die Grundstruktur der Instruktion, Bearbeitung und Rückmeldung als soziale Grundstruktur einhalten wollen.*

Im Hinblick auf den *Sachparameter* kann festgestellt werden, daß die Thematisierung der sozialen Regeln der Schule grundlegende Hilfestellungen für eine funktionale und systemgerechte Konstruktion des Interaktionsgefüges durch den Schüler geben kann. [283] Die Thematisierung bezieht sich dann - entsprechend dem oben Dargestell-

---

283. FAUSER/ SCHWEIZER betonen die Notwendigkeit der inhaltlich-thematischen Bezugnahme im sozialen Lernen.
"Soziale Ziele ohne Entsprechung im Bereich von Inhalten und im Umgang zwischen Schülern, Eltern und Lehrern führen entweder zu einer radikalen - aber eher zu Resignation als zu Reformen führenden - Kritik der Schule, die eigene Tätigkeit als Lehrer eingeschlossen, oder zu ideologisierenden Verbrämung eines keineswegs sozialen Unterrichts." (P. FAUSER/ F. SCHWEIZER, Schule, gesellschaftliche Modernisierung und soziales Lernen - Schultheoretische Überlegungen, S.346)

ten - sowohl auf die sozialen Regeln selbst als auch auf die Operationen, mit deren Hilfe das konkret-operationale System des Schülers die Interaktion konstruiert. Eine solche Thematisierung stellt in erster Linie eine Möglichkeit dar, durch konkrete Operationen auf die unterrichtliche Interaktion zu reflektieren. Dies kann dadurch geleistet werden, daß der Lehrer sein Rollenhandeln nicht nur realisiert, sondern auch thematisiert. Das impliziert, daß er zentrale Momente der Schulstruktur, wie z.B. die soziale Handlungsstruktur von Instruktion, Bearbeitung und Rückmeldung, die Notengebung, die Schülerleistung etc. thematisch explizit macht und im Rahmen des Gesamtkontextes der Schule begründet. Diese Form der Begründung muß im Rahmen der dem konkret-operationalen System möglichen Operationen geschehen. Dies impliziert insbesondere, daß der Lehrer in der Begründung der Regeln auf die Typik der Strukturmerkmale verweist und nicht seine personale Autorität als Grund für die Einhaltung der Regeln aufführt.

So ist z.B. die Thematisierung der grundlegenden Bedeutung des Lernens für das gemeinsame Handeln unverzichtbar, indem die Arbeit des Schülers als eine Lernhandlung dargestellt wird, die durch aufzeigbare Kriterien beurteilt werden kann. Diese Kriterien müssen offen angesprochen werden, so daß der Schüler die Standardisierung seiner Leistungsbeurteilung erkennen kann.

Eine weitere wichtige Hilfestellung durch den Sachparameter kann dadurch gegeben werden, daß der Lehrer zugleich auch die Differenz zwischen den Schulregeln und den Regeln anderer Systeme thematisiert, z.B. im Fall des oben dargestellten Mogelns. Der Lehrer kann die Bedeutung des Mogelns für den Systemkontext darstellen, indem er es mit denselben Handlungen in anderen sozialen Systemen vergleicht, z.B. der Familie oder der Freundschaftsbeziehungen. Damit kann er die Differenz zwischen Systemen thematisieren.

Eine weitere grundlegende Thematisierung kann darin bestehen, daß der Lehrer aufzeigt, daß die Schule nicht die gesamte Person des Schülers mit einbezieht, sondern ihn unter der Kategorie der Schülerleistung betrachtet, die nur einen bestimmten Ausschnitt der Persönlichkeit des Schülers darstellt. Dies müßte insbesondere dann passieren, wenn der Schüler sich bei einer negativen Beurteilung durch den Lehrer in seiner gesamten Person als negativ beurteilt fühlt. Dies ist - wie bereits oben dargestellt - ein grundlegendes Problem der schulischen Interpenetration. Der Schüler kann zwar seine Rolle erfassen, doch ist er gerade durch die Beurteilungen seiner Schülerleistungen immer wieder als Person in die Situation involviert, so daß er hier Hilfestellungen braucht, um zwischen Person und Rolle bzw. Person und Position im Hinblick auf sein eigenes Handeln und Erleben differenzieren zu können. Eine Thematisierung dieses grundlegenden Problems kann dadurch erfolgen, daß der Lehrer auf andere Leistungen in anderen Fächern hinweist oder daß der Lehrer dem Schüler vermittelt, daß auch andere wichtige Momente, die den Schüler als Ganzen betreffen, von grundlegender Bedeutung für die Person des Schülers sind, z.B. eine allgemeine

---

FAUSER und SCHWEIZER geht es hier jedoch um andere Ziele als dem des systemanalytischen Denkens. Gleichwohl zeigt sich auch hier die Notwendigkeit der Thematisierung der zu vermittelnden sozialen Inhalte. Auch SCHÄFER zeigt die Notwendigkeit der Thematisierung sozialer Erfahrung auf, wenn diese Erfahrung vermittelt bzw. systematisch gelernt werden sollen:
"Es genügt nicht, wenn Schüler in der Schule Erfahrungen sammeln. Erfahrungen müssen darüber hinaus kognitiv verarbeitet und sprachlich artikuliert werden können." (K.-H. SCHÄFER, Aspekte der Kommunikativen Theorie der Schule, S.53)

402 Schule als soziales System

praktische oder handwerkliche Begabung oder bestimmte Fähigkeiten im sozialen Bereich etc. Die Hilfestellung, die der Lehrer hier anbieten kann, liegt darin, daß der Schüler die als einschränkend erfahrene Schülerrolle so wahrnimmt, daß er seine gesamte Person nicht völlig mit der Schülerrolle identifiziert. Dies ermöglicht dem Schüler, auch andere Qualitäten und positive Selbsteinschätzungen zu finden, die nicht im Schulsystem gefragt sind, doch gleichzeitig seine Person grundlegend betreffen. In dieser Hinsicht müßte die Schule auch die Fähigkeit zur Rollendistanz vermitteln. Dies bedeutet nicht, daß sie ein negatives Bild der Schülerrolle vermitteln soll, sondern daß sie durch die Thematisierung der Schülerrolle zugleich darauf verweist, daß die Schülerrolle nur *einen* Ausschnitt der Gesamtpersönlichkeit des Schülers darstellt und somit eine negative und auch eine positive Beurteilung des Schülers nicht zugleich eine Gesamtbeurteilung seiner Person darstellt. Damit soll gerade vermieden werden, daß die Schülerleistung als zentrale Kategorie der Schulstruktur in der Wahrnehmung des Schülers auf seine ganze Persönlichkeit generalisiert wird. DREEBEN verweist auf dieses Problem der Generalisierung und fordert, daß andere Aktivitäten in der Schule die Möglichkeit bieten sollen, andere Formen der Anerkennung zu erlangen. Es soll die Erfahrung vermittelt werden, daß die Beurteilung in der Schule nur einen bestimmten Aspekt der Persönlichkeit des Schülers beurteilt, um so dem Schüler Möglichkeiten des Ausgleiches zu bieten. [284] DREEBEN verweist auf diese Problematik, indem er einerseits die Möglichkeit der Schule, dem Schüler andere Leistungserfahrungen zu vermitteln, die nicht an die Grundstruktur des Unterrichts gebunden sind, anspricht [285] und andererseits auf die Grenzen der Schule verweist, die sie für eine solche Vermittlung hat.

"Die Schule bietet ein weiteres Spektrum von Leistungserfahrungen als die Familie, aber sie hat auch weniger Mittel, um die Selbstachtung des Schülers im Fall des Versagens zu schützen und zu unterstützen." [286]

Diese Grenzen sind insbesondere dadurch gegeben, daß der Lehrer kaum die Möglichkeit hat, sich mit einzelnen Schülern intensiv auseinanderzusetzen. Die Vermittlung der Differenz zwischen Person und Rolle bleibt auch hier an die Öffentlichkeit der Unterrichtsinteraktion gebunden.

Die Thematisierung der Schulstruktur ist nicht nur im Rahmen der Vermittlung des systemanalytischen Denkens von Bedeutung. Systemanalytische Fähigkeiten können zugleich auch die Kommunikation erleichtern und offen gestalten. VIERLINGER spricht dieses Grundproblem an, indem er die Nichtdifferenzierung zwischen Person und Rolle gerade im Hinblick auf die Beurteilung und Notengebung zugleich als eine «Wirkung» der Schulstruktur darstellt.

"... Angst ist der Feind der je besten Leistungsfähigkeit. Gebiert nicht ein System, das sich der Selektion verschreibt und sich nicht genug tun kann am Sortieren der Kinder in fächerübergreifende Leistungsschichten (traditionelles System) und fachspezifische Lei-

---

284. vgl. DREEBEN, Was wir in der Schule lernen, S.70f.
285. "Ähnliches läßt sich für Musik und Theaterspiel behaupten; beide bieten die Möglichkeit zu persönlicher Leistung und Anerkennung, ohne die dauernde systematische - und potentiell unterminierende - Beurteilung, wie sie für das Klassenzimmer typisch ist." (DREEBEN, Was wir in der Schule lernen, S.70)
286. R. DREEBEN, Was wir in der Schule lernen, S.71

stungskurse (integrierte Gesamtschulen), ständig Angst vor dem Versagen und seinen letztlich katastrophalen Folgen für das Selbstwertgefühl und die Persönlichkeitsentwicklung?"[287]

Die erzieherische Vermittlung der Differenzierung zwischen Person und Rolle könnte hier Abhilfen schaffen, so daß der Schüler die Beurteilungen in der Schule nicht als eine generelle Beurteilung seiner Gesamtperson erfährt. Diese Vermittlung durch Thematisierung kann dann wiederum durch entsprechendes soziales Verhalten des Lehrers unterstützt werden, indem er in seiner sozialen Zuwendung nicht zwischen guten und schlechten Schülern unterscheidet, sondern sie tatsächlich in jeder Hinsicht als gleiche behandelt und letztlich nur in seiner Leistungsbeurteilung zwischen den Schülern differenziert.

Im Rahmen der Thematisierung der Regeln der Schule kann der Lehrer auch die Operationen, die zu der konkret-operationalen Konstruktion der Kommunikation führen, mitthematisieren. So kann er z.B. im Hinblick auf die Handlungen im Unterricht die Operationen des Seriierens von Handlungen ansprechen; er kann die multiplikative Zuordnung von Personen und Positionen, die multiplikative Zuordnung von Rollenhandlungen zu Positionen und die Seriation von Rollenhandlungen zu Rollengefügen ansprechen. In einer solchen Thematisierung der Operationen kann zugleich darauf verwiesen werden, daß andere soziale Zusammenhänge in gleicher Weise konstruiert werden können. In dieser Hinsicht kann der Lehrer die Strukturierungsoperationen dem Schüler zugleich bewußt machen und für Transferleistungen in der Konstruktion anderer sozialer Zusammenhänge generalisieren. Somit kann in einer solchen Thematisierung insgesamt in das soziale Denken eingeführt werden und Schule könnte einen Beitrag für grundlegende sozial-kognitive Fähigkeiten, die in unserer heutigen Gesellschaft gefordert sind, leisten. Durch eine solche erzieherische Beeinflussung lernt der Schüler dann nicht nur seine Schülerrolle und - position bzw. die des Lehrers kennen, sondern wird grundlegend in das Rollen- und Positionsgefüge und seine operationale Konstruktion eingeführt.

Auch im Rahmen des *Zeitparameters* können Hilfestellungen für die Vermittlung des systemanalytischen Denkens gegeben werden, z.B. dadurch, daß die Schule dem Schüler Handlungsmöglichkeiten bietet, die nicht durch die Systembedingungen des schulischen Lernens geprägt sind. Die Schule kann zu diesem Zweck wiederum Zeiten zur Verfügung stellen, in denen die Schüler entsprechend den Bedingungen anderer sozialer Systeme handeln können bzw. auch außerhalb von Kommunikation als direkter Interaktion handeln können, z.B. in Arbeitskreisen wie Theater-AGs oder naturwissenschaftlichen Arbeitskreisen, in denen der Schüler die Möglichkeit hat, entsprechend den eigenen Interessen und eigenen Vorstellungen relativ frei experimentieren zu können. Dies können auch Veranstaltungen der Schülermitverwaltung sein oder auch Zeiträume für das Stöbern und Lesen in der Schulbibliothek jenseits von direkten Arbeitsaufträgen. Wichtig für das systemanalytische Denkens ist, daß die unterschiedlichen Regelsysteme, in denen gehandelt werden kann, wiederum thematisiert werden und auch unabhängig vom unterrichtsspezifischen sozialen Handeln sind. Dies gilt insbesondere für Konflikte zwischen diesen Systemen, wenn z.B. die Beurteilung des Schülers im Unterricht davon abhängig gemacht werden soll, welche Leistungen und

---

287. R. VIERLINGER, Die Sicherung des Lernertrages unter Berücksichtigung der schulischen Rahmenbedingungen, S.412

Verhaltensweisen er in den vom Unterricht ausdifferenzierten Systemen zeigt. Diese Konflikte können besprochen werden und müssen die Unterschiedlichkeit der Regelsysteme verdeutlichen, und es muß unterbunden werden, daß Handeln und Verhalten des Schülers in diesen Bereichen für die unterrichtsspezifische Interaktion insbesondere dann relevant wird, wenn es um die Beurteilung geht.

In seinen Untersuchungen für die weitere Entwicklung der gymnasialen Oberstufe beschreibt GRZESIK ein solches schulisches Angebot jenseits der schulspezifischen strukturellen Gegebenheiten als einen Unterrichtsbereich, den jedes Gymnasium anbieten sollte:

"Für alle Typen der Studierfähigkeit ist unverzichtbar, daß der Abiturient sich für ein Arbeitsgebiet unter anderen entscheiden kann, daß er sich selbst Aufgaben stellen, möglichst selbständig eine von anderen oder sich selbst gestellte Aufgabe lösen und aus dem Verlauf und dem Ergebnis dieser Arbeit für sich selbst sinnvolle Schlüsse ziehen kann. Es kann nun nicht bezweifelt werden, daß all dies auch in den Schwerpunkt- und den allgemeinen Fächern gelernt werden kann. In ihnen sind aber auferlegte Regelmäßigkeiten übermächtig: der verpflichtende oder für die ganze Zeit gewählte Lehrplan, die strikte Leistungskontrolle, die mit jeder Vermittlung eines großen Lehrgebiets verbundenen Zwänge. Für eine von auferlegten Bedingungen möglichst freie Welt- und Selbsterfahrung bleibt da relativ wenig Raum. Dieser Raum soll dem Schüler im dritten Unterrichtsbereich eingeräumt werden, soweit dies in der Schule möglich ist." [288]

Dieser dritte Unterrichtsbereich bietet dem Schüler Erfahrungen und Lernmöglichkeiten, die er in der strukturell reglementierten Unterrichtsinteraktion nicht machen kann.

"So ergibt das, was er (der Schüler, A.H.) materiell erfährt, entweder eine Verbesserung seiner Studierfähigkeit oder aber einen ersten Zugang zu einem anderen Bereich der kulturellen Tätigkeit. Beides aber erhöht seine Fähigkeit, sich nach dem Abitur für den einen oder den anderen Ausbildungsgang zu entscheiden. So ermöglicht diese Form der Schule eine in diesem Lebensalter unschätzbare Erweiterung des Erfahrungshorizontes." [289]

Für die Vermittlung des systemanalytischen Denkens ist ein solcher freier Unterrichtsbereich nicht nur für die gymnasiale Oberstufe von Interesse, sondern ermöglicht jedem Schüler jedes Schultyps, daß er durch die Differenz zwischen zwei sozialen Regelsystemen zwischen seiner Person und seiner Schülerrolle besser unterscheiden kann.

Der Zeitparameter der Schule - und dies gilt sowohl für die Vermittlung des systemanalytischen Denkens auf konkreter als auch auf formaler Stufe - erweist sich dahingehend als problematisch, daß die Schule Zeit bereitstellen muß, um diese unterstützenden Maßnahmen durchführen zu können. Die Thematisierung wie auch die Einrichtung anderer Regelsysteme kostet Zeit und muß - soll das systemanalytische Denken vermittelt werden - als Schulzeit institutionalisiert werden. Soll das Vermitteln des systemanalytischen Denkens nicht nur durch sozialisatorische Bedingungen

---

288. J. GRZESIK, Perspektiven für die weitere Entwicklung der gymnasialen Oberstufe, S.102
289. J. GRZESIK, Perspektiven für die weitere Entwicklung der gymnasialen Oberstufe, S.103

geschehen, so muß die Schule - möglicherweise auch jenseits ihrer Fächerbindungen - Zeit für diese Vermittlung einberaumen. Dieser Punkt erweist sich deshalb als problematisch, weil die Vermittlung des systemanalytischen Denkens nicht ausschließlich funktional auf den Zeitparameter der Schulstruktur bezogen werden kann. Die Parameterbestimmungen der anderen Parameter erweisen sich als funktional und kompatibel mit den typischen schulischen Bestimmungen. Im Hinblick auf den Zeitparameter müßte die Schule allerdings strukturelle Veränderungen durchführen, um das systemanalytische Denken als erzieherische Beeinflussung zu ermöglichen. Diese strukturellen Veränderungen können darin bestehen, daß im Rahmen eines bestimmten Faches - so z.B. der Sachkunde oder der Sozialkunde oder später im Rahmen der Sozialwissenschaften oder auch der Philosophie - Zeit für die Vermittlung des systemanalytischen Denkens eingeräumt wird.

Diese kurzen Hinweise zeigen, daß auch die Vorläufer des systemanalytischen Denkens durch erzieherische Maßnahmen unterstützt und befördert werden können, indem alle drei Strukturparameter auf das Ziel des systemanalytischen Denkens funktional ausgerichtet werden. Dabei zeigt sich, daß die Einhaltung und die Thematisierung der schulspezifischen Regeln einerseits und der Vergleich mit anderen Systemregeln, z.B. der Familie oder einer Theater-AG, grundlegende Hilfestellungen geben können.

Für die Vermittlung des systemanalytischen Denkens auf der formalen Stufe können auch einige grundlegende Aspekte der erzieherischen Beeinflussung durch die Strukturparameter aufgezeigt werden. Dabei wird insbesondere der Sach- und der Sozialparameter von ausschlaggebender Bedeutung sein.

Die Vermittlung des systemanalytischen Denkens ist unter der Perspektive der erzieherischen Beeinflussung dadurch gekennzeichnet, daß der Strukturparameter zweckrational auf dieses Ziel ausgerichtet wird. Im Hinblick auf die sozialisatorischen Beeinflussungen des Schulsystems konnte festgestellt werden, daß durch die Mitgliedschaft des Schülers im Schulsystem nicht-intendierte Interpenetrationen ermöglicht werden, die der Vermittlung des systemanalytischen Denkens dienen können. Das Schulsystem ist durch seine spezifische Struktur dadurch gekennzeichnet, daß es als Erziehungssystem Sozialisationsmöglichkeiten eröffnet, die Interpenetrationen ermöglichen, die Voraussetzungen für den Vollzug des systemanalytischen Denkens bilden. Im folgenden geht es darum, im Rahmen der bisher dargestellten schulspezifischen Strukturen nach Bestimmungen insbesondere des Sach- und Sozialparameters zu fragen, die in systematischer Weise die Vermittlung des systemanalytischen Denkens ermöglichen.

Dabei wird sich zeigen, daß dann die Struktur zweckrational auf dieses Ziel bezogen werden kann, *wenn der Sach- und der Sozialparameter untereinander in einen funktionalen Bezug stehen.* Dieser funktionale Bezug kann durch das Moment der *Reflexivität* gekennzeichnet werden: Der Sachparameter wird inhaltlich durch die Thematisierung des Sozialparameters gefüllt. Der Schüler wird dadurch in die Lage versetzt, mit Hilfe der systemanalytischen Operationen über Interaktionsstrukturen der Schule nachzudenken, indem er diese Interaktion im Rahmen der systemanalytischen Operationen analysiert und auf ihre Funktionalität prüft.

Der Sachparameter zeichnet sich dann dadurch aus, daß unterschiedliche soziale Interaktionen und soziale Systeme im Unterricht zum Gegenstand gemacht werden. Dabei können diese unterschiedlichen sozialen Systeme sich auf die bisherigen Erfahrungen des Schülers beziehen: So kann z.B. die Familie in Differenz zur Schule thematisiert werden oder auch eine Differenz zu Freundschafts- oder Liebesbeziehungen hergestellt werden. Darüber hinaus können kleinere, überschaubare soziale Systeme als neue Systeme eingeführt und besprochen werden: so z.b. das Diskussionssystem, das System des Vortragens mit anschließender Diskussion, das System eines gemeinsamen Bearbeitens eines bestimmten Projekts etc.

Damit ist die Grenze der zu thematisierenden sozialen Systeme aufgezeigt: Jede Systemanalyse fordert vom psychischen System Fachkenntnisse im Bereich des jeweiligen Systems. Der Schüler kann somit nicht jedes soziale System zum Gegenstand der Reflexion machen, da ihm die jeweiligen Fachkenntnisse fehlen. Er ist z.B. nicht in der Lage, ein Wirtschaftssystem systemisch vollständig zu analysieren, da die wirtschaftswissenschaftlichen Grundkenntnisse für eine solche Systemanalyse fehlen. Gleiches gilt für das Kunstsystem, das Rechtssystems oder auch das Religionssystem. Im Unterricht können nur solche sozialen Systeme thematisiert werden, die der Schüler schon durch seine Mitgliedschaft kennengelernt hat, bzw. es können andere soziale Systeme exemplarisch vorgestellt werden. Dabei muß berücksichtigt werden, daß die Informationen, die der Schüler allein schon über die Methodik der Systemanalyse erhält, sehr umfangreich sind. Sind dann auch noch die Informationen über das jeweilige soziale System, für das eine Systemanalyse vollzogen werden soll, sehr umfangreich, so übersteigt dies das Auffassungsvermögen des Schülers bzw. erschwert eine Systemanalyse unnötig. [290] Damit ist gleichzeitig vorgegeben, daß die Systemanalyse, die ein Schüler vollzieht, nicht so inhaltsreich ausgestattet sein kann wie eine professionelle Systemanalyse. Deshalb soll hier das systemanalytische Denken in einer Weise eingeführt werden, so daß es mit möglichst wenig Informationen zu dem jeweiligen sozialen System auskommen kann. Dies impliziert eine systemanalytische Verrechnung, die das jeweilige soziale System lediglich in seinen Grundzügen und nicht bis in seine Details analysiert. Dies gilt auch für die Reflexion auf das Schulsystem. Der Schüler kann das soziale System Schule nicht in der gleichen Weise analysieren, wie dies z.B. von einem Sozialwissenschaftler oder Pädagogen gefordert werden könnte.

Neben der Bestimmung des analysierten sozialen Systems muß der Sachparameter zugleich auch die Operationen thematisieren, die für das systemanalytische Denken

---

[290] R. VIERLINGER verweist auf das maßvolle Einhalten von Information als eine notwendige Bedingung effektiven Lernens:
"Die Gehirnphysiologen unseres Jahrhunderts haben elektrochemische Prozesse aufgedeckt, die sich in den Ganglienzellen des Gehirns abspielen, wenn wir geistig arbeiten. Die Tatsache, daß sie als sogenannte postmentale Erregung auch noch einige Zeit nachklingen, hat Interferenzen zur Folge, wenn zwei getrennte Lernvorgänge zu knapp aneinandergereiht werden. Der ruinöseste Gedächtnisausfall dieser Art besteht wohl in der sogenannten retrograden Amnäsie, dem Gedächtnisschwund im Gefolge von traumatischen Einwirkungen, wie Gehirnerschütterungen bzw. Schockerlebnissen. Weniger dramatisch, aber eben doch auch wirksam, zeigen sich Gedächtnis- und damit Lernhemmungen im alltäglichen Geschehen, wenn auf einen an und für sich abgeschlossenen Lernvorgang unmittelbar ein anderer folgt: Die Festigungs-, Auskühlungs- und Härtungsprozesse haben - bildhaft gesprochen - nicht ausklingen können, und die Gedächtnisspuren des zu behaltenden Stoffes werden zum Teil wieder verwischt." (R. VIERLINGER, Die Sicherung des Lernertrages unter Berücksichtigung der schulischen Rahmenbedingungen, S.410)

kennzeichnend sind. Diese Operationen sind in erster Linie diejenigen Operationen, die die einzelnen Parameter als Grenzen des sozialen Systems zu seiner Umwelt konstruieren, und zweitens diejenigen Operationen, die mit Hilfe der multiplen funktionalen Analyse die unterschiedlichen Parameter aufeinander beziehen. Dabei wird es wichtig sein, diese beiden Operationstypen in einem ersten Schritt getrennt voneinander einzuführen. Die Konstruktion der Grenzparameter ermöglicht in einem ersten Schritt die Konstruktion der grundlegenden Bestimmungskriterien eines jeden sozialen Systems. Die «kritischen Merkmale» des sozialen Systems müssen als die unterschiedlichen Grenzen des Systems erfaßt werden können. Dabei spielt eine genaue Begrifflichkeit für die Kategorisierung der Parameter eine grundlegende Rolle. Dementsprechend müssen auch die Parameter als gesellschaftliche Funktion, Leistung, Struktur und Interpenetration vorgestellt und thematisiert werden.

Erst in einem zweiten Schritt kann eine Anwendung auf ein bestimmtes soziales System stattfinden. Nachdem die Parameter des Systems durch diese Operationen erfaßt wurden, können die Parameter mit konkreten Inhalten eines bestimmten sozialen Systems gefüllt werden. In einem dritten Schritt kann eine Verrechnung zwischen den Parametern aufgrund der funktionalen Analyse vollzogen werden.

Für den Sachparameter kann demnach festgehalten werden, daß soziale Systeme thematisiert und daß die Operationen zur Erfassung der sozialen Systeme thematisiert und wiederholt durchgeführt werden müssen. Inhaltlich bedeutet dies, daß das soziale System mit seinen Parametern thematisiert werden muß. Dem Schüler muß ein «Bild» des sozialen Systems vermittelt werden, in dem er die verschiedenen Parameter in Bezug zueinander betrachten kann. Ein solches Bild kann folgende Skizze vermitteln:

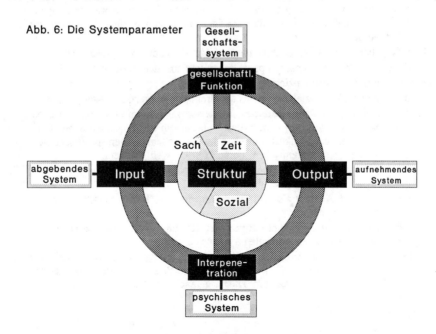

Abb. 6: Die Systemparameter

Diese Skizze zeigt die Parameter des sozialen Systems, die untereinander verknüpft sind und in ihrer Gesamtheit das soziale System ausmachen. Die Intersystemgrenzen sind gleichzeitig mit ihren parameterspezifischen Umwelten dargestellt. Eine solches Bild kann zunächst die Gesamtheit der systemrelevanten Merkmale aufzeigen, so daß der Schüler alle Aspekte des Systems «auf einen Blick» und in einem systemischen Zusammenhang erfassen kann. Eine didaktische Analyse der Vermittlung dieses Zusammenhangs kann hier nicht geleistet werden. Es sei nur darauf hingewiesen, daß die Vermittlung des systemanalytischen Denkens insbesondere in die Aspekte der Sachdimension, der Zeitdimension und der Sozialdimension differenziert werden kann, um die Interpenetrationen als ein Lernen im Schulsystem zu konstituieren.

Neben einem solchen Überblick über das soziale System müssen unterschiedliche inhaltliche Füllungen der Parameter im Hinblick auf unterschiedliche soziale Systeme vollzogen werden. Hierbei ist es insbesondere wichtig, daß die funktionale Differenzierung der sozialen Systeme durch unterschiedliche gesellschaftliche Funktionen und Dauerprobleme benannt werden kann. Dabei muß der Schüler mit den Operationen der funktionalen Analyse und der multiplen funktionalen Analyse vertraut sein. Hierbei ist grundsätzlich auch die Typik des systemischen Denkens zu thematisieren: Sie besteht darin, daß ein System als ein Ganzes, als eine Einheit konstruiert wird, in der *gleichzeitig* verschiedene Parameter berücksichtigt werden, die nicht über monokausale Beziehungen miteinander verknüpft werden, sondern die im Rahmen der funktionalen Analyse sich wechselseitig selektiv beeinflussen.

Um soziale Systeme in dieser Weise zu thematisieren, sind zwei grundlegende Voraussetzungen notwendig: Die Konstruktion eines sozialen Systems ist dadurch bedingt, daß erstens psychische und soziale Systeme differenziert werden können und daß zweitens die Gesellschaftsstruktur als eine funktionale Differenzierung klar erfaßt wird. In dieser Hinsicht bilden diese beiden Aspekte die Grundvoraussetzung für eine Systemanalyse und müssen deshalb auch im Unterricht vor einer Systemanalyse thematisiert werden.

Dabei ergeben sich für den Sachparameter folgende thematische Momente:
1. die Differenzierung zwischen psychischen und sozialem System;
2. die funktionale Differenzierung der Gesellschaft;
3. die Parameter des sozialen Systems als Grenzen des sozialen Systems;
4. die Einteilung der Parametertypen in inter-sozial-systemische Grenzparameter, in Grenzparameter zwischen dem sozialen und einem nicht-sozialen System und den Grenzparameter der Struktur, der über das Sinnschema systemspezifische Selektionen aus einer nicht-systemischen, komplexen Umwelt vollzieht;
5. die Differenzierung der Parameter in ihre parameterspezifische Umwelten, die unterschiedliche Außenbeziehungen repräsentieren;
4. die funktionale Analyse als eine Operation, die den Bezug zwischen den Parametern konstruiert;
5. die Notwendigkeit der gleichzeitigen Verrechnung aller Systemparameter für die funktionale Analyse eines sozialen Systems.

Der letzte Punkt erweist sich als inhaltsreicher, als dies zunächst zu vermuten ist. Er fordert, daß das systemische Denken im Vergleich zu der unilinearen Kausalstruktur von Ursache und Wirkung zum Thema gemacht wird und somit die Neuartigkeit und die Besonderheit des systemanalytischen Denkens in seinen Grundzügen aufgezeigt wird.

Die Thematisierung dieser fünf Punkte impliziert eine Thematisierung des Gesamtmodells des systemanalytischen Denkens.

Die Anwendung des operationalen Modells des systemanalytischen Denkens auf ein bestimmtes soziales System muß dabei im Zentrum der Überlegungen stehen. Es kann von einem Schüler nicht verlangt werden, daß er den systemischen Zusammenhang in einer Weise reflektiert, wie dies ein Soziologe tut. Die Einführung der oben aufgezeigten fünf Punkte muß deshalb zugleich mit der Anwendung auf ein bestimmtes soziales System einhergehen.

Damit ist der enge Bezug zwischen dem Sachparameter und dem Sozialparameter aufgezeigt: Die thematische Einführung in das systemanalytische Denken wird exemplarisch an solchen sozialen Systemen vollzogen, in denen der Schüler bereits Mitglied ist oder war, so daß er diese Systeme aus der eigenen Anschauung her kennt. Diese Vorgehensweise ist gleichzeitig mit Problemen verbunden: Einerseits kann der Schüler nicht über soziale Systeme reflektieren, die er nicht kennt bzw. kaum kennt. Andererseits ist es sehr schwierig, gerade über solche soziale Systeme zu reflektieren, in denen man selbst Mitglied ist. Die Distanz, die ein solcher Reflexionsprozeß fordert, ist nur schwer einzuhalten. Auch hier spielt wieder das Grundproblem der Differenzierung zwischen Person und Rolle hinein. In den Systemen, in denen der Schüler selbst Mitglied ist, verwischen sich die Grenzen zwischen Person und Rolle in besonderer Weise. Er ist von der eigenen Anschauung her dadurch beeinflußt, daß er Rollen und andere sozialen Regeln immer nur durch ihre Realisation durch Personen und in Bezug zu sich selbst kennt. Dies läßt die systemanalytische Betrachtung, in der das Soziale nicht personenabhängig, sondern gerade in seiner eigenen Rationalität und Funktionalität aufgezeigt werden soll, problematisch erscheinen. Um so mehr muß der Lehrer in der Thematisierung insbesondere der Differenzierung zwischen psychischen und sozialen Systemen genau und auch geduldig vorgehen.

Der funktionale Bezug zwischen Sozial- und Sachparameter als Reflexion ermöglicht somit, daß unterschiedliche soziale Systeme im Unterricht simuliert werden und zum Thema des Unterrichts gemacht werden. Die Simulation unterschiedlicher sozialer Situationen und Systeme im Unterricht bildet die Voraussetzung für die Reflexion auf diese Systeme. Entsprechend dem oben dargestellten funktionalen Bezug zwischen dem Inputparameter und dem Strukturparameter muß Schule die «Welt», in die sie einführen will, thematisch präsentieren. Die Simulation sozialer Systeme im Unterricht und die dafür erforderliche Reflexion erweisen sich damit als eine schulspezifische Anforderung für die Thematisierung. Die Simulation unterschiedlicher sozialer Systeme kann durch unterschiedliche strukturelle Bedingungen realisiert werden. Eine erste und auch vorzügliche Möglichkeit besteht darin, daß das jeweilige soziale System realisiert wird. Dies kann durch Rollenspiele vollzogen werden, jedoch auch dadurch, daß das jeweilige System zum Bestandteil des Unterrichts gemacht wird, z.B. im Projektunterricht und durch das Unterrichten in unterschiedlichen Sozialformen (Frontalunterricht, Diskussionssystem, Gruppenunterricht etc.). Damit ist die Realität anderer sozialer Systeme über den Sozialparameter in den Unterricht mit einbezogen. Eine weitere Möglichkeit, andere soziale Systeme in den Unterricht mit einzubeziehen, liegt in ihrer Thematisierung über Texte. Dabei können z.B. Fallbeispiele aus unterschiedlichen sozialen Systemen - der Familie, der Peergroup oder auch aus anderen Bereichen wie z.B. ein Fallbeispiel aus dem Berufsalltag etc. - vorgestellt und analysiert werden. Diese Fallbeispiele können als Dilemmata formuliert werden, in denen die Anwendung systemspezifischer Regeln thematisiert wird, oder sie können gerade die Vergleichbarkeit und Differenz dieser verschiedenen sozialen Systeme aufzeigen, indem z.b. dasselbe Thema oder derselbe Konflikt in den verschiedenen Systemen auf unterschiedlicher Weise behandelt und gelöst wird (so z.b. das Problem des Mogelns in der Schule einerseits und die Erwartung von Hilfeleistungen als moralisch positiv bewertete Handlung im Freundeskreis und in der Familie).

Das wesentliche Merkmale der Simulation oder Thematisierung unterschiedlicher sozialer Systeme im Unterricht liegt darin, daß diese sozialen Systeme nicht nur vorgestellt werden, sondern daß sie in systemanalytischer Einstellung reflexiv durchgearbeitet werden. Für die Kommunikation im Unterricht bedeutet dies, daß eine Thematisierung der jeweiligen sozialen Systeme vorgenommen wird. Dabei sind folgende Momente der thematischen Reflexion von grundlegender Wichtigkeit:

Erstens: Die sozialen Systeme müssen so vorgestellt werden, daß ein Erfassen ihrer Interaktion durch die Systemparameter möglich wird.

Zweitens: Die Thematisierung sollte insbesondere die Differenz zwischen sozialen Systemen aufzeigen. Dies impliziert, daß gerade die unterschiedlichen sozialen Regeln der jeweiligen Systeme thematisiert werden, z.B. die Regeln des Diskussionssystems im Vergleich zum Frontalunterricht oder die Regeln des Projektunterrichts im Vergleich zu der Behandlung einer selbstgewählten Aufgabe durch den einzelnen Schüler.

Drittens: Das Aufweisen der Differenzen in den unterschiedlichen sozialen Systemen muß dann mit der Funktionalität des jeweiligen Systems begründet werden.

Diese drei Punkte zeigen erstens, daß die Vermittlung des systemanalytischen Denkens nicht allein dadurch ermöglicht wird, daß der Schüler in unterschiedlichen sozialen Systemen handelt, sondern daß über diese Systeme in der Kommunikation reflektiert wird. Zweitens ist der Aufweis der Differenz zwischen sozialen Systemen noch keine vollständige Beschreibung dieser Systeme. Die Differenz kann auch schon vom konkret-operationalen System durch die jeweiligen unterschiedlichen Positions- und Rollengefüge erfaßt werden. Für die Vermittlung des vollständigen systemanalytischen Denkens ist es daher notwendig, die Systemfunktionalität dieser Differenzen zu thematisieren.

Dabei zeigt sich, daß die Thematisierung der sozialen Struktur nur ein Ansatz für die vollständige Thematisierung des sozialen Systems ist. Die Thematisierung der sozialen Struktur entspricht der Thematisierung der Positions- und Rollengefüge und ermöglicht eine Reflexion auf den Sozialparameter wiederum durch Kommunikation. Eine vollständige Erfassung des sozialen Systems kann jedoch nicht mit der Thematisierung des Sozialparameters aufhören. Sie bildet lediglich den Einstieg für eine vollständige Systemanalyse. Eine solche vollständige Systemanalyse ist auch an eine vollständige Metakommunikation gebunden. Das heißt, es wird durch die Thematisierung der Kommunikation in der Kommunikation eine Systemanalyse vollzogen, die jetzt nicht nur auf den Sozialparameter beschränkt ist, sondern auch die anderen Parameter der vollzogenen bzw. simulierten Kommunikation mit einbezieht. In dieser Hinsicht erweist sich die Vermittlung des systemanalytischen Denkens als eine Metakommunikation besonderer Art. Sie will nicht - wie dies in der Metakommunikation des Metadiskurses im Sinne von HABERMAS geschieht - das psychische System mit seinen Intentionen, Wünschen, Plänen und Zielen thematisieren. Sie will auch nicht - wie dies in der Metakommunikation der Dilemmatabesprechung im KOHLBERGschen Sinne geschieht - moralische Implikationen und Strukturen aufweisen. Sie will vielmehr das Gesamt des sozialen Systems in der ihr eigenen Funktionalität zum Gegenstand der Untersuchung und somit auch zum Thema der Kommunikation machen. Dabei wird gerade vom psychischen System abgesehen und das soziale System in seinen sozialen Motiven (gesellschaftliche Funktion), seinen Handlungsbedingungen (Input) und Handlungszielen (Output), in seinen Handlungsstrukturen und seinen Beziehungen zu den psychischen Systemen behandelt. Ziel einer solchen Metakommunikation ist somit nicht, die psychischen Systeme, die an der Kommunikation beteiligt sind, zu analysieren oder die moralischen Strukturen der Kommunikation aufzuzeigen, sondern Kommunikationssysteme insgesamt in den Blick zu bekommen. Ein solches Ziel ist damit verbunden, daß der Systemcharakter der Kommunikation verdeutlicht wird. Soziales Handeln ist nicht durch Ursache und Wirkungsprozesse zu kennzeichnen, sondern kann nur im Rahmen systemischer, gleichzeitig wirkender Momente beschrieben und erfaßt werden. Zweitens ist mit einer solchen metakommunikativen Betrachtung verbunden, daß hier der Blick dafür geschärft wird, welche sozialen Strukturen im Hinblick auf welche Problemlagen als funktional erscheinen, daß unterschiedliche soziale Strukturen auch zu unterschiedlichen Outputs führen und daß der zwingende Charakter sozialer Systeme gleichzeitig an seiner Funktionalität zu messen ist. Darüber hinaus verfolgt eine solche Metakommunikation nicht zuletzt das Ziel, Schülern im Hinblick auf die Konstruktion sozialer Systeme ein höchst mögliches Maß an Selbständigkeit zu vermitteln. Dies impliziert, daß dem Schüler vermittelt wird, sich nicht mit einem sozialen System zu identifizieren, andere Handlungsmöglichkeiten seiner Person wahrzunehmen und möglicherweise auch innovative Akzente in der Konstruktion sozialer Systeme kennenzulernen.

2.2.3. Das Verhältnis von Sozialisation und Erziehung im Hinblick auf die funktionale Analyse von Struktur und Interpenetration

In dem nun folgenden dritten und letzten Punkt der funktionalen Analyse des Strukturparameters mit dem Interpenetrationsparameter soll aufgezeigt werden, daß die sozialisatorische und erzieherische Beeinflussung durch die Schulstruktur funktional aufeinander bezogen sein müssen. In der Systemanalyse der Schule kann das Schulsystem nur dann als ein funktionales System konstruiert werden, wenn die nichtintendierten und die intendierten Interpenetrationen funktional aufeinander bezogen werden können.

Sozialisation wie auch Erziehung sind auf den Interpenetrationsparameter bezogen: Sie beziehen sich einerseits auf Systemstrukturen, die durch das soziale System realisiert werden und andererseits auf die durch diese Strukturen ermöglichten psychischen Strukturen und Prozesse im psychischen System. Die Differenz zwischen diesen beiden Formen der Interpenetration besteht nicht in der Typik der Systemstrukturen, sondern in dem Moment der Intentionalität. In den bisherigen Überlegungen zum Strukturparameter konnte aufgezeigt werden, daß das Schulsystem im Hinblick auf beide Interpenetrationsmodi grundlegende Konstitutionen des systemanalytischen Denkens ermöglichen kann. Damit erweist sich die Vermittlung des systemanalytischen Denkens als ein Lehr-/Lernprozeß, der insbesondere durch die Schule und ihren strukturellen Gegebenheiten ermöglicht werden kann. Das Ziel «systemanalytisches Denken» wird somit in seiner Realisation durch die sozialisatorischen Interpenetrationen des Schulsystems grundlegend unterstützt. Dies gilt nicht für alle sozialen bzw. sozial-kognitiven Lernziele. Insbesondere die Vermittlung von Identität, Solidarität oder soziale Sensibilisierung [291] implizieren insgesamt eine strukturelle Veränderung der Schule. So fordern z.B. FAUSER und SCHWEIZER eine grundlegende Veränderung der Schulstruktur für die von ihnen verfolgte Vermittlung sozialen Lernens:

"... Der Versuch, Unterricht im Sinne sozialen Lernens zu gestalten, richtet sich zunächst auf die *Arbeits- und Interaktionsformen*. Diese sollen so gestaltet werden, daß die Konkurrenzsituation zwischen den Schüler durch kooperative und solidarische Formen des Umgangs miteinander (z.b. Gruppenarbeit) überwunden wird. Nicht mehr der Lehrer allein soll über Inhalte und Methoden des Unterrichts entscheiden. Statt dessen geht es beim sozialen Lernen um die von Schülern und Lehrern gemeinsam verantwortete Arbeit an gemeinsam gewählten Fragestellungen. Der Lehrer entfernt sich dabei von seiner abgestammten Rolle als Leiter des Unterrichtsgeschehens und versucht, selbst in eine Teilnehmerrolle zu schlüpfen (...)." [292]

Zusammenfassend stellen die beiden Autoren fest:

"So verstanden führt die Forderung sozialen Lernens zu einer veränderten Gestalt der Schule als Institution, so daß alle Formen des gemeinsamen Arbeits und Lebens - innerhalb und außerhalb des Unterrichts - immer auch an den sozialen Lern- und Entwicklungsbedürfnissen der Schüler gemessen werden." [293]

Solche Zielsetzungen ziehen grundlegende strukturelle Veränderungen der Schule nach sich. Damit stellt sich die Frage, ob solche Ziele überhaupt durch das Schulsystem intendiert werden können. Die kritische Frage richtet sich nicht auf den Geltungsanspruch bzw. die Werthaftigkeit solcher Ziele. Die Frage richtet sich vielmehr auf die Überlegung, ob Schule ein geeignetes Erziehungssystem für die Vermittlung solcher Inhalte darstellt. In einer systemanalytischen Betrachtung muß geprüft werden, inwiefern die durch solche Zielsetzungen intendierten strukturellen Veränderungen der Schule insgesamt das Schulsystem in seinen Parametern funktional verändern. In der Systemanalyse der Schule muß festgestellt werden, ob ein solchermaßen verändertes Schulsystem den gesellschaftsfunktionalen Bestimmungen der Schule, die die grundlegende Bestimmung der Schule ausmachen, weiterhin gerecht werden kann. Gleiches gilt für die Zielsetzung der moralischen Kompetenz in Sinne von KOHLBERG. Auch hier wäre zu fragen, inwieweit die sozialen Strukturen einer «Just Community School» [294] mit den sozialen Strukturen der Schule vereinbar sind, bzw. welche grundlegenden Änderungen im Schulsystem vollzogen werden

---

291. vgl. hierzu: P. FAUSER/ F. SCHWEIZER, Schule, gesellschaftliche Modernisierung und soziales Lernen - Schultheoretische Überlegungen; beide Autoren berufen sich in ihren Zieldarstellungen auf H. PRIOR, Soziales Lernen
292. P. FAUSER/ F. SCHWEITZER, Schule, gesellschaftliche Modernisierung und soziales Lernen - Schultheoretische Überlegungen, S.345
293. P. FAUSER/ F. SCHWEITZER, Schule, gesellschaftliche Modernisierung und soziales Lernen - Schultheoretische Überlegungen, S.347
294. vgl. L. KOHLBERG/ E. WASSERMANN/ N. RICHARDSON, Die gerechte Schul-Kooperative

müssen, um eine solche Zielsetzung zu realisieren. Dies impliziert dann wiederum die Frage nach der Funktionalität des Schulsystems insgesamt.

Die Differenz zwischen Sozialisation und Erziehung des Schulsystems im Hinblick auf die Konstitution des systemanalytischen Denkens ist dann wie folgt zu beschreiben: Über die sozialisatorischen Interpenetrationen ermöglicht Schule Interpenetrationen, die dem systemanalytische Denken im Rahmen der operativen Möglichkeiten des konkret-operationalen Systems entsprechen. Schule erweist sich damit als ein soziales System, in dem Lernen *aus der Schulstruktur zugleich mit dem Lernen des systemanalytischen Denkens verbunden ist. Im Hinblick auf die erzieherischen Interpenetration kann Schule über diese sozialisatorischen Interpenetration hinaus das systemanalytische Denken des konkret-operationalen Systems unterstützen und das des formal-operationalen Systems konstituieren. Erst die erzieherische Beeinflussung ermöglicht somit die Vermittlung des vollständigen systemanalytischen Denkens.*

Versucht man diese Ergebnisse für eine allgemeine Systemanalyse des Schulsystems im Hinblick auf den Interpenetrationsparameter zu generalisieren, so können hier folgende Forderungen gestellt werden:

Erstens: Erzieherische und sozialisatorische Interpenetrationen ergeben zusammen die durch die Schulstrukturen ermöglichten Interpenetrationen. *Betrachtet man das schulische Lernen, so muß gleichzeitig berücksichtigt werden, was der Schüler in und aus der Schulstruktur lernt.* Damit zeigt sich die Differenz zwischen Sozialisation und Erziehung auch hier nicht als eine Subsumtion eine der Beeinflussungsmodi unter der anderen, sondern sie verweise auf zwei Teilmengen des Gesamt der Interpenetrationsmöglichkeiten sozialer Systeme.

Zweitens: Die Interpenetrationen der Sozialisation und der Erziehung müssen aufeinander abgestimmt sein. Schule kann mit ihren Strukturen nicht Interpenetrationen intendieren, die den Interpenetrationen der Sozialisation widersprechen. ABELS verweist auf die Differenz, indem er auf die mögliche Unvereinbarkeit von Sozialisation und offiziellen Unterrichtsinhalten hinweist.

"Im letzten Kapitel wird das Thema Sozialisation und Interaktion behandelt, um zu zeigen, daß in der Schule über konkrete Handlungen und diffuse Erfahrungen Sozialisationsprozesse ablaufen, die nicht selten quer zu den Erfahrungen der Schüler außerhalb der Schule und sogar zu den offiziellen Unterrichtsinhalten liegen."[295]

Daß die Sozialisationserfahrungen außerhalb der Schule anders sind, entspricht der systemspezifischen Interpenetration eines jeden sozialen System. Daß die offiziellen Unterrichtsinhalte jedoch nicht im Einklang mit den Lernprozessen des Schülers aus der Schulstruktur stehen, ist ein Defizit, das unter dem Aspekt der Verbesserung der Lernmöglichkeiten der Schule aufgehoben werden muß. Auch PETILLON stellt das Lernen aus und im Schulsystem als unvereinbar dar.[296] Diese Unvereinbarkeit führt er darauf zurück, daß das psychische System des Schülers in der erzieherischen Beeinflussung in der Schule nicht als ein autonomes und aktives System betrachtet wird, sondern letztlich durch bestimmte Inputs programmiert wird. Dies widerspricht, so PETILLON dem Erziehungsideal und auch den «eigentlich» erzieherischen Maßnah-

---
295. H. ABELS, Die Schule als Feld soziologischer Forschung, S.269
296. vgl. H. PETILLON, Der Schüler, S.35f.

men des Lehrers. HEITGER pointiert die Differenz zwischen sozialisatorischen und erzieherischen Interpenetrationen in einer globalen Betrachtung der Schulkritik, indem er der Schulkritik das Erkenntnisinteresse unterstellt, Schule als ein soziales System darzustellen, das letztlich nicht mehr pädagogisch handeln kann:

"Umgang mit der Schulkritik fragt nach der Berechtigung von Schulkritik. Dabei ist ihr Interesse ausdrücklich auf jene kritischen Einwände gerichtet, die der Schule die Möglichkeit von Pädagogik absprechen. Damit ist gemeint, daß Schule pädagogisches Handeln nur im Widerspruch zu ihren eigenen institutionellen und strukturellen Bedingungen zulassen kann; m.a.W., daß dem Handeln in der Schule ganz andere als pädagogische Absichten vorgegeben sind. Damit ist dann auch gemeint, daß die Absicht auf Bildung der Schule gar nicht immanent wäre; daß also da, wo diese Absicht dennoch verfolgt würde, dies nur im Widerspruch zur Institution Schule vor sich gehen könne."[297]

HEITGER selbst stellt demgegenüber fest, daß eine solche Dichotomisierung von Erziehung und Sozialisation der Schule nur dann aufrechterhalten werden kann, wenn nur bestimmte Bildungsvorstellungen, die keine schulspezifische Bildung ermöglichen, als Definition des Erzieherischen angenommen werden:

"Es ist unzweifelhaft, daß dieser Widerspruch von Bildung und Institution, wie er insbesondere von der radikalen Schulkritik herausgestellt wird, ein bestimmtes Verständnis von Bildung voraussetzt. In ihm erst findet Schulkritik ihre Basis."[298]

Demgegenüber versucht HEITGER die Notwendigkeit darzustellen, daß jede Bildungskonzeption nicht nur nach ihren immanenten Zielen zu fragen habe, sondern zugleich überprüfen muß, ob diese Zielbestimmungen im Rahmen der strukturellen Gegebenheiten der Schule realisiert werden können.

"Gemeint ist also jener Begriffswert von Bildung, wie er sich angesichts von Schule und ihren institutionellen Bedingungen entfalten läßt." [299]

Aus systemanalytischer Perspektive ist dem hinzuzufügen, daß die Überprüfung der Übereinstimmung der Ziele mit den strukturellen Gegebenheiten des Schulsystems dazu führen muß, daß Ziele und Strukturen im funktionalen Bezug zueinander stehen. Damit ist nicht gesagt, daß die für die Schule dysfunktionalen Ziele nicht realisiert werden sollten. Die Systemanalyse versucht nicht, die bestehenden strukturellen Gegebenheiten der Schule zum Kriterium aller schul-pädagogischer Fragestellungen zu erheben. Die Systemanalyse versucht vielmehr die Funktionalität eines sozialen Systems zu überprüfen. In dieser Hinsicht kann dann das systemanalytische Denken in zweifacher Weise innovativ wirken: Es kann bestehende Systeme im Hinblick auf ihre Funktionalität umstrukturieren, und es kann neue Systembildung für neue Problemaspekte, Zielsetzungen etc. fordern, die diese Ziele und Probleme funktional bearbeiten können und sie nicht nur als eine Alibifunktion in soziale Systeme einbezieht, die diese Ziele und Probleme gar nicht erst bearbeiten können.

---

297. M. HEITGER, Der Begriff der Bildung unter den institutionellen Bedingungen von Schule, S.32
298. M. HEITGER, Der Begriff der Bildung unter den institutionellen Bedingungen von Schule, S.32
299. M. HEITGER, Der Begriff der Bildung unter den institutionellen Bedingungen von Schule, S.32

Beide Interpenetrationen - die Sozialisation und die Erziehung - sind Lernprozesse, die der Schüler vollzieht. Diese Lernprozesse werden einerseits durch das soziale System konstituiert, andererseits konstituiert der Schüler durch die psychischen Strukturen und Prozesse, die er in den Lernprozessen aufgebaut hat, die Kommunikation. Das selbstreferentielle und aktive Lernen des Schülers verarbeitet somit das soziale System der Schule in doppelter Weise als Information: Er lernt, indem er die Bedingung, die er durch seine Mitgliedschaft in der Schule antrifft, informationell verarbeitet, und er lernt, indem er die Bedingungen der Kommunikation, die intentional auf die Lernziele bezogen sind, informationell verarbeitet. Sind diese Bedingungen widersprüchlich angelegt, d.h. ermöglichen sie widersprüchliche Lernprozesse, so bedeutet dies, daß der Schüler letztlich auch Informationen verarbeitet, die für ihn widersprüchlich sind. So kann sich z.B. ein Widerspruch dadurch ergeben, daß der Schüler einerseits zum selbständigen Arbeiten aufgefordert wird, er andererseits durch soziale Strukturen keine Möglichkeit des selbständigen Arbeitens erhält. Oder der Schüler erhält z.B. im Deutschunterricht die Information, daß Interpretationen von Texten nie eindeutig sind, indem im Deutschunterricht entsprechende literaturtheoretische Positionen besprochen werden. Andererseits erfährt er durch die Art der Rückmeldung und Instruktion durch den Lehrer, daß er eine bestimmte, vom Lehrer als die für «richtig» erachtete Interpretation erarbeiten soll. Oder: Der Schüler erfährt durch die Grundstruktur der Schule, daß er zwischen Person und Position trennen kann und daß nicht seine gesamte Person für die schulische Kommunikation relevant ist. Zugleich muß er aber vom Lehrer erfahren, daß er insgesamt in seiner gesamten Person beurteilt wird, indem der Lehrer die Beurteilung der Gesamtperson als Motivations- oder Disziplinierungsmaßnahme einsetzt, etc. Solche sich widersprechenden Lernprozesse führen letztlich zu Lernresultaten, die nicht miteinander vereinbar sind: Der Schüler lernt etwas und lernt zugleich, daß dies nicht gilt. Diese Doppelung der Information für das Lernen kann auch mit WATZLAWIKs «double bind» beschrieben werden. [300] Analog zum «double bind» von WATZLAWIK werden auch hier sich widersprechende Informationen durch die Kommunikation vermittelt. Soll das Lernen jedoch auf bestimmte Lernziele ausgerichtet sein, so dürfen solche Widersprüche nicht auftreten. Die Lernziele müßten vielmehr durch das Lernen aus der Schulstruktur unterstützt werden.

Drittens: Dies bedeutet dann, daß das Lernen aus der Schulstruktur genau gekannt werden muß, wenn man beurteilen will, was in der Schule gelernt werden kann. Die Schulstruktur gibt bestimmte Lernmöglichkeiten vor, in deren Rahmen sich die Ziele der erzieherischen Beeinflussung in der Schule bewegen müssen.

Viertens: Umgekehrt kann dann auch formuliert werden, daß die Zielsetzungen des Schulsystems in ihrer funktionalen Analyse auch solche Kommunikationsbedingungen mit einbeziehen sollten, die durch das System der Schule vorgegeben sind. *Das heißt, die Betrachtung der «Mittel» der Schule sollte sich nicht nur auf diejenigen Mittel beziehen, die sich für die Realisierung des jeweiligen Zweckes gut eignen, sondern sie sollte die gesamte Struktur der Schule mitreflektieren, um alle Bedingungen des Lernens im Hinblick auf ein bestimmtes Lernziel auszumachen.*

---

300. vgl. P. WATZLAWIK et al., Menschliche Kommunikation

Fünftens: Durch eine solche systemanalytische Verrechnung wird nicht nur nach der Zweckrationalität der Struktur gefragt, sondern das Ziel wird auf die gesamte Systemrationalität bezogen. Der Unterricht stützt sich dann nicht nur auf die für die intendierten Lernmöglichkeiten vorgegebenen Mittel, *sondern er orientiert sich an dem Gesamt der Lernbedingungen, die durch den Unterricht ermöglicht werden.*

Sechstens: Mit einer solchen Betrachtung wird deutlich, daß die Sozialisation zwar keine Funktion der Schule ist, jedoch in ihren Lernbedingungen nicht ignoriert werden kann. Pädagogische Reflexion ist darauf angewiesen, sowohl die sozialisatorischen als auch die erzieherischen Interpenetrationen zu analysieren, um entsprechend Lernziele auszuwählen oder soziale Strukturen zu verändern. Damit erweist sich der gesamte Problemkreis der Sozialisation in grundlegender Weise auch für die erzieherische Beeinflussung von Bedeutung. Pädagogen dürfen demnach nicht nur die erzieherische Beeinflussung betrachten, sondern müssen zugleich auch die sozialisatorischen Beeinflussungen mitreflektieren. Damit sind sie immer auch zugleich Soziologen, die insbesondere die Beziehung zwischen sozialen Strukturen und dem Lernen im Auge haben: die Interpenetration.

Siebtens: Dieser letzte Punkt verweist zugleich auf ein Defizit. Es ist kaum bekannt, wie Kommunikation durch ihre Struktur Interpenetrationen ermöglichen. *Es müßten Forschungen durchgeführt werden, die insbesondere die Interpenetrationen untersuchen.* Dabei wäre dann nicht in erster Linie nach Ursache und Wirkung zu fragen, sondern nach der Beziehung zwischen dem Komplex der sozialen Struktur und dem Komplex von psychischen Strukturen. Die Beziehung der wechselseitigen Konstitution ist so gut wie gar nicht untersucht. Dabei wäre es für den Lehrer von größter Wichtigkeit, zu wissen, welche Beziehung zwischen der Kommunikation der Schule und dem psychischen System des Schülers herzustellen ist.

Die Zusammenstellung dieser Punkte fordert insgesamt, daß Sozialisation und Erziehung einerseits getrennt betrachtet werden, andererseits im Hinblick auf das Lernen in der Schule funktional aufeinander bezogen werden müssen. Dies spricht auch dafür, daß Untersuchungen zu bestimmten Lernzielen nicht vom Lernen aus dem System getrennt werden können et vice versa. Schule muß immer in ihrer Gesamtheit - mit unterschiedlicher Dichte der Parameterfüllung - konstruiert werden. Die Isolation von Variablen und Faktoren verleitet zu Dysfunktionalität im System. Auch in diesem Sinne wäre zu fordern, daß Diskussionen über das «hidden curriculum» nicht isoliert geführt werden. Sie bilden eine gute Voraussetzung, um das Lernen aus dem System zu betrachten. [301] Gleichwohl muß eine solche Betrachtung der Schule in das Gesamtsystem der Schule mit einbezogen werden: Sowohl im Hinblick auf die intendierten Lernziele als auch im Hinblick auf eine funktionale Analyse aller Systemparameter, also im Hinblick auf die Systemfunktionalität. Dies könnte möglicherweise eine Chance dafür sein, mit Schule und mit Schulkritik rationaler umzugehen.

---

301. "Gerade dieser Aspekt (des «hidden curriculum», A.H.) ist es auch, der zugleich eine völlig andere Sichtweise auf die Schule eröffnet: Statt unter der schulpädagogischen Perspektive im traditionellen Sinn kommt die Schule nun unter sozialpädagogischen Gesichtspunkten in den Blick; das heißt, primäre Aufmerksamkeit wird auf die Sozialisationsvorgänge des Schülers gerichtet, wie sie - nach den interpersonalen, institutionellen und curricularen Bedingungen je spezifisch - in der Schule ablaufen." (R. FATKE, Schulumwelt und Schülerverhalten, S.15)

"Erst wenn die Sozialisationsfunktion, die die Schule ausübt - ob sie dies will oder nicht -, zu einer bewußt angegangen Aufgabe ins Zentrum ihres Selbstverständnisses gerückt wird, erst wenn eine Schulkonzeption unter sozialpädagogischen Blickwinkel entwickelt wird, erst dann wird es möglich werden, auch die vielfältigen Auffälligkeiten im Verhaltens- wie im Lernbereich als pädagogische Aufgabe zu bewältigen." [302]

Neben dieser notwendigen Betrachtung von Sozialisation *und* Erziehung in der Schule stellt sich ein zweites Problem im Hinblick auf die Untersuchungen zu den sozialisatorischen Interpenetrationen des «hidden curriculum». Dieses zweite Problem besteht darin, daß die Interpretationen des «hidden curriculum» in den verschiedenen Untersuchungen sehr unterschiedlich eingeschätzt werden. Auch dieser Umstand kann auf die fehlende systemanalytische Betrachtung der Schule zurückgeführt werden.

So weichen die Interpretation des «hidden curriculum» je nach der Untersuchungsabsicht und dem Untersuchungsinteresse voneinander ab.

"Das Spektrum (der Interpretationen des «hidden curriculum», A.H.) reicht dabei von der These, die Schule erbringe durch ihre "leistungsbezogene Selektionsprozesse" (HURRELMANN 1975, S.157) einen notwendigen Beitrag zur Reproduktion der modernen Gesellschaft (LUHMANN/ SCHORR 1979, FEND 1980, S.2ff.) und sichere zugleich individuelle Chancengerechtigkeit (PARSONS 1979, S.172, 192; DREEBEN 1980), über die These, die Schule stütze lediglich die "Illusion der Chancengleichheit" (BOURDIEU/ LASSERON 1971, S.146) oder diene der Sicherung kapitalistischer Herrschaftsverhältnisse (ALTVATER/ HUISKEN 1971, BOWLES/ GINTIS 1978), bis zu der Behauptung, die Schule bringe die Individuen durch kulturelle Enteignung "in einen sich verschärfenden Gegensatz zur Sozialstruktur" (LENHARDT 1984, S.13). Zum Teil drücken sich in diesen Deutungen nur die jeweiligen Grundüberzeugungen der Autoren aus und insofern sind sie nicht weiter überraschend; die Beliebigkeit der Interpretation läßt aber auch vermuten, daß hier über die Wirkungen von Schule und über die Frage, was Lernen heißt, vorschnell und vor allem ohne tragfähige Belege entschieden wurde." [303]

Zwei Beispiele sollen die Unterschiedlichkeit der Interpretationen nochmals genauer verdeutlichen. DREEBEN beschreibt den "heimlichen Lehrplan" als das Lernen der Normen der Unabhängigkeit, der Leistung, des Universalismus und der Spezifität. [304] Demgegenüber verweist ULICH auf ein ganz anderes Lernen aus dem Schulsystem: [305]

---

302. R. FATKE, Schulumwelt und Schülerverhalten, S.17 (in der Terminologie der vorliegenden Arbeit kann der Begriff er «Sozialisationsfunktion» hier durch den Begriff der «Sozialisation» ausgetauscht werden)
303. P. FAUSER/ F. SCHWEITZER, Schule, gesellschaftliche Modernisierung und soziales Lernen - Schultheoretische Überlegungen, S.341/342; zu den Literaturverweisen im Zitat: K. HURRELMANN, Erziehungssystem und Gesellschaft; N. LUHMANN/ K.E. SCHORR, Reflexionsprobleme im Erziehungssystem; H. FEND, Theorie der Schule; T. PARSONS, Die Schulklasse als soziales System; R. DREEBEN, Was wir in der Schule lernen; P. BOURDIEU/ J.C. PASSERON, Die Illusion der Chancengleichheit; E. ALTVATER/ F. HUISKEN, Materialien zur politischen Ökonomie des Ausbildungssektors; S. BOWLES/ H. GINTIS, Pädagogik und die Widersprüche der Ökonomie; G. LENHARDT, Schule und bürokratische Rationalität
304. R. DREEBEN, Was wir in der Schule lernen, S.59-87
305. vgl. auch D. ULICH, Pädagogische Interaktion, S.206ff.

418 Schule als soziales System

"Sondern der Begriff "Heimlicher Lehrplan" meint die gezielte, aber von den Beteiligten oft nicht bemerkte *Standardisierung und Normierung zwischenmenschlicher Beziehungen und Interaktionen zu einer Modell-Situation für den Erwerb interpersonaler Orientierungen.* Im Gegensatz oder besser: in Ergänzung zum "offiziellen" Lehrplan, der die Vermittlung von Kenntnissen und Techniken steuert, ist der heimliche Lehrplan für die Entwicklung von sozialer Verhaltenskonformität verantwortlich. Verhaltenskonformität entsteht dadurch, daß aufgezwungene Beziehungs- und Situationsdefinitionen durch Internalisierung erlebter Macht- und Konkurrenzverhältnisse anerkannt und in späteren sozialen Situationen re-aktiviert werden. Unter dem Gesichtspunkt der Macht bewirkt der "Heimliche Lehrplan" insofern "*politische* Sozialisation", als das Ausüben und Erleiden einer Macht gelernt wird, deren Quellen und Wirkungen in der Gesellschaftsstruktur bzw. in der Un-Gleichverteilung gesellschaftlichen Einflusses (auch auf die Schule) zu suchen sind." [306]

Die «Beliebigkeit» solcher Interpretationen könnte umgangen werden, wenn die Bestimmung des «heimlichen Lehrplanes» auf den Gesamtzusammenhang des sozialen Systems Schule bezogen wird. So würde sich dann z.B. im Hinblick auf ULICHs Interpretation die Frage stellen, welche Form der Macht der Schüler unter den strukturellen Bedingungen der Schule überhaupt lernen kann und ob sie gleichbedeutend ist mit der politischen Macht. Eine solche systemanalytische Betrachtung versucht das Gesamt der Schule mit den Lernprozessen des Schülers in Verbindung zu bringen.

"Für eine schultheoretische Betrachtung müssen solche Argumente sorgfältig ausgearbeitet werden. Erst wenn der hier implizierte *Lernbegriff* (psychologisch) und die *gesellschaftstheoretischen Annahmen* (soziologisch) aufeinander bezogen werden, läßt sich über die Bedeutung dieser Theorie des «heimlichen Lehrplans» für ein besseres Verständnis schulischer Sozialisation urteilen." [307]

Mit der hier vertretenden Forderung nach einer systemanalytischen Verrechnung auch des «heimlichen Lehrplans» - der nicht-intendierten, sozialisatorischen Interpenetrationen - ist zugleich gefordert, daß die Gesamtstruktur der Schule funktional auf *alle* Parameter bezogen wird, so daß die Regeln der Schule nicht dysfunktional konstruiert werden, sondern zur Bedingungen der Möglichkeit schulischen Lernens werden.

"So betrachtet bewegt sich der Schulunterricht in einem ziemlich steifen Korsett. Bei aller modernen Schulkritik spielen daher die Bemühungen eine Rolle, dieses Korsett aufzuschnüren. Unsere Vermutung ist, daß gerade die *Regelhaftigkeit* des Schulunterrichts die Bedingung seiner *Produktivität* ist." [308]

---

306. D. ULICH, Pädagogische Interaktion, S.205
307. P. FAUSER/ F. SCHWEITZER, Schule, gesellschaftliche Modernisierung und soziales Lernen - Schultheoretische Überlegungen, S.341
308. T. WILHELM, Funktionswandel der Schule, S.40

Ausblick

Die Darstellung des systemanalytischen Denkens wurde in der vorliegenden Arbeit zugleich als ein methodisches Vorgehen für die Konstruktion erzieherischer Zusammenhänge dargestellt. In dem nun folgenden kurzen Ausblick soll abschließend grundsätzlich die These aufgestellt werden, daß das systemanalytische Denken zu einer systemtheoretischen Pädagogik führen kann. Neben dem grundlegenden Aspekt, daß das Denken in Systemen ein notwendiges und neues Denken ist, das auch vom Schulsystem vermittelt werden sollte, ergibt sich durch das systemanalytische Denken auch eine neue, systemische Betrachtungsweise für die Pädagogik.

Diese beiden Aspekte sind in gleicher Weise von fundamentaler Bedeutung: Der erste bezieht sich darauf, daß allgemeine Problemlöseprozesse auch durch das systemanalytische Denken, durch die Konstruktion von systemischen Wirkungs- und Funktionszusammenhängen strukturiert werden können bzw. sogar strukturiert werden müssen. Das systemanalytische Denken wird hier zu einer grundlegenden Fähigkeit, die gute und schlechte Problemlöser unterscheidet.[1]

Der zweite Aspekt bezieht sich nicht allgemein auf Problemlöseprozesse, sondern kann das systemanalytische Denken für wissenschaftstheoretische Reflexionen im Rahmen der pädagogischen Theoriebildung anwenden. Dieser zweite Aspekt soll hier durch einige Argumentationspunkte näher betrachtet werden. Folgende Aspekte könnten im Rahmen einer systemtheoretischen bzw. systemanalytischen Erziehungswissenschaft integriert bzw. behandelt werden.

Erstens: Eine systemtheoretische Erziehungswissenschaft kann über die bisherigen Bestimmungen zum Schulsystem hinaus eine vollständige Systemanalyse der Schule leisten. Dies bedeutet, daß alle Parameter mit möglichst allen kritischen Merkmalen der Schule gefüllt und funktional aufeinander bezogen werden. Dies bedeutet, daß hier eine vollständige systemanalytische Schultheorie konzipiert werden kann.

Zweitens: Neben einer solchen vollständigen systemanalytischen Schultheorie können auch Teilaspekte bzw. Teilprobleme der Schule im Hinblick auf die Funktionalität des Gesamtsystems in eine solche Betrachtungsweise einbezogen werden. So wie die vorliegende Arbeit versuchte, die Vermittlung des systemanalytischen Denkens als einen Teilaspekt in die Systemanalyse der Schule zu integrieren, können neue Problemstellungen bzw. Reformversuche zur Schule im Rahmen einer gesamtfunktionalen Betrachtungsweise einbezogen werden. Dies bedeutet, daß nicht nur outputspezifische Veränderungen des Schulsystems betrachtet werden können, sondern auch solche, die sich auf jeden anderen Parameter des Systems beziehen. Die Kernfrage einer solchen Betrachtungsweise ist dann, inwieweit sich die Veränderungen funktional auf das Gesamtsystem beziehen lassen oder inwieweit das Gesamtsystem verändert werden muß, um diesen neuen Aspekt aufnehmen zu können und zugleich das funktionale Gleichgewicht des Systems aufrecht zu erhalten.

Drittens: Auch andere Subsysteme des Erzieherischen können in Form einer Systemanalyse betrachtet werden. Von besonderem Interesse ist hier die Kooperation verschiedener gesellschaftlicher Funktionen und ihrer strukturellen Realisation. Insbesondere das Familiensystem könnte unter einer solchen Betrachtungsweise genauer ge-

---

1. vgl. D. DÖRNER, Die Logik des Mißlingens

klärt werden und seine Anforderungen, die es an die in ihm handelnden Individuen stellt, benannt werden.

Viertens: Darüber hinaus kann die Systemanalyse auch auf das gesamte Erziehungssystem bezogen werden. Dies bedeutet, daß das Erzieherische als ein sozialer Zusammenhang in seinen Funktionen, Strukturen, Leistungen und Interpenetrationen von anderen nicht-erzieherischen Teilsystemen der Gesellschaft unterschieden wird. Damit könnte die Spezifik des Erzieherischen genauer bestimmt werden und der Gegenstandsbereich der Erziehungswissenschaften eine genauere Klärung erfahren.

Fünftens: Mit dem vierten Punkt ist ein weiterer für die Erziehungswissenschaft grundlegender Aspekt verbunden. Wenn der Gegenstandsbereich des Erzieherischen genauer geklärt werden kann, dann kann auch bestimmt werden, welche Teildisziplinen bzw. Hilfswissenschaften für die Behandlung erzieherischer Fragen integriert werden müssen. Darüber hinaus kann dann auch bestimmt werden, in welcher Beziehung und mit welcher Gewichtung diese Teildisziplinen in die Gesamtperspektive erzieherischer Fragestellungen integriert werden können. Die vorliegende Untersuchung zeigt, daß insbesondere psychologische und soziologische Fragestellungen aufeinander bezogen werden müssen, um das Problem des Erzieherischen zu behandeln. Dies betrifft insbesondere philosophisch-anthropologische Fragestellungen, die im Hinblick auf jeden Systemparameter von grundlegender Bedeutung sind und nicht nur auf die Frage nach dem Ziel bzw. den Zielen des Erzieherischen reduziert werden können.

Sechstens: Das systemanalytische Denken ist eine Methodik des Denkens, die nicht an einen bestimmten Gegenstand gebunden ist. Sie kann alle jene Gegenstände behandeln, die im Rahmen von Kommunikation betrachtet werden können. Dies bedeutet, daß mit dem systemanalytischen Denken nicht nur soziale Systeme - d.i. hier das Erziehungssystem - konstruiert werden können, sondern daß mit Hilfe einer solchen Methodik auch grundlegende erziehungswissenschaftliche Probleme erörtert, dargestellt und strukturiert werden können. Dies sind z.B. genuin pädagogische Problemfelder wie die Frage nach einer pädagogischen Technologie, Probleme der Bildungstheorie, die Frage nach der Chancengleichheit, die Frage nach der Behandlung von Fallbeispielen in der Pädagogik etc. Das systemanalytische Denken zeigt sich hier als eine Universalmethode in der Hinsicht, daß es unterschiedliche Probleme bzw. Problemfelder zum Gegenstand seiner Reflexionen machen kann. Die Begrenzung dieser Methode besteht darin, daß letztendlich die Frage nach der Funktionalität des gesamtsystemischen Zusammenhangs im Zentrum der Betrachtung jeder anderen Fragestellung steht.

LITERATURLISTE:

ABELS, H., Die Schule als Feld soziologischer Forschung, in: W. TWELLMANN (Hrg.), Handbuch Schule und Unterricht, Bd.3, Düsseldorf 1981

ADEL-AMINI, B., Schultheorie - Geschichte, Gegenstand und Grenzen, Weinheim 1976

ADEL-AMINI, B., Grundriß einer pädagogischen Schultheorie, in: W. TWELLMANN (Hrg.), Handbuch Schule und Unterricht, Bd.7.1, Düsseldorf 1985

AEBLI, H., Allgemeinbildung, Erkennen und Handeln, in: H. DAHNCKE (Hrg.), Bewahrung des Menschlichen. Zukunftsfragen der Erziehung im Spiegel der Wissenschaft, Bad Heibrunn/ Obb. 1988

ALTVATER, E./ F. HUISKEN (Hrg.), Materialien zur politischen Ökonomie des Ausbildungssektors, Erlangen 1971

ARENDT, H., Die Krise in der Erziehung, Bremen 1958

ARENDT, H., Vita activa, München/ Zürich 1985 [4]

ARIÉS, P., Geschichte der Kindheit, München 1980 [3]

AUBERT, V., A note on love, in: ders., The hidden society, Totawa N.J. 1965

AUFENANGER, S./ D. GRAZ/ M. ZUTRAVERN, Erziehung zur Gerechtigkeit, München 1981

AUWÄRTER, M./ E. KRISCH, Zur Ontogenese der sozialen Interaktion. Eine strukturtheoretische Analyse, in: W. EDELSTEIN /J. HABERMAS (Hrg.), Soziale Interaktion und soziales Verstehen. Beiträge zur Entwicklung der Interaktionskompetenz, Frankfurt a.M. 1984

BAHRDT, H.P., Zur Frage des Menschenbildes in der Soziologie, in: Europäisches Archiv für Soziologie, 2, 1961

BAHRDT, H.P., Schlüsselbegriffe der Soziologie, München 1984

BALES, R.F., Interaction process analysis: a method for the study of small groups, Cambridge, Mass. 1950

BALLAUFF, T., Funktionen der Schule. Historisch-systematische Analysen zur Scolarisation, Weinheim/ Basel 1982

BART, W.M., A Generalisation of Piaget's logical-mathematical model for a stage of formal operations, in: Journal of Mathematical Psychology, 8, 1971

BAUMERT, J./ P.M. ROEDER/ F. SANG/ B. SCHMITZ, Leistungsentwicklung und Ausgleich von Leistungsunterschieden in Gymnasialklassen, in: Zeitschrift für Pädagogik, 32. Jg., Nr.5, 1986

BEARISON, D.J./ T.Z. CASSEL, Kognitive Dezentrierung und soziale Codes: Kommunikative Effizienz bei Kindern aus verschiedenen familialen Kontexten, in: D. GEULEN (Hrg.), Perspektivenübernahme und soziales Handeln, Frankfurt a.M. 1982

BECKER, G., Brauchen wir eigentlich eine andere Schule? Vortrag zum Abschluß der Tagung "praktisches Lernen" in Soest, in: Pädagogik (vorm. WPB) 40, 1988

BECKMANN, H.-K., Schulleben - ein einheimischer und aspektreicher Begriff der Pädagogik, in: Die Realschule, 93, 1985

BELLACK, A.A. (Hrg.), Theory and research in teaching, New York 1970 ³

BELLACK, A.A./ H.M. KLIEDBARD/ R.T. HYMAN/ F.L. SMITH, Die Sprache im Klassenzimmer, Düsseldorf 1974

BETTELHEIM, B., Erziehung und Realitätsprinzip, in: ders., Erziehung zum Überleben, Stuttgart 1980

BERTALANFFY, L. v., Zu einer allgemeinen Systemlehre, Biologia Generalis, 19, 1949

BEUYS, B., Familienleben in Deutschland. Neue Bilder aus der deutschen Vergangenheit, Reinbek bei Hamburg 1985 ²

BLOOD Jr., R.O., Love match and arranged marriage: a Tokyo-Detroit comparision, New York/ London 1967

BÖNISCH, L./ W. SCHEFOLD, Sozialisation durch sozialpädagogische Institutionen, in: K. HURRELMANN/ D. ULICH (Hrg.), Sozialisationsforschung, Weinheim/ Basel 1982

BORKE, H., Interpersonelle Wahrnehmung bei kleinen Kindern: Egozentrismus oder Empathie? in: D. GEULEN (Hrg.), Perspektivenübernahme und soziales Handeln, Frankfurt a.M. 1982

BORN, M., Die Schule als Stätte der Personalisation junger Menschen, in: W. TWELLMANN (Hrg.), Handbuch Schule und Unterricht, Bd. 7.1, Düsseldorf 1985

BOURDIEU, P./ J.C. PASSERON, Die Illusion der Chancengleichheit. Untersuchungen zur Soziologie des Bildungswesens am Beispiel Frankreichs, Stuttgart 1971

BOWLES, S./ H. GINTIS, Pädagogik und die Widersprüche der Ökonomie, Frankfurt a.M. 1978

BREZINKA, W., Metatheorie der Erziehung. Einführung in die Grundlagen der Erziehungswissenschaft, der Philosophie der Erziehung und der Praktischen Pädagogik, München/ Basel 1978

BREZINKA, W., Wertwandel und Erziehung in der Schule, in: Pädagogische Rundschau 40, 1986

BROWN, G.S., Laws of form, New York 1972 ²

BRUNNER, J., On cognitive growth, in: J.S. BRUNNER/ R.R. OLVER/ M. GREENFIELD (Hrg.), Studies in cognitve growth, New York 1966

CAMERON, N., Perceptual organization and behavior pathology, in: R.R. BLAKE/ G.V. RAMSEY (Hrg.), Perception, an approach to personality, New York 1951

CANGUILHEM, G., La connaissance de la vie, Paris 1965 ²

CAPRA, F., Wendezeit, Bern/ München/ Wien 1985

COMENIUS, J.A., Große Didaktik, München 1960 ²

CRAMER, W., Grundlegung einer Theorie des Geistes, Frankfurt a. M. 1975 ³

DAHEIM, H., Soziale Herkunft, Schule und Rekrutierung der Berufe, in: T. LUCKMANN/ W.M. SPRONDEL (Hrg.), Berufssoziologie, Köln 1972

DAHRENDORF, R., Homo Sociologicus, Opladen 1977 [15]

DALIN, P., Zukunft der Schule, in: J.J. HESSE/ H.G. ROLFF/ C. ZÖPEL (Hrg.), Zukunftswissen und Bildungsperspektiven, Baden-Baden 1988

DAUBER, H., Radikale Schulkritik als Schultheorie? Kulturrevolutionäre Perspektiven bei Freire und Illich, in: Westermanns Pädagogische Beiträge, 37, 1985

DERBOLAV, J., Auf der Suche nach einer mehrdimensionalen Schultheorie, in: W. TWELLMANN (Hrg.), Handbuch Schule und Unterricht, Bd.1, Düsseldorf 1981

DeVRIES, R., Die Entwicklung der Perspektivenübernahme am Verhalten von überdurchschnittlich intelligenten, durchschnittlichen und retardierten Kindern bei einem sozialen Rate-Spiel, in: D. GEULEN, Perspektivenübernahme und soziales Handeln, Frankfurt a.M. 1982

DÖRNER, D., Problemlösen als Informationsverarbeitung, Stuttgart/ Berlin/ Köln/ Mainz 1987 [3]

DÖRNER, D., Die Logik des Mißlingens, Reinbek bei Hamburg 1989

DRACH, W., Ökologie der Schule, in: W. TWELLMANN (Hrg.), Handbuch Schule und Unterricht, Bd.7.2, Düsseldorf 1985

DREEBEN, R., Was wir in der Schule lernen, Frankfurt a.M. 1980

DREESMANN, H., Neuere Entwicklungen zur Erforschung des Unterrichtsklimas, in: B. TREIBER/ F.E. WEINERT (Hrg.), Lehr-Lern-Forschung, München 1982

DREESMANN, H., Unterrichtsklima, Weinheim 1982

DURKHEIM, E., Erziehung und Soziologie, Düsseldorf 1972

DURKHEIM. E., Erziehung, Moral und Gesellschaft, Frankfurt a.M. 1984, (Antrittsvorlesung für den Lehrstuhl von F. BUISSON 1902)

DURKHEIM, E., Über soziale Arbeitsteilung. Studie über die Organisation höherer Gesellschaften, Frankfurt a.M. 1988 [2]

ECKENSBERGER, L.H./ R.K. SILBEREISEN, Entwicklung sozialer Kognitionen: Eine Analyse von Beziehungsmustern, Berlin 1980 (Max-Planck-Institut für Bildungsforschung)

EDELSTEIN, W., Förderung der moralischen Entwicklung in der Schule, in: Zeitschrift für Pädagogik, 33 Jg., Nr.2, 1987

EDELSTEIN, W./ M. KELLER/ K. WAHLEN, Entwicklung sozial-kognitiver Prozesse: Eine theoretische und empirische Rekonstruktion, in: D. GEULEN, Perspektivenübernahme und soziales Handeln, Frankfurt a.M. 1982

EDELSTEIN, W./ J. HABERMAS (Hrg.), Soziale Interaktion und soziales Verstehen, Frankfurt a.M. 1984

EDELSTEIN, W./ G. NUNNER-WINKLER (Hrg.), Zur Bestimmung zur Moral, Frankfurt a.M. 1986

EDER, F., Schulische Umwelten und Strategien zur Bewältigung von Schule, in: Psychologie, Erziehung, Unterricht, 34.Jg., 1987

ERIKSON, E.H., Identität gegen Rollendiffusion, in: ders., Kindheit und Gesellschaft, Stuttgart 1979 [7]

ERIKSON, E.H., Identität und Lebenszyklus, Frankfurt a.M. 1981 [7]

ERLEMEIER, N., Zur Frage der Wirkungen von Lehrererwartungen auf das Schülerverhalten, in: Zeitschrift für Pädagogik, H.4, 19.Jg., 1973

FATKE, R., Schulumwelt und Schülerverhalten. Adaptionsprozesse in der Schule. Theoretische und empirische Studien, München 1977

FATKE, R., Psychoanalytische Beiträge zu einer Schultheorie, in: Die Deutsche Schule, 78, 1986

FAUSER, P./ F. SCHWEIZER, Schule, gesellschaftliche Modernisierung und soziales Lernen - Schultheoretische Überlegungen, in: Zeitschrift für Pädagogik, 31, H.3, 1985

FEFFER, M./ L. SUCHOTLIFF, Decentering implications of social interaktion, in: Journal of Personality and Social Psychology, 4, 1966

FEFFER, M./ L. SUCHOTLIFF, In sozialer Interaktion implizierte Dezentrierung, in: D. GEULEN (Hrg.), Perspektivenübernahme und soziales Handeln, Frankfurt a.M. 1982

FEFFER, M.H./ V. GOUREVITCH, Kognitive Aspekte der Perspektivenübernahme bei Kindern, in: D. GEULEN (Hrg.), Perspektivenübernahme und soziales Handeln, Frankfurt a.M. 1982

FELDHOFF, J., Milieu, aus: Historisches Wörterbuch der Philosophie, Bd.5, Basel 1980

FEND, H., Schulklima. Soziale Einflußprozesse in der Schule, Weinheim 1977

FEND, H., Theorie der Schule, München/ Wien/ Baltimore 1981 [2]

FEND, H., Bildungssysteme als Orte der systematischen Veranstaltung von Lernprozessen, in: ders., Theorie der Schule, München/ Wien/ Balimore 1981 [2]

FEND, H. / W. KNÖRZER/ W. NAGEL/ W. SPECHT/ R. VÄTH-SZUSDZIARA, Sozialisationseffekte der Schule. Soziologie der Schule, Bd.II, Weinheim 1976

FINGERLE, K.H., Funktionen und Probleme der Schule, München 1973

FLAVELL, J.H., The developmental psychology of Jean Piaget, Princton, NJ: Van Nostrand 1963

FLAVELL, J., The development of inferences about others, in: T. MISCHEL (Hrg.), Understanding other persons, Oxford 1974

FLAVELL, J., Cognitive development, Englewood Cliffs 1977

FLAVELL, J./ P.T. BOTKIN/ C.L. FREY/ J.W. WRIGHT/ P.E. JARVIS, Rollenübernahme und Kommunikation bei Kindern, Weinheim 1975

FOERSTER, H.v., On self-organizing systems und their enviromment, in: M.C. YOVITS/ S. CAMERON (Hrg.), Self-organizing systems, Oxford 1960

FREIRE, P., Pädagogik der Unterdrückten, Stuttgart 1972 [2]

FÜRSTENAU, P., Zur Psychoanalyse der Schule als Institution, in: P. FÜRSTENAU/ C.-L. FURCK/ C.W. MÜLLER/ W. SCHULZ/ F. WELLENDORF (Hrg.), Zur Theorie der Schule, Weinheim/ Berlin/ Basel 1969

FURSTENBERG Jr., F.F., Industrialization and the american family. A look backward, American Sociological Review 31, 1969

GAUDE, P., Systemorientierte Perspektiven der Schulpsychologie in Theorie und Praxis, in: Psychologie, Erziehung, Unterricht, 34.Jg., 1987

GEULEN, D., Die historische Entwicklung sozialisationstheoretischer Paradigmen, in: K. HURRELMANN/ D. ULICH, Sozialisationsforschung, Weinheim/ Basel 1982

GEULEN, D. (Hrg.), Perspektivenübernahme und soziales Handeln, Frankfurt a.M. 1982

GEULEN, D., Einleitung zum Sammelband: D. GEULEN (Hrg.), Perspektivenübernahme und soziales Handeln, Frankfurt a.M. 1982

GEULEN, D., Soziales Handeln und Perspektivenübernahme, in: ders. (Hrg.), Perspektivenübernahmen und soziales Handeln, Frankfurt a.M. 1982

GEULEN, D., Das vergesellschaftete Subjekt, Frankfurt a.M. 1989

GEULEN, D./ K. HURRELMANN, Zur Programmatik einer umfassenden Sozialisationstheorie, in: K. HURRELMANN/ D. ULICH (Hrg.), Sozialisationsforschung, Weinheim/ Basel 1982

GOLDSCHMIDT, D./ T. SCHÖPFTHALER, Die Soziologie in Wechselwirkung mit Bildungssystem, Bildungspolitik und Erziehungswissenschaft, in: Kölner Zeitschrift für Soziologie und Sozialpsychologie, 1979, (KZSS-Sonderheft 21: Deutsche Soziologie seit 1945. Entwicklungsrichtungen und Praxisbezug)

GOODE, W.J., The theoretical importance of love, in: American Sociological Review 24, 1959

GRABBE, B./ H.J. TYMISTER, Zur speziellen Situation des Schülerseins, in. W. TWELLMANN (Hrg.), Handbuch Schule und Unterricht, Bd.1, Düsseldorf 1981

GRAMM, J., Kritische Schule, München 1970

GRICE, H.P., Logik und Konversation, in: G. MEGGLE (Hrg.), Handlung, Kommunikation, Bedeutung, Frankfurt a.M 1979

GRZESIK, J., Unterrichtsplanung, Heidelberg 1979

GRZESIK, J., Begriffe lernen und lehren, Stuttgart 1988

HABERMAS, J., Moralentwicklung und Ich-Identität, in: ders., Zur Rekonstruktion des historischen Materialismus, Frankfurt a.M. 1976

HABERMAS, J., Zur Rekonstruktion des historischen Materialismus, Frankfurt a.M. 1976

HABERMAS, J., Vorbereitende Bemerkungen zu einer Theorie der sozialen Kompetenz, in: J. HABERMAS/ N. LUHMANN, Theorie der Gesellschaft oder Sozialtechnologie, Frankfurt a.M. 1985 [2]

HALL, A.D./ R.E. FAGEN, Definition of system, in: W. BUCKLEY (Hrg.), Modern systems research for the behavioral scientist, Chicago, 1968

HARGREAVES, D.H., Interaktion und Erziehung, Wien/ Köln/ Graz 1976

HEINZ, W.R., Berufliche Sozialisation, in: K. HURRELMANN/ D. ULICH (Hrg.), Sozialisationsforschung, Weinheim/ Basel 1982

HEITGER, M., Der Begriff der Bildung unter den institutionellen Bedingungen von Schule, in: J. DIKOW et al., Münstersche Gespräche zu Themen der wissenschaftlichen Pädagogik. Umgang mit der Schulkritik, H.1, Münster 1984

HEJL, P.M., Konstruktion der sozialen Konstruktion: Grundlinien einer konstruktivistischen Sozialtheorie, in: S.J. SCHMIDT (Hrg.), Der Diskurs des Radikalen Konstruktivismus, Frankfurt a.M. 1987

HENTIG, H. v., Systemzwang und Selbstbestimmung, Stuttgart 1968

HENTIG, H.v., Schule als Erfahrungsraum? Eine Übung im Konkretisieren einer pädagogischen Idee, Stuttgart 1973

HENTIG, H.v., Was ist eine humane Schule? 3 Vorträge; mit einem aktualisierenden Epilog, München 1987

HENTIG, H.v., Acht Eigenschaften einer humanen Schule, in: Die neue Schulpraxis, 57, 1987

HERBART, J.F., Allgemeine Pädagogik, Bochum 1983 [6]

HERBST, P.G., Alternatives to hierarchies, Leiden 1976

HOLSTEIN, H., Die Schule als Institution. Zur Bedeutung von Schulorganisation und Schulverwaltung, Ratingen/ Wuppertal/ Kastellaun 1972

HOLSTEIN, H., Institutionell-politische Funktionen der Schule - Skizze einer schultheoretischen Perspektive, W. TWELLMANN (Hrg.), Handbuch Schule und Unterricht, Bd.7.1, Düsseldorf 1985

HÖNIGSWALD, R., Über das sogenannte Verlieren des Fadens. Eine analytische Erörterung, in: ders., Die Grundlagen der Denkpsychologie. Studien und Analysen, Stuttgart 1965

HURRELMANN, K., Erziehungssystem und Gesellschaft, Reinbek 1975

HURRELMANN, K., Das Modell des produktiv realitätsverarbeitenden Subjekts in der Sozialisationsforschung, in: Zeitschrift für Sozialisationsforschung und Erziehungssoziologie, Jg.3, H.1/83, März 1983

HURRELMANN, K,. Einführung in die Sozialisationstheorie. Über den Zusammenhang von Sozialstruktur und Persönlichkeit, Weinheim/ Basel 1986

HURRELMANN, K., Gelingende und mißlingende Sozialisation, in: ders., Einführung in die Sozialisationstheorie, Weinheim/ Basel 1986

HURRELMANN, K./ M. MÜRMANN/ J. WISSINGER, Persönlichkeitsentwicklung als produktive Realitätsverarbeitung, in: Zeitschrift für Sozialisationsforschung und Erziehungssoziologie, 6, 1986

ILLICH, J., Deschooling society, New York 1970

INGENKAMP, K./ M.v. SALDERN/ K.E. LITTIG, Abschlußbericht über das DFG-Projekt 22/10-1 «Schulische Umwelt und Verhalten von Schülern».

Teilprojekt B: Sozialklima, Erziehungswissenschaftliche Hochschule, Landau 1985

JACKSON, P.W., Life in classroom, New York 1968

JACKSON, P.W., Die Welt des Schülers, in: W. EDELSTEIN/ D. HOPF (Hrg.), Bedingungen des Bildungsprozesses, Stuttgart 1973

JENSEN, S., Systemtheorie, Stuttgart/ Berlin/ Köln/ Mainz 1983

KANT, I., Kritik der reinen Vernunft, Hamburg 1956

KÄRTNER, G./ WAHLER, E. und P., Berufliche Sozialisation im Zeitverlauf, in: K. HURRELMANN (Hrg.), Lebenslage, Lebensalter, Lebenszeit, Weinheim 1986

KELLER, M., Kognitive Entwicklung und soziale Kompetenz. Zur Entstehung der Rollenübernahme in der Familie und ihrer Bedeutung für den Schulerfolg, Stuttgart 1976

KEUPP, H., Sozialisation in Institutionen der psychosozialen Versorgung, in: K. HURRELMANN/ D. ULICH (Hrg.), Sozialisationsforschung, Weinheim/ Basel 1982

KLAUS, G., Wörterbuch der Kybernetik, Berlin 1968, S.634

KLEBER, E.W., Ökologische Erziehungswissenschaft - ein neues metatheoretisches Konzept? in: W. TWELLMANN (Hrg.), Handbuch Schule und Unterricht, Bd.7.2, Düsseldorf 1985

KLEBER, E., Ökologische Pädagogik oder Umwelterziehung?, in: W. TWELLMANN (Hrg.), Handlung Schule und Unterricht, Bd.7.2, Düsseldorf 1985

KOB, J., Erziehung und Macht. Die soziale Bedeutung moderner Erziehungsinstitutionen, in: W. TWELLMANN (Hrg.), Handlung Schule und Unterricht, Bd.3, Düsseldorf 1981

KOHLBERG, L., Zur kognitiven Entwicklung des Kindes. Drei Aufsätze, Frankfurt a.M. 1974

KOHLBERG, L./ E. WASSERMANN/ N. RICHARDSON, Die gerechte Schul-Kooperative. Ihre Theorie und das Experiment der Cambridge Cluster School, in: G. PORTELE (Hrg.), Sozialisation und Moral, Weinheim/ Basel 1978

KOHN, M.L., Persönlichkeit, Beruf und soziale Schichtung, Stuttgart 1981

KONEFFKE, G., Integration und Subversion. Zur Funktion des Bildungswesens in der spätkapitalistischen Gesellschaft, in: Das Argument, 54, 1969

KRAMP, W., Studien zur Theorie der Schule, München 1973

KRAPPMANN, L., Sozialisation in der Gruppe der Gleichaltrigen, in: K. HURRELMANN/ D. ULICH (Hrg.), Sozialisationsforschung, Weinheim/ Basel 1982

KUHN, D./ J. LANGER/ L. KOHLBERG/ N. HAHN: The developement of formal operations in logical and moral judgement, in: Genetic Psychology Monographs, 95, 1977

LADRIÉRE, J., Dialectica, XIV, 1960

LAZARUS, R.S./ J.R. AVERILL/ E.M. OPTON Jr., The psychology of coping: issues of research and assessment, in: G.V. COELHO/ D.A. HAMBURG/ E.B. MURPHEY (Hrg.), Coping and adaption, New York 1974

LENHARDT, G., Schule und bürokratische Rationalität, Frankfurt a.M. 1984

LENNEBERG, E.H., Biologische Grundlagen der Sprache, New York 1967

LESCHINSKY, A./ P.M. ROEDER, Gesellschaftliche Funktionen der Schule, in: W. TWELLMANN (Hrg.), Handlung Schule und Unterricht, Bd.7.2, Düsseldorf 1985

LEWIN, K., Feldtheorie in den Sozialwissenschaften. Ausgewählte theoretische Schriften, Bern/ Stuttgart 1963

LOHMANN, C./ F. PROSE, Die Lehrer-Schüler-Interaktion, in: N. KLUGE (Hrg.), Die Lehrer-Schüler-Interakion, Darmstadt 1978

LOMPSCHER, H.J. (Hrg.), Theoretische und experimentelle Untersuchungen zur Entwicklung geistiger Fähigkeiten, Berlin (Ost) 1972

LUCKMANN, T., Persönliche Identität, soziale Rolle und Rollendistanz, in: O. MARQUARD/ K. STIERLE (Hrg.), Identität, München 1979

LUDEWIG, K., Der systemische Ansatz - ein erkenntistheoretischer Rahmen für die Therapie. Vortrag, gehalten auf dem Kongreß für Klinische Psychologie und Psychotherapie (DGVT), Berlin 1984

LUHMANN, N., Funktion und Kausalität, in: Kölner Zeitschrift für Soziologie, Bd.14, 1962

LUHMANN, N., Symbiotische Mechanismen, in: O. RAMSTEDT (Hrg.), Gewaltverhältnisse und die Ohnmacht der Kritik, Frankfurt a.M. 1974

LUHMANN, N., Einführende Bemerkungen zu einer Theorie symbolisch generalisierter Kommunikationsmedien, in: ders., Soziologische Aufklärung 2. Aufsätze zur Theorie der Gesellschaft, Opladen 1975

LUHMANN, N., Zweckbegriff und Systemrationalität, Frankfurt a.M. 1977

LUHMANN, N., Autopoiesis des Bewußtseins, in: Soziale Welt, Jg.36, H.4, 1985

LUHMANN, N., Soziale Systeme, Frankfurt a.M. 1985 [2]

LUHMANN, N., Kommunikation und Handlung, in: ders., Soziale Systeme, Frankfurt a.M. 1985 [2]

LUHMANN, N., Sinn, in: ders. Soziale Systeme, Frankfurt a.M. 1985 [2]

LUHMANN, N., Codierung und Programmierung. Bildung und Selektion im Erziehungssystem, in: H.-E. TENORTH (Hrg.), Allgemeine Bildung, Weinheim/ München 1986

LUHMANN, N., Sozialisation und Erziehung, in: ders., Soziologische Aufklärung, Bd.4, Opladen 1987

LUHMANN, N., Arbeitsteilung und Moral. Durkheims Theorie, in: E. DURKHEIM, Über soziale Arbeitsteilung, Frankfurt a.M. 1988 [2] (Einleitung)

LUHMANN, N./ K.-E. SCHORR, Reflexionsprobleme im Erziehungssystem, Stuttgart 1979

LUHMANN, N./ E. SCHORR, Zwischen Intransparenz und Verstehen, Frankfurt a.M. 1986

LUTZ, B., Welche Qualifikationen brauchen wir? Welche Qualifikationen können wir erzeugen, in: J.J. HESSE/ H.-G. ROLFF/ C. ZÖPEL (Hrg.), Zukunftswissen und Bildungsperspektiven, Baden-Baden 1988

MARSCHELKE, E., Auf dem Weg zu einer Metatheorie der Schule, in: Bildung und Erziehung, 26, 1973

MASLOW, A.H., Motivation and personality, New York 1954

MAUERMANN, L., Darstellung und Kritik aktueller Konzepte zur Werterziehung in der Schule, in: W. TWELLMANN (Hrg.), Handbuch Schule und Unterricht, Bd.7.1, Düsseldorf 1985

McCALL, G./ J.L. SIMMONS, Identität und Interaktion, Düsseldorf 1974

MEAD, G.H., Geist, Identität und Gesellschaft, Frankfurt a.M. 1980 [4]

MEDER, N., Interaktionsanalyse, in: J. GRZESIK/ P. FLEISCHHAUER/ N. MEDER, Interaktions- und Leistungstypen im Literaturunterricht. Eine handlungstheoretische Feldstudie unterrichtlicher Komplexität, Opladen 1982

MERTON, R.K., Funktionale Analyse, in: H. HARTMANN (Hrg.), Moderne amerikanische Soziologie, Stuttgart 1967

MOOS, R.H., Educational climates, in: H.J. WALBERG (Hrg.), Educational environments and effects, Berkely 1979

MÜLLER, U., Die Entwicklung des Denkens: Entwicklungslogische Modelle in Psychologie und Soziologie, Darmstadt/ Neuwied 1982

MONTADA, L., Themen, Tradition, Trends, in: R. OERTER/ L. MONTADA (Hrg.), Entwicklungspsychologie, München 1982

MONTADA, L., Die geistige Entwicklung aus der Sicht Jean Piagets, in: R. OERTER/ L. MONTADA (Hrg.), Entwicklungspsychologie, München/ Weinheim 1987

NEIDHARDT, F., Themen und Thesen zur Gruppensoziologie, in: ders. (Hrg.), Gruppensoziologie, Opladen 1983 (KZSS, Sonderheft 25)

NEIMARK, E.D., Die Entwicklung des Denkens bei Heranwachsenden: Theoretische und empirische Aspekte formaler Operationen, in: G. STEINER (Hrg.), Psychologie des 20. Jahrhunderts: Piaget und die Folgen, München 1978

NIPKOW, K.E., Umriß und Problematik einer modernen Schultheorie, in: Zeitschrift für Pädagogik, 14, 1968

NYSSEN, F. (Hrg.), Schulkritik als Kapitalismuskritik, Göttingen 1971 (Pädagogica Bd.9)

OEVESTE, H. zur, Kognitive Entwicklung im Schulalter, in: J. BERNDT (Hrg.), Schul-Arbeit: Belastungen und Beanspruchung von Schülern, Braunschweig 1982

OPPENHEIMER, L., Die Mehrdimensionalität der Fähigkeit zur sozialen Perspektivenübernahme, in: D. GEULEN, Perspektivenübernahme und soziales Handeln, Frankfurt a.M. 1982

OSLER, S.F./ E. KOFSKY, Stimulus uncertainty as a variable in the develoment of conceptual ability, in: Journal of experimental Child Psychology, 2, 1965

OSWALD, P., Grundzüge einer Theorie der Schule, Vierteljahrsschrift für wissenschaftliche Pädagogik, 1964, S.260-276

PARDON, H./ K.J. TILLMANN, Interaktions- und Kommunikationsmuster in der Schule als Belastungsfaktoren, in: J. BERNDT (Hrg.), Schularbeit: Belastung und Beanspruchung von Schülern, Braunschweig 1982

PARSONS, T., The social system, Glancoe III, 1951

PARSONS, T., Sozialstruktur und Persönlichkeitsentwicklung: Freuds Beitrag zur Integration von Psychologie und Soziologie, in: ders., Sozialstruktur und Persönlichkeit, Frankfurt a.M. 1981 [4]

PARSONS, T., Die Schulklasse als soziales System: Einige ihrer Funktionen in der amerikanischen Gesellschaft, in: ders., Sozialstruktur und Persönlichkeit, Frankfurt a.M. 1984 [4]

PEKRUN, R., Schulklima, in: W. TWELLMANN (Hrg.), Handbuch Schule und Unterricht, Bd.7.1, Düsseldorf 1985

PETILLON, H., Der Schüler. Rekonstruktion der Schule aus der Perspektive von Kindern und Jugendlichen, Darmstadt 1987

PETERSSEN, W. H., Strukturmodelle von Unterricht, in: W. TWELLMANN (Hrg.), Handbuch Schule und Unterricht, Bd.8.1, Düsseldorf 1986

PESTALOZZI, J.H., Pestalozzis Brief an einen Freund über seinen Aufenthalt in Stans (1799), Weinheim 1980 [4]

PIAGET, J., Einführung in die genetische Erkenntnistheorie, Frankfurt a.M. 1973

PIAGET, J., Die Äquilibration der kognitiven Strukturen, Stuttgart 1976

PIAGET, J., Der Strukturalismus, Stuttgart 1980

PIAGET, J., Das In-Beziehung-Setzen der Perspektiven, in: D. GEULEN (Hrg.), Perspektivenübernahme und soziales Handeln, Frankfurt a.M. 1982

PIAGET, J., Das moralische Urteil beim Kinde, Stuttgart 1983

PIAGET, J., Die intellektuelle Entwicklung im Jugend- und im Erwachsenenalter, in: T. SCHÖFTHALER/ D. GOLDSCHMIDT (Hrg.), Soziale Struktur und Vernunft, Frankfurt 1984

PIAGET, J., Psychologie der Intelligenz, Stuttgart 1984 [8]

PIAGET, J./ B. INHELDER, Von der Logik des Kindes zur Logik des Heranwachsenden, Freiburg i. Br. 1977

PIAGET, J./ B. INHELDER, Psychologie des Kindes, München 1987 [2]

PLATON, Menon, in: ders., Sämtliche Werke, Bd.2, Hamburg 1979 [9]

PLESSNER, H., Die Stufen des Organischen und der Mensch, Berlin/New York 1975

PRIOR, H. (Hrg.), Soziales Lernen, Düsseldorf 1976

REIMER, E., Schafft die Schule ab! Befreiung aus der Lernmaschine, Reinbek b. Hamburg 1972

ROPOHL, G., Einführung in die allgemeine Systemtheorie, in: H. LENK/ G. ROPOHL (Hrg.), Systemtheorie als Wissenschaftsprogramm, Königstein Ts. 1978

ROSS, E.A., Social control, in: Amer. J. Sociol., Vol.1, 1896
ROTH, H. (Hrg.), Begabung und Lernen, Stuttgart 1969
ROUSSEAU, J.J., Emil oder Über die Erziehung, Paderborn 1978 [4]
RUMMELHART, D.E./ D.A. NORMAN, Das aktive Netz, in: dies., Strukturen des Wissens, Stuttgart 1978
SCHÄFER, K.-H., Aspekte der Kommunikativen Theorie der Schule, in: W. TWELLMANN (Hrg.), Handbuch Schule und Unterricht, Bd.1, Düsseldorf 1981
SCHIEPEK, G., Systemische Diagnostik in der klinischen Psychologie, Weinheim/ München 1986
SCHÄFLI, A., Förderung der sozial-moralischen Kompetenz: Evaluation, Curriculum und Durchführung von Interventionsstudien, Frankfurt a.M. 1986
SCHLEIERMACHER, F.E.D., Ausgewählte pädagogische Schriften, Paderborn 1959
SCHÖFTHALER, T./ D. GOLDSCHMIDT, Soziale Struktur und Vernunft. Jean Piagets Modell entwickelten Denkens in der Diskussion kulturvergleichender Forschung, Frankfurt a.M. 1984
SCHORB, B./ E. MOHN/ H. THEUNERT, Sozialisation durch Massenmedien, in: K. HURRELMANN/ D. ULICH (Hrg.), Sozialisationsforschung, Weinheim/ Basel 1982
SCHÖNWÄLDER, H.-G., Anforderungsstrukturen und Schülertätigkeiten im Unterricht, in: J. BERNDT (Hrg.), Schularbeit: Belastung und Beanspruchung von Schülern, Braunschweig 1982
SCHRÖDER, E., Vom konkreten zum formalen Denken. Individuelle Entwicklungsverläufe von der Kindheit zum Jugendalter, Bern 1989
SCHULZ, W., Umriß einer didaktischen Theorie der Schule, in: P. FÜRSTENAU/ C.-L. FURCK/ C.W. MÜLLER/ W. SCHULZ/ F. WELLENDORF, Zur Theorie der Schule, Weinheim 1969
SCHÜTZ, A., Der sinnhafte Aufbau der sozialen Welt. Eine Einleitung in die verstehende Soziologie, Frankfurt a.M. 1981[2]
SCHÜTZ, A./ T. LUCKMANN, Strukturen der Lebenswelt, Bd.1, Frankfurt a.M. 1979
SEGGIE, J.L., Formal operational thought, in: J.A. KEATS/ K.F. COLLIS/ G.S. HALFORD (Hrg.), Cognitive development, Chichester, NY: Wiley 1978
SELMAN, R.L., Sozial-kognitives Verständnis: Ein Weg zu pädagogischer und klinischer Praxis, in: D. GEULEN (Hrg.), Perspektivenübernahmen, Frankfurt a.M. 1982
SELMAN, R.L., Die Entwicklung des sozialen Verstehens. Entwicklungspsychologische und klinische Untersuchungen, Frankfurt a.M. 1984
SELMAN, R.L. - unter Mitarbeit von A.P. DEMOREST und M.P. KRUPA -, Interpersonale Verhaltungen, in: W. EDELSTEIN/ J. HABERMAS, Soziale Interaktion und soziales Verstehen, Frankfurt a.M. 1984

SEYFRIED, C., Lernziel - soziale Kompetenz, in: Unser Weg, Jg.41, H.7, 1986

SIMMEL, G., Soziologie: Untersuchungen über die Formen der Vergesellschaftung, München 1922 ²

SIMMEL, G., Das individuelle Gesetz, in: ders., Das individuelle Gesetz, Frankfurt a.M. 1987

SIMMEL, G., Der Henkel, in: ders., Das individuelle Gesetz, Frankfurt a.M. 1987

SMITH, L.M./ W. GEOFFREY, The complexities of an urban classroom. An analysis toward a general theory of teaching, St. Louis, Missouri 1968

STAPF, K.H., Bemerkungen zur Gegenstands- und Methodendiskussion in der Umweltpsychologie, in: G. KAMINSKI (Hrg.), Umweltpsychologie, Stuttgart 1976

STEINBECK, B., Einige Aspekte des Funktionsbegriffs in der positiven Soziologie und in der kritischen Theorie der Gesellschaft, in: Soziale Welt, 15, 1964

STEVENSON, H.W., Latent learning in children, in: Journal of experimental Psychology, 47, 1954

TENBRUCK, F.H., Freundschaft. Ein Beitrag zu einer Soziologie der persönlichen Beziehungen, Kölner Zeitschrift für Soziologie und Sozialpsychologie, 16, 1964

TENORTH, H.-E., Über die disziplinäre Identität der Erziehungswissenschaft, in: Zeitschrift für Pädagogik, 27, 1981

TENORTH, H.-E., Bildung, allgemeine Bildung, Allgemeinbildung, in: ders. (Hrg.), Allgemeine Bildung, Weinheim/ München 1986

THORLINDSSON, T., Gesellschaftliche Organisation und Erkenntnis, in: W. EDELSTEIN/ J. HABERMAS, Soziale Interaktion und soziales Verstehen, Frankfurt 1984

ULICH, D., Pädagogische Interaktion, Weinheim/ Basel 1976

ULICH, D., Die Lehrer-Schüler-Interaktion, in: W. TWELLMANN (Hrg.), Handbuch Schule und Unterricht, Bd.1, Düsseldorf 1981

URBERG, K.A./ E.M. DOCHERTY, Die Entwicklung von Fähigkeiten zur Perspektivenübernahme bei 3- bis 5jährigen Kindern, in: D. GEULEN (Hrg.), Perspektivenübernahme und soziales Handeln, Franfurt a.M. 1982

VÄTH-SZUSDZIARA, R., Zur Integrationsfunktion der Schule. Eine empirische Analyse der schulischen Sozialisation von politischen Alltagstheorien und Wertvorstellungen (Forschungsbericht 26 der Universität Konstanz, Zentrum I Bildungsforschung, Sonderforschungsbereich 23), Konstanz 1976

VESTER, F., Neuland des Denkens. Vom technokratischen zum kybernetischen Zeitalter, Stuttgart 1980

VESTER, F., Unsere Welt - ein vernetztes System, München 1983

VESTER, F., Lernbiologische Erkenntnisse als Basis für die Bewältigung komplexer Systeme, in: H. DAHNCKE (Hrg.), Bewahrung des Menschlichen. Zukunftsfragen der Erziehung im Spiegel der Wissenschaften, Bad Heilbrunn/ Obb. 1988

VESTER, H.-G., Die Organisation der Familie und die Thematisierung des Selbst, in: ders.: Die Thematisierung des Selbst in der postmodernen Gesellschaft, Bonn 1984

VIERLINGER, R., Die Sicherung des Lernertrages unter Berücksichtigung der schulischen Rahmenbedingungen, in: Pädagogische Welt 1987

WALBERG, H.J., Psychology of learning environments: behavioral, structural or perceptual? in: L.S. SHULMAN (Hrg.), Review of research in education, Itasca 1976

WALLER, M., Die Stereotypität vs. Personenorientiertheit der Verhaltenserwartungen von Kindern in Abhängigkeit von deren Alter und der untersuchten Verhaltensdimension, in: Zeitschrift für Entwicklungspsychologie und Pädagogische Psychologie, 5, 1973

WALLER, M., Soziales Lernen und Interaktionskompetenz, Stuttgart 1978

WALLER, W./ R. HILL, The Familie. A Dynamic Interpretation, New York 1951 [2]

WATZLAWIK, P./ J.H. BEAVIN/ D.D. JACKSON, Menschliche Kommunikation, Bern/ Stuttgart/ Wien 1974 [4]

WEISS, M., Schuleffekt-Forschung: Ergebnisse und Kritik empirischer Input-Output-Untersuchungen, in: W. TWELLMANN (Hrg.), Handbuch Schule und Unterricht, Bd.7.2, Düsseldorf 1985

WELLENDORF, F., Schulische Sozialisation und Idenität, Weinheim/ Basel 1979

WILHELM, T., Theorie der Schule. Hauptschule und Gymnasium im Zeitalter der Wissenschaften, Stuttgart 1969 [2]

WILHELM, T., Funktionswandel der Schule. Das Fundament schulischen Lernens im Zeitalter wachsender Informationsdichte, Essen 1984

WILHELM, T., Identitätshilfe auf der Grundlage von Sachlichkeit, in: ders., Funktionswandel der Schule: das Fundament schulischen Lernens im Zeitalter wachsender Informationsdichte, Essen 1984

WILHELM, T., Das Ende des Schulmonopols, in: Die deutsche Schule, 76, H.1, 1984

WISWEDE, G., Rollentheorie, Stuttgart/ Berlin/ Köln/ Mainz 1977

WOLF, A., Wertvermittlung durch Unterricht, in: W. TWELLMANN (Hrg.), Handbuch Schule und Unterricht, Bd.7.1, Düsseldorf 1985

WURZBACHER, G., Sozialisation - Enkulturation - Personalisation, in: ders. (Hrg.), Der Mensch als soziales und personales Wesen, Stuttgart 1973

WURZBACHER, G. (Hrg.), Sozialisation und Personalisation. Beiträge zu Begriff und Theorie der Sozialisation, Stuttgart 1974 [3]

YOUNISS, J., Moral, kommunikative Beziehungen und die Entwicklung der Reziprozität, in: W. EDELSTEIN/ J. HABERMAS, Soziale Interaktion und soziales Verstehen, Frankfurt a. M. 1984

ZINNECKER, J. (Hrg.), Der heimliche Lehrplan. Untersuchungen zum Schulunterricht, Weinheim/Basel 1975